武汉大学人文社会科学文库

■ 15至20世纪长江流域经济、社会与文化变迁书系

■ 教育部人文社会科学重点研究基地基金资助

■ 陈锋 主编

明清社会保障制度与两湖基层社会

■ 周荣 著

武汉大学出版社

图书在版编目(CIP)数据

明清社会保障制度与两湖基层社会/周荣著.—武汉：武汉大学出版社,2006.10
武汉大学人文社会科学文库
15至20世纪长江流域经济、社会与文化变迁书系\陈锋主编
教育部人文社会科学重点研究基地基金资助
ISBN 7-307-05242-3

Ⅰ.明… Ⅱ.周… Ⅲ.社会保障—研究—中国—明清时代 Ⅳ.D691.9

中国版本图书馆CIP数据核字(2006)第116387号

责任编辑：朱凌云 责任校对：黄添生 版式设计：支 笛

出版发行：**武汉大学出版社** （430072 武昌 珞珈山）
（电子邮件：wdp4@whu.edu.cn 网址：www.wdp.whu.edu.cn）
印刷：湖北省通山县九宫印务有限公司
开本：787×980 1/16 印张：32.25 字数：592千字
版次：2006年10月第1版 2006年10月第1次印刷
ISBN 7-307-05242-3/D·691 定价：50.00元

策划：陈广胜
主编：陈　锋
编委：张建民　陈文新　谢贵安　任　放

内 容 提 要

　　本书立足于两湖地区对明清时期长期起作用的社会保障机制逐一进行探讨，力图通过对这些社会保障机制演变过程和运作实态的考察，展开两湖区域社会史的整体研究，藉此揭示明清社会保障体系的全貌以及两湖社会保障和基层社会运行的区域特色，并藉此探索中国传统社会保障的演变规律和中国社会保障史研究的思路与方法，从而为跨学科意义上的中国社会保障史研究奠定坚实的基础。

　　全书共分十章，第一章为绪论，在全面回顾的基础上，反思中国社会保障史研究中存在的问题，指出中国社会保障史研究在一定程度上处于传统和现代分离、理论方法依附于西方的状况。针对这些问题提出了解决的思路和对策，并就在新思路下进行中国社会保障史研究的一些基本概念作了界定。

　　第二章和第三章主要从国家制度层面入手，分别论述明清社会保障的国家制度安排和基层设计及其在两湖地区的落实和演变情况。明清国家社会保障制度主要包括官员年老、疾病等风险的分担制度，救灾、济贫等社会救助制度，老年福利制度和军人及其家属的优抚制度等方面的内容。明清社会保障的基层设计体现为以里甲、保甲、乡约、社仓等为中心的综合保障模式。

　　第四章至第七章主要从两湖基层、民间社会入手，探讨在基层社会保障中发挥作用的各种民间机制。这些机制主要包括家庭、宗族、以威友关系为基础的"乡土互助圈"、业佃关系、民间会社、同乡组织、慈善组织等。对这些机制起作用的方式、范围和在两湖地区的演变过程一一作了论述。

　　第八章和第九章主要从社会保障的运行入手，以资金来源和基金运营为主线探讨明清社会保障运行中中央、地方和民间各种力量起作用的方式，通过"复原"明清两湖地区的灾荒救济和慈善事业实态，再现了明清社会保障运行的"官—绅—民"、"官—绅（商）"、"官—民"等多样化的外在形态，并揭示出"官民结合"的社会保障运作方式的内在机制。

　　第十章为结论，回顾了明清两湖社会保障的演变轨迹，剖析了传统社会多层次的社会保障体系的生存机制，并从社会保障的城乡差异和城乡互动的角度揭示了中国传统社会保障的区域特点和演变规律。

目　录

表 格 目 录

总　序

陈　锋

15 至 20 世纪是一个重要的历史发展时期，跨越了不同的社会形态；同时，也是中国近代化（现代化）进程中从萌芽、起始到发展、变化的时期。而长江流域又是一个较为典型的经济、社会、文化发展带，占有举足轻重的地位，按照施坚雅（G. W. Skinner）的区域发展理论，在明清以来中国的九大区域中，长江流域即占三个（长江下游、中游、上游）。因此，对 15 至 20 世纪长江流域的经济、社会与文化变迁加以综合系统的研究，展现长江流域的发展规律与特点，具有重要的学术意义和现实意义，既可以推进渐次成为热点的区域研究和流域研究，也可为中国社会经济的持续发展所借鉴。

迄今为止，对明清以来长江流域的研究已取得了一些成果，既有对该流域的专题研究，如彭雨新、张建民：《明清长江流域农业水利研究》（武汉大学出版社 1993 年版），陈雪英、毛振培主编：《长江流域重大自然灾害及防治对策》（湖北人民出版社 1999 年版）等，又有整体性的历史考察，如万绳楠等：《中国长江流域开发史》（黄山书社 1997 年版）。除了把长江流域作为一个整体进行研究的成果外，更多的是对长江下游、中游、上游的分区研究，在这些研究中，以长江下游的研究最为突出，重要的著作如傅衣凌：《明代江南市民经济试探》（上海人民出版社 1957 年版），徐泓：《清代两淮盐场的研究》（台湾嘉兴水泥公司文化基金会 1972 年版），叶显恩：《明清徽州农村社会与佃仆制》（安徽人民出版社 1983 年版），段本洛、张圻福：《苏州手工业史》（江苏古籍出版社 1986 年版），刘石吉：《明清时代江南市镇研究》（中国社会科学出版社 1987 年版），章有义：《近代徽州租佃关系案例研究》（中国社会科学出版社 1988 年版），洪焕春、罗仑主编：《长江三角洲地区社会经济史研究》（南京大学出版社 1989 年版），张仲礼主编：《近代上海城市研究》（上海人民出版社 1990 年版），徐鼎新、钱小明：《上海总商会史（1902～1929）》（上海社会科学院出版社 1991 年版），徐新吾主编：《江南土布史》（上海社会科学院出版社 1992 年版），樊树志：《明清江南市镇探微》（复旦大学出版社 1990年版），森正夫：《江南三角洲市镇研究》（名古屋大学出版会 1992 年版），范金民、金文：《江南丝绸史研究》（农业出版社1993年版），范金民、夏维中：《苏州地区社会经济史》（明清卷）（南京大学出版社1993年版），陈学文：《明清时期杭嘉湖市镇史研究》（群言出版社1993年版），蒋兆成：《明清杭嘉湖社会经济史研究》（杭州大学出版社1994年版），张海鹏、王廷元主编：《徽商研究》（安徽人民出版社1995年版），王振忠：《明清徽商与淮扬社会变迁》（三联书店1996年版），吴仁安：《明清时期上海地区的著姓望族》（上海人民出版社1997年版），范金民：《明清江南商业的发展》（南京大学出版社1998年版），包伟民主编：《江南市镇及其近代命运（1840～1949）》（知识出版社1998年版），江庆柏：《明清苏南望族文化研究》（南京师范大学出版社1999年版），王卫平：《明清时期江南城市史研究：以苏州为中心》（人民出版社1999年版），王社教：《苏皖浙赣地区明代农业地理研究》（陕西师范大学出版社1999年版），叶树声、余敏辉：《明清江南私人刻书史略》（安徽大学出版社2000年版），李玫：《明清之际苏州作家群研究》（中国社会科学出版社2000年版），黄宗智：《长江三角洲小农家庭与乡村发展》（中华书局2000年版），李伯重：《江南的早期工业化（1550～1850）》（社会科学文献出版社2000年版），陈学文：《明清时期太湖流域的商品经济与市场网络》（浙江人民出版社2000年版），林刚：《长江三角洲近代大工业与小农经济》（安徽教育出版社2000年版），唐力行：《明清以来徽州区域社会经济研究》（安徽大学出版社2001年版），王振忠：《徽州社会文化史探微》（上海社会科学院出版社2002年版），张海英：《明清江南商品流通与市场体系》（华东师范大学出版社2002年版），冯贤亮：《明清江南地区的环境变动与社会控制》（上海人民出版社2002年版）等。

　　长江上游的研究虽然没有下游地区那样繁盛，但也有一些重要的研究成果，如张学君、冉光荣：《明清四川井盐史稿》（四川人民出版社1984年版），魏瀛涛主编：《近代重庆城市史》（四川大学出版社1991年版），蓝勇：《历史时期西南经济开发与生态变迁》（云南教育出版社1992年版），王笛：《跨出封闭的世界——长江上游区域社会研究（1644～1911）》（中华书局1993年版），郭声波：《四川历史农业地理》（四川人民出版社1993年版），彭朝贵、王炎主编：《清代四川农村社会经济史》（天地出版社2001年版）等。

　　相对于长江上下游的研究，长江中游地区的研究要薄弱一些。当然，相关研究也一直在进行。还在1986年，就由中国唐史学会、武汉大学历史系等单位召开过"三至九世纪长江中游社会经济讨论会"，会后，由黄惠贤、李文澜主编的会议论文集以《古代长江中游的经济开发》为名，1988年由武汉出版社出版。1989年，武汉大学出版社又出版了牟发松的专著《唐代长江中游的经济与社会》。1996年，又有台湾学者黄玫茵的《唐代江西地区开发研究》

（台湾大学出版委员会）出版。这些研究虽然偏重于魏晋隋唐时期，但已经表明学者们对长江中游地区社会经济发展的关注。另外，陈钧等主编的《湖北农业开发史》（中国文史出版社1992年版），是对一个省区进行专题性纵向研究的较早的成果。鲁西奇的《区域历史地理研究：对象与方法——汉水流域的个案考察》（广西人民出版社2000年版），对汉水流域进行了集中的研究。近年又有分省区的通史著作问世，如章开沅、张正明、罗福惠主编的多卷本《湖北通史》（华中师范大学出版社1999年版）等。这又从另一个层面标示出长江中游地区研究的多角度开展。在对明清以来长江中游地区的相关研究中，苏云峰：《中国现代化的区域研究：湖北省》（台湾近代史研究所1981年版），张朋园：《中国现代化的区域研究：湖南省》（台湾近代史研究所1982年版），罗威廉：《汉口：一个中国城市的商业与社会，1796～1889》及《汉口：一个中国的城市冲突和社区，1796～1895》（斯坦福大学出版社1984年版、1989年版），梁淼泰：《明清景德镇城市经济研究》（江西人民出版社1991年版），陈钧、任放：《世纪末的兴衰——张之洞与晚清湖北经济》（中国文史出版社1991年版），皮明庥主编：《近代武汉城市史》（中国社会科学出版社1993年版），罗福惠：《湖北近三百年学术文化》（武汉出版社1994年版），吴量恺主编：《清代湖北农业经济研究》（华中理工大学出版社1995年版），张国雄：《明清时期的两湖移民》（陕西人民出版社1995年版），龚胜生：《清代两湖农业地理》（华中师范大学出版社1995年版），张伟然：《湖南历史文化地理研究》（复旦大学出版社1995年版）及《湖北历史文化地理研究》（湖北教育出版社2000年版），郑焱：《近代湖湘文化概论》（湖南师范大学出版社1996年版），丁平一：《湖湘文化传统与湖南维新运动》（湖南人民出版社1998年版），刘泱泱：《近代湖南社会变迁》（湖南人民出版社1998年版），尹飞舟：《湖南维新运动研究》（湖南教育出版社1999年版），林济：《长江中游宗族社会及其变迁》（中国社会科学出版社1999年版），李宪生：《两次世纪之交武汉的对外开放》（中央文献出版社2001年版），方志远：《明清湘鄂赣地区的人口流动与城乡商品经济》（人民出版社2001年版），值得重视。

　　从总体上看，对明清以来长江流域研究的重视是20世纪80年代以后，与区域研究的兴起基本上一致。由于长江流域分为下游、中游、上游三个区域，在以往的研究中，应该说更多的具有区域研究的色彩，但长江流域毕竟是一个较为典型的经济、社会、文化发展带，对长江流域的整体研究也许更为重要，但还存在着缺憾。在前此学者研究的基础上，由我牵头申报了教育部重点研究基地的重大研究课题"15至20世纪长江流域经济、社会与文化变迁"，试图在某些方面有所突破。经过教育部专家组的论证，得到认可。但在课题研究的短短三年中，全面的系统研究几乎不可能，好在有研究群体的协作，才完成了这套书系。由于受研究时间和研究能力的限制，我们确定了三个努力的方向：一是从总体上对明清以来长江流域的社会发展做专题性的论述，如《明清以来长江流域社会发展史论》等。二是对明清以来长江流域社会、经济、文化发展的某一个方面进行研究，如《明清长江流域山区开发与社会变迁》等。三是对以往研究较为薄弱的长江中游地区进行较为集中的探讨，如《明清长江中游市镇经济研究》等。不管是哪一个方面的研究，在选题上都是前此学者较少涉足的，至少，我们的初衷是如此。当然，这套书系也只是我们初步的研究成果，以后有机会，我们还会继续进行这方面的研究。希望读者指导和批评。

最后，需要说明的是，这一课题的研究，自始至终都得到了教育部社政司以及武汉大学社会科学学部陈广胜部长等的关心和支持。在课题研究和成果出版过程中，武汉大学中国传统文化研究中心的同仁以及武汉大学出版社江建勤社长、张俊超副总编也给予了帮助和支持，特此表示感谢。法兰西学院院士、法国国家高等社会科学研究院魏丕信（Pierre-Etienne Will）教授，美国德克萨斯 A&M 大学王笛教授，复旦大学王振忠教授等应邀提供稿件，也为本书系增色不少。

2003 年 5 月 29 日

序　言

张建民

　　周荣博士的专著被列入武汉大学人文社会科学文库，即将由武汉大学出版社出版。作为他近二十年不无曲折的人生经历见证人之一，我愿意在前面写上几句感想，也算是为他的第一部学术专著作序。

　　二十年前我刚研究生毕业留校任教，就担任了一个本科新生班的导师，周荣就是那个班的一名学生。在后来的交往中我了解到，那时候他就逐渐产生了要像费孝通先生那样去了解、认识中国社会的理想。在大学四年学习期间，他多次利用寒暑假只身到农村去调查，并写出了有模有样的调查报告，受到有关老师的好评。然而由于特殊的原因，1990年周荣本科毕业时没能继续深造，但他并未因此放弃本来的理想。在随后的十年中，尽管工作单位几经变动，他都没有中断与学术的联系和对理想的追求。

　　"没有问题便没有史学。"独立思考的习惯和基层工作的经历培养出周荣博士良好的问题意识。在攻博期间，我手头本来有一些内容他比较熟悉的课题，而且在本科和硕士阶段已有先期成果发表，沿着这一思路他可以较轻松地写出一篇规范的博士论文。但他放弃了这条捷径而转向我们一直关注、但研究难度较大的荒政和慈善事业史领域，并最终决定以明清社会保障与基层社会控制问题为题来做博士论文。这一选题在"填补空白"、"跨学科研究"、"追赶学术前沿"等方面的学术意义自不待言，另一方面，所谓历史，是现实的历史。用史学大家克罗齐的话说，过去的事实只有和现实生活中的兴趣打成一片才是真的历史、活的历史。可以说，这一选题也是他立足于现实向历史提问、深刻思考的结果。

　　呈现在读者面前的这本书便是周荣以自己的博士论文为基础增删修改而成的，回顾二十年的往事，相对周荣的理想而言，这是一本姗姗来迟的专著。捧卷在手，令人倍感欣慰，这是周荣克服诸多困难，孜孜以求，为学术界奉献出的第一本富有新意而又十分规范的史学专著，也终于为实现他的理想跨出了坚实的一步。

　　由李剑农、彭雨新先生开启的武汉大学社会经济史研究有着重实证、求缜密的学术传统。应该说，周荣很好地继承了这一传统。在做博士论文期间，他不仅长时间持续在武汉大学图书馆、湖北省图书馆、武汉市图书馆爬梳资料，并到湖南省图书馆及其他诸多公藏单位查阅、抄录相关资料。同时还多次深入农村，搜集谱谍、契约、碑刻等民间资料。从本书的注释和参考文献不难看出，本书广泛参阅了明清正史、实录和政典，对两湖地区地方志资料的爬梳、整理和利用，尤其全面、系统，几无遗漏。特别难得的是，书中还引用了许多稀见的档案、碑刻、家谱及民间文书资料。这些艰苦细致的资料工作，使得本书的立论有了扎实的史料基础。

对现代史学理论及相关学科理论方法的借鉴、运用和正确把握也是本书的鲜明特色。如何处理历史"共相"与"不共相"的关系，乃许多学者，乃至史学界时常遇到的困惑。百年之前梁任公指出的"苦于学识之局而不达"或"苦于事实之略而不具"的问题，百年以后仍然存在，如何才能在既不滞留于史料的考据，又避免陷入空泛的思辨方面做得更好，仍是我们努力的方向之一。作为史学研究的一名新人，他在开篇就引用梁任公的那段话，直面这一令许多史学者困惑的问题，表明他对历史学的基本理论方法开始有了自己的思考和理解。目前，宏大叙事的政治史的不足已被人们充分认识，而时下一些后现代者极力否认结构、规律等所有与共性相涉现象的倾向，则有将历史学引向虚无的趋势，笔者认为，这并不利于历史学的健康发展。客观、公允的态度是在具体研究中努力求得两者的平衡与和谐。周荣在本科阶段曾经系统地选修了社会学专业的课程，在攻读博士学位研究生和留校工作期间又认真研读了法国年鉴学派及英美"新史学"的理论和观点，近年来，有意识地加强"历时感"的锤炼，这些学习的心得，在本书的相关章节中也有较为清晰的体现。细读其有关论述，我们不难发现他在澄清基本概念和归纳对比等基础工作方面做出的努力，也清楚地看到他力图促使过去和现在、制度和运作、结构和事实、城市和乡村、理论和实际相互渗透、融合的尝试。这种视野及相关见识，是在重视实证又不满足于实证的努力下获得的。

在正确认识、理解实证与理论关系的前提下，周荣博士以所搜集的丰富史料为基础，在明清社会保障史和两湖基层社会史这两个领域进行了一系列的创新性研究，颇多创见。概括言之，主要有如下三个方面：

首先，本书为中国社会保障史研究作了一些有意义的拓荒工作。在中国，社会保障史研究尚处于起步阶段。周荣对中国传统社会保障问题的研究，不是简单地将社会保障这一概念移植过来再进行史料填充，而是在对中国社会保障史研究的可行性进行深入思考和详细论证的基础上展开的。在本书中，作者对社会保障史语境中的社会保障概念作了重新界定，从基本的人性、人类的社会理想和社会实践、社会发展和社会控制等角度，赋予社会保障以实在的、切合中国传统社会实际的内含，从而形成了"最普遍的社会保障定义"。对中国社会保障史研究的方法、途径等方面的一些设想和展望，亦不无意义。可以说，作者的这些思考和探讨，为中国社会保障史这样一个跨学科的、非常重要但基础薄弱的研究领域构建基本的研究框架、学术规范，做出了自己应有的努力和贡献。

其次，本书为深化两湖基层社会史的研究开辟了一个新窗口。在眼下的社会经济史研究中，研究对象的区域化、具体化，研究视角的基层化、日常化成为越来越多的人认可的研究路径，这种研究理路有助于深化对中国历史复杂性和多样性的认识。不过，在具体的研究实践中，有时难免会出现相互模仿、一呼百应的现象。特别是随着研究区域的增加和研究队伍的扩大，许多人习惯于听到熟悉的声音和与己相符的观点。一些研究成果除了区域不同之外，研究框架、分析方法和基本结论都大致相似，这种现象已背离了区域研究的初衷。明清时期长江中游地区的人口、经济、社会与环境变迁是我们长期关注的课题，近年来，我们有意识地从不同的角度选择专题，进行综合性研究。目前已在农业水利、市镇经济、农村组织、宗族与乡村、社会风俗、山区开发等方面陆续取得了一些成果，作为这些成果中的一项，周荣的研究以社会保障问题为切入点，从官方与民间、制度与运作等方面对明清两湖地区的社会保障问题进行多视角、多层次的探讨。同时，坚持以基层社会作为分析问题和解决问题的起始点，对在基层民众生活中长期起作用的社会保障机制逐一予以考察、揭示，对社会保障运行中的中央与地方、国家与社会关系进行了全方位的论述，又从社会保障的城乡差别和城乡互动等角度对两湖地区的区域特色作了有意义的探索，这些工作使得本书成为一本综合性的区域社会史研究专著，可以说是实实在在的推进两湖基层社会的研究。

其三，本书将历史上的社会保障研究和基层社会史有机地结合起来，揭示出中国传统社会多层次的社会救助、保障体系及其作用方式、运作实态，这对于认识中国传统社会保障的特点乃至中国传统社会变迁的特点都有一定的学术价值，而且，对于一些现实问题的认识，亦不无启示意义。

周荣博士的这些思考和创见目前尚未必能在学界形成共识，但至少已能够自圆其说，为学界英贤的批评和超越提供了一个可供参考的范本。我深信本书能经受住时间的检验，也许随着时间的演进，其价值会一天天凸显出来。同时，尚须指出的是，本书也有一些意犹未尽，有待深化的地方，就区域社会史的研究而言，河流湖泊众多、水面广大是两湖地区鲜明的地域特征之一，湖区水乡乃两湖区域社会的重要组成部分，明清时期两湖境内湖区水乡人民的谋生手段和生存状况有何特点？这样的特点又如何影响到社会保障机制及其运作？与邻境交边的山区社会是两湖地区又一重要的地域特征，本书已提及两湖交边山区单身流民汇聚的特点，这样的特点对该山区的社会保障和社会控制有怎样的影响？这些都是最能体现两湖区域特征的问题，值得作进一步的深入研究。

最后，作为周荣的老师和仍将长期合作共事的同事，还要说几句与周荣共勉的话。学术的生命在于创新，大凡人们在年轻时比较容易有创新的欲望和激情，随着年龄的增长往往会生出一些惰性。周荣的特殊经历使他延误了许多读书、求知的青春时光。值得欣慰的是，当他重返学校读书时，依然保持了年轻人的心态，这种心态在他的博士论文和本书中清晰地显现出来。不过，作为过来人，我也深知刚刚毕业留校的青年教师的生活处境和承受的压力。希望他在以后的研究和工作中，能一如既往地克服困难，继续保持这种求索的精神和创新的活力。

清代学者杭世骏在《李太白集辑注序》中指出："作者不易，笺疏家尤难。何也？作者以才为主，而辅之以学。兴到笔随，第抽其平日之腹笥，而纵横曼衍以极其所至，不必沾沾獭祭也。为之笺与疏者，必语语核其指归，而意象乃明；必字字还其根据，而证佐乃确。才不必言，夫必有什倍于作者之卷轴，而后可以从事焉。"虽未明言且未必专指治史而言，却在很大程度上道出了治史之不易，愿以此与周荣共勉。

2006 年 6 月于珞珈山

第一章
绪　　论

一、中西会通背景下的中国社会保障史研究

梁任公如此评价 20 世纪初的中国史学：

> 中国史至今诇无佳本，盖以中国人著中国史，常苦于学识之局而不达，以外国人著中国史，又苦于事实之略而不具[①]。

新的世纪之交，东西方思想交汇、历史学与其他学科的交叉融合均呈扩大的趋势，新兴的研究领域层出不穷。中国社会保障史正是在这样的背景下悄然兴起的极其年轻的研究领域。当我们以中西会通的眼光回顾中国史学的曲折历程、审视这一新兴的研究领域时，梁任公的话仍有振聋发聩的功效。

因概念、理论和方法均源于西方，在起步阶段的中国社会保障史研究中，或多或少形成了依附西方的研究理路和思维模式。近年来，越来越多的史学研究者加入到中国社会保障史研究的行列中来，但他们各按自己所理解的社会保障进行拓荒工作，社会保障史研究的理论与方法问题在一定程度上被忽视。中国人文、社会科学研究中的西方化与本土化之争迅速蔓延到这一新兴的研究领域中来，尽管本土化的目标已被人们提出和认可，尽管大多数论著都以"本土化"和"中国特色"为目标，但迄今为止，本土化问题依然是困扰该领域的一大难题。我们不得不思考这样的问题：在中西会通的背景下，中国社会保障史研究应该选择怎样的本土化之路？

（一）中国社会保障史的迷失：现行社会保障史追溯方式解析

任何社会科学均离不开历史的视野，社会保障目前虽然还没有形成一门独

[①]　梁启超：《东籍月旦》，《饮冰室合集·文集》第 2 册，上海中华书局 1941 年版。

立的学科，但人们已建构起有关社会保障的系统知识：一些社会学、经济学、法学的基本理论（如社会契约论、社会正义论、福利经济学理论、凯恩斯理论、费边社会主义理论、马克思主义理论等）被认定为社会保障的理论基础，人们也开始追溯社会保障的历史，并形成一定的共识。按照大多数人接受的观点，社会保障制度成为全球性的普遍制度大约经历了四个阶段的演变：即1601年英国旧济贫法的颁布标志着社会保障制度的萌芽；1883～1889年德国三项社会保险法案的颁布标志着社会保障制度的正式建立；1935年美国罗斯福新政的重要法案《社会保障法案》的颁布以及第二次世界大战后英国重建计划《贝弗里奇报告》的颁布分别为社会保障制度史上两个重要的里程碑；此后，以19世纪70年代的石油危机为界，社会保障制度进入改革与调整阶段①。

　　这样的历史发展脉络代表了西方学者立足于西方社会历史事实得出的结论，它隐含着一个重要的前提，即社会保障制度是现代工业社会衍生的硕果之一，社会保障的历史就是现代社会保障制度的历史。这样的结论正好适应了西方国家历史演变的特点。在西方前工业社会中，与社会保障相关的救灾济贫等事务一直是教会和私人慈善事业的责任范围，工业革命和城市化带来的问题和风险，使传统的家庭保障功能和非正式的保障机制难以应对，劳资关系紧张、工人运动高涨和欧洲左翼政党（社会民主党、社会党、工党）的社会主义运动，都迫使政府以立法等更直接的责任方式介入社会保障事务。两次世界大战的巨大创伤使得政府的责任不断加强，战后当政的左翼政党将建设福利国家与传统的社会主义目标相结合，最终使"从社会福利着眼"②和"普遍福利政策"③成为政府行政的重要原则。这套解释体系的内在逻辑亦非常严谨，即：英国旧《济贫法》颁布的时代正是工业文明萌动的"原始工业化"时代，旧《济贫法》的颁布首开政府立法救助的先河。而1834年英国《新济贫法》的颁布又确立了获得社会救助是公民的基本权利及政府应尽义务的社会保障理

---

　　① 国内学者有关社会保障的系统知识主要从国外移植而来。自20世纪初以来，国际社会逐步出现了一些很有影响的致力于社会保障研究的组织和机构，例如，美国社会保障总署（SSA）自1940年起，每年摘要汇编世界各国的社会保障资料，出版以《全球社会保障》（SSPTW）为名的报告；国际劳工组织自1919年成立以来，特别是1952年日内瓦国际劳工大会以来，组织专门力量进行社会保障研究，颁布了一些文件并形成了一批研究成果。这些组织和机构的研究与高等院校该领域学者们的研究相呼应，共同构成中国学者社会保障知识的重要来源。目前从事中国社会保障问题研究的学者主要有三个来源：一是科研机构及高等院校从事经济学、社会学、管理学研究的学者，二是国家劳动和社会保障部等工作部门、机构中的研究者，三是历史学、法学等学科从事"社会保障史"、"社会保障法"等相关研究的学者。中国学者的研究成果，1998年以前可参见刘燕生主编：《社会保障事典·社会保障图书信息库》（当代中国出版社1998年版）所列之书目，1998年以后的成果层出不穷，数量更多。因篇幅所限，此处均不一一列举。

　　② 参见［英］凯恩斯著、高鸿业译：《就业、利息和货币通论》，商务印书馆1999年版。

　　③ 参见［英］贝弗里奇著、劳动和社会保障部译：《贝弗里奇报告：社会保障和相关服务》，中国劳动社会保障出版社2004年版。

念。所以现代社会保障制度萌芽于工业文明兴起的英国不足为奇，且有一定的
必然性。19世纪末德国的"疾病"、"工伤"和"养老"三项社会保险立法构
建出世界上第一个较为完备的社会保险体系，而社会保险制度是现代社会保障
制度的核心内容，因而它是名副其实的现代社会保障制度的起点。美国1935
年的《社会保障法案》的颁布是"社会保障"这一概念的首次出现，它不仅
创造了让美国从大萧条中复苏的奇迹，而且成为市场经济国家现代社会保障制
度的基本模式。1946年面世的《贝弗里奇报告》更是影响深远，它不仅开创
了西方福利国家型的社会保障模式，而且推进了社会保障制度普遍化、全球化
的进程。因此它们理所当然地被誉为现代社会保障制度史上的"里程碑"或
"分水岭"。

　　总之，基于西方历史事实的社会保障史研究成果已十分清晰地理清了现代
社会保障制度演进的历史过程，审视其包含的内在逻辑亦明白无误、无可挑
剔。这样的演进过程经中国学者的整理、翻译或阐释，成为中国人所了解到和
以为然的基本社会保障史知识。由于中国社会保障的实践基本未纳入西方学者
的视野，有关中国社会保障史的追溯主要由中国学者完成。在当前的社会保障
研究热潮中，中国社会保障史知识主要有三个方面的来源：一是科研机构及高
等院校经济学、社会学、管理学等院系社会保障专业的开设和对中国历史上社
会保障思想、实践的关注①；二是国家劳动和社会保障部等工作部门、机构的
设立，以及这些机构、部门为实际工作需要而对历史时期社会保障思想和实践
的追溯②；三是历史学领域社会史热潮的兴起，中国传统社会的救荒、慈善事
业、民间互助等方面的内容日益受到重视，一些学者开始以"社会保障"为
视角来观照这些问题③。与西方社会保障史的层次清晰和逻辑严明相比，中国
的社会保障史追溯显得有点混乱，尚未形成公认的社会保障史知识体系。综观
现有的中国社会保障史追溯方式大致有三种情况：

　　为数众多的论著以中华人民共和国的建立作为中国社会保障制度论述的起
点，又将1949年至今的社会保障制度分为两个阶段，即将改革开放以前的社

---

　　① 例如，中国社科院有关研究所、北京大学社会学系、中国人民大学社会保障中心、武汉大学
社会保障中心等科研单位的研究均引人注目，一些财经院校的社会保障研究亦有声有色。

　　② 在九届全国人大后的国务院机构改革中，"劳动和社会保障部"开始组建，社会保障事务政出
多门的现状出现转机，标志着统一的社会保障管理体制建设的起步，其后各省、地、市、州、县均成
立了相应的机构。

　　③ 据笔者初步检索与统计，自1990年1月至2002年5月，中国史研究领域里共有118篇论文使
用过"社会保障"一词，总计各时段以社会保障为题的论文共有10篇。至于未具社会保障之"名"，
而有社会保障之"实"的社会救助、社会福利、社会慈善事业等方面的研究成果不可胜计。（详见下文
"学术史回顾"）此外，苏州大学等院校的历史系还开设了社会保障专业，专门从事传统社会的社会保
障问题研究。

会保障制度称为与计划经济体制相适应的"传统社会保障制度",将改革开放后的社会保障制度称为与社会主义市场经济体制相适应的"现代新型的社会保障制度"。因研究对象所限,这些论著对民国、晚清和古代社会保障问题多略而不论,有时对革命根据地的社会保障实践作简要追溯①。

为数不多的论著虽以现实的社会保障问题为研究对象,却也对中国古代的社会保障思想和实践给予了非常难得的关注和重视,并承认历代统治者实施的社会保障措施有值得借鉴的内容。不过这些论著都坚持认为,中国古代的社会保障"只是一种结构单一、水平极端低下、未能制度化的社会保障措施"②。

为数更少的论著以中国古代社会保障史作为研究对象,这些论著的作者多为历史学出身,在史料的搜集、鉴别和实证史学方法的运用上更成熟,其立论建立在更严密的考据和实证的基础上,但这些论著多为立足于一定时段的断代研究,对社会保障史研究的理论与方法问题有所忽视,在论述古代社会保障问题时,对社会保障的概念、适用性及传统与现代社会保障的区分等问题未作认真的辨析。也有一些论者采用回避与折中的办法,小心翼翼地用"中国古代传统社会保障"等名称来标识中国古代的社会保障制度③。

上述成果所显现出的对中国社会保障史的追溯在学科领域、研究对象、主旨等方面都有特定的背景,也各有其存在的合理逻辑。因此,若从单一的成果来审视,它们的学术价值、合理性都是十分明显、不容置疑的。但是将这些成果汇总在一起却难以获得对中国社会保障史研究的总体认识,更难还原一个如西方那样结构严谨、层次分明的中国社会保障的演进历程。迄今为止,中国社会保障史研究的总体状态仍是一片混沌的"过去时态"。这种含混的认识与西方社会保障史知识叠加在一起,使得中国人对社会保障史的整体认知忽明忽暗、变动不居。

若要从根子上为中国保障史研究现状的扑朔迷离和错综复杂寻找原因,就不得不归咎于当下中、西社会保障学的不对等地位。目前社会保障研究中的概念、理论和方法基本移植于西方,正是凭着这些移植的概念、理论和方法,中

---

① 这些论著以现实社会为研究对象,无需追述古代社会保障的内容。主要包括各种版本的高校社会保障学教材和立足各自学科或工作实际进行探讨的论著。此类论著数目巨大,具体篇目1998年以前可参见刘燕生主编:《社会保障事典·社会保障图书信息库》(当代中国出版社1998年版),1998年之后参见中国人民大学历年《社会保障制度》复印资料所列篇目索引。

② 例如郑功成教授自1994年以来有关中国社会保障问题的著作都大篇幅论及了"古代社会保障思想渊源"、"古代社会保障制度与实践"等内容,又将其定性为非制度化的社会保障。参见郑功成:《中国社会保障论》,湖北人民出版社1994年版;《论中国特色的社会保障道路》,武汉大学出版社1997年版等。曾国安教授的《灾害保障学》也用一定的篇幅回顾"中国历史上的灾害保障思想"和灾害保障实践。参见曾国安:《灾害保障学》,湖南人民出版社1998年版。

③ 代表性成果参见王卫平:《中国古代传统社会保障与慈善事业》,群言出版社2005年版。

国社会保障研究迅速崛起为一门"显学"。但这种移植也在事实上造就了中国社会保障学对西方的依附地位，从而在社会保障的研究理路和认知方式上形成了以西方为中心的倾向。年轻的中国社会保障学如此依赖于西方社会保障学这棵大树，以至"西方中心倾向"基本成为目前社会保障研究中的思维定式，在对曾让国人引以为自豪的"五千年文明史"的解读中也不例外。上述对中国社会保障史的种种追溯方式基本都是"西方中心倾向"的思维定式直接作用、间接影响或无形束缚的结果。在这种思维定式的作用下，社会保障已不是一个可以为不同的社会和文化所容纳的普遍性范畴，而基本成为西方国家的专利，西方社会保障模式因此而具备了先入为主的正统性，发达国家以人权观念为基础，以社会保险为核心的社会保障制度成为众多发展中国家仿效和追求的楷模。也正因为如此，人们无须在1601年以前的非西方社会中去找寻社会保障制度的历史，因为，此时正统性的、作为楷模的社会保障制度尚未萌芽，其他国家何来社会保障制度？纵然有丰富的社会保障思想和实践，自然也是偶然的、水平低下的和非制度化的；即使用充足的史料证实了制度化的社会保障存在，也绝不敢逆流行的思维定势而动，而是另起炉灶，发明出诸如"古代传统社会保障"这样的概念。这实际上是在承认现有解释体系正统地位的前提下来表明与现有解释体系"井水不犯河水"的立场。总之，在现行社会保障史追溯方式下所形成的社会保障史研究基本处于一种中西分离、古代与现代脱节的状况。对中国和西方、中国传统时代与中国现代各有一套社会保障史的追溯方式和解释体系，社会保障史还没有形成一个突破时空束缚的普遍性范畴。归根结底，西方中心倾向就是所有混乱的"总设计师"，本土化因此成为众望所归的学科建设目标。

（二） 中国社会保障史本土化的前提

在涉及中国研究的社会科学领域，西方化和本土化的对立其实由来已久。自20世纪之交"西学东渐"、中国社会科学走上学科化道路以来，就不断有人反思东西文化的差异及中国文化的特殊性问题，并将这种特殊性的探讨扩展到学科的理论、规则和方法上面。以社会学为例，20世纪30年代，一批学者不满于中国社会学研究多借用西洋社会学理论和事实的状况，提出了"社会学中国化"的口号，80年代社会学学科恢复和重建后，又时常伴随着西方化和中国化之争①。直到现在，中国社会学界仍处于"大部分社会学知识（包括概念、理论和方法）都源自西方……人们无法断定在何种程度上这些知识与

---

① 参见费孝通：《中国社会学的成长》，《社会研究》1947年第7期；李培林、孙立平等：《20世纪的中国学术与社会·社会学卷》，山东人民出版社2001年版。

中国和其他非西方社会相关或可用"的状况之中①。中国社会保障研究的现状颇类似于 20 世纪初社会学在中国的状况，中国社会学百年学科建设的历程迫使我们思考这样的问题：为什么中国社会学本土化的目标提出了一个世纪，国人至今从事的依然是西学主导的社会学研究？它给眼下中国社会保障和社会保障史的研究以什么样的启示？易言之，要改变中国社会保障史研究中的诸种不尽人意之处，又不使这一刚起步的年轻研究领域深陷新一轮的西方化和本土化之争，我们应该选择怎样的本土化之路？

20 世纪以来中国人文社会科学本土化建设有一项很重要的成就，即日益突破以西学为准则的立场，由立足于西方看中国，逐步转向立足于中国看中国，中国社会自身的特殊性得到一定程度的强调②。这无疑是中国学术发展很有意义的一步，因为科学的精髓就存在于特殊性当中，对只是"一趟过"的历史现象的研究尤其如此。但是当我们把某些因素加以突出和强调而忽视另外一些因素的时候，我们也可能因此变得孤立，有陷入"未加充分反思的本土主义诉求"③的危险。事实上，在人类的认知中，特殊性、地方性、民族性这样的范畴是和一般性、普遍性、世界性这样的范畴相伴而生、相互依存的。当我们考察某一地区、某一民族在某方面的特殊性时，一定不能离开了它赖以存在的普遍性。巴勒克拉夫早已指出："推进当代历史研究不仅在于集中批判欧洲中心论，而且还必须在其他方面付出同样巨大的努力去克服民族和种族的局限性"以"超越民族和地区的界限，理解整个世界的历史"④。也就是说对中国社会特殊性的探讨或者说以探讨中国社会特殊性为主要内容的人文社会科学本土化建设，有一个重要的前提，即站在人类普遍的立场上来观察世界，既不能以西方为中心，也不能以自我为中心。中国社会学等学科的本土化建设之所以难以达到人们理想中的效果，一个重要的原因就是这些学科的本土化建设将着力点过分集中于东西文化差异的比较和发现中国社会自身特性这一面，而对普遍性知识之类的问题重视不够。

在中国社会科学学科化道路上，"中国任何一个现象都只能在别人的概念

---

① 参见李沛良：《论中国式社会学研究的关联概念与命题》，《东亚社会研究》，北京大学出版社1993 年版。

② 在明清以来的中国历史研究中，这种中心观的转换在海外学者的研究成果中表现得很突出，他们立足于中国社会提出了一些很有影响的解释模式，如黄宗智的"过密化"理论、萧公权、周锡瑞的"士绅社会"理论，杜赞奇的"权力的文化网络"等，明确提出这种立场的则是美国学者柯文在 20世纪 80 年代初所提倡的"在中国发现历史"。参见［美］柯文著、林同奇译：《在中国发现历史——中国中心观在美国的兴起》，中华书局 2002 年版。

③ 王中江：《转变中的中国哲学范式的自我反思和期望》，《中国思想史研究通讯》第 1 辑。

④ ［英］杰弗里·巴勒克拉夫著、杨豫译：《当代史学主要趋势》，上海译文出版社 1987 年版，第 42 页。

框架中获得解释"和"我们的生活意义来自别人的定义"① 的局面的形成不是偶然的。其中一个绕不开的岔路口即"西学东渐",中国各学科的建设正是在西学既有的概念、理论和方法体系中进行的。人们在用这些概念、理论、方法体系进行学科建构时默认的一个重要前提是:这一知识体系是没有地域、民族界限的普遍性的知识。然而,正是这样的默认使人们跌入了一个陷阱,因为人们所默认的不是学理意义上的普遍性知识,而是西方学者立足于西方经验所得出的"地方性知识"。造成这种失误的原因部分来自西方学者的"先觉"与自负,部分来自中国学者学习先进文化的急切心理,这两部分的合力导致了中国研究中以西方知识作为普遍知识的时代局限性,它成为中国研究中"西方中心观"的一个重要源头。当人们从这种状况中"觉醒"之后,便自然产生了对普遍性知识的反感情绪,人们在冲破西方中心观的过程中,也常常将矛头指向普遍知识的建构,把它视为导致西方中心观的祸首。殊不知,导致中国学术研究种种失误和混乱的根源是将西方知识视为普遍性知识,而非普遍性知识本身。学理上的普遍知识并不因人们的误解而消失,它依然是等待我们接近的一种存在,诚如论者所言:"科学是超越国家、民族、地域和文化的。作为科学的社会学也只能有一个,它是属于全世界的。它可以有许多不同的学派、不同的视角、不同的观点和不同的思潮,可以有不同的理论发展阶段,可以有对不同的社会和不同的文化的研究,但属于这个学科的基本逻辑和规则是相同的。"② 相对于特殊性知识而言,普遍性知识可能是有限的,但在中国社会科学本土化建设过程中,普遍性的探求依然是重要的,因为"特殊"与"普遍"相互依存,没有普遍性就没有特殊性。当前各学科本土化建设成果不尽如人意的现实昭示了这一探求的迫切性。

　　以冷静客观的历史态度来审察,20 世纪 80 年代以来中国的社会保障、社会保障史研究借助西方社会保障理论和方法而兴起、繁盛的过程,与 20 世纪初的社会学和其他人文、社会科学一样,实际上只完成了借用外部知识来认识中国社会,并以此为基础对自身知识"重新创作"的过程。由于这些知识不是从"实际社会"和"社会事实"中归纳和提炼出来,用它们来描述和解释中国的历史和现实时,难免会有"扞格不通之处"③。在社会保障史的本土化建设过程中,这些从非本土的社会历史事实中提炼出来的知识和源自于本土社会的自身知识势必经历一个艰难的"磨合"过程,要顺利实现这样的磨合,

---

　　① 张洁宇:《全球化时代的中国文化反思:我们现在怎样做中国人——张旭东教授访谈录》,《中华读书报》2002 年 7 月 17 日。

　　② 李培林:《现代化的求索:启蒙、进化与改良》,《20 世纪的中国学术与社会·社会学卷》,山东人民出版社 2001 年版,第 54 页。

　　③ 参见王处辉:《中国文化的"角色理论"刍议》,《理论与现代化》1998 年第 11 期。

必须求助于知识的普遍性特点，通过对话和交流，把不同地域、历史、文化背景的知识和不同来源的问题重新组合，统一考虑，形成新的更具解释能力的知识。这样的知识脱胎于源头各异的特殊性，但它已经上升为新的普遍性知识。无疑，形成这样的新的普遍性知识需要很大的视野调整，但它正是我们构建本土化的社会保障学和社会保障史所需要的视野。

　　然而，回顾 20 世纪的中国史学，从来就不缺少"普遍历史"的书写，从梁启超"新史学"所本源的"大写历史"到胡适所主张的"世界历史属于同一类型"的"历史主义"，"普遍历史"的书写一直是占主流地位的书写方式①。对这些历史书写方式，尽管有些学者提出批评，但笔者认为全局的视野本身并没有错，招致批评的根源依然是误将地方性知识当做普遍知识，只要我们不再以"目的论"的眼光去看待历史，不再把世界历史归纳为同样的轨迹而将多样性的文化纳入一个简单的模式里，这种眼光依然是必需的。事实上，从国际史学发展趋势看，在 20 世纪七八十年代以来冲击"欧美中心论"的强大潮流中，除了"在中国发现历史"② 这样的中心观转换外，"全球史"、"整体历史"的书写也是一股重要的浪潮③。伏尔泰等开创的"从全球观察世界"的编史传统为一批当代史家继承和发展，他们正设法摆脱站在世界一隅（如西欧）写历史的偏见，努力获得"如一位栖身月球的观察者从整体上对我们所在的球体进行考察时"的整体感，并重点研究"对人类发展有重大影响的那些历史运动"，据此形成全球的通史④。从这种意义上说，在我们的研究中并不是"普遍历史"过多，而是缺乏"普遍历史"。我们理当克服"一朝被蛇咬，十年怕井绳"的恐惧心理，勇敢地面对、思考和建构新的普遍性知识。

（三）中国社会保障史的本土化构建：设想与展望

　　经历了将"特殊汇入普遍"的视野转换和理论思考，中国社会保障史的本土化便成为依据新的视野和理念重新构建的具体操作问题。构建本土化的中国社会保障史至少包括三个方面的内容。一是形成具有普遍意义的概念体系；

---

　　① 参见罗志田主编：《20 世纪的中国学术与社会·史学卷》（上、下），山东人民出版社 2001 年版。

　　② 参见［美］柯文著、林同奇译：《在中国发现历史——中国中心观在美国的兴起》，中华书局 2002 年版。

　　③ 其中在国际学术界引起强烈反响的成果是美国历史学家沃勒斯坦的多卷本著作《现代世界体系》，参见［美］沃勒斯坦著，尤来寅、吕丹、孙立田等译：《现代世界体系》各卷，高等教育出版社 1998 年、2000 年版。对各卷内容的评介可参见于沛：《变动中的西方史学》，《当代中国史研究》2003 年第 6 期。

　　④ 参见［美］斯塔夫里阿诺斯著、吴象婴、梁赤民译：《全球通史》，上海科学院出版社 1999 年版。

二是将东、西方社会保障实践放在同一时间维度中进行考察，用"普遍历史"的视野观察和思考中国社会保障史；三是深入"本土"，探求中国社会保障史的特殊性。

中国人文社会科学学科按照西方模式建立的最直观的成果是在中国研究领域一下子增添了一大批炫目的新鲜词汇和概念，这些概念方便和丰富了中国研究的学术表达，也在一定范围内显示了极强的解释力。但是，这些词汇和概念常常因含义不明而带来不必要的混乱，更为重要的是，当人们试图用它们来涵盖多样性的中国社会时，往往出现"罩不住"的尴尬。尽管如此，我们很难回避这些舶来的概念，因为它们已经被人们广为接受，有些概念已成为某一学科的基本的、核心的概念。如同政治学中的"国家"、"国民"、"政府"和社会学中的"社会"，经过一个世纪的磨合，它们已经成为中国人文社会科学有机体中不可缺少的组成部分。当人们很自然地用这些深入人心的概念去解读中国历史时，实在难以在每一个具体的历史情境中去追问它们的确切含义。我们不可能在西方学科的基本概念之外再创一套概念和规则体系。且不论重新回到自己的历史和社会现实中去发明一套新的概念的"成本"，即使我们不计成本地发明了这样一套足以与现存概念相抗衡的概念体系，最终也会落入单向性和二元比较的框架之中。因此，最明智的态度不是拒绝和废弃这些概念，而是以新的视野重新审视这些概念，开辟更具普遍性的概念体系①。其中，尤为紧要的是对那些基本的、核心的概念（如社会保障、社会保障制度等）要作这样的审视。其实，撇开传统与现代、中国与西方这样一些人为的心理束缚，以更开阔的视域、从更久远的时空维度来重新审视，社会保障的基本内涵仍有足够的阐释空间和途径。例如，从基本的人性出发，将社会保障视为人类"利他"本性的外在化和社会化；从人类的社会理想和社会实践出发来认识社会保障，将社会保障作为人类社会理想的一种阐释、解读和实践方式；从社会发展和社会控制的角度认识社会保障，将社会保障机制理解为人类社会发展的协调、稳定机制等（详见下文）。以这样的思想认识和方法原则为基础形成的概念体系才是中国社会保障史本土化建设所需要的概念体系。

---

① 王中江在谈到中国哲学研究中的"哲学"概念也持相同的观点："近代中国引入和翻译了大量的西方人文和社科术语、名词（相当一部分是通过日本这一桥梁），经过百年来的解释、理解和运用，它们已经融化并成为中国学术和思想文化的一个有机部分（就像翻译过来的大量佛教术语早已成为中国文化和思想的有机部分那样）。越过了初期翻译阶段早已被'中国化'了的大量术语，决不能再简单地说它们只是'西方的'术语（除非在'起源'上说），它们也是'中国的'术语……观念和概念当然也是名词符号，但它们决不是可以随意换来换去的符号"。为此他认为："对翻译术语的形式化拒绝实际上是在拒绝一百多年来我们形成的新传统"。参见王中江：《转变中的中国哲学范式的自我反思和期望》，《中国思想史研究通讯》第1辑。

　　当我们已经能用"普遍历史"的眼光来审视"社会保障"及"社会保障制度"等基本概念的内涵和外延时，还要把中国、西方及其他文化中的社会保障实践放在同一时间维度中去观察和理解，以认识社会保障史的共同特点和演变规律，形成整体的、普遍的中国社会保障史知识。这样的社会保障史知识是"中国的"，同时也是"世界的"。许多现代历史学家认为，历史是没有规律可循的，总体史也是不存在的，历史学只能是揭示特殊性的"零碎工程学"。而一些后现代史学家则"否定任何一种用普遍接受的方法论形式作出的历史解释和历史描述"①。如果这样的话，历史学似乎也失去了存在的意义。梁启超在晚年时已经表示了这种忧虑，他说"把许多'不共相'堆叠起来，怎么能成为一种有组织的学问？"②。当代一些颇有成就的海外中国史研究者也认为"全盘放弃文化间的交互比较，几乎完全集中于揭示历史瞬间的偶然性、特殊性以及或许是不可知性——使其甚至无法触及到历史（及当代生活）中的很多最为重要的问题"的做法是不可取的③。因此，如果我们不愿陷入历史虚无主义，就要承认普遍性的存在，它包含在特殊性当中。中国和其他文明社会保障史的特殊性并非纯粹的偶然和杂乱，我们可以从众多的特殊性当中"汇总"出"普遍的历史"。

　　相对于精细的实证研究而言，探求普遍、整体的社会保障史的难度在于从杂乱的个别性当中发现历史进程中的一般性和共同性，这可能要借助一些哲学思辨的头脑和更科学的方法。不过，在中西哲学和史学理论的宝库中，我们很容易找到这种资源。西方历史哲学的先驱维柯说：既然我们这个"民族世界"是由人类创造的，就会存在一些制度（如宗教、婚姻、丧葬），它们是全人类"都一致赞同的，而且向来就是一致赞同的"，这些制度"就会向我们提供一些普遍永恒的原则"④。20 世纪 60 年代，汤因比的巨著《历史研究》系统比较了近六千年来诸种文明形态的起源和演变，阐发了一种新的历史哲学体系——"文化形态理论"⑤，被人评价为"真正发现了历史规律的唯一理论"和"我们这个时代历史综合研究领域里的最重要的著作之一"⑥。对于我们今

---

　　①　参见何兆武、陈启能主编：《当代西方史学理论》，上海社会科学院出版社 2003 年版，第 35～59 页、第 227～245 页。

　　②　梁启超：《梁启超哲学思想论文选》，北京大学出版社 1984 年版，第 439 页。

　　③　王国斌在《转变的中国》中提出了这种看法，彭慕兰在《大分流》中作了转述，并深表赞同。参见［美］彭慕兰著、史建云译：《大分流：欧洲、中国及现代世界经济的发展》，江苏人民出版社 2003 年版，第 6 页。

　　④　参见［意］维柯著、朱光潜译：《新科学》，人民文学出版社 1986 年版。

　　⑤　参见［英］汤因比著，刘北成、郭小凌译：《历史研究》，上海人民出版社 2000 年版。

　　⑥　参见何兆武、陈启能主编：《当代西方史学理论》，上海社会科学院出版社 2003 年版，第 97 页。

天构建普遍的社会保障史而言，这些理论在"普遍解释力"方面可能仍有一定的局限性，但这种整体的视野却不会过时，只要不丢弃这样的视野，就终究会获得"普遍历史"认识能力和方法论上的突破。例如，近十年来，欧洲、中国及其他国家的一些学者不谋而合地试图发展一种"互构知识"（reciprocal knowledge）的知识论，这种知识论"以一种新的普遍主义知识生产为目标"，使人类知识进入了对话性的结构，"在对话中的知识运动，不再是文化的比较，而是对来自不同知识体系和文化传统的提问所进行的问题体系的重新设置，就是把不同来源的问题都考虑在内重新形成一个新的问题体系"，从而开辟了变"地方性"为"普遍性"的一条可行路径，循着这条路径，原来那种"单面的普遍主义"被改造为多面的"互构的普遍主义"（reciprocal universalism），从而使得由不同文化、不同传统和不同世界所提出的各种问题都能被解释。互构知识论因此而被称为"在策略上最优的交往/对话理论"①。对中国及非西方文化的社会科学理论建设而言，"互构知识"的策略和理论较好地解决了弱势文化问题，不失为一种可资借鉴的策略和理论。在"普遍历史"的视野下，相信还会有更多的能兼顾知识的公正性和有效性的类似理论涌现出来。

事实上，在包括中国社会保障史在内的中国史研究中，具备世界性视野的学术探索已经迈出了可喜的步伐。例如，日本学者沟口雄三在中国思想史研究的长期积累中，检讨了几代日本史学家研究中国的视角和思路，继美国学者柯文"在中国发现历史"之后，提出了"作为方法的中国"的学术视野和方法论，把中国作为理解世界多元化发展的一种途径和方法——"以中国为方法，以世界为目的"②。美国学者王国斌在反思西方中心主义和中国中心观的基础上开创了"空间与时间的双向交叉比较"研究方法，"在空间方面，不仅从欧洲的立场看中国，也从中国的立场看欧洲；而在时间方面，则不仅站在今天的角度看过去，而且也站在先前某一点看后来"③。德国学者贡德·弗兰克的《白银资本》和美国学者彭慕兰的《大分流》等都在"更周全地考察中国与世界之间的关系"和"尽量进行较好地比较来对抗带有偏差的比较"等方面作了有益的探索④。中国学者秦晖则展开了中西公益事业史比较研究，第一次将

① 赵汀阳：《历史知识是否能够从地方的变成普遍的？》，杨念群、黄兴涛、毛丹主编：《新史学》上，中国人民大学出版社 2003 年版，第 139 页。

② 参见〔日〕沟口雄三著、李甦平译：《日本人视野中的中国学》，中国人民大学出版社 1996 年版。

③ 参见〔美〕王国斌著、李伯重、连玲玲译：《转变的中国：历史变迁与欧洲经验的局限》，江苏人民出版社 1998 年版。

④ 参见〔德〕安德烈·贡德·弗兰克著、刘北成译：《白银资本：重视经济全球化中的东方》，中央编译出版社 2000 年版；〔美〕彭慕兰著，史建云译：《大分流：欧洲、中国及现代世界经济的发展》，江苏人民出版社 2003 年版。

中西公益事业的历史长河放在对等的平台上进行观察、对比，对"公益事业发展史的西方模式"和"公益事业发展史的中国模式"作了回顾和检讨①。诚然，在对"特殊性"的精细实证研究尚未充分展开以前，这种普遍的社会保障史知识可能难有定论，但这种视野却是必不可少的。一旦我们经历了视野的调整，具备了普遍历史的视野，并不懈地努力下去，普遍社会保障史的构建就不是不可能的。

在"普遍历史"中探寻特殊性是中国社会保障史本土化重建的核心内容。依"普遍历史"的眼光，将中西社会保障放在同一时间维度中进行思考，更容易发现中国社会保障道路的特殊之处。例如，社会保障所要解决的实际问题——对老、弱、病、残等弱势群体的救助及失业、贫困等社会现象的缓解，是不同时代、不同文明都要面对的问题。对这些问题的不同的解决方式即体现了不同国家和地区不同历史阶段社会保障的特点。以社会保障主体承担责任的方式为例，一般认为，政府是否承担责任以及政府介入的程度、方式是社会保障制度化和非制度化的分水岭。不难发现，在中西漫长的历史中都可以找到政府较早介入各项社会保障事务的记载，但中西社会保障却显现出不同的特点和运行轨迹：中国是一个有着"大政府"传统的国度，很早就强调了政府对社会弱者的责任。在早期儒家传统中就已经有了"政府应是社会福利的主要、甚至是惟一提供者的想法"②。历代统治者都自觉地将救助社会弱者作为自己应有的责任，中国传统时代的国家体现为一种"家国同构"的结构方式，国家和政府视其臣民为"子民"，老百姓视政府官员为"父母"，"父母"对"子民"的生产、生活等各个方面全盘负责是十分自然的事情。这样的观念和国家结构在西方国家的历史上不曾有过或不明显。再如，在古代中国的高层权力结构上，作为国家和政府代表的皇权在秦至明清的中国一直是至高无上的，在理念和实践层面，均没有一个超乎其外的在国家事务中发生作用的力量，对皇权的抗衡通常只是服从前提下的一种牵制或对抗。中国古代官方所举行的社会保障活动通常以国家制度和政策等形式固定下来，形成比较完备的被长期推行的社会保障制度。《周礼》中即有"保息六政"和"荒政十二策"的记载，秦以来历代中央集权政府所实施的完备的荒政政策、汉以来积谷备荒的各项仓储制度、唐宋以降的居养制度等都是有据可考的信史。到了明清时期，各项制度和政策日臻完善，这些政策和制度基本包括了社会救助层次的社会保障的主要内容，即使以现代的眼光来衡量，也算得上是比较完备的。而在西方历史上

---

① 参见秦晖：《政府与企业以外的现代化——中西公益事业史比较研究》，浙江人民出版社 1999年版。

② 梁其姿：《施善与教化——明清的慈善组织》，河北教育出版社 2001 年版。

的高层权力结构中，世俗王权之外尚有教权，教会的力量在相当长的时间里一直凌驾于王权之上，尤其是与社会救助相关的事务，一直是教会的责任领域。如法国从中世纪起一直由教会举办慈善事业，救济贫民。至 18 世纪末，教会慈善机构仍是唯一的救济机构，直到法国资产阶级革命后的 1793 年《宪法》才正式确立了政府解除贫困的责任；瑞典的互助事业也源于中世纪的行会，以后又演变为慈善会，专办慈善救济事业，直到 19 世纪 80 年代之后，新出现的行业工会才承担起工人疾病补助和失业救济的责任①。西方中世纪以"基督之爱"为号召，个人赎罪、教会组织施舍弱者为主要形式的慈善，曾经达到相对当时经济资源总量而言可称得上是很大的规模（例如英国教会慈善基金总额达全国公共财富的 40%），这种现象"不仅古罗马没有，现代发达国家也没有，我国古代更是闻所未闻"②。与此相应，中国传统时代政府对社会保障事务的介入基本上是受法律约束的，特别是到了传统晚期，官方在社会保障领域的主要活动基本纳入了法律规范的范畴。《大明律》、《大清律》及相关的《事例》、《则例》等都对有关社会保障事务的原则、标准、办事程序、违规惩处办法等作了详细的规定。而西方国家在伊丽莎白《济贫法》之前，政府对社会保障事务的介入基本上是随机的、临时的。

围绕着这些区别和特殊性还可以进一步追问一些深层次的问题。例如，中国传统时代国家和政府较早介入，形成了制度化的社会保障，到了明清时期，从传统意义上讲，各项社会保障制度已趋向完善。然而，这种社会保障制度为何没有向现代成熟的社会保障制度发展，而西方国家自 1601 年英国伊丽莎白女王《济贫法》开始却逐步演绎出现代社会保障制度？这样一步步地追问和深入下去，一部本土化社会保障史的轮廓便渐渐清晰起来。

不过，对特殊性的探索绝非泛泛而论，更不能以现有的一般性认识代替特殊性，这一点尤为重要。那些浅表的、似是而非的特殊性往往易于为人们所认识，而深层的、真实的特殊性则要经历一个艰难困苦的发现过程。正因为如此，中国社会保障史的本土化建构过程也正是历史学的实证研究大行其道的过程。史学研究一刻也不能丢弃历史的实证的方法，其中最根本的一点，就是一切以事实和史料为依据，将所有的结论建立在可信的史料基础之上。为此，以历史的实证为基础的专题性研究、断代史的研究、区域史的研究、个案的研究等都是基本的、必需的。同时，这些研究也不是零散的、琐碎的，而是统一于社会保障这个富有意义的整体中。如同施坚雅在他的著名报告中所指出的那

① 刘燕生：《社会保障的起源、发展和道路选择》，法律出版社 2001 年版，第 88 页。

② 秦晖：《政府与企业以外的现代化——中西公益事业史比较研究》，浙江人民出版社 1999 年版，第 128 页。

样，要"把微观考证和宏观透视结合在一起"，"把局部地方史与大型区域史联系起来"，"把各个分离的事件与持久性活动的相应结构联系起来加以研究"①，才会建立起真正有意义的本土化的中国社会保障史。

无疑，这是一个十分艰难的过程，非一日甚至一代人之功，但它也是一个可以预期和展望的过程。

二、基本思路、选题意义、研究方法及重要概念的界定

本项研究以"明清社会保障制度与两湖基层社会"为题，旨在循着上述理论思考所形成的思路做扎实而具体的工作。

以普遍历史的眼光考察，建设一个健康、持续发展的社会，是人类追寻已久的古老梦想，这一梦想在历史的长河中以不同的实践方式重温和推进着，经一代一代的层积累进，逐步形成了一套适用于传统社会的有效保障和稳定机制。时处中国传统社会晚期的明清时期，是社会经济急剧变革、社会矛盾充分暴露的时期，亦是中国传统典章制度集大成的时期。明清两朝各自维持统治时间之长久在历朝历代中屈指可数：明代自 1368 年朱元璋称帝到 1644 年崇祯皇帝自缢共维持了 276 年，清代自 1644 年清兵入关到 1911 年辛亥革命共维持了 267 年。这无疑为我们考察传统时代的社会保障问题提供了较好的范型。

同时，面对中国这样一个地域广大，自然、社会条件复杂多样的古老国度，欲揭示出中国历史发展的内在走向和中国社会内部具体运转过程，区域和地方变异性是必须充分考虑的问题。为此，"把中国从空间上分解为较小的、较易于掌握的单位"进行实证研究是较为明智的选择——也正是新时期"史学转向"的趋势之一②。目前，江南、华北、华南、西南、西北等地的区域社会经济史研究成就斐然，而长江中游地区则相对薄弱。事实上，明清时期的两湖地区（明代的湖广行省，清代康熙三年以后的湖北、湖南两省）是一个极富有研究意义的区域，一方面它是一个比较完整的地理单元，其行政区划由明清至今并无大的变更③。另一方面，两湖地区是明清时崛起的一个"新经济区"，而且地理位置居中，各种经济、文化现象在此交汇，在社会经济的发

---

① ［美］施坚雅：《中国历史的结构》，载施坚雅等著，王旭等译：《中国封建社会晚期城市研究——施坚雅模式》，吉林教育出版社 1991 年版。

② 参见［美］柯文著、林同奇译：《在中国发现历史——中国中心观在美国的兴起》，中华书局 2002 年版。杨念群主编：《空间·记忆·社会转型——"新社会史"研究论文精选集》，上海人民出版社 2001 年版。

③ 就整个疆域而言，除了明代建始县归四川，四川的天柱县属湖广，英山县主要属安徽外，其余与今天的省界几乎完全一致。

展、社会矛盾的产生和解决等方面均有一定的代表性。

本书立足于两湖基层社会，围绕着明清社会保障问题这个主题，力图从官方与民间、制度与运作等方面进行多视角、多层次的实证研究，初步理清明清社会保障制度演变的脉络，再现中国传统社会保障体系的内容及其向基层社会渗透的过程。同时，重点探讨明清社会保障的运转机制及其特色，探寻社会保障体系各个层次在运作中有机联结的主要环节，以及在两湖基层社会保障及相关事务中起关键作用的力量。并适当地展开与其他地区的比较，以江南等地为参照系，揭示两湖地区社会保障事业的有关特点。最后，在上述基础上，就中国传统社会保障及社会变迁的特点及相关问题提出一点心得和看法。

在本书中，笔者所着力追求的至少有如下方面：

1. 跨学科研究

20 世纪以来，中国史学逐步走出"历史饥饿"状态，其发展趋势之一是向各学科的交叉边缘地带拓展，同地理学、经济学、人类学、社会学、法学、医学、生物学、气象学、农学、工程学等社会科学和自然科学交叉融合，产生了许多新课题，如生态环境史、灾害史、人群生命史、社会心态史等。社会保障本身是一个交叉学科的命题，"从理论上讲，社会保障从基金筹集到支付的过程实质上是国民收入的分配与再分配过程，它应该属于经济学范围；社会保障的直接目的是为社会稳定服务，是国家和社会通过法律强制实施的社会政策，它又应该属于政治学范围；社会保障的行为是社会控制，其内容和任务是解决各种特定的社会问题，从而又应该属于社会学范围。在实践中，社会保障关系只能由独立的法律部门来调整和规范，并需要运用统计学、管理学及保险学等技术"①。由此可见，社会保障牵涉的学科面极广，对社会保障问题的历史学研究，顺应了史学跨学科发展的趋势，是一个有潜力的研究课题。

2. 填补空白领域

就史学研究而言，对中国传统时代的社会保障问题，海外学者关注较早，研究成果也有一定分量。中国大陆学者近几年来才开始重视这一问题，研究成果呈日益增长的趋势。但就已搜集到的材料看，现有的研究成果多集中于社会保障的某一局部问题或某一子系统的研究，而将传统社会保障视为一个整体，经过认真的理论思考和视域转换，在精确界定社会保障及相关概念的内涵和外延基础上的系统研究尚不多见，特别是在经济和社会变迁的大背景下，从典章制度和实际运作两个层次、以基层社会为视角来全面探讨、认识这一问题的成果更少。而且，现有的研究成果多以江南等地区为"蓝本"，而以两湖地区为

---

① 郑功成：《论社会保障领域的理论建设》，《中国社会保险》1995 年第 7 期。

着眼点的研究基本上是空白。

3. 追赶学术前沿

20 世纪以来，中国史学逐渐由单纯的历史编纂学向近现代史学转变，由单一的政治史向经济、文化、社会史转变，由单调的社会上层史向包括社会各阶层人群的历史，特别是社会下层史转变。这一趋势在近年来不断增强，史学研究中，政治、经济、文化"三足鼎立"的传统格局已经被打破，出现了政治、经济、文化、社会"四轮驱动"的新格局，并逐步突破学科、专题的界分，日益迈向"整体史"。马敏将这些趋势归结为"更趋精细的历史观、长程的历史观、内部取向的历史观和总体的历史观"等几种历史观[1]。并指出"面向 21 世纪的新史学发展的基本方向乃是以新社会史学为标志的'整体史'"[2]。自 1986 年以来，我国社会史学界已先后举办了八届年会，研究涉及了婚姻、家庭、宗族、社会生活、社会心态、区域社会等前沿问题。本书以基层社会为分析和解决问题的起始点，涉及家庭、宗族、社区、会馆、市民公共生活等领域。在这些领域中，以新史料、新视野为基础的探讨和研究不仅符合史学发展的趋势，而且处于史学研究的前沿。

与上述特点密切相关，具体研究中的理论和方法选取采用也是一个十分关键的问题。自 20 世纪以来，"历史主义"与"新史学"几经交锋，人们已形成一些基本共识：要摆脱随时可能出现的"史学危机"，既要继承优良传统，也要不断汲取其他学科的理论和方法。如前所述，20 世纪历史学发展的一个重要特点就是越来越重视对社会学、经济学、文化人类学等相关学科的理论和方法的应用，在如何掌握和运用理论方法方面，学术界已有不少成功的范例[3]。在马克思主义唯物史观和辩证法的指导下，继承中国史学尊崇实证、巨

---

① 马敏：《21 世纪中国近现代史研究的若干趋势》，《史学月刊》2004 年第 6 期。

② 马敏：《如何理解史学研究中的范式转换》，《北京行政学院学报》2002 年第 2 期；《商会史研究与新史学的范式转换》，《华中师范大学学报》2003 年第 9 期。

③ 吴承明先生十分重视对经济史理论与方法的评介，并提出了"史无定法"的观点。他指出："'史无定法'有一个中心点是'实证'，实证主义是永远不能推翻的。我同时把一切理论都看成是方法，作为方法的经济理论，并不能适用于所有场合。"（《中国经济史研究的方法论问题》，《中国经济史研究》1992 年第 1 期；《市场史、现代化和经济运行 吴承明教授访谈录（1998 年 12 月 25 日）》，《中国经济史研究》1999 年第 1 期）；林甘泉先生也强调在历史学研究中要做到"历史方法与逻辑方法的统一"（《历史方法与逻辑方法的统一》，《中国经济史研究》1999 年第 1 期）；在 1999 年的"中国经济史学理论与方法"学术研讨会上，"大家认为经济史学需要经济学理论的指导，但不能把经济史变成经济学理论的推导和经济学模式的演绎"（《中国古代经济史研究百年回眸——李根蟠先生访谈录》，《中国经济史研究》2000 年第 1 期）。这些精辟的论断向我们明确指示了对待各类理论与方法的正确态度。不仅如此，老一辈学者还用自己的亲身实践为我们树立了楷模，例如傅衣凌先生对农村社会经济的研究、章有义先生对徽州土地关系的研究、吴承明先生对市场史和近代化问题的研究、李文治先生的经济史研究、彭雨新先生对财政和土地垦殖问题的研究、方行先生的小农经济研究等。

细毕收的优良传统的同时，吸收其他学科的理论与方法，是本书向往和追求的目标。围绕中国传统时代的社会保障这一主题，本书拟采用的研究方法为：

1. 历史的实证的研究方法

本书选题虽属交叉学科的选题，但绝不能以现成的理论框架进行增充、演绎，因为不管是经济学理论还是社会学理论，都是"从历史的和当时的社会经济实践中抽象出来的，但不能从这种抽象中还原出历史的和当时的实践，就像不能从'义利论'中还原出一个'君子国'一样"①。本选题的研究从本质上说是历史学的研究，历史学作为一门独立的学科，有自身的学科特点和表述形式，它是史学研究者的立身之本，一些跨学科研究的成功者均强调历史学本位的立场和历史的实证的研究方法，认为"在跨学科的对话中，历史学者不应该放弃历史学的视角、历史学的取向，以及历史分析的方法"②，它们是历史学为"整个社会科学的发展作出贡献的基本立足点"③。为此，本文将努力贯彻中国史学的实证精神，力求将所有的结论建立在扎实的史料基础之上。

2. "整体史"的研究方法

历史的实证的方法是史学研究者的立足点，但并不是惟一的方法。吴承明先生早已指出传统史学研究方法的局限性，认为史学研究使用的主要方法是归纳法，归纳法本身有缺陷，"其中最显著的是：除非规定范围，所得结论都是单称命题，难以概括全体"④。单纯依赖这种方法的危险在于，一方面它容易停留于现象的罗列，而无法把握事物内部的联系；另一方面容易陷入"选精"和"集粹"的误区，得出错误的结论。李伯重通过对传统经济史研究方法的检讨，认为："虽然有了正确的方法也未必一定能够得出正确的结论（因为还会受现有资料的限制等），但若没有正确的方法，即使有很好的资料，也会得出错误的结论。因此对以往的研究方法进行总结，对于发展我国新世纪的史学研究，当然是非常必要和重要的。"⑤

以研究长时段和深层结构著称的法国年鉴学派所开创的"整体史"视野

---

① 吴承明：《经济学理论与经济史研究》，《中国经济史研究》1995 年第 1 期。
② 刘志伟：《地域社会与文化的结构过程——珠江三角洲研究的历史学与人类学对话》，杨念群、黄兴涛、毛丹主编：《新史学》下，中国人民大学出版社 2003 年版。
③ 刘志伟、陈春生：《历史学本位的传统中国乡村社会研究》，《中国历史学年鉴·1997》，三联书店 1998 年版。
④ 吴承明：《论历史主义》，《中国经济史研究》1993 年第 2 期。
⑤ 李伯重：《"选精"、"集粹"与"宋代江南农业革命"——对传统经济史研究方法的检讨》，《中国社会科学》2000 年第 1 期。

和方法是克服传统研究方法局限性的有力武器。尽管在具体的历史研究中整体史的目标可能无法实现，但整体史或总体史概念的提出在方法论上的意义是革命性的，它一方面保留了将社会史视为"社会的历史"的整体眼光，有利于打破专业樊篱，实现学科交叉；另一方面，它并不排斥微观的、具体的研究，而常以微观的、具体的研究为切入点。因此，本选题将以"整体史"的方法作为贯穿始终的基本方法，借此"填平注重研究个别性的史学和注重研究普遍规律的社会科学之间的鸿沟"①。

3. 理论联系实际

"真正的历史只有当历史学家穿越时间的屏障开始解释活生生的人时才得以存在"②。社会保障问题与人们的日常生活息息相关，社会保障的理论来源于人类社会生产和生活的实际。注重社会实践、注重社会调查的研究方法，本来是中国历史和社会研究的优良传统之一，因西方人类学的发展中形成了一整套田野调查的科学方法，这一方法又被引入史学研究中来，正以"历史人类学"的名称大行其道③。本人曾在城区和农村基层从事多年的实际工作，对基层社会关系及人民的生活状况有较深的感触，因此，在本书研究中，笔者将既继承中国学者调查研究的优良传统，又借鉴历史人类学的田野考察方法。坚持理论联系实际，一方面，运用科学的方法保持历史研究的"疏离感"；另一方面，在对实际社会关系、社会生活的体验中消化资料，努力获得历史事件发生的"现场感"，力求理论与文献史料、社会实际能够相互关照，融为一体。

从新的视角进行中国社会保障史研究，一个重要的基础工作便是以更久远的时空维度来审视和重新确立社会保障的概念体系。突破现代社会保障概念体系和分析框架的束缚是全面理解和认识社会保障概念的第一步。现代社会保障理论是对西方现代社会结构和特征的概括和总结，在现代社会保障理论的指导下，西方国家普遍建立了以社会保险为核心的现代社会保障制度。现代社会保障制度在西方只有一百余年的历史，在中国则是20世纪80年代以后的事情。但是，灾害、疾病、死亡、养老、慈幼等问题是人类社会产生以来就要面对的问题，对鳏、寡、孤、独等社会弱者的救助，对贫困、失业等社会问题的解决是自有国家以来，每个民族都无法回避的问题。现代社会保障制度产生以前这些问题是如何解决的？国家和社会在解决这些问题中分别起到了什么样的作

---

① 林甘泉：《历史方法与逻辑方法的统一》，《中国经济史研究》1999年第1期。
② 王学典：《20世纪中国史学评论》，山东人民出版社2002年版。
③ 参见张小军：《历史的人类学化和人类学的历史化——兼论被史学"抢注"的历史人类学》，《历史人类学学刊》第1卷第1期。

用？如何评价传统时代有关社会保障的制度和实践？显然，现代社会保障学无法回答这些问题，而这些问题却是社会保障史必须回答的问题。以工业化和市场机制为特征的现代社会在人类历史中只是短暂一瞬，以现代社会保障的理念和范式来规范、研究社会保障史的长期历史进程，难免会"削足适履"，导致混乱局面的出现。因此，开展中国社会保障史的研究，迫切需要树立"长时段"的社会保障观，构筑既适合现代社会，又能涵盖传统社会的社会保障理论大厦。其可行的路径是，追溯现代社会保障理论的源头，以更开阔的视域、从更久远的时空维度对社会保障进行更宽泛、更普遍的理解和定位。在这样的社会保障观下，社会保障除了现代典型的制度安排外，还有家庭保障、宗族保障、业缘保障、社区保障等多重保障机制；除了社会保险、社会福利等高级保障形态之外，亦有社会救助、临时的排忧解难等低级保障形态；除了增进福利、提高效率，充当市场经济的"减震器"、"安全网"之外，更重要的功效在于维护正义和人道，维持社会稳定，推进人类社会的健康、协调发展。

如前所述，这样的概念体系的确立有多种途径，不同背景的研究者可以从不同的角度切入。在本书看来，马克思主义关于人类起源和人的社会属性的观点最有助于我们正确理解社会保障的含义。依据马克思主义的观点，人具有双重属性，即自然属性和社会属性。作为生物个体的人，虽然与动物一样呈现出一定的出生与死亡周期，但自人类社会产生的那一刻起，人的一切活动无不与社会有关，人的基本生存需要的满足、生存和生活陷入困境时的救助以及较高生活需求的实现，都非单个人的力量所能及，而必须依赖于社会。因而，广义地看，社会保障是与人类社会相始终的一个范畴，它是人类社会产生以来就要作出的选择，随着生产力的进步，社会保障的机制和水平也会呈现出由低级向高级的演变过程，且由于不同生产方式下的物质基础和社会条件不同，社会保障机制和水平也会呈现出时间和地域的差异。

站在人类普遍的立场上，基本的人性是本书认识社会保障含义的起点。在既往的历史研究当中，人性和人的主体、精神作用在一定程度上被忽视。事实上，人性与科学有着密不可分的天然关系，诚如休谟所言："一切科学对于人性总是或多或少地有些关系，任何学科不论似乎与人性离得多远，它们总是会通过这样或那样的途径回到人性。即使数学、自然哲学和自然宗教，也都是在某种程度上依靠于人的科学；因为这些科学是在人类的认识范畴之内，并且根据他的能力和官能而被判断的。"① 达尔文的进化论将自利作为基本的人性，所谓"物竞天择，适者生存"。许多公益史研究者认为，"利他"或"利公"行为作为人性的一个方面，至少与"自利"历史一样悠久。甚至在动物"社

---

① ［英］休谟著，关文运译：《人性论》，商务印书馆1980年版，第6页。

会"中也存在着"利他"行为:"他们注意到蚂蚁、蜜蜂等动物的公益行为和哺乳类动物中的亲群互助。认为达尔文的'自然选择、生存竞争'理论应当包含种群间竞争自利和种群内部的合作共存这两个方面,只强调前者是达尔文理论的一大缺失。"① 有人对达尔文的进化论进行修正,提出了"新进化理论"。"新进化理论"为利他主义提供了无限的历史空间:

> 利他主义既是天生的,也是本能的……利他主义是家庭同情心的广泛外延。这种同情心的影响越来越广,直到把所有的原始群成员包括在内。当原始群结合为部落以及部落结合为民族时它又一再扩展。那些(经过竞争淘汰)幸存下来并形成现代大型民族的人们,也正是那些具有普遍同情心并近似于利他主义本能的人们②。

因此,从基本的人性出发,社会保障是人类"利他"本能的外在化和社会化。

从人类的社会理想和社会实践出发也是本书认识社会保障含义的一个重要视角。现代经济学、社会学及社会保障学的许多思想和理论均来源于不同历史时期人们对理想社会形态的追求,是对社会理想的一种解释与延伸。如西方历史上柏拉图的"理想国"、卢梭的"原始社会"、摩尔的"乌托邦"、康帕内拉的"太阳城"、莫里斯的"乌有乡"等,中国历史上儒家的"大同社会"、道家的"小国寡民"、陶渊明的"世外桃源"等,以及今天我们正在努力建设的"中国特色的社会主义社会"、"共产主义社会"等都是有代表性的社会理想。这些社会理想"从真理性与价值性、客观规定性与主观创造性的结合上,形成以解释社会生活,指导和规范人们实际活动为主要内涵的未来社会理想模型和实现它的最佳途径"③。从一定意义上讲,现代社会保障学的各项理论与方法只是对一定社会理想的落实和具体化。诚如论者所言,"从古代西方社会的空想社会论和中国的大同社会主张,到现代西方一些国家的收入均等化和中国改革开放总设计师邓小平提出的'共同富裕'论,社会保障思想自古至今虽然说不上是一脉相承,却从未间断","这些思想正是现代社会保障最基本、

---

① 秦晖:《政府与企业以外的现代化——中西公益事业史比较研究》,浙江人民出版社1999年版,第100页。

② 原文参见 W. Weaver , *U. S. Philanthropic Foundations*: *Their History*, *Structure*, *Management and Record* . New York 1967. 本处转引自秦晖《政府与企业以外的现代化——中西公益事业史比较研究》,浙江人民出版社1999年版,第100页。

③ 叶泽雄:《社会理想论》,武汉大学出版社1998年版,第5页。

最深刻的思想基础"①。

可见，从人类社会理想和社会实践的视角来认识社会保障，社会保障是人类社会理想的一种阐释、解读和实践方式。

从社会发展和社会控制的视角出发也是本书思考与理解社会保障含义的一个重要角度。人类社会的产生是大自然长期演化的结果。人类社会从产生之日起，自身也处于不断的变化和发展过程当中。在人类社会发展的每一阶段，既有推动技术进步，促进物质增长的机制和措施，也有对自身安全进行防范、对妨碍社会正常运转的有害行为进行抑制的机制和措施。以这样的视角来审视，社会保障就是一种社会控制手段和社会稳定机制。

以上述基本认识为基础，本书对几个基本概念作如下参考性的界定：

社会保障：社会保障是人类"利他"本能的外在化和社会化，是人类社会理想的一种实践方式，也是维持社会正常运行的一种稳定机制。在具体社会生活中，它的基本内容体现为每个社会成员在其生命周期中因先天因素和生命的自然演变而失去谋生能力，或因后天的灾害、疾病、意外事件、失业等原因陷入贫困、失去谋生能力时，从国家或社会所获得的基本生活保障。也体现为国家或社会为提高其成员的生活水平、褒奖特殊群体所提供的经济福利待遇。

社会保障制度：是以国家和政府作为责任主体，以国家法规和制度加以规范的社会保障。

社会保障体系：是以社会保障制度为主导的各种社会保障机制的总和。

中国传统时代的社会保障：是与中国传统时代的生产力和社会经济发展水平相适应的人民生活保障和社会稳定系统。它以儒家思想、佛道等宗教思想以及民间信仰中的民本、好生、仁爱、慈善等观念为思想基础，以国家社会保障制度与民间保障机制相结合的社会保障体系为实践形态，是以社会救助为核心的社会保障。

三、学术史的回顾

（一）中国史研究中社会保障概念的提出

自"社会保障"这一概念在中国出现之后，一些中国史研究者也尝试将这一概念引入自己的论著中。张大鹏《朱子社仓法的基本内容及其社会保障功能》（《上饶师专学报》1990 年第 4 期）是已知较早使用这一概念的论文；龚书铎总主编《中国社会通史》（山西教育出版社 1996 年版）是已知较早使

---

① 郑功成：《社会保障学——理念、制度、实践与思辨》，商务印书馆 2000 年版，第 50～51 页。

用这一概念的专著。该书共分八卷，每卷均将"社会保障"作一专章，其中明清时期共三卷，即：《明代卷》（毛佩琦主编）、《清前期卷》（赵云田主编）、《晚清卷》（史革新主编）。在以明清为时段的专题论文中，马敏《传统社会保障体系与现代化——以中国传统社会公益为观照点》（华中师范大学历史研究所、中国教会大学研究中心编《莺花无际楚江头——章开沅先生七十华诞学术纪念论文集》，武汉出版社 1996 年版）、毛佩琦《明代的社会保障》（《光明日报》1997 年 5 月 27 日）二文较早以"社会保障"为题。

据笔者初步检索与统计，自 1990 年 1 月至 2002 年 3 月，中国史研究领域里共有 117 篇论文使用过"社会保障"一词，其中与明清时期有关的论文 16 篇①。不过大多数文章中社会保障一词只是偶尔出现，并无系统或专门论述。总计各时段以社会保障为题的论文共有 10 篇②，其中以明清为时段的有 4 篇。值得一提的是，上述《中国社会通史》一书还对社会保障一词作了界定，该书将社会保障作为"社会运行机制"的一个组成部分，认为"社会对其自身运行的安全进行防护和保卫的举措，就是社会保障"，社会保障的方式主要有两种："社会援助"和"社会疏导"。

在以明清为时段的 4 篇论文中，除马敏的论文外，张建民、周荣《明清农村社会保障体系的构建与运转》（"社会保障论坛"2001 年度国际学术研讨会论文）；龚汝富《浅议中国古代的社会保障体系》（《光明日报》2001 年 12 月 4 日）

---

① 除马敏、毛佩奇各 1 篇外，其余 14 篇论文分别为：牛建强《明代徽州地区之社会变迁》（《史学月刊》1995 年第 4 期）；杨翁《慈禧新政与百日维新并无本质区别》（《锦州师范学院学报》1996 年第 3 期）；叶显恩《晚明珠江三角洲区域社会情态的忠实记录——〈盟水斋存牍〉简介》（《广东社会科学》1997 年第 1 期）；赵毅等《16～17 世纪中国社会结构问题笔谈》（《东北师大学报》1999 年第 1 期）；南炳文《二十世纪的中国明史研究》（《历史研究》1999 年第 2 期）；范金民《清代徽州商帮的慈善设施——以江南为中心》（《中国史研究》1999 年第 4 期）；唐力行、王国平《试论商品经济与明清苏州社会的变迁——序〈明清以来苏州社会史碑刻集〉》（唐力行主编《家庭·社区·大众心态变迁国际学术研讨会论文集》，黄山书社 1999 年版）；唐力行《从碑刻看明清以来苏州社会的变迁——兼与徽州社会比较》（《历史研究》2000 年第 1 期）；徐茂明《亦史亦志　求实创新——评〈明清以来苏州社会史碑刻集〉》（《史林》2000 年第 3 期）；杨剑利《晚清社会灾荒救治功能的演变——以"丁戊奇荒"的两种赈济方式为例》（《清史研究》2000 年第 4 期）；陆韧《试论明代云南非官府组织的自发移民》（《学术探索》2000 年第 2 期）；冯贤亮《明清江南地区的环境变动及其社会控制模式》（《中国社会经济史研究》2001 年第 3 期）；张建民、周荣《明清农村社会保障体系的构建与运转》（"社会保障论坛"2001 年度国际学术研讨会论文）；龚汝富《浅议中国古代的社会保障体系》（《光明日报》2001 年 12 月 4 日）。

② 除以明清为时段的 4 篇外，其余 6 篇分别为：张大鹏《朱子社仓法的基本内容及其社会保障功能》（《上饶师专学报》1990 年第 4 期）；王永平《中央苏区的社会保障事业》（《中南民族学院学报》1995 年第 1 期）；张品瑞《朱子社仓法的社会保障功能》（《福建论坛》1995 年第 6 期）；杨志文《陕甘宁边区社会保障政策初探》（《中共党史研究》1997 年第 6 期）；陆玉、徐云鹏《论抗日根据地的军事社会保障》（《抗日战争研究》1997 年第 2 期）；张丹《抗日战争时期陕甘宁边区的社会保障》（《江西社会科学》2000 年第 11 期）。

等文较早提出了"社会保障体系"这一概念，均认为，中国传统社会晚期已经形成了由官方和民间机制共同构成的多层次的社会保障体系，研究这一体系的作用有助于理解中国传统社会何以呈现出"超稳定性"的特点。总体而言，以社会保障为主题的史学研究尚属于起步阶段，但不难看出，中国传统时代的社会保障问题已引起越来越多的学者的重视，是一个极具潜力的研究领域。

（二）民国年间中国学者及 20 世纪 50 年代以来中国大陆学者对于明清社会保障史相关问题的研究

在明清史研究领域，与社会保障相关的研究主要包括荒政史、公益事业史和慈善事业史等几个方面的内容。对这些研究成果笔者在博士论文中作了较详细的综述。近年来这些领域的研究成果有所增加，与此同时，综述性的成果也有多篇。这些综述已基本揭示了民国年间中国学者和 20 世纪 50 年代以来大陆学者研究成果的主要方面①。鉴于此，本书对这些成果不再重复述评，只选择与本书研究视角较近，堪作社会保障史学术前史的成果作重点评介。其他成果中有启示意义的内容和观点在本书相关章节中再作介绍。

民国年间中国荒政史、社会救济史和慈善事业史的研究曾经掀起一个高潮，涌现了一批与本文视角很相近的研究成果②，它们至今仍是中国社会保障史研究最重要的学术前史，本书在某种意义上是在接续民国时期的这一优良研究传统。其中，在荒政和社会救济方面较有开创性和代表性是冯柳堂的《中国历代民食政策史》和邓云特的《中国救荒史》。冯柳堂有感于"迩来学子，言谷物原始，则盛道西方。常平制度，则侈陈东瀛"的状况，以"民食"和

---

① 相关综述成果可参见：张建民、宋俭《灾害历史学》之"灾害历史研究的历史回顾"，湖南人民出版社 1998 年版；吴滔《建国以来明清农业自然灾害综述》，《中国农史》1992 年第 4 期；余新忠《1980 年以来国内明清社会救济史研究综述》，《中国史研究动态》1996 年第 9 期；卜风贤《中国农业灾害史研究综论》，《中国史研究动态》2001 年第 2 期；阎永增、池子华《近十年来中国近代灾荒史研究综述》，《唐山师范学院学报》2001 年第 2 期；朱浒《二十世纪清代灾荒史研究述评》，《清史研究》2003 年第 3 期；曾桂林《20 世纪国内外中国慈善事业史研究综述》，《中国史研究动态》2003 年第 3 期；邵永忠《二十世纪以来荒政史研究综述》，《中国史研究动态》2004 年第 3 期；佳宏伟《近十年来生态环境变迁史研究综述》，《史学月刊》2004 年第 6 期；赵艳萍《中国历代蝗灾与治蝗研究述评》，《中国史研究动态》2005 年第 2 期等。

② 主要成果有：马君武《中国历代生计政策批评》（中华书局 1930 年）；吴毓昌《中国灾荒之史的分析》（《中国实业杂志》1935 年第 10 期）；徐钟渭《中国历代之荒政制度》（《经理月刊》1936 年第 1 期）；梁云谷《中国救济事业之史的探讨》（《仁爱月刊》1936 年第 12 期）；邓云特《中国救荒史》（商务印书馆 1937 年版）；冯柳堂《中国历代民食政策史》（商务印书馆 1934 年版）；王龙章《中国历代灾况与赈救政策》（重庆独立出版社 1942 年版）；王世颖《中国荒政要籍题解》（《社会建设（复刊）》1948 年第 4 期）；刘广惠《中国历代仓库制度与现代农业仓库的推进》（《经理月刊》1936 年第 1 期）；梁方仲《明代的预仓备》（天津《益世报》1937 年 3 月 21 日）；沈文辅《论古今中外之常平仓政策》（《东方杂志》1945 年第 1 期）；于佑虞《中国仓储制度考》（正中书局 1948 年）等。

"善政养民"为主题，主要依据正史、典志史籍和荒政丛书的资料对历代民食政策进行考述，全书略古而详近，一半以上的篇幅集中在明清时期，对明清的仓储制度、粮食政策和灾荒赈济程序考证尤详。该著在研究方法上坚持实证的原则，"凡原书文句可引用者则尽量用原文句"，"竭力避免作主观的评语"，是一部很规范的荒政史和社会救济史著作。邓云特的《中国救荒史》将理论思考和实证研究相结合，他从考察灾荒的基本语义出发，对灾荒、救荒和救荒史的含义作了辨析，并首次运用马克思主义的唯物史观对中国古代文献和西方学者马罗利《饥荒之中国》一书中的灾荒定义作了批评，在此基础上他将救荒史界定为："救荒史者，乃历代人对自然控制关系发展之具体事实，及防止、挽救因此等关系破裂所生之灾害之一切思想与政策之历史也"。他认为：救荒史的范围"非仅限于历代灾荒之实况与救治理论及政策等之叙述，并须及于历代社会经济结构形态与性质之演变及其对于灾荒关系之说明"。他指出："救荒史非仅为叙述一般事实之历史，且应为一社会病态史及社会病源学史。其任务即在于揭发历史上各阶段灾荒之一般性及特殊性，分析其具体原因，藉以探求社会学之治疗原则与途径"。在书内各章中，他以较翔实的史料支撑了他的思考。可以说，邓云特的《中国救荒史》将这一领域的研究推进到一个全新的阶段，它的影响力至今未衰。

在慈善事业史领域，几乎被人遗忘的一项重要成果是民国初年中国学者朱友渔在海外完成的《中国慈善博爱精神：关于互助的研究》[①]。朱友渔是清末由外国传教士选送的赴美留学生，他于1912年获哥伦比亚大学博士学位，归国后成为西方社会学在中国的早期传播者。该书的底本是他的博士学位论文，在书中朱友渔将中国慈善事业的源头追溯到孔子的仁爱思想，列举了历代王朝的慈善和救济设施，重点论述了清代的善会善堂和宗族、行会、合会等民间慈善救助机制，他认为，尽管这些组织得到了官府的支持和帮助，但在其中发挥主导和关键作用的是民间力量。他对太平天国之后城市中的慈善组织给予了高度评价，他指出，在该期中国的一些城市中，许多西方人习惯上看做是市政当局功能的公共事务，诸如路灯、供水、治安、防火等，都是民间组织想方设法、独立自主地完成的。他认为以中国古代的慈善博爱精神为支柱的民间自发结社组织在城市中创造出了地方自治，它成为近代民主主义的基础。由于朱友渔的特殊身份，夫马进认为他站在两个世界的交界线上，"一个是基督教世界

---

① 此处关于朱友渔及其成果的介绍主要依据张敏杰《二十世纪中国社会工作的学科发展进程》（《浙江学刊》2001年第2期）和日本学者夫马进《中国善会善堂史研究》、美国学者罗威廉《汉口——一个中国城市的冲突与社区（1796～1895）》的有关评介内容。夫马进、罗威廉的成果详见下文述评。

和异教的中国世界的交界线，还有一个是作为帝国的中国和作为民国的中国的交界线"①。这也正是朱友渔《中国慈善博爱精神：关于互助的研究》一书价值所在，也就是说，朱友渔的成果将双重意义上的两个世界联系在一起，开创了中国慈善事业史或中国社会保障史的研究。

民国年间另外两项有开创性的研究成果是窦季良的《同乡组织之研究》（正中书局 1945 年初版，1946 年二版）和王宗培的《中国之合会》（中国合作学社 1931 年）。前者立足于重庆和四川地区对会馆等同乡组织的乡土观念、组织演变、功能转化等内容作了全面的论述。后者将合会作为救助会员的金融组织对其组织方式和功能作了论述。他们的成果在中国会馆史和民间会社史的研究中具有里程碑的意义，对此论者已作了评介②。无疑，它们对于中国社会保障史研究中同乡组织、民间会社等民间保障机制的探讨也有里程碑的意义。

民国学者所开创的中国救荒和慈善事业史研究的良好局面在 20 世纪 50 年代之后的中国大陆跌入停滞或中断的低谷。在促成这一领域的研究在新的意义上的复苏中，郑功成的研究成果有一定的开创之功。郑功成是西方社会保障理论传入后中国大陆较早从事社会保障问题研究的学者，与其他学者的一个明显不同之处是，他在借鉴西方的社会保障理论时，也非常注重从中国传统社会中寻找可资借鉴的资源，他对中国古代社会保障问题的关注和阐释集中体现在 1994 年以来的三本著作中，分别为《中国社会保障论》（湖北人民出版社 1994 年版）、《论中国特色的社会保障道路》（武汉大学出版社 1997 年版）、《社会保障学》（商务印书馆 2000 年版）。在这三本著作中，他把中国古代的社会保障思想归结为"天命主义的禳弭论"、"大同社会论"、"社会互助论"、"仓储后备论"、"社会救济论"、"优待抚恤论"等几个方面并进行了综合评价。又从"仓储后备政策及其实践"、"救灾政策及其实践"、"社会救济政策及其实践"、"优抚政策及其实践"等方面评介了中国古代社会保障制度及实践。郑功成在这些论著中参阅了民国年间的史学研究成果，并引用了许多原始文献。对一个非历史学出身的学者而言，这是非常难能可贵的。郑功成的研究成果对中国社会保障史研究的意义在于，它们将中国古代的荒政和慈善事业的思想和实践纳入到社会保障理论的框架中，实现了西方社会保障理论与中国传统社会保障思想和实践的对接。

秦晖出于对"第三部门"问题的关注，展开了中西公益事业史比较研究，他的《政府与企业以外的现代化——中西公益事业史比较研究》（浙江人民出版社 1999 年版）一书揭示了中国和西方不同历史时期在公益事业中起作用的

---

① ［日］夫马进著，伍跃、杨文信、张学锋译：《中国善会善堂史研究》，商务印书馆 2005 年版，第 10 页。

② 参见王日根：《乡土之链——明清会馆与社会变迁》，天津人民出版社 1996 年版；陈宝良：《中国的社与会》，浙江人民出版社 1996 年版。

机制。他强调了明清以前民间社邑和寺院在公益事业中的作用。对明清以来的公益事业，他认为明清国家公益职能日益萎缩，宗族的作用也局限在"清中叶以后"和"东南沿海地区"这样的范围内，并提出了"小共同体"与"个人"联合的公益事业模式等有创见性的观点。对于中国社会保障史研究而言，秦晖上述研究的意义在于，他第一次将中西公益事业史放在对等的平台上作了长时段的回顾和比较。

王卫平和他牵头的苏州大学社会学院社会保障史专业是社会保障史研究的一支生力军。自 1997 年《清代苏州的慈善事业》（《中国史研究》1997 年第 3 期）一文发表以来，王卫平围绕着慈善事业史这一主题发表了一系列的论文（部分为合撰）①，从这些成果中不难看出他们的研究思路和学术追求。他们的研究在方法上立足于实证研究，并将实证研究成果统一在"社会保障"这样一个富有启示性意义的范式之中；在内容上立足于江南慈善事业，逐步向救灾济贫、社会优抚及传统社会保障的思想基础等方面拓展，努力形成完整意义上的传统社会保障史研究；在时段上立足于明清，并朝着古代和近代两个方向拓展，以期从"社会保障"的层面理顺中国历史演变的脉络。他们沿着这三个方向所作探索的成果集中体现在王卫平和黄鸿山合著的《中国古代传统社会保障与慈善事业——以明清时期为重点的考察》（群言出版社 2005 年版）一书中。该书对"中国古代传统社会保障"的历史进行了初步的梳理，重点考察了传统社会保障"以民为本"的思想基础和明清时期政府制定的社会保障政策、民间社会主持的以社区为中心的慈善事业和宗族面向族内贫困人员所实行的救济。并指出"社会保障虽说是一个现代名词，其实在中国早已有之"。这部著作是史学研究者自觉以"社会保障"为视角对中国古代社会保障问题进行系统研究的第一部专著。

有必要提及王子今、刘悦武、常宗武合著的《中国社会福利史》（中国社会出版社 2002 年版），该书作为民政部的课题，"社会福利"的概念被民政部以"中国福利丛书"的总构架限定为："民政部门代表国家针对弱势老人、残疾人、孤儿和优抚对象提供的收入和服务保障"。但该书显然没有受这种界定的

①　主要有：《明清时期江南地区的民间慈善事业》（《社会学研究》1998 年第 1 期）、《论中国古代慈善事业的思想基础》（《江苏社会科学》1999 年第 2 期）、《清代江南地区的育婴事业》（《苏州大学学报》1999 年第 4 期）、《清代江南市镇的慈善事业》（《史林》1999 年第 1 期）、《试论江南地区的育婴事业圈》（《清史研究》2000 年第 1 期）、《普济的理想与实践——清代普济堂的经营实态》（《江海学刊》2000 年第 1 期）、《唐宋时期慈善事业概说》（《史学月刊》2000 年第 3 期）、《论中国古代传统社会保障制度的初步形成》（《江海学刊》2002 年第 5 期）、《明清时期残疾人社会保障研究》（《江海学刊》2004 年第 3 期）、《论中国传统慈善事业的近代转型》（《江苏社会科学》2005 年第 1 期）、《清代社仓的兴废及其原因——以江南地区为中心的考察》（《学海》2004 年第 1 期）。

束缚,而对先秦以来国家对老幼鳏寡孤独等弱势群体的各项救济和福利措施作了较系统的回顾,并兼及救荒、赈灾和中国传统社会福利思想的文化构成,已初步具备了由社会保障职能部门(民政部门)主编的"中国社会保障通史"的意味。

在本书即将交稿之际,笔者有幸拜读了陈桦、刘宗志合著的《救灾与济贫——中国封建时代的社会救助活动(1750~1911)》(中国人民大学出版社2005年版),该书立足于全国,对清代减灾、救荒、济贫的国家条例作了详细介绍,并揭示了国家在社会救助中作用下降和民间救助机制兴起的过程及其在城市工商业等领域发挥作用的方式。这一成果也表明,将救灾与济贫、荒政和慈善、官方机制与民间机制纳入到一个有意义的分析框架中进行研究,成为越来越多的学者所接受的研究理路。

(三) 国外及我国港台地区学者重要研究成果评介

20世纪50~80年代,我国大陆中国史研究与我国港台地区和国外中国史研究基本处于各自独立发展的状况。在80年代以来的学术交流中,我国大陆学者们发现,国外及我国港台地区学者的研究成果无论是在理论视野和实证研究方面都令人惊叹。尤为重要的是,贫困和慈善问题一直是西方史学研究的中心问题之一,尽管西方学者的研究兴趣长期以来主要集中在西方基督教世界[1],但在西方悠久的汉学传统中,中国古代的荒政和慈善问题也曾引起一些汉学家的重视。因语言和距离的阻隔,笔者无法掌握海外研究状况的全貌,只选择国外及我国港台地区学者重要的荒政和公益、慈善事业史研究成果予以评介。

在荒政制度方面,较突出的是法国学者魏丕信的研究成果[2]。《18世纪中

---

[1] 近年来,这种状况有所改观。例如2005年《跨学科历史期刊》上刊载了以"贫困和慈善:犹太教、基督教、伊斯兰教"为主题的一组论文,马克·R. 科恩在为这组文章所写的引言中指出,20世纪60年代以来该领域的研究几乎完全集中在中世纪和近代早期欧洲的局面正在转变,人们正在以跨文明、跨信仰、跨学科的视野对超越历史空间的贫困和慈善问题进行探讨。参见 Mark R. Cohen, "Introcluction: Poverty and charity in Past Times", *The Journal of Interdisciplinary History*, Volume xxxv, No. 3, 2005, pp. 347。

[2] 值得说明的是,魏丕信之前或同时代的成果还有很多,如台湾学者的主要成果有:陈国钧《中国历代救济事业概述》(《新社会》1962年第6期、1962年第7期);颜杏真《明代灾荒救济政策之研究二:租税蠲免政策》(《华学月刊》1972年第12期);黄建华《道光时代的灾荒对社会经济的影响——1825~1850》(《食货月刊复刊》1974年第4期);徐炳宪《清代州县的社会救济》(《中华文化复兴月刊》1976年第9期);盛清沂《清代本省之灾荒救济事业》(《台湾文献》1971年第1期);黄秀政《清代台湾的社会救济措施》(《台北文献》1975年第33期);曹永和《台湾水灾史——清代台湾之水灾与风灾》(《台湾银利季刊》1960年第2期);毛一波《台湾历代洪患与"八、七"水灾》(《台湾文献》1959年第3期)等。其他国家和地区学者的成果如森正夫《16~18世纪的荒政与主佃关系》(《东洋史研究》第27卷第4号1964);严瑞源《作为16世纪中国人口研究线索的救荒统计:河南省个案研究》(《清史问题》第3卷第9期1978)等都很重要。因有些论著是较具体的区域研究,也有一些论著只检索到目录而未见全文,故未一一介绍。

国的官僚制度与荒政》是魏丕信关于中国荒政研究的代表作①。这部著作以方观承《赈纪》所记载的 1743～1744 年直隶大旱灾的赈济活动为中心展开对明清荒政问题的全方位研究。由于这次赈灾活动特殊的时间和地点，他把它当做传统社会赈灾活动的一个典型："这次救灾中的举动代表了当时所能采取的最好措施。"他十分详尽地展示了这次救荒活动的实态和细节，从而揭示出在其中起作用的各种力量。官僚政府面对大旱灾的各种救灾措施和有条不紊的组织能力是他论述的重点。据此他指出，在某些情况下"对于'皇恩'的称颂，以及对于赈灾成效——即'全活无数'——的称颂，并不仅仅是炫耀式的空话：这是符合现实的"。他认为每个社会都有应对生存危机的"武器库"，明清官僚政府完善的荒政制度正是中国传统社会应对危机的有力武器。他的这项研究在一定程度上改变了西方学者关于明清集权制国家机器在社会经济生活中的作用的传统看法。对这次赈济活动中富民、里甲长、乡约、胥役等各自的作用魏丕信也作了论述和评价。魏丕信自称，18 世纪的直隶旱灾只是他此项研究的一个立足点，他的最终目的是要借助丰富的资料"在时间和空间的广泛范围内"进行他的研究。为此，他大量使用北京与台北所藏的明清档案以及赈灾手册、地方志和文集资料，对救荒问题的各方面进行了较系统的论述，不仅在时间上涉及明清的主要时段，而且对影响救灾活动有效组织的各种要素，诸如总的经济状况，人口、资源、可以取得的剩余产品及其储备，诸要素之间的平衡，国家的财政状况，政府对乡村的实际控制程度，乡村中阶级之间的关系，发生灾荒时有产者对大众需求的满足能力等都展开了论述。这些广泛而深入的研究使得这部著作在事实上成为从晚明到 19 世纪中期的中国荒政史。

悉尼大学的邓海伦也是西方世界长期致力于中国灾荒问题研究且成绩比较突出的学者。邓海伦 20 世纪 70 年代发表的《明末时疫初探》一文对明末发生在华北和浙江地区的瘟疫的分布、流传和对人口造成的影响作了分析，并探讨了政府和社会对瘟疫的反应和治疗。对此，已有学者进行了评介②。在 2000 年复旦大学以自然灾害问题为主题的学术研讨会上，邓海伦提交了《囤户与饥荒——18 世纪高级官僚奏折中所反映囤户的角色》一文（载复旦大学历史地理研究中心编《自然灾害与中国社会历史结构》，复旦大学出版社 2001 年版），该文全新的视角给人留下深刻的印象。文章从高级官员奏折中对囤户的态度入手，分析了 18 世纪与赈灾有关的政治、法律等官方因素与地方民情的

---

① 参见［法］魏丕信著，徐建青译：《18 世纪中国的官僚制度与荒政》，江苏人民出版社 2003 年版。

② 参见余新忠：《清代江南的瘟疫与社会——一项医疗社会史的研究》，中国人民大学出版社 2003 年版。

关系，还就官方对灾荒时期市场作用的认识做了分析。在 2005 年中国人民大学举办的有关清代灾荒问题的学术研讨会上，邓海伦提交的论文为《试论留养资送制度的废除》（载中国人民大学清史所编《"清代灾荒与中国社会"国际学术研讨会论文集》2005 年 8 月），该文主要利用档案资料对此前少有人关注的留养资送制度进行论述。论文联系乾隆十三年左右的社会变化和财政问题分析这一福利救济政策废除的原因，并探讨了这一制度废除后带来的正反两个方面的后果。

日本学者稻田清一的救荒史研究有一定的特色。他的《清代江南的救荒与市镇——关于宝山县和嘉定县的"厂"》（《甲南大学纪要·文学编》第 86 号1993 年）、《清末江南的"地方共事"与镇董》（《甲南大学纪要·文学编》第109 号 1999）等论文立足于基层市镇，在田野调查的基础上，通过对赈灾过程中嘉定、宝山两县"分厂"制度确立和衍化过程的考察，以及对清末镇董的身份、角色、职责和管辖区域的探讨来探索传统乡村的赈济和管理模式。他的论文透露出通过对赈灾事件中地域成员共有意识的探讨来揭示"地域形象"的研究思路①。台湾学者罗丽馨的近作《明代灾荒时期之民生》（《史学集刊》2000 年第 1 期）则以平实的"白描"手法见长，她借助大量史料以长江中下游为中心详细描述了明代灾荒时期民生状况及由此所引起的社会问题，叙述了漕米改折、截留漕粮、平粜、煮粥、转运米粮等官府救济措施及其局限。

这里有必要提及上述 2005 年中国人民大学国际学术研讨会上国外学者提交的另外几篇论文，即美国学者李明珠的《华北的粮价与饥荒》、德国学者燕安黛的《为华北饥荒作证：〈襄陵县志〉"赈务"卷》和日本学者堀地明的《光绪三十二年江北大水灾与救荒活动》。从李明珠的论文中可以得知，他多年研究中国救荒史的成果《华北的饥荒：国家、市场与环境恶化（1690 ~1990）》一书即将由斯坦福大学出版，本篇论文是其中的一部分。该文在史料上的突破是获得了北京中国第一历史档案馆和台北"故宫博物院"所藏档案资料中的较系统粮价数据，从而改变了以往粮食价格问题的探讨以分散的地方史料为基础的局面。在对华北地区粮价演变的长期趋势和原因进行分析的同时，他强调了国家的救荒政策与保护措施（如省级之间的粮食调配、仓储的维护等）在减轻自然灾害影响方面的作用。堀地明的论文利用从日本外务省记录中发现的日文史料《江北饥馑调查报告书》，以此前研究较薄弱的光绪三十二年江北水灾为中心，对清末救灾活动中官赈与义赈的关系以及义赈与官方

①　参见［日］太田出：《1999 年日本史学界关于明清史的研究》，《中国史研究动态》2001 年第11 期；吴滔：《清至民初嘉定宝山地区分厂传统之转变——从赈济饥荒到乡镇自治》，《清史研究》2004 年第 2 期。

的关系展开论述。他强调了民间义赈的分散性和无组织性，认为义赈不足以应对较大的灾荒，"官义合赈"是救荒的有效途径。燕安黛的论文着眼于地方文献对饥荒记述方式的分析，揭示不同记述方式的深刻内涵，其意义已超出了本书的主题。

在明清备（救）荒仓储制度的研究方面，较早的系统研究是肖公权的《中国乡村：19世纪的专制统治》①，该书初版于1960年，其第五章专述清代仓储的救荒功能，标题为"灾荒控制：社仓和其他仓储"。在这一章中，肖公权分别介绍了常平仓、义仓和社仓的兴起过程和救荒功能，论述了地方士绅和仓储系统的关系。他指出清代备荒仓储系统在运转中存在着获取、分配、监督和指定管理人员四个方面的困难，它并没有成为朝廷控制灾荒的有效工具。20世纪70年代中期到80年代中期，海外学者关于明清备荒仓储制度的研究成果大批涌现②，其中引人注目的是魏丕信和王国斌等人的成果③。魏丕信和王国斌合著的《养育人民：1650～1850年间中国的国营民仓系统》等论著在肖公权论著的基础上对清代的常平仓、义仓和社仓制度作了透彻而全新的分析，他们从明清档案中获得大量的粮储数字和仓储管理方面的新资料，在粮储的技

①　Kung-chuan Hsiao, *Rural China: imperial control in the nineteenth century*, University of Washington Press, 1972. 在肖公权著作出版的前后，有两篇专门论述常平仓制度和义仓制度的论文，即台湾学者关吉玉《我国常平仓制之研究》（《法律评论》1951年第1期）和日本学者村松佑次《清代的义仓》（《人文科学研究》、《一桥大学研究年报》1969年），此两篇成果均未能看到全文。

②　笔者查阅和检索到的主要有：星斌夫《明代的济农仓》（《江上波夫教授古稀纪念论集》，1977年）、刘翠溶、费景汉《清代仓储制度功能初探》（《经济论文》1979年第7期）、刘翠溶《清代仓储制度稳定功能之检讨》（《经济论文》1980年第3期）、鲍德威（David D. Buck）《中国政府鼓励的慈善事业：18世纪的仓储》（见《中央研究院近代史研究所集刊》1982年第11期）、伊原弘介《清代社仓制度研究》（《明代史研究》1983年第11期）、王业健《中国粮食价格的时空模式，1740～1910》（提交给"中国经济史的时空趋势与周期"学术讨论会的论文。意大利，贝拉焦，1984）、星斌夫《中国社会福利政策史研究——以清代的赈济仓为中心》（东京，国书刊行会1985年）、王业键《18世纪福建的粮食供应》（《帝制晚期中国》1986年第7卷第2期）、松田吉郎《清代后期广东广州府的仓库和善堂》（《东洋学报》1988年第69卷第1、2号）等。另据罗威廉在前揭论著中的介绍，利特拉普（Leif Littrup）《明代的基层政权：16世纪山东省的个案考察》（奥斯陆1981）一书对预备仓制度18世纪时在全国的消亡和清代常平仓、社仓制度的演变等方面的问题进行了讨论。

③　魏丕信和王国斌的研究成果已翻译，主要有：[法]魏丕信著，徐建青译《18世纪中国的官僚制度与荒政》（江苏人民出版社2003年版）；[美]王国斌著，李伯重、连玲玲译《转变的中国——历史变迁与欧洲经验的局限》，江苏人民出版社1998年版。尚未翻译的重要成果还有魏丕信《1500～1850年间长江中下游灾荒与经济变化的发生及反映》；魏丕信《清代国家粮食储藏：管理与控制诸问题》；魏丕信、王国斌《养育人民：1650～1850年间中国的国营民仓系统》、王国斌、濮德培《清代中国的饥荒恶魔》等。此处对这些成果评价参阅了李伯重为以上两本译著所写的序言和罗威廉《汉口——一个中国城市的冲突与社区（1796～1895）》的有关评价内容以及千里、大同《塞纳河畔两史家——法国当代著名中国社会经济史学家贾永吉与魏丕信及其研究成果简介》，《中国经济史研究》1994年第2期。

术、计算方法、出纳管理、腐败控制等方面作了很细致的实证研究。他们指出，地方仓储制度是明清朝廷实现养民目标的一个重要措施，因为朝廷承受着向其人民供应粮食的巨大责任带来的压力，一个王朝的合法性，在很大程度上有赖于它是否有能力养育它的人民。他们认为清代前期的政府保证了仓储制度在不同地区、不同部门之间，以及仓储制度与其他制度之间的高度协调。地方仓储系统一直也是地方官府保持积极性的一个日常公共福利领域。王国斌、濮德培在他们合著的《清代中国的饥荒恶魔》一书中还特别强调了备荒仓储系统的官督民办性质，认为在地方仓储这一日常公共福利领域中，民间的努力一直受到积极鼓励，因而不宜过分突出"官方救灾模式"和"非官方救济模式"的区分。

　　"丁戊奇荒"是海外学者关注的一个焦点，由于民间力量在这次救荒活动中的作用，它基本成为救荒史和慈善事业史研究的一个结合部。博尔、何汉威、高桥孝助、山本进、吉泽诚一郎等海外学者从不同侧面论述了在"丁戊奇荒"的救济活动中绅商组织、善会善堂及经元善等慈善家的作用，对此已有论文作了述评，此处不再赘述①。

　　在明清社会弱者救助和民间慈善事业史方面，台湾学者20世纪50年代以来的研究一直未中断②，其中最有影响的是梁其姿20世纪80～90年代的研究成果。据作者自述，自1984年发表了《十七、十八世纪长江下游之育婴堂》（《中国海洋发展史论文集》，台北"中研院"三民主义研究所1984年）一文后，约十年多的工作主要集中在明清慈善组织上面，并且将"大部分的精力放在原始资料的收集及整理"上。在1984～1997年之间，共发表与明清慈善事业相关的期刊论文6篇，研讨会论文3篇，专书论文10篇③。这些成绩集中体现在1997年出版的《施善与教化：明清的慈善组织》（台北联经公司1997年；河北教育出版社2001年版）一书中，该书在对明末以前的贫穷、慈

　　①　参见朱浒：《二十世纪清代灾荒史研究述评》，《清史研究》2003年第3期；［日］堀地明著、张永江译《光绪三十二年江北大水灾与救荒活动》，中国人民大学清史所编《"清代灾荒与中国社会"国际学术研讨会论文集》2005年8月。
　　②　20世纪50～80年代初的成果主要有：朱浩怀《我国历代政府对鳏寡孤独废疾者之救济》（《新社会》1955年第10期）；黎圣伦《我国历代敬老养老制度》（《中山学术文化集刊》1968年第2期）；盛清沂《清代本省之丧葬救济事业》（《台湾文献》1970年第2期）、《清代本省之一般贫困暨行旅救济事业》（《台湾文献》1970年第4期）；陈金田《清代新竹地区的社会事业》（《台湾风物》1979年第2期）；张秀蓉《清代慈善事业之意理研究》（《中山学术文化集刊》1980年第26期）等。另全汉升的《中国行会制度史》（台湾食货出版社有限公司1978年版）一书虽然着眼于行会史的研究，但有专章论述会馆的起源、演变和社会救助功能。
　　③　具体篇目详见梁其姿：《施善与教化——明清的慈善组织》，河北教育出版社2001年版，第544～547页。

善观念和传统施善团体和政府的救济活动进行长时段追溯的基础上，探讨明末清初民间慈善组织的兴起问题，认为它们是明清社会的新现象。梁其姿接着考察了这一新现象从明末到清前期的演变过程，对盛世慈善组织的"官僚化"现象和乾隆中期以后慈善机构出现的"儒生化"趋向都作了客观的评价。她利用二千多种方志对清代全国的慈善组织作了统计，结果显示，清代育婴组织先后成立了至少973个，普济堂399个，清节堂216个，以施棺为主的善会善堂589个，她认为"这些数字必然是低估的"。以扎实的实证研究为基础，她对近年流行的"公共范围"和"福利国家"问题发表了自己的看法，认为"从明清慈善组织的历史发展看来，所谓'公共范围'虽然有发展地方社会自主的潜质……这个潜能没有太大的发挥"；中国"慈善的传统与近代西方迥然不同，中国的传统不可能产生以西方传统为基础的福利国家"。梁其姿的成果被介绍到中国大陆后，获得了社会史研究者的高度评价①。丘仲麟和巫仁恕的成果也很有意义。丘仲麟《明代北京的瘟疫与帝国医疗体系的应变》一文讨论了明代后期城市人口增长和饥民涌入北京带来的城市卫生和疾疫问题，以及明代政府的应对措施，并指出，太医院的太医在其中扮演了重要角色②。《明末清初城市手工业工人的集体抗议行动——以苏州城为探讨中心》一文探讨了明末清初苏州城市手工业者为保障自身利益与雇主和官府之间的劳资纠纷等冲突形式，这一研究为我们认识传统城市手工业者的社会保障问题提供了一个窗口③。

香港学者游子安的《劝化金箴——清代善书研究》（天津人民出版社1999年版）和《善与人同——明清以来的慈善与教化》（中华书局2005年）和韩国学者田炯权的《中国近代社会经济史研究——义田地主和生产关系》（中国社会科学出版社1997年）也从不同的角度切入明清慈善事业的研究。游子安的成果以善书为中心，向人们展示了传统时代善人、善堂与善书三者相互关联的"善的体系"。田炯权的成果以义田为中心，对清末湖南、苏州等地慈善组织的经营实态作了详尽的揭示。

以美国学者为主体的西方学者对明清救济机构和慈善组织的研究可以理解为主要是沿着"国家与社会"关系的思路进行的。前述中国留学生朱友渔在民国年间的研究成果是这种研究思路的发端。20世纪50年代至80年代中期

---

① 常建华：《明清社会文化的新视野》（《中国史研究动态》1999年第3期）一文认为梁的著作"以扎实的资料为基础，使用新的理论方法求得社会历史实态的真实，使我们领略了'新社会史'研究的风采"。

② 邱仲麟：《明代北京的瘟疫与帝国医疗体系的应变》，梁庚尧、刘淑芬主编：《城市与乡村》，中国大百科全书出版社2005年版。

③ 巫仁恕：《明末清初城市手工业工人的集体抗议行动——以苏州城为探讨中心》，梁庚尧、刘淑芬主编：《城市与乡村》，中国大百科全书出版社，2005年4月。

的主要研究成果有：杨联陞《作为中国社会关系基础的"报"的概念》（载费正清编《中国的思想与体制》，芝加哥大学出版社 1957 年）、杨庆堃《中国城市社团研究的一些思考》（提交给"中国社会细胞组织问题研讨会"的论文，1963 年）、何炳棣《中国会馆史论》（台湾学生书局 1966 年）、伊懋可《中国上海的绅士民主政治，1905～1914》（载盖瑞主编《中国近代政治结构研究》，伦敦 1969 年）、伊懋可《中国历史的模式》（斯坦福 1973 年）、罗兹《广州的商会：1895～1911》（载伊懋可、施坚雅主编《两个世界之间的中国城市》，斯坦福 1974 年），德格洛珀《一个十九世纪台湾海港城市的社会结构》（载施坚雅主编《中华帝国晚期的城市》，斯坦福 1977 年，中译本见叶光庭等译、陈桥驿校《中华帝国晚期的城市》，中华书局 2000 年版）、韩德琳·史密斯《晚明思想中的"行"：吕坤与其他官绅之再检讨》（加利福尼亚 1983 年）、拉姆《19 世纪广东对贫穷寡妇的资助》（提交给亚洲研究年会的论文，华盛顿 1984 年）、苏珊·曼恩《清代血缘、阶级和社会结构中寡妇》（《亚洲研究学报》1987 年第 46 卷第 1 期）、韩德琳·史密斯《慈善会：明末清初慈善团体的改造》（《亚洲研究学报》1987 年第 46 卷第 2 期）等①。这些论著对城市善堂的兴起，城市同乡（同业）组织、善会善堂的社会救助功能和救助活动，同乡（同业）组织和善堂背后的精英群体等问题展开了广泛的讨论。何炳棣的成果在客观上强调了会馆在区域贸易和社会整合中的作用以及对中国社会"现代化"的促进作用。伊懋可和罗兹则从正面肯定了会馆或行会联盟在城市政治生活中的意义。沿海城市中的慈善组织是这些成果关注的焦点。杨联陞和韩德琳的论文探讨了慈善组织兴起的思想基础问题。罗兹的论文介绍了广州由官府倡办的慈善组织和由行会负责的慈善组织，并指出第一个专门命名为"普济堂"的机构是于 1722 年在广州建立的。德格洛珀描述了台湾鹿港商人与官吏共同建立义冢、普善堂等慈善机构的情形，这个普善堂被罗威廉称为全国第一个自称为善堂的机构，伊懋可的成果对上海的善堂有所涉及。拉姆和苏珊·曼恩的论文探讨了清代救助寡妇的各种机制。总体上，这些成果都强调了社会力量在会馆、慈善组织中的作用，杨庆堃认为善堂等公共机构背后的精英是城居士绅，它们是城居士绅的代表性组织。而罗兹则强调了商人在其中的作用。伊懋可认为 19 世纪的行会联盟象征着以商业为基础和拥有土地为基础的新的城市精英势力的联合。

　　将这种研究思路推向顶峰的是玛丽·兰金和罗威廉的成果。玛丽·兰金在

---

　　①　对这些成果的介绍参阅了董建中：《美国〈清史问题〉及〈帝制晚期中国〉总目（1965～2003）》，《清史译丛》第 2 辑，中国人民大学出版社 2005 年版和罗威廉关于汉口的两部著作（详见下文）。

《中国之精英积极行动主义与政治变迁，浙江省，1865～1911》（斯坦福1986年）一书中，揭示了太平天国运动之后的同光时代善会善堂在江南地区市镇中纷纷涌现的事实，并把它作为清末地方精英能动主义精神凝聚的核心。她借用哈贝马斯"公共领域"的概念对清末城市中的善会善堂组织给予了高度的评价，认为它既不属于国家的官僚机构，也不属于私人的善举，他类似于欧洲近世的"公共领域"或"市民社会"，它是中国土生土长的"市民社会"①。继玛丽·兰金有关浙江省的研究成果之后，罗威廉推出了关于汉口研究的两部力作：《汉口：一个中国城市的商业和社会（1796～1889）》、《汉口：一个中国城市的冲突和社区（1796～1895）》②。这两部著作的出发点意在全面挑战以马克斯·韦伯为代表西方学者对中国城市的传统认识，以帮助人们"更好地理解现代中国的社会变迁"和"更准确地认识城市在人类历史上的作用"。罗威廉赖以实现这些目的的有效武器就是对汉口同乡组织和慈善团体这两种城市社会功能体的深入研究。在前一部著作中罗威廉非常细致地讨论了同乡组织（行会）的功能、作用和具体活动，并设专章讨论行会与地方权力的关系，揭示了行会在"城市自治"中的意义。他在结语中指出，19世纪汉口在社会组织方面最为显著的变化是以商人为主导的行会的发展，"结果是形成了一个以行会为中心的、实质层面上的市政管理机构"。在后一部著作中，他在对汉口"城市居民"和"城市空间"的诸要素作了详细描述之后，又从三个方面系统考察了汉口的城市福利事业，即官府主导的救灾和仓储系统、官府与社会共同主导的普济堂、育婴堂、民间主导的善堂体系。他指出，汉口的城市福利事业存在着三种演变趋势。第一种趋势是对适宜受益的人群范围的界定扩展了，救济活动的范围也大大拓展了。第二种趋势是官办福利机构退化了，逐步被当地社会主动建立的机构所取代。第三种趋势是建立在个人捐赠基础之上的传统的民间慈善，转变为团体占主导地位、非个人负责的公共事业了。他认为，善堂体系是19世纪汉口的一个"关键机构"，它们"代表了地方社会创造精神在公共福利方面的胜利"，也为城市社团奠定了制度性的基础。罗威廉还对以商人为主体的社会力量向城市公共设施和公用、文化事业领域的渗透和作用方式作了全面探讨，认为这些事业和行动极大地促进了城市社会生活的稳定，也加

---

①　对玛丽·兰金成果的评介参考了［日］夫马进著，伍跃、杨文信、张学锋译：《中国善会善堂史研究》，商务印书馆2005年版。

②　William T. Rowe, *HANKOW: Commerce and Society in a Chinese City, 1796-1889*, Stanford University Press, 1984; *HANKOW: Conflict and Community in a Chinese City, 1796-1895*, Stanford University Press, 1989. 本书有关这两部著作的评介参阅了江溶、鲁西奇译《汉口：一个中国城市的商业和社会（1796～1889）》，中国人民大学出版社2005年版和鲁西奇、罗杜芳译《汉口：一个中国城市的冲突和社区（1796～1895）》的中文译稿。

快了汉口从整体上形成为一个经济单元，同时也发挥着整合市民社区意识的作用。在此基础上，他正式提出了"公共领域"的命题，认为在 19 世纪的汉口，城市服务与社会福利领域，也就是正在逐步扩展的"市民社会"或"公共领域"。这一命题引发了学术界的长时间争论。

　　20 世纪 90 年代以来又陆续有一些新成果问世，主要有包筠雅《功过格：明清社会的道德秩序》（普林斯顿 1991 年，杜正贞、张林译，浙江人民出版社 1999 年），本尼迪克特《管制病人：清朝的传染病和政府医疗的起源》（《帝制晚期中国》1993 年第 14 卷第 2 期）① 以及由美国学者林达·约翰逊主编的《帝国晚期的江南城市》（纽约州立大学 1993 年，成一龙译，上海人民出版社 2005 年）一书中所收集的几篇论文②。包筠雅的成果是围绕着传统善书进行的宗教思想史和社会史交叉研究，他认为善书是"集原始信仰、伦理价值观和社会关注于一身的文献"，结合 16～17 世纪的历史背景，他指出，善书"为精英和平民关系的出现提供了会聚之所"，善书所包含的价值观起到了"加强支持精英控制的社会秩序"的作用。本尼迪克特的论文强调了国家权力全面介入公共卫生事务的必要性。林达·约翰逊主编的论文集反映了国外学者关于中国城市史研究的最新成果，城市社会保障和社会控制问题是它们的关注重点。罗威廉在为该书所写的导言中称，这些研究的突出之处和优势在于，"这些研究认为，即使最特殊的帝国晚期的城市的发展也不是畸形的，而应是众多中国城市类型中的一种"。值得说明的是，在近年关注下层社会和边缘人群的研究热潮中，欧美学者发表了一系列有关明清秘密社会的研究成果。强调类似天地会式的结会聚众活动在 18 世纪变得普遍与生存竞争日趋激烈有关。许多人加入秘密会社是由于家境贫寒，孤苦无依，需要互相帮助，共渡难关，因而明清各种秘密结社团体在某种意义上是下层平民之间一种重要的互助生存手段③。（由于秘密会社反正统意识和对抗正常社会秩序的特点，本书所指的

---

　　① 本尼迪克特的代表作为：《中国十九世纪的鼠疫》（斯坦福 1996 年），该书的价值主要在于强调从历史、地理和传染病学等角度来研究 19 世纪的中国鼠疫。该论文为此书的前期论文。参见余新忠：《清代江南的瘟疫与社会——一项医疗社会史的研究》，中国人民大学出版社 2003 年版。

　　② 这几篇论文为：[美] 迈克尔·马默《人间天堂：苏州的崛起，1127～1550》、[意] 保罗·圣安杰洛：《帝国晚期的苏州城市社会》、[澳] 安东尼娅·芬安妮《扬州：清帝国的一座中心城市》、[美] 林达·约翰逊《上海：一个正在崛起的江南港口城市，1683～1640》。此外还有日本学者夫马进的《晚明杭州的城市改革和民变》。

　　③ 主要成果有：王大为、海德赫斯主编《反思秘密社会：近代华南和东南亚地区的社会史》（1993 年）、穆黛安《天地会的起源》（1993 年）、王大为《清中期的兄弟结拜与秘密社会》（1996 年）、哈尔《中国结社的礼仪和神话：认同的形成》（1998 年）等，参见：葛治平《清代社会史：下层社会与边缘人群——1990 年以来以英文发表的清史著作综述之二》，载《清史译丛》第 1 辑，中国人民大学出版社 2004 年版。

社会保障机制不包括秘密会社。）美国普林斯顿大学历史学教授彼得·布朗的近作《"记得穷人"与社会美学》是一篇难得的跨文化比较的论文。该文比较了不同宗教文化对待贫困和社会救助的态度，认为"关心穷人"在犹太教、基督教和伊斯兰教国家社会意识中的重要性远远超过中国。在十一世纪以前的中国，贫穷一直是僵化的政府责任理念关心的范围，直到十一世纪以后，佛教的同情心和关心穷人的理念才在社会上逐步流行①。

　　日本学者对中国的社会弱者救助和慈善事业史研究给予了持久的关注，他们的研究起步早，投入的力量多，宏论迭出，涌现出了杵渊义房、曾我部静雄、根岸佶、仁井田陞、今堀诚二、森田明、酒井忠夫、道端良秀、星斌夫、荒木见梧、高桥孝助、松田吉郎、山本进、小浜正子等一批知名学者，在一定程度上形成了群体效应。对他们的研究，夫马进已作了系统的评介②。这些成果在社会史的很多相关领域至今都有很强的影响力，尤其是在资料搜集的广泛和考证功夫的细密等方面难有出其右者。它们无疑也是中国社会保障史这一年轻研究领域得以进步的坚实基础。夫马进是这一领域研究的集大成者，他从1982 年以来，先后发表了《善会善堂的出现》（小野和子编《明清时代的政治与社会》，京都大学人文科学研究所 1983 年）、《同善会小史》（《史林》1982

---

① Peter Brown, "Remembering the Poor and the Aesthetic of Society", *The Journal of Interdisciplinary History*, Volume xxv, No. 3, 2005, pp. 513.

② 这些成果主要有：杵渊义房《台湾社会事业史》（台湾成德学院 1940 年）；曾我部静雄《溺女考》（载其著《中国政治习俗论考》，东京，筑摩书房 1943 年）；根岸佶《上海的行会》（东京，日本评论社 1951 年）；仁井田陞《中国的社会与行会》（东京，岩波书店，1951 年）；今堀诚二《中国的社会构造——旧社会秩序中的"共同体"》（东京，有斐阁 1953 年）；根岸佶《中国的行会》（东京，日本评论新社 1953 年）；森田明《论救生船》（《史学研究》1957 年第 66 号）；酒井忠夫《中国善书的研究》（东京，弘文堂 1960 年）；仁井田陞《清代湖南的会馆商人——以洪江十馆首士为例》（《东洋史研究》1962 年第 21 卷第 3 号）；道端良秀《中国佛教与社会福利事业》（京都法藏馆 1967 年）；星斌夫《关于明代的养济院》（载《星博士退官纪念中国史论集》1978 年）；荒木见梧《戒杀放生思想的发展》（载其著《阳明学的展开与佛教》，东京，研文出版社 1984 年）；高桥孝助《近代初期上海的善堂——对"都市"问题的政策》（《宫城教育大学纪要》1984 年第 18 卷第 1 分册）；高桥孝助《沪北楼流公所的成立——上海租界的善堂》（《宫城教育大学纪要》1985 年第 19 卷第 1 分册）；星斌夫《中国社会福利的历史》（东京，山川出版社 1988 年）；松田吉郎《清代后期广东广州府的仓库和善堂》（《东洋学报》1988 年第 69 卷第 1、2 号）；星斌夫《清代养济院、普济堂的演变及其相互关系》（载其著《明清时代社会经济史研究》，东京，国书刊行会 1989 年）；小浜正子《民国年间上海的都市社会与慈善事业》（《史学杂志》1994 年第 103 编第 9 号）、《民国年间上海的慈善事业与国家权力》（《东洋学报》1994 年第 76 卷第 1、2 号）；山本进《清代后期江浙的财政与善堂》（《史学杂志》1995 年第 104 编第 12 号）等。对相关成果的述评另可参见山根幸夫《中国史研究入门（增订本）》，社会科学文献出版社 2000 年版；山根幸夫《战后日本的明史研究介绍》，赵英兰译，《史学集刊》2000 年第 3 期；常建华《日本八十年代以来的明清地域社会研究述评》，《中国社会经济史研究》1998 年第 2 期；陈锋《日本明清社会经济史研究进展》，《光明日报》2000 年 11 月 10 日；王晓秋《1990 年以来以日文发表的清史研究成果综述》，《清史译丛》第 1 辑，中国人民大学出版社 2004 年版。

年第 65 卷第 4 号）、《清代前期的育婴事业》（《富山大学人文学部纪要》1986
年）、《清代的恤嫠会与清节堂》（《京都大学文学部研究纪要》1991 年），这些
成果汇集为 1997 年出版的《中国善会善堂史研究》（同朋舍 1997 年）一书①。
该书利用从世界各地搜罗而得的征信录和方志、文集、日记、慈善书、实征册
等资料对善会善堂史作了系统而深入的研究。他在开篇对 "以明代养济院为
中心" 的官办慈善机构的救助理念和经营状况进行了分析，以此作为善会善
堂诞生的历史背景，揭示了明末同善会兴起的过程。接着分析了同善会与古代
放生会的联系与区别，并介绍了掩骼会、一命浮图会、救生船、恤嫠会等多种
形式的慈善结会。以此为基础，他认为明清善会是明末以来中国社会自身发展
中孕育的新现象，它们是以推行善举为目的的自由结社，善会办事机构就是善
堂。善会善堂从明末诞生后就一直存在于各地的城市或市镇之中。"育婴" 和
"恤嫠" 事业是该书重点论述的内容之一，他详细考察了这两种慈善事业的演
变过程和经营实态。在对苏州、松江等地的育婴事业的研究中，他提出了
"育婴事业圈" 的概念。他还论述了清后期出现的保婴会对于乡村地区的意
义。在对杭州、成都、安徽和上海等地的恤嫠会、清节堂的研究中，他指出了
这类慈善组织设立的礼教 "本意"，并揭示了这两种机构的区别：恤嫠会等待
援助的寡妇很多，往往成为援助高龄寡妇的组织；而清节堂的生活受到很多限
制，在一定意义上是强加于节妇的另类痛苦，因而可以自食其力的寡妇根本不
希望进入清节堂。夫马进还结合清代普济堂、上海同仁辅元堂、杭州 "善举
联合体" 的研究，对善会善堂与国家、行会、都市行政的关系以及在中国传
统社会转型中的作用等方面的问题进行了广泛的论述。在社会福利方面，夫马
进认为，善会善堂的出现及其活动反映出中国社会的活力，是世界上救济制度
与结社的一种独特模式。总之，这部著作对于中国社会福利史或社会保障史研
究的意义，恰如范金民对该书的《解说》所言：作者横跨社会科学和人文科
学，立足于社会福利事业和市民社会形成互相关联的两大层面，用大量未经人
使用过的征信录等珍贵资料，考察了善会善堂的历史背景、形式结构、行善的
内涵和范围及运作实态，"深化和推进了明清慈善公益事业的研究"②。

　　20 世纪 90 年代后期以来日本学者的重要成果有沟口雄三的论文《礼教与
革命的中国》（1996 年提交给第一次亚洲法制哲学研讨会的论文）和其他学者

①　参见［日］夫马进著，伍跃、杨文信、张学锋译：《中国善会善堂史研究》，商务印书馆 2005
年版。
②　范金民先生的《解说》附于夫马进著作中译本的末尾。在夫马进著作的中译本出版以前的相
关评价文章主要有：冯佐哲《日本夫马进关于明清慈善组织的研究》（《中国史研究动态》1984 年第 5
期）、伍跃《夫马进教授的〈中国善会善堂史研究〉》（《中国史研究动态》1999 年第 12 期）等，对此
笔者都曾参阅。

的相关著作。沟口雄三的论文强调指出，在以流动性为特质的明清社会中，礼教作为传统民众日常生活中的道德规范，起到了促进人们相互扶持、相互协助的作用，同时"勿倚强欺弱"的训导也有助于维持和谐的上下尊卑秩序①。相关著作主要有：山田贤《移住民的秩序——清代四川地域社会史研究》（名古屋大学 1996 年）、岸本美绪《明清交替与江南社会——17 世纪中国的秩序问题》（东京大学 1999 年）、山本英史编《传统中国的地域像》（庆应义塾大学 2000 年）、饭岛涉《鼠疫与近代中国》（研文 2000 年）、吉泽诚一郎《天津的近代——清末都市政治文化与社会结合》等②。从王晓秋的综述和所列部分著作的目录可知，这些论著从不同的角度关注明清乡村和城市的社会秩序，探讨社会秩序突破和维护中的复杂关系，从而在很多方面涉及社会保障问题。例如，饭岛涉利用大量档案和调查资料揭示了鼠疫流行与中国卫生事业制度化的关系，吉泽诚一郎对天津进行了类似于罗威廉对汉口的个案考察，探讨了天津善堂与灾荒、善堂与司艺所的关系，并从都市与近代性的角度考察价值观的变化与社会整合等问题。

　　以上这些成果是我从各种途径竭力搜集、归纳、总结而得，它们如同满天的繁星，使我在"中国社会保障史"这块生荒地上不再孤独和寂寞，正是借助它们的光芒，我才有勇气和信心去揭开一项艰难拓荒工程的第一章。

　　①　参见［日］太田出：《1999 年日本史学界关于明清史的研究》，《中国史研究动态》2001 年第 11 期。
　　②　参见王晓秋：《1990 年以来以日文发表的清史研究成果综述》，《清史译丛》第 1 辑，中国人民大学出版社 2004 年版。

第二章
明清社会保障的制度安排和两湖社会保障
机构的兴废沿革

　　明清时期以朝廷或国家为责任主体的社会保障制度有着丰富的内容。明清两朝在开国之初均成功地建立了中央集权的秩序化社会，君权的强化和财权的统一成为国家统治的两个着力点。在社会经济生活领域里，则推行了"休养生息"的政策，通过适当平均地权，使农民重新回到土地上，又针对小农经济中可能出现的社会问题，制订出一系列的政策、法令，从而形成了社会保障的制度框架。仅从内容上看，与今日中国社会相类似的社会救助、社会福利、社会保险、社会优抚等项制度在当时都已具备了，只是在制度形成的理念基础、制度的性质及制度安排的侧重点和覆盖面等方面存在着根本或较大的差异。

一、官员年老、疾病等风险的分担制度

　　任何社会的基本劳动者都会面临各种各样的风险，诸如原始人在狩猎中有被野兽吞噬的危险、现代人在大生产中有被机器致残的危险等。一般而言，在文明社会中，年老是劳动者最大的潜在风险，工伤、失业、疾病等则是较为普遍的不确定性风险。传统社会存在着应对以上各种风险的各种策略，其中由国家充当责任主体的风险分担制度亦有丰富的内容。当然，在传统社会中，能被国家制度覆盖的风险分担对象是非常有限的，主要是皇族、官吏等统治阶级成员，不过有关制度却非常完备。在此，仅以朝廷的食俸官员为例，介绍明清时期年老、疾病风险的分担制度。

（一）官员的致仕与养老

　　作为对公职人员老年风险的一种分担机制，中国古代致仕制度与现代养老保险制度有异曲同工的功效。"致仕"亦称"致政"或"致事"，它是载之于

《周礼》，并为历代所推崇的一项源远流长的官员养老制度。《礼记·曲礼》中即有"大夫七十而致仕"、"致其所掌之事于君而告老"的记载。古代致仕制度所包含的基本意蕴为：为臣为官者，当少壮有力时，竭力为国为民工作操劳，至年老力衰时，则辞官告老，由国家朝廷帮助其养老善终。这一基本意蕴被后代的仕人阐述得非常明白①："古之仕者七十而致仕……实礼之常制。盖当其壮也，即竭勤瘁以任其事，故及其老也，则使之优逸，以终其身。此君上之至恩，而臣下之极荣也"；"古者大夫七十而致仕，君非使之也，臣自行也。……臣曰：为人臣者不顾力，虽然，吾力不足矣，不可以当社稷之役而蒙干戈之任矣，不可以劳夙夜之虑而苟旦暮之利矣；全而归焉，亦可已矣。此义之至也"；"七十而致仕则以养衰老也。……毋夺其爵，毋除其禄，毋去其采邑，终其身而已矣。此古者致仕之义也"。类似的记载和言论进一步表明，中国古代致仕制度已包含了为劳动者分担风险的基本含义，可视为中国古代的一种养老保险制度②。

在中国传统社会，流官制很早就取代了世官世禄制，完备的官吏任用制度亦随之建立，以俸禄制为基础的致仕制度是其中的重要组成部分。秦汉以降，历朝都从制度上保证致仕官员的政治、生活待遇有章可循，使他们老有所养、老有所安。据记载，汉代官员即有"归养之禄"、唐宋致仕官亦有全俸、半俸、三分之一俸等待遇③。到了明清时期，有关官吏致仕的年龄、身体状况、待遇和安置等方面的规定又有了新的内容和特点。

1. 关于致仕年龄、身体状况等方面的规定

阅读《明史》的人物传，容易获得一种印象，即明代官员致仕的标准比较灵活：官场失意者、开罪权阉者、被人弹劾者均可致仕。事实上，与此相类的致仕多为非正常的致仕，从制度的角度而言之，致仕的基本标准应为年老和疾病。而且两者是相互关联的，如清人梁章钜所言："古人四十强壮，七十致仕，统计人生居官之日，前后不过三十年。盖一人之聪明才力，用至三十年之久，已无不竭之势。"④ 通常情况下，当官员年老或疾病不能胜任工作时，便

---

① 明·冯琦：《经济类编》卷24《臣类·致仕》，万历三十二年刻本。

② 将中国现行的离退休制度作为一种养老保险制度是一种通识和通行的实践操作。有论者在论述两者的关系时明确指出："养老社会保险与退休制度没有本质的区别，都是国家对劳动者在年老或丧失劳动力的情况下，退出生产领域，给予物质帮助的规定。从本质上说，退休制度就是一种养老社会保险，而养老保险最核心的内容就是职工退休"（参见《中国社会保障制度总览》编辑委员会编：《中国社会保障制度总览》，中国民主法制出版社1995年版）。而以俸禄制为基础的退休（致仕）制度在中国历史上早已存在了。

③ 参见黄惠贤、陈锋主编：《中国俸禄制度史》，武汉大学出版社1996年版。

④ 清·梁章钜：《归田琐记》卷1《七十致仕》。

按规定向朝廷提出致仕的请求，获得批准而荣归故里，这是大多数官员致仕的正常途径，亦称"以礼致仕"。从官吏考核制度看，明清两代均将不称职官员按成因分为八种类型并给予相应的处罚，即所谓"八法"。老、病是其中较基本的两项，对老、病官员的处置办法一般为勒令致仕①；而那些非正常致仕者，也往往以年老和疾病作为致仕的借口。年老当然理由充分，如果尚不算老，就只好称病了。如，明朝开国功臣李善长，自知失宠于朱元璋，洪武四年（1371 年）未及六十便"以疾致仕"②；天顺时的陈壮③、成化时的林俊④、正德时的伍文定⑤更是几次致仕又几次被启用；万历时，礼部右侍郎郭正域因"楚藩事起……遂谢病去"⑥。只有泰昌时的都给事中杨涟最为坦白，他向皇上的请辞称："臣无病，不敢以病请。皇上未罪臣，又不能以罪请。惟有明微薄之心迹，乞浩荡之恩波，放臣为激流勇退之人而已。"⑦不过这也正好从反面说明，臣子们被迫或自愿致仕时，一般要找一个老疾之类的堂皇的理由。总之，年龄和身体状况是明清官员致仕的基本理由，此二者也正是与社会保障关系紧密的问题。

关于官员致仕的年龄规定，明初遵循"大夫七十而致仕"的古礼，其后几经变化和反复，又复归于七十致仕的年龄标准，不过，又结合身体状况、官员的意愿等因素作了一些补充规定，其基本演变过程为⑧：

洪武元年（1368 年）："令凡内外大小官员年七十者听令致仕，其有特旨选用者不拘此例"；

洪武十三年（1380 年）："令文武官六十以上者皆听致仕"；

洪武二十六年（1393 年）："定凡官员年七十以上，若果精神昏倦，许令亲身赴京面奏，如准，吏部查照相同，方许去官离职"；

永乐十九年（1421 年）："诏文武官七十以上不能治事者，许明白具奏，放回致仕"；

宣德十年（1435 年）："诏文武官年未及七十，老疾不能任事者，皆令冠带致仕"；

弘治四年（1491 年）奏准："自愿告退官员，不分年岁，俱令致仕；凡两

① 《明史》卷 71《选举三》；光绪《大清会典》卷 11《吏部》。
② 《明史》卷 127《列传十五·李善长》。
③ 《明史》卷 161《列传四十九·陈壮》。
④ 《明史》卷 194《列传八十二·林俊》。
⑤ 《明史》卷 200《列卷八十八·伍文定》。
⑥ 《明神宗实录》卷 496，万历四十年六月丙戌。
⑦ 《明史纪事本末》卷 68《三案》。
⑧ 万历《明会典》卷 13《致仕》。

京大臣乞休，照例题核致仕"。

弘治十五年（1502 年）题准："（凡王府官）各府长史等官，但有年逾七十，不肯告老，或未及七十有病愿告致仕者，该府径自具奏"；

万历九年（1581 年）题准："王府各官不拘现任候缺，巡按御史查其年六十五至七十、八十岁以上；纳银人员，历任十年以上；原由医士、乐舞生，厨役出身，历任二十年以上，悉令致仕"。

清代以少数民族入主中原，致仕制度体现出一定的复杂性。陈锋教授注意到，清初的官员致仕，"似乎还没有统一的成例可循"，为此他从《清史列传》中列出了顺治至康熙年间部分官员致仕时的情形，得出的基本结论是，清初正值用人之际，官员一般是年届七十而引年致仕，但亦有不致仕者。总体而言，在乾隆元年（1736 年）以前，面向全体文武官员的致仕制度尚未建立，官员休致多为临时奏准①。这一结论勾画出清代致仕制度的概貌，以此为基础，这里再略作细化和补充：

首先，清代的致仕制度中存在着鲜明的满汉和文武区别。清初尽管尚未建立起面向全体文武官员的致仕制度，但是有关旗员和武官的致仕制度却非常详备。据《大清会典事例·兵部》记载："顺治年间定八旗武职六十以上乞休解任者，查其所历俸次，及原效力处年份，题请赏给半俸。其年未至六十告病解任者不准"②，参照《大清会典·吏部》"凡满洲、蒙古、汉军大小官致仕，顺治十六年题准，致仕之官，有世职者，照品给俸"；"凡满洲、蒙古、汉军大小各官致仕，顺治十八年议准，无世职之官，年至六十致仕者，仍给半俸，未至六十因疾致仕者，不准给"及《大清会典事例·户部》"顺治十八年议准：旗员年至六十以上致仕者，照原品给予半俸银米"；"康熙十二年议准：旗员年至六十告老解任者，分别食俸深浅，有无效力，以应否给予半俸，具题请旨。未至六十告病解任者，不准给俸"等记载可知③，顺治、康熙年间清廷保障制度关注的重点为旗员和武职官员，对这部分官员而言，60 岁是一个重要的年龄界线，年逾六十休致为正常的致仕，可以按例享有规定的各项待遇。不足 60 者只能以病乞休，而且所享受的待遇要大打折扣。

其次，在年龄和身体状况这两大要素中，清代似乎更注重身体状况。早在顺治十年（1653 年），顺治帝即亲试过编检以上官吏 62 人，他谕吏部说："朕亲试词臣，量为分别，有照旧留任者，有改授外任者，……如年衰病弱者听其

---

① 参见黄惠贤、陈锋主编：《中国俸禄制度史》，武汉大学出版社 1996 年版，第 570～571 页。

② 光绪《大清会典事例》卷 642《兵部·恤赏·恤赏退休官兵》。

③ 光绪《大清会典》卷 11《吏部》；光绪《大清会典事例》卷 259《户部·俸饷》。

请告，朕仍优遣之。"① 从乾隆年间的定例看，55 岁以上官员即可以开始申请致仕。《清史·选举志》载："年老休致，例有明文。乾隆二十二年，定部院属官，五十五岁以上，堂官详加甄别。三十三年，改定京察二三等官引见，以年逾七十为限，寻复旧制。"从《清史列传》可知，整个清代，梁章钜所说的"世固有未七十而即须致仕者，即有已七十而不必致仕者"② 的情形屡见不鲜。从吏部《处分则例》所记录的几个典型案例亦可看出这种趋向：《钦定六部处分则例》共载"官员休致案"三例，以之作为处分与致仕有关问题的参照标准。这三个案例分别为：乾隆十一年（1746 年）陈豫鹏休致案、乾隆三十五年（1770 年）高天琪休致案、乾隆五十五年（1790 年）郎晋升休致案③。

陈豫鹏休致案的始末大致为：乾隆十一年（1746 年），吏部郎中陈豫鹏被钦点为湖南学政，谢恩时折内称自己年已七十有余，乾隆览奏后，"因其年老，恐不能胜任，另派员更易"，陈豫鹏在失意之余，于数月后"以年老乞休"。乾隆帝因此大为恼火，在上谕中借此事件对稍不如意、即以年老为由申请休致的现象痛加斥责："今只隔数月急以年老乞休，及点授学政之时亦当据实陈情，何以寂无一言？今于朕降旨仍留部曹后急尔告休，盖伊自知嗣后无升迁之望，并非恬退本怀也。夫致身事君，始终不渝，乃分所当然，鞠躬尽瘁之义，凡为臣，是何人不当以此自勉！……今陈豫鹏于进退之际，少不如愿即欲解组以鸣高，事君之道，固如是乎？"陈豫鹏因此被"革职留京候旨"。

高天琪和郎晋升分别隐瞒了严重的眼疾和衰迈的身体状况以求"俸满推升"，其上司一开始欲为其掩饰或疏于考察，到临近赴部引见之日，恐事情败露，方才紧急上奏，请求对他们"勒令致仕"，终被乾隆帝察觉。为此，乾隆帝在处罚高天琪和郎晋升的同时，重点惩处了其上司李侍尧、鄂辉等人的失察之罪："该员目疾已久，营务必致废弛，该督抚不即早为参劾，所为实心察属者安在？今因给咨送部引见，虑难逃朕洞鉴，始将该员病发情节陈明，勒令休致，貌似据实核办，而隐以掩其平日姑容之迹，封疆大臣岂宜如此，李侍尧着交部察议"；"据鄂辉等奏'阜和协副将郎晋升历俸期满，兵部调取引见，饬令来省考验，该副将精力渐衰，骑射软弱，请将郎晋升勒令休致'等语，郎晋升年已衰迈，难胜副将之任。李世杰患病，精神不能周到，鄂辉等早应据实奏请勒休，以重营伍，乃竟任其恋栈，直届该员俸满经部调取之期，恐引见时为朕看出，始为此奏。殊属非是！"

从这三个案例的不同处罚结果可以看出，对于官员是否可以致仕，乾隆帝

---

① 《世祖章皇帝圣训》卷 2，顺治十年四月庚子。

② 清·梁章钜：《归田琐记》卷 6《文人奇遇》。

③ 光绪《钦定六部处分则例》卷 13《事故》。

所依据的标准是该员的身体状况能否胜任现有的职位，对于武职官员尤其如此。而对一些事务较少的文员职位，似乎并不很在乎该员"年已七十有余"。《清史稿·列传》中一些官员的经历也印证此点。如雍正时历户、工、吏、礼诸部的左都御史董邦达，在礼部尚书任上以老病乞解任。乾隆帝谕曰："邦达年逾七十，衰病乞休，自合引年之例。惟邦达移家京师，不能即还里。礼部事不繁，给假安心调治，不必解任。"①

2. 致仕官员的待遇

关于致仕官的待遇，明清两朝会典都有概要的论述，现有研究成果也从"政治待遇"和"经济待遇"等方面作了进一步阐释②。由此可知，明清致仕官在政治生活上可享受加官进阶、参听朝政、冠带致仕、恩荫子孙等项待遇；在经济生活上可享受赋役优免、给俸、赐田赐物、驰驿还家等方面的待遇。不过，致仕官的待遇问题细致而具体，具有极强的操作性，品级、任职年限、任职岗位和成绩等因素均会导致待遇的差别。且明清两朝历时较长，致仕制度前后亦有较大变化。以下选择几个主要方面进行评述。

(1) 明代致仕官员的待遇

a. 致仕官的俸禄

中国自古即有官员致仕食俸的传统，历代食俸标准在正史及政典中均易于寻查，惟述及明代的情况时都语焉不详。这种状况在一定程度上造成了人们对该问题认识的模糊。对明代致仕官员的俸禄问题，笔者已撰专文作了辨析，指出，明初并没有建立致仕官员的食俸制度，致仕后仍享受朝廷俸禄待遇的官员凤毛麟角。明万历年间，明人王世贞就曾做过这方面的统计："致仕官给全俸，洪武中兵部尚书单安仁、唐铎，嘉靖中少保、礼部尚书席书；给半俸者，永乐初吏部尚书张纨，户部尚书王钝，宣德中户部尚书郭资，太仆寺卿赵昱。"③ 终明之世，致仕官员食俸者也为数不多，这些官员享受的食俸待遇并非制度的规定，而明成化以后流行的"给驿还乡"、"给米拨夫"等待遇一样属于朝廷的"特恩"④。

b. 赏赐与体恤

① 《清史稿》卷 35《列传九十二·董邦达》。

② 参见陶希圣、沈任远合著：《明清政治制度》，台湾"商务印书馆"1983 年版；李超纲等编：《中国古代官吏制度浅论》，劳动人事出版社 1989 年版；张文芳编：《中国历代官吏制度》，劳动人事出版社 1987 年版；白钢主编：《中国政治制度通史》第九、第十卷，人民出版社 1996 年版；侯虎虎等：《明代官员的致仕制度》，《延安大学学报》2000 年第 6 期。

③ 明·王世贞：《弇山堂别集》卷 12《异典述七·致仕给禄》。

④ 参见周荣：《明代致仕官员的食俸与养老》，《武汉大学学报》2006 年第 1 期。

　　洪武、永乐时期对功臣致仕时的赏赐较为丰厚：洪武四年（1371 年），李善长"以疾致仕，赐临濠地若干顷，置守冢户百五十，给佃户千五百家，仪仗士二十家"①；刘基、宋濂等都受到了类似的恩赐。对汤和的赏赐更是"诸功臣莫能比焉"②。除了对开国元勋们的赏赐外，一般性的赏赐也时有举行，如："洪武中赐光禄寺卿徐兴祖白金一百两，钞一百锭。永乐赐太医院使戴元礼白金五十两，钞一百锭，彩币四表里。二臣皆庶寮，得此尤为异也"③。类似的赏赐还有：洪武二十四年（1391 年）"赐致仕武臣钞锭，其多寡各以从军之久近为差"④；洪武二十五年（1392 年）："赐在京致仕武官都督米一百五十石，钞七十五锭；指挥米一百石，钞五十锭；千户、卫镇抚米九十石，钞四十锭；百户、所镇抚米八十石，钞三十锭"⑤；洪武二十七年（1394 年），"赐致仕指挥姚德等四十余人麦三千余石，以其督视山东屯田有成，故赐之"⑥ 等。从这些赏赐事例不难看出，洪武、永乐时赏赐的基本精神体现为"赏"，赏赐的主要对象为开国老臣和一些有功之臣，赏赐的数额也很巨大，赏赐的目的是让那些功高的勋臣致仕时获得一种心理平衡，让一般的有功之臣得到一分勉励。永乐之后，对致仕官的大规模的慷慨赏赐已极为少见，见于记载的仅一例，即仁宗初，"赐太子太师致仕郭资白金百两，钞二百锭，彩币八表里"，"自是以后，虽内阁辅臣，重者不过白金五十两、（彩币）四表里而已"⑦。赏赐的形式也变换为对月米、舟车、人夫的零星赐与。对致仕官的赏赐已经失去了原有的"赏"的含义，其基本精神更多地体现为"恤"。这与明代的俸禄制度密切相关，明代官俸之低为史所公认，官员生活贫困、无钱还乡、不能归丧成为十分普遍的现象⑧。因而，为致仕官员提供回乡的车船等交通工具、赐给数量有限的月米及役用人夫等就成为一种特别的恩赐。尽管这些赏赐并不能从根本上解决官员贫困问题，却表达出朝廷对致仕官的一种体恤和荣显。

　　成化以前，此类赏赐基本上是偶尔为之，如，宣德七年（1432 年），南京

---

① 《明史》卷 127《列传十五·李善长》。
② 《明史》卷 126《列传十四·汤和》。
③ 明·王世贞：《弇州史料前集》卷 7《优赐致仕臣寮》。
④ 《明太祖实录》卷 209，洪武二十四年六月庚申。
⑤ 《明太祖实录》卷 223，洪武二十五年十二月庚午。
⑥ 《明太祖实录》卷 235，洪武二十七年十二月己巳。
⑦ 明·王世贞：《弇州史料前集》卷 7《优赐致仕臣寮》。
⑧ 如"洪熙元年八月壬申，行在礼部右侍郎邹师颜卒……师颜家贫，不能归丧"，仁宗因此而大发感慨，对左右说："为官而贫可嘉，今岂独邹师颜？"参见《明宣录实录》卷 7。地方官的情形也大体类似，如康熙《潜江县志》（卷 15，人物）载："严宾：成化己丑进士，授南城县令。……居官布衣蔬食，每餐止具一腐，南城人有严豆腐之称。擢南广西道御史，以抗疏调知盱眙县，复除太平县，卒于任。俸余不能具殓葬……"等，此类记载在正史及方志中屡见不鲜。

户部左侍郎敕鹏"年逾七十，乞致仕。上从之，命给舟车还乡"①。成化年间，自杨鼎致仕"给米拨夫"始，这些"体恤型"的赏赐逐步形成惯例，而且常与驰驿、舟车等待遇一同赐给。不过需要特别指出的是，这种"体恤"型赏赐的实施范围也是极其有限的，只有尚书以上级别的官员才有资格享受，而且要经过皇帝特准。作为一种"殊遇"，载于史籍者为数不多。兹据搜寻所得，再略举数例：弘治六年（1493 年），南京都察院左都御史黄绂，"疏请致仕，许乘船归"②；正德十六年（1521 年），都察院左都御史陈金"病乞休，给驿归"③；嘉靖时，户部尚书孙交，"引疾告休。诏加太子太保致仕，赐月米岁夫"④；户部尚书邹文盛，"累疏乞致仕，赐敕褒谕，给驿还，仍赐月米岁夫"⑤；兵部尚书刘天和，"以疾乞致仕，赐驰驿归"⑥；隆庆时，南京兵部尚书刘采，"考满乞休，赐驰驿归"⑦。万历时，南京礼部尚书陶承学致仕，"奉旨月给夫廪"⑧。

　　除了这些实施范围极小的特殊恩赏之外，对官员的体恤主要表现为针对贫困官员的岁米制度。对贫困官员给予岁米的事例最早产生于永乐十九年（1421 年），是年，"诏文武官七十以上不能治事者，许明白具奏，放回致仕。若无子嗣，孤独不能自存者，有司月给米二石；终其身"⑨。天顺、成化年间又分别作了补充规定，提高了五品以上官员的月米数额。天顺二年（1458 年）规定："四品以上官，年七十以礼致仕，家贫不能自存者，有司岁给米五石"；成化二十三年（1487 年），"诏在京文职以礼致仕，五品以上，年及七十者，进散官一阶。其中廉贫不能自存，众所共知者，有司仍每岁给与食米四石，不许徇情滥给"；嘉靖元年（1522 年）又重申了这一规定："五品以上，以礼致仕，年七十以上者，进散官一阶，其中廉贫不能自存，众所共知者，岁给米四石，以资养赡；又诏内外大小文武官员人等，死于忠谏，老亲寡妻无人待养者，有司量加优恤。"⑩

　　c. 官籍、官品与赋役优免

　　在明代，官籍与民籍在社会地位与特权享受方面存在着很大的差别，官员

①　《明宣宗实录》卷 88，宣德七年三月庚申朔。

②　《明孝宗实录》卷 79，弘治六年八月甲申。

③　《明世宗实录》卷 103，嘉靖八年七月庚申。

④　《明世宗实录》卷 147，嘉靖十二年二月庚子。

⑤　《明世宗实录》卷 202，嘉靖十六年七月乙巳。

⑥　《明世宗实录》卷 306，嘉靖二十四年十二月甲寅。

⑦　《明神宗实录》卷 27，万历二年七月戊戌。

⑧　《明神宗实录》卷 323，万历二十六年六月壬戌。

⑨　万历《明会典》卷 13《吏部十二》。

⑩　万历《明会典》卷 80《礼部·养老》。

品位的高低在政治、经济待遇、受人尊重程度和心理优越感等方面亦体现出明显的不同。因此，官员致仕后官籍、官品的保留对致仕官的生活有着非同一般的意义。

官与民在经济上的差别主要表现在赋役优免方面，官籍和官品是明代官员享受赋役优免的两个重要条件。明太祖认为："食禄之家与庶民贵贱有等……若贤人君子，既贵其身而复役其家，则君子野人无所分别，非劝士待贤之道"，于是，洪武十年（1377年）明太祖宣布"免仕者徭役，着为令。"① 其后又制定了详细的优免则例，优免的基本原则为"论品限额"②。明代致仕官员不仅可以免除本身的徭役，而且还可以"复其家"，即一家全免。洪武十二年（1379年）太祖曾下诏："凡致仕官复其家，终身无所与"。洪武十九年（1386年）又因左都御史詹徽等"在职公勤，诏有司复其家。"③ 需要指出的是，虽然在职和致仕官员都能"复其家"，但对于致仕人员，这种待遇是一种制度，而对于在职人员，"复家"只是一种临时的恩赐。如《续文献通考》的著者所议："臣等谨按，免役免丁俱有限数，若复其家，则一家全免。故惟致仕官及年八九十以上有爵之老人始以此优之，使得终其天年耳。若詹徽等以在职公勤之故复其家，盖异数，非常制也。"④ 可见，官员一旦致仕复家，则会免除徭役，甚至"其家税粮不供，差徭不役，有司吏卒无有登门者"⑤，在赋役繁苛的传统时代，这不啻为一笔可观的经济收入。

台湾学者陶希圣较早注意到"致仕"与"削籍"的差别，指出："致仕者仍名列官籍，可以继续享受此种优待。如系削籍，即为平民，不能免役复家。"⑥ 正因为如此，官员被"削籍"便成为一项非常严重的处分，《明史纪事本末》载："成祖即位，编籍在任诸臣，遁去者四百六十三人，俱命削籍。八月，命礼部行文州县，追缴革除诏敕。"⑦ 成祖对于建文朝逃亡诸臣，仍要削籍，使其不能分享致仕官员的待遇，正好说明官籍在致仕生活中的重要性。同样道理，那些获得昭雪平反的官员，一般先要先恢复官籍，再行致仕。如成化时汪直斥兵部尚书项忠为民，"直败，复官致仕"⑧；弘治时，都察院右副都御史唐瑜，"被劾褫其官以去。弘治五年（1492年）以建储诏复故官致仕"⑨；

① 《明太祖实录》卷111，洪武十年二月丁卯。
② 详见张显清：《明代缙绅地主浅论》，《中国史研究》1984年第2期。
③ 《钦定续文献通考》卷17《职役考·复除》。
④ 《钦定续文献通考》卷17《职役考·复除》。
⑤ 明·徐纮：《明名臣琬琰录》卷11《忠诚伯茹公言行录》。
⑥ 陶希圣、沈任远合著：《明清政治制度》，台湾"商务印书馆"1983年版。
⑦ 《明史纪事本末》卷17《建文逊国》。
⑧ 《明史》卷178《列传六十六·项忠》。
⑨ 《明孝宗实录》卷92，弘治七年九月壬辰。

正德时，右副都御史徐源，"致仕后两被逆瑾之害，至是除名。瑾诛后，蒙诏复职"①；右副都御史冒政，被刘瑾"褫职以归，瑾败复职致仕"②；户部尚书韩文也一度被刘瑾矫诏夺官，"瑾诛，复官致仕"③；万历时，南京吏部尚书赵贤，"因言者追讼夺官。后以覃恩复原官致仕"④。

除了与赋役优免直接相关外，明代致仕官的官品还有以下几个方面重要作用：其一，明代官员致仕后仍可晋秩，官品正是晋秩的依据。如洪武二十九年（1396年）"召致仕武臣二千五百余人入朝，大赉之，各进秩一级"⑤；其二，致仕官员仍有被重新启用的机会，称"起复"，致仕官起复任职要以原官品为依据，如，正统时的吏部右侍郎何文渊，"以病乞休"，后又"诏起复为吏部左侍郎，景泰初升尚书，寻加太子太保"⑥；万历时，曾历大理寺左右寺丞、左右少卿的刘怀恕，"以病家居三十年，甫起郧阳抚治"⑦。其三，致仕官员的品级是社会地位和社会优越感的一种表征。洪武十二年（1379年）曾作出规定："内外官致仕居乡，惟于宗族及外祖妻家序尊卑如家人礼，若筵宴则设别席，不许坐于无官者之下。与同致仕官会则序爵，爵同序齿，其与异姓无官者相见，不须答礼，庶民则以官礼谒见，凌侮者论如律"⑧。可见，致仕居乡者仍凭借其特殊的身分而获得一种政治荣誉，并受到人们的尊重。不难想象，致仕官的品级往往就是其自我满足感和所受尊重程度的一个砝码，那些升级致仕和获得皇帝诰敕者更将其视为莫大的光荣。正因为如此，致仕官的品级问题成为明代国家会典的重点，围绕致仕官品级问题的事例细致详备，能否升级与任职年限、考核结果紧密相关，而且把关越来越严。兹据《明会典》的记载举要如下⑨：

洪武十二年（1379年）：令"凡内外文武官员年老致仕者"，"三品以上仍旧；四品以下者各升一等；给与诰敕。其历事未及三年及为事降用或工役屯种取到者，依本等职事致仕，不给诰敕"。

成化四年（1468年）：诏"听选官员九年考满该升用者，年力衰迈，不能任事，照该升品级，给与散官致仕"。

成化十一年（1475年）：诏"给由考称该升及冠带未任听选官员，有家贫

① 《明武宗实录》卷120，正德十年正月丁亥。
② 《明武宗实录》卷171，正德十四年二月壬辰。
③ 《明世宗实录》卷65，嘉靖五年六月庚辰。
④ 《明神宗实录》卷426，万历三十四年十月己亥。
⑤ 《明史》卷3《本纪三·太祖三》。
⑥ 《明英宗实录》卷277，天顺元年四月丁未。
⑦ 《明神宗实录》卷492，万历四十年二月己丑。
⑧ 《明史》卷56《志三十二·礼十》。
⑨ 万历《明会典》卷13《吏部十二·致仕》。

亲老衰病等项愿告致仕者，授以应该升除职名，以荣其身"。

成化二十二年（1486年）：诏"在京文职以礼致仕者，五品以上，年及七十，进散官一阶"；"凡考满官员告致仕者，九年考称无过，升二级，致仕。不称，有过，以原职致仕"。

弘治十一年（1498年）：题准"两京五品以下官乞致仕者，本部查其曾经三六年考满，称职拟升相应职衔具奏，令其致仕。不称者，仍照原职致仕"。

弘治十五年（1502年）：奏准"在外衙门七品以上官，有三年或六年曾经到部考称，及任内曾有旌异，例该升擢，自愿致仕者，本部拟升职衔，或加散官服色，令其致仕。如左布政使无官可升者，另行奏请定夺"；题准"凡王府官……各府长史等官……照依诏书恩例，俱加升本府相应官员职衔，行令致仕；如无职衔可升者，授以该升品级散官致仕"。

嘉靖十年（1531年）：题准"内外官愿告致仕者，京官部院考称职，外官抚按有旌异，及无所规避者，方许升职，如考语含糊，仅保无过，虽历三年六年考满，止以原官致仕"；奏准"凡大小官员升迁未到任告致仕者，只以原职致仕"。

嘉靖十二年（1533年）：题准"王府长史等官，今后非真能辅导有功，贤能可录者，不许请加服色品级。其曾经提问有过者，虽历有年俸，止照原衔供职，衰老者，只着致仕"。

嘉靖四十三年（1564年）：议准"王亲布政使乞休，查系三年之外致仕者，准以正二品初授散官；六年之外致仕者，准以正二品升授散官；九年之外致仕者，准以正二品加授散官"。

嘉靖四十四年（1565年）：议准"各衙门乞休官员，如果劳绩久著，舆论佥孚者，照进升职例；如寻常守官，谨愿无过者，照愿职例；或晚节不终，有所规避者，止令冠带间住，不准致仕"。

万历十二年（1584年）：题准"京官升外职告病者，以原任京官致仕；外官升京职告病者，止以原任外官致仕；升授长史者，以新衔致仕"。

万历十三年（1585年）：题准"升除未任及公差考满官员在于原籍官司告乞致仕者，查验文凭执照明白，即与转申上司，达之抚按，应题请者，照例提请；应报缺者，例本报缺。毋以官非统属，故有留难。凡两京考察被劾，听降听调官，奏要以原职致仕者，听；外官朝觐来京，考察不及，调用改教官员告乞以原职致仕者，取结类题"。

（2）清代致仕官的待遇

乾隆《大清会典》概要叙述了清代致仕官员待遇的主要方面："满汉大臣年老乞休者，朝廷待以殊礼，或升职加衔，或仍给原俸，或命驰驿还乡。其尤宠异者，或赐袍服文绮，或赐御制诗篇，或官其子孙，或遣人存问，或令地方利弊仍许具疏陈奏，皆出自特恩"①。具体的规定和事项，各项典籍的记述非常清晰。据此可知，致仕官员除在清初一度赏给土地外②，其余大部分时期均领受俸禄，可分为"全俸"、"半俸"、"恩俸"等几项，有关食俸的数额及适用条件亦记载得较为明确具体而少有异议。不过清代致仕官员的待遇存在着文官、武官，旗员、汉员等方面的差异，故仍有小心分辨的必要。

大约从清兵入关至乾隆初年，清代致仕制度的重点在于旗员和武职。顺治年间规定："武职老病乞休，二品以上具疏自陈。三品以下，在京由都统奏请，在外由将军等具题，交部核覆。"并议准："旗员年至六十以上致仕者，照原品给予半俸银米"；康熙十二年（1673 年）议准："旗员年至六十告老解任者，分别食俸深浅，有无效力，以应否给予半俸，具题请旨。未至六十告病解任者，不准给俸。驻防官弁告老，仍在外省居住。及汉军任绿营官，年老告退回京者，不给半俸。内府佐领官，及有世爵承袭者，亦不准给"；雍正十二年（1734 年）议准："八旗致仕官奉旨赏给俸禄。"③

乾隆年间，随着文官致仕制度的确立，武官和旗员致仕的制度愈加完备，对"是否自行奏请"，"有无军功"、"有无世职"等方面作了细致的区分④：

八旗一二品武职大臣："自行奏请，准令原品致仕者，该旗将伊军功及食俸年份查明，或给全俸，或给半俸，具奏请旨。若非自行奏请，特旨令其原品致仕者不给俸禄"；

八旗三品以下武职官员："有年至六十岁以上，因老病告休，查明曾经出征打仗受伤及有功牌者，将可否赏给全俸之处，请旨遵行。虽经出征，并未打仗，及无功牌者将可否赏给半俸之处请旨遵行。其效力虽属有年，而并未出征者，毋庸给俸。五十岁以上病发告休，查明曾经出征打仗，得有功牌者，将可否赏给半俸之处请旨。虽经出征，并未打仗及无功牌者勿庸给俸；四十岁以上患病告休，虽出征打仗，得有功牌，亦勿庸议给俸禄。至各省驻防旗员，年六十以上，军政填注年老患病以及告病告休人员，查明曾经出征打仗受伤及有无功牌，亦照在京旗员之例，分别忧恤"；

王公门上官员人等："老病告休，照例准其休致，毋庸奏请给俸"；

---

① 乾隆《大清会典》卷 6《吏部·考功清吏司·致仕》。

② 据《清朝续文献通考》卷 5《田赋五》的记载，顺治六年（1649 年）曾规定："凡官员致仕者，督、抚、布、按、总兵各给园地三十六亩，道员、副将、参将各给园地二十四亩，府、州、县、游、守等官各给园地十八亩。"

③ 乾隆《钦定大清会典则例》卷 118《兵部·职方清吏司》；光绪《大清会典事例》卷 259《户部·俸饷·优恤俸饷一》，并参见《吏部》、《兵部》如前。

④ 乾隆《钦定户部则例》卷 97《廪禄·旗缺官俸例·休致官军功请俸》；《钦定旗务则例》卷 7《赏恤·致仕官员俸禄》。

旗人补授绿营武职："或休致，或终于其任，即照绿营例办理，该旗不得援照旗员之例，代为奏请俸禄"；

身兼世职官员致仕俸禄："职任兼世职佐领官员年老告休，因有军功，蒙恩赏给半俸全俸者，其应袭官如系兄弟之子承袭，仍准给俸。若伊子承袭，该旗将赏给俸禄裁汰之处具奏"；

外任驻防军功官员休致回旗俸禄："旗人任外省绿旗武职，老病休致回旗，因有军功赏给全俸半俸者，按伊等原品级减一等，照在京旗员之例，支给俸银俸米。其外任告休文员，内有军功赏俸者，亦照此办理。各省驻防旗员，老病休致归旗，因有军功赏给全俸半俸者，按该员原品，照在京旗员之例给与俸银俸米。"

关于绿营官员的休致待遇，亦作了详细的规定①：

乾隆二年（1737 年）奏准："老病乞休各官，曾出征临阵受伤，得有功牌者，请旨令其原品致仕，给以全俸，以养余年；其出征并未御敌，及无功牌者，请旨令其原品休致，给以半俸"；

乾隆五十六年（1791 年）议准："守备以上等官老病告休，曾经出征打仗受伤，年在六十以上者，给予全俸；年在五十以上者给予半俸"；

嘉庆六年（1801 年）议准："守备以上等官，有老病告休，曾经出征打仗立功，年在五十以上，因未受伤，不获给俸，及出征打仗受伤，年未五十，不获给俸者，查明实无产业可倚，令子弟一人入伍食粮，无子弟者给予守粮一分，以资养赡"；"千把外委曾经出征打仗受伤，续经辞退告休，年在五十以上者，给予步粮一分，以资养赡。如曾经出征打仗，因伤疾举发，或年老衰迈不能差操，经督抚咨革勒休者，查明实无产业可倚，又无子嗣在营食粮，给予守粮一分。"

清初文职官员致仕制度依附于官员考核制度而存在，致仕多体现为对不称职官员的一种淘汰，因此，有关致仕官的处置多为一些"惩罚性"规定，如顺治、康熙年间将休致官与革职、解任官一同称为"废员"，责令其限期回原籍，直到康熙二十九年（1690 年）仍有规定曰："凡京官革职、休致、解任，该部知照各原籍督抚，仍移咨都察院，转付五城司坊官，严催起程，将起程日期报部"，康熙三十年（1691 年）才将休致官与革职官区别对待："三十年议准，除革职提问官照例勒限驱逐回籍外，其余解任、休致、丁忧等官听其自

---

① 乾隆《钦定大清会典则例》卷 113《兵部·职方清吏司·军政》；光绪《大清会典事例》卷617《兵部·绿营处分例·休致》；卷 259《户部·俸饷·优恤俸饷一》；卷 60《户部·俸饷·优恤俸饷二》。

便。"① 大体而言，致仕的待遇在乾隆以前无成例可循，多为临时奏准，以武职官员为参照，酌量给予。如顺治十五年（1658 年），大学士尔我完"以老乞休"，"令原衔致仕，以遂颐养"；康熙四十二年（1703 年），大学士熊赐履"以年届七十乞休"，"准以原官解任，仍食俸留住京师"。乾隆元年（1736年）颁发了第一个普遍性的关于致仕官员待遇的定例："凡大臣中有引年求退，奉旨以原官致仕者，均系宣力甚久，素为国家优礼之人。虽经解组，仍当加恩以示眷念耆旧之意，现在满汉大学士及曾为部院尚书予告在家者，俱着照其品级给与全俸，在京于户部支领。在外于该省藩司支领。永着为例"。乾隆三年（1738 年）又作了进一步的规定："大学士尚书内原品休致大臣，着给食全俸。将此永为定例。从前已降谕旨，若自行奏请，朕加恩准令原品休致者，应照此旨给食全俸。其遇京察自陈，朕加恩准令原品致仕者，该旗、该部查明应否给食半俸之处，具奏请旨，若非自行奏请，朕特旨令其原品致仕及遇京察自陈部议致仕人员，不必给食俸禄。②"乾隆二十七年（1762 年）又再次重申："休致食全俸官，照原品全数赏给；食半俸官，照原品减半赏给；不食俸者，不准请赏。"③

从此官员致仕或食全俸，或食半俸，或特恩赏给，渐成制度。致仕的程序分自行呈报和勒令休致两种。一般三品以上官员由吏部上报皇帝裁决。"四品以下官告休，内则堂官核咨，外则督抚核咨，由部具题，以原品休致。其年老有疾，恋职旷官者，纠参勒令休致"④。

（二）官员疾病风险的分担

传统社会虽然不可能建立起现代意义的疾病保险制度，但也有一定的风险分担方式，明清两朝官员在因病不能工作的情况下，均能获得一定的治疗期，在治疗期内朝廷不得解除病者的官职，并保障其基本的生活待遇。

中国古代，官员的疾病的治疗与休养与当时的医疗水平和医事制度紧密相关。明清时期是我国传统中医学进步和繁荣的时期，从中央到地方均建立了完备的医疗机构和制度。明代中央医疗机构为太医院。太医院"掌医疗之法"，并分天下医术为十三科⑤。太医院初设御医四名，后增至十八名，除给皇帝看病外，"王府请医本院，奉旨遣官或医士往，文武大臣及外国君长有疾亦奉旨

---

① 乾隆《大清会典则例》卷 150《都察院》。
② 乾隆《钦定户部则例》卷 96《廪禄·致仕大臣赏俸》。
③ 光绪《大清会典事例》卷 249《户部·俸饷·文武官俸禄》。
④ 乾隆《大清会典》卷 6《吏部·考功清吏司》。
⑤ 十三科分别为：大方脉、小方脉、妇人、疮疡、针灸、眼、口齿、接骨、伤寒、咽喉、金镞、按摩、祝由。

往视，其治疗可否皆具本覆奏"。地方医疗设置为惠民药局及太医院选派的医官和医生："外府州县置惠民药局，边关卫所及人聚处各设医生、医士或医官，俱由本院试遣。"① 清代沿袭明代的医制，又略有变革，据《清史稿·职官制》：清代掌医疗之法者仍为太医院，只是将医学分科由十三科简化为九科，在院使、院判外又增设了管理院事王大臣一人总摄院事，基本组成人员仍为御医、吏目、医士、医生等②。除了官办医疗设施外，民间医疗事业也非常兴盛，如据明人顾起元记载，正德、嘉靖时期，南京城的医生云集，有伤寒医、产医、妇人医、杂症医、疡医、小儿医、口齿医、接骨医、眼医等专科医生，均"青布曳裾，系小皂绦顶圆帽，着白皮靴"，有人应诊，同各司其长。这些记载表明当时民间医疗已具备行业特征，分科极细。

广布各地的官办医疗机构和众多的民间医生是传统晚期人们进行疾病治疗、维持身体健康的基本条件。由于中医具有防治结合、注重身心修养、慢性治疗等特点，传统社会的疾病保险待遇常体现为给予一定的治疗期进行调养。对此，明清两朝的官吏管理和考核制度中都有明确的规定。

明初对疾病官员的处置办法最早见于《诸司职掌》，该书吏部"官员事故"中列有"老疾"一条。就内容而言，又可分为"自告老疾"和在职养病等具体情况："凡内外官吏自告老疾者，洪武二十六年定，答付太医院，转行惠民药局，委官相视，分别堪与不堪医治，明白具奏，取自上裁（如不堪医治，奏放为民，如急难医治，具奏放回原籍调理，痊可之日赴部听用）"，官员在职养病的条件较为苛刻，大约在京官员患病能获得较短时间的养病期，"凡外官患病，洪武间令，在外大小官员不许养病"③。在京官员的在职养病期限明初没有具体的规定，成化年间定为三个月，外官也获得了在职养病的待遇。成化二年（1466 年）令："各衙门官员，在任患病三月者，住俸"；"内外文武官员患病三个月之上，俸粮截日住支"。景泰三年（1452 年）又令"军职官调各边者，患病十日之外即住俸"④。

如前所述，官员的疾病与致仕制度紧密相关，如果达到一定年龄的官员自陈老疾，往往就此致仕。如"弘治四年题准，凡告老疾官员，年五十五岁以上者，冠带致仕，未及五十五岁者冠带闲居，考满官员到部，但年六十五以上，不得取选"；嘉靖四年（1525 年）："令有假托养病致仕者，不准，年六十以上，方准致仕。"⑤ 致仕亦成为对故意告病官员的一种处惩，如正德时刘

---

① 《明史》卷 74《志五十·职官三》。
② 分别为大方脉、小方脉、伤寒科、妇人科、疮疡科、针灸科、眼科、咽喉科、正骨科。
③ 万历《明会典》卷 13《吏部十二·事故》。
④ 万历《明会典》卷 39《户部·廪禄·俸给》。另，卷 13 为成化三年。
⑤ 万历《明会典》卷 13《吏部十二·事故》。

瑾乱政，许多官员以养病为由离职，正德三年（1508 年）曾下令："令京官告假违限，及病满一年者，皆致仕"①；

对于大多数官员而言，如果确实患病，一般要给予一定的期限，离职回原籍调养，在养病期间一般要停发俸禄，但保留官籍，病痊仍可复职或赴部听用。患病官员欲取得养病资格，须经医生和官员的证明，并经由一定的程序。所谓："年老废疾官员，验实取具同僚官医保结，备申定夺。"这种病假的时间也有严格限制，且不同时期也有所变化，综合整个明代的情况看，一般而言，从养病到重新启用之间的时间不能超过三年。大约从正统年间开始，对告病官员的类别和告病情形等内容的区分日益细致，不同类别的官员的病假期限和申报程序、处分办法也各有差别，兹分述如下②；

1. 京官患病

凡京官患病，嘉靖六年（1527 年）令："京官告病者，吏部查验的实，照例放回。若托故诈病，扶同保勘及病痊不赴任者，一体罢职"；

隆庆五年（1571 年）奏准："京官患病，先呈本衙门掌印官查勘的确，取具同乡同僚官结状代奏，方准题覆"；

万历元年（1573 年）奏准："凡京官中途养病及先养病在籍未痊者，须所在与原籍抚按官核实具奏，方与准理"；

万历十年（1582 年）题准："京官告病三年限满又称患病者，不拘在籍在途，行所在抚按官查勘，如有诈托，据实参处"；

万历十一年（1583 年）题准："京官患病危笃不能久待者，掌印官勘实即与代奏，不拘注门籍三月。十三年题准，京官再奏养病者，准与题核，再告违限者，虽起文在三年之内，亦不准理，径行参究。若请告至三，只许告休，不准转假。如有材难终弃者，致仕之后，听抚按科道从公荐举起用。"

2. 京官升外告病

凡京官升外告病，隆庆二年（1568 年）议准，"患病在先，推升在后，比外官已到任者不同，准令回籍养病，痊日给文付部"；

隆庆五年（1571 年）题准："今后京官升外告病乞休者，俱令致仕，不许病痊起用。"

3. 各边督抚兵备等官患病

凡各边督抚兵备等官患病，隆庆三年（1569 年）奏准："不许自奏，听巡

---

① 《明史》卷 16《本纪第十六·武宗》。
② 如无特别注明，俱见万历《明会典》卷 13《吏部十二·事故》。

按御史勘明转奏。如有托疾避难者，该科及巡按御史参奏处治。"

4. 各级御史患病

凡出差御史患病，天顺二年（1458 年）令："御史不许养病、省亲"；

成化二年（1466 年）令："御史久病，勘实，许还籍调理"；

嘉靖七年（1528 年）令："各处御史有告病者，该部查勘是实，方准放回，若系推避，就令致仕"；

嘉靖八年（1529 年）令："御史养病三年以上者，革职冠带闲居"；

嘉靖二十一年（1542 年）题准："巡按并别差御史如果患病不支，许地方官具实奏闻，不许径自具奏"；

嘉靖二十七年（1548 年）令："巡按御史告病，巡抚官代奏不准，着回道自行具奏听勘"；

嘉靖三十三年（1553 年）题准："御史在差患病，有抚按官代奏者，仍准回籍调理"；

万历六年（1578 年）令："巡抚御史养病，巡抚官找题者，行都察院勘实支部，方准题核。"

5. 五城兵马患病

凡五城兵马患病，旧例致仕。隆庆五年（1571 年）奏准，照序班例，不分正负指挥，俱准养病。痊日起文赴部。

6. 进士患病

凡进士患病，弘治十五年（1502 年）奏准："令在京调理两月，未痊，行太医院诊视是实，各取具办事衙门官员，同办事进士及医士保结，方许放回调理"；

嘉靖十二年（1533 年）令："以后进士养病但违限三年以上者，一体查革"；

万历二年（1574 年）题准："今后进士有疾，在京调理三月之后，如果真病，令各该办事衙门掌印官亲自验实，方与俱题。"

7. 外官患病

明初外官不许养病。成化六年（1470 年）奏准："各处抚按官遇有司府州县官告称老疾者，依例放回原籍，俱类奏作缺"；

嘉靖四年（1525 年）令："外官有不奏弃官，及奏不候命而去者，该部科道及抚按官纠举"；

嘉靖二十二年（1543年）奏准："外官在任患病，务由抚按官题允查明，方许回籍。如不候擅回者，革职为民。同僚官一并治罪"；

万历三年（1575年）令："外官有疾，照例致仕，不许抚按官更为议调。以启规避"。

此外，凡外官升京职，未任患病，隆庆五年（1571年）议准："行彼处抚按勘实，放回调理"。

清代官员的告病请假制度形成于康熙九年（1670年）。是年议准了"京官告病"和"外官告病"的具体则例。京官告病的具体规定为："在京汉官告病给假者，准回籍调理，停其勒限年分，俟病痊之日该督抚咨部注册，赴部补用，如大学士、尚书、左都御史、侍郎、学士、左副都御史告病告假，自行具奏。其余各官具呈该部院衙门取具同乡京官'并无假捏'印结，该部院移部汇题，准其回籍调理。如身无疾病具呈者，将本官降一级调用，验看出结官各罚俸一年，堂官罚俸六月。"

外官告病的具体条文是："总督患病，巡抚验明具题，巡抚患病，总督验明具题，如无总督之省，巡抚自行具奏。"

对违规者也有相应的惩处条例："告病官员讬故诈病者，发觉之日令本官赴部验看，如无疾病将本官革职，验看官、保结官各降一级调用，代题督抚罚俸一年。"①

此后，康熙二十六年（1687年）、雍正五年（1727年）、六年（1728年）、十二年（1734年）、十三年（1735年）、乾隆四年（1739年）等年份都颁布了一些新的规定，对康熙九年（1670年）的则例进行了补充完善。至乾隆年间，清代的京官和外官告病修假制度已基本定型。其基本精神乾隆《大清会典》作了言简意赅的归纳：

"凡京官告病，听回籍调理，不限年。三品以上自行陈奏，余皆取具同乡官结，咨部汇题，病痊赴补。旗员告病，该管官委官查验，酌给假期调治，以半年为限。逾限者咨部别选。外任官告病，督抚委官确验，平庸者勒令休致，优者疏请听回籍调治。道府以上应否回籍，由部请旨。病痊后，州县以上官督抚咨部引见，以原官补用。佐杂官（州同以下）咨部补用。试用官仍赴原省试用。内外官员捏饰告病者，本人及验看出结官皆议处。回籍官营私滋事，扰害地方者夺职，有司不行申报及既报而督抚不具题者皆议处。"②

---

①　乾隆《大清会典则例》卷14《吏部·考功清吏司》。
②　乾隆《大清会典》卷6《吏部·考功清吏司》。

二、救灾、济贫等社会救助制度

（一）灾害救济和保障

传统时代的统治者期望农民能固守在小块土地上安居乐业，每个能自食其力的农民也都希望能凭借这块土地过上温饱、富足的生活，然而频繁的自然灾害却常常使他们的梦想破灭。气象学和历史学的研究成果均表明，明清时期是自然灾害的频发期。自然灾害不仅直接损害人们的生命财产，更为致命的是灾害通过破坏农业生产使人们失去衣食之源，从而导致饥荒、疾病和社会秩序动荡。正因为如此，历代统治者十分注重对灾民的救助和保障，到了明清时期，救灾制度进一步完备，程序更加缜密，辅助性措施亦系统化且可操作性强，堪称传统救灾思想和典章制度的集大成阶段。对此学术界已有较系统的研究[①]，兹以现有成果为基础，对明清灾害救助和保障制度简要叙述如下：

1. 雨雪粮价奏报制度

对降水、粮价等信息的及时掌握是传统时代预测和了解灾情的重要手段，明代，朱元璋、朱棣等皇帝都要求"天下州县长吏月奏雨泽"[②]。清代的雨雪、收成、粮价奏报制度更为完善，雨雪每月奏报，收成分夏秋两季奏报，夏收报告限在 5～8 月间，秋收奏报限在 8～11 月间，一般要报告当季本地区的主要作物，以十成计，因何原因，收成几分，八分以上为丰收，六分七分为平收，五分以下为歉收。粮价每月奏报一次，由各地督抚专责奏报，内容主要是本辖区内各府州在市场流通的最主要的粮食价格，分府州开列上报，并酌情说明所列粮价属于什么水平——如价贱、价中或价贵，再与上月比较，是持平还是增减。康熙、雍正、乾隆、嘉庆诸帝对雨雪粮价奏报非常重视，朱批中每见对奏报不认真、含糊其辞者的严厉训斥和警告，告诫地方官不得将此"关系民生切要"之事视为泛常，务要慎之、勉之。

2. 灾情勘报制度

受灾后将灾情及时上报是实施救济的前提条件，明初报灾，不拘时限，从

---

① 主要成果如：邓云特《中国救荒史》（商务印书馆 1937 年版）、冯柳堂《中国历代民食政策史》（商务印书馆 1934 年版）、魏丕信《18 世纪中国的官僚制度与荒政》（江苏人民出版社 2003 年版）、李向军《清代荒政研究》（农业出版社 1995 年版）、张建民、宋俭《灾害历史学》（湖南人民出版社 1998 年版）等。

② 清·顾炎武撰，黄汝成集释：《日知录集释》卷 12《雨泽》，光绪十三年同文书局石印本。

实随时报告踏勘。到弘治十一年（1498 年）规定：夏灾不得过六月底，秋灾不得过九月底。万历九年（1581 年）改为内地各省，夏灾限在五月，秋灾限在十月。清代报灾时限，夏灾限在六月下旬，秋灾限在九月下旬，续报灾情，另有展限。为了确保灾荒勘报的准确性，明清政府十分注重对有关官员报灾、勘灾的考成督察，对报灾不实、匿灾不报、救灾不力者给予严厉的惩处。洪武十八年（1385 年），朱元璋诏令全国，若发生灾害地方官不上报，准许当地耆宿连名申诉，属实者处以极刑。永乐中亦多次颁诏，"灾伤不以闻者，罪之不宥"。清代规定，地方官报灾逾期半月者，罚俸半年；逾限一月者，罚俸一年；逾限一个月以上者，降一级调用；逾限两个月以上者，降二级调用；逾限三个月以上者，革职查办。讳灾不报的州县官，扣压不转呈的府道官，勘灾以成灾作不成灾或增减成灾分数的勘灾官，俱革职永不叙用。

3. 灾蠲制度

灾荒时期政府减赋免役是传统的救灾措施，一般可分为灾蠲、民欠蠲和普蠲三种形式。明清时期，灾蠲活动日趋制度化。明初的灾蠲较为笼统，规定凡遭水旱灾荒的地区，只要经查勘属实，都可按例尽行蠲免。至弘治三年（1490 年），议定灾伤应免粮草事例：以十分计，全灾田地，免税粮七分；灾九分者，免税粮六分；灾八分者，免税粮五分。依此类推，至灾四分者，免税粮一分为止。有清一代，灾蠲条例几经修改，参见下表 2-1：

表 2-1 清代灾蠲比例表

灾蠲 被灾 年代	10 分	9 分	8 分	7 分	6 分	5 分	4 分
顺治十年	3/10	3/10	3/10	2/10	2/10	2/10	1/10
康熙十七年	3/10	3/10	2/10	2/10	2/10	1/10	
雍正六年	7/10	6/10	4/10	2/10	1/10		
乾隆元年	7/10	6/10	4/10	2/10	1/10	1/10	

资料来源：转自张建民、宋俭《灾害历史学》，湖南人民出版社 1998 年版，第 334 页。

除蠲免之外，明清时期缓征也很普遍，有缓至来年者，有缓至丰年者，也有分作若干年分别带征者。

4. 赈灾制度

赈灾制度是中国传统荒政的核心内容，在长期的救灾实践中，中国传统荒政积累了丰富的经验，临灾赈救的施济方式、技术措施逐渐成熟，救灾的章程制度也不断完善。明清时期可称为传统荒政的集大成时期，官方的律令、会典、奏疏等文件将救荒过程的各个环节条例化。同时，自宋代董煟的《救荒活民书》刊行以来，救荒书的刊刻在明清时出现高潮，对救灾备荒的经验进行了全面的总结。到了清代中叶，"官方的救荒理论和规章制度达到了前所未有的系统化程度"①。总体而言，明清的赈灾制度因灾情轻重而施，一般分急赈、正赈、加赈等不同的步骤。急赈多见于洪水、地震等突发性灾害，"被灾之初，查赈未定……家资漂散，现存乏食，势难缓待者，不论极次，随查随赈"②。正赈是官府赈灾的主体，明清两代都用区别户等的办法确定赈济标准，多将灾民分为极贫、次贫两等，极贫之家无条件赈济，次贫之家则要酌情发放。明初制订的散粮则例规定每大口给米六斗、小口给米三斗，五岁以下小孩不给。其后又有变更，地区间也有区别。清代赈济给粮多实行定日给标准和给赈时间长短相结合的办法③。如乾隆七年（1742年）条例规定："地方如遇水旱，即行抚恤。先赈一月，再行查明户口。被灾六分者，极贫加赈一月，连抚恤共两月。被灾七八分者，极贫加赈两月，连抚恤共三月；次贫加赈一月，连抚恤共两月。被灾十分者，极贫加赈四月，边抚恤共五月，次贫加赈三月，边抚恤共四月。"④ 此处"抚恤"即急赈，"加赈"指正赈。这一条例成为清代乾隆以后相当长时期里各级官府实施赈济措施的重要依据。加赈，又称展赈，指在规定的正赈期限完成后延长赈济时间，一般适用灾情较重的情形或财政较宽裕的时期。

中国传统赈灾制度中有一项重要的创举，即以工代赈制度。早在春秋战国时代，我国就有了晏子借兴路寝之台以救饥的事例。自宋以后，以工代赈成为官府时常采用的灾荒救济政策。通过以工代赈，可同时收到救荒、防灾、节约财用等多方面的效益，明清时代多有推行。明清救荒书和官方文献记载了大量这样的事例。如明代钟化民在河南、张纯在河北、张敷华在湖广、孙需在河南、王汉在怀庆、蔡暹在扬州等都曾运用以工代赈措施赈济灾荒。清代以工代赈的事例更是不胜枚举，如乾隆二年（1737年），河北、山东旱灾，清廷诏令兴办工赈，使饥民佣工就食，兼赡家口，以免流离失所。乾隆十五年（1750年），直隶有司应修河道沟渠等工，将上年截留北仓漕米所存十万石，作为修

---

①　［法］魏丕信著，徐建青译：《18世纪中国的官僚制度与荒政》，江苏人民出版社2003年版，第16页。

②　清·杨景仁：《筹济篇》卷3《救灾》。

③　参见杨剑虹主编：《民政管理发展史》，中国社会出版社1994年版；李向军《清代荒政研究》，农业出版社1995年版。

④　光绪《大清会典事例》卷271《户部·蠲恤》。

浚河渠，以工代赈之用①。以工代赈的成功举办，有赖于地方官平时对当地待建工程的留心清查，以便灾荒时次第举办，明清地方志中关于此类与以工代赈有关的记载颇多，不一一列举。

5. 防灾备荒制度

中国传统荒政的防灾备荒措施主要包括劝农督耕、兴修水利、捕蝗治蛹、储粮备荒等内容。其中种类齐全的备荒仓储制度也是中国传统荒政的创举之一，到宋代为止，常平仓、义仓、社仓等备荒仓储形式已较完备，明清时期备荒仓储的建设也卓有成效。明代直接为赈济灾荒而设，影响较大的是预备仓，始设于"国初"，由官府出粜本买粮，储于居民稠密的地方，一般各州县东南西北四所，由当地年高笃实之人掌理，以备荒年赈饥。预备仓粮来源于官地租米、无碍官钱粜入、赃罚折纳、立功赎罪折纳、民间捐纳等项。为加强预备仓建设，明政府多次颁发有关条例，加强对地方官的督责考成。预备仓之外，明代各地还设有义仓（社仓），义仓由民间主持，由官府造册稽察，一年一核。清代的仓储有常平仓、义仓、社仓等几种主要形式，其中常平仓是官办的官储，其基本的功能是在荒年平抑粮价并实施赈济。清代常平仓始设于顺治年间，康雍乾各朝都屡有积储备荒之诏令，仓谷来源主要有罚锾银两粜入、绅民捐输、按亩摊征、官府捐谷、官款粜入、盐商报效、截留漕米等项。清代的社仓和义仓属于官督民办的仓储，一般而言，社仓设于乡村，义仓设于市镇，但有时并无严格的区别。

（二）对贫弱群体的救助

任何社会都存在着鳏寡孤独幼弱等贫弱群体，明清两朝俱以儒家思想为治国的指导思想，并把抚恤孤贫老幼作为争取民心的重要手段。明太祖即位之初即宣布："鳏寡孤独废疾不能自养者，官为存恤。"② 表达了由国家对社会贫弱群体负责的原则，这一原则又以法律的形式得到了正式确认。《大明律》明文规定："凡鳏寡孤独及笃废之人，贫穷无亲属依倚，不能自存，所在官司应收养而不收养者，杖六十；若应给衣粮而官吏克减者，以监守自盗论。"③ 清朝政府坚持了与明朝同样的原则，《大清律》也于《户律》中对收养孤贫等问题作了专门规定，其律文与《大明律》几乎一字不差④。除了法律条文外，明清

---

① 参见张建民、宋俭：《灾害历史学》，湖南人民出版社 1998 年版。
② 《明太祖实录》卷 34，洪武元年八月己卯。
③ 万历《明会典》卷 163《律例·户律》。
④ 《大清律集解附例》卷 4《户律·户役》，载清·沈之奇：《大清律辑注》，法律出版社 2000 年点校本，第 218 页。

两朝，国家对社会贫弱群体的责任亦通过帝王的谕令、诏旨和朝臣的奏章等形式一再申述。从而形成了颇具特色的"明清例"。这些内容构成了国家救助社会贫弱群体制度安排的基本方面，主要有：

1. 养济院

明清养济院直接承袭宋元的养济制度，它是贯穿两朝的重要社会救济措施之一。关于明代养济院的创始时间和收养原则，夫马进已作了较为详细的考证，认为，"这一政策实施于洪武二年（1369年）或洪武五年（1372年）的可能性是很大的……当时，始建于宋元时代的居养院、安济坊、孤老院和养济院或者原封不动地转用，或者改名，或者重新建设"。明初的养济院通行的是"原籍地收养主义"原则，只有在首都和边境地区例外，它是与明代乡村统治的基本制度——里甲制相配合的一项救济制度①。在这样的原则下，养济院遍设于各州县，一般一县（州）一所，也有一县二所的。其设置场所一般在府城、州城、县的城内或郊外，到永乐十年（1412年）左右，养济院基本上在全国普及了②。清代继承了明代的养济院制度，顺治初年就有收养孤贫的记载，在顺、康、雍诸朝，各州县养济院经历了明初一样的转用、重建或新建过程，乾隆元年（1736年）高宗又谕"各省府州县皆有养济院以收养贫民"③，养济院在全国大部分州县设立。

明清养济院对收养对象入院一般要经过认真的审查和履行严格的程序，主要是对收养对象的里甲籍贯、年貌和有无依靠等情况，由地方官"从实取勘"。一旦被确认为收养对象，被收养者就可住进养济院中，由中央或地方财政拨款供养。供养内容包括按月发给口粮及花布银等基本生活所需的钱粮。关于养济院的养济标准，明洪武五年（1372年）设立孤老院时就已作了明文规定："月给米三斗，薪三十斤，冬夏布各一匹。小口给三分之二。"④ 这一标准在稍后颁布的户部则例中得到正式确认，终明之世，各地方政府在养济院的运作中基本上都是执行这一标准⑤。《大清律》的《条例》中也对养济标准作了明确规定："鳏、寡、孤、独，每月官给粮米三斗，每岁给绵布一疋，务在存

---

① ［日］夫马进著，伍跃、杨文信、张学锋译：《中国善会善堂史研究》，商务印书馆2005年版，第46页。

② 参见王兴亚：《明代养济院研究》，《郑州大学学报》1989年第3期。

③ 光绪《大清会典事例》卷269《户部·蠲恤·恤孤贫》。

④ 《明书》卷67《土田志》。光绪五年定州王氏谦德堂刊《畿辅丛书》本。

⑤ 参见王兴亚：《明代养济院研究》，《郑州大学学报》1989年第3期。

恤。"① 这一标准显然是对明代的沿袭。从现存养济事例看，各地养济院基本上都是参照这一标准而稍作变易。据光绪《大清会典事例》的记载，各省养济院多参照乾隆时江南的标准，即孤贫口粮每名日给银一分，岁共给银三两六钱；若支米，则每名日给米一升为率，此外还有布花银每年三钱到六钱不等。这一标准在执行过程中又常常因时因地有所变通。例如乾隆二年（1737 年）议准："湖北省孤贫口粮每岁给银一两八钱，布花银三钱，共银二两一钱。较之江南等省虽属减少，但楚省米价较平，应照江省给米三石六斗之例，每石折银七钱，每名岁增银四钱二分，共银二两五钱二分，在地丁项下动支。"② 总体来说，养济院的经费来源比较稳定，粮一般在各州县存留粮内支给，钱一般在地丁银内支给，如果不足，还可从其他财政渠道补给。

2. 惠民药局、普济堂、楼流所

除养济院外，对失去谋生能力而又无依的老弱病残者以及因失业或灾害而流落在外的孤贫之民，明清政府均采用多种方法予以救助。明代"立养济院以处无告，立义冢以瘗枯骨，累朝推广恩泽，又有惠民药局、漏泽园、旛竿蜡烛两寺。其余随时给米给棺之惠，不一而足"③。惠民药局属太医院管理，是府州县的常设机构，在疫灾流行时免费施药，并负责对孤病者和遭受灾害的贫病者的日常救治与给药。在未设惠民药局的边关卫所及人口聚集之处，则由太医院选派医生、医士或医官负责疾病防治和施药、救助事务④。

普济堂、楼流所是清代特有的收养、救济机构。楼流所始于顺治十年（1653 年）的"五城楼流所"，普济堂则始于康熙四十五年（1706 年）"京城广宁门外普济堂"，主要以流入京城的孤贫无依流民为收养对象⑤。乾隆元年（1736 年）议准"各省会及通都大郡概设立普济堂，养赡老疾无依之人，拨给入官田产及罚赎银两、社仓积谷以资养赡"，普济堂开始在全国范围内推广。乾隆四十二年（1777 年）特议准"湖南省建设普济堂一所，收养老民五百名"⑥。至清中后期，养济院与普济堂等机构在收养对象上的差别日渐模糊，相互交叉，共同承担着"恤鳏寡孤独"的救助责任。

---

　　① 《大清律集解附例》卷 4《户律·户役》，载清·沈之奇《大清律辑注》，法律出版社 2000 年点校本，第 218 页。

　　② 光绪《大清会典事例》卷 269《户部·蠲恤·恤孤贫》。

　　③ 万历《明会典》卷 80《礼部·恤孤贫》，中华书局 1988 年影印本。

　　④ 《明史》卷 74《志五十·职官三》。

　　⑤ 光绪《大清会典事例》卷 269《户部·蠲恤·收羁穷》。

　　⑥ 光绪《大清会典事例》卷 269《户部·蠲恤·收羁穷》。

3. 义冢、漏泽园

义冢即公共坟地，用以安葬贫穷无葬身之地或客死异乡无以归葬的贫弱者。统治者将义冢称为漏泽园是取"德泽上昭天、下漏泉"之意①，不仅怜恤生者，还将恩泽润及枯骨。官设义冢、漏泽园形成制度始于宋徽宗崇宁年间②，明代沿袭了这一制度，"立义冢以瘗枯骨"③，各州县一般设有漏泽园。清廷也倡导各直省、州县重视义冢和漏泽园的建置。顺治九年（1652 年）题准："直省饥馑死者，暴骨草野，各令委官掩埋，仍将埋过数目报部。又令各地方官于空闲官地，设立义冢，凡死不能葬及无主暴骨，尽行收埋"；康熙二十四年（1685 年）又定："直省地方，如有无主暴露枯骨，各该地方官建置义冢，立法收埋。"④ 在朝廷诏谕的推动下，义冢和漏泽园象养济院一样遍及各府州县。

4. 养幼孤、安节孝的制度和机构

溺婴弃婴，尤其是溺弃女婴是中国长期存在的社会问题之一。历代官府对溺弃婴儿均持坚决反对态度，除了从舆论上进行抨击，从法令上予以禁止之外，设立慈善机构收养弃儿也是政府的一项重要举措。宋代的慈幼事业一度十分兴盛，这种优良的传统在明代似乎没有得到很好的继承，至今尚未发现官方设立专门的育婴机构的记载。事实上，明朝将这一责任强加给了家庭和基层组织。洪武十九年（1386 年）下令："若孤儿有田不能自芸者，则令亲戚收养，无亲戚者邻里养之。若无田者，岁给米六石，亦令亲邻养之。俱俟出幼收籍为民"⑤。万历《明会典》强调了相同的原则："其孤儿有田不能自立，既免差役，责令亲戚收养，无亲戚，邻里养之。其无田者，一体给米六石，候出幼，同民当差"⑥。与此同时，朝廷和各级官府为戒除溺女进行了种种努力。成化年间制定了《禁约嫁娶奢侈淹死女子例》，"晓谕军民人等……其所生女子，俱要收养，不许淹死。敢有故违，许里老邻佑人等赴官举首"；弘治三年（1490 年）制定了《处置故杀子孙赖人及淹死初生男女》条例，规定"所属官吏军民人等，今后生产男女，不分多寡，俱要存留养育，不许……故行淹死。如违，许亲邻人等首发，问罪如律"。常建华指出，明代对溺婴的治罪，

---

① 语见《汉书》卷 64《吾丘寿王卷》。
② 张邦炜、张忞：《两宋时期的义冢制度》，《天府新论》1995 年第 5 期。
③ 万历《明会典》卷 80《礼部·恤孤贫》，中华书局 1988 年影印本。
④ 光绪《大清会典事例》卷 406《礼部·风教》。
⑤ 《明太祖实录》，洪武十九年六月甲辰。
⑥ 万历《明会典》卷 80《礼部》38，中华书局 1988 年影印本。

是照"故杀子孙"事例处置的。世宗嘉靖时，朝廷又"严故杀子女之律"。与朝廷的这些律令相呼应，溺女严重地区的地方官也把戒除溺婴作为移风易俗的重要内容，常常颁发禁约、告示戒除溺女①。

清朝最高统治者从一开始就重视育婴堂的建设，并将慈幼与养老列为同等重要的地位："夫养少存孤，载于月令，与扶衰恤老，同一善举。"入关不久，"孝庄皇后首颁禄米，满汉诸臣以次输助，不数年，由京师达郡县，育婴堂乃遍天下"②。目前学者们倾向于将清代育婴堂定性为民间慈善组织，事实上，育婴堂在全国的普及，清廷的诏令和资金补给起到了非常重要的推动作用，雍正、乾隆两朝在育婴事业中的作用尤为突出。雍正二年（1724 年）和雍正十三年（1735 年），雍正帝两次下达推广育婴的诏令，并特赐御书"功深保赤"匾额一块、白金千两给京师育婴堂。乾隆四年（1739 年）曾核准湖北省城育婴堂经费，生息银外"每月尚不敷银二十两在船料赢余银内动支"③。对清代官府在育婴堂建设和运营中的作用，下文将详细论述。从上文述及可知，至少在两湖地区，清代育婴堂有很强的官方色彩，可以将其定性为一种官督民办型的慈善组织。

孝子、节妇是被传统意识形态所推崇的特殊贫弱群体，当他们的生活陷入困境时，官府更会主动伸出救援之手。在传统统治者看来，"孝子、节妇中有食贫守志，难以存立之人，或至饥寒失所，较之泛常孤贫，尤宜矜恤"，正因为如此，官府"动用款项"，"酌给口粮，俾存活有资，不致失所"是经常的举措④。

除上述诸项之外，明清时期在首都或边境等特殊部位，还有一些具有地方性特色的官办社会保障机构，如京城䗍竿、蜡烛两寺、直隶留养局、京师粥厂等，这些机构都在一定范围内发挥了重要作用，并产生了很大的影响，兹不一一列举。

三、老年福利制度

中国传统社会，敬老、养老的理想和实践为历代统治者所讲求，以此为基础形成的敬老、养老制度与正统观念中的孝道相结合，形成了中华民族尊老、敬老、养老的优良传统。中国先秦时期即有对老年人按年龄段的详细划分，

---

① 参见常建华：《明代溺婴问题初探》，《中国社会历史评论》第 4 辑，商务印书馆 2002 年版。
② 《清朝续文献通考》卷 83《国用·恤幼孤》。
③ 光绪《大清会典事例》卷 269《户部·蠲恤·养幼孤》。
④ 光绪《大清会典事例》卷 271《户部·蠲恤·安节孝》。

如：六十曰耆，七十曰老，八十、九十曰耄，百年曰期颐等。对老年人的尊敬和照顾也早就被列入了"礼"的范畴，并追及三代，所谓"凡养老，有虞氏以燕礼，夏后氏以飨礼，殷人以食礼，周人兼用之"①。自秦汉统一的集权制国家建立之后，《周礼》的养老传统被继承下来，而且还以国家法律的形式作了规定。在传统早期，汉代的养老制度最负盛名，两汉的"养老令"及"王杖诏书令"永彪史册。在传统晚期，明清的养老制度亦颇有特色，两朝养老之政均被载入国家会典，成为礼部"风教"的重要内容。

明代"尊高年"的政策源自"国初"，主要内容是给米肉与赐爵。明朝建立后沿袭了"国初"的养老之政，于洪武元年（1368 年）补充了"侍丁"与"免杂泛役"的规定，洪武十九年（1386 年）对老年福利政策作了一次统一的规定，此后不断有所补充。自天顺以后，老年福利的政策导向开始向老年官员倾斜，如《明会典》所言："国初养老，令贫者给米肉，富者赐爵，惟及于编民。天顺以后，始令致仕官七十以上者皆得给酒肉布帛，或进阶。其大臣八十、九十者，特赐存问。盖古者尊高年、养国老之遗意。"② 兹将洪武元年（1368 年）以来明代老年福利政策的主要规定列举如下③：

洪武元年（1368 年）：诏民年七十之上者，许一丁侍养，与免杂泛差役；

洪武五年（1372 年）：诏中外学官行养老之政；

洪武十九年（1386 年）：诏所在有司，审耆老不系隶卒倡优，年八十九十，邻里称善者，备其年甲行实，具状奏闻。贫无产业者，八十以上，月给米五斗，肉五斤，酒三斗；九十以上，岁加给帛一疋，絮五斤。虽有田产，仅足自赡者，所给酒肉絮帛亦如之。其应天、凤阳二府富民年八十以上者赐爵里士；九十以上者赐爵社士；皆与县官平礼，并免杂差，正官岁一存问，着为令；

洪武二十年（1387 年）：闰六月，申养老之政于天下④；

洪武二十二年（1389 年）：八月，诏天下举高年有德识者⑤；

建文元年（1399 年）：二月，赐民高年米肉絮帛⑥；

永乐七年（1409 年）：存问高年。八十以上赐酒肉，九十加帛⑦；

永乐十一年（1413 年）：存问高年，赐酒肉及帛⑧；

① 《礼记注疏》卷 1《曲礼上》、卷 13《王制》。
② 万历《明会典》卷 80《礼部·养老》，中华书局 1988 年影印本。
③ 如无特别注明，均引自万历《明会典》卷 80《礼部·养老》，中华书局 1988 年影印本。
④ 《明史纪事本末》卷 14《开国规模》。
⑤ 《明史》卷 3《本纪三·太祖》。
⑥ 《明史》卷 4《本纪四·恭闵帝》。
⑦ 《明史》卷 6《本纪六·成祖》。
⑧ 《明史》卷 6《本纪六·成祖》。

永乐十九年（1421 年）：诏民年八十以上，有司给与绢二匹，布二匹，酒一斗，肉十斤，时加存恤；

永乐二十二年（1424 年）：令民年七十以上及笃废残疾者，许一丁侍养，不能自存者有司赈给。八十以上者，仍给绢二匹，绵二斤，酒一斗，时加存问；

天顺二年（1458 年）：诏军民有年八十以上者，不分男妇，有司给绢一匹，绵一斤，米一石，肉十斤，年九十以上者倍之，男子百岁，加与冠带荣身；又诏四品以上官，年七十以礼致仕，不能自存者，有司岁给米五石；

天顺八年（1464 年）：诏凡民年七十以上者，免一丁差役，有司每岁给酒十瓶，肉十斤，八十以上者，加与绵二斤，布二匹，九十以上者，给与冠带，每岁设宴待一次。百岁以上者，给与棺具；

成化二十三年（1487 年）：诏在京文职以礼致仕，五品以上，年及七十者，进散官一阶。其中廉贫不能自存，众所共知者，有司仍每岁给与食米四石，不许徇情滥给；

弘治十八年（1505 年）：诏文职官员五品以上，以礼致仕在家者，各进阶一级，其二品以上大臣，年及八十者，有司备采币羊酒问劳。九十以上者，具奏遣使存问；

正德六年（1511 年）：五月，赐京民八十以上粟帛；

嘉靖元年（1522 年）：诏文职致仕，一品未受恩典者，有司月给食米二石，岁拨人夫二名应用。二品以上年及八十者，备采币羊酒问劳，九十以上者，具实奏来，遣使存问。五品以上，以礼致仕，年七十以上者，进散官一阶，其中廉贫不能自存，众所共知者，岁给米四石，以资养赡；又诏内外大小文武官员人等死于忠谏，老亲寡妻无人待养者，有司量加优恤；

嘉靖十五年（1536 年）：赐高年粟帛①。

总之，明代普遍性的老年福利政策包括对老年人及其亲属徭役的优免、物质的赏赐和慰劳、致仕官员的优待等方面的内容，不同的年龄段和不同的年代，在具体待遇上又有所差别。

除了这些直接的赐与外，明代还有许多提高老人社会地位的特殊措施。这与太祖朱元璋的重老思想密切相关，他认为："古之老者虽不任以政，至于询咨谋谟，则老者阅历多而闻见广达，于人情有可资者。"② 正因为如此，明初社会政策的各方面均体现出明显的尊老导向，老人在中央、地方和基层均享有特殊的地位。

---

① 《明史》卷 17《本纪十七·世宗》。
② 《殿阁词林记》卷 21《荐举·耆俊》。

　　老人在中央政府中的作用突出地表现在翰林院制度上。明代翰林院实际上是由一批老年明达之士组成的高级智囊团，明人黄佐《翰林记》言："洪武中多擢老成之士官以本院及为东驾辅道，时耆儒刘靖、关贤为庶子，赵肃、何显为谕德，世拟诸'四皓'。学士刘三吾，文渊阁大学士朱善，左司直郎汪仲鲁皆年逾六十，时承顾问，翊赞东宫，趋朝则同班，赐坐则联席，衣冠严雅修洁，人望而敬之，时称'翰林三老'。洪武十九年（1386年）七月诏举经明行修练达时务之士，年七十以下者，郡县礼送京师。上曰：'比来有司不体朕意，士有耆年便置不问，岂知老成古人所重，文王用吕尚而兴，穆公不听蹇叔而败，伏生虽老犹足传经，岂可概以耄而弃之也。若年六十以上七十以下者，当置翰林以备顾问'。太祖之诒燕如此，故百余年来，任用老成，臻于至治，有非前代可及者。"①

　　明代十分注重发挥老人在地方公共事务中的作用。朱元璋认为："从古至今，所在有司，凡公事有大者，非高年耆宿不备"，原因是，"以其高年，历事也多，听记也广，其善恶、易难之事无不周知，以其决事也必当"。所以他主张地方官，遇到"公事疑难"，应当与当地耆宿"会而请决之"②。同时，他还重视发挥老人对地方官的监督作用，推行老人赴京面奏的制度："今后所在布政司、府州县……远在数千里，情不能上达，许本处城市乡村耆宿赴京面奏……自今以后，若欲尽除民间祸患，无若乡里年高有德等，或百人，或五六十人，或三五百人，或千余人，岁终拟赴京师面奏：本境为民患者几人，造民福者几人。朕必凭其奏，善者旌之，恶者移之，甚者罪之。"③

　　明代在地方和基层大力推行的"乡饮酒礼"亦包含了提高老年人地位的深意。朱元璋于洪武五年（1372年）提出恢复"乡饮之礼"的古制，命礼部奏定乡饮酒礼仪。又于洪武十六年（1383年）颁布"乡饮酒礼图式"，将养老之义寓于其中："宾主象天地也，介僎象阴阳也，三宾象三光也；让之三也，象月之三日而成魄也；四面之坐同，象四时也。六十者坐，五十者立侍以听政役，所以明尊卑也；六十者三豆，七十者四豆，八十者五豆，九十者六豆，所以明养老也"④；"其坐席间，高年有德者居于上，高年淳笃者并之，以次叙齿而列"⑤，其间有敢冒犯老人，紊乱秩序者，将当众受到责罚。举办"乡饮酒礼"的用意《明会典》表述得非常明白："乡饮之设，所以尊高年、

<hr>

①　《翰林记》卷3《荐举·擢用耆俊》。

②　《大诰续编·耆宿第八》，钱伯城等主编：《全明文》，上海古籍出版社1992年版，第628页。

③　《大诰·耆民奏有司善恶》，钱伯城等主编：《全明文》，上海古籍出版社1992年版，第606页。

④　明·章潢：《图书编》卷106《乡饮酒礼总叙》。

⑤　《大诰·乡饮酒礼》，钱伯城等主编：《全明文》，上海古籍出版社1992年版，第612页。

尚有德、兴礼让"也①。

　　明代还在地方基层建立了与里甲制度相配套的"老人制度"。一里之内，除里长之外，另设老人一名，一般选年高德劭、为众所服者充当，故又有"耆民"、"耆老"、"里老人"之称，老人以《乡约》、《教民榜文》及有关政令为依据，与里长一道在里内施行教化，负责处理诸如户婚、田土、斗殴、争占、失火、盗窃、骂詈、钱债、赌博、年幼私擅用财、亵渎神明、子孙违反教令等之类的事务，在基层社会中发挥了重要作用，有"方巾御史"之誉②。这些老人自身也享受了一定的福利待遇。以两湖地区为例，湖北罗田县每里设老人一名，"月给粮各四斗，死则给以衣棺"③，湖南衡山县洪武中老人喻礼，"受冠带终身"④。这些事例表明，明代的"老人"在物质和精神生活上均受到了相应的优遇。

　　清代的老年福利政策更加完备，覆盖面更广。所谓"崇高年、敬有齿，粟帛之颁遍乎耄耋，乡饮之典周乎郡国。而且赐币赐食，扶掖视饮……聚千叟而开筵，过百龄而加锡，复乎旷典，无以尚已"⑤。其中有特色的大致有以下几个方面：

1. 对百岁高龄老人实行旌表和赏赐

　　清代皇帝将寿民作为仁政的一种标志，认为"洪范以寿居五福之首，而昔人称七十为古稀，诚以寿为难得而可贵"也，因而，高龄老人的数量之多和寿算之高正是自己为政清明、恩泽布施的结果。雍正帝在上谕中多次指出："今日老人之多至于如此，皆由我皇考圣祖仁皇帝六十余年以来深仁厚泽，休养生息……所谓老者以寿终，幼孤得遂长者，皆我皇考之赐也。"⑥正因为如此，历代皇帝对"期颐耄耋，庞眉皓首之人"均大力旌表，以彰显其德政。

　　在众多的老人中，百岁以上的老人所受荣宠最多。清前期诸帝对百岁以上高龄寿民的表彰都极重视和慷慨。表彰的内容包括赐银建坊、给匾、加给赏银等。对此乾隆《大清会典》作了初步概括："凡优老之礼，百岁老民赐银三十两建坊，里门题以'升平人瑞'四字，逾百岁者加赏银十两，内府币一，百

---

① 正德《明会典》卷78《礼部·乡饮酒礼》。
② 明·章潢：《图书编》卷92，参见张建民：《湖北通史·明清卷》，华中师范大学出版社1999年版，第29页。
③ 嘉靖《罗田县志》卷2《食货》。
④ 弘治《衡山县志》卷4《人物》。
⑤ 《皇朝文献通考》卷76《视学养老》。
⑥ 《世宗宪皇帝上谕内阁》卷49，雍正四年十月十三日。

有十岁者倍之，百二十岁以上者，请旨加赏，不拘成例，老妇旌以'贞寿之门'。"① 这一概述大约是指乾隆初年的情况，乾隆中后期百岁老人的待遇又有所变化。乾隆《大清会典则例》列举了乾隆十七年（1752年）以前旌表政策的大致演变情况②：

康熙九年（1670年）议准："命妇孀居寿至百岁者，题明给与'贞寿之门'匾额，建坊银三十两"；

康熙四十二年（1703年）核准："老民年登百岁者，照例给与建坊银，并给'升平人瑞'匾额。老妇寿至百岁，建坊悬额与命妇同；

雍正四年（1726年）谕："年届一百一十八岁之人，实为希有，着于定例赐坊银三十两外加增两倍，共赏银九十两，嗣后年至一百一十岁加一倍赏赐，至一百二十者加两倍赏赐，更有多得寿算者，按其寿算加增，着为定例"③；

乾隆元年（1736年）题准："湖北江夏县寿民汤云山年届一百三十一岁，请照雍正四年加倍赏赐之例于坊银三十两外再加三倍赏赐，共给一百二十两，奉旨着加赏上用缎一匹，银四十两"；

乾隆五年（1740年）题准："正黄旗寿妇索绰络氏寿纪百龄，居同五世，应照例给银六十两建坊并给与'贞寿之门'及'五世同居'字样"；

乾隆十一年（1746年）题准："元年题旌一百三十一岁寿民汤云山，又届十年阅年一百四十一岁，题请旌表，应加赏银三十两，奉旨着赏给上用缎五匹，银五十两，再加恩特赐匾额，以旌人瑞，钦此。（遵旨由内阁撰拟'再阅古稀'四字颁赐寿民，悬额旌表）"；

乾隆十二年（1747年）题准："原任内务府总管丁皁保连闰，准作百岁，恩赏朝衣一袭，上用缎十匹，银千两，给与'期颐国瑞'四字匾额"；

乾隆十七年（1752年）题准："广东惠来县生员詹星斗寿至百岁，请照例准其旌表，奉旨生员詹星斗年届期颐，实为胶庠人瑞，着加恩给与国子监学正职衔，仍于常例外赏给上用缎二匹。"

从这些旌奖的具体规定可以初步断定，清代百岁老人的社会福利待遇包括"定例"和"特恩"两个部分，旌奖百岁老人的福利政策经历了长期的演变过程才基本定型。结合《皇朝文献通考》以及康熙和乾隆帝的《万寿盛典》等基本典籍可知，清初的养老之政并没有将百岁老人作为一个特殊的群体对待，康熙九年（1670年）出于对一些官吏家庭守节寡妇的同情和关心，才对"命

---

① 乾隆《大清会典》卷32《礼部·风教》。

② 乾隆《钦定大清会典则例》卷71《礼部·风教》。

③ 注：此条史料原文为雍正六年，但据下文"照雍正四年加倍赏赐之例要……"的说法及光绪《大清会典事例》卷405《礼部·风教》的记载可知，此谕下发的时间应为雍正四年。

妇孀居，寿至百岁者"进行建坊旌表。直到康熙四十二年（1703 年），由于百岁高龄老人对"升平人瑞"的象征意义日益重要，一般平民才获得了"建坊悬额与命妇同"的待遇。因此，康熙四十二年（1703 年）事例可视为旌表百岁老人的第一个普遍性定例。但是，这则定例颁布十年来，却并未见到它的具体执行情况的记载。直到康熙五十二年（1713 年），康熙帝六十万寿，礼部尚书赫硕色等"先后题明，钦奉恩诏，请给百岁以上老人建坊银两"。各直省纷纷申报旌表百岁，自康熙五十二年（1713 年）五月至康熙五十三年（1714 年）十一月，"八旗、直省及喀尔喀所属共三十有三人"获得旌表①，其分布情况如表 2-2 所示。

表 2-2　　　　　　　　康熙五十二年至五十三年所旌百岁老人分布表

所在地方	老人姓名	年龄	所在地方	老人姓名	年龄
直隶文安	马徐氏	100 岁	福建德化	张岳荣	101 岁
江宁三阳	任张氏	100 岁	福建南安	李华天	101 岁
河南鹿邑	王国年	100 岁	福建龙溪	林敬	100 岁
河南虞城	种天章	102 岁	福建龙溪	李帮农	100 岁
河南汝阳	夏旻	102 岁	福建诏安	钟志高	100 岁
河南西平	焦伦	101 岁	广东南海	黄犹显	101 岁
浙江余姚	谢付氏	100 岁	广东三水	罗万祥	101 岁
山西屯留	萧自富	103 岁	广东高要	梁楚环	103 岁
山西临晋	陈之瑶	102 岁	广东开平	张子标	100 岁
陕西盩屋	毛奇	102 岁	云南寻甸州	李辉祖	101 岁
陕西蒲城	宋永熙	101 岁	贵州思州	张鹤云	101 岁
陕西蒲城	王日中	101 岁	贵州印江	陈绍泰	102 岁
陕西蒲城	曹允龙	101 岁	贵州余庆	张之祥	100 岁
陕西蒲城	吴朝银	103 岁	偏沅桃源	龚文楚	101 岁
陕西澄城	王天佑	102 岁	宁古塔	李三	103 岁
陕西醴泉	刘邱氏	102 岁	喀尔喀所属	格龙册临	104 岁
湖广江夏	黄欧阳氏	100 岁	合计	33 人	

资料来源：康熙《万寿盛典初集》卷 21《典礼五·养老四》。

---

① 康熙《万寿盛典初集》卷 21《典礼五·养老四》。

上述情况表明，康熙四十二年（1703 年）定例颁布后，并未在全国得到认真的推行，而康熙帝的六十万寿推动了这项福利事业的进展。从此，对百岁老人的"恩赉所及，则荒陬远徼，罔弗沾濡"①。雍正帝继位后，专门发布"养老谕"表示"从此益加培养，日积月累，则民间之享高年，介眉寿者，更不知如何之众矣"②，并于雍正四年（1726 年）进一步明确了对 110 岁以上老人"按其寿算加增"的赏赐原则和具体办法，对百岁老人旌表和赏赐的定例至此基本定型。

乾隆皇帝即位之后，"特恩"不断增多。乾隆元年（1736 年），湖北江夏出现了 131 岁的高龄寿民汤云山，河南新乡出现了 110 岁以上的高龄寿妇，乾隆将其视为"熙朝盛事"，给予了特别恩赏。十年之后，汤云山 141 岁仍然健在，自然受到皇帝更大的特恩，从此，每出现高龄寿民，地方官都积极上报，并都会受到一定的特别赏赐，乾隆一朝几乎每隔几年即有此类的事例，定例之外的特别恩赏逐渐成为惯例。自乾隆四十五年（1780 年）开始，这些特恩也基本定型，变得与定例无异。检索乾隆年间的特恩事例（详下表），不难发现，乾隆四十五年（1780 年）之前，对寿民寿妇的特恩赏赐并无定数，对寿民寿妇的年龄亦无"年届百岁"和"年过百岁"之分，即只要达到或超过一百岁即可给赏，或赏银、或赏缎、或赐诗、或题字、或给朝衣兽皮，都随时随境而变。大约对官员或官员父母、家眷赏项较多较重，对一般平民一般只有缎银之赐。乾隆四十五年（1780 年）共载赏赐百岁老人的事例七例，其中一例为年届百岁者，仅"赏给进士"，而且所赏时间在其满百岁之前。其余六例均为年过百岁的老人，其中马曾氏为"前在军营曾经出力"的四川阜和协副将马诏蛟之母，因而获得了貂皮、缎匹、御书匾额等较优厚的恩赐。余下五例为平民，均注明"加恩赏给上用缎一匹，银十两"。乾隆四十五年之后的事例则一般不指明具体的赏赐数目，而冠以"应行赏给银两缎匹之处，着该部照例具题"的字样，而偶有特别注明的，亦是"缎一匹，银十两"。可见，乾隆四十五年（1780 年）左右，对百岁老人的特恩赏赐已基本演变为定例，即刚达到百岁的老人一般只照例建坊给匾，年过百岁的老人才享有特恩，特恩的标准一般为"缎一匹、银十两"。后世对百岁老人的恩赏也多依乾隆时的事例参照执行。兹将清代前期受到皇帝特恩的百岁老人列表如下（见表 2-3）：

---

① （康熙）《万寿盛典初集》卷 21《典礼五·养老四》。
② 《世宗宪皇帝上谕内阁》卷 49，雍正四年十月十三日。

表 2-3   清前期蒙受特恩之百岁老人表

时间	百岁老人姓名	所在地方	受特恩时的年龄	特恩内容
乾隆元年	汤云山	湖北江夏县	131 岁	加赏上用缎四匹，银四十两
乾隆元年	刘氏	河南新乡	115 岁	雍正十二年已蒙旌表，今仍加赏赐
乾隆六年	赵可立	热河	102 岁	御制诗一章
乾隆十一年	刘永寿	唐县	101 岁	赐之金与食，御制诗一章
乾隆十一年	汤云山	湖北江夏县	141 岁	赏给上用缎五匹，银五十两，再加恩特赐匾额
乾隆十二年	丁皂保	京城	100 岁	恩赏朝衣一袭，上用缎十匹，银千两，给与"期颐国瑞"四字匾额
乾隆十五年	刘永寿	唐县	105 岁	恩加赏赉并赐以御制诗章
乾隆十七年	詹星斗	广东惠来县	100 岁	加恩给与国子监学正职衔，仍于常例外赏给上用缎二匹
乾隆二十年	姚光虞	安徽	100 岁	恩赐缎一匹，银十两
乾隆二十四年	沈起龙	福建诏安县	100 岁	亲制诗章并书匾额以赐仍着赏上用缎三匹
乾隆二十六年	杨能启夫妇	广东南海	100 岁	御制诗章赐之
乾隆二十八年	李友益	宁津县	103 岁	给赏银牌一面，缎二匹
乾隆二十八年	王欣然兄弟	山东章邱	103、100 岁	特加优赏并御制诗章赐之
乾隆三十年	王世芳	浙江遂昌县	107 岁	赏给匾额并缎二匹
乾隆三十五年	王世芒	浙江遂昌县	112 岁	着加恩赏给国子监司业职衔并予在籍食俸

续表

时间	百岁老人姓名	所在地方	受特恩时的年龄	特恩内容
乾隆三十五年	朱宪章夫妇	安徽太湖县	100岁	赐御制诗章,并着赏给上用缎二匹,银二十两
乾隆三十六年	孙李氏	济宁州	102岁	加恩赏缎二匹
乾隆三十六年	李炜	江西兴安县	100岁	赏给国子监司业职衔,御赐诗章
乾隆三十七年	金杨氏	兴汉镇	100岁	加恩赏给御笔匾额并上用缎六匹,豹皮十张
乾隆四十五年	马曾氏	四川	逾100岁	赏给御笔匾额并上用缎四匹,貂皮六张
乾隆四十五年	郭钟岳	福建莆田县	100岁	赏给进士
乾隆四十五年	鲁文元	浙江仁和县	103岁	加恩赏给上用缎一匹,银十两
乾隆四十五年	朱京升	海宁州	102岁	加恩赏给上用缎一匹,银十两
乾隆四十五年	杨遇春	武康县	101岁	加恩赏给上用缎一匹,银十两
乾隆四十五年	郑邱氏	福建上杭县	101岁	加恩赏给上用缎一匹,银十两
乾隆四十五年	杨张氏	福建上杭县	101岁	加恩赏给上用缎一匹,银十两
乾隆五十年	王国炎	云南阿迷州	103岁	御书匾额以赐
乾隆五十年	孟世强	陕西长安县	101岁	照例具题
乾隆五十一年	吴添佑	湖北通城县	101岁	赏给缎匹银两之处,照例具题
乾隆五十二年	万铭	龙阳县	101岁	加恩赏赉之处着该部照例办理
乾隆五十四年	李适本	广东新宁县	102岁	应行赏给银两缎匹之处,着该部照例具题
乾隆五十四年	吴国瑞	湖北江夏县	102岁	赐御制诗章,所有应行赏赉,着该部照例具题

时间	百岁老人姓名	所在地方	受特恩时的年龄	特恩内容
乾隆五十五年	程陈氏	直隶	103 岁	应行赏给缎匹银两之处，着该部照例具题
乾隆五十五年	默多尔沁	蒙古部落	103 岁	加恩交该部查例赏赉
乾隆五十五年	王嗣文	黄平州	101 岁	应行赏赉之处，该部查例具奏
乾隆五十五年	杨张氏	陕西长安县	102 岁	由内务府支领缎一匹，银十两
嘉庆二年	娄士奎		100 岁	赏给六品顶戴
嘉庆十一年	张敫	伊犁	106 岁	缎一匹，银十两
嘉庆十四年	郑江氏	直隶	100 岁	从优赏赉之处，着礼部妥议具奏
嘉庆十五年	蓝祥	广西宜山县	142 岁	给六品顶戴，并特颁御制诗章及扁额；再加赏银五十两，缎五匹
道光元年	朱善庵	浙江临海县	103 岁	加赏上用缎一匹，银十两
道光元年	郭吴氏	河南淮宁县	101 岁	加恩赏给上用缎一匹，银十两

　　资料来源：乾隆《大清会典则例》卷 71《礼部·风教》；《皇朝文献通考》卷 76《礼部·视学养老》；乾隆《钦定礼部则例》卷 45《仪制清吏司·旌表寿民寿妇》；道光《钦定礼部则例》卷 48《仪制清吏司·旌表寿民寿妇》；光绪《大清会典事例》卷 405《礼部·风教》。

　　总而言之，清代对百岁老人的旌表和赏赐主要由两大块组成，一是以雍正四年（1726 年）定例为基础的建坊银两及依"寿算"而增的赏赐银；一是定例之外的特恩赏赐，其标准在乾隆四十五年（1780 年）基本固定为上用缎一匹、银十两。在这两大块之外的赏赐则为特恩之外的"特恩"。能受此殊荣的自然有一定的特殊性。一般见于特别高寿者，例如，嘉庆十五年（1810 年），广西巡抚钱楷奏宜山县寿民蓝祥现年 142 岁，请加恩赏。"奉上谕祥加恩赏，给六品顶戴，并特颁御制诗章及匾额外"，仍"着礼部查报旧例，请照乾隆十一年（1745 年）加赏寿民汤云山之例，于建坊银三十两外，再加四倍其银一百五十两，奉旨着于加赏建坊银一百五十两外，再加赏银五十两，缎五匹，俱着如该省藩库动用"①。另外，在嘉庆年间，官民有别的趋势有所增强，一些品级较高官员家庭的百岁老人常能享受到特恩之外的特恩，并于嘉庆十四年（1809年）形成定例。嘉庆十四年（1809年），原任直隶总督郑大进之妻江氏年届一百，礼部题请"照例给银建坊旌表"，嘉庆帝认为："该氏系一品命妇，年届颐龄，允属熙朝人瑞。若与民间寿妇一体照赏给赏，未免无所区别。嗣后遇满汉三品以上文武大臣之父母妻室年至百岁者，应如何从优赏赉之处，着礼部妥议具奏。所有郑江氏应得恩赏，即照新例办理"②。礼部妥议的结果是："寿民寿妇年届百龄者，向例给银三十两建坊外，不申请加赏银缎，亦无格外恩赏。今拟将三品以上，请加赏银十两，缎一匹"；"寿民寿妇百岁以上者……今拟将三品以上再加赏银十两，缎一匹。共银二十两，缎二匹。至百十岁以上至二、三十岁以上者，建坊银两以次加增。再有多得寿算者，请旨加赏银缎，不拘成例"③。

关于旌表百岁老人的申报办法、程序和注意事项等，乾隆年间也作了详细规定。旌表对象一般分为三种类型，即觉罗宗氏、旗员和其他，分别由宗人府、八旗都统和直省呈报："凡耆寿至百岁，宗氏觉罗由宗人府具奏，八旗由都统，直省由督抚题请。礼部核实具题"。建坊银的发放与使用亦有一定的程序："八旗赴部支领，直省、地方官、驻防行该管官发给，听本家自行建坊"；"凡年逾百岁于例给坊银外，有加恩赏给银缎者，由部出具印领，委员赴内务府支领，封交提塘斋送。该督抚转行地方官经给发本家。仍行知照。该督抚将收到日期报部"；"凡寿民寿妇题请旌表，在奉旨之后身故者，所有建坊银两，并恩赏银缎，仍准领给。"④。乾隆三十五年（1770年）和乾隆三十八年（1773年）分别对百岁老人申报时的年龄计算方法及基层申报程序作了统一的规定：乾隆三十五年（1770年）谕："国家熙洽化成，薄海共跻寿寓，升平人瑞，实应昌期。是以每岁直省题报老民老妇，年至百岁至百岁以上者，不可胜纪。因思向来所颁时宪书后页，纪年止载花甲一周为断，殊不知周甲寿所常有，而三元之序，数本循环，成例拘墟，未为允协，着交钦天监，自乾隆三十六年（1771年）辛卯为始，于一岁下添书六十一岁，仍依干支以次载至一百二十岁"；乾隆三十八年（1773年）核准："嗣后各省举报寿民寿妇，俱开实年，取具邻族甘结，径行呈报，该管州县查明确实，递详督抚具题，由礼部照例办理，毋庸由儒学转牒。"⑤

①　道光《钦定礼部则例》卷48《仪制清吏司·旌表寿民寿妇》。
②　光绪《大清会典事例》卷405《礼部·风教》。
③　道光《钦定礼部则例》卷48《仪制清吏司·旌表寿民寿妇》。
④　乾隆《钦定礼部则例》卷45《仪制清吏司·旌表寿民寿妇》。
⑤　光绪《大清会典事例》卷405《礼部·风教》。

　　嘉庆年间，对赏银的支付方式作了局部的调整和变通，即对一些边远地区的老人所赐银缎，不必赴京领取，而由所在地方就近支给，入于本年报销。此例始自嘉庆十一年（1806年），是年，"伊犁将军咨称：寿民张敖现年一百六岁，钦奉谕旨加赏缎匹银两，若待便员进京请领转给，往返经年。伊犁库贮现有大缎，可否即由伊犁本处遵旨加赏上用缎一匹，银十两，入于本年报销"。经礼部咨准："寿民旌表，自应及时颁给，俾得早沐鸿恩，应如该将军所咨，准其就近发给。"①

2. 对"五世同堂"等高龄老人及其家庭进行旌表和赏赐

　　此类旌表和赏赐的对象主要包括"五世同堂"老人及其家庭、"亲见七代"老人及其家庭、"夫妇同登耆寿"老人及其家庭、"兄弟同登百岁"老人及其家庭等。对高龄老人家庭的旌赏可视为对百岁老人旌赏的补充。因为对于高龄老人而言，能寿登百岁者毕竟不多，能夫妻、兄弟同登百岁者更属罕见。而那些虽寿未及百岁而高龄者亦有值得表彰之处，尤其是那些谨守孝道、累世同居、和睦忠顺的家庭对于国家教化意义重大。在传统统治者看来，"年登上寿，大抵皆居心忠厚，力行善事之人。即或有一二年少时未尽醇谨者，亦必中年暮齿能自新悔悟之人。盖一念修省，即荷上天福佑也。是国家有培养之恩，而由本人能修善以祗承之，非幸而致之者也。尔等百姓睹太平之盛事，当欢欣鼓舞，谨身修德，以逇天麻。父与父言慈，子与子言孝，兄弟友恭，夫妇和顺，比闾族党之间相亲相爱，无诈无欺，革薄从忠，循分守法，尽除乖戾之气，为国家淳朴善良之民，则天地佑善锡福，长享遐年，此必然之理也"②。正是出于教化的考虑，清代对高龄老人的旌表进行了"扩大化"，旌表的类型和规定日趋详备和复杂：

　　（1）旌表五世同堂老人及家庭　对"五世同堂"家庭的旌表可追溯至乾隆五年（1740年），是年正值乾隆皇帝生日，有正黄旗寿妇索绰络氏"年届百岁"，乾隆帝命在万寿节时将其"扶掖入朝"，除照例给银六十两建坊、给"贞寿之门"匾额外，又赐御制诗章，并题写了"五世同居"匾额。其后乾隆帝在出游途中，时遇耆寿之人在路边接驾，当获知其五世一堂时，一般都要加恩赏赐。各地方在上奏高龄寿民时，也常将"年届百龄，五世同堂"作为一种特殊形式，而邀得特别的恩赏。于是，对"五世同堂"老人及家庭的旌赏逐步演变为定例，即："凡寿民寿妇年届百岁五世同堂者，除照例给银建坊外，请旨赏给银十两，缎一匹。其未届百龄五世同堂者，令该督抚分别年岁给

---

① 道光《钦定礼部则例》卷48《仪制清吏司·旌表寿民寿妇》。
② 《世宗宪皇帝上谕内阁》卷49，雍正四年十月十三日。

与匾额，赏给缎匹银两。"① 清前期对"五世同堂"家庭的大规模旌赏有二次：乾隆五十年（1785 年），乾隆帝"喜得五世元孙"，朝野上下将其视为"从古罕有盛事"。乾隆帝"因思各省绅士庶民，或亦有身及五世同堂者，着传谕各督抚遍行晓谕，令其自行呈报，朕当加恩赉，以昭盛典"，是年共"旌赏直省五世同堂，百岁以上及未届百龄张文聚等民一百九十五人"②。乾隆五十五年（1790 年）时逢乾隆帝"万寿盛节"，又"旌赏五世同堂百岁以上寿民杨添禄等及未届百龄知州齐佳士等六十一人"③。乾隆五十年（1785 年）"五世同堂"老人的年龄结构及地区分布情况如下表（见表 2-4）：

表 2-4　乾隆五十年旌表"五世同堂"老人年龄结构及地区分布情况表

年龄分组	户数	地　区　分　布
100 岁以上	6	四川达州民张子翼；江西龙泉县民古朝爵；直隶顺义县民郭有英；山东聊城县民张羽、历城县民刘湘；广西桂平县生员钟君宠
90～100 岁	62	盛京 1；直隶 5；江西 2；浙江 2；福建 11；湖北 7；湖南 17；河南 2；山东 1；山西 3；陕西 3；四川 7；贵州 1
80～90 岁	99	直隶 19；江南 4；江西 12；浙江 1；福建 8；湖北 2；湖南 16；广东 1；河南 1；山西 10；陕西 8；甘肃 1；四川 12；云南 2；贵州 2
70～80 岁	27	直隶 4；安徽 1；江西 3；浙江 2；福建 1；湖南 5；河南 1；山西 4；陕西 4；四川 2

资料来源：乾隆《八旬万寿盛典》卷 27《盛事三·五世同堂一》。

（2）旌表"亲见七代"老人及家庭　对"亲见七代"老人的旌赏始于乾隆五十五年（1790 年）。是年，乾隆帝年届八旬，"年谷顺成，雨旸时若"，乾隆帝"深为喜悦……今思朕逮事皇祖、皇考，复得元孙，朕已亲见七代，笃庆锡光，更为古今罕有"，于是"着交八旗都统、步军统领、顺天府府尹及各直省督抚，详查臣民中，如有实曾亲身上见祖父，下逮无孙，有指证者，据实奏闻，候朕优加恩赉"。次年即有致仕上驷院卿李质颖、忻州监生张克用、赵玉、解州民人陈徽舜、交城县民人武渔河、济宁州原任云南布政使李承邺、

① 道光《钦定礼部则例》卷 48《仪制清吏司·旌表寿民寿妇》、光绪《大清会典事例》卷 405《礼部·风教》。
② 乾隆《八旬万寿盛典》卷 27《盛事三·五世同堂一》。
③ 乾隆《八旬万寿盛典》卷 28《盛事四·五世同堂二》。另据对光绪《大清会典事例》的统计，是年共旌赏"五世同堂"者 74 户，故下表以 74 户为数。

歙县捐职府知事潘起煌等因"均系上事祖父,下逮元孙,确有指证"而"加恩赏给'七叶衍祥'匾额",并规定"后遇有续行奏到者,该部即照例汇题,一体颁赏匾额"。李质颖等还受到了"赏给总管内务府大臣职衔"等特恩①。此后,对"亲见七代"老人及家庭的旌赏逐步形成较规范的定例:"凡寿民上事祖父,下逮元孙,亲见七代,确有指证者,给与'七叶衍祥'字样。令该督抚制造匾额,颁给本家祗领。其亲见八代者,即给与'八叶衍祥'字样。(寿妇上事祖姑,下逮元孙,亲见七代者,照寿民例给与匾额)。"②

(3)旌表"夫妇同登耆寿"老人及家庭　夫妻同登高寿,尤其是百岁以上的高寿,为世所罕见,故一旦出现,就会受到特别的恩惠及赏赐。其定例为:"夫妇同登百岁者,给与钦定'期颐偕老'字样。均令并建一坊,照例给建坊银三十两。听本家自行建坊。"③ 清前期见于记载的夫妻同登耆寿而受旌赏的共四例④:

乾隆二十六年(1761年):"恩赏寿民广东南海县民杨能启暨妻黄氏,百岁同臻,恃赐'期颐偕老'匾额,并御制诗章赐之",并"着赏给上用缎二匹,银二十两"。

乾隆三十五年(1770年):安徽巡抚富尼汉奏太湖县民朱宪章暨妻刘氏同登百岁,钦赐"期颐偕老"字样,照例给银建坊。谕"寿民朱宪章暨妻刘氏百岁同臻,期颐偕老,允为熙朝人瑞,锡此嘉名,用式闾里,仍赐御制诗章以示恩荣而光旌典。并着赏给上用缎二疋,银二十两"。

乾隆四十五年(1780年):"题核安徽省亳州寿民陈洪如,现年一百六岁,妻王氏,年一百一岁,例准旌表,给银建坊,并给予"期颐偕老"字样……着加恩各赏上用缎一匹,银十两,夫妇并臻百岁,允属熙朝上瑞,因御制诗章以赐,用示恩荣而光旌典"。

乾隆四十九年(1784年):"灵邱县民刘荣妻王氏,现年一百二岁,刘荣年亦九十六,夫妇齐眉,孙曾绕膝……实为吉祥盛事,着加恩准其特予双旌。"

(4)旌表"兄弟同登百岁"老人及家庭　"兄弟同登百岁"亦是百岁老人中的稀见者,对其旌表自然应作为特例特别对待,与一般百岁老人有所区别。其定例为:"凡兄弟同臻百岁者,给与钦定"熙朝双瑞"字样……令并建一坊,照例给建坊银三十两。听本家自行建坊",整个清前期,因"兄弟同登

---

① 光绪《大清会典事例》卷405《礼部·风教·亲见七代》。
② 道光《钦定礼部则例》卷48《仪制清吏司·旌表寿民寿妇》。
③ 道光《钦定礼部则例》卷48《仪制清吏司·旌表寿民寿妇》。
④ 《皇朝文献通考》卷76《视学养老》;光绪《大清会典事例》卷405《礼部·风教·夫妇同登耆寿》。

百岁"而受到旌赏的仅两例①：

乾隆二十七年（1762 年）题准：山东省章邱县王欣然现年一百三岁，伊弟王瑞然现年一百岁，兄弟同臻百龄，请建坊旌表。奉旨王欣然、王瑞然俱着加恩各赏给上用缎一匹，银十两，并给予"熙朝双瑞"匾额；

乾隆五十五（1790 年）谕：山东清平县耆民张玫同弟张珩均年逾百龄，请照例旌表……张玫、张珩昆弟随肩，期颐矍铄，洵俱为升平人瑞，所有应行旌表及加恩赏赉之处，该部查例具题。

总之，以上各种特殊形式的旌表对清代高龄老人福利政策起到了很好的补充作用，兹将清前期对"五世同堂"等名目老人及家庭的旌表概况列表如下（见表 2-5）：

表 2-5　　　　　　　　**清前期旌表"五世同堂"等家庭事例一览表**

年　份	地　区	旌表类型与数量（户）			
		五世同堂	亲见七代	夫妇耆寿	兄弟百岁
乾隆五年	正黄旗	1			
乾隆二十六年	广东南海县			1	
乾隆二十七年	山东章邱县				1
乾隆三十五年	安徽太湖县			1	
乾隆三十六年	京城	1			
乾隆四十五年	湖北襄阳县	1			
乾隆四十五年	江苏上元县	1			
乾隆四十五年	安徽亳州			1	
乾隆四十九年	四川达州	1			
乾隆四十九年	山西灵邱县			1	
乾隆五十年	全国	195			
乾隆五十二年	山东德平县	1			
乾隆五十二年	陕西白水县	1			
乾隆五十三年	河南获嘉县	1			
	四川成都县	1			
	湖南善化县	1			

---

① 道光《钦定礼部则例》卷 48《仪制清吏司·旌表寿民寿妇》；光绪《大清会典事例》卷 405《礼部·风教·兄弟同登百岁》。

续表

年　份	地　区	旌表类型与数量（户）			
		五世同堂	亲见七代	夫妇耆寿	兄弟百岁
乾隆五十四年	直隶永年县	1			
乾隆五十四年	宁都州	1			
乾隆五十五年	全国	74			
乾隆五十五年	山东清平县				1
乾隆五十六年	汜水县	1			
	封邱县	1			
	铜山县	1			
	乌程县	1			
	临海县	1			
	瑞安县	1			
乾隆五十七年	京城		1		
	忻州		2		
	解州		1		
	交城县		1		
	济宁州		1		
	歙县		1		
乾隆六十年	平阳县	1			
	京师	1			
嘉庆六年	安徽太平县		1		
嘉庆十四年	顺天府	1			
嘉庆二十年	京师	2			
嘉庆二十五年	镶黄旗	1			
道光元年	浙江永嘉	1			
	河南襄城	1			
	江西新昌	1			
	浙江永康县		1		
道光二年	广东嘉应		1		

续表

年　份	地　区	旌表类型与数量（户）			
		五世同堂	亲见七代	夫妇耆寿	兄弟百岁
道光三年	吉林	1			
道光三年	江西吉水		1		
道光四年	福建永定		1		
道光五年	京城	1			
道光六年	泾县	1			
	安仁县	1			
道光十一年	江苏常州	1			

资料来源：乾隆《八旬万寿盛典》卷27、28《盛事·五世同堂》；《皇朝文献通考》卷76《视学养老》；光绪《大清会典事例》卷405《礼部·风教》。

3. 给七十岁以上的老人发给福利性生活物资及实行赋役优免政策

此项制度是对明代养老制度的承袭。大清开国伊始即有定例："顺治元年，恩诏军民年七十以上者，许一丁侍养，免其差徭；八十以上者，给与绢一疋、绵一觔、米一石、肉十觔；九十以上者倍之。有德行著闻，为乡里所敬服者，给冠带荣身，此优老之始。"① 这一定例确立了清代老年物质福利的基本内容，但在清初的战乱环境下，似不可能得到认真的推行。对七十以上老人大规模发给福利物资的较早记载见于康熙五十二年（1713年），是年，因"直省来京耆老臣民"专程为康熙帝祝寿，康熙乃"颁恩诏通行天下，令所在有司察例赐恤耆老，诏欵内：一，八旗满洲蒙古汉军兵丁及内扎萨克、喀尔喀等蒙古年七十、八十、九十以上者，分别赏赉，至百岁者题明给与建坊银两"。一，军民年七十以上者，许一丁侍养，免其杂泛差役；八十以上者给与绢一匹，绵一斤，米一石，肉十斤；九十以上者倍之；若百岁者题明给与建坊银两"②。这一诏令迅速得到推行并取得了立竿见影的效果。康熙五十三年（1714年），朝廷选派副都统深入五路蒙古向七十以上老人颁发物资，"所赏之处，扎萨克王等各率领老少俯伏叩头，奏称圣主……特遣大臣至此赏赐，自古所未有也！"同时，"直隶巡抚赵宏燮等先后题报，钦奉恩诏赏给老人绢绵米

---

① 《皇朝文献通考》卷76《视学养老》。
② 康熙《万寿盛典初集》卷18《典礼五·养老一》。

肉银两有差"①。是年，各地上报老人数及发给物资情况如表2-6所示：

表2-6　　　　　　康熙五十三年全国老年人口所享受物质福利表

地　区	70~80岁人数（人）	80~90岁人数（人）	90岁以上人数（人）	绢绵米肉坊价银（两）	备　注
直　隶		19 681	1 930	35 805	宣化府给本色米1 032石
江南（江苏）	56 488	14 788	1 645	20 789.7	又本色绢18 078匹
江南（安徽）	37 705	19 225	1 355	24 933	又本色绢21 935匹
山　东	70 353	26 734	823	60 376	
（山东）附	264	71	10	153	永利等各场灶数
山　西		18 142	2 171	37 548	
河　南	20 191	6 489	1 650	14 823	
陕　西		10 381	1 598	27 289	
甘　肃	15 105	3 994	1 388	13 088	
湖　广	20 168	10 303	1 962	20 771	
偏　沅	1 580	1 204	964	4 259	
浙　江		12 319	807	26 241	
江　西	10 542	3 750	2 380	13 445	
福　建	34 961	3 854	892	11 144	又台湾府属给过本色米213石
广　东		11 612	851	25 713	
广　西	550	209	71	559	又本色米213石
四　川	409	184	54	630	
贵　州	1 348	371	123	802	又本色米617石
云　南	6 379	4 059	446	5 644	又本色米4 951石
奉　天	215	65	8	95	又本色米81石
蒙古五路	5 922	625	30	27 678	户部库内支取，副都统遣往散给

　　资料来源：（康熙）《万寿盛典初集》卷19《典礼五·养老二》；卷20《典礼五·养老三》。

---

　　①　（康熙）《万寿盛典初集》卷19《典礼五·养老二》；卷20《典礼五·养老三》。

上表表明，各地在执行朝廷的诏令时并非整齐划一。如有些省区只给80岁以上老人发给物资，有些省区在折银支给外，也发给一定数量的本色米绢等。支给的标准也不尽一致，大约根据各地的实际情况而定。

雍正帝时期，重点整治了老年人福利政策执行中的弊端，狠抓了福利待遇的落实，并强化了州县官的责任，要求他们对九十以上的老人要"不时存问"：雍正元年（1723年）"申定优老之令，上谕户部恩赐老人，原为崇年尚齿，而地方赏老人者每州县动支数千金，司府牧令上下通同侵扣，吏役任意需索，老人十不得一。今饬督抚严查不许丝毫侵扣。再，老人九十以上者，州县不时存问"①。由于持续地推行老年福利政策，再加之和平环境的逐步形成，雍正朝出现了前所未有的老年人口高峰。雍正四年（1726年）十月雍正帝在一则上谕中指出："朕览户部奏销本章，见恩诏内赏给老人一项，直隶各省七十以上至百岁以上老民老妇共一百四十二万一千六百二十五名，赏给绢布等件价银共八十九万余两，米一十六万五千余石等语。凡此老人，但就民人而言，如仕宦绅士商贾僧道皆不入此数之内。……今日老人之多至于如此……但生齿日盛，食指繁多，则谋生之计不可不讲，尔等百姓当重农桑……"②

乾隆帝继位后，于乾隆元年（1736年）对前期的定例作了补充规定，恩诏凡民人年七十以上者免一丁侍养，八十以上者给八品顶戴荣身。直省生、监年七十以上者优免一丁，年八十以上者给与八品顶。从此之后，赏赉、优恤老年之政被乾隆及其继任皇帝一再重申，如③：

乾隆三十七年（1772年），"赏赉老民及兵丁之祖父，年八十以上者均着给赏"；

乾隆四十五年（1780年），"恭逢皇上七旬万寿，钦奉恩诏赏赉老民及老妇八十以上者，均准照例赏给"；

乾隆四十九年（1784年），"所有直省老民老妇八九十以上，均着加恩赏赉，以示优惠，钦此"；

嘉庆元年（1796年），"内钦奉恩诏，直省八十以上老民照例赏给"；

嘉庆二十四年（1819年），"恭逢皇上六旬万寿大庆，钦奉恩诏，直省老年九十以上着加倍发给，八十以上者着照例赏给"。

从地方志的记载看，这些政策都在基层得到不同程度的执行。试以应城县为例④：

① 《皇朝文献通考》卷76《视学养老》。
② 《世宗宪皇帝上谕内阁》卷49，雍正四年十月十三日。
③ 参见孟昭华、王明寰著：《中国民政史稿》，黑龙江人民出版社1986年版，第420页。
④ 咸丰《应城县志》卷3《风土·恤政》。

"雍正元年（1723 年）奉恩诏养老，自八十岁以上给银有差。应城老人八十岁以上者一百一十六名；九十岁以上者五十名，共给过银二百四两四钱。本年奉皇太后恩诏养妇女之老者，应城民妇自七十岁以上者五十七名；八十岁以上者六十二名，九十岁以上者五名，共给过银一百二十两六钱"；

"嘉庆二十五年（1820 年）奉恩诏养老。应城老人七十岁以上者共五百七十九名，免差徭；八十岁以上者共六十八名，各给绢一匹，棉一勋，米一石，肉十勋；九十岁以上者三名，倍给之"；

"道光十五年（1835 年）奉上谕蠲免钱粮一分，又奉恩旨奉老，自八十岁以上给银有差。应城老人八十岁以上者九十二名；九十岁以上者二名，共给过银一百四十两零一钱六分"。

乾隆六年（1741 年）以来，中国人口数量大幅度增加，除统计原因之外，当与高龄老人福利政策的推行有一定的关系。

4. 以特定的宴会仪式礼遇老人

清代彰显朝廷优老之礼的宴会形式主要有四种，一为"万寿盛宴"，一为"千叟宴"，一为"九老会"、一为"乡饮酒礼"。

（1）"万寿盛宴"　每逢皇帝"万寿盛节"，清廷都要大肆操办"万寿盛典"，其中一项重要的内容就是宴请来自全国各地的老人，以宣朝廷敬老、养老的精神。赐宴的过程均依照一定的程序及仪式进行，试以康熙帝六十万寿盛宴为例：

康熙五十二年（1713 年）三月十八日是康熙帝六十正诞，从三月初开始，"直省在籍诸臣及人民耆老赴京庆祝者四方云集"。三月十七日，老人们在皇上自畅春园还宫的路上夹道欢迎，并由"耆老进前，跪献万寿觞"，康熙皇帝"辄止辇慰劳，凤办果饵食席，遍行颁赐"。并提出了"赐老人宴"的初步方案："大学士以下，民以上，年逾六十五岁者，于本月内择日赐宴。其八旗满洲蒙古汉军以至包衣佐领下年七十以上老妇，于老人赐宴后，择日送至皇太后宫赐宴"，又"谕宗人府选宗室子孙，充授饮老人使令"。

十八日，各地赴京老人"齐至前朝，听礼部官指示……各随班次行礼"，是日"颁恩诏通行天下，令所在有司察例赐恤耆老"。

二十五日，"赐直省老人宴于畅春园正门前"，"东西向列坐敷席，设几自北而南，东西前后各十余行"。共"宴直隶各省汉大臣官员士庶人等年九十以上者三十三人，八十以上者五百三十八人，七十以上者一千八百二十三人，六十五岁以上者一千八百四十六人"。宴席开始时，"上出御幄升座，众老人皆翘首仰瞻圣颜，嵩呼之声浩若山海"。席间，"上命扶掖八十岁以上官员，致仕吏部尚书宋荦，诰封户部尚书张烺等数人至御座前，亲赐酒一卮。又命扶掖九十岁以上耆民庄国兴等数人至御座前，亲赐酒一卮"，并"赐直省来朝耆老四千二百六十八人银两有差"。

宴会的核心内容是向老人们传达谕旨，席间，于畅春园正门前传谕众老人曰："帝王之治天下，发政施仁，未尝不以养老尊贤为首务"，"今日之宴，朕遣子孙宗室执爵授饮，分颁食品，尔等与宴时勿得起立，以示朕优待老人至意"；又特别强调指出："尔等皆是老者，比回乡井，当各晓谕邻里，须先孝悌，倘天下皆知孝悌，此诚移风易俗之本也！"

几天后，又宴"八旗满洲蒙古汉军大臣官员护军兵丁闲散人等年九十以上者七人，八十以上者一百九十二人，七十以上者一千三百九十四人，六十五以上者一千十二人……其执爵颁赐饮酒一如前仪"。对前来祝寿的老年妇人，则"送皇太后宫赐宴"。

万奉盛宴时的情景正所谓："于时风日清和，礼仪详整，皇情霁畅，众志欢腾，万国一家，熙熙皞皞，近在阶陛。"①

（2）千叟宴、九老会　千叟宴和九老会是清代尊老、敬老的特有形式，也是清代步入"盛世"的标志事件之一。清前期共二次举办千叟宴，首次为康熙六十一年（1722 年）正月，是时已是三藩平定，四瀛砥属，康熙帝为昭其圣德，乃"诏举高年，宏开嘉燕，申延洪之庆，表仁寿之征"，"召满汉大臣文武官员及致仕退斥人员年六十五以上者三百四十人，宴于乾清宫前，命诸王贝子贝勒公及闲散宗室等授爵劝饮，分颁食品"。其宴饮仪式与"万寿盛宴"大致相同，宴席间"酒醴笙簧，赓赓扬拜，彬彬焉，郁郁焉，自摄提合雏以来，未有如斯之盛也"②。

第二次千叟宴举办于乾隆五十年（1785 年）。这次宴会规模更大，场面更宏阔，参加人数数倍于前，是名副其实的"千叟之宴"。为筹办这次盛宴，乾隆四十九年（1784 年）即开始进行准备工作。是年十月初九日乾隆下谕："我皇祖冲龄践阼，统驭寰区，仁渐义摩，涵濡休养，康熙年间曾举行千叟宴，与中外臣民跻寿宇而迓繁禧，诚为千载一时之嘉会，朕诞膺丕绪，敬绍鸿图，仰承昊苍眷顾福佑……惟是敛时锡福，期举世咸登仁寿，着于乾隆五十年正月初六日，举行千叟宴盛典，用昭我国家景运昌期，重熙累洽，嘉与中外臣民耆老介祉延禧之至意，所有一切事宜，着各该衙门敬谨预备，钦此。"十一月、十二月，又就参加宴会的人选问题专门下达谕旨。十一月二十三日谕："明岁举行千叟宴原定四品以下官员年六十五岁以上者始准入宴，现在人数已增至三

---

① 康熙《万寿盛典初集》卷 18《典礼五·养老一》；乾隆《钦定大清会典则例》卷 56《礼部·仪制清吏司·嘉礼》；《皇朝文献通考》卷 76《视学养老》。

② 《御定千叟宴诗（康熙朝）》卷首《提要》；《皇朝文献通考》卷 76《视学养老》。

千，而官员与兵丁不同，如必六十五岁以上方准入宴，则年过六十之职官不得邀荣者甚多，着加恩凡在京四品以下现任、原任各员，年过六十者俱准其入宴，用昭普锡春祺，加惠耆臣之至意，钦此"；十二月二十三日又谕："新正举行千叟宴，所有与宴之官员兵民年在九十以上者俱准其子孙一人扶掖入宴，其文武大臣年逾七十者令其自行揣量，如步履稍艰，亦准其子孙一人扶掖入宴，以示朕优待耆年有加无已之至意，钦此。"

乾隆五十年（1785 年）正月初六日千叟宴正式开宴，"自王以下大臣官员兵民等凡三千人"，其盛大的场面如典籍所载："是日设中和韶乐于乾清宫檐下，设丹陛乐于乾清门内，北向坫桌设八大件玉器，陈赏赐物件于甬路下，两傍檐下搭蓝布棚，预备饭桌、宴桌。于殿檐下设五十张，丹墀设二百四十四张，甬路设一百二十四张，丹墀下两边设三百八十二张，共拟八百张，将三千老人酌量排坐。……应入宴王公头二品大臣于殿廊下各照品级列坐，三品以下五品以上官员俱于丹墀甬路各照品级列坐，其余六品以下至众年老柏唐阿、护军领催、披甲、匠役人等，俱令于丹墀下两边排坐。"席间有敬茶式、敬酒式等预定的仪式，都配有相应的音乐，并"召一品大臣及年九十以上者至御座前，亲赐以酒"。

对这次千叟宴的举办，乾隆帝深为得意，他亲撰诗篇称："祖孙两举千叟宴，史册饶他莫并肩！"①

除千叟宴外，乾隆朝还举办"九老会"，以游玩、聚会等形式以表达优礼老人之意。如乾隆二十六年（1761 年），"举九老会，命游香山，以优遇之。在朝王大臣九人，共六百七十七岁，在朝武臣九人，共七百二十二岁，致仕诸臣九人共七百四岁"；乾隆三十六年（1771 年），"赐三班九老宴游香山，命于次日赴乾清门内，令画工艾启蒙绘图"②。

（3）乡饮酒礼　明代的乡饮酒礼为清代所继承，并为清前期诸帝所重视，每年于学校和基层村社广泛举行，其仪式与明代大同小异。这一仪式使基层社会的老民们沐浴到朝廷老年福利政策的"深恩厚泽"。

5. 巡视时赏赐老人和申令养老之政

清前期，因谒陵、视学、谒孔庙或巡视地方等缘由，皇帝或太后有时会巡幸地方，每逢此时，各地"多有年谕耄耋，庞眉皓首，扶杖欢迎者"，这些老者照例会受到特别恩赏，而且所经过地方的七十以上老民、老妇一般也会受到

---

① 《御定千叟宴诗（乾隆朝）》卷首一；《八旬万寿圣盛典》卷 30《盛事·千叟宴》；《皇朝文献通考》卷 76《视学养老》。

② 《皇朝文献通考》卷 76《视学养老》。

特恩。与此同时，皇帝或太后也往往颁布或重申养老之令，使朝廷的恩泽惠及更大的范围。如乾隆三十年（1765 年），乾隆帝"恭奉皇太后安舆巡幸江浙……所有经过直隶、山东二省之老民、老妇，着照从前恩诏之例赏赉"。又谕："翠华所至，泽覃敷，而优恤高年，推恩宜渥"，"此次接驾一百七岁之训导王世芳着赏给匾额并缎二匹。"① 乾隆四十一年（1776 年）："恭逢圣母銮舆巡幸山左，诣阙里告功，兼以省方行庆，道经畿辅，所至着庶欢迎，倍觇爱戴，自宜首沛渥恩。所有经过直隶州县内男妇年七十以上者，着该督查明照从前恩诏之例分别赏赉。"② 可见，皇帝、太后的出巡是朝廷增进老年福利的一大契机，一些重要的养老政令往往借此颁布。纵观有清一代，以乾隆帝的出巡次数和地方最多，兹将乾隆帝与老年福利有关的历次出巡情况列表如下（见表 2-7）：

表 2-7　　　　　　　　　　乾隆帝的出巡与老年福利

时间	出巡地点	敬老、养老内容
乾隆六年	热河	着民赵可立年一百二岁迎谒道左，御制诗一章
乾隆八年	盛京	赐父老酺并御制诗一章，恩诏奉天、吉林所属旗民男妇年七十以上者分别赏赉
乾隆九年	唐县、五台山	老民刘永寿年一百一岁接驾道左，行不扶杖，命赐之金与食，御制诗一章
乾隆十三年	山东	加赏经过州县高年男妇
乾隆十五年	五台山	刘永寿年百有五岁扶杖迎驾，恩加赏赉并赐以御制诗章
乾隆十六年	江浙等南方省份	恩赏经过州县老民；所经过之地遇有老民接驾者皆命亲随侍卫颁给养老银牌，其贫窭者加赏白金；着各督抚查明经过州县男妇年七十以上者，照从前恩诏之例分别赏赉
乾隆十九年	奉天、吉林	奉天吉林所属旗民男妇年七十以上者分别赏赉
乾隆二十二年	江浙等南方省份	所有江浙二省男妇俱着加恩照从前恩诏例赏赉；恩赏驻防旗人着老，驻防旗人男妇自年七十以上者分别赏赉
乾隆二十四年	山东	照十三年例，又诏德州青州驻防官兵年七十八十以上者查明赏赉
乾隆二十七年	江浙等省	如十六年、二十二年例

① 光绪《大清会典事例》卷 405《礼部·风教》。
② 《皇朝文献通考》卷 76《视学养老》。

续表

时间	出巡地点	敬老、养老内容
乾隆二十八年	谒东陵,幸盘山	接驾之宁津县寿民年一百三岁之李友益着给赏银牌一面,缎二疋;伊子年八十六岁之李三贵、八十四岁之李三刚、八十一岁之李三强并伊侄孙八十岁之李知毅着每人赏给银牌一面,缎一疋,寻赐李友益匾额并御制诗章
乾隆三十年	江浙等省	如十六年、二十二年例
乾隆三十五年	天津	所有老民老妇着地方官照上次临幸天津加恩赏赉之例赏赉
乾隆三十六年	直隶、山东	所有经过直隶州县内男妇年七十以上者,着督抚查明照从前恩诏之例分别赏赉
乾隆四十一年	直隶、山东	经过州县内男妇七十以上者,着该督查明照从前恩诏之例分别赏赉。其青州、德州驻防男妇年七十以上者并着查明照例分别赏赉
乾隆四十三年	盛京	所有奉天等处旗民男妇及官兵母妻七十以上者,各给布一疋,米五斗,八十以上者给绢一疋,米一石,九十以上者倍之,百岁者加赏大缎一疋,彩缎二疋
乾隆四十五年	直隶、山东、江南、浙江	所有经过直隶、山东二省凡老民老妇着加恩赏赉;所有江南、浙江二省老民老妇俱着加恩赏赉;所有山东德州、青州、江宁、京口、杭州、乍浦等处驻防之老民老妇着加恩一体赏赉;御制亳州寿民陈洪如寿百六岁、妻王氏寿百一岁诗以纪瑞;此次在净慈寺接驾之绅士万承式等十六员俱着加恩各赏缎二疋;其老民内之鲁文元着赏缎四疋,章传奇着赏缎三疋,郑华玉着赏缎二疋,其王迪清等五名着各赏缎一疋

资料来源:《清高宗实录》有关年份;《皇朝文献通考》卷76《视学养老》。

6. 对科举下第之耆老给予福利性慰藉

科举制度是清代选拔人才的重要制度,寒窗士子们无不做着登科及第之梦,然而能"金榜题名"者毕竟是少数,"名落孙山"者往往有之。一些人为科举耗尽了毕生精力,到了庞眉皓首仍奋战在科考场上。对于这些科举制度的牺牲品，清廷一般会给予一定的福利待遇，"以慰其寒窗攻苦之志"。如乾隆十七年（1752年）、二十六年（1761年）曾规定："恩赏会试下第耆老诸生，八十以上者给与翰林院检讨职衔；七十以上者给与国子监学正职衔。"在特殊情况下，还根据应试者的年龄、身体情况录用其中一部分人，实在不堪使用的，仍照例给予虚衔。例如，乾隆三十一年（1766年）春："直省会试举人云集京师，上念历科举人铨选壅滞，特命分别拣选录用，广为疏通。复以年齿衰迈，难以服官任事者，并令查明奏请，量予职衔。"共赏赐"老迈龙钟不堪民牧并不能司铎者共六十余名"，其中"八十以上者赏给六品京衔，七十以上者赏给七品京衔，六十以上及虽未六十而验系实属衰颓者，赏给八品京衔"，"并勅直省督抚于每科验看截取举人时，其年在七十以上者题请酌给翰林院典簿，国子监典簿管官职衔，用诏优老至意"。

对老年科考者的福利性赏赐常常利用皇帝或太后的寿诞等契机举行。每逢太上皇、太后、皇帝万寿，或新皇帝登极等庆典，一般要举办"恩科"，并加恩士子，对达到一定年龄者分别给予职衔或其他赏赐。以乾隆三十六年（1771年）为例，是年，"恭遇圣母皇太后八旬万寿"，特举会试恩科，共赏赐"齿跻耄耋"之举子三十余人，其中年八十以上之李珩等十一人"俱着赏给翰林院检讨职衔"；年七十以上之丁福隆等十六人"俱着赏给国子监学正职衔"。在众多老年举人中，有一位来自江西兴安县的李炜，已年登百岁，"会试三场，纳卷神采倍增"，"着赏给国子监司业职衔"；又"加赏内府缎疋"；乾隆帝还亲自为其赋诗一首：

人瑞期颐尽有云，春闱应试未曾闻，三场竟得全文字，一命应教奖悫勤，雅化育材应寿世，宏恩锡类祝慈云，端知欲笑胡安定，年谕会昌最出群。

同时，又特开乡试恩科，"俾欢洽彙征，永为例事。其年臻耄耋者，业于今春榜后视其齿序恩予职衔"，各省受恩之老年士子情况如下表（见表2-8）：

表2-8　　　　　　乾隆三十六年乡试恩科受恩老年士子表

乡试考场	90岁以上	恩赏内容	80岁以上	恩赏内容	70岁以上	恩赏内容
顺天			3人	赏给举人，一体会试	11人	赏给举人，一体会试
山西			1	赏给举人，一体会试		
河南			1	赏给举人，一体会试		
江南			2	赏给举人，一体会试		

续表

乡试考场	90岁以上	恩赏内容	80岁以上	恩赏内容	70岁以上	恩赏内容
广东	1	赏给举人				
湖北			1	赏给举人，一体会试		
山东	2	赏给举人	1	赏给举人，一体会试		
陕西			2	赏给举人，一体会试		
湖南			2	赏给举人，一体会试		
福建	1	赏给举人				

资料来源：《皇朝文献通考》卷76《视学养老》。

清代科举制度从清初一直延续到光绪三十一年（1905年）才正式废止，清代统治者开办科举考试的初衷一方面在于选拔人才，另一方面也有"课收士心"的深意，所谓"开科取士，则读书者有出士之望，而从逆之念自息"①。而开设恩科及给老年士子一定的福利待遇无疑极大地增强了笼络人心的效果。正因为如此，每逢子、午、卯、酉年的乡试正科，丑、未、辰、戌年的会试正科以及重大庆典时的"恩科"，"年臻耄耋者颇为踊跃"，虽然其结果常常是"俱未获隽"，但统治者往往"念其绩学有志，至老弗衰"，给予一定的封赏，以"慰其寒窗绩学之志"，使得他们不以"寒儒皓首"为耻，反以"齿臻耄耋，尚赴场屋"为荣②。

综观有清一代，特别是雍正、乾隆以来，对老年士子的补偿性福利措施逐步形成惯例，而且特恩迭出，这些福利措施使士子们备感荣耀，从而牢牢地抓住了读书人这一特殊群体。

除了突出的高龄老人福利政策外，对另一些群体，明清两朝也有一些具体的福利待遇，如对州县以上学校学生的津贴制度、对官员的"恤薄官"政策、"养廉银"制度，面向士兵的"红白事例银"制度等，这些福利政策和制度都有细致的规定和丰富的内容，限于篇幅，此不赘述。

---

① 《清世祖实录》卷19，顺治二年七月丙辰。
② 《皇朝文献通考》卷76《视学养老》。

四、军人及其家属的优抚制度

中国历史上对军人的优抚制度起源甚早，西周时即有"凡行军吏士有伤亡者，给其丧具，使归而葬"、"军人被创即给医药"的规定，秦汉以来，历代社会军人及其家属的优抚制度均有丰富的内容①。明清时的社会优抚制度正是在此基础上发展和完善的。

（一）明代社会优抚

明代兵制的基础为卫所制度，一般以五千六百人为一卫，设指挥使统领。每卫设千户所五，每千户所辖百户所十，每百户所辖总旗二，设总旗二名，小旗十名。明统治者从"国初"时期开始就十分重视伤残、亡故军兵及其家属的优待抚恤。据《明会典》载："国初武臣亡殁，念其勋劳，赙恤之典，特从优厚"②；"国初南京设故官营，凡故官子孙妻女皆送入优给"③。洪武元年（1368 年）又发布"优恤将士令"："凡武官军士，两淮、中原者，遇有征守病故阵亡，月米皆全给之。若家两广、湖湘、江西、福建诸处，阵亡者，亦全给；病故者，初年全给，次年半之，三年又半。其有应世袭而无子及无应袭之人，则给以本秩之禄，赡其父母终身。"④ 明代的兵源来自军户，主要有归附军户、随征军户、垛集军户、抽籍军户、谪发军户等，由于军户为世袭，所以除对军士本人抚恤外，明初亦颁布了针对军户的赋役优免规定。洪武三年（1370 年），"令各府县军户悉免杂役"，稍后又诏："士卒战伤，除其籍，赐复三年。"⑤

总之，"国初"这段时间，在特殊的战争环境下，官兵的优抚问题受到足够的重视，有关的规定纷纷出台。大约从洪武四年（1371 年）"命中书省定军官军士优给之例"开始⑥，各项规定开始步入规范化，逐渐形成了以"优给"和"优养"为主体内容的社会优抚制度。

据《明会典》，"优抚"和"优养"一开始是不分的，"后乃分子孙应袭年未及者曰优给；子孙废疾故绝止遗母若妻若女及年老无承袭曰优养"⑦。结

---

① 参见刘国林编著：《中国历代优抚》，黑龙江科技出版社 1988 年版。
② 万历《明会典》卷 101《礼部·恩恤》。
③ 万历《明会典》卷 122《兵部五·优给》。
④ 《明太祖实录》卷 37，洪武元年十二月壬辰。
⑤ 《明会要》卷 52《民政三》。
⑥ 《明太祖实录》卷 70，洪武四年十二月癸未。
⑦ 万历《明会典》卷 122《兵部·优给》。

合优给、优养的具体规定可知，形成这种分别的时间大约在洪武四年（1371年）到洪武六年（1373年）这段时间。其后，有关优给、优养的制度不断补充和完善，形成了详备的制度。以下主要依据《明会典》的记载，将其主要内容和演变情况介绍如下：

1. 优给优养总例

洪武四年（1371年）定，军职阵亡，无子弟而有父母若妻者给全俸，三年后给半俸。有子弟而年幼者亦同候袭职，给半俸。有特旨令其子孙参随历练，及未授职者给半俸；其病故无子弟而有父母若妻者，给半俸终身。有子弟年幼者，初年给半俸，次年又半之，俟袭职给本俸。特旨参随及未授职者，亦给半俸。

军士阵亡，有妻者月粮全给。三年后守节无依者，月给米六斗终身；病故有妻者，初年全给，次年总小旗月给米六斗，军士给月粮一半，守节者给终身。

将士守御城池，战没病故，妻子无依者，守御官计其家属，有司给行粮，送至京优给；愿还乡者亦给粮送回；愿留现处者，依例优给。

二十六年（1393年）定：军官亡故，遗下嫡长子女，年未出幼，或母年老，或无嫡子嫡孙，次及庶子或弟或侄合得优给养赡者，须凭各卫保结起送到部，审取故官从军角色，一体委官齐赴内府比对帖黄相同具奏，如是奉旨钦与优给。随即于御前附写钦与优给文簿，扣算出幼年份，明白开写岁数，至某年住支。或奉特旨升等优给及流官特与世袭，亦随即明白注写通行抄出缘由立案，行移锦衣卫作数放支，其征进、阵亡、伤故、病故总小旗儿男，一体引奏定夺。

二十七年（1394年）复位：凡武臣在任亡故，及征伤失陷者，自指挥至镇抚妻并给米五石终身，无子孙者亦如之。为事亡故，无承袭者不给（近例不同）。

正统十四年（1449年）令：优给优养官愿回原籍或南京者，俸粮随所在官司开支，原在京者，俱折银布。

景泰二年（1451年）令：口外官优留在京优给优养者，俱于后军都督府带管。

2. 有关优给的具体规定

凡优给，军职病故并年老，应袭子孙幼小，俱入大选全俸优给。旧官十四岁住支，新官十五岁住支。若以优给而故者，以次应袭之人，转领优给。

永乐元年令，奉天征讨阵亡官员，幼男送锦衣卫优给，总小旗幼男，锦衣卫衣粮出幼原卫补役。其杂犯为事亡故，并典刑之子，俱照祖职与全俸优给。在外优给官，舍妇女有亲可依，不愿赴京者，俸粮照例于所在支给。

正统七年令：武职子弟优给，但在父母没后十年内曾告卫者，行勘虽出十年亦准；十年外告者不准。

成化五年令：世袭官阵亡，其子幼小合升流官者，依该升俸优给。流官病故，其子止给世袭俸。

弘治十年令：旧官为失机等事，问发未复职者，子孙优给与半俸。

嘉靖十一年议准：军职子孙优给，若祖父犯该充军，及犯该杂犯死罪问发立功年限未满而死者，俱与半俸。其余全俸。充军子孙例前与全俸优给。未曾出幼者，照例改支半俸。

三十年议准：调卫病故子孙年幼许令原卫暂与优给，候出幼袭职仍去原调卫所。又议准，各边阵亡特旨荫子而年幼者，照所荫官与全俸优给，加以冠带，候出幼呈详抚按，就彼授职，免其赴京。

又例，凡逃官非犯徒罪以上问革为民，不知去向三年，子孙亦许优给。

凡祖父未经比试，例该罚俸者，子孙仍与全俸优给，待其出幼，方行罚俸。

又例，总旗阵亡，其子孙与试百官俸优给。

3. 有关优养的具体规定

凡优养，洪武六年令，武官残疾者，月给米三石优养十年，有子准承袭，无子为民。

二十年令，京卫官老疾无子孙者，全俸优养。已袭替而故，再无承袭者亦同。

成化七年令：户绝官优养，不分新旧，母女俱月支米五石，妻二石，母妻终生，女系新官，出嫁住支。系旧官者，十四岁住支。犯奸及改节者不准。

弘治四年题准：流官犯病，照原袭祖职优养。

七年令，武职故绝，有亲叔年老不堪承袭者，仍月支米三石优养，待十年无子，照例为民。

十年令，武职年老，户无承袭者支全俸优养，入大选应袭人残废者，旧官依洪武六年例，新官给全俸。入大选不限年岁，母女支优养者，新旧官俱入大选，妻不准。继母与婶优养视妻例。月支米二石，若武职故，其子优给亦故，户无次丁者，其母止作故官妻，月支米二石优养。

正德二年奏准，军职故绝，遗所生女残疾不能适人，愿守父魂灵者，月给米一石终身。又例：军职故绝，虽使女所生女，及故官生母虽非父正妻，亦各月给米一石终身。

嘉靖六年奏准，各卫故官优养亲母亲女月支米五石者，给本色米二石，折色三石，内一石折银二银五分，二石折钞四十贯。

十年题准：军职继妻照正妻例优养。

三十二年议准：军职年不及六十者，查无残疾，不准优养。

又例，应袭舍人病故，其妻月给米一石优养，有就科贡出身，历官后故绝，遗下妻女，亦照武职例优养。凡军职并舍人故绝，遗下母妻等项，例该优养者，虽病故系十年之外，比与授职儿男不同，保勘无碍，俱准优养。

万历十二年题准：旧官仍给全俸优养，残疾舍人未犯罪名，月支米三石优养，候身终日住支。

凡大汉将军试百户老疾无退役者，弘治八年奏准放回优养，仍免户男一丁杂差。

凡达官病故无应袭而有正妻者，天顺元年令，月支米一石优养终身。

成化三年奏准，达旗人等故绝，遗有母妻，亦如前例。

凡来降夷目，景泰三年令，殁于王事，儿男幼小者，准纪录，月给养赡米二石，候出幼着役，其在京病故者亦纪录，月给米一石。

值得指出的是，亡故军士的优给常常与葬、祭等礼仪标准结合在一起，明代百户以上的武职官员亡故，均由官府主持，按一定的标准举行葬礼，并按各自级别给予相应数额的优给米布。兹以洪武二十六年（1393年）的"优给则例"为例。该则例规定武臣亡殁，按品级优给，"凡阵亡失陷伤故湟湟没全支，边远守御出征并出海运粮病故者减半"。具体标准为：

一品米六十石，麻布六十匹；

二品米五十石；麻布五十匹；

三品、四品米四十石，麻布四十匹；

五品、六品米三十石，麻布三十匹；

其中，若公侯亡故，"不分病故阵亡，止给麻布一百匹……将引本官家人赴内府给与布"。并由"礼部奏议封谥，自初丧至服除以次遣官致祭"。指挥使至指挥佥事亡故，"礼部移咨工部造坟安葬，亦节次遣官致祭。安灵、下葬、服除，照例优给追赠"；卫所镇抚千户百户亡故，"礼部移咨工部造坟安葬，止二次遣官致祭，安灵、下葬，照例优给追赠"①。

除上述制度化的优恤外，亦有特殊战争环境或对特定战役中伤亡官兵的特旨优恤，如洪武十五年（1382年），武昌右卫指挥佥事孙靖，虎贲右卫千户杨贵、百户严整，骁骑右卫千户余清战死，"给靖家米三十石，布十五匹，钞二

---

① 万历《明会典》卷101《礼部·恩恤》。

百锭，织金、文绮、帛各十匹；贵、整、清家米各二十石，布各十五匹，钞各百锭。俱为营坟，追增官加三等"①；洪武十六年（1383 年）："恤征南阵亡将校"，诏称："凡征南将校死事者，恤其家属，指挥给米三十石，麻布十五匹，钞五锭；千户米二十五石，麻布十二匹，钞四锭；百户米二十石，麻布十匹，钞三锭"②；"宣德三年五月辛未，赠交址死事诸臣"；"正统十四年八月己巳，恤阵亡将士"；"成化二十年正月，恤大同阵亡士卒"；"弘治十四年：秦宏总制三边军务……奏录死事指挥朱鼎等五人，恤军事战没者家"等③。

（二）清代社会优抚

清代前期，国家的正规军队主要有八旗兵和绿营兵两大类。其中八旗兵是"中央军"，兵源以满洲人为主，包括一定数量的蒙古人和汉人。八旗兵一部分守卫京师，一部分驻防各战略要地，分别称为"京营八旗"和"驻防八旗"。绿营兵是清兵入关后收编和召募汉人武装组成的，为各省的地方军。清朝人主中原后，各项政策都奉行"首崇满洲"的原则，因此八旗兵和绿营兵在社会优抚方面的待遇有很大的差别。

1. 八旗兵的社会优抚

八旗制度本来是满洲兵民结合、军政结合的特有的社会制度。它在满清的强大和统一中起了很大的作用。清王朝统治中原后，八旗的生产职能趋向弱化，但仍在一定时期和一定程度上保持了"兵农合一"的特征。因此，对八旗兵的优抚实际上是与对旗人这个特殊群体的优待紧密相关的。清兵入关后，一方面大规模地"圈拨田屋"以满足八旗"赡养家口，以及行军之需"④，另一方面又仿照汉人的传统制度建立了八旗官兵的俸饷制度，其俸饷远高于绿营官兵。

顺治元年（1644 年）至顺治四年（1647 年）清廷曾三次下达"圈地令"，先将"近京各州县民人无主荒田，及明国皇亲、驸马、公侯、伯、太监等死于寇乱者无主田地"，尽行分给东来诸王、勋臣、兵丁人等；再将河间、滦洲、遵化等府州县"无主之地，查明给与八旗下耕种"；又将近京各府州县内，"不论有主无主地土，拨换去年所圈薄地，并给今年东来满洲"⑤。在此基

---

① 《明太祖实录》卷 145，洪武十五年五月辛酉。
② 《明太祖实录》卷 158，洪武十六年十二月甲戌。
③ 《明会要》卷 19《礼十四》。
④ 《清世祖实录》卷 31，顺治四年三月庚午。
⑤ 《清世祖实录》卷 12，顺治元年十二月丁丑；卷 20，顺治二年九月甲子；卷 30，顺治四年正月辛亥。

础上，各地驻防旗人也依样进行圈占，圈占的范围由北京附近扩展到山东、河南、陕西、宁夏等省。这些圈占的土地从占有形态上可分为皇庄、宗室王庄、八旗庄田、一般旗地等。据《八旗通志》记载，三次"圈地令"分拨给京营八旗的土地数额如表 2-9 所示：

表 2-9　　　　　　　　　　　　京营八旗圈占土地数额表

旗名	土地数额（亩）	旗名	土地数额（亩）
镶黄旗	2 363 340	镶白旗	1 544 430
正黄旗	2 354 385	镶红旗	1 305 570
正白旗	2 079 648	正蓝旗	1 713 660
正红旗	1 240 710	镶蓝旗	1 411 128

资料来源：乾隆《八旗通志》卷 69《土田者·土田数目》，李文治：《中国近代农业史资料》第 1 辑，三联书店 1957 年版，第 23 页。

以上京营八旗的圈地数额合计为 14 012 871 亩，各地驻防八旗的圈占数额目前尚无系统的统计。这些圈占的土地都按"计丁授田"的原则分配给旗人，一般的八旗兵丁虽授田不多，却能借此维持生计，八旗官员和领催、马甲等中上层士兵则可以拥有壮丁，建立庄田，享受较优越的生活条件。记载表明，清初许多旗人利用其特殊地位和圈占的土地过着醉生梦死的奢侈生活，据《畿辅通志》，雍正七年（1729 年）八月上谕："近畿各府，有八旗庄屯杂处其间。……八旗罢黜之废员，及不能上进之子弟，与多事不法之家人，往往潜在其中，结交游手好闲之辈，妄行生事，或好勇斗狠，或酗酒赌博，或与百姓争讼告讦，辗转不休，以致风俗日渐浇漓，难以整理"；一些投旗之人也利用旗人的特殊身份游手好闲，为非作歹："自鬻投旗之人，或有作奸犯科冀逃法纲者，或有游手好闲规避差徭者。本主仍听其居本籍。放债牟利，则讳旗而称名；遇官长访闻窝逃构讼等事，又舍民而称旗，抗避不出。甚或招摇乡里，鱼肉小民"[1]。

总体而言，对民田的圈占和掠夺在一定时期内解决了八旗的供养问题，出现了短暂的旗人、汉人相安无事的局面，所谓"民人自种其地，旗人坐取其租，一地两养，彼此相安"[2]。但是，随着旗人生活腐化和商品化的发展，康

---

[1]　《畿辅通志》卷 2，卷 189，转引自李文治：《中国近代农业史资料》第 1 辑，第 27 页。

[2]　孙嘉淦：《八旗公产疏》，《皇朝经世文编》卷 35。

熙之后，旗地被大量典卖，使得一部分旗人"贫而负债者甚多"，从而出现了有名的"八旗生计"问题。为解决"八旗生计"问题，清廷在圈占土地之外，又采取了一系列特殊政策：

其一，回赎旗地。旗地本来只能继承，不能买卖。但"私相授受"在民间由来已久，乾隆五十年（1754 年）御史赫泰奏称："至今旗地之在民者，十之五六矣。"① 为了缓解因丧失土地而造成的生计困窘，清廷采取了"动支内帑，给价回赎"的措施，帮助旗人赎回典卖的土地。据统计，雍正年间，清廷共支出赎金 390 余万两，赎回旗地 22 万余顷②。

其二，代清积逋。即由政府出资帮旗人偿还债务。康熙年间因轸念八旗兵丁"效力行间，致有债负"，几次大规模地动用国家资金赏给八旗兵丁，如康熙三十年（1691 年），"发帑金五百四十八万两，一家赏致数百两"；康熙四十二年（1703 年），又"拨库银六百五十五万余两"用于给赏。雍正帝即位后，"赏给八旗兵丁一月银粮者数次，每次三十五六万"，乾隆年间又借给巨额银两给八旗兵丁营运生息，嘉庆朝赏给八旗兵丁租银四十余万两③。

其三，设立养育兵。养育兵又称教养兵，是清廷为了解决"满洲户口滋盛，余丁繁多……致有窘迫不能养其妻子"等问题，而增设的以少年兵为主的教养性兵种。养育兵初设于雍正二年（1724 年），"将旗下满洲、蒙古、汉军内共挑四千八百人为教养兵"，此后人数不断增加，魏源《圣武记》称："乾隆后，养育兵达二万七千四百名"，陈锋教授认为"实际养育兵人数要超过魏源所记"。据他对嘉庆后期兵数的统计，仅骁骑营养育兵即达到 26 872 人，再加上驻防八旗及京营八旗其他营的养育兵，将是一个十分可观的数目。为此，陈锋教授指出：养育兵制度"与其说是一种军事制度，倒不如说是一种救济制度更为合适"④。

此外，清廷还不定期地给旗人发给贫困救济、灾害救济，设立旗仓、八旗米局以及提供考试经费等，可谓优恤之极。

八旗兵的俸饷制度也体现出从优的原则。这一原则在与绿营兵的比较中看得非常明白。对此，陈锋教授有专门的研究，借此我们知道⑤：其一，从将领的岁俸来看，八旗要比绿营高得多（如同为从一品，八旗的将军都统岁俸为180 两，而绿营的提督则为 81 两），综合各项额外收入，八旗将领的经济待遇仍略高于绿营将领。其二，八旗、绿营士兵在各个方面的待遇相差悬殊，如表

① 赫泰：《复原产筹新垦疏》，《皇朝经世文编》卷 35。
② 李华：《清初圈地运动及旗地生产关系的变化》，《文史》第 8 辑。
③ 清·王庆云：《石渠余纪》卷 4《纪旗人生计》。
④ 参见陈锋：《清代军费研究》，武汉大学出版社 1992 年版，第 75 页。
⑤ 陈锋：《清代军费研究》，武汉大学出版社 1992 年版。

2-10 所示：

表 2-10 八旗、绿营士兵待遇比较示例

项目	八旗	绿营
马兵月饷	3 两	2 两
步兵月米岁支	12 石	3.6 石
马兵出征行装银	20 两	10 两
步兵出征行装银	15 两	6 两
马兵出征盐菜银	1.5 两	0.9 两
步兵出征盐菜银	1.5 两	0.9 两
攻下府城赏银（第一人）	500 两	250 两
步兵阵亡恤银	150 两	50 两

资料来源：陈锋：《清代军费研究》，武汉大学出版社 1992 年版，第 143～146 页。

除了表中所列之外，其他诸如红白事例银、官兵孀妇待遇、官兵休致退役待遇等方面，八旗均要比绿营为优。对这种不平等的待遇，罗尔纲先生指出这是"由于民族关系畛域的关系"，是清廷抬高八旗地位的一项措施①。陈锋教授认为其中亦包含了清廷帮助旗人养瞻家口的用意，因而"有一定的合理性"②。两种解释都表明，清廷将曾经是其"立国根本"的八旗人员视为一个特殊的社会群体，对其实行特殊的政策，不仅让其享受较高的政治地位，而且设身处地地为其生计着想，在经济上予以优待，"特加恩惠以养瞻之"③。

对阵亡或阵伤八旗官兵及其家属的抚恤同样有非常详备的定例。早在顺治初年即令："出征阵亡八旗官兵各给恤赏"④，此后，八旗官兵俸饷等事分隶各司兼办，以致"八旗事件，头绪纷繁，款项错杂"。乾隆年间，清廷对八旗事例进行了整齐划一的工作，一是成立了"办理八旗俸饷处"，派员专门办理八旗俸饷事务；二是将清廷有关八旗事务的各项条例、事例等"分年分款，摘叙详明，编纂成帙"⑤，从而刊刻颁行了《钦定旗务则例》、《钦定八旗通志》等一批系统总结和解释八旗事务的文献。因此，就赏恤制度在内的各项八旗制

---

① 罗尔纲：《绿营兵制》，中华书局 1984 年版，第 6 页。
② 陈锋：《清代军费研究》，武汉大学出版社 1992 年版，第 146 页。
③ 清·蒋良骐：《东华录》卷 4，雍正四年五月壬辰。
④ 《皇朝政典类纂》卷 354《兵三十二·恩恤》。
⑤ 乾隆《旗务则例》卷首《总目》。

度而言，乾隆朝是个集大成的阶段。清前期基本上都以此为准则，照章遵行而鲜有变动。以下据《旗务则例》、《八旗通志》以及《兵部军需则例》的记载将优恤八旗官兵及其家属的有关规定进行列举，并参照光绪《大清会典事例》略作补充①：

（1）八旗官兵阵亡赏恤

一等子以上公、侯、伯、大臣、将军等：1 100 两；

二等子：1 050 两；

三等子：1 000 两；

一等男兼一云骑尉：950 两；

前锋、护军统领、步军正副都统、一等男：900 两；

二等男：850 两；

三等男、散秩大臣、一品不典兵官：800 两；

营总、翼长、参领、总管、城守尉、协领、一等侍卫、一等轻车都尉兼一云骑尉：750 两；

一等轻车都尉：700 两；

二等轻车都尉：650 两；

三等轻车都尉、王府长史、一等护卫、二品不典兵官：600 两；

骑都尉兼一云骑尉：550 两；

骑都尉、三品不典兵官：500 两；

前锋侍卫、各营副参领、佐领、二等侍卫、防守尉：450 两；

云骑尉、司仪长、二等护卫、四品不典兵官：400 两；

三等侍卫、各散秩官：350 两；

三等护卫、五品不典兵官：300 两；

前锋校、护军校、亲军校、骁骑校、蓝翎侍卫、六品不典兵官：250 两；

恩骑尉、七品、八品官：220 两；

前锋、护军、亲军、领催及执旗人：200 两；

骁骑：150 两；（据《会典事例》，甲兵，150 两）

炮手：130 两；

满洲、蒙古随役：100 两；（据《会典事例》享银 100 两者尚有"各部落通事"、"满洲家下汉人充绵甲兵者"）

---

① 乾隆《旗务则例》卷 7《恤赏》；乾隆《八旗通志》卷 36《兵制·恩恤》；乾隆《钦定兵部军需则例》卷 4《阵亡赏恤》、《伤亡官兵准恤定限》；光绪《大清会典事例》卷 641《兵部·恤赏》等。

汉军随役：70 两。

（2）打仗受伤续经伤发亡故官兵按限给恤

受头等伤者予限六月；二等伤者予限五个月；三等伤者予限四个月；限内实系本伤身故者，照阵亡例议恤。

若因病亡故者不准请恤。

至伤亡官兵，从前给过受伤银两，应于所得恤赏银内照数扣除。其前因打仗受伤，续又打仗阵亡者，从前应得受伤银两仍行议给，毋庸扣除。

至限外亡故官兵，头等伤再予限六个月，二等伤再予限五个月，三等伤再予限四个月，如在余限内伤发亡故者，一二品大员荫子弟一人以七品官用。三等伤者荫子弟一人，以八品官用。均按品食俸，百日服满后，由该旗领引见，随旗当差，年未及岁者，给与半俸。俟当差时再行按品支食全俸。

其应荫之人，如有未仕而故者，应准补荫此内，如无子弟承荫或虽有子弟而官职均在应荫品级以上者，应照伊等受伤等第再行照例赏给银两，毋庸议给官职。兵丁照原伤等第再行赏给受伤银两，其余限外亡故者，为期既久，应勿庸置议。

（3）降革官兵及旗员暂署绿营阵亡恤赏

军营降调暂停开缺人员续经阵亡均照所降职衔议予恤荫。

缘事革职人员续经阵亡给还原衔，毋庸加赠，照阵亡例减半恤荫。

其革退领催人等，在军营效力赎罪者，阵伤亡故，俱照未披甲人阵伤亡故例恤赏。

出征旗员暂署绿营员缺……其阵亡者亦即照依本身旗员实缺之例给与恤赏。

（4）阵亡、伤亡分别袭职

阵亡、伤亡官员所得世职，其实系阵亡者，袭次已完，其子孙仍予以恩骑尉，世袭罔替。如并非嫡派子嗣，系过继为嗣者，袭次已完，即停其承袭。（以下为乾隆年间所增）至因伤亡故官员所得世职袭次已完，毋得议给恩骑尉。

（5）优恤阵亡官兵寡妇

八旗阵亡人等妻室，除有子嗣现食钱粮依靠外，如无子嗣，伊夫若系职官，给予原官一半俸禄；如系兵丁，给与半分钱粮米石，俱永远支给。如有子稚幼，其尚未当差之时，亦按伊夫原食俸饷，减半给予。即有子挑养育兵，寡妇半俸半饷仍准支给。俟伊子长成当差，所食银米足抵寡妇半俸半饷之数。再将寡妇所食半俸半饷，停其支领。虽有亲翁伯叔现食俸饷，其寡妇半分俸饷，亦准支给。如阵亡之人无妻，其父母并无俸禄钱粮，又无别子钱粮依赖，以及虽有子孙，只食养育兵钱粮者，仍准给予半分俸饷。

阵亡人等妻室，或有子嗣钱粮依靠，未经给与半分俸饷；无妻人等，其父母或有本身俸饷，或有别子钱粮依靠，未经给予半分俸饷人等，如后经去官退甲，以致无可依赖者，俱准其照例补给。

阵亡官兵寡妇俸饷，按照议恤原案，分别办理。若该官兵照阵亡例议恤，伊妻寡妇，准其支给终身半分俸饷。至减半赏给人员之妻，除支领周年半分俸饷外，不准支给终身半分俸饷。

（6）八旗官兵及跟役阵前受伤赏恤

一等伤：给银 50 两；

二等伤：40 两；

三等伤：30 两；

未分等第者照三等伤给与；

若被远炮中伤者，头等、二等、三等伤各减银 10 两；

满洲蒙古跟役被伤者，头等伤给银 30 两；

二等伤 20 两；

三等伤 10 两；

未分等第者照三等伤给与；

各部落未披甲通事，俱照此例。

若被远炮中伤者，头等伤给银 20 两；

二等伤 10 两；

三等伤 7 两。

向敌人放炮被火药误伤者，照跟役被伤例。

至汉跟役人，头等伤给银 21 两；

二等伤 14 两；

三等伤 7 两；

未分等第者照三等伤给与；

被远炮中伤者亦照此例给与（此内曾有四五等伤给银之例，乾隆年间概行删除）。

（7）优恤残废世职

残废人承袭世职者，给与甲兵钱粮养赡。

（8）优恤告退兵丁

宁古塔盛京等处前锋领催兵丁，得过军功，有患病伤残及六十岁以上，年老退甲，该管官查验果实，每月给银一两，以养余年。

在京八旗前锋护军领催披甲人等有患病伤残及六十岁以上，年老告退，如曾在军前打仗，得有军功，无论有无房产可以度日，子孙有无钱粮，俱每月给银一两、米一斛。其虽在军前行走，并未打仗立功者，除有房产尚可度日，子孙现食钱粮外，如并无房产，又无现食钱粮子孙可依，每月给银一两，以养余年。

(9) 添设养育兵钱粮养赡孤寡

各旗养育兵缺出，人多旗分，照例挑取十岁以上之幼丁。如并无依靠，实属孤苦者，虽年未及岁，亦准挑补。人少旗分，先挑取十岁以上之幼丁，或有不敷，再挑取九岁以下幼丁。

鳏寡人等之子，不论年岁，准其挑补养育兵。

年老不能当差，无嗣独身人内，除犯重罪革退外，如系犯轻罪革退之官兵，准给养育兵钱粮养赡。其自幼残废不能当差，无钱粮养赡之人，亦给与养育兵钱粮养赡。

八旗无嗣无依之独身寡妇，给予养育兵钱粮养赡。

(10) 其他各类八旗寡妇优恤

八旗另户官兵寡妇：八旗另户官兵身故，伊妻孀妇不论年岁，有无子嗣，情愿守节者……给与一年半分俸饷。

自尽官兵寡妇：自尽官兵查因何自尽缘由，如系因病迷惑等类，并无别情，取具参佐领等并无捏饰印结送部。其妻寡妇，准其支领周年半分俸饷。如有别故畏罪自尽者，不准支食。

世职绝嗣寡妇：世职官员亡故，应有袭次而无人承袭，将官注销者，其妻照伊夫应得俸银俸米之半赡给终身；如妻亡故而母尚在，亦准给与半俸。如母妻俱故，而原立职之官妻室尚在，仍准给予半俸；其妻已故而母在者，亦准照例给与；继母、生母并同。

世职袭次已完寡妇：世职亡故，袭次已完，原立功得官之人，妻室尚在，照例给食终身半俸；若妻故而母尚在，亦准给予终身半俸，继母生母并同；其承袭已完之人有妻者，给与周年半俸；无妻者停其支给。

宗室寡妇：镇国将军以下病故，其妻孀妇，照职官之例，一体支给周年半俸。

世职寡妇：世职官员病故，伊妻寡妇，周年半俸未及支领而世职已经承袭者，除子孙及亲弟兄承袭，寡妇周年半俸即行裁扣外，其余族人承袭者，仍准支给。

休致食半俸官员寡妇：八旗原品休致，奉旨赏给半俸半饷官员病故后，其妻寡妇，悉照伊夫从前所食整俸整饷之数，给与周年半分银米。

因病停俸官员寡妇：世职官员因病停俸，嗣经病故，其妻寡妇，准照伊夫原职支食周年半俸。

降革留任官员寡妇：降级留任官员病故，其妻寡妇，即照伊夫所降之级支给半俸。革职留任官员病故，其妻寡妇，半俸不准支给。

驻防回京寡妇：由京补放驻防官员身故，伊妻寡妇，在该处未经支领周年半俸者，俟到京后，按伊夫原食俸银，照京员米色数目，给与一年半分俸禄。

年老病退兵丁寡妇：八旗兵丁曾在军前打仗，得有军功，后因老病残疾告退，每月给银一两、米一斛之人病故后，其妻孀妇，即照伊夫所食银米，给与周年。其在军前并未打仗立功，后因老病告退，月止给银一两之人病故后，其妻孀妇，亦照伊夫所得银两，给与周年。

（11）优恤下五旗包衣鳏寡孤独

下五旗入于公中之包衣佐领下，无养赡之鳏寡孤独人等，每月给与粮饷养赡；若寡妇人口众多者，月给银一两，米一斛；若人口稀少之孤寡，月给银一两，不给米。俟孤子成丁，或披甲、或分给王等挑得拜堂阿之时，将此项钱粮米石即行停止。

为确保优抚政策的即时到位，八旗议叙、恤赏事宜的办理均有一定的具体要求和期限。具体规定为："出征官员兵丁凡有议叙恤赏之案，兵部即行办理。若有应行驳查者，止将应查之人扣除，不得因一二人而将众人应得之议叙恤赏一并稽迟。办理期限，如军营送到册籍在一千名内外者，限四十日办结；二、三千名限六十日办结；四、五千名限七十日办结；六、七千名以上，限八十日办结。逾违参处。如一时连到数案，实在不能完结者，临时奏请展限，至将军、参赞等官，均随时办理，毋庸另行限期。"

2. 绿营兵的社会优抚

绿营兵以汉人为主，他们没有八旗兵所享有的普遍性的社会优待。不过绿营兵的"阵亡恤赏"和"阵伤恤赏"等优抚政策从顺治年间便有了定例，对此陈锋教授已作了考证。据此，清初绿营兵的赏恤政策的大致演化过程为：顺治十年（1653 年）之前，绿营官员和士兵均有阵亡和阵伤赏恤，兵丁赏恤的政策标准大致相同，而官员恤赏的定例不一。顺治十年（1653 年）规定千总以上无恤银，只有加级和荫子的待遇。康熙十三年（1674 年）则制定了统一的恤赏规定，阵亡恤赏以官职论高低，阵伤恤赏视伤情分等级①，兹据光绪《大清会典事例》的记载，将绿营官兵阵亡、阵伤的有关恤赏标准列表如下，见表 2-11：

---

① 参见陈锋：《清代军费研究》，武汉大学出版社 1992 年版，第 125 ~ 128 页。

表 2-11　　　　　　　　　　　　　绿营官兵阵亡、阵伤恤赏标准

类别 阵亡恤赏	恤银（两）	加赠	阵伤赏恤	恤银（两）
提督	800	三级	一等伤	30 两
总兵	700	三级		
副将	600	二级		
参将	500	二级	二等伤	25 两
游击	400	一级		
都司	350	一级		
守备	300	一级	三等伤	20 两
守御所千总	250			
卫千总	200			
营千总	150		四等伤	15 两
把总	100			
外委	100			
马兵	70			
步兵	50		五等伤	10 两

资料来源：光绪《大清会典事例》卷 640《兵部·恤赏》。

　　除了加级、给银之外，对阵亡绿营武职官还有恩荫子孙的待遇。以雍正十二（1734 年）为分界线，"绿营武职阵亡给荫，向例三品以上均荫以守备；四品至把总均荫以卫千总。嗣后阵亡之提督、总兵官荫子弟一人，以都司用。副将、参将、游击荫子弟一人，以守备用；都司、守备荫子弟一人，以卫千总用；千总、把总荫子弟一人，以把总用"。对执行中的特殊情况亦有具体规定："阵亡各官应得难荫，或因子残废不能承袭，其孙虽生于题荫之后，该督抚将未经请荫缘由，核实声明，取具地主印甘各结送部，准其补荫。"①

　　乾隆年间又对绿营官兵及其家属的优待抚恤作了许多补充的规定②：

　　乾隆六年（1741 年）奏准："外委官阵亡，照把总例给恤银一百两"；

　　乾隆七年（1742 年）核准："出征病故各官，一二品提督皆有遗本，应否恤赏，向系候旨遵行。至三品以下各官，定例载有给赏之条，惟二品副将出征

---

　　①　光绪《大清会典事例》卷 640《兵部·恤赏》。
　　②　光绪《大清会典事例》卷 640《兵部·恤赏》。

病故者，独无给赏，嗣后副将出征病故者照三四品例，给恤银五十两”；

乾隆十四年（1749 年）核准：“武职阵亡自提督至守备皆有加赠，惟千总、把总并无加赠。同一捐躯死节，自应一例优恤，以励戎行”。乾隆二十五年（1760 年）以后又就阵亡官兵的祭葬待遇及阵亡、病故兵丁眷口优恤问题作了修改和补充。有关阵亡加赠、录用子弟及兵丁眷口优恤方面的变动情况，《钦定兵部军需则例》记载得较为详细①：

阵亡加赠及录用子弟：

提督总兵官有身先士卒杀贼阵亡者，各加赠三级，均荫子弟一人，以都司推用；副将、参将阵亡者，各加赠二级；游击阵亡者，加赠一级。均荫子弟一人，以守备推用；都司以下阵亡者，各加赠一级（此系现行定例）。都司、守备均荫子弟一人，以千总补用（今拟改）。千总、把总均荫子弟一人，以把总补用。应得祭葬，行文礼工二部议奏。

优恤出征阵亡病故兵丁眷口：

出征阵亡病故兵丁，多支月饷，免其扣追其本兵名粮，若子弟内有可以训养成材者，即令顶补以资养赡。如并无子弟，眷口无倚，及子弟幼小不能食粮者，每月给与半饷银五钱，米三斗，不扣小建月银，遇闰加增。其有子弟幼小者，俟年至十六岁以上，堪以顶补食粮即行截支。其无子弟者，俟该故兵现存之祖父母眷属亡故之日截支（此系现行定例）。至未出等项兵丁情节，各有不同，凡照阵亡例议恤者，所遗无依眷属亦照此例给与半饷。其照阵亡例减半议恤者，给与半饷之半以示区别。（此拟增）。

需要指出的是：自乾隆中后期开始，绿营、八旗的优抚待遇差别出现了缩小的趋势：

乾隆三十九年（1774 年）曾谕：“旗人简用绿营之后，即与汉人之任绿营者无异。遇有应行议恤之事，惟照绿营给以荫生。初无区别，若因本系旗人，悯其子孙，酌予半俸，而汉员子孙置之不论，则是均一绿营官员，独于优恤歧而二之，岂朕一视同仁之道。嗣后无论旗人补用绿营，及绿营中汉员遇有阵亡议荫，其子孙年未及岁者，俱着一体加恩赏给马粮一分，以示优恤维均之至意，着为令。”

乾隆四十九年（1784 年）议准：“阵亡人员，无论汉人及旗人之用于绿营者，俱照旗员例一体议给世职。所有阵亡荫赠旧例，俱行删除。”

又谕：“向来旗员效力行间，懋着劳绩及临阵捐躯者，其子孙俱应得世袭。即年未及岁，业经承袭尚未当差者，亦给予半俸，以资养赡。而绿营员弁阵亡议恤之例，止得难荫一次。非奉特旨照旗员加恩予恤，不能得有世职。而

---

① 乾隆《钦定兵部军需则例》卷 3《军功议卹》。

其子孙年未及者，亦不能予袭。盖因绿营人员随征打仗，本不如旗人之奋勇出力，而绿营所得俸薪养廉等项，较多于旗人，其军功议叙及赏赉一切，固不能一律，亦所当然。至效命疆场，则同一抒忠死事，朕不忍稍存歧视。嗣后绿营员弁，除军功议叙恤赏，仍照旧例办理外，若阵亡人员，毋论汉人及旗人之用于绿营者，总应与旗人一体给与世职。即袭次已完，亦应照例酌给恩骑尉。俾赏延于世，以示朕奖励戎行，一视同仁之致意。"

乾隆五十年（1785 年）议准："嗣后出征立功病故人员，无论旗员、绿营……均由兵部查该领兵大臣原保等第与给荫之例相符，即一体照例给予荫监。"①

此后，相关规定不断得到修改和补充，绿营兵的优抚制度越来越完备了。

3. 土司官兵的社会优抚

除了八旗、绿营的优抚之外，对土司官兵及其家属亦有相应的优抚政策，乾隆《钦定兵部军需则例》列举了乾隆年间的定例，并注明了其演变情况（此处用括号标明），兹引述如下②：

（1）土司阵亡伤亡赏恤

土司土职阵亡、伤亡者，三品土官赏银 250 两；

四品土官赏银 200 两；

五品土官赏银 150 两；

六品土官赏银 100 两；

七品、八品土官赏银 50 两。

俱加衔一等，令伊子承袭一次，仍以本身应得土职照旧管事，俟再承袭时，将所加之衔注销。

空衔顶带，照八品土官例赏赉，毋庸给与加衔。

乡勇士兵赏给银 25 两。

（2）土司阵伤赏恤

土司土兵打仗受伤，列为头等者，给银 15 两；

二等者给银 12 两 5 钱；

三等者给银 10 两。

（向例尚有四五等伤给银之例，今四五等伤名遵旨概行删除，详载"土司出征受伤等次限期条内"）

（3）土司出征病故恤赏

---

① 光绪《大清会典事例》卷 640《兵部·恤赏》。
② 乾隆《钦定兵部军需则例》卷 5《土司军功议叙》。

出征病故三品、四品土官赏银 25 两；

五品六品土官赏银 20 两；

七品、八品土官赏银 15 两；

其打仗奋勉，屡着劳绩，立功后病故，经该将军保列等第报部者，即照该土司应得议叙之加衔、加级、纪录分别令伊子承袭土司时随带一次。

其乡勇土兵赏给银 8 两。

（此系现行则例）

（4）投降新番阵亡赏恤

新降投番阵亡照土兵例减半赏给。

（5）土司出征受伤等次限期

头等伤例限半年；二等者应予限五个月；三等者予限四个月；限内因伤亡故者，仍照阵亡例议恤。

限外因伤亡故者，头等伤再予限六个月；二等伤予限五个月；三等伤予限四个月，俱令该管官出具印甘各结，报部查办议恤。

五、明清两湖社会保障机构的兴废沿革

以大一统和中央集权为特色的明清两朝，在王朝初期，国家制度一般能借助君主专制的权力系统一直推行到基层社会，地方社会保障制度在构建原则和内容上体现出与国家社会保障制度的高度一致性。同时，国家制度常处于不断的调整变革之中，各地在推行国家政策的过程中，也会结合本地实际发生一些变异，特别是王朝中后期，这种变异的可能性和幅度均大大增强。明清两湖社会保障制度的设置和演变体现为国家社会保障制度在两湖地区的构筑、变革和演变的过程。兹据地方志的记载，将各州县社会保障机构历朝"始建"、"修、迁、改、重建"和"废毁"的情况一一列出，以期获得明清两湖社会保障机构兴衰沿革的概貌[1]，如表 2-12、表 2-13。

---

① 考证明清两湖主要社会保障机构的兴衰沿革并非易事，资料不足是其中最大的制约因素。以数量最多的地方志为例，这种制约至少体现在三个方面，一是作为主要资料来源的两湖方志尽管有数百部，但这些方志并没有覆盖所有的州县，且收藏地点较为分散，非但部分稀见方志无法阅取，一些藏于两湖之外省区的方志也难以尽阅。二是可获得的方志在修志时间上分布不均衡，如明代方志为数很少且修志时间多集中于嘉靖以后，难以获得明前期的"一手资料"；清代顺、康时期的方志不多，不利于了解明清鼎革时期社会保障机构存废的详情；民国时期的方志也只有寥寥数部，同治以后的情况也无从多方考证。三是方志中有关社会保障机构兴衰的情况记载不详，或只见名称，不见内容；或只有创设时间，而没有废弃时间及原因；或只载迁建、重建情况，而无始建及改扩情况等。由于这些制约因素的存在，对每一州县社会保障机构兴亡存废情况的详细考证和作出关于明清两湖社会保障机构兴衰沿革的精确判断的愿望难以实现。

表 2-12　　　　　　　　　　　明代两湖主要社会保障机构兴衰沿革表

年代	类别	养济院	惠民药局	预备仓
洪武 (1368～ 1398 年)	始建	嘉鱼、大冶、钟祥、潜江、襄阳、南漳、郧县、蕲水、麻城、黄陂、广济、黄梅、江陵、公安、松滋、临湘、华容、平江、澧州、石门、湘潭、宁乡、澧陵、湘乡、新化、常宁、沅州	广济、华容、平江、龙阳	武昌(5)、嘉鱼(4)、蒲圻(5)、大冶(5)、通城(5)、通山(5)、汉阳、汉川、黄陂(4)、沔阳(4)、黄冈(4)、麻城(5)、蕲州、光化、蕲水(4)、广济(4)、平江(4)、湘潭(4)、宁乡(5)、浏阳(6)、醴陵(4)、湘乡(7)、攸县(8)、新化、常宁、兴宁(5)、桂阳(5)、桂东
	修迁改重建			
	废毁			
建文 (1399～ 1402 年)	始建			
	修迁改重建			
	废毁			
永乐 (1403～ 1424 年)	始建	武昌		鄢县(4)
	修迁改重建	枣阳		
	废毁			
洪熙 (1425 年)	始建			
	修迁改重建			
	废毁			
宣德 (1426～ 1435 年)	始建			咸宁(5)、枝江(6)
	修迁改重建	通山		
	废毁			
正统 (1436～ 1449 年)	始建	谷城、茶陵		钟祥(4)、潜江、荆门(7)、当阳、上津、石首、监利(8)、松滋(5)、归州、临湘、华容(2)、安乡、湘阴(6)、常宁、监山(3)
正统 (1436～ 1449 年)	修迁改重建	监利、华容、湘阴		武昌、嘉鱼、京山、襄阳、南漳(4)、蕲水、江陵、枝江、宜都、攸县、桂东(4)
	废毁			

续表

年代	类别	养济院	惠民药局	预备仓
景泰（1450～1457年）	始建	宜都、辰溪	枣阳、益阳	
	修迁改重建	景陵、公安、安化	咸宁、公安（6）、枝江、辰溪	
	废毁			
天顺（1457～1464年）	始建	咸宁、均州	夷陵	巴东
	修迁改重建	潜江、沔阳、襄阳、临湘	广济	咸宁、平江（11）、安化（7）
	废毁	沔阳（水）		
成化（1465～1487年）	始建	光化、房县、竹山、郧西、黄冈、罗田、枝江、宁乡、耒阳	当阳、巴陵	宜城（6）、均州、竹山、夷陵、长阳、远安（6）、长沙（5）、醴陵、沅陵（5）、会同（5）、通道（2）、绥宁（5）
	修迁改重建	江夏、武昌、蒲圻、通城、沔阳、景陵、荆门、宜城、南漳、谷城、郧县、蕲水、麻城、黄陂、蕲州、广济、公安、石首、巴陵、平江、澧州、石门、长沙、善化、浏阳、益阳、攸县、常宁、沅陵、会同、通道、绥宁	广济、巴陵	武昌、蒲圻、崇阳、罗田、荆门、襄阳、南漳、枣阳、谷城、上津、安陆、云梦、蕲水、黄陂、蕲州、黄梅、江陵、公安、监利、松滋、枝江、宜都、临湘、华容、平江、安乡（4）、益阳、湘乡、新化、绥宁、兴宁
	废毁			罗田
弘治（1488～1505年）	始建	夷陵、安仁、蓝山	云梦、应山	兴山、桂阳州（4）
	修迁改重建	武昌、沔阳、景陵、荆门、蕲水、罗田、黄陂、石首、宜都、长沙、浏阳、茶陵、耒阳、酃县、武陵	宁乡	嘉鱼、崇阳、大冶、云梦、蕲水、松滋、枝江、夷陵、平江、湘乡、茶陵、酃县、会同
	废毁			

续表

年代	类别	养济院	惠民药局	预备仓
正德 （1506～ 1521 年）	始建	兴山、东安		麻阳
	修迁改重建	武昌、咸宁、崇阳、大冶、钟祥、潜江、当阳、光化、蕲水、黄陂、江陵、监利、松滋、枝江、归州、湘阴、茶陵、新宁、衡山、常宁、临武、武陵、卢溪、溆浦、沅州		崇阳、京山、襄阳、光化、蕲水、监利、松滋、归州、石门、湘阴、茶陵、新化、临武（4）、蓝山、卢溪、辰溪、溆浦
	废毁			
嘉靖 （1522～ 1566 年）	始建			德安府仓
	修迁改重建	罗田、广济、华容、平江、益阳、新化、耒阳		汉川、巴东
	废毁	平江		
隆庆 （1567～ 1572 年）	始建			
	修迁改重建	崇阳、卢溪		
	废毁			
万历 （1573～ 1620 年）	始建			
	修迁改重建	崇阳、大冶、华容、善化、湘阴、醴陵、城步、常宁、麻阳		黄陂
	废毁			
泰昌 （1620～ 1620 年）	始建			
	修迁改重建			
	废毁			
天启 （1621～ 1627 年）	始建			
	修迁改重建			
	废毁			
崇祯 （1628～ 1644 年）	始建			
	修迁改重建	善化		监利（6）
	废毁	善化		罗田

表 2-13　　　　　　　　清代两湖主要社会保障机构兴衰沿革表

年代	类别	养济院	普济堂	育婴堂	常平仓
顺治 (1644～ 1661 年)	始建	孝感、长沙、浏阳、耒阳			武昌府仓、咸宁、通城、罗田、浏阳、安化
	修迁改重建				
	废毁				
康熙 (1662～ 1722 年)	始建	通山、咸宁、均州、石首、善化、茶陵、郿县、祁阳、道州、江华、邵阳、武冈、兴宁、会同、蕲州、安陆、郿县、宁乡、武冈、		邵阳、新化、武冈、芷江、桂阳	武昌、崇阳、大冶、黄冈、麻城、黄安、光化、房县、东湖、监利、夷陵、归州、建始、沅江、桂东、醴陵、攸县、益阳
	修迁改重建	长沙、耒阳			归州、沅江
	废毁				
雍正 (1723～ 1735 年)	始建	枝江、衡山、平江、湘乡	新化	江夏、蒲圻、崇阳、汉阳、当阳、黄陂、孝感、罗田、云梦、钟祥、襄阳、宜城、江陵、石首、监利、枝江、长沙(省堂)湘阴、浏阳、醴陵、湘潭、宁乡、益阳、湘乡、攸县、耒阳、祁阳、新田、平江、卢溪、黔阳、永顺、兴宁	兴国、江夏、汉阳、汉川、钟祥、枝江
	修迁改重建	石首		孝感	武昌府仓、江夏、黄冈、归州、建始、浏阳、
	废毁		汉阳 (水)	孝感	

续表

年代	类别	养济院	普济堂	育婴堂	常平仓
乾隆（1736～1795年）	始建	当阳、黄陂、沔阳、黄冈、麻城、钟祥、谷城、竹山、郧西、荆门、当阳、公安、鹤峰、来凤、醴陵、宁乡、益阳、攸县、清泉、新化、巴陵、临湘、华容、卢溪、溆浦、永顺、桑植、安福、湘阴、攸县	长沙(省堂)、湘乡、衡阳、湘阴、攸县	公安、东湖、浏阳、酃县、东安、道州、武陵、沅江、溆浦、麻阳、桑植、会同、安福、新化、宁乡	蕲水、竹山、荆门、江陵、鹤峰、来凤、咸丰、清泉
	修迁改重建	郧西、长沙、浏阳、耒阳、宁乡、兴宁	汉阳、新化	江夏、蒲圻、罗田、荆门、江陵、长沙、湘潭、宁乡、益阳、浏阳、茶陵、新化武冈、黔阳、会同、武陵	武昌、咸宁、汉川、蕲水、江陵、沅江、浏阳、湘潭、东安、衡山、攸县
	废毁			江陵（水）、益阳、攸县(水)	咸宁、汉川(水)、江陵(水)
嘉庆（1796～1820年）	始建	黄安		黄安、永绥、安化、沅陵、永定	安陆、巴东、零陵
	修迁改重建	长沙、宁乡、益阳、新宁、平江、兴宁		江陵、长沙、浏阳、益阳、安化、攸县、耒阳、东安、武冈、平江、武陵、芷江、宜章、兴宁	天门、竹山、长乐、鹤峰、醴陵、宁乡
	废毁	益阳(火)			黄冈、天门、竹山、竹溪

续表

年代	类别	养济院	普济堂	育婴堂	常平仓
道光 (1821～ 1850年)	始建	云梦		清泉、衡山、龙阳、衡阳、桃源	
	修迁改重建	崇阳、大冶、蕲州、云梦、郧县、郧西、江陵、松滋、湘阴、祁阳、新化、黔阳、平江、湘潭	湘乡	通山、蒲圻、兴国、黄冈、江陵、云梦、潜江、长沙、监利、湘乡、茶陵、邵阳、平江、溆浦	大冶、枝江、长乐、建始、新田、黔阳
	废毁	湘阴(水)		兴国(水)	当阳(雨)、公安(水)、石首(水)、醴陵(水)
咸丰 (1851～ 1861年)	始建			南漳、蕲州	江夏
	修迁改重建	宜城、江陵、益阳、清泉、道州、新化、衡阳	汉阳、新化	蒲圻、沅陵、安福	
	废毁	邵阳(兵)、巴陵(贼)、湘乡(水)、武冈(兵)	长沙(兵)	蒲圻(兵)、崇阳(兵)、	蒲圻、崇阳、通城、大冶、通山、汉阳、汉川、黄陂、蕲水、罗田、麻城、黄安、蕲州、广济、黄梅、应城、随州、应山、京山、谷城、光化、保康、远安、江陵、监利、东湖、来凤、龙阳
同治 (1862～ 1874年)	始建	兴国、罗田		随州、宜都、恩施	
	修迁改重建	崇阳、通城、黄冈、罗田、蕲州、随州、江陵、枝江、兴山、长沙、祁阳、邵阳、巴陵、石门、平江、武冈	湘乡	大冶、汉阳、黄陂、襄阳、松滋、枝江、长沙、湘阴、益阳、祁阳、道州、衡阳、平江、安福、石门、武冈	江夏、罗田、枝江、德安府仓、南漳、郧西、远安、利川
	废毁			衡阳(火)、武冈(火)	房县、枝江、宜都

年代	类别	养济院	普济堂	育婴堂	常平仓
光绪 (1875～ 1908年)	始建			武昌、利川、竹溪	
	修迁改重建	孝感、应城、临武		应城、桃源、醴陵	德安府仓、钟祥、均州、荆门、公安、恩施
	废毁				
宣统 (1909～ 1911年)	始建				
	修迁改重建	永绥			
	废毁				

　　说明:(1)"废毁"行中括号内的文字表示"废毁"的原因;

　　　　(2)"预备仓"列中括号内的数字表示预备仓的座数;

　　　　(3)两部方志记载有出入时以修志时间较早的一部为准。

　　资料来源:武汉大学图书馆藏所有两湖地区方志、湖北省图书馆及湖南省图书馆藏部分两湖地区方志,具体名称、版本参见文末《参考文献》部分。

第三章
明清社会保障的基层设计和两湖基层社会保障的演变

县以下基层社会自 20 世纪初以来一直是历史学者和社会学者关注的对象，近年来，学者们开始以"整体史"的方法来研究明清基层社会，除了传统的里、保甲制度外，宗族、乡约、士绅、会馆、善堂、民间会社等均列入学者的研究视野，从而形成了不同的诠释模式。大体而言，在众多的基层组织和团体当中，里甲和保甲是明清统治者直接参与创办、与官方联系最紧密、行政职能最强的基层组织，它们是官方统治理念当中最具"正统性"的基层组织建制①。不过，在论及官府主导的基层组织时，现有研究一般侧重于它们在赋税征收和社会治安方面的功能，而忽视了明清统治者看待基层社会的眼光一开始就是多维度、全方位和整体的，明清官方的基层制度设计已经赋予了基层社会丰富的内涵，捕捉官方基层社会设计中的这种整体眼光，本身就是一种很好的整体史研究。

出身乡村穷苦家庭的明太祖朱元璋对基层社会有独到而深刻的认识，在明太祖的基层统治理念中，基层社会被视为一个复杂的有机体，以里甲制为中心的基层制度因而也是一项综合的、多功能的基层制度，它蕴含了丰富的社会管理、教化、治安和社会保障功能。明初基层社会设计方案对后世产生了深远的影响，综观明以来的基层社会制度，不难看出，尽管存在着朝代前后期的时间差别和不同地方的区域差异，明清基层社会的官方设计主要体现为一种以乡村社会为着眼点的综合性制度，这种以乡村为着眼点的基层社会模式在传统社会保障、社会控制和社会变迁中的作用是意味深长的。

---

① 不同时代、不同地区基层组织的名称可能互有差别，具体情况可参见学者们的有关成果，如王昊：《明代乡、都、图、里及其关系考辨》，《史学集刊》1991 年第 1 期；夏维中、崔秀红：《明代乡村地域单位的主要类型及其作用考述》，《江苏社会科学》，2002 年第 2 期。就两湖地区而言，从方志记载看，就存在着乡、都、图、社、村、会、段、总、块、境、铺等不同名目，这些差异并非基层组织建制原则上的差别，而只是由于各地传统和习惯不同而形成的名目和称谓上的差别。

　　关于明清两湖市镇、乡村基层组织的设置和演变，我的同事已作了较为系统的研究①，对这些方面，本书不再重复。以下的论述将努力依循传统统治者统驭基层社会的整体眼光，围绕对基层社会保障有重要意义的方面展开。

一、明初基层社会设计中的里甲保障功能

　　明太祖自社会底层而达于人极，深知礼法紊乱，"纲纪不立"导致社会动荡的利害关系。因此，他立志仿效"以五礼防万民之伪"的成周之制，将"复三代之旧"作为为治的最高目标②。《明史》的编纂者注意到："明太祖初定天下，他务未遑，首开礼乐二局，广征耆儒，分曹究讨"，以此为起点，明初开展了一次大规模的定礼制典的制度建设运动③。有些论者将明太祖时代的统治归结为"礼法之治"④，不无道理。明太祖多次强调，"礼法，国之纪纲，礼法立，则人志定、上下安。建国之初，此为先务"⑤；"盖国之治道，非礼则无法。若专法而无礼，则又非法也。所以礼之为用，表也，法之为用，里也"⑥；"盖君礼法之所治也。礼，人伦之正，民间安分守礼者多；法，治奸绳顽。二者并举，遍行天下，人民大安"⑦。朱元璋还把他养民治国的纲领归纳为"五教五刑"："君之养民，五教五刑焉。去五教五刑而民生者，未之有也。所以五教育民之安：曰父子有亲、君臣有义、夫妇有别、长幼有序、朋友有信。五教既兴，无有不安者也。民有不循教者……五刑以加焉。五刑既示，奸玩敛迹，鳏寡孤独，笃废残疾，力弱富豪，安其安，有其有，无有改犯者，养民之道斯矣。"⑧

　　因此，透视明初与基层社会相关的"礼"与"法"，是我们认识和把握明初基层制度设计理念的关键。具体而言，在明初汗牛充栋的礼典和律令中，与基层民生息息相关的有"乡厉祭礼"、"里社祭礼"、"乡饮酒礼"以及《大明律》、《教民榜文》、《大诰》及其续编、三编等。按照明太祖的要求，《大诰》等法律文书"一切官民诸色人等，户户有此一本"⑨，"此诰前后三编，凡朕

---

　　①　任放：《明清长江中游市镇经济研究》，武汉大学出版社 2003 年版；杨国安：《明清两湖地区基层组织与乡村社会研究》，武汉大学出版社 2004 年版。
　　②　《明太祖实录》卷 14，（龙凤十年）正月戊辰、五月丙子等篇。
　　③　《明史》卷 47《志二十三·礼一》。
　　④　参见罗冬阳：《明太祖礼法之治研究》，高等教育出版社 1998 年版。
　　⑤　《明太祖实录》卷 14，（龙凤十年）正月戊辰。
　　⑥　明·朱元璋：《礼部尚书诰（侍侍郎同）》，《全明文》卷 4，上海古籍出版社 1992 年版。
　　⑦　明·朱元璋：《大诰·民知报获福第四十七》，《全明文》卷 29，上海古籍出版社 1992 年版。
　　⑧　明·朱元璋：《大诰·民不知报第三十一》，《全明文》卷 29，上海古籍出版社 1992 年版。
　　⑨　明·朱元璋：《大诰·颁行大诰第七十四》，《全明文》卷 29，上海古籍出版社 1992 年版。

臣民，务要家藏人诵，以为鉴戒"①，各项礼仪也要在里老及乡绅的带领下定期反复上演，它们交相运作，构成了明代基层社会中的"乡礼"和"乡法"系统，这些乡礼和乡法成为明初基层社会治理的总的原则。朱元璋所精心设计的里甲组织及其与之配套的老人、粮长等制度并非某项单一职能的履行者，而是推行乡礼和乡法的综合职能机构与制度。而且，透过这些礼仪和律令的分析可知，明初基层社会制度体现出社会保障与社会控制相结合的鲜明特点，寓保障于秩序之中，借保障以行控制的精神随处可见：

里社之礼：

祭祀社稷之神在我国由来已久，明代"社稷之祀自京师以及王国府州县皆有之"②，不仅如此，明太祖还将社稷之祀推及乡里，使之成为整合乡村秩序的重要手段之一。乡村社稷之祀称为"里社"，其祭法为：

> 凡各处乡村人民，每里一百户立坛一所，祀五土五谷之神，专为祈祷雨旸时若，五谷丰熟，每岁一户轮当会首，常用洁净坛场，遇春秋二社，预相率办祭物，至日约聚祭祀，其祭用一羊一豕，酒果香烛随用。

不仅如此，祭祀程序之后，还要举行重大的会饮仪式："祭毕就行会饮，会中先令一人读《抑强扶弱之誓》"，其词曰：

> 凡我同里之人，各遵守礼法，毋恃力凌弱，违者先共治之，然后经官。或贫无可靠，周给其家，三年不立，不使与会，其婚姻丧葬有乏，随力相助，如不从众及犯奸盗诈伪一切非为之人，不许入会。

"读誓词毕，长幼以次序坐，尽欢而退，务在恭敬神明，和睦乡里，以厚风俗"③。

乡厉之礼：

按洪武定制，"厉"为隶属于城隍神的"无祀鬼神"，上至京师，下至里社，均设坛祭祀。京都祭太厉、王国祭国厉、府州祭郡厉、县祭邑厉、"里社则祭乡厉"④，其祭法，"凡各乡村每里一百户内立坛一所，祭无祀鬼神，专祈祷民庶安康，孳蓄蕃盛，每岁三祭，春清明、秋七月十五日、冬十月一

---

① 明·朱元璋：《大诰三编·颁行三诰第四十三》，《全明文》卷31，上海古籍出版社1992年版。
② 《明史》卷49《志二十五·礼三·社稷》。
③ 《皇明制书》卷7《洪武礼制·祭祀礼仪·里社》；明·章潢：《图书编》卷92《里社》。
④ 《明史》卷50《志二十六·礼四·厉坛》。

日"。从厉祭的祭文看，它在维持地方秩序方面与里社之祭异曲同工，州、县、里祭的祭文均称，凡境内人民：

> 倘有忤逆不孝，不敬六亲者；有奸盗诈伪，不畏公法者；有拗曲作直，欺压良善者；有躲避差役，靠损贫户者。似此玩恶奸邪不良之徒，神必报于城隍，发露其事……如有孝顺父母，和睦亲族，畏惧官府，遵守礼法，不作非为，良善正直之人，神必达之城隍，阴加护佑，使其家道安和，农事顺序，父母妻子保守乡里。

祭完之后，仍然要举行会饮，并读《抑强扶弱之誓》，"其轮流会首及祭毕会饮、读誓等仪与祭里社同"①。

乡饮酒礼：

乡饮酒礼是明太祖恢复古礼的得意之作。因"凡礼之所纪，冠婚丧祭皆自士以上乃得行之，而乡饮酒之礼达于庶民"②，所以朱元璋对之重视有加，早在洪武三年（1370 年）成书的《大明集礼》中已详述了举行乡饮酒礼的各项仪式，洪武五年（1372 年）诏天下广为推行，官方每年正月、十月行之于学校，民间里社则每季举行一次。洪武十四年（1381 年）又命礼部重申乡饮之礼，洪武十六年（1383 年）则颁《乡饮酒礼图式》于天下③。

按洪武五年（1372 年）的规定，"其民间里社以百家为一会，粮长或里长主之，百人内以年最长者为正宾，余以齿叙坐，每季行之于里中"；洪武十六年（1383 年）进一步规定："里社每岁春秋社祭会饮毕，行乡饮酒礼，所用酒肴于一百家内供办，毋致奢靡。百家内除乞丐外，其余但系年老者，虽至贫亦须上坐，少者虽至富必序齿下坐，不许搀越，违者以违制论。其有过犯之人，虽年长财富，须坐于众宾席末，听读律受戒谕，供饮酒毕，同退。不许在众宾上坐，如有过犯之人不行赴饮及强坐众宾之上者，即系顽民"④。

乡饮酒礼还有一个重要程序，即"读律"，除《大明律》外，州县、里社俱随时讲读国家新颁的法令及与乡民生活相关的律令。如洪武五年（1372 年）规定："若读律令，则以刑部所编《申明戒谕书》兼读之。"⑤ 洪武十八年（1385 年）以来，随着《大诰》及三编的颁发，太祖"诏令各处官民之家传

---

① 明·章潢：《图书编》卷 92《洪武礼制·乡厉》，《皇明制书》卷 7《洪武礼制·祭祀礼仪·祭厉》。

② 《明集礼》卷 29《乡饮酒礼·总叙》。

③ 正德《明会典》卷 78《礼部三十七·乡饮酒礼》。

④ 正德《明会典》卷 78《礼部三十七·乡饮酒礼》。

⑤ 正德《明会典》卷 78《礼部三十七·乡饮酒礼》。

诵大诰三编，凡遇乡饮酒礼，一人讲说，众人尽听。使人皆知趋吉避凶，不犯刑宪"①。乡饮酒礼事实上成为明朝廷普及法律知识，使民知法、畏法的一项重要措施。

里社、厉祭、乡饮酒等仪式成为明初乡村生活的"乡礼"系统，明太祖是想借助这些特定的仪式，使人民患难相助、贫富相安，形成他所预设的"家识廉耻，人知礼让……'吾观于乡而知王道之易易'"②的基层秩序，所谓："因其聚会之际，与之揖让升降，使知尚贤尊长，而兴敬让之道焉。"③后世学者对这种做法亦颇为称道，如薛允升在编《唐明律合编》时，虽对明律颇多訾议，但对乡饮酒礼给予了较高评价："盖于讲礼读法时，微寓彰善瘅恶之指，虽古礼所未有，而于化民成俗之义亦有当焉。"

除了以教化为主的"乡礼"系统外，明初帝王诏令和国家律令中还有对乡村活动直接进行规定的条文，这些条文成为规范基层民众行为的"乡法"系统，审读这些条文，保障人民生活和控制基层秩序的精神体现得更为明显，兹略举数条如下：

洪武十五年（1382 年）诏："凡我良民，各守礼法，若众以暴寡，强以凌弱，巧以取愚，诈以骗良，按治得实，断没其家，迁徙远方。"

十九年（1386 年）颁行《大诰续编》，有"申明五常"、"互知丁业"、"明孝"诸条直接针对乡村及基层生活：

"申明五常"条强调：

> 家和户平，吉哉！倘有不如朕言者，父子不亲，罔知君臣之义，夫妇无别，卑凌尊，朋友失信，乡里高年并年壮豪杰者，会议而诚训之，凡此三而至五，加至七次，不循教者，高年英豪壮者拿赴有司，如律治之。

"互知丁业"条强调：

> 诰出，凡民邻里互相知丁，互知务业，具在里甲……绝不许有逸夫，若夫异四业而从释道者，户下除名，凡有夫丁，除公占外，余皆四业，然必有效，若或不遵朕教，或顽民丁多及单丁不务生理，捏巧于公私以构患民之祸，许邻里亲戚诸人等拘拿赴京，以凭罪责。若一里之间，百户之内，见诰仍有逸夫，里甲坐视，邻里亲戚不拿……逸民处死，里甲四邻，

化外之迁，的不虚示。

"明孝"条强调：

> 孝子之节，非止一端，岂有但供饮膳而已……冬温夏清，晨省昏定。饮食洁净，节之。父母有命，善正述行毋怠；命乖于礼法，则哀告再三。父母已成之业毋消，父母运蹇，家业未成则当竭力以为之。

洪武二十八年（1395 年），太祖下谕曰：

> 古者风俗淳厚，民相亲睦，贫穷患难，亲戚相救，婚姻死丧，邻保相助，近世教化不明……朕置民百户为里，一里之间有贫有富，凡遇婚姻死丧，富者助财，贫者助力，民岂有穷苦急迫之忧。又如春秋耕获之时，一家无力，百家代之，推此以往，百姓宁有不亲睦者乎？

洪武三十一年（1398 年）颁示《教民榜文》，要求：

> 乡里人民贫富不等，婚姻死丧吉凶等事谁家无之，今后本里人户，凡遇此等，互相赒给。且如某家子弟婚姻，其家贫穷一时难办，一里人户每户或出钞一贯，人户一百便是百贯，每户五百便是五十贯，如此资助，岂不成就。日后某家婚姻亦依此法轮流赒给，又如其家或父或母死丧在地，各家或出钞若干，或出米若干，资助本家，或棺椁、或僧道修设善缘等事，皆可了济，日后某家倘有某事亦如前法，互相赒给，虽是贫家，些小钱本，亦可措办，如此则众轻易举，行之日久，乡里自然亲爱①。

不难看出，明初的乡礼、乡法系统是精心设计的，朱元璋推行这些乡礼、乡法的根本目的在于建立一个高度秩序化的基层社会，而"鳏寡孤独、笃废残疾有养"、"贫穷患乱相救"、"婚姻死丧相助"等社会保障目标都寓于其中。来自社会底层的朱元璋深知：社会贫弱群体是一个很庞大的群体，这一群体的存在及其引发的相关问题是社会动荡的重要原因之一，而收入养济院、育婴堂及其他官办慈善机构的毕竟只是一部分，对于为数更多的需要赡养和救助的贫弱成员，重要对策之一便是发挥基层组织的救助功能。

---

① 明·章潢：《图书编》卷 92《乡法》；《大诰续编》，《全明文》卷 30，上海古籍出版社 1992 年版。

明初的基层礼法方案借助国家权力的推广渗透到偏僻的村野，并延及后世。以两湖地区而言，明前期里甲制度在湖广行省得到了较为切实的普遍推行，嘉靖《湖广图经志书》及各地方志对明初湖广境内编制的里甲数量多有记载，即使成化、弘治年间创设的州县，也编定了里甲。如成化十二年（1476 年）置竹山县，编户七社；置郧西县，编户七里。弘治、正德年间，襄阳府、郧阳府、德安府及湖南郴州所属的许多州县也因流民的入籍而新编了数量可观的里甲①。里甲编制的切实普遍推行本身是里甲功能得以发挥的前提，在现存的两湖明代方志中，有很多里甲综合功能得以发挥的直接记载，如黄州府："各县每里都设有土谷坛一，各乡里老，每岁春秋祭毕，举行乡饮礼"②；夷陵州和归州等地："乡村百家共立里社，祀五土五谷之神"，"祭礼毕，长幼立听读誓文"，"读誓既毕，长幼以次就餐如乡饮礼，尽欢而退。务在恭敬神明，和睦乡里"③；茶陵州"行乡饮礼以序齿，立社学以督子弟"④ 等。此外，在明初的里甲制中，里老人承担着"教民劝俗"的重要职责，因此，老人制的流行与否也可做为里甲综合功能是否完善的标志之一。从两湖方志的记载来看，里老人在两湖里甲中扮演着十分重要的角色：如湖北蕲水县老人，"里设一名，惟教民劝俗，如汉三老之意，择行止颇端者充之"⑤；湖北罗田县："老人，每里各役一人，年终更替"⑥；湖南岳州府所属各县："每里各有老人一"⑦；湖南慈利县："每里设老人一名，掌风俗小讼。"⑧ 里老人不但在各地广为设置，而且在功能、作用的发挥方面亦非常宽泛：如湖北蕲州洪武时的里老人积极参与本州东南西北各乡的预备仓的建设事务⑨；湖南衡山县"洪武中老人"喻礼，曾"赴京三领安民谕敕"并获冠带荣身⑩。直到嘉靖年间，两湖里老人仍十分活跃，如应山县里老人张子辉、董文、高学、潘汉等曾联名上书向知县陈述该县巡检司设置的利弊⑪；茶陵州西睦、茶禹四乡老人谭廷松、尹梗、谭景希、罗馆曾向知州反映该州赋税畸轻畸重的情形等。上述史料和相

---

① 嘉靖《湖广图经志书》卷 1《本司志》、卷 8《襄阳府》、卷 9《郧阳府》、卷 14《郴州》等。参见张建民：《湖北通史·明清卷》，华中师范大学出版社 1999 年版。

② 弘治《黄州府志》卷 1《地理·坊社乡镇》。

③ 弘治《夷陵州志》卷 5《惠政》；嘉靖《归州志》卷 3《祀典》。

④ 弘治《茶陵州志》卷 5《乡约遗规》。

⑤ 嘉靖《蕲水县志》卷 1《里甲·徭役》。

⑥ 嘉靖《罗田县志》卷 2《食货志》。

⑦ 隆庆《岳州府志》卷 11《食货志》。

⑧ 万历《慈利县志》卷 8《田赋》。

⑨ 嘉靖《蕲州志》卷 4《预备仓》。

⑩ 弘治《衡山县志》卷 4《人物》。

⑪ 嘉靖《应山县志》卷下《艺文志》。

关记载有的反映的是明初的情况，有的则从明初一直延续到弘治、嘉靖年间，明太祖"礼法"精神影响之深由此可见一斑。

尚要指出的是，明初的基层保障与控制理念并非仅停留在"乡礼"的宣扬教化及法律的约束等宽泛的层面，其中也有匠心独运的具体的制度约束和安排，使这些理念落实到社会弱者的日常生活中。"畸零户"的编制及"木铎老人"的设置堪称这种制度的典范。如所周知，明代里甲制度的一个显著特点是与赋役黄册互为表里，对户口登记、赋役征收和劳役的承担起着规范的作用。而这套制度从它出台伊始，除了体现为人熟知的防止户口遗漏和逃避赋役的严肃性外，也体现了对社会弱者进行赋役优待、照顾的同情心。即将无力供应赋役的老、幼、残疾人等作为"畸零户"寓于纳粮当差的"正管"户之中，非常巧妙地将救助社会弱者的职责赋予基层里甲组织：

明代里甲制度始于洪武十四年（1381 年），其设计方案为："其法以一百一十户为里，一里之中，推丁粮多者十人为长，余百户为十甲，甲凡十人。岁役里长一人，甲首一人，管摄一里之事……每里编为一册，册之首总为一图。其里中鳏寡孤独不任役者，则带管于百一十户之外，而列于图后，名曰畸零。"①

到明中期，尽管一些地方出现了"将十岁以上幼男及分析丁多人户俱作带管畸零"的混乱情况，但里甲编制的助弱原则仍被严格坚持，正德六年（1511 年）户部题本强调："务要每里止许一百一十户人丁。果系十岁以下或年老残疾、单丁、寡妇及外郡寄庄纳粮当差人民，许作带管畸零。"②

过去，由于忽视了畸零户及带管户的存在，人口史研究者常常面临一种困惑，一方面明初在户口编制方面法令极严，强调"人户以籍而定"而不可乱，另一方面里甲的实际户数与制度规定的标准户数又相去甚远。最近，随着新的研究成果的出现，这一困惑基本得到了澄清③。人们意识到里甲制度既有标准的编制原则，又有一定的地域限制，而且在实际操作中的情形十分复杂，编制标准不一，移民、土著各异。而造成里甲编制失序的"所有的混乱出自政府对每里带管户或畸零户的数量并没有严格的规定"④。因此，以里数逆推户口数是危险的。学术界曾有的这种困惑和标准里数与户口之间的差异却正好说明，无论里甲的编制是否标准，其对畸零户的救助功能是基本相同的。以下是两湖部分府州县明初里数与户数之间的比例关系，尽管其中有很多复杂的因素

---

① 《明太祖实录》卷 135，洪武十四年正月。

② 《后湖志》卷 8，转自韦庆远《明代黄册制度》，中华书局 1965 年版，第 49 页。

③ 参见栾成显：《明代黄册研究》，中国社会科学出版社 1998 年版；曹树基：《中国人口史·明时期》，复旦大学出版社 2000 年版，关于畸零户与带管户之间差别亦参见此两书。

④ 曹树基：《中国人口史·明时期》，复旦大学出版社 2000 年版，第 76 页。

难以考证，如统计数据的可信度，畸零户与带管户的比例关系等，但以此说明畸零户在两湖里甲中普遍存在并受到基层里甲的制度性救助却是有参考意义的，如表3-1所示。

表3-1　　　　　　　　洪武年间两湖部分州县的里数与户数

时　间	州　县	里　数	户　数	每里户数	多出标准户数	资　料　来　源
洪武初	武陵县	72	13 276	184	74	嘉靖《常德府志》卷1、卷6
洪武初	龙阳县	36	5 939	165	55	嘉靖《常德府志》卷1、卷6
洪武九年	沔阳州	40	7 572	189	79	嘉靖《沔阳州志》卷9
洪武九年	景陵县	34	4 702	138	28	嘉靖《沔阳州志》卷9
洪武二十四年	襄阳	15	3 370	225	115	万历《襄阳府志》卷12、卷13
洪武二十四年	枣阳	5	793	159	49	万历《襄阳府志》卷12、卷13
洪武二十四年	谷城	17	3 620	213	103	万历《襄阳府志》卷12、卷13
洪武二十四年	麻城县	130	15 809	122	12	光绪《麻城县志》卷3、卷10
洪武二十四年	衡山县	32	4 614	144	34	弘治《衡山县志》卷1、卷2
洪武二十四年	安仁县	28	6 573	235	125	同治《安仁县志》卷5
洪武二十四年	耒阳县	28	5 288	189	79	道光《耒阳县志》卷2
洪武二十五年	慈利县	58	8 103	140	30	万历《慈利县志》卷1、卷2

在里甲中设置"木铎老人"是朱元璋实施救助与教化相结合的基层社会理念的又一制度性创举。其设置方案为：

> 每乡每里各置木铎一个，于本里内选年老残疾不能生理之人或瞽目者，令小儿牵引，持铎循行本里，如本里内无此等之人，于别里内选取，俱令直言叫唤，使众闻知，劝其为善，毋犯刑宪，其词曰：孝顺父母，尊敬长上，和睦乡里，教训子孙，各安生理，毋作非为。如此者每月六次，其持铎之人秋成之时本乡本里随其多寡资助粮食，如乡村人民住居四散窎远，每一甲内置木铎一个，易为传晓。①

----

① 明·章潢：《图书编》卷92《教民榜文》。

这一措施显然深受古代礼书的影响，《礼记》中有"瘖、聋、跛、躃、断者、侏儒百工各以其器食之"的说法①，《荀子·王制》亦称"五疾，上收而养之，材而事之"。朱元璋模仿了古礼中对废疾者"量能授事"的做法，却把供养责任转嫁到里甲基层组织。从现存方志记载看，明初木铎老人制度在两湖地区得到了一定程度的推广：嘉靖《罗田县志》：每里"木铎老人二名，月给粮各四斗，死则给以衣棺"②；隆庆《永州府志》将木铎老人的起源追溯至《尚书》"每岁孟夏，遒人以木铎，徇于路"的古制，并称"我太祖混一之初，亲制谕俗六言……令耆民执铎于朔望及每日五鼓，朗诵街巷，使斯民夜气清明之际，忽闻此语，泠然省惕"③；康熙《潜江县志》："明初每里设一乡约所，讲读六谕。仍设木铎一人，家谕户晓，即周礼六乡之法也"④；弘治《茶陵州志》亦言"立木铎以警众"⑤；隆庆《岳州府志》在述及明中叶编制保甲时，称"仍择一人振扬木铎，警戒各众，讥察善恶焉"⑥，《黄州府志》也称该府在明中后期曾推行"崇教化，以木铎徇路"的做法⑦，表明明前期木铎老人的"讥察善恶"作用给这些地区的人们留下了深刻印象。

二、明中后期里甲制的破坏与基层社会保障的重建

明初的基层社会制度设计带有一定的理想化色彩，它借助高度的中央权威得以推行。中外学者均注意到⑧：约自宣德以后，随着中央威权的减弱及土地兼并、赋役不均及人民逃亡脱籍等现象的日益严重，里甲制度渐趋破坏和瓦解，里甲的综合功能也濒于废弛。原本极具"荣誉感"的里长、老人等职位也沦为人人畏而远之的职役。顾炎武在《日知录》中所指出的"小事不由里老则赴上司"，粮长"包揽词讼，把持官府……唯老人则名存而实亡矣"等状况成为一种普遍性的现象，两湖地区也不例外，一些地方"今田已属他人，

①《礼记注疏》卷13《王制》。
② 嘉靖《罗田县志》卷2《食货志》。
③ 隆庆《永州府志》卷8《创设志上》。
④ 康熙《潜江县志》卷4《建置志·官宇》。
⑤ 弘治《茶陵州志》卷5《乡约遗规》。
⑥ 隆庆《岳州府志》卷6《军政考·保甲》。
⑦ 雍正《湖广通志》卷43《名宦志》引《黄州府志》。
⑧ 参见韦庆远：《明代黄册制度》，中华书局1961年版；衔微：《明代的里甲制度》，《历史教学》1963年第4期；唐文基：《明代赋役制度史》，中国社会科学出版社1991年版；栾成显：《明代黄册研究》，中国社会科学出版社1998年版；松本善海：《中国村落制度史研究》，岩波书店1977年版；清水盛光：《中国乡村社会论》，岩波书店1951年版；山根幸夫：《中国史研究入门》，田人隆等译，社会科学文献出版社1994年版。

户亦何独存？……户已亡而里不能独支”①；一些地方“粮累一重，……或通甲全徙，否或半逃”②；一些地方“户口攒造，巨奸蟠穴于其中”，“并图则紊乱而无序，催粮则辽远而难征”③。里长、老人等基层公职人员亦是“近则充之者与用之者殆非初设意矣”④。

随着里甲组织的瓦解和里甲职能的废弛，明中叶以后，社会分化加剧，争讼、为奸、以强凌弱，以众暴寡、孤贫失养等现象又重新充斥着乡村里社之中，更有甚者，一些地方盗匪横行，危害一方。面对日益严重的社会问题，在“人心不古”哀叹声中，明初理想化的基层社会制度常常唤起人们的美好回忆，一些有识的官吏和基层士绅试图重新整饬乡村秩序，他们所借以重新重合基层秩序的设想依然是明初的乡治理念。即重振精神凝聚力，恢复乡村精神领袖，在精神领袖的统率下，形成精神与物质、教化与控制、救助与秩序相结合的乡村社会共同体。正如学者们所注意到的那样⑤，以乡约为中心的保甲、社仓等制度设计成为明代中后期基层社会保障和控制的主要内容。这些制度设计直接仿效宋代吕大临兄弟在陕西蓝田推行的“吕氏乡约”及朱熹于建宁府崇安乡推行的社仓、保甲法，并在不同时期及不同地区形成了几个在全国极具影响力的“乡约模式”，如“泰泉乡礼”、“南赣乡约”、“徽州宗族性乡约”、“吕绅乡甲约”等，透过这些典型模式的分析，我们很容易发现与明初基层制度设计理念相一致的注重社会保障及社会控制与保障相结合的精神：

泰泉乡礼：

黄佐的《泰泉乡礼》首举乡礼纲领，次列乡约、乡校、社仓、乡社、保甲五事，“皆深寓端本厚俗之意”，“要在于敬身明伦，讲信修睦。主乡约以励规劝，而谨乡校、设社仓则豫教兴养，秩里社、联保甲则重祀与戎，身心既淑，礼乐备举，凡以约其情而治之，使乡之人习而行焉，善俗其有几乎?”⑥在这样的总体设想下，社会救助与保障的责任被反复申述："乡礼"主张"立教以家达乡"，强调"毋以下犯上，毋以强凌弱，毋以富欺贫，毋以小忿而害大义，毋以新怨而伤旧恩。善相劝勉，恶相规戒，患难相恤，婚丧相助，出入

---

① 隆庆《岳州府志》卷11《食货志》。

② 嘉庆《浏阳县志》卷36《艺文》。

③ 万历《慈利县志》卷2《建置·图里》、卷8《田赋》。

④ 嘉靖《蕲水县志》卷1《里甲》。

⑤ 参见曹国庆：《明代乡约发展的阶段性考察——明代乡约研究之一》，《江西社会科学》1993年第8期、《明代乡约推行的特点》，《中国文化研究》1997年（春之卷）；陈柯云：《略论明清徽州的乡约》，《中国史研究》1990年第4期；张哲郎：《乡遂遗规——村社的结构》，载《吾土与吾民》，三联书店1992年版；段自成：《明清乡约的司法职能及产生原因》，《史学集刊》1999年第2期等。

⑥ 明·黄佐：《泰泉乡礼》卷首《泰泉乡礼原序》。

相友，疾病相扶持"①；"乡约"强调对"水火"、"盗贼"、"疾病"、"死丧"、"孤弱"等事的"患难相恤"②；"社仓"则利用"公借"、"义劝"、"罚入"等积累以"恤贫穷"，"社内年长不能婚，贫死不能葬，疾病不能医，及水火盗贼患难等项，俱量为救恤，而不责偿直，……社内鳏寡孤独与残疾无依者谓之穷民，尤宜怜恤"③；"保甲"亦有"恤困穷"的职责："保内如有残废病弱及贫薄无倚之人，各责令亲党收养，毋令失所，如无亲党，许编入有财力之家壮丁内夹带，如一牌夫下有四丁强壮者，即夹带残弱一人于内，凡守望备警，仍量存之"④。

南赣乡约：

《南赣乡约》为心学大师王阳明亲手起草，乡约立意直指人们"心中之贼"，王阳明认为："民俗之善恶，岂不由于积习使然哉"，南赣等地盗匪流行，系由于"我有司"及"尔父老子弟"等"训诲戒饬于家庭者不早，熏陶渐染于里闬者无素，诱掖奖劝之不行，连属叶和之无具"，致使风习"日流于恶"，直至"弃其宗族，畔其乡里，四出为暴"。推行乡约的目的就是要使这些不良的"积习"及时刹车："往者不可及，来者犹可追。故今特为乡约，以协和尔民，自今尔同约之民，皆宜孝尔父母，敬尔兄长，教训尔子孙，和顺尔乡里，死丧相助，患难相恤，善相劝勉，恶相告戒，息讼罢争，讲信修睦，务为良善之民，共成仁厚之俗"。还特别规定："通约之人，凡有危疑难处之事，皆须约长会同约之人与之裁处区划，必当于理、济于事而后已"，"本地大户，异境客商放债收息，合依常例，毋得磊算，或有贫难不能偿者，亦宜以理量宽"⑤。

吕绅乡甲约：

吕绅在《乡甲约谕》中追述了举办乡甲约的源起："自教衰民散之后，惟乡约、保甲最良，虽化民成俗之意示及昔人，而轨众齐物之方实仍前代……本院捧读高皇帝《教民榜文》及近日应行事例，谓乡约之所约者此民，保甲之所保者亦此民"，指出乡甲约的特点即"寓教养于乡约、保甲之中"、"但劝善惩恶、法本相同，而乡约、保甲原非两事"⑥。为此，吕绅特"置一本《纪善簿》放在乡之中"，其善行条件与赈贫助弱等救济事宜紧密相关，如"救人贫苦、助人婚丧可值银二、三两为大善，一两以上为中善，五钱以下为小善"，

---

① 明·黄佐：《泰泉乡礼》卷1《立教以家达乡》。

② 明·黄佐：《泰泉乡礼》卷2《患难相恤》。

③ 明·黄佐：《泰泉乡礼》卷4《社仓》。

④ 明·黄佐：《泰泉乡礼》卷6《保甲》。

⑤ 《王文成全书》卷17《别集·公移二·南赣乡约》。

⑥ 明·吕绅：《实政录》卷5《乡甲约谕》。

"九族之亲，贫老无依能收养或给衣食全活终身者，准二大善"等，并设置相应的《纪恶簿》，对有违善行的"恶行"，分别给予处罚①。同时，尚储备一定的积谷，"以备本约束修及孤老残疾赈济"等用②。

徽州宗族性乡约：

明代徽州地区乡约的一大特点就是宗族组织与乡约相结而形成的建立在地缘和血缘纽带上的宗族性乡约组织③。不过，从徽州乡约的起源来看，官方的大力宣传和倡导起了很大的作用，特别是应天巡抚陈凤梧行文南直等地倡办乡约里社，得到了徽州祁门等县的率先响应，从嘉靖五年（1526年）祁门县《为申明乡约、以敦风化事碑》的内容来看，徽州乡约的纷纷建立主要体现为对"洪武礼制"的恢复和重建："仰本县遵照《洪武礼制》每里建里社坛场一场……嘉靖五年二月起，每遇春秋二社，出办猪羊祭品，依贰书定祭文，率领一里人户致祭五土五谷神……祭毕会饮，并读《抑强扶弱之词》"，"乡社既定，后立社学"，又"建社仓以备四荒"，所谓"古人教养之良法美意率于此乎寓焉"④！徽州乡约在推行的过程中与该区绝大多数乡村皆聚族而居的实际情况相结合，形成了血缘色彩浓厚的宗族性乡约，乡约、保甲、里社、社仓等外生制度与宗族的家法族规、族里义庄等内生制度结合起来，共同成为上述教化、救助和控制理念的承载体。如最为著名的祁门文堂陈氏乡约即将乡约与家法相融合，编成《文堂乡约家法》，以宣讲明太祖的"圣谕六条"为己任，"乡约大意，惟以劝善习礼为重"⑤。

总之，明中后期各地整合基层秩序具体措施和办法各异，但保障与控制相结合的精神却与明初一脉相承，而且以乡约为统率的保甲、社仓制度成为人们崇尚的制度形态。故此，明人章潢特作《保甲乡约社仓社学总序》，对明中后期保甲、乡约、社仓、社学"四合一"的理想的乡治模式进行了总结性的论述："况是举也，礼法兼资，教养具备，使盗息民安，政平讼简，风移俗易"；"四者之法实相须也，使以此行之一乡，则一乡之风俗同，道德一，诵之声遍于族党，礼让之化达于闾阎，民日迁善，违罪而不自知，而古道其再见于今矣"⑥！

---

① 明·吕绅：《实政录》卷5《乡甲约善簿式》、《乡甲约恶薄式》。

② 明·吕绅：《实政录》卷5《乡甲事宜·会规》。

③ 参见陈柯云：《略论明清徽州的乡约》，《中国史研究》1990年第4期。

④ 徽州府祁门县《为申明乡约、以敦风化事碑》，转自卞利：《明清时期徽州的乡约简论》，《安徽大学学报》2002年第11期。

⑤ 隆庆《文堂乡约家法》，转自卞利：《明清时期徽州的乡约简论》，《安徽大学学报》2002年第11期。

⑥ 明·章潢：《图书编》卷92《保甲乡约社仓社学总序》。

　　两湖地区虽然没有形成在全国有影响的典型乡约模式，但却是受上述乡约模式影响较早的地区。早在正统初年，时任河南布政司右参政的孙原贞，"稽诸逃民籍凡二十余万户，悉转徙南阳，唐邓、襄樊间，群聚谋生"，为防止他们群聚为盗，孙原贞曾建议朝廷及地方有司将这些流民"籍为编户，给田业，课农桑，立社学、乡约、义仓，使敦本务业"①。由于孙原贞的建议未被采纳，果然发生了"刘千斤之乱"，动乱被镇压后，明廷对这一地区的治理基本是按孙原贞的思路进行的。

　　弘治年间，湖北黄州等府的州县多有兴建或改建"乡约堂"的记载，如黄州府城"乡约堂，在府城南高庙旧址，弘治己未改建，每月朔举行《吕氏乡约》"；黄陂县"乡约堂，在鲁台山西百余步，弘治己未立"。② 这些记载表明，"弘治己未"左右，乡约活动在这些地区一度被官方倡行。

　　正德时王阳明所推行的"十家牌法"及乡约法实际上也包括湖南的部分地区。正德十一年（1516年），王守仁是作为"都察院左佥都御史"和江西、湖南、福建、广东四省交边地区的巡抚的身份到达该区的，来后就立即将奉旨巡抚该区的诏书转发四省的地方官员："节该钦奉敕谕，江西、福建、广东、湖广各布政司地方交界去处，累有盗贼生发，因地连各境，事统属，特命尔前去巡抚江西南安、赣州、福建汀州、漳州、广东南雄、韶州、惠州、潮州各府及湖广郴州地方，安抚军民，修理城池，禁革奸弊……钦此"③，并特别要求"各该官吏，俱要守法奉公，长廉远耻，祛患卫民，竭诚报国，毋以各省而分彼此，务须协力以济艰难"④。此后，又陆续颁发了《十家牌法告谕各府父老子弟》、《案行各分巡道督编十家牌》、《南赣乡约》等"公移"⑤，直接推动保甲、乡约诸法在以南安、赣州为中心的四省交边区域广泛开展。

　　明世宗嘉靖以后，由于礼部正式檄文全国，推行乡约，乡约遂在两湖城乡地区逐渐展开：黄冈县，县城乡约所有二，一在团风镇，一在阳逻镇，其余十二甲皆有乡约组织，"有约长、约副、约史，择高年有行者给帖以朔望日教民圣谕六言"⑥；湖北德安府同知王国治"每朔望集士民宣说六条，间有不率者，必再三详论，俾令洗心易辙"⑦；湖南永明县知县黄宪卿"万历末年任，建濂

---

① 《明史》卷 172《列传六十·孙原贞》。
② 弘治《黄州府志》卷 4《亭台》。
③ 《王文成全书》卷 16《别集·公移·巡抚南赣饮奉敕谕通行各属》。
④ 《王文成全书》卷 16《别集·公移·巡抚南赣饮奉敕谕通行各属》。
⑤ 《王文成全书》卷 16《十家牌法告谕各府父老子弟》、《案行各分巡道督编十家牌》；卷 17《别集·公移二·南赣乡约》。
⑥ 万历《黄冈县志》卷 2《建置志·乡保》。
⑦ 康熙《德安安陆郡县志》卷 11《循良传》。

溪祠，选集诸俊髦肄业其中，每朔望行乡约法，聚父老子弟，讲圣谕六条于祠，又置田以供春秋祀事，后行取南台御史"①；湖南《安乡县志》亦称，"明乡约在村者十一"②。

民众自发的乡约形式为数不少，并呈现出多样化的趋势。据同治《益阳县志》记载，明代邑人贺风梧"尝读蓝田吕氏、紫阳朱氏乡约，则叹古之人视天下不殊其家，而所以一道德、同风俗者"。因当时益阳崇奢之风盛行，他邀约同人组织了"还朴会"，又"犹以兹约止于宾宴，不足以悉约吾乡不朴之事"，遂求助于里中"诸贤"举办规模更大的乡约，他在倡议书中说"风俗溃坏之余，类非有贤豪长者，不可得而易也……则乡先生者，尤乡之人所服习而转移风俗之机也……吾党之不朴岂独在樽俎间哉！"他的倡议得到了里中耆老的响应，于是"诸先生倡之于上，诸同志少年翼之于下"，"卜十月十又九日议兹全约……群贤毕集，少长咸聚，凡八十有八人"，将"所当约者，悉条其目，笔之于书"，所谓"约遵王制者，维分也；约崇正学者，辨志也；约冠婚丧祭之仪者，厚伦也；约服饰供具之资者，节性也。以至生理之勤，争讼之息，所以警偷懒而防邪慝也"，一时人人向风慕义，风气为之一新③。诸如此类的乡约形式，其他地区也有所记载，如万历时湖北黄陂县民黎自化："乐与人善，朔望集里中人讲解圣谕，期于共晓"④；嘉靖时浏阳县民余自修因"治家修谨，月吉坐堂上，子弟雁行，立揖让，进退无失礼"，被知县苏志皋"举为里约长"⑤。

从现存记载可知，明代两湖社仓和义仓建设也有一定成效，湖北通城县明代社仓建在五都郭城寺下，其遗址到民国时期尚存⑥，黄陂县"明时城楼仓存5 000石，后入四乡义仓，加以续捐新旧共8 000石"⑦。湖南建仓活动更为活跃，如澧州义仓乃"稽□古义仓之制，绘图成册"而后建成⑧；桂阳州所建之"戴录社仓"乃"仿文公崇安建阳之制"而行⑨；岳州府"仿文公崇安建阳之制"制订《社仓规约》，使"相睭任恤之政亦复见于今日"，并希图有志者

①　道光《永明县志》卷5《秩官志》。
②　康熙《安乡县志》卷3《赋役志·乡约》。
③　同治《益阳县志》卷2《舆地志·风俗》。
④　康熙《黄陂县志》卷11《人物志·笃行》。
⑤　同治《浏阳县志》卷18《人物》。
⑥　民国《湖北通志》卷48《经政志·仓储》。
⑦　民国《湖北通志》卷48《经政志·仓储》。
⑧　明·廓然子：《义仓记》，弘治《岳州府志》卷7《澧州·纪述志》；又见嘉靖《湖广图经志书》卷7《岳州府》。
⑨　嘉靖《衡州府志》卷4《惠政》。

"相与勉而行之"①；万历二十（1592 年）至二十二年（1594 年）湖南醴陵县曾倡捐社谷，"已而成立义仓一百九所"②。这些有成效的积谷活动在基层社会保障中取得了应有的效果。如弘治元年（1488 年），湖南岳州一带大旱，但境内各州县社会秩序比较稳定，这与成化时的官府倡导义仓等仓储积累是分不开的：华容县因成化中知县梁泽"创廒积粟六万余斛，弘治元年大旱，合境之民赖以全活"；澧州则有桐城进士俞荩"成化间以御史出判澧州……建立义仓田，储谷备赈"，使士民有所依赖；安乡县成化时知县季恒亦十分重视仓政并提倡民间积累，"重修范公祠堂，复祭田……弘治元年（1488 年）大旱，恒救荒有方，民多全活"③。

不过，就两湖大部分地区而言，在明代，多数地区没有形成乡约、社仓、保甲、社学"四合一"的完整的理想乡约形态，而只是以其中一两项制度设置为主体发挥社会保障与社会控制功能。

三、清前期两湖基层组织与社会保障

在经历了剧烈的社会动荡和礼制危机之后，清统治者在凭借武力统一全国的同时，又借助儒家礼教作为思想武器来重建统治秩序。考察清前期的乡里制度，仍然是在努力恢复明初的乡村治理理念，力图形成教化、保障与控制相结合的基层社会秩序。史载，顺治帝不仅"好汉语、慕华制"，而且还采纳群臣的建议，吸取朱元璋的"六谕"，颁布了"圣谕六条"，还亲撰《孝经衍义》一书，使读者"观感效法"④。但是，从明初到清初毕竟经历了二百多年的社会变迁，一切恢复明初之旧是不可能的，因此，清初基层制度的安排实际上糅合了明初与明中后期基层制度的特点，颁布圣谕与推行乡约、恢复里甲与重建保甲在清初呈现并行状态。从顺治年间起的整个清前期，清廷以举行约讲、宣讲圣训、举办社学，行乡饮酒礼等为内容的乡村教化事宜始终没有松懈⑤，保甲制和里甲制的重建也于顺治年间同时提上日程，顺治元年（1644 年）"即议力行保甲"⑥，顺治五年（1648 年）即规定里甲"三年编一次"⑦，保甲制的初衷为维护社会安定，里甲制的恢复意在整顿赋役，两种制度建设在清初是同

①　万镇《社仓规约序》，嘉靖《湖广图经志书》卷 7《岳州府》。
②　民国《醴陵县志》，《食货志·仓储》。
③　隆庆《岳州府治》卷 13《宦迹列传》。
④　《清世祖圣训》卷 1《圣孝》。
⑤　参见张瑞泉：《略论清代的乡村教化》，《史学集刊》1994 年第 3 期。
⑥　《清朝文献通考》卷 22《职役二》。
⑦　《清朝文献通考》卷 19《户口一》。

步进行的，从某种意义上讲，保甲制的建立为里甲制的恢复创造了有秩序的稳定的外部环境。在动荡的危局中，保甲制的推行显得尤为迫切，顺治元年（1644年）、二年（1645年）、六年（1649年）清廷连续颁发编制"保甲"、"总甲"及相关的"连坐"、"弥盗"等命令①，里甲的编审工作也随着社会秩序的安定而渐次展开。大体而言，顺治十四年（1657年）《赋役全书》的颁发，以及围绕着它的贯彻而进行的户丁、田户的清查活动标志着清代里甲制度已基本恢复，并成为清王朝征收赋役的地方基层组织②。

　　清代农村基层组织的恢复和重建过程体现了清初与明初基层制度的不同特点。明初的里甲制是综合性的地方基层制度，它由单一的里甲组织承担教化、保障和控制等综合功能，里老、里社等辅助性制度都包含在里甲制度之中。清初的基层制度则是由乡约、里甲、保甲等组织结合在一起共同承担维持乡村秩序和保障人民生活的功能。清代恢复里甲制度，期望像明初那样达到"赋办而役举"的效果，但却没有找到有效的措施来根除明中叶以来里甲制的积弊③，自康熙中叶以后，面对越来越严重的问题，清廷不得不推行了"滋生人丁、永不加赋"、"摊丁入地"、"顺庄编里"④ 等改革措施，最终于"乾隆五年（1740年），遂并停编审，以保甲丁额造报"⑤。户口编审的停止意味着清代里甲制已名存实亡，里甲的主要职能也转由保甲承担，保甲遂成为清代基层社会的主要制度安排，乡约和保甲相结合，充当清代基层社会人民生活和社会秩序的支撑和保障者。

　　清前期两湖基层组织经历了与全国相一致的演变轨迹。早在顺治三年（1646年）湖北江夏等地即有归并里甲之举，谷城、枣阳等县也有在顺治年间改编里甲的记载，同时，襄阳、宜城、光化、均州等地还针对明代王府庄田进行大规模的"更名里"的编制活动⑥。湖南的情况也大致相似：如顺治十一年（1654年），宁乡县"邑令王若视将明17都改并为10都"⑦；桂阳直隶州，雍

① 《清世祖实录》卷14，顺治二年二月卯；卷43，顺治六年四月壬子。

② 如顺治十一年（1654年）户部奏言："人丁地土，乃财赋根本，故明旧制，各直省人丁，或三年或五年查明造册，谓之编审……今议自顺治十二年为始，各省责成布政司，直隶责成各道，凡故绝者开除，壮丁脱漏及幼丁长成者增补，其新旧流民俱编入册"；顺治十二年（1655年）又"责令州县官查照旧册，著落里甲，逐一清厘"等都是清代恢复里甲制度的重要步骤。参见《清世祖实录》卷87，顺治十一年十一月甲寅；卷88，顺治十二年正月壬子诸篇。

③ 康熙年间，清廷曾推行"均田均役"、"滚单征收"等运动，虽取得一定效果，但未能从根本上解决问题。参见《清朝文献通考》卷22《职役二》。

④ 《清朝文献通考》卷3《赋役三》。

⑤ 清·王庆云：《石渠余纪》卷3《纪停编审》。

⑥ 参见张建民：《湖北通史·明清卷》，华中师范大学出版社1998年版，第145页。

⑦ 嘉庆《宁乡县志》卷2《地理》。

正六年（1728 年）"新增客民一里，曰州末里"①，这些记载表明，清初里甲的重建工作确在切实进行。不过此时的里甲已丧失了明代里甲的综合功能，而只承担单一的征税职能，甚至沦为赋役征收的记账单位。保甲和乡约的组合成为对基层秩序和民生有着决定意义的基层组织形式，也是清前期两湖地区乡村保障与控制的重要实践形态。清初名臣于成龙在镇守武昌、黄州等地时颇有政声，其秘诀之一就是综合运用乡约、保甲二法。以他在黄州府的事迹为例，于成龙初到黄州时，黄州乡约、保甲之法积弊重重，无法正常运转："年高有德鄙为奴隶，殷实富家视为畏途，或情或贿，百计营脱，而寡廉丧耻之穷棍兜揽充役。"鉴于此，于成龙首先向人们阐明朝廷充立乡约、保甲的本意："朝廷设立乡约，慎选年高有德给以冠带，待以礼貌，每乡置乡约所亭屋朔望讲解上谕十六条，劝人为善去恶，甚盛典也。后世查奸缉暴，出入守望，保甲之法更多依赖焉。"接着他发布了"仰体德意，痛革前非"的示谕，规定"自示之后，有司随查明乡分，于适中之地立乡约所亭屋，选年高有德者择吉迎送，给以衣顶，行二跪一揖礼，在乡约所任事，朔望谕乡民听讲十六条"，并规定了乡约所开展活动的"十不准"。在此基础上，于成龙对乡约和保甲进行了明确的分工："凡人命盗案，勾摄人犯，惟保甲、保长地方是问。惟尔乡约，无事则劝化愚民，有事则密禀，自封用图记牢钉，星夜飞递，一年更换。地方平靖，讼狱不兴者，年终给以称职字匾。地方多盗，讼狱繁兴者，年终书不称职，用木刻条钉于门首。或敛钱扰害，不公不法者，访实即时惩革，于县前悬大木牌书贪恶乡约姓名于上以示劝惩。"②　在整顿乡约的同时，又编查"保甲册籍，委用堡长、垣主，分派户首、烟甲，严取邻居互结，责以守保禁夜。总期地方盗息民安，向化乐业"③。这些得力措施的推行，基本达到了"端风化、靖地方"的目的。于成龙在任期间，恰逢黄州府遭遇大旱，他得以依托这些基层组织从容应对。除"随借银两买备谷石，俟隆冬给发"外，他"出示劝谕乡保、户首设法赈救"，具体办法为：

　　　　饥民咸有户族，仰户长稽查，合族化米赡养。如无户族，责在甲长，稽查报知。乡保与练长会议，计区内饥民之多寡，合一区烟民布施搭救。上户节省酒肉，中户减少饮食，集日用口腹之余沥，救户族邻佑之死亡……或饥民繁多，竭区内之施化力不能给，即据实报明公议，设法官助。如区内户长、甲长坐视饥饿不报知族尊、乡保、练长，以致饥民饿死

---

① 同治《桂阳直隶州志》卷 1《疆域志》。
② 《于清端公（成龙）政书》卷 2《黄州书·慎选乡约谕》。
③ 《于清端公（成龙）政书》卷 2《黄州书·申饬保甲谕》。

者，户长、甲长照见死不救科罪。乡保、练长力不能继，忍心不报官者，各倍罚赈。此以族中之布施养族中之饥众，区内之布施，救区内之饥众，易为照管，法似省便，且以官赈备其不足，或可野无饿莩，和气召祥……①

　　于成龙的做法在两湖地区产生了一定的影响，黄冈县的保甲、乡约法在雍正年间仍较完备，该县"国朝编保甲法，县分厢乡九十九区，区一保正以察非常，雍正间各乡俱设乡约，谕民朔望，又有木铎老人巡宣圣谕"②。其他地区奉行保甲与乡约相结合的做法也常见于记载，如兴山县，"赌博责之耆老、约正纠察禁止。……盗贼责之保正、汛兵、严密访挐"③。黄陂县令杨延蕴认为"乡约、保甲虽属二事，乃乡约之所约者此民，保甲之所保者亦此民……教无殊旨，治者同归"，他主张将两者"举而一之"：

　　　　今议将乡约、保甲合为综理，凡一邑居民，毋论在城在乡，以百家为率，孤庄村落以一里为率，各立约正、约副二人以统一约之人，外设约讲一人、约史一人，以办一约之事。十家中推一人为甲长，每一家又以前后左右所居者为四邻。一人有过，四邻劝化。不从则告于甲长，转告于约正。一人有善，四邻查访的实，则告于甲长，转告于约正。其轻事、小事许本约处，以息讼端。大善大恶仍令季终开报以凭奖戒。如恶有显迹，或于开讲日，或于开讲前据实报明。如四邻知而不报者，甲长举之，罪坐四邻，四邻举之而甲长不报者，罪坐甲长。甲长举之而约正副不书，别经发觉，罪坐约正副。如此严行，则一人犯罪，九十九家之责也。合九十九家耳目环视一人，则妖术奸民何所容其身，外贼内窝何所遁其迹哉！④

　　关于清前期两湖地区里、保甲编制情况，两湖地方志记载较详，有论者在相关论述中已就编制的具体问题作了说明⑤，张建民教授还将湖北的情况整理为表格，并就具有两湖地方特色的"渔保甲"、"军保甲"等问题进行了论述⑥，对此，本书不再重复论述，仅就清前期两湖乡约推行的情况略举几例。
　　康熙《潜江县志》所载该县设立乡约所，举办乡约的过程在一定程度上代表了湖北省清初乡约推行的情况，该志称：

---

①　《于清端公（成龙）政书》卷2《黄州书·劝赈谕贴》。
②　光绪《黄冈县志》卷3《建置志》。
③　清·窦欲峻：《兴山教养说》，同治《宜昌府志》卷14《艺文志》。
④　清·杨延蕴：《乡约保甲合一议》，康熙《黄陂县志》卷14《艺文志》。
⑤　参见［美］何柄棣：《明初以降人口及相关问题：1368～1953》，三联书店2000年版；曹树基：《中国人口史·清时期》，复旦大学出版社2001年版。
⑥　张建民：《湖北通史·明清卷》，华中师范大学出版社1998年版等。

乡约所，在妙庭观内。旧无定处，因寺观祠宇为之。乃即妙庭观前署
小木坊为会讲之地。（按明初每里设一乡约所，讲读六谕，仍设木铎一
人，家喻户晓，即《周礼》六乡之法也）。本朝化民成俗之道远轶往代，
颁《圣谕十六条》至详且尽，其课吏之法，尤以讲谕教民为实政先务。
潜俗日趋于浇，蚩蚩之氓，悍然好行其非，雁刑辟而罔所顾忌。自刘侯焕
来，每月朔望集僚属绅衿庶民会讲。潜邑风尚顿异矣。更议于境内各村
镇，廉举老绅宿儒或公正耆老授以刊行《圣谕》善本，随地设一约所。
于月之朔望率众习仪，讲解数条疏引，痛切发明律例以动其天良，而生其
畏敬，率以为常，何民行之不兴，而风化之不登于郅隆哉！①

修志者对乡约的作用难免有夸大之处，但从中可以看出，清代乡约是地方
官所倚重的教化和为治手段，潜江县的乡约经历了从县到乡村的推进过程，县
令刘焕和"耆老"、"宿儒"等在举办乡约中发挥了骨干作用。

清前期，乡约已经成为湖北边缘山区"化民"的重要措施。在川鄂陕交
界的秦巴山区，康熙年间川陕总督鄂海曾饬令各州县选择"绅士耆民为乡长、
约正，宣讲圣谕。城中朔望、山内场集均为演讲"②。乾隆末、嘉庆初曾任郧
阳知府、分守安襄郧荆兵备道道员等职的王方山有感于竹山、竹溪等地"岁
时宴会，竞尚丰靡"的风气，在当时大力推行旨在移风易俗的"五篷约"③。
乾隆《刑科题本》记载了"湖北襄阳县杜士俊购置军地及民田一百余亩引起
争产"的案例，讲到乾隆三十二年（1767 年）襄阳县民杜士俊的三个儿子为
地产发生争执，杜士俊劝说无效，就叫大儿子去投乡约理论④，表明乾隆年间
在襄阳地区的民间调解中乡约发挥着基础性的作用。乾隆时荆门州守舒成龙在
荆门直隶州推行乡约，他在设立约长时"详允给以顶带，分布四乡，命之以
'与父言慈，与子言孝，与兄弟言友恭，与农工商贾各言其艺业之勤'"⑤。

湖南省乡约也得到较广的推行，永顺府的情况可作为清前期湖南省推行乡
约的代表。据乾隆《永顺府志》，乾隆二十五年（1760 年）湖南巡抚冯钤橉
饬全省举行讲约之典，永顺知府张天如"通饬四县于城乡市镇人烟聚集处设
讲约所，选择约正按期讲约"。据各县册报，乡约所已经覆盖了永顺府属各县
基层的坝、寨、坪、保，张知府要求各属官员"每逢朔望或因公下乡诣约所

---

① 康熙《潜江县志》卷4《建置志·官宇》。
② 清·严如煜：《三省边防备览》卷10《策略》。
③ 嘉庆《竹山县志》卷1《地理志·风俗》、同治《竹溪县志》卷14《风俗》。
④ 中国第一历史档案馆、中国社会科学院历史研究所合编：《清代土地占有关系与佃农抗租斗
　　争》下，中华书局1988年版，第510～512页。
⑤ 嘉庆《荆门直隶州志》卷36《文苑》。

敬宣"。兹将这些讲约所的分布情况详列如下：

永顺县册报二十处：

> 本城、外白砂、守车、下榔溪、勺哈、内塔卧、内龙爪、旧司城、内
> 颗砂、上榔保、罗衣保、外颗砂、外塔卧、外龙爪、内白砂、冲上保、施
> 溶溪、王家保、李家坪、田家保

保靖县册报六处

> 北乡龙楼、西乡里耶、正南乡他普、东南乡葫芦寨、西南乡甘溪、西
> 乡巴茅寨

龙山县册报二十五处

> 本城、麂皮坝、江西寨、下梭老寨、新寨、下母池、姚匠坪、茅坪中
> 寨、池塘坝、老寨、沟堂湖、岩冲、凉亭、农车、孟比老寨、麦子坪、欧
> 西、汝池、茨岩坪、洗车溪、上董铺、革车寨、桂堂坝、他砂坝、朱家寨

桑植县册报十二处

> 本城、周家峪、水獭铺、南岔、沾化里、在城里、太平里、归德里、
> 阮家坪、走马坪、崇安里、海龙坪①

嘉庆时朝廷对乡约重视有加，反复提醒地方官员发挥乡约的作用。嘉庆四
年（1799年）谕："各省地方有司每逢朔望有传集民人宣讲圣谕广训之事……
地方大小官员有教育斯民之责，岂可视为迂阔，置之不讲，嗣后不但朔望宣
读……即公堂听狱、赴乡劝农时皆可随时诲导启发。"嘉庆九年（1804年）钦
定《礼部则例》，规定"凡直省府州县乡村巨堡及番寨土司地方，设立讲约处
所，择老成者一人以为约正，再择朴实谨守者三四人以为值月，每月朔望齐集
者老人等宣读《圣谕广训》及钦定律条……如地方官奉行不力者，督抚查
参"②。从地方志的记载看，这些谕令在一定程度上推动了两湖乡约的整顿和
建设。如嘉道年间，湖南宝庆府属武冈州每里设乡约所一处，共有乡约所三十

---

① 同治增刻乾隆《永顺府志》卷10《风俗》。
② 同治《长沙县志》卷12《典礼》。

二处。① 一些地方官员从理论上阐述乡约的意义，如桂阳县官员认为"乡约者，欲民之为善于乡而约之礼法之中，使不自弃于一王之治者也"②。一些地方非常注重发挥乡约在慈善、救助事业中的作用，如道光时湖南永州总兵鲍友智与零陵士绅一起倡办保婴会，对无力育婴之家要求"乡约以告司事，司事以告蠲资之家"，从而达到"官司相劝惩，乡里相矜恤，而赤子之得全者，众也"的效果③。很多地方提出了举办乡约的具体要求，如长沙县将嘉庆年间的谕旨全文录入《长沙县志》，并附有详细的"讲约仪注"④。宁乡县讲约所设有约正、约副、约赞、约讲、司鼓等职，并规定"约讲必须晓畅文义，声音嘹亮"。⑤

在乡约、保甲等基层组织得以推广的同时，清前期的社仓建设和里社积谷也得到了空前的发展，这种态势与里甲组织废弛的命运形成鲜明的对比，社仓与乡约、保甲的结合，在一定程度上弥补了里甲助弱、保障等功能丧失的缺憾，在某种意义上，可视为明初基层组织的综合保障功能的再现。因此，里社积谷和社仓建设卓有成效的推行是清前期基层社会保障的特点之一。早在顺治年间，清廷即下令各州县"稽查旧积、料理新储"⑥，康熙十八年（1679年），又下令"乡村立社仓，市镇立义仓"⑦，基本用意为："义仓、社仓积谷留本村镇备赈"，"公举本乡敦重善良之人出陈入新，春月借贷，秋收偿还。每石取息一斗"⑧。雍正二年（1724年）"社仓事例"⑨ 的颁发则推动全国社仓建设高潮的到来。中外学者的研究均表明，清代社仓的大规模发展在"雍正—乾隆"年间⑩。以湖广总督杨宗仁为首的两湖地方官是朝廷社仓建设动员令的积极响应和执行者，两湖地方志追溯社仓积谷的起源时，多称"奉湖广总督杨宗仁题请劝捐"⑪。湖南地方官对推行社仓积谷尤为热心，并时常结合实际情况改革社仓管理办法，制订相应的《社仓条规》。如乾隆二十年（1755年）

---

① 道光《宝庆府志》卷98《工书下》。

② 同治《桂阳县志》卷19《艺文志》。

③ 光绪《零陵县志》卷2《建置·公厩》。

④ 同治《长沙县志》卷12《典礼》。

⑤ 嘉庆《宁乡县志》卷5《学校·典礼》。

⑥ 《皇朝政典类纂》卷151《积贮·社仓》。

⑦ 乾隆《钦定大清会典则例》卷40《户部·积贮》。

⑧ 《皇朝文献通考》卷34《市籴考三》。

⑨ 光绪《大清会典事例》卷193《户部·积贮》。

⑩ 如日本学者星斌夫、法国学者魏丕信、美国学者王国斌的研究等。值得说明的是，由于一些重要成果（如魏丕信与王国斌合著的《养民：中国的国营民仓制度1650～1850》一书，据介绍对清代官仓及半私有的民仓制度"作了透彻而全新的研究"）不能亲睹或尚未译成中文，本文对这些成果的把握只能借助有关论著的介绍和述评。国内学者的研究可参阅李向军、陈春声、吴滔等人的成果。

⑪ 以较偏僻的桂阳、桂东县为例，其《仓储·社仓》条称："社仓，康熙六十一年奉湖广总督杨宗仁题请劝捐"，参见乾隆《桂阳县志》卷3，《建置·仓储》；乾隆《桂东县志》卷3，《营建·仓储》。

陈宏谋颁发了《社仓规条二十一则》，作为湖南社仓积谷的总纲领，乾隆四十八年（1783年）巡抚刘墉在其基础上又制订了新的条规，嘉庆六年（1801年）巡抚马慧裕与署长沙知府张五纬等又议订《社仓条规十一则》①，官府的指导和督促使两湖社仓出现较好的建设和运营局面。虽然其间难免存在"原报甚多，而现贮无几"的形式主义做法②，但清廷随之进行了"追赔欠谷"、"整顿仓政"的活动③，乾隆年间又对一些地区的社仓进行归并④。在这种情况下，一些地方的社仓数量仍在增加，如荆门直隶州雍正时建社仓3处，乾隆十四年（1749年）扩展为8处⑤，长沙县乾隆十年（1745年）社仓归总后有仓12座，乾隆二十二年（1757年）增至18座⑥。许多州县的社仓积谷呈稳步增长的趋势，如安乡县乾隆二十二年（1757年）社仓贮谷6 028石，乾隆四十八年（1783年）增至8 436石⑦，乾隆四十五年（1780年）善化县绅民踊跃捐输，社仓储谷由原先的6 162石增至14 164石⑧。因此，从总体上看，康、雍、乾时期两湖的社仓建设和里社积谷是卓有成效的，湖南省这种良好的态势一直延续到嘉庆朝，湖北省因受白莲教起义的影响，部分州县嘉庆初年社仓积谷受到较大损失。以下将方志所载清前期两湖各州县的社仓数量和里社积谷情况列表如下（见表3-2、表3-3）：

表 3-2　　　　　　雍正—乾隆年间湖北社仓建设和积谷情况表

州县	社仓数量（所）	积谷数量（石）	备注
江夏县	44	无考	
武昌县	36	无考	
嘉鱼县	15	清雍正十三年社仓存1 260石	
蒲圻县	44	无考	
咸宁县	19	无考	

---

① 嘉庆《湖南通志》卷41《积储》。
② 参见赵新安：《雍正朝的社仓建设》，《史学集刊》1999年第3期。
③ 《皇朝文献通考》卷35《市籴考四》。
④ 乾隆年间的社仓归并活动约始于乾隆十年，湖南方志多称："巡抚蒋溥于乾隆十年奏准"，参见乾隆《直隶郴州总志》卷13《积贮志》、嘉庆《巴陵县志》卷13《积贮》、嘉庆《祁阳县志》卷9《积贮》、嘉庆《平江县志》卷8《积贮》等。
⑤ 同治《荆门直隶州志》卷3《政典志·仓储》。
⑥ 同治《长沙县志》卷10《积贮》。
⑦ 同治《直隶澧州志》卷5《食货志·积贮》。
⑧ 嘉庆《善化县志》卷7《积贮》。

州县	社仓数量（所）	积谷数量（石）	备注
崇阳县	46	清雍正间社仓存 2 422 石	
通城县	1	雍正十二年社仓存 365 石，续捐至乾隆二十七年存 1 724 石	
兴国州	40	无考	
大冶县	82	无考	
通山县	12	无考	官仓在五都郭城寺下首，系明时社仓
汉阳县		无考	康熙间分设各坊，知县陈尧钦建
汉川县	4	乾隆间社仓存稻谷 163 石，大麦 34 石	
孝感县		无考	分设各里，其一在东岳庙前
黄陂县	22	雍正间社仓存谷 15 632 石	明时城楼仓存 5 000 石，后入四乡义仓，加以续捐新旧共 8 000 石
沔阳州	10	无考	
黄冈县	119	乾隆十三年社仓存 7 911 石	雍正二年分设坊厢，各里共 119 处，乾隆十年知县马元亮并为 30 处
蕲水县	195	雍正五年社仓存 1 162 石，乾隆五十五年核查存谷 13 842 石	
罗田县	23	乾隆二十三年社仓存 9 765 石	嘉庆间覆查存谷 15 120 石
麻城县	112	乾隆十一年社仓存 14 781 石，五十七年核查存 11 631 石	
黄安县	88	乾隆十三年社仓存 18 578 石	嘉庆六年核查存谷 23 867 石
蕲州	66	乾隆十九年社仓存 19 595 石	
广济县	37	乾隆十三年存 12 242 石	
黄梅县	36	乾隆十三年社仓存 22 853 石	
黄州卫	10	乾隆十年社仓存 530 石	
蕲州卫	76	乾隆十九年社仓 10 968 石	蕲州志
安陆县		无考	社仓分设各里。义仓 2，顺治十八年知县宋尔祁建

州县	社仓数量（所）	积谷数量（石）	备注
云梦县	35	无考	
应城县		雍正间社仓存 21 623 石	社仓分设四乡
随州	185	雍正间社仓存 20 754 石	
应山县	52	雍正间社仓存 6 122 石	
钟祥县	8	乾隆初社仓存 2 397 石	嘉庆二十二年核查存 1 432 石
京山县	44	雍正间社仓 7 946 石	
潜江县		无考	社仓分设各院
天门县	112	雍正间社仓存 6 256 石	
襄阳县	45	乾隆二十三年社仓存 6 414 石	乾隆二十三年并为 18
宜城县	59	乾隆二十三年社仓存 6 083 石	乾隆二十三年并为 31 处。义仓在城内荧惑庙，雍正初系社仓，嘉庆初教匪乱，乡仓尽毁，惟此独在，因更名，道光间废。
南漳县	102	乾隆二十三年社仓存 9 079 石	
枣阳	28	乾隆二十六年社仓存 8 169 石	乾隆二十六年并为 10
谷城县	48	乾隆二十三年社仓存 2 642 石	乾隆二十三年并为 4
光化县	14	乾隆二十三年社仓存 4 927 石	乾隆二十三年并为 8
均州	45	乾隆二十三年社仓存 14 840 石	
襄阳卫		乾隆二十三年社仓存 1 199 石	社仓分设各伍
郧县	84	乾隆初社仓存 7 131 石	嘉庆初核查存 6 187 石
房县	60	乾隆初社仓存 8 626 石	
竹山县	25	雍正间社仓存 6 719 石	嘉庆元年毁，四年署知县范继昌捐俸置产，每年以租银籴谷十二石，借储县仓作为社谷。
竹溪县		雍正初社仓存 14 966 石	社谷仓在署花厅之西，社谷向储中峰寨，乾隆间移储于此。嘉庆元年尚余 3 262 石
郧西县	19	乾隆初社仓存 8 473 石	乾隆二十三年析为 37
保康县	25	雍正间社仓存 3 195 石	

续表

州县	社仓数量（所）	积谷数量（石）	备注
荆门直隶州	8	雍正五年社仓存官捐 6 900 石，十三年增储民储 2 200 石	
当阳县	49	雍正间社仓存 4 870 石	
远安县	13	雍正间社仓存 5 574 石	
江陵县	5	无考	
公安县	54	雍正间社仓存 3 138 石	
石首县	11	雍正间社仓存大麦 782 石，稻谷 25 石	
监利县	38	雍正间社仓存 17 007 石	
松滋县	11	雍正间社仓存 2 809 石	
枝江县	40	雍正间社仓存 2 855 石	道光间存 3 232 石
宜都县	14	乾隆间社仓存 5 019 石	
东湖县	45	雍正间社仓存谷 7 700 石	
归州	43	雍正九年社仓存 3 455 石	
长阳县	76	雍正二年社仓存 1 971 石	道光初核查存 1 535 石
兴山县	33	雍正间社仓存 1 171 石	
巴东县		无考	社仓分设各里
长乐县	28	雍正间存稻粟包谷共 7 604 石	
鹤峰厅	28	乾隆初社仓存稻粟包谷 5 510 石	
恩施县	26	雍正间社仓存 3 545 石	
宣恩县	4	无考	
来凤县	9	乾隆六年社仓存 2 600 石	
咸丰县	12	乾隆间社仓存 2 000 石	
利川县	25	乾隆间社仓存 3 100 石	
建始县	2	乾隆间社仓存 252 石	

资料来源：民国《湖北通志》卷48《经政志·仓储》，参见各该州县志。

表 3-3 嘉庆年间湖南社仓建设和积谷情况表

州县名称	社仓数量（座）	积谷数量（石）
长沙县	12	21 590.6
善化县	12	14 612.4
湘阴县	17	8 367.7
浏阳县	7	20 149.7
醴陵县	6	16 581.6
湘潭县	27	29 703.8
宁乡县	13	21 698.6
益阳县	8	21 067.7
湘乡县	5	8 971.6
攸县	18	15 157.4
安化县	12	7 306.3
茶陵州	7	17 001.8
衡阳县	8	22 406.7
清泉县	7	14 277.3
衡山阳	17	17 540.5
安仁县	3	3 206.9
耒阳县	5	12 843.1
常宁县	4	9 929.3
鄑县	7	3 005.3
零陵县	10	19 717.7
祁阳县	28	24 617.8
东安县	7	13 254.4
道州	9	21 118.1
宁远县	11	9 332.3
永明县	17	5 957.3
江华县	5	6 672.5

续表

州县名称	社仓数量（座）	积谷数量（石）
新田县	4	5 545.6
邵阳县	10	21 311.1
新化县	36	34 354.9
武冈州	25	37 723.7
新宁县	18	12 398
城步县	3	9 778.6
巴陵县	3	2 920.8
临湘县	3	1 270.8
华容县	2	2 622.8
岳州卫	1	195.1
武陵县	7	3 116.6
桃源县	5	4 475.9
龙阳县	12	8 830.1
沅江县	6	6 292
沅陵县	1	2 510.5
泸溪县	4	1 757.3
辰溪县	5	1 717.8
溆浦县	3	1 835.3
永顺县	1	1 282.9
保靖县	1	1 699.4
龙山县	2	1 137.7
桑植县	2	1 363.1
芷江县	12	15 771.7
黔阳县	2	7 630.6
麻阳县	11	2 789.1
乾州厅		

续表

州县名称	社仓数量（座）	积谷数量（石）
凤凰厅		
永绥厅		
晃州厅		
郴州	6	15 055.9
永兴县	4	3 599.4
宜章县	6	4 288.9
兴宁县	4	5 046.6
桂阳县	5	3 560.2
桂东县	1	3 037.8
靖州	17	11 887.5
绥宁县	6	5 890.3
会同县	4	10 789.6
通道县	5	1 773.4
澧州	5	11 258
安乡县	1	8 436.4
石门县	6	6 872.3
慈利县	1	6 542.6
安福县	3	3 259.8
永定县	1	3 793.7
桂阳州	12	14 763.9
临武县	6	8 430.5
蓝山县	7	6 501.2
嘉禾县	6	7 559.8

　　资料来源：嘉庆《湖南通志》卷41《积储》。其中湘西四厅（乾州厅、凤凰厅、永绥厅、晃州厅）没有积谷数。

　　社仓救助功能的发挥，在一定程度上取决于与保甲、乡约等基层组织的相互配合。关于社仓与保甲的关系，湖北巡抚晏斯盛有十分精彩的论述，认为"社仓、保甲原有相通之理，亦有兼及之势"，社仓使天下之民得"相生相养之实"，可以为经，保甲乃人民"相保相受之法"，足以为纬。在社仓建设中，他极力主张"社仓保甲相经纬"①。具体办法是：

> "请于十家一牌，十牌一甲，十甲一堡，之中建立一仓，仓积谷三千石。一家大小口相衡，约为三口，口谷一升，家计三升。一堡千家之人，日食谷三十石，堡仓三千石之资，足支百日。再倍积之，分别极、又、次贫三等，足支一年。……十家千家之人，按甲轮管，年清年款，上下交代……行之既久，人有所恃，安土重迁，出入相友，守望相助，堡甲连比，相为表里。"②

晏斯盛的设想多少带有一定的理想化色彩，现实中完全照此模式建立社仓是不可能的，但以里、保甲基层组织为依托建立社仓是清代早期社仓建设的一条基本原则，两湖社仓大部分初创于雍正年间，雍正帝奉行的社仓建设指导思想是"宜缓不宜急"，"听民便自为之，而不当以官法绳之"③，尽管在地方官的推动下，社仓建设曾出现"过热"的现象，但由上表不难看出，两湖首批社仓一般分布在里、甲等基层单位。乾隆年间进行的社仓归总运动，针对社仓分布过于分散，积贮量小等弊病进行调整，但并没有改变以里、保甲为依托的原则。总之，两湖地区作为全国主要粮产区，清前期社仓建设曾经繁荣兴盛，它与保甲、乡约等基层组织相配合，成为基层社会保障活动的重要物资积累和社会保障功能的重要承担者。

四、清中后期两湖基层组织与社会保障

嘉庆初年的白莲教起义揭开了两湖社会动荡的序幕，两湖地区从此与国运日蹙的清王朝一道遭受内忧外患的困扰，太平军与清军在该区的拉锯战争把两湖的社会动荡推向顶峰，一系列的动乱和战争使两湖的基层组织和社仓积谷遭受了前所未有的破坏。白丽萍对清代两湖平原社仓的研究成果表明，嘉、道、咸时期，两湖平原州县社仓基本上荒废消亡，究其原因主要为战乱——尤其是太平天国农民战争的致命打击，这些打击和破坏直接或间接地导致了两湖社仓整体性走向衰败④。以下再以湖北西部州县为例，列举各州县社仓在嘉庆和咸丰年间遭受破坏的情形（见表3-4）：

① 清·晏斯盛：《社仓保甲相经纬疏》，《皇朝经世文编》卷40《户政十五·仓储下》。
② 清·晏斯盛：《推广社仓之意疏》，《皇朝经世文编》卷40《户政十五·仓储下》。
③ 光绪《大清会典事例》卷193《户部·积贮》。
④ 白丽萍：《清代两湖平原的社仓与农村社会》，武汉大学硕士学位论文2002年。

表3-4　　　　嘉庆—咸丰年间湖北西部部分州县社仓毁坏情况表

州县	原社仓数量及存谷数量	被破坏的时间及情形	备注
襄阳县	乾隆二十三年社仓18所，存谷6 414石	嘉庆元年被掠无存	
宜城县	乾隆二十三年社仓31处，存谷6 083石	嘉庆三年被掠无存。另，义仓在城内荧惑庙，雍正初系社仓，嘉庆初教匪乱，乡仓尽毁，惟此独在，因更名，道光间废	
南漳县	乾隆二十三年社仓102所，存谷9 079石	嘉庆二年被掠，后渐无存	
枣阳	乾隆二十六年社仓10所，存谷8 169石	嘉庆元年被掠无存	
谷城县	乾隆二十三年社仓4处，存谷2 642石	嘉庆初被掠无存，咸丰六年毁	
光化县	乾隆二十三年社仓8所，存谷4 927石	咸丰六年毁	
均州	乾隆二十三年社仓45所，存谷14 840石	嘉庆初被掠无存	
襄阳卫	乾隆二十三年各伍社仓存谷1 199石	嘉庆元年被掠无存	
郧县	乾隆初社仓84所，存谷7 131石	嘉庆初被贼焚掠	
房县	乾隆初社仓60所，存谷8 626石	嘉庆初被掠无存	
竹山县	雍正时25所，存谷6 717石	嘉庆元年被掠，毁。（四年署知县范继昌捐俸置产，借储县仓作为社谷）	
竹溪县	雍正初社仓存谷14 966石	嘉庆元年被掠并拨济勇粮借给民食，尚余3 262石	
郧西县	乾隆23年社379所，存谷8 473石，咸丰三年存508石	同治元年被掠无存	
保康县	雍正间社仓25所，存谷3 195石	嘉庆元年被掠无存	
当阳县	雍正间社仓49所，存谷4 870石	嘉庆元年被掠尚余谷1 379石，后渐无存	
远安县	雍正间社仓13所，存谷5 574石	咸丰间无存	

续表

州县	原社仓数量及存谷数量	被破坏的时间及情形	备注
东湖县	雍正间社仓 45 所，存谷 7 700 石	咸丰七年被掠无存	
来凤县	乾隆六年社仓 9 所，存谷 2 600 石，咸丰九年知县王颂三劝捐社谷 1 638 石	嘉庆初被掠无存，废。咸丰十一年被毁无存	
咸丰县	乾隆时社仓 12 所，存谷 2 000 石	咸丰间借给防饷无存	

　　资料来源：民国《湖北通志》卷 48《经政志·仓储》，参见各该州县志。

　　白莲教起义和太平天国起义使得许多州县的里社积谷遭受了灭顶之灾，两湖基层社会组织也步入了"地方军事化"进程①，团练等武装性团体在地方和基层的作用日益重要。晚清团练的兴起虽然体现为地方士绅权力的扩张，但它并不意味着绅权从此代替了国家权力和国家从基层社会控制领域退出。饱受传统意识形态熏陶的士绅和深谙传统治道的官员在可能的情况下，都自觉地倡行一种将团练与保甲、社仓等机制融为一体的基层社会模式。无论从理论和实践上，晚清两湖团练都是以保甲制为依托的。其实，早在康熙年间，于成龙在他任事的地方治理社会动乱局面时，就采用了保甲与团练相给合的办法，他总结说："照得编查保甲、团练、乡勇之法，无事则稽查盗贼，以遏乱萌。有事则相机救援，防御堵剿，不动支粮饷而兵足，不调拨官兵而贼除……自古及今，消弥奸逆，安靖封疆，未有善于此者。"② 晚清团练正是借鉴这些做法而兴起的。较早在湖南行团练之法的宝庆知府魁联即努力谋求保甲、团练和民间仓储三者的结合。他"将团练一层附于保甲章程之内"，认为，"保甲果能周密，则团练即在其中"③。同时他又于咸丰元年（1851 年）拟订《义仓条约》，大力倡导民间积谷④。曾国藩在《覆文任吾书》中透露了他办团练的玄机："团者，即保甲之法也。清查户口，不许容留匪人，一言尽之矣。"⑤ 从晚清两湖举办团练的实际情形来看，不同地区各有其特点，但按乡、都、牌、甲立团和与保甲并举是被官府提倡的相当流行的一种方式。以举办团练堪称天下之最的

---

　　① 参见［美］孔飞力著，谢亮生等译：《中华帝国晚期的叛乱及其敌人》，中国社会科学出版社 1990 年版。
　　② 《于清端公（成龙）政书》卷 2《黄州书·申饬保甲谕》。
　　③ 清·魁联：《前后守宝录》卷 3《编查保甲章程札》。
　　④ 光绪《邵阳县志》卷 3《建置》。
　　⑤ 《皇朝经世文续编》卷 68《军政七·保甲》。

湖南长沙、湘乡等地为例，长沙县，"乡团皆遵示办理，或一甲一团，或数甲一团，各地相地势适中之处设立总局，自团总以次有团长、团佐、什长诸名目"①。湘乡县，"团练……平日必照五家一连，十家一连，取具互结，不许停留匪类……此团练之法与保甲之法相辅而行者也"②。湖北团练的情形与湖南大致相似，如湖北应山县："知县聂光銮督办团练，编查保甲"③。胡林翼抚鄂之后，以保甲为团练的根本，推动了湖北团练的进一步发展："他把湖南的经验和他在贵州的做法搬到湖北，普遍加以推行。他认为'不先办团练，则匪类之根不除'，而办'团练必先清保甲'"，只不过在必要时要对原有的保甲法"神明而变通之"④。从他的一份"批札"中可知当时团练与保甲结合的一些具体情况：

> 分乡、分团、分里，首列地名及四至八到，继列户口、田亩、漕粮、户柱、邻佑、行业、丁口、男女老幼。择一人长十户，择一人长百户，以一人副之。择一人长千户，以两人副之。以平日保正甲长为之役，能进退赏罚之。所择必正直严明之人，官隆礼貌以待之，仿古三老、啬夫、游徼之义。钱粮、刑名、词讼案件皆以为根，不下堂而一县治⑤。

晚清团练在镇压农民起义，帮助清廷度过危机方面发挥了至关重要的作用，社会动乱平息之后，团练继续履行维护基层社会秩序的功能，与保甲、社仓相结合仍然是它发挥作用的要点。同光时期，伴随着朝廷对地方仓储的整饬，两湖地方官员和士绅也着手重振社仓，并倡导义仓积谷。湖南省的积谷活动引人注目，同治元年（1862年），湖南巡抚毛鸿宾令各州县捐置社仓⑥；同治二年（1863年）湖南巡抚恽世临令各属劝捐义谷，以甲为单位广建义仓⑦。长沙知府丁宝桢也议订《积谷收放赈借章程》⑧。这些政令得到州县官员和地方士绅的响应，取得了较好的成绩。例如同治元年（1862年）毛鸿宾社仓令之后，湘阴县知县夏献钰、吴学澄相继分饬团绅按局捐置各团社仓，全县二十九局各有所贮，共贮谷三万余石⑨；长沙县在各都甲建立社仓，十都百甲共建

---

① 同治《长沙县志》卷15《兵防》。
② 同治《湘乡县志》卷5《兵防志·团练》。
③ 同治《应山县志》卷21《兵荒》。
④ 转自罗福惠：《湖北通史·晚清卷》，华中师范大学出版社1999年版，第93～94页。
⑤ 《胡文忠公遗集》卷85《抚鄂批札》，台北文海出版社1977年版，第19页。
⑥ 光绪《湘阴县图志》卷21《赋役志》。
⑦ 光绪《重修龙阳县志》卷10《食货·积储》。
⑧ 同治《安化县志》卷16《经政》。
⑨ 光绪《湘阴县图志》卷21《赋役志》。

仓 200 余处①。湘乡县同治三年（1864 年）奉文劝捐义仓，得谷 13 000 石②；
湘潭县，"同治初巡抚恽世临通饬积谷，清厘县中城乡所储……查卑县积谷共
捐存六万六千三百余石，上年查明并每岁所收息谷共存七万三千六百余石"③；
临湘县于各团设置义仓一百零五座，贮谷万余石④；直隶澧州各团积谷 14 637
石⑤；新化县遗爱祠义仓，"行之五年，储谷计以五千余石"⑥。光绪五年（1879
年），湖广总督李瀚章又通令两湖各州县举办社仓⑦，推动了社仓、义仓和民
间积谷的进一步发展。长沙、衡州、岳州等府坚持"官司其籍"、"各社自为
经理"等仓政原则⑧，为民间积谷创造了良好的环境，一些州县民间积谷成效
显著，如湘潭县自同治以来一直按照知县麻维绪所拟章程办理里社积谷，"光
绪十三年（1887 年）计十八都积谷九万八千一百十三石五斗，其息谷赢额者
犹不在此数。各建公仓以时粜籴，遂为湖湘之冠焉"⑨。

　　湖北省社仓积谷虽屡遭战火，同光年间也进行了卓有成效的仓政整理和社
仓、义仓建设与积谷活动，因此前较少有人关注，兹据地方志的记载将该期湖
北省社（义）仓建设和积谷情形列表如下（见表 3-5）：

表 3-5　　　　　　同治—光绪年间湖北社仓建设及里社积谷情况表

州县	社（义）仓数量（所）	里社积谷数量（石）	仓储建设情形
武昌县	1	光绪七年恒丰仓实存 3 300 石有奇，光绪八年同	恒丰仓，光绪七年知县蔡炳荣劝捐建
蒲圻县	5	里社积谷，光绪八年城仓实存 1 750 石，鉴镇仓 200 石，汀泗镇仓 500 石，埠头仓 300 石，车埠镇仓 400 石，新店镇仓 500 石	济民社仓，光绪八年署知县廖润鸿劝捐建。社仓，光绪八年知县张集庆劝捐建。分在各乡

① 同治《长沙县志》卷 10《积贮》。
② 同治《湘乡县志》卷 3《建置志·公署》。
③ 光绪《湘潭县志》卷 2《建置》。
④ 同治《临湘县志》卷 4《食货志·仓储》。
⑤ 同治《直隶澧州志》卷 5《食货志·积储》。
⑥ 同治《新化县志》卷 9《食货》。
⑦ 民国《湖北通志》卷 48《经政志·仓储》。
⑧ 光绪《湘阴县图志》卷 21《赋役》。
⑨ 光绪《湘潭县志》卷 2《建置》。

续表

州县	社（义）仓数量（所）	里社积谷数量（石）	仓储建设情形
咸宁县	1	无考	社仓即旧常平仓遗址，光绪四年知县吴耀斗劝捐建
崇阳县	4	同治二年社仓新旧共存 2 855 石。十三年因公动用 200 石，光绪八年实存 2 555.26 石	社仓四，同治六年知县傅维祜劝建
通城县	1	同治八年知县陈维谟劝捐籴存 1 011 石，后入永丰义仓，光绪元年永丰义仓存 5 000 石。五年续增 2 000 石，八年计实存 7 000 石有奇	社仓一在化成寺，废。永丰义仓在署头门内左侧，光绪元年署知县严□昌劝捐建。五年知县诸可权续劝增谷
兴国州	40	里社积谷光绪五年社仓实存 20 000 石，八年同	社仓四十，光绪五年知州李辅劝捐建，在城二，在各里三十八
大冶县	4	里社积谷光绪七年大有仓实存 6 000 石	大有仓即旧大有仓遗址，同治四年署知县易元振捐钱备修，光绪七年署知县朱荣椿劝捐建。陈氏义仓在安昌乡讲堂堡，同治十一年四品封职陈国祥建。张氏义仓在安昌乡官田庄，光绪六年教职张顶勋建。李氏义仓在安昌乡讲堂堡，光绪八年五品封职李怀清建
通山县	1	里社积谷道光间足民仓存 5 400 石有奇（咸丰四年被掠无存）	足民仓在署北，道光二十五年知县张中孚建，咸丰四年毁
汉阳县	27	里社积谷光绪四年永绥仓实存 2 000 石，八年同	永绥仓在署内后山隙地，光绪四年知县林瑞枝建

续表

州县	社（义）仓数量（所）	里社积谷数量（石）	仓储建设情形
沔阳州	1	里社积谷同治十年宜民仓实存 3 000 石，光绪八年同	宜民仓在楚望门外，同治十年知州罗登瀛劝捐建
黄冈县	3	光绪五年丰备仓实存 20 000 石，鱼博寺仓 1 200 石、陆家庙仓 800 石，八年同	丰备仓光绪五年劝捐建。鱼博寺社仓、陆家庙社仓并邑绅刘维桢建
蕲水县	1	光绪六年社仓实存 3 150 石，八年同	社仓在署右侧西川驿内，光绪六年知县多祺劝捐建
罗田县	60	光绪五年奉泰乡实存 2 211.27；平湖乡 1 916.16 石；多云乡 3 080.28 石，八年同	社仓六十，光绪五年知县管贻葵劝捐建。在奉乡者十九，在平乡者二十，在多乡者二十一
麻城县	2	里社积谷光绪八年豫备仓实存 6 000 石有奇，岐亭仓 500 石	豫备仓在城内宪司街，光绪八年陆祜勤劝捐建；岐亭仓在岐亭镇，光绪八年劝捐建
黄安县	3	里社积谷光绪八年丰豫城仓实存 5 760.76 石，南仓 3 166.74 石，北仓 4 088.23 石	丰豫城仓光绪六年署知县凌心垣劝捐建，丰豫南仓在八里湾，丰豫北仓在七里坪，并光绪六年劝捐建
蕲州	1（丰备仓）	里社积谷光绪六年丰备仓实存 3 000 石，八年同	丰备仓在武庙后，光绪六年署知州宗景藩劝捐建
云梦县		无考	丰云社北仓在城内西街，光绪八年知县吴念椿建、丰云社南仓在南乡永会兴长江埠北隄外，亦吴念椿建
应城县	1（文昌宫社仓）	里社积谷，同治七年文昌宫社仓存 1 532 石，光绪八年实存 1 242.51 石，又王、吴、范三姓捐谷 940 石	社仓借文昌宫为之，同治七年署知县刘笃庆劝捐积谷

州县	社（义）仓数量（所）	里社积谷数量（石）	仓储建设情形
随州	1	无考	社仓在随丰仓旁，光绪七年劝捐建
应山县	2	里社积谷同治七年宾兴公所社仓实存3 187.477石，光绪四年永丰仓实存5 145石，八年均同	社仓借宾兴公所为之，在十字街，同治七年知县刘宗元劝捐积谷。永丰仓在常平仓遗址，光绪四年知县吴茂先劝捐建
钟祥县	3	里社积谷，同治六年东乡社仓实存145.9石，光绪四年在城社仓实存950石，五年续存435.9石，又折谷钱391缗，八年同	东乡社仓二，同治六年知县杨福海劝建。在城社仓借火神庙旁常平仓为之，光绪四年知县包鹏飞劝捐建
京山县	1	里社积谷，光绪初核查存273石归入丰备仓，四年丰备仓新旧实存5 252石，八年同	丰备仓在城内校士馆左，光绪四年知县戴昌言倡建，五年署知县孙承谟增建
襄阳县	5	里社积谷光绪五年襄丰中仓实存1 084.14石，六年北仓实存1 600石。东西南三仓各实存1 100石，八年同	襄丰中仓在樊城镇华严寺中，光绪五年署知县高烈山劝捐建。襄丰北仓在仓丰中仓后，光绪六年知县吴耀斗劝捐建，襄丰东西南三仓在城内西堂义塾之南，光绪六年劝捐建
宜城县	1	里社积谷，光绪五年义丰仓实存3 000石，八年同	义丰仓，光绪五年知县傅维祜劝捐建，六年署知县刘秉懿重建
南漳县	1	光绪七年社仓存2 000石，八年同	社仓，光绪七年署知县龙兆霖劝捐建，籴谷附贮于常平仓

续表

州县	社（义）仓数量（所）	里社积谷数量（石）	仓储建设情形
枣阳	2	里社积谷，同治四年在城社仓存 600 石，八年乌金店社仓存 200 石。光绪八年核查城仓实存 1 300 石，乌金仓实存 400 石	社仓在城内文昌宫，同治年知县张声正劝捐建。乌金店社仓同治八年署知县张之渊劝捐建
谷城县	1	无考	社仓在南门内，光绪八年知县方敏劝捐建
光化县	1	光绪六年丰备仓实存 2 069.95 石，八年同	丰备仓在署东，光绪六年知县朱荣椿劝捐建
房县	76	同治十年在城社仓实存 800 石，光绪五年城仓增储 1 600 石，在乡社仓实贮稻谷 1 286.53 石，包谷 3 106.63 石，粟谷 265.88 石，荞麦 110.4 石，羊芋粉 1 300 勖，八年同	社仓七十六，同治十年知县郭俊劝捐籴谷借贮于常平仓，光绪五年知县彭熙增建，续劝捐谷分贮城乡
竹溪县		同治十二年社仓实存 4 848 石，光绪八年同	社仓，同治十二年知县向时鸣劝捐积谷，分贮城乡
郧西县	37	咸丰三年核查存 508 石。同治元年被掠无存。	
保康县	7	同治九年社仓存 2 328.41 石，光绪八年同	社仓七，同治九年知县林煊劝捐积谷，署知县史致谟踵成之
荆门直隶州	1	同治三年社仓存 800 石，九年增储 1 600 石。光绪八年实存 2 400 石	社仓在城内文昌宫后，同治三年知州刘紫劝捐建，九年署知州王庭桢增建
当阳县	1	光绪七年社仓存 4 820 石有奇	社仓在东门内文昌宫后，光绪七年知县李元才劝捐建
江陵县	5	无考	光绪五年知县柳正笏劝捐建

续表

州县	社（义）仓 数量（所）	里社积谷数量（石）	仓储建设情形
公安县	1	光绪六年社谷实存 614.71 石	社仓，光绪六年知县秦家械劝捐建
东湖县	27	同治九年社仓存 6 545.74 石，光绪八年同	社仓二十七，同治九年署知县吴耀斗劝捐分设
归州	43	光绪八年核查实存 3 011.736 5 石	
巴东县	1	同治十年社仓存 309 石有奇，钱 250 缗有奇，光绪六年平粜，八年实存 272.41 石，又钱 146 800 文	社仓，同治十年知县阮恩海劝捐，积谷及钱暂存县署
长乐县	2	同治十年实存谷 271.38 石。十一年在城社仓实存谷 464.13 石。光绪八年同	社仓，同治八年至十一年历任知县劝捐积谷，附贮常平仓。湾潭社仓即县丞常平仓旧址，同治十年知县曹煊捐俸建，县丞经理
恩施县	1	同治五年实存 2 392.6 石，光绪八年如故	社仓在城内沙井巷，同治五年知县朱三恪劝捐建
宣恩县	1	自光绪元年至八年社仓实存租谷 500 石有奇。光绪五年忠建里社仓实存数 10 石，光绪八年同	社仓在署内，同治五年知县胡昌铭劝捐收钱，十三年知县陈富文购田岁收租谷 60 石入于仓。忠建里社仓在经历寨，光绪五年里人朱光玉捐建
来凤县	12	咸丰九年知县王颂三劝捐社谷 1 638 石	咸丰九年知县王颂三倡捐积谷分设各里，凡十二处，十一年毁
咸丰县	12	乾隆间社仓存 2 000 石，咸丰间借给防饷无存	
利川县	4	无考	社仓四，同治八年知县潘滋榎劝捐建

资料来源：民国《湖北通志》卷48《经政志·仓储》，参见各该州县志。

　　由上表不难看出，传统官员及地方精英都将社、义仓和其他形式的民间积贮视为基层社会保障与控制的重要物资依托，同光时期，两湖地方官依托团练等新型基层组织和地方士绅掀起的社仓整顿和义仓等民间积谷运动取得了显著的成效，地方官、团总、里总、地保、社长和士绅等在这场积谷活动中各自扮演着自己的角色，他们的结合不仅是仓储得以重建的关键，也是仓储管理、灾荒赈济等地方事务顺利举办的关键。在仓政管理方面，湖南巡抚李瀚章曾对借助团练组织加强社仓管理的做法进行总结："今之经理积谷者，与昔之社长迥不相侔……各州县均设团局，而董事率选公正富绅，谷归团局经理，人众三五年一换……"① 益阳县是按这种方式成功管理社仓、义仓等基层积储的州县之一，其具体办法为：

　　　　每处各设仓长一名，择老成承充，专司出纳，又派经管一名，会同监对。平时互相照料，毋任霉变损失，以昭慎重。里总有督查之责，本里各处义谷，责成该里总随时稽查。如仓长有侵渔及盗卖情事，禀官革退，或有穷民诓借，即约团绅弹压禀究。仓长等三年一更，以均劳逸，如或经理不善，随时禀官更换，侵亏追缴。义谷储积，实形霉变，方准出陈易新，所获钱文存于殷实大户，秋后即行买补，以归实储。②

　　本书后面的章节将显示，在救荒、赈灾、养济、育婴等基层社会保障事务中，官、绅、民相结合，基层组织和机构相经纬的方式随处可见。兹略举两例：黄冈县丰备仓于光绪五年（1879 年）由县令劝捐建成，因存谷较多，该仓平时由"公正富绅四人共同管理"，县令等官员则"认真稽查，以防弊窦"。一旦有灾荒发生，各级官员、基础组织和地方士绅则更紧密地结合起来，联手应对：

　　　　遇成灾年份，自应查明户口，开仓动碾，或量口赈济，或分设粥厂，由官选派公正廉明绅士领运分散。惟赈济、平粜两事，必须视灾象轻重，察看情形，据实通禀，听候各大宪批示遵行，不能先行擅动。其粜赈事宜，又在官绅临时斟酌尽善，务使合境咸沾实惠。③

　　同治时安化等县在推行"育婴新法"时也是由地方官倡劝，以团练、保

---

① 同治《益阳县志》卷6《田赋志·积储》。
② 同治《益阳县志》卷6《田赋志·积储》。
③ 光绪《黄冈县志》卷4《赋役志·积贮》。

甲为依托进行的，其办法为，一大区立一总领首事，以团长、团总当之，"团总订册分交团长，同保甲挨户造具从救人数……有不听劝救而故溺之及力能育女而亦故溺之者，许邻右甲长告之团总，据实禀究……幼女出抱与人为媳，间有悍妇故加凌虐，许邻右甲长告之团总，禀官严究"①。

　　总之，两湖的情况表明，晚清基层组织的变化，绅权的崛起并不意味着国家对基层社会统治理念的转变和国家力量被士绅挤出基层社会，相反，地方官在各项事务中处处保持着发言权、监督权和主导权，绅权很快成为国家意识的推行者和国家控制基层社会的一枚棋子。无论是朝廷官员还是地方精英，在他们的头脑中，教化与强制相结合、救济与弹压相结合、保障与控制相结合的基层社会运行模式和理想已经在一定程度上成为思维"定式"。晚清地方官、团练、保甲与社仓相结合的基层社会运行模式是与明中叶以来官绅们所倡导的维持基层社会有序运行的基本模式一脉相承的，而它的基本精神已经包含在明初整体的"综合治理"型基层社会模式之中。

---

① 同治《安化县志》卷16《经政》。

第四章
明清两湖地区的家庭、宗族与社会保障

　　在现代社会保障的理念中，家庭、宗族与社会保障在一定程度上是相互对立的，西方国家现代社会保障制度产生和完善的过程体现为对家族、宗族等民间保障机制的否定和替代过程。现代社会保障的这种观念深深地影响着中国的社会保障研究，中国传统社会颇具特色的家庭、宗族等民间保障机制常被人们忽视。耐人寻味的是，20世纪70年代以来，西方学者却在对高税收、高福利的现代社会保障制度进行反思，传统的保障机制正被重新认识，一个重要的表现便是"家庭的回归"。克莱尔·温格和沙拉等西方学者对英语国家老年人赡养状况的调查表明："尽管一直存在传统家庭崩溃的神话，但英语国家的情况证明老年人继续与其家人保持联系并接受他们的支持与帮助"；"对西方国家老年人调查的主要发现之一，是重新发现老年人在家庭中的重要作用。调查证据表明，家庭帮助和交换服务在老年人及其子女与亲戚中同样是广泛存在的……不断有报告说明，主要照顾生病老人的是家庭，这不但反映出家庭是主要帮助群体的力量，也反映家庭成员起到义务护士和家庭助手作用这一事实"①。在家庭结构受到最严重冲击的美国，经历了20世纪六七十年代的家庭危机后，家庭也在日益回归，今天在美国最响亮的口号是：承担义务、亲密关系和培养感情②。这种趋势表明，即使在现代社会保障制度最完备的国度里，以家庭为起点的民间保障机制的功能也不可能被完全替代。民间保障机制既是现代社会保障制度赖以产生的"母体"，又是现代社会保障制度经常要依靠和回归的力量，两者既有矛盾的一面，又有统一的一面。

　　西方社会保障界的"回归"趋势也影响到中国，一些学者承认：在现代社会中，家庭仍是社会保障体系的一道"挡风墙"，"家庭与社会保障制度的

---

　　① ［美］克莱尔·温格：《主要英语国家的老年人家庭赡养状况》，转引自刘燕生：《社会保障的起源、发展和道路选择》，法律出版社2001年版，第53页。
　　② 刘燕生：《社会保障的起源、发展和道路选择》，法律出版社2001年版，第53页。

功能互补"仍是现代社会保障学的一个重要议题①。对家庭等民间保障机制的重视表明中国社会保障研究正逐步深入。但尚要强调的是，在中国这样一个历史悠久的国度，对家庭、宗族等民间保障机制的探索决不能缺少历史学的参与，尤其是需要落实到具体的时空、以充分史料为基础、与实地调查相结合的历史学实证研究，这样的实证研究是正确认识和评价中国传统社会保障问题的起点。

一、家庭保障的基础作用

摩尔根以后，人类家庭发展的历史已比较清晰。按照摩尔根和恩格斯等人的观点，自原始社会开始，家庭就是人们生存和生活的基本单位。从蒙昧时代至文明时代，人类家庭大体经历了血缘家庭、普那路亚家庭、对偶家庭、家长制家庭和一夫一妻制家庭等几种基本形式②。一夫一妻制被视为文明社会的特征之一，自这种"以私有制对原始的自然长成的公有制的胜利为基础的第一个家庭形式"产生之后，家庭成为社会构成的基本单位，被誉为"文明社会的细胞形态"③。它承担着繁衍后代以及保护老弱病残人员的职能。随着社会的进步，家庭的一些生活保障职能逐渐被其他的保障机制所代替。特别是进入工业社会后，社会生产方式和劳动组织方式发生了显著的变化，充当雇佣劳动者、外出谋生、老人与子女分离成为常见的社会现象，在一些发达的西方国家，国家和社会成为人们生存和生活保障的主体。正是基于这种现实，一些社会保障研究者出现了忽视家庭的趋向，认为家庭已经成为社会保障史中过时的、落后的现象。事实上，从古希腊哲学家柏拉图的"理想国"开始就不断有人在构想一个没有家庭的社会，但正如社会学家古德所说："在所有已知的人类社会之中，几乎每个人都卷入了家庭权利和义务的网络之中。……家庭机构不像军队、教会或国家那样强大，但它却是最难征服的，也是最难改造的。任何一个具体的家庭可能是脆弱而不稳定的，但家庭制度就其整体而论，却是坚不可摧、富有活力的。"④ 西方国家对家庭的"回归"再次证明：家庭作为人类社会的一种文化现象、作为文明社会的细胞、作为一个基本的生活保障单

①　参见郭崇德：《现代社会保障发展进程中的几个理论和实际问题探讨》，陆学艺：《家庭与社会保障制度的功能互补》等，均载张健、陈一筠主编《家庭与社会保障》，社会科学文献出版社2000年版。

②　参见摩尔根：《古代社会》，商务印书馆1981年版；徐亦让：《人类家庭发展史》，天津人民出版社1988年版。

③　《家庭、私有制和国家的起源》，《马克思恩格斯选集》第4卷，人民出版社1972年版，第60页。

④　[美] W. J. 古德著，魏章玲译：《家庭》，社会科学文献出版社1986年版，第1页。

位，它的许多功能在短期内是无法替代的。不过，家庭保障在不同的国家和不同的时代又有各自的特殊性，中西传统家庭虽然在生产方式上都体现为农业和手工业的结合，但在对家庭成员的供养方式、供养范围、供养内容等方面却存在着明显的差异①，因此，我们在进行家庭与社会保障的关系研究时，也不能仅步西方"家庭回归"的后尘而人云亦云，只有在充分认识中国传统家庭的基本特点的基础上，才能获得对家庭保障功能和作用方式的更准确的把握。

（一）中国传统家庭赡养、抚育功能的空前强化及家庭保障的实质

关于中国传统家庭的基本特点，现有的研究成果从不同的学科视野和各自的目的出发，已作了比较完整的勾画②。据此可知，中国传统时代很早就产生了建构在一夫一妻婚姻制度之上的家庭，父家长制是中国传统家庭的鲜明特点。父家长在传统家庭内讲求礼法，整合代际关系，俨然传统朝廷统治中的专制君主。这种"家国同构"的模式，使得中国传统家庭成为一个以家长为中心的多功能综合体，承担着限制性欲、教育子女、养老抚幼、寄托精神、组织生产、传承财产、法律制裁、祖先崇拜等多项功能③。养老抚幼作为家庭的一项基本功能，在现代社会可以由国家和社会承担。但在中国传统社会，在儒家正统伦理观念的倡导和规范下，这一功能被来自各个方面的力量空前强化了。

1. 儒家道德伦理的宣扬

儒家的伦理道德体系是以家庭为起点的。子曰："立爱自亲始，教民睦也；立教自长始，教民顺也"④，"君子之事亲孝，故忠可移于君；事兄悌，故

---

① 参见丁文、蒋海益：《中西家庭供养保障的跨文化考察》，张健、陈一筠主编：《家庭与社会保障》，社会科学文献出版社 2000 年版。

② 相关研究成果可参见杨懋春：《中国家庭与伦理》，台湾"中央文物供应社" 1981 年版；史凤仪：《中国古代婚姻与家庭》，湖北人民出版社 1987 年版；瞿同祖《瞿同祖法学论著集》，中国政法大学出版社 1998 年版；王玉波：《中国古代的家》，商务印书馆 1995 年版；岳庆平：《中国的家与国》，吉林文史出版社 1990 年版；冯尔康：《中国宗族社会》，浙江人民出版社 1994 年版；陈宝良：《明代社会生活史》，中国社会科学出版社 2004 年版；朱勇：《清代宗族法研究》，湖南教育出版社 1987 年版及杜正胜：《传统家族试论》，（台湾）《大陆杂志》65 卷，1982 年第 2、3 期等。

③ 关于传统家庭的职能，学术界有不同的分类办法。如杨懋春将家庭职能分为各国家所共有的"普遍职能"和中国家庭所特有的"特殊职能"两类，特殊职能主要包括生育子女、祖先崇拜、子女教养和经济活动等四种，参见杨懋春：《中国家庭与伦理》，台湾"中央文物供应社" 1981 年版第 53~66 页。此外还有"固有职能"与"历史职能"；"社会职能"与"个人职能"；"基本职能"与"一般职能"等多种划分，以上所列八项职能为岳庆平的分类。参见岳庆平：《中国的家与国》，吉林文史出版社 1990 年版，第 17~20 页。

④ 《礼记·祭义》，《十三经注疏》，中华书局 1980 年版，第 1598 页。

顺可移于长；居家理，故治可移于官"①。在儒家所宣扬的"君臣、父子、兄弟、夫妇、朋友"等"五伦"中，家庭就占了"三伦"。在这三伦中又以"父子"为核心，所谓"内则父子，外则君臣，人之大伦也"②。中国传统社会将"唯父母之所言，唯父母之所欲"的孝道提升到极高的位置，《孝经》"开宗明义"即称："夫孝，德之本也，教之所由生也"③。后人通过解读先儒经典均认为"孝为百行之源"④："先儒有言，孝弟之道，达之天下"⑤；"圣贤千言万语，无非教人以孝而已。……盖以孝之道，大而能周，约而能博，微而能著，积厚而生生不息，足以与天地而无弊也"⑥。

若广义地考察"孝"的含义，简直可以大到无所不包⑦，但其基本的含义当是对父祖等先辈的尊敬和奉养，对于身居农村的乡里之民尤其如此。曾子曰："孝有三：大孝尊亲；其次弗辱；其下能养。"⑧ 孟子列举了世俗之民的五种不孝行为："世俗所谓不孝者五，惰其四支，不顾父母之养，一不孝也；博弈好饮酒，不顾父母之养，二不孝也；好货财，私妻子，不顾父母之养，三不孝也；从耳目之欲，以为父母戮，四不孝也；好勇斗狠，以危父母，五不孝也"⑨。五项中有三项直接提到"父母之养"，足见奉养是孝的最基本要求，不仅如此，对父母的奉养必须建立在尊敬的基础上，只有尊敬和奉养相结合才能称为"孝"，子曰："今之孝者，是谓能养。至于犬马，皆能有养；不敬，何以别乎?"⑩

《明史·孝义卷》云："孝弟之行，虽曰天性，岂不赖有教化哉?"⑪ 对孝道的褒扬和对孝行的旌奖是明清政府推行乡村教化的重要内容。两朝的国史和各地志书中的"孝义"、"孝行"卷将当时的各类孝行和政府的旌奖方式基本完备地保存了下来，该期两湖地区的方志为我们记录了诸多感人的"孝行"⑫，在家境极度贫穷的情况下，一些孝子顺媳，忍痛割下自己身上的肉来喂养家中的老者和病者。以黄冈县为例，该县清代为父割股者"旧志"载有29人，

① 《孝经·广至德》，《十三经注疏》，中华书局1980年版，第2558页。
② 杨伯峻：《孟子译注》，中华书局1984年版，第88页。
③ 《孝经·开宗明义》，《十三经注疏》，中华书局1980年版，第2545页。
④ 明·高拱：《本语》卷3《高文襄公文集》，康熙二十五年刻本。
⑤ 明·邱浚：《大学衍义补》卷79《躬孝弟以敦化》。
⑥ 《朱舜水集》卷13《孝说为伊藤友次作》，中华书局1981年版。
⑦ 《朱舜水集》卷13《孝说为伊藤友次作》，中华书局1981年版。
⑧ 《礼记·祭义》，《十三经注疏》，中华书局1980年版，第1594页。
⑨ 杨伯峻：《孟子译注》，中华书局1984年版，第200页。
⑩ 杨伯峻：《论语译注》，中华书局1958年版，第16页。
⑪ 《明史·孝义传》，中华书局1974年版，第7575页。
⑫ 参见各府州县志中的人物志中的《孝行》、《孝义》、《孝子》诸篇。

"新志"载有55人；为母割股（肝）者"旧志"载有52人，"新志"载有107人；为父母两次割股者9人，为祖父割股者2人，为祖母割股者5人①。许多人可能怀疑这些史料的真实性，如果在中国传统家庭的特定背景中去理解，这些事例是真实和不足为怪的②。

在儒家的"人伦"中，晚辈对长辈的"孝"和长辈对晚辈的"慈"是相辅而行的。与"孝"一样，"慈"也有着十分丰富的内容，它是宋代以来盛行的育婴事业的思想基础之一，在此不展开论述。

2. 国法、政令的规范

除了道德说教之外，传统时代还"以礼入法"，将养老抚幼规定为人们的法定责任。对逃避责任或有违养老慈幼规范的行为进行法律制裁。在养老方面，明清律例均将"不孝"作为"十恶"之一，在不孝的诸多名目中，很重要的一条就是"奉养有缺"③。对于"不孝"的处罚也极重，正如瞿同祖先生所言，"我们只要留意历代法律对于不孝罪的处治，便可以看出中国古代法律皆采同一原则——加重主义"④。明清律的《刑律》规定："凡骂祖父母、父母，及妻妾骂夫之祖父母、父母者，并绞"⑤；《户律》规定："凡祖父母、父母在，子孙别立户籍，分异财产者，杖一百"⑥。从该条的注解中我们知道，此条的设置正是为了避免子孙有"离亲之心"，致使祖父母、父母有失侍养的问题。该条文发生作用的条件是"须祖父母、父母亲告，乃坐"。因为"若系祖、父许令分析，则祖、父必不自告……所以通人情也"。就是说，只要妥善地解决了老人赡养的问题，分家析产还是允许的。清人薛允升比较了唐律和明律在此条上的差异，认为"……明律无此层（指对家长令子犯科的制裁），是

---

① 光绪《黄冈县志》卷12《人物志·孝友·割股》。

② 2005年12月9日，我和同事杨国安与中国政法大学张小也教授和她的研究生许杨帆一道赴崇阳县青山镇访谈民国年间蔡敦绅士邓森林创办"蔡墩育婴会"的情况，邓森林的幼子邓续函（77岁，现住青山镇石龙村11组）及蔡墩村8组85岁的老人邓陈氏都说邓森林有良心，是个大孝子，曾经割肉疗母。

③ 万历《明会典》卷160《律例一·名例上·十恶》，中华书局1988年影印本，第823页；《大清律集解附例》卷1《名例律·十恶》，载清·沈之奇：《大清律辑注》，法律出版社2000年点校本，第8页。

④ 瞿同祖：《瞿同祖法学论著集》，中国政法大学出版社1998年版，第30页。

⑤ 万历《明会典》卷169《律例十·刑律二·骂詈》，中华书局1988年影印本，第867页；《大清律集解附例》卷21《刑律·骂詈》，载清·沈之奇：《大清律辑注》法律出版社2000年点校本，第792页。

⑥ 万历《明会典》卷163《律例四·户律一·别籍异财》，中华书局1988年影印本，第838页；《大清律集解附例》卷4《户律·别籍异财》，载清·沈之奇：《大清律辑注》，法律出版社2000年点校本，第215页。

以别籍异财为无足轻重之事矣。古今风气之不同如此"。清律附于此条后的条例称："祖父母、父母在者，子孙不许分财异居。其父母许令分析者，听。"①在准确把握这一律条涵义的基础上，我们就不难理解一些学者感到困惑的问题，即何以国家法律明令不准"别籍异财"，而民间分家析产却形成了通行的习俗。除了在户籍、财产等方面确保对老人的赡养之外，法律还规定，对不肖子孙父母享有责罚权，在特定情况下处死也不负法律责任。父母也可以"不孝"的罪名呈控子孙，且不必提供呈控的证据，"父母控子，即照所控办理"②。

传统社会的"丁忧"制度是将孝道入法的又一典型例证。明清两朝均规定，官员父母亡故，则解职回乡守制，"丧礼以三年为断"。若父亲原属嫡长而又过世，而且本身又系嫡长，对祖父母也要丁忧守制。虽然丁忧守制在具体执行中又有"夺情"等变通办法，但"夺情"之事常成为争论的焦点，举劾者打出"尽孝道"的旗号，皇帝也无可奈何。在丁忧期间，在任官员即使位尊禄厚或升迁在即，也必须解任回乡，待丧期届满，再重行候选。否则即要"如律究治"③。

在抚幼方面，国家的政策法规的干预主要体现为对溺弃婴儿禁令的严申和法律上的规范。明代规定："军民人等……其所生妇子，俱要收养，不许淹杀，敢有故违，许里老邻右人等赴官举首，鞫问明白，发边充军。里老邻右人等不举者，一体治罪。"④ 清代从顺治朝始即从左御史魏裔介之请奏将溺女事"下所司禁革"，乾隆年间又经部议"照故杀子孙律治罪"。地方性的禁令也屡有颁布，后面的章节将显示，两湖雍正时即有"督宪迈"、"抚宪钟"申禁溺婴，其后著名巡抚恽世临、骆秉章、卞宝第等都曾颁发过溺婴之禁。

3. 民间教化的影响

传统时代的统治者精心编织了一个家庭伦理的网络，但对于"匹夫匹妇"而言，圣贤的经典和理学家的性理诠释恰如"无字天书"。针对这种情况，一些士人和乡绅开始对儒家思想进行通俗化的改造，并融入佛道、鬼神等思想观

---

① 清·薛允升《唐明律合编》卷 12《户婚上·别籍异财》，法律出版社 1999 年点校本，第 293～295 页；《大清律集解附例》卷 4《户律·别籍异财》，载清·沈之奇：《大清律辑注》，法律出版社 2000 年点校本，第 216 页。

② 瞿同祖：《瞿同祖法学论著集》，中国政法大学出版社 1998 年版，第 6～19 页。

③ 参见陶希圣、沈任远：《明清政治制度》，台湾"商务印书馆"1983 年版；郭松义、李新达、李尚英：《清朝典章制度》，吉林文史出版社 2002 年版。

④ 明·戴金：《皇明条法事类纂》卷 13，转自张建民：《论清代溺婴问题》，《经济评论》1995 年第 2 期。

念，用以劝化社会基层的小民，善书的刊布和流行成为明清民间社会中引人注目的现象，敬老和慈幼是此类劝善活动的重点之一。目前有关善书劝善的研究多集中于江南地区，事实上，善书在两湖地区亦流行甚广，明清之际蕲州人顾景星即为较早的善书纂辑者之一。清代方志中有关记载亦颇多，如武冈人万思诚"时以因果说劝世"；新宁人李文景"尝刊刻善书劝戒录传颂于时"①；益阳人刘山英自乾隆四十五年（1780 年）起"即纂辑太上、文帝各经注证注解"；长沙宝善堂则将刊布善书作为主要活动之一②；光绪时靖州知州潘清主修《洪江育婴小识》，其体例亦"仿自《积善录》、《功行录》、《感应汇传》诸编"③。道光年间刊刻的《几希录·父母》篇，可谓历代劝孝言论的总结④。被人们广为传颂的"二十四孝"至今活跃在民间社会。由于这种劝化多以通俗的语言和人们喜闻乐见的面目出现，因而在民间有很强的影响力和生命力。除了这些广为流行的"劝化金箴"外，还有一些经地方士绅改造，流传范围有限，更加俚俗化的劝化歌谣、唱本等，这些劝化形式在一定范围内可能更有影响力。以下是黄冈《许氏宗谱》所收录的《劝孝歌》⑤：

　　　　孝为百行首，诗书不胜录。富贵与贫贱，俱可追芳躅。若不尽孝道，何以分人畜。我今述俚言，为汝效忠告。百骸未成人，十月怀母腹。渴饮母之血，饥食母之肉。儿身将欲生，母身如在狱。父为母含悲，妻对夫啼哭。惟恐生产时，身为鬼眷属。一旦见儿面，母命喜再续。自是慈母心，日夜勤抚鞠。母卧湿单席，儿睡干被褥。儿睡正安稳，母不敢伸宿。儿秽不嫌臭，儿病甘身赎。横簪与倒冠，不暇思沐浴。儿若能步履，举足虑翻覆。儿若能饮食，省口资所欲。乳哺经三年，血汗几百斛。幼劳辛苦尽，年将十五六。气性渐刚强，行止难拘束。衣食父经营，礼义父教育。专望子成人，延师课诵读。慧敏恐疲劳，愚怠忧碌碌。有过常掩护，有善先表暴。子出未归来，倚门继以烛。儿行十里程，亲心千里逐。儿长欲成婚，为访闺中淑。媒妁费金钱，钗钏捐布粟。一日媳入门，孝思遂衰薄。父母面如土，妻子颜如玉。亲责反睽睽，妻詈不为辱。母披旧衣衫，妻着新罗索。父母或鳏寡，为儿守孤独。父虑后母虐，鸾胶不敢续。母虑孤儿苦，孀帏忍寂寞。身长不知恩，糕饵先儿属。健不祝哽噎，病不知伸缩。衣服

---

① 道光《宝庆府志》卷 137《国朝耆旧卷·善行》。
② 参见游子安：《劝化金箴——清代善书研究》，天津人民出版社 1999 年版。
③ 清·周礼濂：《洪江育婴小识后序》，光绪《洪江育婴小识》卷 1。
④ 具体内容详见清·仲瑞五堂主人编：《几希录·父母》，载袁啸波：《民间劝善书》附录一，上海古籍出版社 1995 年版，第 307 页。
⑤ 湖北黄冈《许氏宗谱》卷首《家规》，民国四年敦睦堂刻本。

或单寒，衾枕失温燠。风烛忽垂危，兄弟分财榖。不思创业艰，惟道遗赀薄。忘却本与源，不念风与木。蒸尝亦虚文，宅兆何时卜。人不孝其亲，不如禽与畜。慈乌尚反哺，羔羊犹跪足。人不孝其亲，不如草与木。孝竹体寒暑，慈枝顾本木。劝尔为人子，经书勤诵读。王祥卧寒冰，孟宗哭枯竹。蔡顺拾桑葚，贼为奉母粟。杨香拯父危，虎不敢肆毒。伯俞常泣杖，仲平身自鬻。郭巨埋生儿，丁兰悲刻本。如何今世人，不效苦风俗。何不思此身，形体谁养育。何不思此身，德性谁式榖。何不思此身，家业谁给足。父母即天地，罔极难报复。亲恩说不尽，略表粗与俗。闻歌憬然悟，省得悲莪蓼。勿以不孝首，枉戴人间屋。勿以不孝身，枉着人间服。勿以不孝口，枉食天五谷。天地虽广大，不容忤逆族。及早悔前非，非待天诛戮。

对民间溺女的劝戒更是言词凄切，催人泪下，以下是湖南民间流传的《溺女歌》[①]：

虎狼性至恶，尤知有父子。人为万物灵，奈何不知彼。生男与生女，怀抱一而已。我闻杀女时，其苦状难比。胞血尚淋漓，有口不能语。咿嘤盆水中，良久乃得死。吁嗟父母心，残忍一至此。我因劝吾民，毋为杀其女。荆钗与裙布，未必能贫汝。女性最柔慈，爱亲甚于子。男子多出外，女恒守父母。男子多违拗，女恒顺父母。男子多远游，女恒近父母。男子少悲哀，女恒哭父母。女有孝顺心，每每救父母。女有好夫子，每每显父母。不观缇萦女，免父肉刑苦。不观唐香女，救父而扼虎。覃氏年十八，能令父丧举。曹娥年十四，沉江觅父体。叔先痛父溺，抱尸浮于水。袁女母瘫痪，火来不能起。父泣不忍避，甘与母焚死。……古女贤孝□，其多难笔记。有司或赠金，朝廷或钦赐。也有为嫔妃，也有夫人类。若能存他命，报施应不悖！

劝善活动与敬鬼神、重轮回的民间信仰相结合使人们深信孝敬父母和慈爱幼弱能增加功德，获得善报，反之则有损“阴德”，遭受恶报。士绅们又通过“功过格”的形式将有关行为的功德进行了分解和量化，使人们把敬老抚幼作为日常修行的“功课”之一。现存明清时期较有影响的功过格主要有明代高僧袾宏的《自知录》，晚明袁黄《功过格》和清雍正二年（1724 年）出现的《文昌帝君功过格》等。这些“功过格”均在两湖地区得到宣传和实践，如蕲

---

①　同治《城步县志》卷9《艺文》。

州顾先生"仿袁了凡功过格，平居一言一行以至一举一念，每夕皆笔之于书，叩苍焚告"①；邵阳人刘安枚"雅慕袁氏功过格，自立一程，至夜检视日中所行"②；新化人杨继春"律身至严，仿立功过格以自警"③ 等。兹将在民间流传较广的《文昌帝君功过格》中有关内容列表如下（见表4-1）④：

表 4-1　　　　　　　　　　　　　养老抚幼功过格示例

类别	功　　格	数　量	过　　格	数　量
养老类	晨昏定省，致敬尽养	一日一功	亲病不小心医治	五十过
	对亲和气婉容	一日一功	厚妻子，薄父母	百过
	解亲一怒，舒亲一忧	十功	推诿一日供膳	五过
	顺亲心不吝财物	十功	贫不能养，遂不顾亲	一日三过
	亲病，始终小心侍奉获痊	三十功	失敬失养	一日一过
抚幼类	救一堕胎	二十功	溺杀一婴	百过
	救一溺婴	百功	致一人堕一胎	百过
	劝阻人勿溺子女	五十功	赞助人溺一婴	百过

4. 家法族规的约束

一些传统家庭和宗族内部，还制定了家训和家法族规对家人和族人进行训戒和约束。相对而言，家训的约束力较为宽松，它的出发点是让那些循规蹈矩的家人或族人通晓人伦，明白事理，其侧重点在于"倡"和"劝"。如湖南平江叶氏《家训》将"服劳奉养"作为赡养老人的最低要求，"家训莫大于人伦，人伦莫先于君父。……父子之道，天性也，人苟非悖逆反常，无不爱其亲者。然所谓爱非徒服劳奉养已也，必须曲体亲心，莫有触伤之意，务全子道，勿留玷辱之名，此乃可谓能爱其亲，而服劳奉养皆其所优为也"⑤。湖北黄陂周氏《家训》认为，"百善孝为先。孝者，天之经、地之义、民之行也"，提出不仅对生身父母要"内尽其心，外竭其力，谨身节用，以勤服劳，以隆孝义"，"至于嗣父嗣母、嫡母、继母、庶母及同居伯叔父母等"，也要"尽礼以

---

① 卢绂：《贞誉顾先生传》，光绪《蕲州志》卷25《艺文》。
② 光绪《邵阳县志》卷9《人物·懿行》。
③ 同治《新化县志》卷25《人物·善行》。
④ 参见袁啸波：《民间劝善书》，上海古籍出版社1995年版，第200～269页。
⑤ 湖南《平江叶氏族谱》卷首《家训五条》，民国二十四年刻本。

事之，小心以承之，无私以感之，至诚以格之"①。许多家训对溺弃行为也重语相劝：湖南宁乡江氏《家训》："生生之妙，不容歧视也。世有子多而溺之者，又有不喜女而淹之者。夫有夫妇而后有父子，大德曰生，奈何溺之乎?"②湖南湘潭徐氏《家训》："况椎牛毙犬，犹为不忍，乃情莫亲如儿女，曾犬牛之不若夫? 此天地鬼神之所共愤，仁人君子所宜劝诫也。吾愿吾族子弟当为重戒，更望广为传劝，以醒世之愚鲁昧心者，则幸甚。"③ 家（族）长制作《家训》的最大愿望就是通过善意的训导达到"上下和而有序，内外辨而有伦"的治家目的④。

家法族规主要用以管制族中的不法、不孝分子，其侧重点在于"戒"和"惩"。有些家法族规的条例相当严格，其约束作用不亚于国法。如麻城《鲍氏户规》规定："子孙违犯祖父母、父母教令，及奉养有缺者，杖一百；不敬不弟者减等"⑤；辰州孙氏家法对"忤逆父母，凌辱尊长"的行为，"轻则杖责，重则捆送，太则驱逐去族，极甚则筑、溺两便"；对溺女行为"宜切禁之。倘故犯不遵，重责重罚。其房长知而不报，一经查觉，斥革外另议罚处"⑥；湘阴狄氏规定，"如有忤逆不孝者，送官严惩，决不宽贷"，"倘不肖子弟出言无状，冒渎尊长者，带祠扑责"⑦；上湘龚氏族规亦规定，"磨媳溺女，绝无人理。此种恶习自当痛戒，查出重罚"⑧。

中国传统社会家庭赡养、抚育功能的强化蕴含着深刻的社会保障道理。人类家庭的脆弱人群中，有一部分是偶然产生的、个别的，如残疾人和疾病患者；也有一部分是普遍的，必然的，如老人和婴幼儿。在家庭的正常延续状态下，没有废疾、贫病者的家庭也许存在，但是不产生老人和小孩的家庭至今没有出现。一个社会如果不解决好养老和抚幼的问题，就会引发一系列的社会问题。传统时代的统治者充分认识到了这一点，面对人口众多，财力不足的国情状况，他们以深受儒家伦理教化的地方绅士为媒介竭尽所能地宣扬家庭伦理，而且以法规、政令的形式进行规范。在民间信仰和习惯中，养老和抚幼也作为家庭的"天职"得到社会的认可。在各方面合力的作用下，传统社会赡养老人和抚育子女的重任责无旁贷地落到传统家庭的身上。

① 湖北黄陂《周氏宗谱》卷1《家训》，民国十二年刻本。
② 湖南宁乡《江氏续修支谱》卷1《家训》，同治六年济阳堂木活字本。
③ 湖南湘潭《湛家塘徐氏四修族谱》卷12《旧谱家训》，民国十一年烨霞堂刻本。
④ 湖北武昌《贺氏族谱》卷1《合修家训十二则·治家》，咸丰十年垂远堂刻本。
⑤ 麻城《鲍氏户规》，参见朱勇：《清代宗族法研究》，湖北教育出版社1987年版之《附件2》。
⑥ 《映雪堂家法补略》，费成康：《中国的家法族规》，上海社会科学出版社1988年版之《附录》。
⑦ 《湘阴狄氏家规》，费成康：《中国的家法族规》，上海社会科学出版社1988年版之《附录》。
⑧ 《上湘龚氏族规》，费成康：《中国的家法族规》，上海社会科学出版社1988年版之《附录》。

如何认识中国传统家庭保障的实质？从经济史的角度，我们可以把传统家庭这个多功能的综合体视为一个经济单位，正如有论者所归纳的那样，家庭是"一个生产、消费、生活相统一的经济单位，即所有制单位"①。通过考察这个所有制单位的生产领域我们知道，在家长的精明安排之下，全体家庭成员都能在生产过程中承担适当的工作任务，其生产情形正如方志所言，"谷雨后农事交作，栽苗收麦，老幼不遑"②，"虽妇孺无一人闲逸者"③。这种生产是一种不计劳力成本、不讲劳力效益的劳动密集型生产，在商品化的条件下极容易演变为劳动者"单位工作日边际报酬递减"的"过密化"生产④。总产量是这种生产最为注重的指标，这样的生产特点是中国传统家庭竭力维持家庭收支平衡的产物。大量记载表明，明清普通的农户家庭的一年所得除去赋役负担就所剩不多了。为了维持全家人的温饱，中国农民已习惯于用十分的投入来获得一分的产出。在中国传统家庭的生产构成中，每位家庭成员都力争最大限度地发挥自己的生产能力，以期尽可能多地为增加家庭产出总量作贡献。但是，若从家庭收入总量的构成来考察，不同家庭成员的"贡献量"是不均匀的，按贡献的大小，合乎常理的排列顺序是，成年男丁、成年女口、半成年男丁、半成年女口、老人、小孩。成年男丁和成年女口的"贡献量"在家庭收入中有举足轻重的地位，对许多家庭而言，它们就是家庭收入的全部。再从分配和消费的角度考察，则容易发现，传统家庭在分配和消费中遵循的是平均主义的原则，家长虽然拥有对全部家庭财产的支配权和处置权，但这种权力绝不是为了家长的一己私利，在某种意义上这种权力的确立正是为了使家庭劳动所得更好地均分给每一位家庭成员。在产品总量实在有限的情况下，一些家长宁愿自己饿肚子也要让老人和孩子吃饱。可见，传统的家庭通过家内平均分配，用主要劳动成员劳动收入的剩余部分弥补了其他成员的不足部分，从而保障了家庭中老、幼、病、弱等成员的生存和生活需要。

总之，把传统家庭看做一个经济上的所有制单位，我个人认为，传统家庭内部平均主义的分配制度正是传统家庭保障的实质。这种"家庭平均主义"十分类似中国集体经济时期的"大锅饭"，与人为制度产物的"集体平均主义"不同的是，传统"家庭平均主义"是以血缘和亲情为纽带的自发自愿的平均主义，它是一锅"温馨的大锅饭"！

---

① 任寅虎：《婚姻和家庭的关系——兼论韦斯特马克的生物本能决定论》，《家庭·社区·大众心态变迁国际学术研讨会论文集》，黄山书社 1999 年版。

② 同治《石首县志》卷 3《风俗》。

③ 光绪《沔阳州志》卷 2《风俗》。

④ 参见［美］黄宗智：《华北的小农经济与社会变迁》、《长江三角洲小农家庭与乡村发展》，中华书局 2000 年版。

（二）家庭保障的作用方式

对家庭结构和规模的探讨是分析家庭保障作用方式的前提。按照人类学的分类，家庭结构可以分为两大类，即核心家庭（nuclear family）和扩大家庭（extended family）。扩大家庭又可分为小型扩大家庭，如主干家庭（stem family）；中型扩大家庭，如直系家庭（lineal family）、联合家庭（joint family）和大型扩大家庭（expanded extended family）①。中国传统家庭的结构和规模是学术界长期探讨和争论的问题②，人们能普遍接受的是，中国传统家庭形式并非静态，而处于变动转化的动态之中，而且存在着不同地区、民族的差异。明清两湖地区的家庭同样处于不同方向的周期性变动之中，不过，就某个历史时期的横断面来说，总有一、二种占主导地位的家庭结构，它们在一定程度上代表了该时期家庭保障的一般模式。综合学者们的研究成果可知，"核心家庭"和"小型扩大家庭"是明清两湖地区非常流行的家庭结构③。家庭的结构和规模在一定意义上规定着家庭保障的模式。一般而言，核心家庭的保障任务以抚幼为主，有时也与其他核心家庭或扩大家庭一道承担养老的任务；而小型扩大家庭则养老和抚幼兼而有之。一些破碎家庭和不完整的家庭也极力地"还原"或"修补"为这些典型的家庭形式，以承担家庭保障的责任。以下对家庭保障的主要模式进行分类剖析。

---

① 芮逸夫主编：《云五社会科学大辞典第十册·人类学》，台湾"商务印书馆"1971年版，第193页。

② 近年来，一些史学研究者的介入为这一问题的讨论提供了一些更具体的实证资料，并得出了一些有启示意义的结论。台湾学者杜正胜根据正史记载，统计了公元2年到1812年一千八百年间的50个数据，以官方记载的户为家来研究家庭人口，结果显示中国全国平均数大约为5人。其中明太祖朝每户平均口数为5.47口，清嘉庆朝每户平均口数为5.33口，不过两朝均存在不同程度的家庭规模的地区差异。参见杜正胜：《传统家族试论》，（台湾）《大陆杂志》65卷1982年第2、3期。江太新对直隶获鹿县烟户册的分析结果表明该县每户人口以2~6口者为多，参见江太新：《清代获鹿县人口试探》，《中国经济史研究》1991年第2期。张建民对云南剑川县四个村庄咸丰元年（1851年）的户口册的分析表明该区以3~7口的家庭为最多，参见陈锋、张建民主编：《中国经济通史·第八卷》上，湖南人民出版社2002年版。郑振满利用民间分家文书、谱牒和田野考察资料对闽台地区各类家庭进行了翔实研究和综合分析，指出，中国传统家庭结构是一个动态的演变过程，以分家析产为中介，"家庭结构经历了两个不同方向的演变过程，即从小到大又从大到小的周期性变化"，参见郑振满：《明清福建家族组织与社会变迁》，湖南教育出版社1991年版。

③ 相关成果参见张国雄：《明清时期的两湖移民》，陕西人民出版社1995年版；张建民：《湖北通史·明清卷》，华中师范大学出版社1999年版；曹树基《中国人口史·明时期》，复旦大学出版社2000年版、《中国人口史·清时期》，复旦大学出版社2001年版；王跃生：《十八世纪中国婚姻家庭研究——建立在1781~1791年个案基础上的分析》，法律出版社2000年版。

1. 家庭的"反哺"与延续

现代社会学者发现，中国的家庭供养模式和西方有一个明显的区别，即西方国家的成年夫妇往往只承担抚养子女的责任和义务，而中国的成年夫妇既有赡养父母的责任和义务，又有抚养子女的责任和义务。费孝通先生形象地将西方的这种家庭供养方式称为"接力模式"，而将中国的这种养育方式归纳为"反馈模式"①。回顾欧洲家庭史可知，在前工业时代的欧洲家庭中也曾经流行过"反馈式"的家庭养老。诚如欧洲家庭史专家米特罗尔和西德尔所言，"在前工业时代的农业社会秩序中，家庭的结构关系在农庄、在工匠的家庭和商人的房屋之中组成了占支配地位的劳动组织"，"多代家庭成为中欧农业地区决定性特征……19世纪的保守社会史学家……把它当作赡养老人好方法的典范加以展示，民俗学家、家庭社会学家和社会史学家都接受了这幅有思想倾向的图画"②。可见，"反哺"式的家庭保障模式在西方国家退居次要地位还是高度工业化和城市化以后的事，但在农村人口占绝大多数的中国，这种转化的过程还远远没有完成，因此我们的视线不能过早地从传统家庭移开。中国的传统家庭一直是在"反哺"模式中得以延续和发展的。若排除阶级剥削、战乱、灾害等外界因素的影响，假设每个家庭都按传统家庭伦理道德的要求履行家庭保障功能的话，可以认为，即使没有其他保障机制的支援，一般的家庭也有可能"健康"地延续下去，而且极有可能呈现出恰亚诺夫所描述的"家庭周期"的延续方式③。

明清两湖地区此种力行养老抚幼、上下雍睦，被人称道的家庭为数不少。如宣德时湖北崇阳饶昱一家被"巡按翁"称为"义门"，并为之作"义门记"④；隆庆时，湖南"巴陵陈氏累世孝谨，乡里以慈鸦目之，谓鸦返哺也"⑤。浏阳县清代同治以前有五世同堂家庭238个，其中有百岁以上寿民、寿妇的20个，"夫妇五代同堂"家庭13个⑥；黄冈、蕲州二州县清光绪以前四世以上同堂家庭共有41个⑦。兹以湖北严氏保德公支下一脉在明代若干世代的延续情况为个案对这种"反哺与延续"的方式进行具体分析。

---

① 费孝通：《家庭结构变动中的老年赡养问题》，《费孝通社会学文集——社会学的探索》，天津人民出版社1985年版。

② ［奥］迈克尔·米特罗尔、雷因哈德·西德尔著，赵世玲、赵世瑜、周尚意译：《欧洲家庭史》，华夏出版社1987年版，第140、148页。

③ 参见［俄］A. 恰亚诺夫著，萧正洪译：《农民经济组织》，中央编译出版社1996年版。

④ 同治《崇阳县志》卷8《人物志·笃行》。

⑤ 隆庆《岳州府志》卷7《职方考·风俗》。

⑥ 同治《浏阳县志》卷14《祥异》。

⑦ 光绪《黄冈县志》卷11《人物志》；光绪《蕲州志》卷16《人物志》。

湖北严氏在四十世壬一公时，"兄弟七人，原居江西袁州府分宜县，因元初水患同迁湖广"，散布于黄梅、兴国、通山、蕲水、孝感、黄冈、武昌、大冶等地。到四十九世保德公时，已是明洪武年间，保德公"迁武邑洪三乡黄山下，宅居落业"（今鄂州市沙窝乡严家湾）①。现依据《严氏宗谱》的记载将保德公支下第四十九至五十三世直系亲属的延续情况整理如下：

第四十九世：

夫，保德：生洪武三十年（1397 年）；殁成化十五年（1479 年）；寿82 岁

妻，吴氏：生洪武三十一年（1398 年）；殁成化十五年（1479 年）；寿81 岁

子一：朝献。

第五十世：

夫，朝献：生宣德十年（1435 年）；殁正德十年（1515 年），寿80 岁

妻，尹氏：生正统元年（1436 年）；殁正德十一年（1516 年）；寿80 岁

妻，方氏：生正统元年（1436 年）；殁正德十年（1515 年）；寿79 岁

子二：廷班、廷贡。

第五十一世：

夫，廷班：生天顺八年（1464 年）；殁嘉靖四十年（1561 年）；寿97 岁

妻，余氏：生成化元年（1465 年）；殁嘉靖四十二年（1563 年）；寿98 岁

子三：本根、本植、本桢。（另：严廷贡迁外未详）。

第五十二世：

夫，本根：生弘治十年（1497 年）；殁隆庆六年（1572 年）；寿75 岁

妻，邓氏：生弘治十一年（1498 年）；殁隆庆八年（1574 年）；寿76 岁

子三：代述、代晋、代往；

夫，本植：生弘治十二年（1499 年）；殁隆庆五年（1571 年）；寿72 岁

妻，曹氏：生弘治十四年（1501 年）；殁万历三年（1575 年）；寿74

---

① 湖北鄂州沙窝《严氏宗谱》卷25《百翔公派下世系》，富川堂民国刻本。

岁

　　子一：代传，另有女一；

　　夫，本桢：生弘治十四年（1501 年）；殁隆庆六年（1572 年）；寿 71
岁

　　妻，贾氏：生弘治十五年（1502 年）；殁隆庆六年（1572 年）；寿 70
岁

　　子一：代继。

第五十三世：

　　夫，代述：生嘉靖五年(1526 年)；殁泰昌元年(1620 年)；寿 94 岁

　　妻，王氏：生嘉靖六年(1527 年)；殁泰昌元年(1620 年)；寿 93 岁

　　子一：应举；

　　夫，代晋：谱中生殁年代有误，故不详。

　　妻，何氏：同上，不详。

　　子四：同上，不详。

　　夫，代往：生嘉靖十年（1531 年）；殁万历四十年（1612 年）；寿 81
岁

　　妻，吴氏：生嘉靖十一年（1532 年）；殁万历四十一年（1613 年）；
寿 81 岁

　　子一：应世；

　　夫，代传：生嘉靖十年（1531 年）；殁万历三十年（1602 年）；寿 71
岁

　　妻，李氏：生嘉靖十一年（1531 年）；殁万历三十五年（1607 年）；寿
76 岁

　　子一：应申；

　　夫，代继：生嘉靖八年（1529 年）；殁万历四十年（1612 年），寿 83
岁

　　妻，尹氏：生嘉靖九年（1530 年）；殁万历四十二年（1614 年），寿
84 岁

　　子二：应献、应达。

　　严家由洪武至万历五代人的生息繁衍过程中，除一人外迁不明去向之外，
其余每代老人都达到了七十以上的高寿，其间亦无夭折的小孩。笔者曾经怀疑
该世系的真实性，因为如此"福寿满堂"的家庭实在有些理想化。但，即使
这一世系源于族中某代精英的"创造"，也同样是富有意义的。它表明养老抚
幼，添福添寿的观念在传统社会已经深入到人们的心底。上列世系的片断显
示，此期间严家每代家长都较好地履行了养老和抚幼的任务，家庭的保障功能

得到了正常的发挥，可视为传统家庭在"反哺"中顺利延续的典型。以下分阶段对该家族不同时期的家庭形态和赡养方式进行分析，因谱中未载每对夫妻结婚的准确时间，为便于分析，均假设为第一个子女出生的前一年。

（1）宣德九年（1434年）至天顺七年（1463年）

本阶段为严保德组织家族，并由核心家庭向主干家庭演变的阶段，1435年严朝献出生，抚幼成为该家庭的主要保障任务，此时保德和吴氏都在盛年，养育此子应不成为负担，特别是1450年之后，严朝献逐步成年，直到1463年先后迎娶尹氏和方氏，家庭没有额外负担，应处于经济状况上升，生活水平提高的阶段，可以猜想，严朝献再婚的原因是由于尹氏没有生育且经济能力许可。

（2）天顺八年（1464年）至成化十五年（1479年）（见表4-2）

表4-2　　　　　　　　　　　　　**1464～1479年的严家**

	廷贡	廷班	朝献	尹氏	方氏	保德	吴氏
1464		出生	28岁	27岁	27岁	67岁	66岁
1479	小于15	15岁	44岁	43岁	43岁	去世	去世

可以看出，本阶段家庭结构仍为主干家庭，家庭总人口7人，廷班、廷贡两位小孩尚未成年，而保德夫妇日益老去，朝献为家中唯一男劳力，两位妻子为辅劳力，家庭要承担养老和抚幼的双重任务，是家庭负担较重的一个阶段。

（3）成化十六年（1480年）至弘治九年（1496年）（见表4-3）

表4-3　　　　　　　　　　　　　**1480～1496年的严家**

	廷贡	廷班	余氏	朝献	尹氏	方氏
1480	迁外	16岁	——	45岁	44岁	44岁
1496		32岁	31岁	61岁	60岁	60岁

本阶段因两位老人的去世，家庭养老的任务暂时结束，而廷班、廷贡也基本成年，抚幼的任务也大体完成。可以认为，这段时间是家庭经济条件和生活水平好转的第二个"黄金时期"。因余氏的嫁入和廷贡的外迁，家庭结构仍体现为主干家庭。

（4）弘治十年（1497年）至正德十一年（1516年）（见表4-4）

表4-4 1497～1516 年的严家

	本桢	本植	本根	廷班	余氏	朝献	尹氏	方氏
1497			出生	33 岁	32 岁	62 岁	61 岁	61 岁
1499		出生	2 岁	35 岁	34 岁	64 岁	63 岁	63 岁
1501	出生	2 岁	4 岁	37 岁	36 岁	66 岁	65 岁	65 岁
1515	14 岁	16 岁	18 岁	51 岁	50 岁	去世	79 岁	去世
1516	15 岁	17 岁	19 岁	52 岁	51 岁		去世	

本阶段家庭结构仍体现为主干家庭，廷班和余氏上升为家庭的主要劳动力，随着本根、本植、本桢三个小生命的出生，朝献、尹氏和方氏也日渐老去。廷班夫妇要承担三位老人和三位小孩的赡养和抚育重任，是家庭负担空前加重的时期。不过从1513 年左右开始，三位小孩的逐步成年，可能给家庭带来必要的帮助，家庭经济困境会有所缓解。特别是挺过1515 年和1516 年这两年的难关之后，新的转机将会出现。

（5）正德十二年（1517 年）至成化元年（1563 年）

经过1517～1525 年近十年的积累之后，廷班的三个儿子相继成家。由于无从知道当时分家的情形，家庭的演变和保障情形变得有些复杂。大致有三种情况。一是在廷班的主持下，三个儿子及其妻小同财共食，形成一个庞大的直系家庭；一是分裂为二个核心家庭和一个主干家庭，廷班夫妇由与其同住的一个儿子照料、供养，另外两个儿子则提供必要的费用或者在分家时将养赡的财产分割出来；一是三个儿子形成三个核心家庭轮流供养两位老人，等等。关于分家后的家庭供养模式，下文将结合一些实例作进一步的探讨。总之，自1626～1653 年这段时间里，严家抚幼的任务由三对夫妇分别或共同承担，养老的任务由三对夫妻共同承担。

1563 年廷班夫妇相继去世之后，分家可能是必然的。到第五十三世，原先的一个家庭已经演变为规模及结构各异的若干个家庭，此时我们不得不用"族"来界定它了。不过从每个家庭内部看，新一轮的"养育——反哺"周期又将如上复始。

2. 家庭的分爨与老人赡养

中国传统时代实行财产的诸子均分继承制，而且按照国家法律的规定，只有在父母、祖父母去世后才能进行财产分割。但是如所周知，在中国传统社会，父祖在世而诸子分居是民间社会非常普遍的现象。不过，分家之后，家中老年成员的赡养问题是一个必须妥善解决的问题，它构成家庭保障的重要内容之一。根据地方志和档案中的个案资料可知，传统家庭分爨后，老人的赡养方式大致有以下几种：

一是酌留养赡田产。对于拥有一定产业，田产较宽裕的农村家庭而言，在分家时给年老的父母适当提留若干数量的养赡田是一种常见的养赡方式。李文治先生收藏的湖南长沙《笠叟分关》文书较详细地展示了较富裕的家庭分家时酌留养赡田产的养老方式①。据该分关文书，长沙笠叟为清道光时举人，咸丰年间因得到胡林翼的赏识而步入仕途，并利用廉俸所得购置田产，经四十余年的苦心经营，田产已积累颇丰。光绪二十五年（1899 年），笠叟二子郢生、凌生析产，此时笠叟已显出老态："此次分爨，因我眼睛昏花，难于写字，记性又不好，恐致误事，故令你等各管各业，自为清厘，以节我老人之劳。"这次析产将家庭主要收入来源的田租分为三份，除二子各自所得份额外，又提取了一定数量的"公租"。这些"公租"的重要功能之一就是支付笠叟的养老费用："两房各分租谷若干，提公租谷若干，佃钱若干，除亲友应酬，修理房屋之外，我一人自吃自用，四工人薪赀，万不至尽数用完，用之有余……"由于笠叟过着有四个仆人服侍的奢侈生活，所以这笔养赡费用为数不少，仅从伙食来看："我之伙食及钟妈、徐安、徐贵、廖升四人伙食，酌定每人每日伙食钱六十文，每年清结。"

二是老年父母与诸子中的某一子共爨，构成主干家庭，由该子承担赡养义务。现存清代刑部档案留下了许多案例可以说明这种养老方式。乾隆《刑科题本》有关湖北襄阳地区的一则案例称：

> 襄阳县杜士俊生有三个儿子，长子杜瑞忠，二子杜瑞典，三子杜瑞知。杜士俊有祖遗田产七十亩，瓦房十二间，落在谷城刘家湾地方，又置买民地一百一十亩，军地五十五亩，庄房四间，共地二百三十五亩，房屋十六间。三子各分地六十亩，长次两子分祖遗瓦房各六间，三子分庄房四间外，长次两子各找三子杜瑞知钱六千文。乾隆三十二年十二月初四日，贫戚友王廷举们立有分关。下剩五十五亩地，当与罗琰管业，得价钱一百零五千。分关内载明，日后三子公赎公分。杜士俊夫妇都相依大儿子杜瑞忠过活……②

---

① 李文治、江太新：《中国宗法宗族制和族田义庄》，社会科学文献出版社 2000 年版，第 355～364 页。

② 中国第一历史档案馆、中国社会科学院历史研究所合编：《清代土地占有关系与佃农抗租斗争》下，中华书局 1988 年版，第 510～512 页。

乾隆《刑科题本》婚姻家庭类案件中还有大量这样的例子①：乾隆时湖北建始县向刘氏的供词称："小的 64 岁，丈夫早故，生四子，都已分居。小妇与四儿向启楷过日，谭氏是儿媳"；湖北竹山县唐荣虎的供词称："（小的）46 岁，父故母在，母亲同四弟居住"；湖南靖州明映昌的供词称："小的 50 岁，父在母故。小的兄弟二人。小的娶龙氏，并未生育。与胞弟久已分居，向来父随兄弟度日。"

以上所举四个例子都是单亲与一个已婚的儿子组成"主干家庭"，其他已婚的儿子组成"核心家庭"的情形。结合其他地区的一些案例可知，老年父母与诸子中的某一子共爨还有一些其他的形式。例如，父母将已婚的儿子分出，而与未婚的儿子一起构成核心家庭。这类家庭一般是父母尚有劳动能力，与未婚的儿子一起生活的目的之一是帮助其早日成婚。待其失去劳动能力时，靠其供养。再如，双亲都健在，他们分别与其中的一个已婚儿子构成主干家庭，单亲与未婚的儿子构成"准主干家庭"等，这些养老方式都可视为主干家庭的养老方式。

三是由几个核心家庭轮流供养家中老人。例如，乾隆《刑科题本》湖南醴陵县王庭秀的供词称："小的 24 岁，父故母存，兄弟二人。小的娶妻徐氏，与胞兄王庭珍早已分居，相隔一里多路。母在王庭珍家轮膳。"此类中，母亲由二个儿子的核心家庭轮流供养；湖北兴国县鄢忠信的供词称："老柯氏是小的母亲。弟兄六人，小的居长，都已分爨。鄢祥经是长子，娶媳小柯氏，也与小的分爨。鄢祥经每月派供二日。"此例中，参与轮流供养的核心家庭扩展到长孙的家庭。

实际生活中的分爨与老人赡养一定比以上所列要丰富、复杂得多，由于缺乏直接的资料，在此不赘述。

3. 家庭的破碎与"修补"

在"反哺"中一代一代地接续香火正是传统中国人所期盼的理想生活，然而并不是每个家庭都能像沙窝严氏这样顺利地延续下去，因天灾人祸等种种原因，许多家庭可能会破碎，没有子女的不完整家庭或有女无子的"准"不完整家庭也大量存在。这种破碎或不完整的家庭状况对家庭成员的生存造成极大的威胁，将这样的家庭"修补"为人们理想中完整的家庭形态是传统社会

---

① 中国第一历史档案馆收藏有大量的此类档案资料，目前有条件对之进行整理利用的仅有郭松义、王跃生等少数学者。此处所引档案如无特别注明，均引自王跃生：《十八世纪中国婚姻家庭研究——建立在 1781～1791 年个案基础上的分析》，法律出版社 2000 年版；《清代中期婚姻冲突透析》，社会科学文献出版社 2003 年版。

的惯常做法之一，两湖地区流行着诸多的此类风俗习惯，此处主要以清末和民国时期的"民事习惯调查"资料为线索，将有关民间习惯介绍如下①：

（1）招婿养老

招婿养老是指未婚室女之家招男子进门为婿的一种婚姻习俗，这种婚姻湖南常称之为"倒妆门"或"招郎"，湖北孝感等地称为"住家"，此外还有"倒踏门"、"倒找门"等不同叫法。两湖地区早在宋代已有"生男往往多作赘，生女反招婿舍居"和"男子为其妇家承门户，不殚劳苦，无复怨悔"的习俗，明清时沔阳等地亦有"每多赘而少娶"的记载②。从男方考察，入赘的原因可能比较复杂，若从女方考察则多与生活保障有关，防老、养老是最重要的原因。郭松义先生认为"选择入赘婚，就女方而言，一是无子，二是爱女"，"无子"又可分为两种情况，有一部分家庭眼前并不困难，只为将来养老，如清代有"湖北彭氏是彭成子的女儿，彭成子属有房有地的小康户，因无子嗣，乃招萧举贤为养老女婿"③。有一部分家庭则目前生活已陷入困境，于是决定招赘。郭松义先生所说的这两种情形在两湖许多地区已成习俗：宜昌县，"或无子仅有财产，藉招赘承接宗祧者……或无子又无财产，藉招赘养生送终者"；远安县，"惟家贫年老有女无子，而族内亦无昭穆相当之人可为继者，遂招他姓之子为女婿配"；五峰县，"间有产无子，仅有一女，欲以女为其终身依靠者，只得将女招婿，其婿不改姓名，不承宗祧"；京山县，"招婿入赘须改从女姓者多系无子"。竹山、京山、通山、潜江四县，"招婿养老习惯均于合同内载明出舍年限，或十年或八年，或抚女家幼子成人，或俟女家父母丧葬，谓之'半子半婿'"。湖南常德，"凡无子而有女者，招入他人为婿，成婚后，赘婿即居于女家，其初生之男随女家姓氏"。汉阳、潜江、麻城、兴山、竹溪、五峰、竹山等县均有"招婿为子"的习惯，与招婿入赘略有区别，如竹山县，"招婿为子分有产无子，或有产有子，或无产无子三种。其有产有子者，不改从女姓；有产无子者，系以赘婿为子，须改从女姓；无产无子者，以赘婿为终身之靠，俗谓之'上门'"；潜江县招婿为子"大约改姓以有产无子者为多，有产有子者为少；若无产无子，须由赘婿先纳钱若干以为女家妆奁之费，有改姓者亦有不改姓者"。与此同时，有子而招婿的情形也很常见，而且有子招婿也不完全是出于"爱女"。如钟祥县，除招婿承祀外，"更有有子而亦以女招夫，谓为防老，不改姓名，称为'半子半婿'者"，可见这种有子

---

① 前南京国民政府司法行政部编，胡旭晟、夏新华、李交发点校：《民事习惯调查报告录》，中国政法大学出版社 2000 年版。如无特别注明，本节资料俱引自此书。

② 参见郭松义：《伦理与生活——清代的婚姻关系》，商务印书馆 2000 年版，第 315、331 页。

③ 郭松义：《伦理与生活——清代的婚姻关系》，商务印书馆 2000 年版，第 322 页。

招婿亦是为了防老。宜昌县，"或有子尚幼，兼有财产，藉招婿以维持其家务者……"这种有子招婿是因为子尚年幼，需要有人来缓解眼前的困境。

（2）招夫养老、招夫养子与招夫养夫

招夫养老或招夫养子是传统时代被人们认可的一种寡妇再婚形式，其主要目的是为了养活亡夫家的老人和未成年子女。招夫养夫则是一种"合法"的妇女重婚形式，其主要目的是为了养活伤残的丈夫。这几种婚姻形式的共同点就是妇女不离开原夫家，继续为原夫家的生活保障尽义务。据民俗调查报告可知，以上诸端亦是两湖地区较为流行的婚姻习俗之一：五峰、兴山两县，"凡夫无兄弟，其夫死后尚有翁姑在堂，因而招入后夫者，谓'招夫养老'。或夫死有子不能养活，因而招夫者，则谓之'招夫抚子'。其所招之后夫均须改从前夫之姓，名曰'坐堂招夫'，该孀妇之翁姑对此举谓之'接儿配媳'"；郧县，"招夫养老、招夫养子及坐产招夫之风最为盛行，但其所招之夫仍从本姓，不从妇家姓氏，亦得处分妇家财产"；襄阳、谷城地方，"凡妇人夫死无遗产，有子女，即招相当之人入门为夫，俗谓'招夫养子'"；钟祥、罗田、竹山三县："凡夫死，家贫无以自立，而母老子幼又不忍抛弃别醮，乃招夫以资抚养"；宜昌、恩施两县："夫亡招夫之习惯约分三种：（一）夫死生有子女或无子女而有产业者，既不能守又不出嫁，另招一人入门为夫……（二）或翁姑与本夫俱亡，女归母家居住，由母女合意选择一人招入为夫，而其母即认此人为子……（三）亦有孀妇招夫以后，其妇改从其后夫之姓者，多系另立家庭，仍与另嫁无异"；此外湖北通山、巴东、谷城、京山、潜江、竹溪、麻城、汉阳等县均有孀妇招夫养老或抚子之习俗，只是在招夫是否改姓，是否享有财产继承权等方面有所差别，巴东县在称呼上亦有特色："孀妇子幼，招他姓男人入室，谓之'抚子承差'；老年丧子，有遗媳招他姓入赘，为之陪儿。"① 湖南情况大体类似，如沅陵县，"沅陵乡间，多有夫死另招异姓或同姓之人为后夫者，其原因有二：一因其父母年已垂暮，子死无所依靠，特留其媳于家，另招一个填配，藉为养老之地；一因夫死略有财产，子尚幼稚，无维持生活之充分能力，特招入夫以资撑持"。

清代档案则留下了一些这样的实例，兹略举二例：乾隆元年（1736年）湖北丁氏在婆婆的主持下"招赘文茂华至家，养老抚幼"；乾隆十七年（1752年），湖南泸溪高氏因丈夫去世留下四儿一女，故"要想招夫养子"，其条件为"只要上门入赘，帮她耕作，抚看幼小子女，不要财礼"②。

招夫养夫的习俗分布地区亦很广，如襄阳、谷城地方，"因夫残废不能生

---

① 同治《巴东县志》卷10《风土志》。

② 转引自郭松义：《伦理与生活——清代的婚姻关系》，商务印书馆2000年版，第457、458页。

活，即由其妻另招一夫入门，对于前夫负担扶养义务，俗谓'招夫养夫'"；竹山、京山、潜江三县，"女子有因夫残废不能生活，另招一后夫以扶养前夫者，其所招之夫，竹山县应改姓，京山潜江两县不改姓"；郧县，"夫残废不能生活，由其妻另招一后夫同居，对于前夫负担扶养义务。名曰'招夫养夫'"。

（3）寡妇再嫁与转房

当一部分贞妇、节妇固守着"贞节牌坊"时，也有一些孀妇被生活所迫而改嫁，她们的行为也在一定程度上得到人们的同情和习俗的承认。诚如大学士朱轼所言，"今欲使妇人尽守从一而终之义，虽颠连无告而孤寡茕茕，至死靡他，恐尧舜之治，天下有所不能"[1]。郭松义先生注意到，促使寡妇再嫁的原因是多方面的，其中尤为重要的原因之一就是"家贫无法生活"。他从档案中列出了大量这样的事例，如雍正时湖南永兴县民李寿婆"实因刘家困苦，丈夫死了，又没生育，无所依靠，没奈何，只得出嫁"；乾隆时"湖北蒲圻县民孔氏先嫁嘉鱼县余登荣，丈夫早死后，家贫无倚，再嫁于平江县某人家"；"湖南临武县黄氏（21岁），自丈夫曾融礼过世，家贫难守，乾隆九年（1744年）九月由婆婆做主，将黄氏转嫁欧幼开为妻"等[2]。王跃生亦根据刑科题本列举了乾隆年间长江中游地区一些寡妇再嫁事例，大多与生存、生活有关。其中一种重要形式为"贫穷难守型"，如湖南桃源袁氏"三十五岁，有一子一女，乾隆四十九年（1784年）前夫病故。五十年（1785年）四月，小妇因家贫无靠，难以守节，是夫叔同父亲主婚凭媒把小妇嫁与官老三为妻"[3]。一些寡妇虽生活有所着落，但为了减轻夫家的负担仍选择改嫁，如湖北兴国州杨氏称："前夫冯以铭于乾隆四十年身故，小妇随夫兄冯以铨过活，后冯以铨家务艰难，小妇情愿改嫁。今年九月，冯以铨托成为进为媒，把小妇许嫁广济县张彩烈家……十月初，冯以铨主婚，议明财礼钱12文，当日嫁到程家"。因有财礼可图，贫穷的夫家有时主动劝孀妇改嫁，如江西德化李氏丧夫，"夫兄四人劝其改嫁抚养幼子。……丧服未除改嫁，得财礼钱三十二千，十九千还夫债，十三千由夫兄四人均分"；鄱阳县程可达与兄程可道同爨，"弟病故，遗妻刘氏，年轻无子。小的劝她改嫁，刘氏允从"；乾隆五十二年（1787年），湖北监利县刘贯武以"青年难守"为由将孀媳寥氏改嫁江陵县陈姓，寥氏的表亲刘洪文则说他"不应贪得财礼，把寥氏远嫁"[4]。

---

① 参见郭松义《伦理与生活——清代的婚姻关系》，商务印书馆2000年版。
② 转引自郭松义：《伦理与生活——清代的婚姻关系》，商务印书馆2000年版，第443、447页。
③ 王跃生：《十八世纪中国婚姻家庭研究》，法律出版社2000年版，第82页。
④ 参见王跃生：《清代中期婚姻冲突透析》，社会科学文献出版社2003年版。

　　寡妇再嫁在一些地区形成习俗。如湖南《永州府志》风俗志称，"旧时妇人不以守节为重，不幸而嫠，劝嫁者踵至"①。围绕寡妇再嫁的各种权利和义务也在民间相沿成习，据前揭调查资料，襄阳、谷城两县，"再醮概由夫家主婚"；宝庆县，"凡妇人改嫁，将前夫所生子女尚未成年者带至后夫家抚育，名曰'继子'"；武冈、泸溪、益阳、衡山等县，"凡孀妇再醮，先由娘家看定人家，谓之'娘家看山'"；常德、桃源、汉寿等县有孀妇"投奔"的习俗。即"孀妇改嫁，例须有人主婚，此则自书'投奔'字一纸，交与欲为配偶之人，即生婚姻关系"。有些地方流行"转房"的习俗，转房又称"收继婚"，一般是在伯叔之间转继，亦有不同辈份之间转婚的②。对于收继婚明清律是明文禁止的，"凡娶同宗无服之亲及无服亲之妻者，各杖一百。……若收父祖妾及伯叔母者，各斩。若兄亡收嫂、弟亡收弟媳者，各绞"③。但这种习俗却一直延续到民国时期，据前揭调查资料，长沙、沅陵、宝庆等县："兄死后，弟无配偶，可以其兄嫂为妻；弟死后，兄无配，可以其弟妇为妻。"董家遵、郭松义等也发现江西、湖北、湖南等地有"就婚"、"续婚"、"挽亲"等转房习俗④。《安陆县志》亦载"田野细民有弟娶孀嫂，兄娶弟妻者，谓之就婚。遗俗相沿日久，近郡县有此者矣"⑤。被国法禁止的行为却在民间长期流行，说明寡妇转房有一定的生存土壤，其中一个重要的原因就是生活穷困，难以支付一次全新婚姻所需的各项费用。这种"内部消化"的办法对孤儿寡母的生活保障以及贫穷家庭节约婚姻开支有一定的效果，与远嫁他乡相比，不失为一种两全的"便利"之举。

　　（4）过继、收养及其他

　　老年鳏夫或无子无女的家庭常常用过继、抱养或收认义子的办法来解决养老及生活供养问题。这种做法得到宗族、社会的普遍认同并形成了有一定地域特色的习俗。例如据前揭调查资料，为了保持宗族的血统和延续，几乎每个宗族的族谱中都有关于立继承祧的规定，一般而言，只有胞侄才能承担这一重任。但为了解决老年生活问题，宗谱中的规定有时也无法阻止现实生活中收养义子之风的流行，那些"防止乱宗"的禁止性规定也不得不放松。例如江夏

---

① 道光《永州府志》卷5《风俗》。

② 参见董家遵：《中国古代婚姻史研究》，广东人民出版社1995年版，第3页。

③ 万历《明会典》卷163《户律·婚姻》，中华书局1988年影印本；《大清律集解附例》卷6《户律·婚姻》，载清·沈之奇：《大清律辑注》，法律出版社2000年点校本，第269页。

④ 参见董家遵：《中国古代婚姻史研究》，广东人民出版社1995年版；郭松义：《伦理与生活——清代的婚姻关系》，商务印书馆2000年版。

⑤ 同治《安陆县志补正》卷下，载郭松义：《伦理与生活——清代的婚姻关系》，商务印书馆2000年版，第462页。

范氏《家规》对无子立嗣的规定为"惟须自亲及疏，不可取疏舍亲，尤不可收养异姓之子，以致乱宗"，但又补充说"其有年老衰颓，族无相宜之子可立者，姑自赘婿、招甥、收养异姓之子，以备扶持"①。有些地方经过亲族同意即可立异姓为嗣，据前述调查报告，麻城、竹溪、兴山、郧县四县，"抱养异姓子承嗣，须先得亲族会之同意"。有些地方在养亲在世时，义子的地位与族人无异，如长沙、宝庆、衡山等地，"至于义子则准修入族谱，然其效力亦有不能及于养亲之死后者"。有些地方则完全放开了限制，如汉阳、五峰两县，"抱养异姓子为嗣子，只以养父母之意思为凭，亲族不得干涉"；竹山、谷城、巴东三县，"抱养异姓子亦得认为嗣子"；也有些地方嗣子可以在姻亲中过继，如"舅以甥为嗣子，及两姨间之子过继，竹溪、兴山、五峰三县均有此项习惯。郧县早年亦有此俗"；"舅以甥为子及两姨之间过继，潜江、谷城、通山、巴东四县均有此项习惯"。也有些地方允许立女子为嗣，如汉阳、竹溪、兴山三县："凡无子无女而其同宗亲属又无昭穆相当之男子可为入继者，即得入继昭穆相当之女子为其嗣子"。五峰县，"则有入继女子为女，以便招入赘婿承嗣者"。

二、宗族与族内保障

在中国传统社会，家庭作为社会的"细胞"并非彼此孤立，家与家之间常因血缘关系结合为"族"。聚族而居是中国农村常见的居住形态，且大部分的宗族都通过祠堂、族谱、公产等媒介结合起来，形成规模和紧密程度不一的宗族组织。在社会组织并不发达的传统社会，宗族在地方生活中具有不可忽视的作用。在民间保障体系中，宗族更是一支不可忽视的力量。尽管两湖地区宗族研究的成果至今寥寥，但众多记载表明，该区的宗族势力并不逊色于其他地区。明清时期，江西省是全国宗族活动最盛的地区之一②，"江西填湖广"的移民自然将母体社会的宗族生活习惯带到了两湖地区，如陈宏谋所言："直省惟闽中、江西、湖南皆聚族而居，族皆有祠，此古风也。"③ 方志、族谱中类似记载亦多，如清代曾署兴国州知事的以某在为《周氏宗谱》所作的序言中

---

① 湖北《江夏范氏宗谱》卷1《家规》，宣统元年守先堂刻本。

② 乾隆时大臣在奏疏中称："缘江西民人，有合族建祠之习。本籍城乡，暨其郡郭、省会地方，但系同府、同省之同姓，即纠敛金钱，修建祠堂，率皆栋宇辉煌，规模宏敞。其用余银两，置产收租。……臣查民间祠堂，如系建于本乡，时祭飨而联络族谊，设公费以教养子弟，乃系敦尚古道"（辅德《请禁祠宇流弊疏》，《皇朝经世文编》卷58《礼政》）；"江省地方，聚族而居，族各有祠。合爱同敬，尊祖睦族，诚为美举"（陈宏谋：《选举族正族约檄》，《皇朝经世文编》卷58《礼政》）。

③ 清·陈宏谋：《寄杨朴园景素书》，《皇朝经世文编》卷58《礼政》。

说，"兴国皆山也。自明以来，其间多聚族而居……分者合、散者联，置公所筹款善后，深得尊祖敬宗收族之意也"①；湖北通山地区，"大族各建祖祠，置祭产"②；来凤县，"巨族立宗祠，置祭田"③。湖南湘乡，"要多集族而处……建宗祠、修谱系"④；一代伟人毛泽东自幼生长在宗族势力很强的环境中，民国三十年（1941 年）韶山毛氏四修族谱将其收入谱中，称之"闳中肆外，国尔忘家"⑤。毛泽东正是通过对湖南"从前祠堂里'打屁股'、'沉潭'、'活埋'等残酷的肉刑和死刑"以及"女人和穷人不能进祠堂吃酒的老例"的深切感受，得出了"这四种权力——政权、族权、神权、夫权，代表了全部封建宗法的思想和制度，是束缚中国人民特别是农民的四条极大的绳索"的著名结论。其族权的含义即指"由宗祠、支祠以至家长的家族系统"⑥。

　　同时，现有研究成果均已注意到⑦，人口"大换血"式的流动是明清两湖经济和社会变迁中的显著现象，所谓"江西填湖广"、"湖广填四川"两种移民运动同时并存，"先来移民定居后的自然增长，加上源源不断的迁入，是两湖人口规模扩大的两个源泉"⑧。这种移民运动使得两湖地区宗族组织化的程度参差不齐，土著和先期移民可能已经形成高度组织化的宗族结构，新来移民的宗族组织可能尚未建成或正处于组建之中。另一方面，农村聚落形态也因此而多样化和复杂化。如论者所言，明清时汉水流域部分地区的乡村聚落出现了由聚居向散居的转变，一个重要的原因是由于单个农民家庭或单身移民一般选择土著居民尚未开垦的地方居住，家族移民也因不容易找到众多人口生存与发展的"空地"而选择散居，因此，"凡是散居比较普遍的地方，也就是明清时期迁入移民较多的地方"⑨。随着人口的自然繁衍，这种散居的家庭可能又会演变聚族而居的形态，这一演变过程本身就已成为宗族发展中有特色的一面。

　　总之，在明清移民运动的影响下，两湖宗族的居住形态和发达程度表现出多样性和不平衡性，在研究该期两湖宗族的保障功能时，应从宗族在血缘上的

---

　　① 湖北阳新《文肃堂周氏宗谱》卷首《序》，光绪二十三年鼎兴局刻本。

　　② 同治《通山县志》卷 2《风土·风俗》。

　　③ 同治《来凤县志》卷 28《风俗》。

　　④ 同治《湘乡县志》卷 2《地理志·风俗》。

　　⑤ 湖南韶山《毛氏四修族谱》卷 15《震房竹溪客卿伟才支派下系表》，民国三十年西河堂印本。

　　⑥ 毛泽东：《湖南农民运动考察报告》，《毛泽东选集》第 1 卷，人民出版社 1991 年版，第 31 页。

　　⑦ 张国雄：《明清时期的两湖移民》，陕西人民出版社 1995 年版；张建民：《湖北通史·明清卷》华中师范大学出版社 1999 年版。

　　⑧ 参见张国雄：《明清时期的两湖移民》，陕西人民出版社 1995 年版。

　　⑨ 鲁西奇：《区域历史地理研究：对象与方法——汉水流域的个案考察》，广西人民出版社 2000 年版，第 512～513 页。

认同、地缘上的聚居和组织上的规范等多层次、多角度地来看问题。

（一）家庭保障功能的延伸和扩大

对于许多宗族而言，其宗族形态只是由一群共祖家庭组成的血缘群体，这种血缘群体的保障功能主要表现为家庭保障功能的延续和扩大。对于那些已经组织化的宗族而言，以家庭为中心的血缘关系网络也是宗族保障的基础。因此，不管规模大小和发达程度如何，宗族中有些基本的关系是最重要的，它们成为宗族保障功能的起点。这种血缘关系网络如图 4-1 所示：

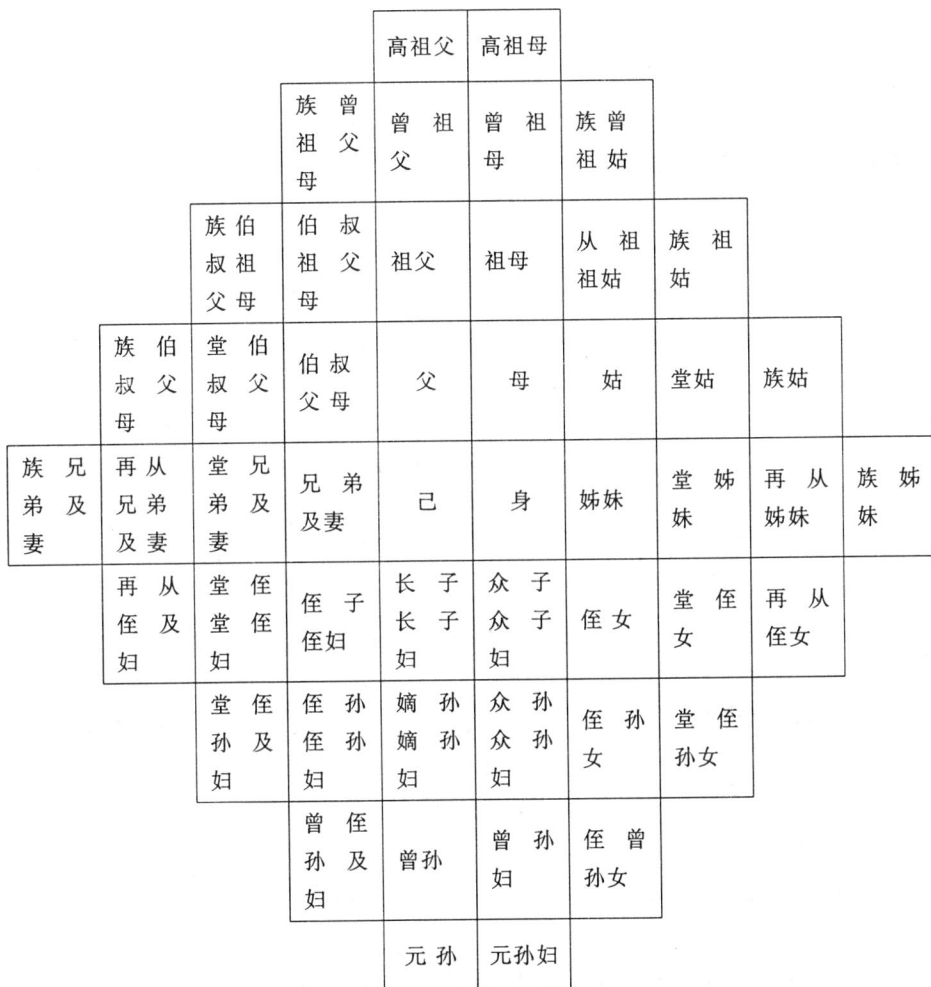

				己	身				
				高祖父	高祖母				
			族曾祖父母	曾祖父	曾祖母	族曾祖姑			
		族伯叔祖父母	伯叔祖父母	祖父	祖母	从祖祖姑	族祖姑		
	族伯叔父母	堂伯叔父母	伯叔父母	父	母	姑	堂姑	族姑	
族兄弟及妻	再从兄弟及妻	堂兄弟及妻	兄弟及妻	己	身	姊妹	堂姊妹	再从姊妹	族姊妹
	再从侄及妇	堂侄堂侄妇	侄子侄妇	长子长子妇	众子众子妇	侄女	堂侄女	再从侄女	
		堂侄孙及妇	侄孙侄孙妇	嫡孙嫡孙妇	众孙众孙妇	侄孙女	堂侄孙女		
			曾侄孙及妇	曾孙	曾孙妇	侄曾孙女			
				元孙	元孙妇				

图 4-1　以家庭为中心的血缘网络图

资料来源：据明清律《本宗九族五服正服之图》改制。

　　图4-1中自高祖至元孙的九个世代的直系和旁系亲属被称为"本宗九族"，族中有人去世，其他人必须为之服丧，服制按服丧期限及丧服粗细区分为五种，按由重至轻的顺序为：斩衰、齐衰、大功、小功、缌麻。凡参加服丧者是为"有服亲属"，服重者亲，服轻者疏。在中国传统社会，"五服"制度规定着亲属的范围，指示着亲属关系的亲疏远近。两湖地区的许多族谱中都绘有《服制图》，其重要功能之一便是教导人们如何区别亲疏，如湖南桃江《萧氏四修族谱》中，将《服制图》称为《分别宗族亲疏之图》①。可见，传统社会聚族而居的宗族共同体就是一个遵循着"五服"原则的长幼有序、亲疏有别、牵一发而动全身的血缘网。血缘网络中的各个家庭虽然分居异财，各自为"政"，但是他们不是简单地实现各自家庭"自给自足"的血缘共同体。在共同体外部，他们要与地方市场发生联系，在共同体内部则离不开宗族成员间的互助合作。家庭之间的生产协作、生活救援和困难扶持是农村社会中的日常生活方式。在这些合作和救助中，血缘关系的亲疏有很重要的意义，一家有难，无服亲属可能不闻不问，有服亲属则不能坐视不管；"服轻"亲属可能袖手旁观，服重亲属则责无旁贷。在各种形态的宗族中，那些人口规模小，尚未分化的宗族，各家庭本来就是五服内的至亲。那些人口规模大，一姓数村的宗族，每个家庭也都有各自的核心血缘关系圈。不管宗族规模大小，对于每一个家庭来说，在日常生活中意义重大的往往只是服制较重的核心血缘圈中的数个家庭。冯尔康先生将五服内外的宗族结构分为"四圈"："即斩衰之内亲为第一圈，大功之内亲为第二圈，小功及缌麻服为第三圈，出服族人为第四圈。"②林济在黄州宗族的研究中也意识到了这一点，提出了"家庭—亲房—房分—宗族"的分层结构③。正因为"家庭—亲房"基本关系在农民生活中的意义非同一般，家庭保障的功能有时并不局限于家庭内部成员，而是有限度地延伸到核心血缘圈。对核心血缘圈成员的救助和抚育成为宗族保障的基本功能。以下就"累世同居"、"养幼弟"、"抚孤侄"、"事族戚"等几种常见的形式对宗族的基本保障职能进行举例说明。需要说明的是，以上几种现象在明清时期极为常见，但借以说明问题的资料主要体现为大量零散的个别事例，既不可能将其一一列举，也难以获得有意义的统计数据。为此，本文拟采用从地方志中随机抽样的办法获取有关事例。具体做法为，以所能阅取的地方志为范围，从各方志《孝义》、《义行》诸卷中随机抽取事例，抽取数量的多寡以此种事例本

　　①　湖南桃江《萧氏四修族谱》卷7《服制图·分别宗族亲疏之图》，民国三十年（左右）兰陵堂木活字本。

　　②　冯尔康：《中国宗族社会》，浙江人民出版社1994年版，第223页。

　　③　林济：《长江中游宗族社会及其变迁》，中国社会科学出版社1999年版。

身数量的多寡为基础，抽取数量以 5～15 个为限。因随机取样，不考虑朝代和
地区分布的平衡。

1. 累世同居

累世共财同居而形成的食指成百上千的大家庭堪称中国传统大家庭的极端
形态，对这样的家庭冠之以"家族"当毫不为过。累世同居的大家庭不仅展
现了古人对血缘、亲情的重视，也充分体现了儒家的宗法观念和家庭礼法，一
直备受传统统治者的推崇而成为官方旌表和倡导地方教化的典范。从宗族保障
的角度言之，累世同居的大家庭事实上是在有力族长的主持下对全族人实行的
"族内平均主义"。在这种"大家庭"内，财产属于家族成员共同所有，积蓄
私财是"非礼"和不孝的行为。家长虽然至尊，也只是代理家庭成员管理财
产。诚如《大清律》所言："卑幼与尊长同居共财，其财总摄于尊长，而卑幼
不得自专"，"家政统于尊长，财物则系公物"。在分配和消费上则实行平均主
义，大凡家庭重大活动、亲戚之间的往来与馈赠以及日用衣食、器具都由家长
统一调度，平均发放。对家内老人的照料、子孙的教育、病人的看护等都有明
确的分工和周到的考虑。现存最早的成文家法规——《江州陈氏义门家法》
为我们展示了一幅超大联合家庭的"公社式"家庭保障的理想图画，这一家
法虽然订立于唐代，但自宋以来一直为陈氏子孙推崇和向往[1]。北宋嘉祐四七
年（1062 年）奉旨分家后，义门陈氏家族广布于长江中游地区，这些家族的
族谱中都可以看到《义门家法》的影子[2]。

在明清两湖地区，类似于义门陈氏这样在有限范围内实行"族内平均主
义"分配和保障方式的累世同居家庭并不少见。据统计，黄州府清代载入府
志的累世同居大家庭，黄冈县有 6 个；蕲水县有 15 个；麻城县有 2 个；黄安
有 9 个；罗田有 8 个；蕲州有 2 个；广济有 4 个[3]。据光绪《黄冈县志》，黄
冈邓一隆家，"立功过薄，以寓劝惩。子弟诵读到年二十……妇女以黎明集治
女工，财物悉贮公所；推一人举其出入，服食无私；年老及有疾者别养之。八
世同居，内外和睦无间"[4]。若以两湖地区为视野，这样的大家庭实在难以悉

①　参见费成康主编：《中国的家法族规》，上海社会科学院出版社 1998 年版，第 237～242 页。

②　据 2003 年《义门陈氏回归庄合修大成宗谱》的编修者考证，自其始祖"公成郎"奉旨分受蕲
水蔡桥，创立"回归庄"以来，回归庄子孙可考者"分成十一大分"，分布于浠水白洋河、巴河、东
头湾、老屋湾、团陂陈太湾、土门、左冲以及蕲春、武穴、鄂州、黄石、宜昌、麻城、罗田、陕西等
地。参见《义门陈氏回归庄合修大成宗谱》卷首上《全庄家人统计居住分布概况》、卷首中《回归庄
十一大分主要分布居住地》，德星堂，2003 年铅印本。湖南长沙等地《义门陈氏家乘》已见前引，在
湖北通山、通城、黄梅的田野调查中，亦常有陈姓人氏自称义门陈氏后人，并以谱为证。

③　林济：《长江中游宗族社会及其变迁》，中国社会科学出版社 1999 年版，第 95 页。

④　光绪：《黄冈县志》卷 12《人物·孝友》。

举，兹将用上述方法抽样的结果列表如表 4-5 所示：

表 4-5　　　　　　明清血缘群体保障功能抽样示例之一：累世同居

州县	朝代	姓名	事　　迹
孝感	明	程昂	七世同居，男女百五十人，无私置产者
蕲水	明	王泰	七世同居，一家二百余口
蒲圻	明	李圮	子孙七世同居
武陵	明	陈大忠	子孙五世共爨
江夏	清	陈联槐	五世同居，行义不倦
麻城	清	郭尚道	六世同居，亲丁百余人，无间言
大冶	清	陈绍求	同居五世，一百六十余口
郧西	清	杨景秀	七世同居，上下内外百八十余丁
当阳	清	罗有临	孙曾林立，四世同居
江华	清	唐天与	一门雍睦，五世同居
沅陵	清	谢纯臣	子孙五代近百口同爨不析

2. 养幼弟

在"养育与反哺"的链条中，如果父母早逝，而幼子尚未成人，此幼子的供养极易成为社会问题。在传统社会中，多依据血缘关系的亲疏来确定抚幼的义务。此时如果长兄尚在，理当承担起养幼弟（妹）的责任。如果尚未分家，长兄一般会维持家庭现状，如果已经分家，长兄有时会把原与父母一起生活的幼弟（妹）招回己家，仍然以家庭的形式进行抚养。此时的长兄上升为一家之长，实际上履行着父亲的责任。值得指出的是，长兄承担"父职"的养育方式与家庭养育很难区分，也可视为家庭抚幼功能的一种特殊形式。不过，此类家庭的形成或维持多由于长兄严守家礼、深明大义和顾念亲情，有时是以牺牲个人利益为代价，有时是顶住阻力所作的坚持。在"孝义"、"懿行"诸传中发现此类事例当然十分容易，但在实际生活中未必总能以此种家庭的形式来供养。很多事例表明，长兄的义行往往是克服"世俗偏见"的结果：如湖北汉阳人刘传燧家"世以孝友称"，父母去世后"家人以食指繁，议异居，传燧曰：父母在吾痛吾弟尝在心，岂死而忘吾弟乎？且岁祲宜保聚以生也，家人遂不敢言"①。在一个世代孝义的家庭里，尚有人提出要分家异居，寻常人家不将"幼弟"作为家庭成员抚养或根本不履行抚育义务当然不足为怪。因之，将"养幼弟"归入"家庭保障功能的延伸与扩大"似乎更为准确。以下仍以从方志中随机抽取的方式举例如表4-6所示：

表4-6　　　　　　明清血缘群体保障功能抽样示例之二："养幼弟"

州县	朝代	姓名	事　迹
安福	明（崇祯）	欧阳端	父殁，抚弟球同居二十余年，无私积
罗田	明	胡明通	幼育于兄，事兄如父
安陆	明	刘希尧	父殁遗幼子希舜未周岁，使妻李氏怀舜而哺之
武昌	明	孟道翼	事嫡母，抚幼弟，孝友无间
蒲圻	明	任遇隆	抚诸弟孝友
德安	清（乾隆）	李嘉应	父没时二弟俱幼，应饮食教诲，以弟之学行为己责
嘉鱼	清	舒善大	弟应甲一岁而孤，抚之至长，负笈从师……遂成诸生
黄冈	清	朱天炎	父母没，殡葬尽礼。弟妹在襁褓中，抚之至于婚嫁
当阳	清	杨永清	父兄均于嘉庆初殉乱，上事母嫂，下抚弟侄
新化	清	罗启聪	不惜厚币延名师课其幼弟
沅陵	清	向廷柱	推父母爱子之心以爱弟，教读婚娶皆自任之
庐溪	清	廉节	抚三幼弟至成立

3. 抚孤侄、事寡嫂（含弟媳）

家庭主要劳动力意外去世留下的"孤儿寡母"是亟待救助的社会弱者，传统社会中他们也多由宗族中血缘关系较近的亲属承担供养的义务。例如，对兄或弟去世后留下的遗孀和孤侄，健在的兄弟一般会承担起抚养的义务。养育方式因具体情形而不同，有的分家后复合爨，有的先抚育成立再分家析产，有的抚育成立而不析产，有的定期以财物进行支助供养，直到孤侄能"成立"为止。诸如此类，本书将这种保障方式称为"抚孤侄、事寡嫂"。从所查阅方志的个案事例看，它是明清两湖宗族保障中最常见的形态，兹从众多个案中选取若干示例，如表4-7所示：

----

① 民国《湖北通志》卷149《人物·孝义卷》。

表 4-7　　　　　明清血缘群体保障功能抽样示例之三：抚孤侄、事寡嫂

州县	朝代	姓名	事　迹
安福	明（嘉靖）	王翔	少孤，兄早世，奉嫂抚孤三十余年
兴国	明	徐文德	其弟敬夫妇早死，遗女为之抚鞠遣嫁
黄冈	明	樊玉衢	兄早卒无子，治其丧葬，事嫂如母
蕲州	明	冯翱	二弟早亡，抚其孤如己子
襄阳	明	蔡其芝	少弟殁，字其孤如己子
龙阳	明	曾绍周	悯嫂守节，奉之如母，抚侄如子
武昌	清	魏永旭	泊兄二子没，复招其孙龄融同居，为之娶妇生子
黄陂	清	童能义	弟客死，抚其子如己出；其子式广亦抚兄子及孙
沔阳	清	彭职	兄嫂逝世，遗孤三人，教育婚娶若己出
湘乡	清	李添洪	兄早故，次侄达政又故，一门双寡，两代孤雏皆赖护持
邵阳	清	刘艾化	两兄继殁，抚教诸从子，恩义兼至
武冈	清	张文俊	尽友爱，抚孤侄，俾克成立
新化	清	谢佐	兄弟多夭，奉母张氏维谨，视诸侄无异所生
蓝山	清	萧馨	葬兄、事嫂、抚孤

4. 事族亲

　　明清两朝，国家在收养鳏寡孤独等社会弱者时一般要审查其有无亲属可依倚，其判断的标准正是血缘的亲疏和服制的远近，对同宗的血缘近亲进行给养和救助亦是家庭保障职能扩大和延伸的常见形式，不妨将这种保障形式称为"事族亲"，兹列表示例如表 4-8 所示：

表 4-8　　　　　明清血缘群体保障功能抽样示例之四：事族亲

州县	朝代	姓名	事　迹
嘉鱼	明末	孙杰	建祖宅三楹推与族之尤贫者居之，诸叔……奉若严父，至老不衰
潜江	清初	朱绂	族中困于里排，有兄弟鬻身者，绂捐银八十两赎还。有子侄转徙他方，流离失所者，绂曲为招至，以近村田庐安处之
嘉鱼	清	杜方履	睦族惇厚，居家勤俭，尤人所难……好施与，周人之急
南漳	清	陈瑜	事叔婶如父母

续表

州县	朝代	姓名	事　迹
蕲水	清	王秉彝	事叔如父，析箸时提膏腴田二十石为叔养赡
当阳	清	林一枝	族戚中孤寡者益加厚
邵阳	清	陈世桂	有叔母早寡，事之如母

（二）宗族组织的保障功能

宗族组织化的过程是学术界探讨较多的一个问题。明中叶以后，国家废除了关于建祠及追祭世代的限制，建祠由品官遍及庶民之家，追祭由数代之内上推至始迁祖，一个族姓所能联系的族众范围扩大了。国家政策的松动推动了民间宗族组织化的进程，一旦宗族人口达到一定的规模，族内的精英和士绅就会倡率族众建祠置产，修谱联宗，实现宗族的组织化。尽管各宗族的起点不一，演化进程有快慢之分，但大多数宗族最终都能走上组织化的道路。如林济对民国《醴陵县志》祠堂志所表列的祠堂数进行了统计，结果显示：醴陵共有祠堂569座，明代建成的有17座，清代建成的有469座，其中清顺治、康熙年间建成的有40座，清雍正、乾隆、嘉庆年间建成的有145座，清道光至宣统年间建成的有284座①。据现存的族谱、方志等资料分析两湖地区宗族组织化的过程，不难发现，对族人的生活保障是这些宗族组织化的基本动因，也是完成组织化后的一项最基本的职能：

1. 敬宗睦族是宗族组织化的基本动因和出发点

除了血缘、亲情、祖先信仰等"凝聚因素"之外，宗族在演化的进程中也存在着许多"离散因素"。如族谱所言："夫一族之人甚繁，五世则服尽矣，服尽则亲尽矣，亲尽则相视如途人矣。"② 随着宗族人口的增加，宗族规模的扩大、分化和宗族成员之间的服制减弱、血缘关系淡化是必然的趋势。例如湖南汝宁刘氏仕珍、仕清二公于元至正时由上湘来宁，"厥后生聚日繁，居地亦因之不一，析而为荷塘、为竹田、为粟溪、为西塘、为大坟山、为山底峡山、为双井、为滩山、为檀木□、为叶园、为梅子冲高洛井、为西冲、为周田冲、为温冲、为流沙河、为祖塔、为八石头陈吴冲、为生基蛇、为目湖冲、为三塘冲、为出山口、为上湘白田等处，纵横绵亘，不下二三百里。由是阆佰之东，

---

① 林济：《长江中游宗族社会及其变迁》，中国社会科学出版社1999年版，第133页。
② 湖南《高桥周氏族谱》卷1《序》，乾隆四十三年刻本。

寔沈之西，有语大宗不知，语小宗不知，语祖父乃不知，语兄弟乃不知者"①；湖北武昌贺氏，"我族自宋小一公兄弟六人避金兵由河北蓟州迁居楚之武昌……我祖小一公十传至天祯、天祥二公分支迄今，瓜绵椒衍，如星罗列，如棋散置，乃置见面不相识，往来不相通者"，至咸丰年间贺氏合修族谱时族人更叹曰："盖世远则离析已久，亦族大则联属其难也！"② 正因为如此，一些宗族极力反对联宗通谱，如黄冈谢氏在家谱《凡例》中称"世俗通谱最为陋习。我谢姓自申伯以来，几遍天下，不惟江西、福建，在远省者冠盖如云，即在湘南尤多同姓。而同省之天门、沔阳、江陵、监利，同府之蕲水、黄安，同县之张店、城厢、紫潭、界埠，虽有会稽安成统谱分支可据，而丁口太繁，派名亦异，一概不敢通共"③。

　　在特定条件下，即使聚居地点稳定，支派分明的宗族，也可能出现分化。如明末清初黄冈、麻城两县的蔡氏，"境界相连，相距不过三十余里，而子姓之蕃衍为两邑望族，但昭祖系麻邑民籍，寿祖系黄冈民籍兼领黄卫军籍，麻邑子孙畏军差之累，遂各分户族，不相往来，虽明知为同祖，而且讳其自出，视之若秦越矣"④。因家大族繁，族内的矛盾和纷争是必然的，如黄冈《彭氏族谱》所言："族大丁多，莫非同原宗祖而意见各别，风教为之一衰，或因屋宇佔基，忿争不已，或因田产侵界，攻击不休，祇以一事之微，动起数年之祸，盖至仇深怨积，必有藉他族豪暴，相与鱼肉本宗者。"⑤ 宗族内部房分之间、支派之间的仇隙和怨恨也在所难免。湖北黄陂张氏，"康熙丙子年，族兄惟珍倡议建祠，而叔辈讳宏猷者遂拈毫为之引，奈族中贤愚不等，竟以互生嫌隙而止"⑥；湖北阳新周氏，"往往竟起争端，甚至睚眦小寡，积不能平，遂操戈于同室，视宗族如仇人，是岂风气嚣凌使然哉？盖以生齿繁多，势日远而情日疏，不知亲亲之义也久矣"⑦。黄州知府祁宿藻在为黄冈《谢氏宗谱》作序时提及他为任期间"每遇兄弟、宗族之兴讼者，不惮勤劳劝导，冀其悔悟而浚已。比来如麻城张氏、蕲水胡氏，皆以修谱讦讼，大失敦本笃亲，敬宗睦族之意"⑧。

　　族内贫富分化也是血缘关系削弱的重要原因。如湖南《平江叶氏族谱》

---

①　湖南《沩宁刘氏族谱》卷1《新序》，光绪十三年序伦堂刻本。

②　湖北武昌《贺氏族谱》卷2《耀南公修谱原序》；卷1《贺氏合修族谱序》，咸丰十年垂远堂刻本。

③　湖北黄冈《谢氏宗谱》卷首《凡例》，民国七年刻本。

④　湖北黄冈《蔡氏宗谱》卷1《蔡氏族谱告成序略》，民国七年九思堂活字本。

⑤　湖北黄冈《彭氏族谱》卷首《家训》，民国三十七年述古堂活字本。

⑥　湖北黄陂《张氏宗谱》卷1《重编族谱序》，同治九年刻本。

⑦　湖北阳新《文肃周氏宗谱》卷首《序》，光绪二十三年鼎兴局刻本。

⑧　湖北黄冈《谢氏宗谱》卷首《原序》，民国七年刻本。

所言："而族之不睦者，何哉？贫富穷达间之也。一族之间，不皆富也，即有贫焉；不皆达也，即有穷焉。富贵不能周恤贫穷，是以富贵者似乎骄吝，贫穷者不无怨尤。如是欲族之睦也，不亦难乎？"① 黄冈《许氏宗谱》亦称，"常见亲支贫富相形，终年不一聚，即有庆吊大事，在贫者非袖短裙长，即相将无物几回，欲行欲止，纵使勉强登堂，足将进而趑趄，口将言而嗫嚅，甚且逢迎少人，此际即曲意周旋，尚增几许踟蹰，况以傲慢临之乎？此骨肉所以日远日疏也"②。

　　除了血缘伦理有日益松弛的趋向之外，明清时期由于佃农和雇工的法律地位的提高、对地主人身依附关系减弱、土地自由买卖、商品经济发展等原因，人们的尊卑长幼观念也有弱化的趋向③。总之，明清时期，中国传统的血缘宗法关系出现了日益"松解"的趋势④。如果将时限向历史中回溯得更久远一些，这一趋势表现得更为明显。中国的宗法宗族制在宋代以前是一种"门阀型"的宗法宗族制，维护这一制度的力量是国家政权。从宋代开始，中国的宗法宗族制向"庶民型"演变，此时在宗法宗族制中起整合作用的主要是一些名儒和官僚，赖以整合的工具主要是以孝睦为中心的儒家情理说教和官僚修谱、睦族的实践。儒家的说教以张载、朱熹等人为代表，理学大师朱熹将儒家孝睦思想阐发到了极致，他认为，"论性，则以仁为孝弟之本；论行仁，则孝弟为仁之本"，万事"但需先从孝弟做起，舍此便不是本"⑤，要求人们"入事父兄，出事长上，敦厚亲族，和睦乡邻"⑥。他还以"三纲五常"为纲作《家礼》一书，对后世产生了深远的影响。修谱、睦族的实践则以欧阳修、苏洵、范仲淹等为代表，欧阳修编修的《欧阳氏谱图》，苏洵编修的《苏氏族谱》开私家修谱的先河，总结了前人修谱章法，创立了较完整的修谱体例，成为影响后世修谱的基本体例格局。范文正公建置族田义庄对族人实行接济的义举则将儒家的伦理说教向实践层面推进了一大步。到了明清时期，在宗法宗族制进一步松解和日趋庶民化的过程中，对宗法宗族制起维系和整合作用的则主要是一些低级的士绅。通过对宗法宗族制长时段的"回放"，不难发现，在中国传统宗法宗族制发展的历史进程中，存在着两种并存的趋势，一种是宗法宗族制日趋松解和庶民化的趋势，另一种是宗法宗族制不断被维护和整合的趋

---

①　湖南《平江叶氏族谱》卷首《睦族论》，民国二十四年刻本。
②　湖北黄冈《许氏宗谱》卷首《家规》，民国四年敦睦堂刻本。
③　参见李文治：《明清时代封建土地关系的松解》，中国社会科学出版社1993年版。
④　参见李文治、江太新：《中国宗法宗族制和族田义庄》，社会科学文献出版社2000年版。
⑤　《朱子语类》，中华书局1988年版，第471页。
⑥　《朱子大全》卷99《晓谕兄弟争财产事》，上海中华书局据明刻本校刊本。

势。"这是一个矛盾。由宋元以至明清，宗族制就是在这种矛盾之中发展变化的。"①

明清以低级士绅为主体的宗族整合并没有摆脱宋儒和官宦设定的框架，更多地体现为对宋代的继承和仿效，儒家的孝睦伦理正是他们整合宗族的基本动因和出发点。低级士绅虽然在性理学问方面无法超越前代的理学大师，他们却通过建祠修谱，使联宗睦族活动深入千家万户。明清时期私家修谱极为盛行，"几乎姓姓有谱，族族有谱，家家有谱，而且家谱一修再修续修，不仅汉族修谱，各少数民族亦莫不如此，修谱几乎成了中华民族全民性的一项文化活动"②。这些族谱的《序言》和《凡例》等部分都不同程度地表述了当时宗族组织化的动因。可知，其基本出发点乃是沿用宋儒们所惯用的整合工具——孝睦伦理，极力渲染和强化宗族演化中的"凝聚因素"，力求淡化和清除诸种"离散因素"：

湖南格塘黄氏，"我族徙居格塘者至乾隆初年，视前寓窝塘时已增十倍矣"，族中精英"以尊祖、敬宗、收族为心，乃于嘉庆九年（1804 年）设席会族创建祠宇"③；湖北武昌贺氏认为，"族谱之作，为收族计也，收族所以敬宗，即所以尊祖也。盖以祖宗一人之身分而为各祖各族之人，其亲尽者，其情多隔然。即各族各人之祖，上而溯之祖宗一人之身，其流异者，其源实同。谱之为言，普也。欲普吾族而溯乎其源也，吾族既普，谱顾安得而隘之乎？"该族"自明迄今，修葺谱牒数次"④；湖南高桥周氏族谱称，"祠堂为祖宗凭依"，"族有谱，合族之道也"，"此合族之道著，可以示乡党邻里，有不油然而生孝弟之心者几希"。在族谱编修中又规定"各房各支……俱于本房注都邑地名，使日后子孙知先世住址。所在相距虽远，自无忘发迹之所，且时念葛蔓之情"⑤。少数民族也热衷于联宗收族，如湖北定氏，"上荆江、下江汉，都都相望，邑邑相属……所虑者时异势殊，支分派别，远则易疏，繁则易乱。予十一世祖允遐公讳贞，知亲亲为人道之大，尊祖、敬宗、收族，古皆然矣"⑥；湖南邵阳海氏，"历其世久远，迁徙不常，同姓遂判若秦越，仁人孝子惧其繁然而莫可纪，乃作谱牒以连贯之。思祖宗，合族系，穷本追远，意深切矣"⑦。

---

① 李文治、江太新：《中国宗法宗族制和族田义庄》，社会科学文献出版社 2000 年版，第 59 页。

② 王鹤鸣：《浅论方志与家谱》，上海图书馆编《中国谱牒研究》，上海古籍出版社 1999 年版，第 20 页。

③ 湖南《黄氏四修族谱》卷首《三修族谱叙》，同治四年江夏堂刻本。

④ 湖北武昌《贺氏族谱》卷 1《贺氏合修族谱序》，咸丰十年垂远堂刻本。

⑤ 湖南《高桥周氏族谱》卷 1《序》、《凡例》，乾隆四十三年刻本。

⑥ 湖北《定氏宗谱》，嘉庆十七年《续修宗谱原序》，马建钊主编：《中国南方回族谱牒选编》，广西民族出版社 1998 年版，第 117 页。

⑦ 湖南邵阳《海氏族谱》卷首，乾隆六十年《旧序》，民国元年续修复刻本。

一些宗族在完成了较小范围的整合之后，又谋求更大范围的合谱联宗。如湖北蕲黄一带的夏氏，"今蕲邑夏氏寅卯山与张卯山合谱，并与黄冈夏家河岸联宗，确系一脉相传"，虽规定"冈邑所置祠宇祀产与蕲无涉，蕲邑所置祠宇祀产亦与黄无涉"，"然蕲黄两族前既同三代之祖考，后应联百世之宗芳……后之子孙当彼此敬相往来，诣笃宗盟，不忘一本万殊之义"①；湖南章氏，"居善邑之花桥、蓝田，洎明壁迄公迁于中湘而壁达公来上湘"，各房"皆分修房谱，心心相印"，因不满于"不独上湘、中湘见面而途人视之，即本邑之蓝田亦各祠其祠、各谱其谱"的局面，"康熙戊戌，瑛房君宠公及启文两大人纠集族众，合三邑而共为一峡，珠贯绳联，是分而合也"②。

为了更好地宣扬孝睦之道，宋儒的言行常被移植到族谱中以"开宗明义"，1998 年湖北罗田古庙河谱局纂修的《周氏大成宗谱》中收有宋淳熙年间朱熹所作的《周氏宗谱序》称："……为人臣，所当鞠躬尽瘁；为人子，所当慎终追远，不可一毫忽者也。吾观周氏宗谱，上溯姓源之始，下逮继世之宗，明昭穆，以尚伦也；正名分，以尚嫡也；序长幼，以尚齿也；列像赞，以尚思也。非大忠大孝而能之乎？"③ 不管此序是否出自朱熹之手，它却一直保存在周氏历代的族谱之中对族人发挥着教化作用。其他如"夫家之有谱，犹国之有史，近日谱式，动辄曰欧曰苏"④；"欧阳氏著家谱，用汉年表法；苏氏取礼大小宗为次，断自五代始，近世取法焉"⑤；"范文正公身膺重禄，不忍独丰，爰置义田、义宅以周族党，自谓不如是无以见祖宗于地下耳"⑥；"范文正公置义庄以赡族人，史称其盛德，后世慕而效之者，殊不乏人"⑦，诸如此类，在家谱中随处可见。

明清时也有一些族谱的序言出自当时名儒之手，他们在这些序言中将宗族组织尊祖、敬宗、睦族的初衷表述得十分明白。如方孝孺在《宋氏世谱序》中对朱熹"不修谱谓之不孝"之论特加推崇。从"孝"出发而"尊祖"、"敬

①　湖北蕲春《夏氏宗谱》卷 1《蕲黄夏氏民籍合谱联宗序》，光绪十八年刻本。

②　湖南善化《章氏支谱》卷首《序》，民国十八年刻本。

③　《周氏大成宗谱》首一，《序文》。按该谱乃 1998 年罗田古庙河谱局纂修的铅印本，它是以民国二十六年于阳新西城祠合修的《十祭大成宗谱》为蓝本的，其联宗范围遍及全国，首一所载序文系有选择地从各地周氏谱中选取。因未见所由选取之原谱，故周氏在南宋时是否修谱，是否请朱熹作序不敢肯定。不过该氏自称为汝南周氏后裔，联修的总则是"以江西原籍为根本，追索汝南总渊源"，从源头比较确切的几支的序言中知道，周氏"唐宋时久居豫章……为名门望族也"，朱熹曾修江西《婺源茶院朱氏世谱》，故周氏修谱并请朱熹作序似有可能。

④　湖北鄂州沙塘《周氏宗谱》卷首《周氏三修宗谱序》，民国二十五年刻本。

⑤　湖南《华林胡氏十二修宗谱》，明正统元年《重修老谱华林毗陵二族合谱引》，1995 年铅印本。

⑥　湖南长沙《黄氏洲子房支谱》卷首《序》，道光十年刻本。

⑦　湖北黄陂《周氏宗谱》卷 10《学校志叙》，民国十二年刻本。

宗"，达到"别亲疏"、"辨昭穆"、"识尊卑"、"敦孝友"的目的①；胡应麟为湖南华林胡氏的二十一祖，他在胡氏的《谱引》中也一再强调"思崇本尊祖之义"、"笃于亲睦之礼"的道理②；汪琬的《汪氏族谱序》则被各地汪姓宗族奉为至理名言："……凡为吾父兄子弟者，敬能知仁义尊亲之说，而使内外有别、长幼亲疏有序、有无相恤、吉凶患难相助、伏腊祭饮食相周旋，如此，则虽不言宗，而宗法寓其中矣！"③

2. "睦族论"及"睦族论"倡导下的族内互助活动

明清宗族的组织化以尊祖、敬宗、睦族为基本动因，以控制族众为最终目的，当这一过程完成之后，敬宗和睦族不仅成为宗族组织的一项日常事务，而且成为族内精英控制族人的基本手段。敬宗活动主要体现为以祠祭、墓祭为中心的祭祀制度的完善和祭祀活动的开展。睦族活动可以分为两种情形：一是各宗族家训、家劝、家戒、宗约、祠规、族规中对睦族论的宣扬、劝戒以及在睦族论的倡导下，族内互助活动的开展；二是以族田义庄为核心的族产制度对宗族成员的救助和保障。由于祭祀活动与本文关联不大，此处从略。又由于族田义庄的救助作用在宗族保障中意义重大，下文将专题论述。此处重点论述第一种情形的睦族活动。

几乎每部族谱都有"睦族论"，内容大同小异，归纳起来大约有以下几个方面的内容：

（1）有关睦族的劝勉

有关睦族的劝勉通常借助"共祖之人，同出一脉"这一至简道理劝说同族之人，"无论亲疏，服内服外，皆宜和睦。盖服制有尽，恩义无穷……爱祖宗当推孝友之心，使举族之内，一德一心，情愿相连，斯成兴望之族"④。湖北武昌贺氏《家训》："一族之人，千万其身，而由身溯父，由父溯祖以及于远祖，则皆一体所分也。亲疏远近何莫非吾祖父之子孙？与吾祖父辈若者，则当推吾孝敬祖父之心以及之；与吾子弟辈若者，则当推吾亲爱子弟之心以及之"⑤；湖北黄冈许氏《家规》："亲三党，睦九族，交朋友，和邻里，人生阙一不可，然睦族更宜讲求。从来帝王尚天潢之派，况庶人岂可薄视本支，每见今人修寺塑像，蓄养歌妓，赌赛豪华，往往不惜千金。独宗族面上争较厘忽，

---

① 转引自李文治、江太新：《中国宗法宗族制和族田义庄》，社会科学文献出版社 2000 年版，第69 页。

② 湖南《华林胡氏十二修宗谱》，《重修老谱华林毗陵二族合谱引》，1995 年铅印本，第29 页。

③ 清·汪琬：《汪氏族谱序》，《皇朝经世文编》卷 58《礼政》。

④ 湖北鄂州燕矶镇《周氏宗谱》卷 1《家规》，光绪二十八年刻本。

⑤ 湖北武昌《贺氏族谱》卷 1《合修家训十二则》，咸丰十年垂远堂刻本。

不肯错用一文，殊不知一族而果出人头地，此祖宗积德所致，更宜培养厚道以及后人，岂可漠视族中饥寒，因苦如同陌路?"①湖南长沙章氏《家训》："族广繁衍，虽有亲疏之殊，自祖先视之，均属一脉……凡我族人，务敦雍睦之风"②；湖南汝宁刘氏《家劝总言》："吾族之伯叔昆季虽有亲疏远近之不同，然自吾祖吾宗视之，则皆子孙也。呜呼，可泛视歟?故凡我族人务宜相亲相近，言归于好"③；湖南湘阴庞氏《家训》："族中诸父昆弟虽有亲疏，自祖宗视之皆一体也，凡尊卑各循其分，即有睚眦，须平心回虑，勿逞才能，勿骄富贵。尊长各守典型，卑幼亦当率教，体此则宗族和睦矣。"④

一些宗族注重分析造成宗族不和的原因，进行有针对性的劝导，如湖南长沙黄氏《宗规》称，"家族之不和，或起于私心，或生于意见，或由于辞色，而私心最为难化，总要自己以圣贤的道理克制，方可保身家。至于意见相争，其受害亦复不浅，苟虚心返己，则自然消释。辞色获罪于人，苟出无心，人终谅之"⑤；湖北黄冈彭氏《家训》针对人们"倚势作威"的心理进行说教："乡邻以和睦为先，顺事恕施，此心不容苛刻，如或因钱财细故戈操同里，讼拘公庭，无论其人不我让也。纵令势孤力微，不能不受我欺侮，而父传于子，兄传于弟，莫不谈及此事而怨恨难平，设我门祚稍衰，而彼之刺骨寻仇，有较我之所施而更酷者，吾愿倚势作威者悔悟深之!"⑥湖南平江叶氏认为贫富分化是宗族不睦的主要原因，"所谓富贵贫贱之相安，而族可睦矣。……富贵者能推一念之仁，贫穷者能居四民之列，虽百世可睦也"⑦；许多宗族将睦族论加以推广，要求对姻戚、乡邻也要厚待之，湖北鄂州周氏《家规》规定："姻戚以义为重，不可较贫富，不可论贵贱。礼物之往来，只重其情意，财利之交通，宜相其境地。……乡党虽异姓，屋舍相望，朝夕相见，非若远方人之不相识也，宜谦以处己，和以接人，老者尊敬之，幼者爱恤之"⑧；湖南宁乡陶氏《家训》："渊里当厚。曰渊者，族之亲；曰里者，族之邻，远则情义相关，近则出门相见，凡事皆当厚，通有无、恤患难。不论曾否相与，俱以诚心和气遇之。"⑨

（2）对不睦行为的禁戒

①　湖北黄冈《许氏宗谱》卷首《家规》，民国四年敦睦堂刻本。
②　湖南长沙《章氏三修支谱》卷首《家训》，光绪三十二年河间堂刻本。
③　湖南《汝宁刘氏族谱》卷3《家劝总言》，光绪十三年序伦堂刻本。
④　湖南湘阴《庞氏族谱》卷1《家训》，清光绪八年武陵堂木活字本。
⑤　湖南长沙《湘东黄氏二修族谱》卷首《宗规》，民国二年木活字本。
⑥　湖北黄冈《彭氏宗谱》卷首《家训》，民国三十七年述古堂活字本。
⑦　湖南《平江叶氏族谱》卷首《睦族论》，民国二十四年刻本。
⑧　湖北鄂州沙塘《周氏宗谱》卷1《家规》，民国二十五年刻本。
⑨　湖南宁乡《靳水双江陶氏五修族谱》卷18《彝训》，民国刻本。

对不睦行为的禁戒是家法族规的重点内容之一，如湖北阳新周氏《家规》列举了诸种不睦行为及惩戒办法："暗中教唆，颠倒是非，变乱黑白，纵富贵以骄贫贱，挟众强以欺寡弱，恃尊长以凌卑幼，逞才智以辖愚懦，致搆怨相残，结仇成讼。此辈不遵圣王亲睦之法，实为败坏风俗之人。嗣后子孙效此者，教怙不悛，惩以玩法，以儆刁顽"①；义门陈氏要求族人"毋轻逐兄弟之遗孤而不加教养；毋强食先人之资业以欺嚼孤寡"②；湖南长沙高桥周氏认为，"薄待家族，即是轻视祖宗。目今无颜入家庙，异日何面见先人"③；湖南湘乡黄田章氏，"恃血气之勇，凌人傲物，侮慢尊长，欺压孤懦，深可痛恨。甚至酗酒撒泼，以为得志，无赖极矣……吾族有此，房长惩饬不悛，合族重处"④。

有些宗族还将这种禁戒泐石立碑，以垂久远。如襄阳县出土的《"永垂不朽"碑》刻有嘉庆年间崔氏的族规十二条，第七条规定："凡在一族，皆祖之裔，不许□分亲疏"⑤；同治时，襄阳县"西南乡有贡生王新庵公者，广行善事，颂声载道"，为使子孙能保持其风范，特"作十诫为子孙训"，并"刻之石而纳于祠内"，其中不乏训戒睦族的内容，如"戒尔学立身，莫若先孝悌，怡怡奉亲长，不敢生骄易"，"戒尔去矜骄，恭则近于礼，自卑而尊人，先彼而后己"，"戒尔种田处世要仗义"等⑥；湖南湘乡萧氏亦于"甘溪祠"立下"族规碑"，要族人"毋挟智而欺愚；毋恃强而凌弱"⑦。

（3）睦族的基本内容与要求

关于睦族的基本内容，被湖南各宗族所推崇的《王士晋宗规》论述得非常全面和具体，提出了睦族的"三要"和"四务"⑧："尝谓睦族之要有三：曰尊尊；曰老老；曰贤贤。名分属尊，行者尊也，则恭顺退逊，不敢触犯。分属虽卑，而齿迈众老也，则扶持保护，事以高年之礼。有德行，族彦贤也，贤者乃本宗桢翰，则亲炙之、景仰之，每事效法，忘分、忘年以敬之。此之谓'三要'。又有'四务'：曰矜幼弱；曰恤孤寡；曰周窘急；曰解忿竞。幼者稚

① 湖北阳新《文肃堂周氏宗谱》卷首《家规》，光绪二十三年鼎兴局刻本。
② 《义门陈氏家乘》卷3《礼俗志·家训十六条》，民国二十七年本。
③ 湖南长沙《高桥周氏族谱》卷1《家训》，乾隆四十三年刻本。
④ 湖南湘乡《黄田章氏宠房支谱》卷首《家训》，民国己巳年刻本。
⑤ 《"永垂不朽"碑》，叶植主编：《襄樊市文物史迹普查实录》，今日中国出版社1995年版，第794页。
⑥ 《"王公十戒碑文"碑》，叶植主编：《襄樊市文物史迹普查实录》，今日中国出版社1995年版，第797页。
⑦ 湖南湘乡《萧氏续谱》卷首《甘溪祠族规碑》，光绪十九年经木活字本。
⑧ 《王士晋宗规》被湖南多部族谱所转载和推崇，前揭《沩宁刘氏族谱》、《靳水双江陶氏五修族谱》、《湘东黄氏二修族谱》均载有该宗规。此处引文出自湖南宁乡《靳水双江陶氏五修族谱》卷18《彝训》，民国刻本。

年，弱者鲜势，人所易欺，则矜之，一有矜悯之心，自随处为之效力矣。鳏寡孤独，王政所先，况乎同族得于耳闻目击者乎？则恤之。贫者恤以善言，富者恤以财谷，皆阴德也。衣食窘急，生计无聊，命运亦乖，则周之。量己量彼，可为则为，不必望其报，不必使人知，吾尽吾心焉。人有忿则争竞，得一人劝之，气遂平，遇一个助，气愈激。然当局而迷者多矣，居间解之，族人之责也，亦积善之一事也。此之谓'四务'。"

透过对"睦族论"内容的分析，我们似乎也可以把它区分为"意识的"和"物质的"两个层次。所谓"意识层次"主要是高居在上的儒家孝睦伦理，所谓"物质层次"主要指族内的矜孤恤寡、扶困济贫等物质救助活动。"物质层次"和"意识层次"是相辅相成的，以孝睦伦理为中心，无论是善意的劝勉，还是严肃的禁戒，都体现出一股强大的精神力量，而物质上的互助和接济则使这种精神力量得以持久和不至于空泛。但若从"睦族"这一终极目的来考察，两者之间同样存在"物质决定意识"的关系。宗族组织者们极力宣扬睦族论，其目的就是建立起长幼有序，出入相友，守望相助，疾病患难相扶持的宗族秩序，"物质层次"正是这一目的得以实现的基础和保证，与其说是以物质帮助体现宗族的孝睦伦理，不如说是通过孝睦伦理的宣扬诱导人们拿出物质来。可见对老幼鳏寡孤独等脆弱群体的赡养、对贫穷灾害的接济等物质救助活动是睦族的基础内容，也是"睦族论"得以成立的基石。各宗族对族内物质互助活动都极力提倡，试再略举数例：

湖南平江叶氏族谱在卷首特设《睦族论》一篇专门论述以富济贫的问题，在《家训》中强调对贫困者的赈济："稍济贫穷，有田可耕使之耕；有谷可借准其借，能还本者受之，不能还本者听之。至于同胞兄弟，并不计其有无，要当惟力是视，断未有自居饱暖而忍彼以饥寒也"[1]；湖北黄冈许氏要求族人对贫困者"当审己量力以周恤之，庶一本之谊全矣"[2]；广布于湖北、湖南的义门陈氏亦十分注重宗内的贫困救助，"宗族邻里贫富不同，富之济贫，古道也。贫者窘迫称贷，我当即与之，以济贫急，勿责之以相偿之期，听其自来。即催之亦勿加逼迫……至于有疾病也，扶之；有死丧也，济之；有横逆祸患代之驱逐之；有冤抑莫伸者代为辩白之"[3]；湖南湘潭徐氏亦勉励族人"博施济、恤贫穷"，"但一族之人，有席丰履厚，不乏啼饥号寒。虽派别支分，罔非一本。须缓急相通，有无相顾，以囊橐之余资，济燃眉之急"[4]。湖北鄂州竹桂

---

① 湖南《平江叶氏族谱》卷首《家训五条》，民国二十四年刻本。
② 湖北黄冈《许氏宗谱》卷首《家规》，民国四年敦睦堂刻本。
③ 《义门陈氏家乘》卷3《礼俗志·推广家法十五条》，民国二十七年本。
④ 湖南湘潭《湛家塘徐氏四修族谱》卷12《旧谱家训》、《三增家训五条》，民国十一年烨霞堂刻本。

堂周氏《族规》特设"恤孤寡"一条，强调对孤寡者的救助："穷民无告，孤寡尤甚。盖孤儿不知诉苦，寡妇难向人言。彼稍有产业者无人撑持料理，豪强之人因其可欺而欺之。若困穷者无人周恤，必至流亡失所，寡妇之志节莫保，孤儿之成立实难，可不为之寒心哉！世间有伯叔抚其孤寡者，有亲戚抚其孤寡者，代种田地，代搪宾客，代掌账目，代用银钱，务要尽心，不可一毫苟且。至赤贫之孤寡，生则兴以衣食，死则为之殡葬，哀此茕独，功莫大焉。族党之间，不幸有此，当存忠厚之心，身任而力之"①；湖南沩宁刘氏《家规总言》亦有"恤鳏寡孤独"一条："鳏寡孤独，以穷人而无告者也。于此恤之，仁矣。世俗之人于此辈不惟不加周恤而反欺虐之、耻笑之，残忍若此，其无后乎？吾族忠厚传家，故立恤鳏寡孤独之规，为吾子孙世守之德，以养其天良，去其刻薄"②；湖南长沙章氏亦强调，"如族有贫而无归及莫婚莫葬、灾害痛苦、颠连无告者，虽力有不逮，亦须审事缓急量力设法而周恤之"③。湖南桃江萧氏要求"族之人不无富贵贫贱，富者须分所有以赈贫，贵者量所能以逮贱"④；湖南长沙许氏："忧相吊，喜相庆，敬老慈幼，恤孤怜贫"⑤；湖南湘阴庞氏："家富提携亲戚，岁歉赈济邻朋。见人贫乏，缓急相通"⑥ 等，对贫弱群体的救助都加以提倡。

　　睦族论有力地推动了宗族内部救助活动的发展，两湖族谱中记载了大量的族内互助事例。以湖北省为例，通城刘氏德鸿公，"正统中大饥……乃集诸子于庭，曰'多钱而不能散，守财奴也'。命设大釜为糜，民就食者日以百计"⑦。清前期，通城谈氏德琳公"乡里贫乏者慷慨而乐施之，遭纷难者，竭力解排"⑧。通城葛氏映斗公"重义轻财，施舍无数……年荒买米赈救贫乏，典衣垫钱，习以为惯……其弥留集呼家小，嘱'济急赈贫，凡有外账，不必追寻'"⑨。通山吴氏华秀公，"义所当为，无不慷慨争先……乐善好施，不吝于财……诸善举皆公首倡，族之贫寡无弗沾其润也"⑩。道咸以来，此类记载

---

① 湖北鄂州《竹桂堂周氏宗谱》卷1《家规》，民国二十五年刻本。
② 湖南《沩宁刘氏族谱》卷3《家规总言》，光绪十三年序伦堂刻本。
③ 湖南长沙《章氏三修支谱》卷首《家训》，光绪三十二年河间堂刻本。
④ 湖南《桃江萧氏四修族谱》卷末《冠昏丧祭四礼翼·祭后翼·睦族礼》，民国三十年（左右）兰陵堂木活字本。
⑤ 湖南长沙《湘西许氏四修族谱》卷1《规训》，民国二十四年太岳堂木活字本。
⑥ 湖南湘阴《庞氏族谱》卷1《家规八则》，清光绪八年武陵堂木活字本。
⑦ 湖北《通城刘氏宗谱》首谱二《叙文·明隆庆四年庚午刘氏族谱源流考》，2000年铅字本，第37页。
⑧ 湖北通城《谈氏宗谱》卷首《太祖秉崑公传》，民国三十一年刻本。
⑨ 湖北通城《葛氏宗谱》卷首《映斗公序赞》，民国十八年刻本。
⑩ 湖北通山《吴氏宗谱》卷首下《华秀太故翁暨太姑母孺人传》，光绪十一年至德堂刻本。

尤多：黄冈李氏长光公"凡遇族中事，见义必为，遇难不退……国之干员，族之保障，公皆兼之"①；黄冈谢氏树芳公"凡乡邻有委曲事端，公力为排解，由是族人咸倚重之"②；黄冈彭氏锡材公"曾割股母病。道光末水患，綦甚堤围崩圮，围中人流离四散，无有起而修葺者。赖公请求四方巨族，出工相助……（族人）赞曰"③。江夏范氏凤亭公"于亲邻济贫恤乏，与乡里排难解纷……以豹澥下街市房租值为子孙读书祭祀之费"④。湖北鄂州邵氏如川公"凡事关大义，率以身先之……一生爱敬族人，族人咸爱敬公，迄殁之日，毕集庭下，无不潸然流涕"⑤。

　　这些睦族活动与以较大规模族产、义田为基础的制度化的救助活动相比，属于零星的、偶然的族内救助善举。但较之前者，它更具广泛性和代表性。这些睦族行为在一定程度上是"睦族论"教化的结果，同时它们被载入族谱中，又成为睦族教化的重要内容。湖北鄂州竹桂堂周氏一直注重以这样的睦族事例垂范族人，下表所列是从《周氏宗谱》中选出的明初至清末的一些睦族事例，它们至今是周氏族人相互砥砺的精神动力，睦族论及睦族活动的社会意义由此可见一斑，如表4-9所示。

表4-9　　　　　　　　　　　明清湖北竹桂堂周氏的睦族事例

朝代	人物	事迹
元末明初	朝纲公	广施与，重文字，好宾客，喜排解均属公之善行，至今昭昭，在人耳目
明洪武	谷真公	乐施与，喜谦退，敦友谊皆公之素性然也
明正统	野忠公父子	（野忠公）好义敦伦，尤为家庭所倚重。（其子模公）凡族中之所欲举者，无不继野忠公次第举之
明成化	永意公	乡党每有雀角……剖断曲直，众皆息争……至于救人难，济人急，解衣推食，率性而行
明嘉靖	少岭公、汪孺人	户事纷繁，公挺身任之。宗族乡党间有衅生雀角……必至冰消瓦解而后快
明末清初	之德公	（捐资重修杨树桥、吴立桥）人人得而济之……周人之贫，济人之急，救人之危……笃族谊，族中事正色以抒公论，咸服之，故百余年后，因其行实以想见其为人诚君子也

① 黄冈《李氏宗谱》卷首《登仕郎长光公传》，光绪21年刻本。
② 湖北黄冈《谢氏宗谱》卷首《树芳公传》，民国18年刻本。
③ 湖北黄冈《彭氏宗谱》卷首《锡材公传》，民国37年活字本。
④ 湖北江夏《范氏宗谱》卷1《凤亭公传》，宣统元年守先堂刻本。
⑤ 湖北鄂州燕矶《邵氏宗谱》卷1《如川公传》。

续表

朝代	人物	事　迹
清康熙	裕宏公	（是非）片言排解，冰消雾释者不知凡几……推食解衣无吝色，公之好行其德……
清乾隆	友尚公、刘孺人	族人路过，莫不具酒食，备赆仪，以厚族谊
清乾隆	衡峰公、王孺人	捐祭产、修桥梁、建庙宇靡不乐从其事。乾隆五十年岁大饥，借金赈济闾里，生活者无算，不能偿者悉焚其券
清乾隆	宗臣公、江孺人	乾隆乙巳，岁旱甚，种种无收，乡里人束手无策……将所出粟麦推食食之，活命颇多，乡里人感恩不及
清嘉庆	化成公、许孺人	慷慨喜施予，族党间有困乏者辄捐资助之无吝色
清嘉庆	绍宏公	慷慨为怀，每乐施与。无衣者衣之，无食者食之……而族党称道
清道光	聊生公	里人多受其赐，至今口碑犹载道焉……排难解纷，为人所推重
清同治	谷人公	为人好善，遇有益于地方者知无不为，为无不善（曾倡办育婴）……年逾七十……户内大小事仍极力赞成
清光绪	贤佛公	先生之待乡党也，更可谓厚矣。三四月间值面麦未熟之秋，常发玉粒以济时荒……乡党中有忿争者，即往劝之，其争立解

资料来源：湖北鄂州《竹桂堂周氏宗谱》卷3、卷4、卷5，民国二十五年刻本。

3. 族产的积累与赡族

　　睦族的"物质层次"不只限于族内的富人济贫和临时互助活动，大多数宗族组织都积累了一定数量的公产，用以赡贫睦族。在各类公产中，族田是最重要的一种。有关明清时期族田义庄，学术界已有颇多研究成果，通过这些研究成果，我们对明清时期的族田义庄制及其赡族功能、形式已经有了比较清晰的认识：

　　明清时期的族田包括祭田、义田、学田、墓田、恤嫠田等多种形式，其中祀祖祭田和赡族义田是其中最重要的两种。族田的来源有私人捐置和合族置办两类。私人捐置主要来自官僚和富商，合族置办则有各种不同的形式，有的族姓行计亩出田法；有的族姓行按亩捐银购置族产法；有的族姓行按房派捐法；有的族姓兼行按房按丁按亩出银法；有的族姓行按人派银入祠法；有的族姓行族人集捐法。最普通的一种方式是兄弟析产时酌留祭产，其中湖南长沙《笠叟分关》文书所反映的族、祭田的产生和没落情况是两湖地区这种来源方式的典范。也有的族姓将族人无嗣者所遗土地及其他产业收为族产。明清时期，各个族姓的族田事例和族产面积呈不断扩大的趋势，其增殖的过程主要通过五种渠道：一是新科入仕者捐俸购置；二是新主人入祠献银购置；三是分家时提留祭产或将祖遗产提成入祠；四是族众私人购买土地时捐钱置产；五是旧有族产生息购买。以族田赡贫睦族是明清族田制强化宗法宗族制、控制族众和维护社会秩序的重要方式，族田赡贫睦族主要有以下几种形式：一是资助族人子孙读书应试；二是赡给族中老人；三是赡给族中贫户；四是赡给族中节妇；五是临时灾难的救助。族田义庄一般设有庄正、庄副或掌庄、稽庄等管理者按照合族拟定的章程对义田的收入和分配实施规范化的管理等。

对现有研究成果已有重点论述的上述诸端，本文将不作过多的重复，只就两湖有特色的方面作一些初步探讨。尽管聚族而居是两湖地区农村聚落的典型形态，但该区的宗族研究至今是一个比较薄弱的环节，一个重要的原因可能是由于该区缺少有影响的大规模置产赡族的典型事例。对两湖地区族田涉及较多的《中国宗法宗族制和族田义庄》一书所列举的族田事例，明代两湖共 10 例，占江苏、浙江、安徽、福建、广东五省的 7.5%；清代两湖共 12 例，占上述五省例的 3.3%。当然这种状况部分是由于资料的开发整理不足造成的，仅笔者目前所收集到的族田事例已远不止此，不过在规模上能与江南、东南等地相提并论的也委实不多。为此，本文将从两湖地区族产的特点入手来探讨族产的救助、保障问题。从已掌握的 200 余例族产资料分析，明清两湖地区族产的特点大致可以从以下几个方面来认识：

（1）渐进的积累与渐扩的功能

族产的积累是与宗族组织化的过程相伴的，祠堂、族谱、族产被视为宗族组织化的三大标志。宗族公共财产的积累正是围绕这三大目标展开的。有的宗族由族内的富商或官吏捐资促成此举，例如：湖南湘潭萧氏迁潭始祖静山公，"由元进士选授衡州推官，寻升岳阳郡守"，"公于元顺帝至正二十年（1360年）卜居易俗河，□禄廉余购田庄十余所"，到民国时"今仅存者墓庐祠宇及后湖一所"[1]；湖南长沙许氏第一派祖必珍公"由江西南昌瓦砾街明洪武间官湖南省，有政声。明永乐二年（1404年）占籍于湖南长沙县旧善邑八都，后建家庙于此"[2]；晚清湖南名人曾国藩兄弟也曾在族内置办族田[3]。但这样的事例在中游地区并不多见。对大多数宗族而言，即使有官僚或富商的捐助，其

_____

① 湖南湘潭《涓江萧氏六修族谱》卷 1《涓江萧氏世系齿录总编》，民国庚午鸿门敦本堂刻本。
② 湖南长沙《湘西许氏四修族谱》卷 5《第一派齿录》，民国乙亥太岳堂木活字本。
③ 湖南《湘乡大界曾氏五修族谱》卷首，民国三十五年三省堂石印本。

族产也有一个进一步积累的过程。族产积累的可能路径为：倡首筹资，建祠修谱——设立祭田，确保祭祀——扩大公产，推广善端——创办义庄，济贫赡族。事实表明，这一路径在两湖地区的族产积累和宗族发展中有一定的普遍性。其中的每一个步骤都是各宗族在发展中所追求的一个阶段性目标，其目标能否实现是宗族兴衰的标志。

以湖南湘乡萧氏为例，萧氏宋以前即迁入湖南，明末清初即酝酿修谱建祠，"族乃慷慨奉公，捐田与钱，共劝厥美"，谱成于康熙戊辰年（1688年），祠成于雍正甲辰年（1724年）。祠堂离不开祭产，设立祭田成为该族的"第二步目标"："我族宗祠之建，原以为蒸馨香，因无公田公费，蒸偿之典阙然。己酉冬，伯定吉，叔云从，兄理绪、徂徕、主明建议，以为我族庐宇林林，衣冠跻跻，而欠豆登以告虔，何以昭孝敬？爰集族捐钱，公积以奉礼祀。众皆踊跃，遂尔集腋成裘"，终得以"买祭田以为本"。该族又因之提出"第三步目标"："由是而积之，不惟祭田可置，义塾于此可兴，族规于此可整，一举而三善备焉"，并设法增加积财之源，"祠中门不能妄启，有事必给钱二百文交祠尊方开，其开门钱与或有罚钱，祠尊送经管登簿行息"，同时严格控制支出，减少不必要的开支，"至饮食公给，自有定额，额外不得过耗。闲杂人与无事时亦不得伴食虚糜，违者公罚"。此后，该族族产一直稳步增加，不仅增修和扩建了本族子弟读书肄业的"凤藻堂"，而且"临门量捐，置田若干亩"，在甘溪凹行施茶等善举。族产日增，善举日扩，到光绪续修族谱时，该族已成为"百废俱兴，赫赫乎望族也"①。

湖南平江叶氏的族产也经历了一个长期渐积和功能渐扩的过程：平江叶氏明洪武时由江右武宁迁湖北蒲圻再迁湖南平江燕额岭，"一族之中，贫富之不等，智愚之不齐，一旦有事于祖宗，或续世系于谱牒，或建家庙于族间，与夫春秋祭祀，设席公堂，苦学成名，捐资奖劝俱要临门派费，逐户取办，人即慷慨乐从，往往因一时拮据，有美莫举，有善难行"，该族明代置产情形已不可考，清代族产积累的经过，乾隆四十三年（1778年）的《公积源流序》和道光十八年（1838年）的《祠堂祀产源流序》记载颇详：因"先灵寝室之堂、蒸偿之典缺焉莫备，至十三世经文公惓怀先泽，于乾隆五十年（1785年）商诸族众，以族治事余资派捐而补益之，集银一十九两一钱七分。是时同志共事者周文、辰远、玉壁、怀远、孔学、伦安、明良、文传、东奇、义来、振元、楚能、学才、余庆及吾父荣贤公是也。将银轮流积聚，由是渐积成多。自乾隆五十九年（1794年）至嘉庆七年（1802年）共置买田种三石五斗三升，去价

---

① 湖南湘乡《萧氏续谱》卷首《甘溪祠祭费碑》、《祭田记》、《甘溪祠族规碑》、《凤藻堂记》、《甘溪凹施茶记》，光绪十九年经木堂木活字本。

银二百七十二两四钱，收租九十九小石正；嘉庆十二年（1807年）丁卯正月，议修祠堂……是年正月兴工，十一月落成，十四年己巳始行装修、油漆、置办棹橙各件，前后用银一千五百三十六两零，通族捐银七百五十六两三钱五分，用族积银伍百三十八两八钱四分，借神会银五十二两，借用八十九两一钱六分，十四年（1809年）起苏州会银一百两，祠堂内共用银八百两正，其所借贷会银屡年将祠堂所收租谷出粜相还。至嘉庆二十年（1815年）乙亥，始清余钱三十三千三百七十三文"；自此，叶氏的祠堂祭祀有了保障，并开始了扩大积累和拓宽族田职能的过程，"并后屡年租谷出粜，积聚迄今二十三载，除完粮饷、祭祀、修砌祖茔，帮辑家乘、补修祠堂、帮送入学、捐纳旗伞、修治出入道路以及公事应用酒席、演戏等项之外，接置田种一十五石有零，收租四百八十余石，并前共计收租五百八十石零"；对如何发挥渐裕之族产的更广泛的功能，序者有一番议论："噫！吾族祠产可谓厚矣，由此推行，其致富也又何难乎？然则其致富矣将何为哉？必也，厚祭祀以敬所尊，设义学以广其教，奖科第考试以育人才，遇荒歉则减价平粜以济族贫，其有婚姻之莫完、丧葬之莫举者，则周恤以全之，如是则成义族矣，不亦美乎？"[1]

湖北的情况与湖南大体相似：湖北鄂州杜山《夏氏宗谱》记载了明洪武时由江右饶州府迁往湖北武昌、蕲黄一带的夏氏族产的兴衰情况：迁鄂二世祖之一玉山公"于永乐十年（1412年）复迁东弦乡吕阳三图，修建祠堂于夏家河岸，遭明末兵燹，至今祠基尚存"，后"光统公于顺治初年由夹脚畈迁居长圻嶂，创庐宇，遗稞八百余石……因是约同黄郡一族于雍正四年（1726年）丙午岁在本姓香火之沙湖复建祖堂，予叔侄捐银一百三十余两，族众共出银一百四十多金，交付族兄彭友鸠工督修，不数月而祖堂落成矣"。这只是公产积累的第一步，为了确保祭祀并扩宽公产职能，夏氏开始进一步扩充公产："吾族向分两分，公产甚微，佃户亦多疲玩，以故毫无蓄积，汤有感于斯，公祖为合族之观望，祭产太薄，则人心涣散，将见遇事无不掣肘，用是集议将沙河湾地三厢、徐家园地七厢、祠侧土埂外地一厢、祠前后地五厢尽行归公祖，惟祠前后五厢暂作看祠之费，其余之地均另取庄价，按地加租，庄价及逐年地租并此次所筹之款一并公存，族人无不欢心举手。"[2]

湖北黄陂张氏的族产竟是从一两银子起家的，该族合族谱牒历经明季变乱而幸存，"但世远年湮，未免腐朽……将谋诸合族而刻之，惜有未逮……又自感家贫力薄，终付之无可如何耳"。该族康熙初年又曾谋议建祠，事亦未竣。

① 湖南《平江叶氏族谱》卷首《平江叶氏公积源流序》、《平江叶氏祠堂祀产源流序》，民国二十四年刻本。
② 湖北鄂州杜山《夏氏宗谱》卷首上《序》、卷首下，《管祖章程》，1997年木活字本。

"迨其后余三叔父讳自芳与惟珍兄议修方伯之墓，命余共襄其事，除猪羊杂费外，剩银一两有零。壬午年买谷生发，至辛卯年谷起二百余石，变价五十八两，置祭田二石，计费共六十余金。在经管者不知费几许心力矣"，此后该族又有蹻文父子捐金以倡，于康熙六十一年（1722 年）在黄陂县永丰仓东南建立江西余干县迁鄂散布各地的张氏的联合宗祠，大兴睦族之道①。

湖北黄陂周氏"自始迁祖昌后公于明洪武二年（1369 年）由江西徙居麻城，数传之后，复迁黄安，再迁黄陂"，由明迄清的相当长的时间里，该族一直停留在有事则临门派捐的阶段，到了晚清，终于得以建祠，但"经祖祠堂竣工以后，公积已罄，虽祖宗有祭享之地，而无经常费用维持于不敝……十六世祖宗秀愀焉忧之，谋于梅田族人，以村后宝山松树归祠堂变价二十余贯，存储生息；十七世祖元洪复相继锐意经营，现在经祖祠名下共有祭田五石三斗二升"。到民国十年（1921 年），黄陂周氏公产除上述水田五石三斗外，尚有棉花地五块，山场两座，成为一个"有祠堂、有学校、有森林、有慈善公益等会"的宗族组织。考察这些财产的积累过程可知，其公产是该族花了 30 余年时间，用 43 份土地契约逐步购买而得②。

需要指出的是，并不是每个宗族都能顺利完成上述积累路径的全过程，有些宗族在明清几百年间可能只能完成族产积累的前一、二步目标。湖北黄冈李氏自明宪宗时自浙江迁麻城、黄冈以来，直到清同、光年间，在族绅春溪公等人的倡导下才得以谱建祠，个中缘由如谱序中所言："此四百年中岂无肖子贤孙略一念及？询之故老，始知我族之谱天屡厄之，而人屡争之者也。方其始也，丁财寡弱，首创困难。又加飞祸军差，疲于奔命。每一差及，男女啼号之声惨心怵目……维时父不能保其子，夫不能庇其妻，冻馁逃亡救死不赡，而敬宗收族之道，岂复有一语及之者哉！"③ 湖南宁乡余氏正禄公一房，同治年间曾买杨家冲处田业充作公产，光绪年间，族中兄弟析著，"商议将蜈蚣塘尾屋宇一栋，屋后青山一围，黄婆咀山一侧并水田六斗存作公业，以为先大父讳正禄字万兴公祀产。……岁租所出，酌供祭赏，赢余择经管掌放生息，日积月累"，该族完成上述积累时，时已光绪二十四年（1898 年），只得把更高的目标寄希望于后人："至于靭建祠宇，广置公田，创兴义学诸善事则赖后之人次第举行"④；长沙毂塘余氏也是到光绪时才得以修祠隆礼，并在族谱中勉励后人："添置田产，不独隆祖宗之报享，将来有志观光之士，奖赏可增，义学可

---

① 湖北黄陂《张氏宗谱》卷 1《重编族谱序》、《本县父师祠中示》，同治九年刻本。
② 湖北黄陂《周氏宗谱》卷 8《经祖祠祀田志纪略》，民国十二年刻本。
③ 湖北黄冈《李氏宗谱》卷首《读春溪公墨谱序》，光绪二十一年务本堂刻本。
④ 湖南宁乡《余氏四修族谱》卷 19《正禄公祀产说略》，民国十四年新安堂木活字本。

兴矣。"①

（2）祭祀为主，救助为辅的综合功能体

大体而言，明清两湖地区族产的积累遵循着先祭产后其他的渐进模式，且很难积累到足以建成义庄的规模，因此其功能一般以祭祀为主，其财产形式主要体现为祭田。但这并不意味着当祭祀已经制度化后族产会停止积累，相反，各宗族都力图将雪球滚大，将族产的功能拓宽。这也不意味着只有在祠堂落成，祭田建立之后，族产才正式开启救助等项功能，相反，从族产开始积累的那一刻起，它就已经开始了零星的救助活动。这一特点使许多宗族的族产体现为一种多功能的综合体。换言之，两湖地区的族产虽然多以祭田的面目出现，却承担着包括救济在内的许多祭祀之外的功能。这一点对我们认识两湖地区的宗族保障问题有很重要的意义：虽然大多数宗族没有功能专一的义田、学田、恤嫠田等赡族财产，但助学、恤嫠和矜孤济贫等赡族活动却在中游地区的宗族中广为流行。

祭祀之外的各类赡族活动也有轻重之别、后先之分，其排列秩序因族而异。许多宗族都把助学放到极重要的位置。如湖南临湘余氏，"所积之钱，除清明祭扫、修祠堂、祭祀外，惟助族内穷苦犹读书者，以读书之子孙能以礼祀祖先也；俬助寒士州府岁科考费及乡会试盘费，以考试题名有光于先祖也……其余一切公事讼事皆不可妄动祭田之费"②；湖南湘乡萧氏，"以崇祠祀、营庙貌、育英才三者皆祠之要务"，祠堂落成后的第一件事就是建成了族中子弟肄业的"凤藻堂"，"后又傍学舍之外，增修蒙塾，作述相承，规模宏远"③；湖北黄陂周氏以为，"族久必众，所得渐微，或徒供不肖子孙饮博之用，不若以其田置义学为有益……由此观之，敬宗收族之方法，不在分给资财，使人人有安居饱暖之逸乐，而在普及教育，使人人有平均发展之才能，是族学之设，较义庄为善，可知也"。该族除长期捐资助学外，"十七世祖元洪于清季在梅田村中倡设小学校一所，管理教授一切按新章办理，造就人才甚众……并将元富遗产及零星款类一并拨入学堂，藉资补助"④；湖北鄂东、鄂北一带的夏氏亦认为："各分祖产所以供奉祭祀，亦所以培植人才，如族中荣发者，公议贺仪。"⑤ 一些宗族制定了助学或奖学的办法和章程，如湖南宁乡余氏族谱《凡例》称，"世仕两房祠奖赏原为振兴文教，鼓励后启人才，前清科甲老谱注有

---

① 湖南长沙《榖塘余氏三修族谱》卷1《合族公议条规》，民国壬午培元堂木活字本。
② 湖南临湘《余氏宗谱》卷114《祭田记》，民国二十三年绍贤堂木活字本。
③ 湖南湘乡《萧氏续谱》卷首《甘溪祠族规碑》、《凤藻堂记》，光绪十九年经木堂木活字本。
④ 湖北黄陂《周氏宗谱》卷10《学校志叙》、《梅田学校纪略》，民国十二年刻本。
⑤ 湖北鄂州杜山《夏氏宗谱》卷首下《管祖章程》，1997年本。

章程"①；余氏老谱的章程不得而知，不过湘乡萧氏的条例可作参考："采芹，奖钱十二千文；补廪，奖钱六千文；出贡，奖钱八千文；中举，奖钱四十千文；副榜折半；优拔同例；进士，奖钱六十千文"②；湖南湘潭徐氏《祠规》规定"嗣后族中有潜心苦读，能入学者，祠内奖银二十两；中式者递倍之"③；湖南长沙黄氏，"自甘入学者，无论文武，每房各助银五两以示奖励；拨贡中式者加倍"④。

在助学之外，赡贫恤孤等其他类型的睦族活动亦十分普遍。如湖北鄂州朱氏以继昌公所置四亩半义田为基础建立族产，"择子孙之长而贤者主其计，而进其出纳焉"，并以所余"获子母之息"，对族中贫难者予以救济："凡子孙之贫老无依者日食人一升，岁衣一缣。读书能文章，贫无束修者，岁给钱一千。"⑤ 湖北广济柯氏《家规十四条》规定："年老无归、稚无靠者，公抽祭银以为赡养抚宗之费用，使无号寒啼饥之苦"；"贫不能葬者，公捐资以助"；"男女婚嫁，有贫无所取者，公助银两以遂室家之愿"⑥。黄陂周氏民国十一年（1922 年）议定的《经祖祠自治章程》规定："凡本支族人系左列各款之一者，由经管会议决定后，量予救济：年老残废无依者；妇女苦节者；孤老无告者。"该族自明洪武时由江西迁入湖北以来，一直有以公产救济的优良传统，诚如族谱的序言所说："出入相友，守望相助，疾病患难相扶持。今日学者盛唱之互助主义，吾族因已实行甚久。特世守其家法及善良习惯，未尝勒有成书而世少知者尔。"⑦ 湖南长沙榖塘余氏《家规》规定："族内丧夫之妇，年在三十以内，能抚孤守节者，至六旬寿诞送节寿现银拾元，无论贫富皆给，以示奖劝。族内有早失怙恃、极贫之孤幼或开公项，每年给食谷三石；或择族中殷实者酌量捐赏，养成至十二岁止。"⑧ 湖南宁乡余氏亦规定："妇道重在节义，族属或有早寡而守义不回，苦节自矢者，特表之以励闺范。"⑨ 湖南湘潭徐氏，

---

① 湖南宁乡《余氏四修族谱》卷首《凡例》，民国十四年新安堂木活字本。因没查到该族的老谱，清代章程的具体内容和奖学标准不得而知，该族民国十四年制定的新标准为：县城初等小学毕业及师范毕业，奖赏五串；惟高等小学毕业奖赏二十串；湘省中学毕业与第一师范毕业，奖赏四十串；法政毕业，奖赏六十串；京城大学毕业，奖赏一百串；倘族有出洋子弟、陆军毕业及仕官毕业，奖赏一百串。其余异外功名，虽有文凭、试验，均不开奖。

② 湖南湘乡《萧氏续谱》卷首《甘溪祠族规碑·永定奖学例》，光绪十九年经木堂木活字本。

③ 湖南湘潭《湛家塘徐氏四修族谱》卷 12《祠规》，民国十一年烨霞堂刻本。

④ 湖南长沙《格塘黄氏族谱》卷首《凡例》，同治四年刻本。

⑤ 湖北鄂州《朱氏宗谱》卷首三《继昌公义田记》，1994 年活字本。

⑥ 湖北广济《柯氏家谱》，转引自林济《长江中游宗族社会及其变迁》，中国社会科学出版社1999 年版。

⑦ 湖北黄陂《周氏宗谱》卷 1《叙》、《经祖祠自治章程》，民国十二年刻本。

⑧ 湖南长沙《榖塘余氏三修族谱》卷 1《家规十四条》，民国壬午培元堂木活字本。

⑨ 湖南宁乡《余氏四修族谱》卷首《凡例》，民国十四年新安堂木活字本。

"凡孤贫无倚者，族人必加意收养"①；湖南长沙黄氏，"子有幼失怙者，零丁孤苦，公捐抚养以承宗祀"②。

(3) 两湖地区族田义庄示例及特点分析

在上述族产之外，这里再举出一些族田义庄赡族的事例，借此进一步认识明清两湖地区族产的特点及其赡族功能，见表4-10。

表4-10 明清两湖地区族田义庄赡族示例表

宗族名称	年代	建置人	面积、数量	主要功能	赡族内容	资料来源
湘潭史氏	明隆庆	史若石兄弟	百余亩	赡族	置义田……以助族之贫而力学者	嘉庆《湘潭县志》卷29
应山陈氏	明万历	贡生陈一拯	若干	赡族	赡族人之贫，族人有子外鬻者赎归	民国《湖北通志》卷48
黄冈王氏	明万历	诸生王相	若干	赡族		光绪《黄冈县志》卷12
蒲圻宋氏	明崇祯	宋时魁	三百余亩	祭祀、赡族	蒸尝而外，族之婚冠有赠、丧殡有赙、贫难有赈	康熙《武昌府志》卷8
龙阳许氏	明	许东山	数百亩	赡族	给其族之急者，施万应膏及棺具以济窭人	嘉庆《常德府志》卷43
郧西梁氏	明	梁汝孝	若干。其子又捐学田70亩计租70余石。	祭祀、赡族	捐田以赡族中冠婚丧祭	民国《郧西县志》卷9
蕲州吴氏	明	大司农吴公	若干	祭祀	祀田之余以赡贫士	光绪《蕲州志》卷25
	清	国学生吴叔璠	田租若干石	赡族	族人食其利数十年	光绪《蕲州志》卷25

---

① 湖南湘潭《湛家塘徐氏四修族谱》卷1《旧谱凡例》，民国十一年烨霞堂刻本。
② 湖南长沙《格塘黄氏族谱》卷首《凡例》，同治四年刻本。

宗族名称	年代	建置人	面积、数量	主要功能	赡族内容	资料来源
汉阳张氏	清初	张士彦	若干	赡族	置义田、设塾师以惠其族	乾隆《汉阳府志》卷26
武昌方氏	清乾隆	方日允等	一石	赡族	置义田以为通族户口丁费	乾隆《武昌县志》卷9
黄梅喻氏	清乾嘉	喻于智	一百三十亩	赡族	以惠族，族人他售，于智赎回	民国《湖北通志》卷149
麻城屈氏	清道光	捐职理问屈光远兄弟	水田100石	助宾兴、赡族	凡同姓之孤贫老疾以及穷而不能嫁娶者胥于是乎取之	光绪《重修麻城县志》卷9
邵阳伍氏	清道光	伍荣	岁可招租300余石	赡族	选族子秀异者廪给之，其余若干均族人之恤独孤寡废疾者	光绪《邵阳县志》卷9
武陵陈氏	清咸丰	陈启迈	田59.67石；仓谷200余石	祭祀和赡族	恤穷困、赠丧葬、助婚嫁、借荒歉	同治《武陵县志》卷10
咸宁万氏	清	庠生万资治	义田一庄	祭祀，赡族	置义田一庄为宗祠，养老、育士、旌节之资	光绪《咸宁县志》卷6
湘乡谭氏	清咸同	谭秉胜	数十亩	祭祀、赡族	为合族祭扫、教读、周恤之资	同治《湘乡县志》卷17
大冶袁氏	清同治	知府衔袁凤藻	田6石余，仓一间	赡族	分设义举，以赡族人	同治《大冶县志》卷10
江夏袁氏	清同治	邑绅袁太华	光绪时增置田产九处	助县学，赡本族	分为四股其中：一股嫡堂子侄膏火；一股本支子孙养赡	同治《江夏县志》卷3
黄冈刘氏	清光绪	邑绅刘维桢	150余石	祭祀		光绪《黄冈县志》卷4

　　表4-10族田事例均被收入地方志，表明这些族田的赡族行为在当地小有影响。借此不难看出，两湖的族田义庄呈现出分布广、面积小的特点。由明及清大小宗族均不乏设置义田或义庄的事例，义田设置者以中下层士绅及有力富民为主，但所置族田义庄规模都不大，多数以个别人的善行、义举的形式出现，成立专门义庄组织的并不多见。"祭祀为主、赡养为辅"的特点同样得到体现，许多族田明确规定，在"蒸尝而外"、"祭祀之余"再履行赡族职能。单从赡族的职能来看，则呈现出内容丰富、救助能力有限的特点。东南、江南等地所具有的赡族形式这里也一应俱有，或助族人完纳赋税、或资助族内寒士、或恤鳏寡孤独、或助婚、助丧、助赈、助耕等，有些义庄宣称要"一本当日范文正公所以行者"①。也就是说，在族田赡族的内容和形式上，两湖地区与其他地区并无区别。只是在族田赡族的能力和实效上可能比族产发达地区的局限性更大。

　　在两湖地区，大多数的族产不能同时履行赡族的各项职能，而只能以其中某一项或两种职能为主，待族产扩大后再逐步增加。因此族产在赡族中一般会有各种限制条件，限定救助对象是常见的办法，有些宗族以道德因素为标准，有些宗族以救助对象的贫难程度为标准，如江夏陈氏义庄规定以"因灾贫乏不能自存者"为救助对象，湘乡蒋氏义庄以租入"助房内鳏、寡、孤、独废疾者"。也有些宗族依据族人亲疏关系为标准，如湖北鄂州朱氏继昌公义田，"以此田所生殖养济公兄弟四人之子孙。日有食，岁有衣，读书应试皆有赡"②；湘潭县郭氏义庄"以租入赡给十一世祖以下诸子孙"③；江夏袁氏兴善庄"每年约收租银一千四百两，内除提一成修理外，余作四股……一股堂子侄膏火；一股本支子孙养赡"④。即使规模较大、救助面较广的赡族义庄在赈济过程中也有诸多限制，试以武陵陈氏义庄为例，《陈启迈义庄章程》规定，陈氏义庄在完粮和祭祀之外，应开展多方面的赡族活动，主要内容为：

　　赒恤穷困：

　　　　族中殷富最少，其各有生业，自能存活者无庸议及……至鳏寡孤独老弱疾病之人各房俱有，如实在无力存活，并无子侄、亲房照顾者，于每年腊月半后，先计存租若干，每名或二石、一石，按名分给，俟庄田能再加

　　① 万之杰：《屈氏宾兴义庄合记》，民国《麻城县志前编》卷4《学校·宾兴》；光绪《重修麻城县志》卷9《学校·宾兴》。
　　② 湖北鄂州《朱氏宗谱》卷首《继昌公义田记》，1994年活字本。
　　③ 《江夏陈氏义庄条规》、《石湾祠祭产义庄老人规条并序》、《湘潭郭氏义田记》，转引自李文治、江太新：《中国宗法宗族制和族田义庄》，社会科学文献出版社2000年版，第205页。
　　④ 同治《江夏县志》卷3《赋役》。

增，酌行扩充。

赙赠丧葬：

族中死亡实在无力买棺营葬者，公同量为赙赠，尤恐无地安埋，应先买义冢以资丛葬。

助劝婚嫁：

族中男女及年实在无力婚嫁者，公同酌议，量助若干，劝其早毕嫁娶，勿令失时。

借给荒歉：

丰荒不齐，总宜先为筹备，每逢五六月青黄不接……族中有须借贷者，务令查确某户应借若干石，极多不得过五石，八月半后即令还仓，其息谷以多至二斗为率，不得迟误，如迟加倍罚息，庶可藉补折耗，倘遇大水大旱，田无收获，借者作两年分还，其中歉年分即于次年还清，均只加息一斗，其不还清者，嗣后不得再借。

酌资考费：

族中子弟读书者本属无多，其间冒取虚名，以欺父兄戚党之人，所在多有，今议于考试之前济集义塾家课一次，以每日能完两文一诗者方准给予卷费，以示鼓励而敬冒滥，即着于家课后，每次头场每名各给钱四百；院试有能考经古者，给钱四百；如有府县案首者，奖钱八千；取前列者，奖钱二千；至入学补禀者，给大钱二十千；岁考科考者，给钱八百；乡试者，给考费四千；会试者给程费五十千；有得举人拔贡、优贡者，除程费外，加给一十千；至恩岁副贡照入学补禀给二十千，其有北上朝考者，仍给程费五十千，以定准别①。

武陵陈氏义庄的状况在一定程度上代表了明清两湖地区族田义庄的特色，我们既要充分认识两湖地区族田赡族内容丰富、覆盖面广等特点，也不可对其功能和作用估价过高。

① 《陈启迈义庄章程》，同治《武陵县志》卷10《建置志·公舍》。

第五章
明清两湖地区的"乡土互助圈"与社会保障

　　中华文明的"农耕文明"特性使得中国传统社会一直被许多学者视为一个"城乡连续统一体"。在他们看来，乡村在中国传统社会中均一地铺开，"它就像一张网，上面挂满了中国的城镇"，不过，这张网是用农耕文明的料子织成的，中国城市"只是在同一张网里用同一料子织的结子"①。正因为如此，人们习惯于将传统中国称为"乡土中国"，包括众多城镇在内的基层社会被称为"乡土社会"。在传统乡土社会，人们或聚居、或散居，结成居民点。这些居民点中的居住者依血缘、地缘、业缘等纽带结成各种初级、次级的社会关系，从而形成"守望相助，疾病相扶持"的聚落共同体。这一共同体中的成员即使在日后离开了聚居点，也能凭借初始的联结纽带保持与共同体的互动关系——源源不断地输入外部资源或从共同体获得资源。这样，以一系列初级、次级社会关系为基础形成了一个范围广泛的"乡土互助圈"，这种浑然的互助圈很难用精确的学术语言进行标准化的表达，但生活在乡土社会中的每一位觉悟者都能深切感受到它的存在。

一、"乡土互助圈"的连结纽带和基础

　　中国传统乡土社会中复杂的关系网络已引起海内外学者的注意。杨懋春先生1945年在对山东台头村的文化人类学研究中，即以初级群体（家庭）中个体之间的相互关系为起点，扩展到次级群体（村庄）和更大地区（乡镇）中各类群体间的相互关系。发现"在家庭和村庄之间，存在着各种过渡性的集团——宗族、邻里、以相似的社会或经济地位为基础或以学校为基础的家庭联合以及宗教团体。……集镇与村庄之间的过渡性纽带是小村庄结成的群体，以

---

　　① ［美］牟复礼：《元末明初时期南京的变迁》，［美］施坚雅主编，叶光庭等译：《中华帝国晚期的城市》，中华书局2000年版，第118页。

及分散在两三个邻近村庄的同宗家庭结成的群体"①。一些学者以村庄为着眼点,对建立在村庄上的社会组织和关系网络作了深刻的揭示。如施坚雅从"一个居民点的经济职能始终如一地与它在市场体系中的地位相符合"的基本假设出发,以农村市场结构为切入点探讨以市场为基础形成的地方性社会组织,展示了乡村社会"按照固定的等级自行排列的"初级市场体系②。随后他又指出,"村庄之上的社会组织是一个相当复杂的研究课题。……市场之下的村际组织亦五花八门,如结构严密的宗族、水利协会、看青会、政教合一的会社等,不同的守护神及寺庙亦有自己的辖界。这些组织中的大部分具有多种功能,组织原则也不止一个"③。杜赞奇在此基础上,对独立于市场之外而作用的连结纽带作了进一步探讨,提出了"权力的文化网络"的著名命题,指出"'权力的文化网络'中的'文化'一词是指各种关系与组织中的象征与规范,这些象征与规范包含着宗教信仰、相互感情、亲戚纽带以及参加组织的众人所承认并受其约束的是非标准",并认为,"这种超越市场的纽带是否持久坚韧,对穷得无法自给的村民来说更为重要"④。

上述研究成果为研究中国乡村社会提供了很好的视角,也给本书对基层社会保障,尤其是农村社会保障问题的探索以很大的启示。结合对现实农村社会的观察和调查,笔者认为,对普通百姓的生存和生活最有意义的是以最小生存单位(家庭)为基础结成的"互助圈",这些互助圈常体现为一些"家庭群"⑤。除了上文重点论述的家庭、宗族关系外,这样的家庭群还有很多的连结方式。比如,房屋比较靠近的一组家庭,即使在房份上较疏远,或为异姓,也可能形成紧密的互助关系;有些家庭因经济情况与社会地位相类似,相互往来,共同参加生产、生活、娱乐活动(如踏青、观灯、打牌等)从而结成不固定但联系密切的家庭群关系。《刑案汇览》中载有嘉庆九年(1804年)湖

---

　　①　杨懋春著,张雄、沈伟、秦美珠译:《一个中国村庄——山东台头》,江苏人民出版社 2001 年版。

　　②　[美] 施坚雅著,史建云、徐秀丽译,虞和平校:《中国农村的市场和社会结构》,中国社会科学出版社 1998 年版。

　　③　[美] 施坚雅:《晚清之城市》,转引自 [美] 杜赞奇著,王福明译:《文化、权力与国家——1900~1942 年的华北农村》,江苏人民出版社 1996 年版。

　　④　[美] 杜赞奇著,王福明译:《文化、权力与国家——1900~1942 年的华北农村》,江苏人民出版社 1996 年版。

　　⑤　之所以称"以最小生存单位为基础",主要由于乡村中有些生存单位不是典型意义上的家庭,比如,一些赴山区开荒种山的移民,往往先期只身前往,这段时间,他一人便是一个生存单位,相当于社会学上所说的"单身家庭",这种现象在明清两湖乡村,特别是山区移民社会中极为常见。"家庭群"借用了杨懋春先生提出的概念,他认为,除了一些正式的与非正式的社会组织外,"我们的农村中也经常有一种社会关系,可以称之为'家庭群'"。杨懋春:《近代中国农村社会之演变》,台北巨流图书公司 1980 年版,第 37~38 页。

广按察司核题的一个案例，大致经过为："金瑶与程氏之翁周富时相往来，常在周富房内坐歇。嗣金瑶因酒醉发渴，至周富家乞水，适周富等均经外出，该犯不知周富与程氏房已调换，误入程氏房中，在床躺卧……程氏回家查知，恐外人疑有不端，羞忿投缳殒命。"① 虽然不幸酿成命案，却也说明金、周两家关系密切，常相往来。

有些家庭可能因为共同的行业或师承的关系而连接成关系密切的家庭群。杨懋春先生曾经举过这样的例子："如村中有年龄高、经验丰、技术精、人缘好的泥水匠，村中其他三个或五个泥水匠都曾经是他的学徒。这些泥水匠又各有自己的学徒，于是村内可能有十余家都和泥水工作有关系。这些家庭就很可能因为师传与学徒的社会关系及生活上的行业关系，而有较多的往返与互助。"② 在有家庭成员从医、从匠、求学的家庭中，这样的家庭群很容易形成，因而在传统乡村很常见。共同的生意伙伴也常形成一个家庭群。《驳案新编》湖北巡抚陈辉祖奏疏中有这样一则案例：萧举贤到彭成子家做养老女婿，并分给田亩另居，于乾隆三十七年（1772 年）与沈国寅认识，当年借用沈国寅钱二十千文，沈国寅复出本钱与萧举贤伙贩牛只。此后，萧举贤常携鱼沽酒邀沈国寅至家中共饮，并留宿。沈国寅则继续资助萧举贤钱文，并送给其妻彭氏衣物，终因沈国寅与彭氏通奸而酿成命案③。这是一个诱发奸情的非正常家庭关系的例子，但不难想象，在传统乡村中生意伙伴间结成的正常的友好家庭关系是一种基本的社会关系。

共同的信仰也是形成家庭群的一个重要诱因。据嘉庆《安仁县志》记载，该县"城隍神最灵"，城乡平民每遇"水旱怪异"及疾病、冤屈之事，都要前往祭拜。一些家庭"醵钱敬神"，在五月二十八日城隍诞辰这一天，"众姓排年庆祝"④。在湖北农村的实地调查中，笔者发现，很多自然村落或宗族在祖先崇拜之外，也有各自的神灵信仰，有时一个村落或一个家族就是在共同神灵信仰下的一个家庭群，鄂东很多地区的宗族在祠堂之外一般都有供奉某一神灵的庙宇。有时神灵信仰也扩大到其他村落或姓氏的一些家庭。例如，湖北鄂州燕矶镇邵氏宗族信奉关公，在濒临长江的地方建有关帝庙，因关帝在当地水运及其他日常事务中经常"显灵"，关公信仰延伸到周边的一些村落中⑤。有时一个自然村落或宗族内可能同时有多个神灵，围绕着这些神灵都有各自的家庭

---

① 《刑案汇览三编》卷 35 《误入妇女房内致妇嫌疑自尽》，北京古籍出版社 2004 年版，第 1292 页。

② 杨懋春：《近代中国农村社会之演变》，台北巨流图书公司 1980 年版，第 38 页。

③ 《驳案新编》卷 9 《纵奸本夫被奸夫殴死》，海南出版社 2001 年版。

④ 嘉庆《安仁县志》卷 4 《风土志·风俗》。

⑤ 陪同笔者调查的是笔者的中学同学和玩伴江明胜、邵勇，其中邵勇为燕矶邵氏后人。

群。例如，鄂州市竹桂堂周氏始祖文图公元季由江西迁湖北麻城，又由麻城迁武昌县（今鄂州）洪道乡。周氏迁鄂的第四世祖先分别选择"雪昙庵"和"水月庵"两座寺庙所在的地方定居，逐步形成了两个家庭群。除了对两庵佛教神灵的信仰外，自麻城迁鄂的周氏宗族还保留了在麻城时对"张七相公"的信仰，围绕着"张七相公"也形成了一个家庭群。随着后世子孙的繁衍散居，这些信仰渐被一些家庭遗忘，雪昙庵和水月庵都曾被拆毁。在最近的一次田野调查中笔者看到，水月庵已在原址上重建，里面供奉着地藏菩萨，组织修建事务的是周姓和附近江姓的一些家庭①。同时，水月庵周氏所在的"上周湾"张七相公的信仰也在慢慢恢复，附近周氏的一些家庭也加入到这一信仰圈中，参加他们定期组织的"相公会"。而雪昙庵的旧址已无从稽考，雪昙庵周氏所在的"冷竹湾"中，大部分村民已不知道这里曾有一座雪昙庵，而只记得晚清民国年间新建的一座庙曾经有很盛的香火。大约从民国年间开始，驱鬼神钟馗的信仰被引入冷竹湾。钟馗的神像最初只有一个，供奉在一个地方。后来出现分化，便有了两个钟馗神像，供奉在两个地方，以这两个钟馗神像为中心，在一个湾中基本形成了两个家庭群，这两个家庭群又是重叠和交叉的。

　　在流民集中的社区，很多流民是因各种原因远离家乡的谋生者，而且常常单身外出，他们通常结成各种非正式的互助关系来求生存和应对各种困难，可视为一种特殊的家庭群。在鄂西和鄂西北山区至今流行着一些谚语，如"人怕失伴、鸡怕失群"；"人打单，胆量小，狗离主人尾巴倒"；"合得来，过得心，同得筷子共得碗"；"搁伙如搁命"等，从一侧面说明这种结伴结群的生活方式曾在该区盛行，并在一定程度上左右着人们的正常生活。

　　普遍存在于基层社会的各种规模和范围的家庭群在基层民众的生存和保障中有着特殊的意义，一个家庭群就是一个互助圈，众多的家庭群相互交织，形成乡土社会的互助网络。透视形态不一的互助圈起作用的方式，不难发现，在乡土社会互助网络中起基础作用的是两种基本的关系——亲戚和朋友。以最小生存单位（一个个体或一个家庭）为中心，一般总有一个围绕着它的亲戚和朋友的关系网络，底层民众居家过日子遇到的许多困难和问题都是依靠这个关系网络来解决的。在传统社会，一个没有亲戚和朋友关系的人被视为无依无靠的真正可怜的人。不妨把围绕某个家庭或个人的亲戚和朋友关系网络称为"戚友圈"，它是传统社会中最基本的乡土互助圈，不同形式和种类的乡土互助圈都是以"戚友圈"为基础"拟制"和派生出来的。

　　在田野调查的空隙，有时与调查对象闲谈这样的问题：在现实生活中，假如某人遭受天灾人祸而走投无路时，通常的选择是什么？答案通常惊人地相

---

① 陪同笔者调查的江明胜正是江姓后人。

似：投靠他的至戚或至友——也只有这样的至亲关系才将收留与帮助当做分内之事。一些健谈的老人还会引用一些本地流行的习语，如"鸟急投林，人急投亲"，"除了栎材无好火，除了郎舅无好亲"、"学艺找名师，求援找好友"、"甘泉知于口渴时，良友识于患难日"、"穷人也有三个好朋友"等。民俗工作者的调查表明，各地都有类似的与本地生活实际密切相关的精彩谚语。以湖北省为例，以下列举的是民俗工作者搜集整理的至今流行于相应地区，为人们所喜闻乐道的一些谚语，这些谚语以通俗简明的表达方式阐明了乡土社会保障的深刻道理①。

宜城：

朋友和，情意长，
亲戚和，常来往。

不是码头不靠船，
不是亲戚不弯路。

襄樊：

姑表亲，亲上亲，
断了骨头还连心。

姑舅亲，辈辈新，
表哥表侄和表孙。

友不见外，亲不见怪。

黄州：

一个野鸡护三条茅岗，
一个亲戚护三家长短。

朋友赛兄弟

孝感：

是骨有三啃，
是亲有三顾。

江陵：

三代不出舅家风。

---

① 哈经雄主编：《中国谚语集成·湖北卷》，中央民族大学出版社 1994 年版。

老亲老戚，

不记陈谷烂米。

天门：

朋友只望朋友高，

亲戚唯愿亲戚好。

黄梅：

亲戚望的亲戚有，

邻居望的邻居红。

亲戚要瓦，缸也要打。

恩施：

亲不过于姐妹，

好不过于郎舅。

弟兄不如朋友，

朋友不如亲戚。

五峰：

烤不过的栎树火，

穿不过的家织布，

好不过的郎舅亲。

是亲有三护，

是友有三辅。

鹤峰：

一日为友，百日相拢（"相拢"为方言，为相助之意）。

朋友朋友，你有我有。

竹溪：

外甥如儿舅如父。

　　戚友圈非常自然地存在于人们的日常生活中，在日常的礼俗互动中，人们可能没有意识到它的特别意义，但在人生的紧要关头，许多大事和关键问题其实是依赖这样的戚友圈解决的。仍以清代案例为例。据《驳案新编》所载湖南巡抚乔光烈之疏，乾隆二十六年（1761 年）湖南邵阳人隆良相挈眷搬居龙山，至二十七年（1762 年）疾故，遗妻王氏并二子一女。为了仍在龙山生存和立足，王氏将女许给地主王昌侯之侄王胜谟抚为弟媳，该氏则带领幼子种山度日，得以孀守。不料，隆良相胞弟隆如相在籍闻知，邀同族侄隆山林从邵阳赶来，与在龙山寄住之表亲张荣贵等商议，逼令王氏改嫁。王氏赴县呈控，经该县审明，将王氏母子令伊戚王胜谟、地主王昌侯领回照看，并暂寄熟识之店主江石泉店中。隆山林等仍不甘心，乃雇觅抬夫强行嫁卖王氏，王氏二幼子及时找到江石泉哭诉，江石泉即赴县禀报，将王氏救回。此案中，孀妇王氏一家生计维持和权利维护的过程，体现为新旧两个戚友圈斗争的过程①。

地方志中关于戚友间相互救助的记载良多，兹仍仿上文的办法，从两湖地方志清代人物传中随机抽取一些事例如表 5-1 所示：

表 5-1　　　　　　　　　　两湖戚友互助示例表

州县	朝代	姓名	事　　迹
夷陵	明	刘汉	姑无子，迎养终生
南漳	清	陈瑜	姊寡无依，迎归同居奉养三十余年
陨西	清	余程华	二姊尤窘，又早寡，几有急需，华立予无吝容
湘乡	清	李隆松	其舅氏鳏苦无依，迎养终身
巴陵	清	胡正茂	姊婿已故，二甥幼，乃迎与同居
庐溪	清	张齐欧	迎养外亲，分财与其姊，姻睦尤无间言
蓝山	清	唐崇荣	外家、姊氏家率困乏，岁给衣食无缺
江华	清	杨棠	亲故贫乏……倾助不少吝
湘潭	清	周方鸣	亲友窘急，周以钱谷

由于戚友圈在农民生存、生活中至关重要，人们都希望它能长久地存在下去，并采用各种办法巩固已经形成的戚友圈。例如，一些朋友通过子女的婚事结成亲家，一些亲戚之间相互通婚，形成亲上加亲的更加牢固的戚友圈等。根据民国年间国民政府组织的民事习惯调查可知，两湖地区即流行着多种形式的相关习俗，兹举数例②：

①　《驳案新编》卷4《强本良家妻女尚未奸污》，海南出版社 2001 年版。
②　前南京国民政府司法行政部编：《民事习惯调查报告录》，中国政法大学出版社 2000 年版。

竹山县习俗：

竹山县两家互相结婚之习惯最为盛行。例如，甲之姊妹，许配与乙，而乙亦以其姊妹或从姊妹许甲为婚，并有辈次不相当而亦互结婚者。

竹山县母舅之女字与外甥者最多，而两姨之子女互相结婚亦复不少。

麻城、兴山、汉阳、五峰、竹溪、郧县习俗：

麻城、兴山、汉阳、五峰四县，舅之子女、姑之子女及两姨之子女均得互为婚姻。

竹溪、郧县两县习惯，除两姨之子女均得互为婚姻外，惟舅之女得与姑之子结婚，俗谓之"侄女随姑"。若系姑之女，即不得与舅之子结婚，俗谓之"骨肉还乡"。

舅以甥为嗣子，及两姨间之子过继，竹溪、兴山、五峰三县均有此项习惯；郧县早年亦有此俗，惟近年则无。

潜江、俗城、通山、巴东等县习俗：

舅以甥为子及两姨间之子过继，潜江、谷城、通山、巴东四县均有此项习惯（竹山、麻城两县只有舅以甥为子之习惯）。

石门、慈利、澧县、桃源、临澧各县习俗：

因变续婚：此种习惯，例如甲有长、次二子，乙仅一女，而甲、乙原有旧戚或至友之关系，又因乙女年龄与甲长子之年龄相等，故结为婚姻，迨后甲之长子夭亡，甲以感情不忍继绝，仍请以乙女与甲次子续为婚姻。

又如甲、乙各有子、女数人，乙以长女与甲年龄相等之子丙结婚（甲之他子皆已民订婚），迨后乙之长女夭亡，甲仍请以次女与甲之子丙续为婚姻。凡此皆因变故而续婚者，各该县民俗又称之曰"挽亲"。

泸溪县习俗：

爱亲结亲。男女两家，或以契好或以旧戚关系，愿联儿女婚姻者，则仅指定媒妁某某为证，并不问其男女生庚是否相合，只由媒妁交换庚贴，以为定婚凭据，婚姻即作为成立。……故称曰"爱亲结亲"。

二、"丧葬圈"和"喜庆圈"

传统社会，基层民众人生教养和生老病死的每个步骤都离不开"乡土互助圈"。对于在畎亩和市缠讨生存的普通大众而言，他们的人生意义大多凝聚在婚丧嫁娶等人生大事之中。"丧葬圈"和"喜庆圈"是传统社会最有典型意义的两种乡土互助圈。

1. 丧葬圈

丧亲是人生最大苦事，在讲究孝道和相信灵魂不灭的传统社会，丧葬不只是单纯地安葬死者，它也是有关社会伦理甚至政治秩序的大事，从统治者到一般民众对丧礼都极为重视。儒家典籍规定的丧礼繁琐而复杂，先秦礼书《仪礼》和《礼记》汇聚了丧葬的各项礼仪规范，为后代的丧葬礼制奠定了基础，秦汉以来，无论是朝廷典礼还是民间家礼，丧葬礼仪中的五服制度、葬前、葬中丧仪和居丧守孝等基本程式，都承袭这些经典变易而来。明清两湖民间社会，农家丧礼深受《朱子家礼》和佛、道宗教的影响，丧葬礼仪呈现一种混杂状况。如湖北咸宁"士族多遵家礼"而"乡俗惯用浮屠"，不过，"士绅虽行《家礼》，亦有'应七'名目。七内作佛事，或五日，或七日，谓之'做道场'"①；广济，"丧祭称家有无，以古礼为循，追荐从道释，俗习也"②；英山："士大夫家多遵朱子《家礼》，亦有延羽士作斋醮，延僧人念佛经者"③；湖南常德府，"郡俗亲丧有依朱子《家礼》者，有随俗稍为增损者，皆循礼之士也。有延僧道殡殓作佛事者，谓之'建道场'"④；湘潭县，"好礼之士，多遵朱子《家礼》……而乡俗积习，每遇丧事必请僧道开路，棺下燃灯，昼夜不息，或盛作佛事，谓之'超度'"⑤；晃州厅，"缙绅礼法家有依家礼行事者，其他亦有率邀僧道。殡殓且有诵经者，谓之'开路道场'"⑥；益阳县，"齐民或用浮屠，读书讲礼之家多遵用《家礼》，自入殓至出殡，各依仪节。……其用释道，或丧时、葬后建道场，有三、五日至七、九日者。又有每逢七日请僧道诵经烧纸，谓之'应七'"⑦；宁乡县，"丧事，儒教与释道教有同焉者，有异焉者，并有混焉者"⑧；醴陵县，"有儒释不分，牵合三教，杂坐诵经"者⑨。

无论采用何种仪式，安葬死者的丧、葬、祭过程都是一个大量投入人、财、物的过程。在传统乡村社会"事死如事生"的孝道伦理与"崇释老"、"信堪舆"的民间信仰相结合，极易形成铺张、繁缛的丧葬程式，这些程式一旦成为风气，便会产生风俗移人的效果，倘有人希图节俭，便会惹来讥笑或诟

---

① 光绪《续辑咸宁县志》卷1《疆域·风俗》。
② 同治《广济县志》卷3《风俗》。
③ 民国《英山县志》卷1《地理志·风土》。
④ 嘉庆《常德府志》卷13《风俗考》。
⑤ 嘉庆《湘潭县志》卷39《风土·风俗》。
⑥ 道光《晃州厅志》卷36《风俗》。
⑦ 同治《益阳县志》卷2《风俗》。
⑧ 同治《宁乡县志》卷24《风俗》。
⑨ 同治《醴陵县志》卷1《舆地·风俗》。

骂。如乾隆《郧西县志》评价当地葬俗，"出殡一节，独尚奢华……具此者则为孝子，反是则群相诟厉"①；乾隆《湘潭县志》述及当地丧俗时称："酒食舆马之费，动辄不赀，不如是则人以为俭其亲"②；乾州厅亦是，"稍节省，众共非之，以为薄待其亲"③；嘉庆《安化县志》提到当地有一些人试图参照《家礼》"从宜为简而易行者"，无奈"习尚相沿，则有不戚而易者，绅士之家，竞尚浮靡……不如是则群以俭其亲相讥"④；同治《益阳县志》对益阳一带葬风的评价是"丧事群知其重，衣衾棺椁，稍有力者必从厚"⑤。光绪时咸宁等地"自殡殓至归窆……必盛馔宴客，否则讪笑"⑥。宣统《永绥厅志》亦称当地丧俗"稍俭者邺俗翻议其薄于亲"⑦。在这种风气之下，丧葬成为基层民众生活的一项沉重负担，也是导致人们贫困的一项诱因。据乾隆年间所修凤凰、乾州等厅志记载，当地丧葬"多有称贷以饰观者"⑧；嘉庆时湖南安化县一次丧礼"多则数千金，少则不下数百金，力不及者，必称贷变产以行之"⑨；湘潭、长沙等地在乾隆时"其至丧之家，或至鬻产设奠"⑩，嘉庆时更是"葬则陈列游戏之具，以侈美观，虚靡相竞，动辄不赀"⑪，"酒食、布帛、舆马之费，多则数千金，少亦不下数百金，力不及者必称贷、变产以行之"⑫。嘉庆以后的方志对各地苦于丧葬和因操办丧事而导致贫困的记载更多。一场丧礼足以使一个普通家庭倾家荡产，对丧葬的援助因而成为发自社会底层的一种迫切的需要。在长期生老病死的生活进程中，传统乡土社会已慢慢演绎出一些援助丧葬的特定方式，这些援助方式又与统治者或佛道宗教提倡的一套礼仪程序联系在一起，形成各地的丧葬习俗。明代地方志中已提及两湖有互助含义的丧葬习俗，如嘉靖《罗田县志》称当地习俗，"惟出丧日前二三夜，邻友各携肴馔坐夜"⑬；万历《慈利县志》称当地"人有丧，必择吉日始成服，亲宾咸赉酒馔，以娱其哀情"⑭。从清代地方志的风俗卷可知，这些习俗到清代并无大的

---

①　乾隆《郧西县志》卷20《余编》。

②　乾隆《湘潭县志》卷14《风俗》。

③　乾隆《乾州志》卷2《风俗》。

④　嘉庆《安化县志》卷11《风俗》。

⑤　同治《益阳县志》卷2《风俗》。

⑥　光绪《续辑咸宁县志》卷1《疆域·风俗》。

⑦　宣统《永绥厅志》卷6《风俗》。

⑧　乾隆《凤凰厅志》卷14《风俗》、乾隆《乾州志》卷2《风俗》。

⑨　嘉庆《安化县志》卷11《风俗》。

⑩　乾隆《湘潭县志》卷14《风俗》。

⑪　嘉庆《湘潭县志》卷39《风土·风俗》。

⑫　嘉庆《长沙县志》卷14《风土》。

⑬　嘉靖《罗田县志》卷1《风俗》。

⑭　万历《慈利县志》卷6《风俗》。

改变。尽管两湖地区各地丧俗不尽相同，但所有治丧的过程首先都是亲宾邻里会集于丧家的过程，他们在表达吊唁之意时，都要赠送一定的钱财、物品、牲畜等礼物，一批青壮年要承担建坟、抬棺等力役，老人、妇女和儿童都要力所能及地承担丧礼过程中的各项事务，这些蕴含互助之义的基本方面在各地都是相同的：

大冶："戚友以牲牢、诔章致吊"①；

咸宁："初丧，讣闻亲友，群往吊之。临葬，赙仪相助"②；

云梦："亲邻皆往吊，礼以冥资……亲戚亦有设奠者，葬礼亦如之"③；

应城："初丧闻讣，亲常往吊，馈香烛，寓钱，至戚则书挽词于绸帛，具肴馔祭之"④；

钟祥："亲友咸集，设席吊奠如仪……请街邻宾客，酒食縻费，以集众为荣"⑤；

蕲州："执丧之日，家或不举火，亲邻相遗以粥。即以布币及孝服遍告于亲族家，有不能及者又陈讣单于门。里党闻者咸赴吊，相答拜，至亲代送客，更相执事"⑥；

宜都："戚友咸来吊，赙以布帛、楮钱有差……主人随于筵次为众宾稽颡，谓之'谢孝'"⑦；

长阳："安厝年月定，仍讣告亲友往吊者，俗名'吊纸'。有具猪羊，设盛馔、祭文、挽联横额，并捐金为赙者，谓之'大吊'"⑧；

房县："亲友皆以财物相赙，至戚则羊豕、米酒、铭旌、锦幛及各冥器必备"⑨；

长乐："家有亲丧，乡邻来吊，至夜不去，曰'伴亡'"⑩；

巴东："邑中旧俗，殁之夕，其家置酒食邀亲友，鸣金伐鼓，歌呼达旦，或一夕、或三五夕，谓之'暖丧'。后里人闻其亲友死，辄奔赴，望

① 同治《大冶县志》卷1《疆域·风俗》。
② 光绪《续辑咸宁县志》卷1《疆域·风俗》。
③ 道光《云梦县志略》卷1《舆地·风俗》。
④ 光绪《应城县志》卷1《舆地·风俗》。
⑤ 同治《钟祥县志》卷2《建制沿革·风俗》。
⑥ 光绪《蕲州志》卷3《地理志·风俗》。
⑦ 同治《宜都县志》卷3《政教·风俗》。
⑧ 同治《长阳县志》卷1《地理志·风俗》。
⑨ 同治《房县志》卷11《风俗》。
⑩ 光绪《长乐县志》卷12《风俗》。

其庐则哭，稍疏者及门而哭谓之'问信'"①；

　　岳州府："遇戚里之丧，群相邀集，张金击鼓，设饮坐夜，歌唱欢呼，云为丧家解忧"②；

　　安仁："姻里以挽章、牲醴致奠"③；

　　安化："贫寒之家，由街领为之敛赀，置酒击鼓，喧闹歌唱达旦"④；

　　宁远："始丧之夕，亲宾邻里毕集丧次，主人备酒馔款之"⑤；

　　蓝山："凡丧家葬亲，多由族邻抬柩，或口邀，或柬请，无论路之远近，地之险夷，时之冻燠，皆奋勇以赴，勿规避者"⑥；

　　桂阳："葬日设酒淆以待宾客，治事或请数百人。亲友吊奠，有用猪羊盛馔，祭章或用绫缎者，报亦从厚"⑦；

　　江华："遇亲友丧葬，至亲密友往奠，具冥镪、祭馔、羊豕、绸轴之类，亦有以币代将者，犹古赙赠之义也"⑧；

　　新田："亲友先来悯恤，谓之'看死'，届葬期相与吊赙，或以食品，或以货财"⑨。

　　明清长江中游地区盛行"闹丧"的习俗，基本内容为：遇丧事，"邻友各携肴馔坐夜，或高歌吹唱，或搬杂剧"⑩、"门前及柩旁鼓乐交作"⑪、"鸣金伐鼓，歌呼达旦"⑫。闹丧习俗一向被地方官和文人斥为"以死为乐"、不循礼制的陋俗，王美英认为，到丧家陪伴和暖丧"也体现了基层社会百姓相互关怀、相互体贴与相互帮助的美德"⑬，这一结论正是论者追本溯源，体察民间风俗背后深刻含义的结果。

　　对于在丧葬事务中赠送钱物和前来帮忙的家庭，丧家都要一一记下，等到他们有了丧亲之痛时，便以相应的份额予以回报。这样，围绕着丧葬服务便形成了一种相对固定的社会关系网络，可称为"丧葬圈"，它是传统民间社会保

①　同治《巴东县志》卷10《风土志·风俗》。
②　乾隆《岳州府志》卷9《风俗》。
③　嘉庆《安仁县志》卷4《风土志·风俗》。
④　嘉庆《安化县志》卷11《风俗》。
⑤　乾隆《宁远县志》卷4《风土》。
⑥　民国《蓝山县图志》卷13《礼俗》。
⑦　同治《桂阳县志》卷18《风土志》。
⑧　道光《永州府志》卷5《风俗》。
⑨　道光《永州府志》卷5《风俗》。
⑩　嘉靖《罗田县志》卷1《风俗》。
⑪　嘉庆《桂东县志》卷9《风俗》。
⑫　同治《巴东县志》卷10《风土志》。
⑬　王美英：《明清长江中游地区的风俗与社会变迁》，武汉大学博士学位论文2003年。

障的重要内容。

2. 喜庆圈

中国号称"礼仪之邦"，礼仪渗透到传统社会生活的各个环节，举凡冠、婚、丧、祭及生育、入学、庆寿等人生大事，莫不有礼。与丧礼相较，喜庆礼仪给终日劳碌的人们增添了喜悦的气氛。每逢喜庆时刻，一般要大摆宴席，会饮宾朋。例如湖北长阳"遇节互相宴饮"①；湖南永州府，"永俗重生日，虽贫家少稚，比邻皆贺，稍饱暖者必为酒食之会"②；沅陵县，"初生时戚友闻而贺者，或饮以薑酒，或预置糟酒"③；湖北长乐县，"邑除贺寿、婚娶宴会外，正月延客曰请新年客，春种毕延客曰请烧上田坡，七月请妇女曰接过月半，秋收毕延客曰还稻场福。此则堡内外皆然。余遇佳节，亦间有邀宾宴赏者，至客商工匠，每逢初一、十五或初二、十六祀神毕，约同类饮食谓烧牙祭"④。对喜庆事务的操办同样也是一个需要大量投入人、财、物的过程，而且极易形成靡费炫富、互相攀比的风气。这种风气一旦形成，便积俗难返，成为平民生活的沉重负担。同治《益阳县志》载有一份明代邑人提倡节俭的倡议书，篇首论述了崇奢之风与当地人民生活水平下降的关系：

> 益俗之弊，莫大于奢侈，侈风一开，靡所不逮。故有宴一宾、致一馈而虚一廪者矣，有嫁一女、娶一妇而亡数亩者矣，有橐无赢积而庭宇楚饰服御绮丽若贵豪公子者矣……竞奢成风，大都类此。闻之父老，吾邑之饶，旧称乐土，庚廪之积遍于里闾，今则无论中人下产即赫奕名巨家者，其帑藏亦不偿所出矣。此岂非俗日漓而奢侈者之过哉！⑤

社会风气的奢俭之变与商品经济发展和社会变迁的外部环境密切相关，上述论断虽有失偏颇，但也不无道理。光绪《咸宁县志》的修志者目睹了数十年间咸宁喜庆风尚的转变，"其宴客之具，数十年前不过鱼肉，今则海物罗错……生期祝寿，锦幛为屏，甚至演戏侑觞，以为宾荣。其弊由富饶之族僭拟仕宦，有中人之产者亦勉强效颦"，为此，他不无感慨地说："语云'由俭入奢易，由奢入俭难'，旨哉斯言！"⑥咸宁县的情况在两湖地区有一定的普遍

① 同治《长阳县志》卷1《地理志·风俗》。
② 道光《永州府志》卷5《风俗》。
③ 同治《沅陵县志》卷37《风俗》。
④ 光绪《长乐县志》卷12《风俗》。
⑤ 明·贺凤梧：《请议还朴约书》，同治《益阳县志》卷2《舆地志·风俗》。
⑥ 光绪《续辑咸宁县志》卷1《疆域·风俗》。

性。光绪《善化县志》的修志者在评价邑中风俗时，发出了与光绪《咸宁县志》一样的感叹①。类似这样对"由俭入奢"的担忧和不满，在嘉庆年间或更早时候所修的方志中已经有所表达。如乾隆《湘潭县志》称"《风土记》云湖湘间宾客宴集，供鱼清羹则众皆退。今俗务盛设，所谓'鱼来酒止'亦成虚语矣"②；嘉庆《湘潭县志》也对湖湘间"鱼来酒止"的宴饮习尚亦作了追忆，据此针砭时弊："今则不然，士大夫宴客，米取精细，酒重酝酿，珍错交罗，竞为丰腆，一食费至数金，而婚丧尤甚"③；嘉庆《安化县志》称："士大夫宴客珍错交罗，竞为丰腆，有一食至费数金者，而婚葬二者尤甚"④。喜庆事务中的崇奢竞胜之风，以婚嫁最盛。一些地方本来就有"婚姻论财"的习俗，这种习俗与崇奢的社会风气结合更加难以变易，且愈演愈烈。以宁远县为例，乾隆《宁远县志》评价当时婚礼"仪数繁缛，大都俗尚靡费……费财既多，资妆必待丰备，往往力有不给"⑤，至光绪修志时："今则踵事增华，由问名、纳采、纳征、催妆、请期，更增以上头礼，多至十数抬，役夫至数十人，猪、鸡、鹅、酒、簪珥、绸缎、米糍，猪或重至数百斤。女家回以细料袍套、笔砚纸墨、靴鞋帽扇等事，外有女亲眷寄事，每一分大者肉、鹅、鸡各数斤，次递减，中产亦所费不赀。"⑥ 记载表明，婚姻论财和婚俗日益趋向奢华在清代两湖地区是一种较普通的现象，如嘉庆《安仁县志》称当地婚嫁"近趋奢华，贫家艰于措办"⑦；道光时晃州厅，"婚姻论财之习……农人市儿或有之"，"婚嫁之费……近颇以华赡相高"⑧；同治《醴陵县志》称该县"遣嫁者夸饰装奁，娶妇者侈陈肴馔，常有竭数载经营之力，博亲戚顷刻之欢，相尚以财，渐染成俗"⑨；桂阳县，"女家以奢相尚，衣服易棉布而绫罗，首饰易铜角而金银，甚且珠翠。时节馈遗，竞丰好盛"⑩；宁乡县"至迎亲执事之繁，款高亲筵宴之盛，待仆从赏赐之厚，两家斗靡称快一时"⑪。

---

① 光绪《善化县志》卷16《风土·风俗》。原文为："其宴客之具，数十年前惟大宾客始用海物，近则率以为常。偶尔招客，冷热围盘，标新领异，馔或燕翅。散寿摆面，动费多金，甚至演戏侑觞，以为宾荣。其弊由富饶之族僭拟仕宦式样，遂至从风而靡，虽贫寒之家亦有勉强效颦者。语云'由奢入俭难'，旨哉斯言！"
② 乾隆《湘潭县志》卷14《风俗》。
③ 嘉庆《湘潭县志》卷39《风土·风俗》。
④ 嘉庆《安化县志》卷11《风俗》。
⑤ 乾隆《宁远县志》卷4《风土》。
⑥ 光绪《宁远县志》卷8《风俗》。
⑦ 嘉庆《安仁县志》卷4《风土志·风俗》。
⑧ 道光《晃州厅志》卷36《风俗》。
⑨ 同治《醴陵县志》卷1《舆地·风俗》。
⑩ 同治《桂阳县志》卷18《风土志》。
⑪ 同治《宁乡县志》卷24《风俗》。

婚姻论财和婚嫁浮靡之风在明清两湖地区酿成严重的社会问题，成为臭名昭著的溺女和弃婴弊俗的重要源头。对两湖部分地区的溺婴恶习宋苏轼《东坡集》曾经提及："岳鄂间田野小人例只养二男一女，过此则杀之，尤讳养女。"① 明代湖南岳州等地已出现"一女方嫁而家产荡然"的现象②。清代变本加厉，所谓"贫家固以此为累，富室亦以此告匮，遂使士庶之家视嫁女为畏途，以养女为累赘"③。一些府州县的情形为：永州府"婚姻多尚财帛，归妹每致愆期，虑嫁资而溺女，责聘礼而背盟"④；永顺府"索重奁而酿成溺女之风，贪厚聘而致有摽梅之叹"⑤；桂阳县"中人之产不胜苦累，致成溺女恶习"⑥；慈利县有"盗不过五女之门"的谚语，"盖遗嫁物品，凡关日用细大所必备，以是种种，辄来溺女之反响"⑦。

可见，喜庆之事也可能导致平民生计困难和陷入贫困，成为"倾家坏俗之道"⑧。围绕着喜庆互助所形成的社会关系网络，可称为"喜庆圈"。传统社会的"喜庆圈"同样是传统礼仪与风俗习惯的结合，互助之义寓于其中。以婚俗为例，中国古代早有纳采、问名、纳吉、纳征、请期、亲迎"六礼"，朱子《家礼》对"六礼"进行简化，将"问名"并入纳采，将"纳吉"、"请期"并入纳征，成纳采、纳征、亲迎"三礼"。明代全面奉行朱子《家礼》，清代又将庶士、庶人的婚礼调整为纳采、纳币、请期、亲迎"四礼"。明清两湖民间的婚礼，基本循着"六礼"、"三礼"或"四礼"的精神增损改易，演变为各有特色的婚俗。从纳采到迎娶的过程，既是一个费资耗财的过程，也是一个互助互济的过程。其内在机制和基本精神与丧礼是一致的，仍据地方志风俗志的记载略举数例：石首："邀请亲友，欢宴三日。越三日，圆茶，同姓亲友致羊酒贺"⑨；黄梅："是夕，戚族咸集，主人具茗酌"⑩；蓝山："婿婿家迎妇，其舆夫及杠奁物之役，由族邻助工而不取值"⑪；乾州厅："送亲客多，男家先托族长设席郊野，席地而饮，尽醉而归"⑫；江华："二家各为酒食招乡党

① 同治《蒲圻县志》卷1《疆域·风俗》。
② 万历《湖广总志》卷35《风俗》。
③ 同治《桂阳县志》卷18《风土志》。
④ 道光《永州府志》卷5《风俗》。
⑤ 同治增刻乾隆《永顺府志》卷10《风俗》。
⑥ 同治《桂阳县志》卷18《风土志》。
⑦ 民国《慈利县志》，转引自丁世良、赵放主编：《中国地方志民俗资料汇编·中南卷》上，北京图书馆出版社1991年版，第668页。
⑧ 同治《宁乡县志》卷24《风俗》。
⑨ 同治《石首县志》卷3《民政志·风俗》。
⑩ 光绪《黄梅县志》卷6《地理志·风俗》。
⑪ 民国《蓝山县图志》卷13《礼俗》。
⑫ 乾隆《乾州厅志》卷2《风俗》。

戚友。……姻宾会宴者以金银、钱、米、糍果相贺不等。"①

　　喜庆礼俗中所包含的互助精神还通过一些具有地方特色或特殊意义的礼仪得以体现，其中湖南汉族和苗族婚礼中流行的"填箱"习俗即为较有代表性的一种。"填箱"又称"添箱"，是对嫁女时由戚友馈赠礼物的行为的专称，它是湖南一些地方婚礼中重要而不可少的一项礼仪。如常德府："姻亲送礼，谓之'填箱'"②；永顺府"女家戚族送亲赴女家宴者带礼物相赠，曰'添箱'"③；凤凰厅："女家邀亲友□□聚饮伴嫁，赴席者必带礼物相赠，谓之'添箱'"④；乾州厅："亲友持礼物赠女曰'添箱'"⑤；永绥厅："戚党以礼物送女家，曰'添箱'"⑥；沅陵县："赴女家宴者，带礼物相赠，曰'添箱'"⑦。"添箱"习俗在湖南地区的流行，是与女家嫁赀负担过重，民间以养女为累的社会背景相关的，它表达出基层民众意欲通过戚友的互助对嫁女负担进行分担和减缓的大众心理和愿望。

　　此外，在明清长江中游地区婚礼中广为流行的"歌堂"习俗和"陪十姊妹"、"陪十兄弟"的习俗，或多或少也蕴含了互助的精神，这些习俗王美英已有专门的论述，此不赘述⑧。

　　除"丧葬圈"和"婚姻圈"这两种典型的互助圈外，在传统乡土社会，以初级社会关系为基础的"互助圈"还有很多。以湖南蓝山县为例，该县除了上文所述婚丧事务中的"助工"习俗外，在乡土社区还流行着"恤贫"、"救火"和农忙时的"斟工"等一系列以初级人际关系为基础的互助习俗：

　　　　救火。遇有火警，鸣锣为号，邻童壮丁皆奔赴往救，争先恐后，被火之家，一饭酬劳，贫者但温语谢之。无须饭也。

　　　　恤贫。殷实好善家施乞丐多用米，有全年逐日给发者，有仅给荒季者，亦有荒季中三日、五日一次者。初于孤老残疾之行乞者，施米一匙二匙三匙有差……又有施衣施药施炭施笠之风⑨。

---

① 同治《江华县志》卷6《风土》。
② 嘉庆《常德府志》卷13《风俗考》。
③ 同治增刻乾隆《永顺府志》卷10《风俗》。
④ 乾隆《凤凰厅志》卷14《风俗》。
⑤ 光绪校刊同治《乾州厅志》卷5《风俗》。
⑥ 宣统《永绥厅志》卷6《风俗》。
⑦ 同治《沅陵县志》卷37《风俗》。
⑧ 王美英：《明清时期长江中游地区的风俗与社会变迁》，武汉大学博士学位论文2003年。
⑨ 值得说明的是，慷慨的施与助长了当地的行乞之风，到民国年间，有人发出了"私善不易为"之叹："渐至贫家妇女皆行乞，近则非赤贫者亦厕其中，甚至同一人而日二三次到门者。大概市米平价则丐少，荒年则丐多，不独附近来乞，远者亦踵至。"参见民国《蓝山县图志》卷13《礼俗》。

斛工。农忙如分秧割禾时，甲农邀乙丙丁斛工，乙丙丁邀甲亦如之，但参差时日而已。以一人不便工作，合数人则事半功倍，且农器亦可互用，省费尤多①。

围绕着这些特定的社会保障事务，都有一个相应的互助圈。划分的标准不同，互助圈的内容和边界就不同，而且在不同的地区这些互助圈又有各自的特色。如上述农忙时节的集体劳作和换工互助的作法，可称为"换工互助圈"，湖北长阳等地也流行着类似的换工互助习俗，换工互助的范围比蓝山县更大。同治《长阳县志》对"忙月"换工互助的场面有生动的描述：

其种稻先一日，主骑秧马入田，取秧扎成大批，名"秧把"，将秧把散掷净田中，均匀分立，名"梅花瓣"。栽秧者下田，各取秧把分插，皆佝偻以退为进，另二人击鼓锣唱秧歌，亦退而走。鼓缓，插亦缓，鼓急，插亦急，名"点藜"；横直成行为"上藜"；替换为"接藜"；一人太快上前，众人俱落后为"勒藜"；鼓锣繁促不唱，插者亦繁促不语为"催藜"。插毕，彼此互要饮食为"洗泥"，又曰"洗犁"。谓来岁方用犁，今后只须去草待收获也。旱田草盛工忙，互相助为"换工"。亦击鼓锣歌唱，节劳逸，有头歇、二歇、三歇。至末，鼓锣与薅锄齐急，不闻人声，为"赶藜"。谓之薅二道草、三道草②。

因"换工互助圈"的存在，每到立夏时节，长阳农村便会出现"栽秧插禾满村啼，正是栽秧插禾时。口唱秧歌骑秧马，晚来还带鲊包归"的景象③。

三、业佃关系与佃农生活保障

在中国传统社会晚期的阶级构成中，地主和农民是两个基本的阶级。其中农民又可分为自耕农和佃农等基本成分，他们是遭受剥削和压迫的阶级，佃农所受剥削尤重。佃农在沉重阶级压迫下的生活困苦状况，曾经是政治史和乡村社会史研究的重点，这方面的情形，此前的研究成果已作了充分的论述。在充分肯定和重视这些研究成果的前提下，也必须注意到，乡村实际生活中业佃关

---

① 民国《蓝山县图志》卷13《礼俗》。
② 同治《长阳县志》卷1《地理志·风俗》。
③ 栽秧插禾："禽言，或云即布谷"；鲊包："栽秧时，主人采木叶包裹鱼肉，每人一份，曰'鲊包子'，更以馈饷。木叶，自有一种即名'鲊包树'"，同治《长阳县志》卷1《地理志·风俗》。

系的具体情形是非常复杂的。地主有城居和乡居之别，佃农也有完全靠佃种为生的佃农，和有部分土地的半佃农之别。在很多情形下，地主和佃农的关系可能同时也是宗族、姻戚关系。不同类型主佃之间的关系千差万别，主佃之间既有剥削和斗争的一面，也有妥协和温情的一面。关于传统乡村中的业佃关系，杨懋春先生有一段精彩的论述：

> 人们很容易推测或相信地主处在高地位上，其势力透过租佃关系往下向其佃农身上逼压。佃农则软弱无告，必须卑颜躬身，向地主作祈求状。这是一般的假定，事实上，在这一假定情形的左右各有程度不同的差别。如以假定右边的差别为光明，以左边的差别为阴暗，则右边的地主佃农关系，或租佃关系，会比较多有善良感情。多有善良感情的租佃关系，其特点是地主以仁厚好施之家长自居，对佃农不苛刻，收租时不斤斤计较，宁使佃农讨些便宜；遇佃农有困难，来求济助时，肯伸其援手。在佃农方面，对地主常存感恩心或爱戴心……地主与佃农之间的关系如能不趋于恶劣，并非完全由于感情，也有属于利害的计较在内。事实上，作地主者并非完全处于有利地位。他不能在佃农身上予取予求，随意而行。佃农非全为纯朴恭顺，不能计算利与害者。……有经验有眼光的地主深知善待佃户会对自己有利益①。

在传统乡村，"有善良感情的租佃关系"是对佃农的生活保障有着重要意义的一种社会关系。从这种意义上看，主佃关系也是一种特殊的互助圈。开明的乡绅地主一般也乐于保持与佃农的良好关系，在一定范围内减轻剥削程度并对陷入困境的佃农予以救助，从而维持更长久、更安全的剥削。在明清两湖农村社会中，富户救助贫困佃户的行为及业主在特定场合下对佃农的减让租等都是较为常见的现象。从阶级分析的角度看，业佃间的良善关系并没有改变双方剥削和被剥削关系的性质，它只是一种更隐蔽的剥削关系。本书对业佃良善关系的强调，并非淡化对地主、佃农关系性质的认识，而旨在揭示业佃关系趋于缓和对佃农生存、生活的意义。

（一）地主、富户对佃农的生活救济

地主和佃农的关系是明清两湖乡村中的基本社会、生产关系之一。以湖南省为例，顾炎武在《天下郡国利病书·湖广》中论及长沙府的情形时说："长沙土野沃衍……乃他方游民，徒手张颐，就食其间。居停之家初喜其强力足以

---

① 杨懋春：《近代中国农村社会之演变》，台北巨流图书公司1980年版，第40~41页。

任南亩，往往佣客蓄之，久而游民多智辨过其居停主人……或就硗确荒芜田予之垦，而代缮其赋。"① 方志的记载也显示出相类似的情形，如善化县"乡民佃种多于自耕"②；湘潭县"民贫以佃田为产……富绅有田庄亦佃耕贫民"③；祁阳县"贫者佃种富室之田，偿租而外，与己业无异，凡山头地角稍有可垦者，无不开垦"④；安化县"俗谓佃田为写田"⑤；岳州府巴陵县志称："巴陵土瘠民贫。高苦旱，下苦水。下分其土，山水居其七；十分其民，而工贾居其四；十分其农，而佃种居其六；十分其力，而傭工居其五；十分其入，而耗用居其半。"⑥ 有论者估计 19 世纪以后湖南省的佃农比例升高至 70% ～ 80%⑦。一般而言，佃农的生活境况较自耕农恶劣，"傭佃之人"常成为人们对乡村中贫穷阶层的指称。这种倾向在两湖地方志中表现得十分明显：湖北竹溪县，"家有恒产者服先畴，无则赁而耕"⑧；宜城县，"贫民不耻佃傭"⑨；郧县，"其佃地纳租者，间或于农隙肩挑背负，补衣食之不足"⑩；长乐县佃农一岁所入"半偿主人租，半偿富人债"，"饥腹且难免，遑云衣破败"⑪；湖南善化，"佃农多形拮据，此乡间作苦情形，不患勤而患不富，终岁勤动，有不得养其父母者"⑫；零陵县，"贫者则佃种为生"⑬；醴陵县，"南乡佃农盛，故茅屋最多"⑭。

　　由于大量贫穷佃农的存在，以地主为主体的农村富户对佃农的救助成为乡村中常见的善举。这些富户有的是有一定功名的乡绅，也有的是普通的地主或自耕农，拥有一定的资财或田产是他们共同的特点，来自儒、道、佛的慈善理念和维持和谐乡土秩序的愿望是他们推行善举的主要思想动机。两湖每部地方志的《义行》、《善行》诸卷中都记录了大量乡村富户救助佃农的事例。以下仍按前文的办法从中抽取若干列表如下，见表 5-2：

① 明·顾炎武：《天下郡国利病书》卷 15《湖广上》。
② 光绪《善化县志》卷 16《风土·风俗》。
③ 乾隆《湘潭县志》卷 14《风俗》。
④ 嘉庆《祁阳县志》卷 13《风俗》。
⑤ 嘉庆《安化县志》卷 11《风俗》。
⑥ 同治《巴陵县志》卷 4《赋役上》。
⑦ 刘大钧：《中国佃农经济状况》，转引自张朋园：《中国现代化的区域研究——湖南省：1860 ～ 1916》，台湾"中央研究院"1983 年版，第 77 页。
⑧ 同治《竹溪县志》卷 14《风俗》。
⑨ 同治《宜城县志》卷 1《舆地·风俗》。
⑩ 同治《郧县志》卷 2《风俗》。
⑪ 同治《长乐县志》卷 12《风俗志》。
⑫ 光绪《善化县志》卷 16《风土·风俗》。
⑬ 光绪《零陵县志》卷 5《学校·风俗》。
⑭ 民国《醴陵县志》卷 4《礼俗志·风俗》。

表 5-2　　　　　　　　　　明清两湖乡村富户救助佃农示例表

州县	朝代	姓名	事　　迹
安陆	明	吴自得	岁入租不计斗斛，结佃状若干，纳之弗疑
黄冈	清	谢惠	佃农逋租，往往弃之
武陵	清	王先甲	曾孙万清，监生，万新，郡诸生，岁歉相约减租、平粜
桃源	清	张锐	诸生，岁歉平粜，减田租以惠佃户
新化	清	唐际	嘉庆丁卯夏大旱，佃求免租，已许之矣。入秋……佃请仍纳如故……卒不受，佃多因此获小康
新化	清	邹江	贡生……佃户数十，连年欠租，终生未逐一佃
蓝山	清	黄玉选	诸佃户拊循，分别减免租石
蓝山	清	彭孔诒	自奉薄而厚于恤人，佃户岁租率减
湘潭	清	曾惇	乾隆辛未、壬申岁饥，减田租殆尽
湘潭	清	宋铭西	佃其田者凡数十家，收租之斛较他人为小，子孙守之以为法
湘潭	清	周朝望	遇蠲免，即以所免之数散给诸佃，不敢独被恩施也
湘潭	清	郭俑	佃户所负以千百计，临殁前一日悉召至，出券面焚之
邵阳	清	徐之皑	减租宽佃，减价恤贫，求无弗与，不自为德
邵阳	清	陈政和	减租宽佃，常如不及
邵阳	清	苏能达	嘉庆丁卯大旱……济贫民，佃户不给者又济以米
邵阳	清	姜兴民	秋收佃租以平斛入，粜则以满斛出
邵阳	清	曾子裕	有佃某没，遗孤幼弱，子裕为权衣食，岁岁给谷，人五石，至成立完娶
邵阳	清	申韶	嘉庆丁卯岁饥，韶减租宽佃，并出四百金购荞子给贫者
邵阳	清	曾开艺	借贷不索偿，佃租不取盈
邵阳	清	曾世潢	有李某家贫……给田使佃，以时周其衣食
邵阳	清	曾世承	乾隆戊戌岁饥，捐谷六百石以恤佃户
湘乡	清	姚子贤	有佃户屡盗庄谷，置弗问，岁歉出谷赒济邻里
湘乡	清	刘江纯	有无告者鬻其田于纯，已给价受田矣，复悯其贫且老，使仍耕以自给，二十余年不索租

　　这些广泛存在的救助活动在一定程度上缓解了地主与佃农之间的矛盾，有些地方出现了地主和佃农之间时相往来，主佃关系趋于良善的和谐情景。如湖南蓝山县"佃农向田主承耕，不独无押金，且有买牛使畜，薄取牛租而半分

其犊，甚至下种时，贷钱贷谷，以济其急，秋收还本，而不计息。其副产物，如荳薯等，全归佃农所获。故有耕至累代而不改佃，其田主之庆吊，亦欣然相通焉"①。

（二）业主对佃户田租的宽免和减让

明清时期的业佃关系本质上是以契约结成的经济关系，地租形态经历了由分成租向定额租，由劳役地租、实物地租向货币地租的大致演变过程②。但考察租佃生活的实例可知，在实际租佃生活中，严格按照契约缴纳的地租并不多见，有时即使在丰年也要作适度的减让，在特殊条件和特定的场合下对租额进行减让更是租佃生活的常态。这种状况的出现主要是佃农长期斗争的结果③，同时，宗族亲情、乡土人情、慈善观念等因素也有一定的影响。多种因素共同起作用，使具体的减让情形非常复杂，从业主和佃农的主被动关系看，有业主自愿的减让也有被迫减让，有佃农的主动争取，也有乡规俗例的约束。从减让的具体操作看，既有分租制下双方协商的减让，也有定额租制下对规定地租额的减让，还有在特定场合下由定额租制向分成租制的"回归"，各种形式的减让租交织在一起，有时难以区分。但不管何种形式的减让都与佃农的生活息息相关，在客观上起到了缓解佃农贫困状况的实际效果。业主对佃农的减让租通常见于以下几种情形：

1. 灾歉场合

在灾歉时对租约所规定的纳租额进行适当的调整是理所当然的事情，许多租佃契约中都要特别写明遇到灾荒和歉收时的交租办法。明万历至崇祯朝刊印的一些工具书中载有各类租佃契约的格式④，如《尺牍双鱼》和《云锦书笺》

---

① 民国《蓝山县图志》卷13《礼俗》。

② 参见李文治：《明清时代封建土地关系的松解》，中国社会科学出版社1993年版。

③ 现有研究成果已表明，由明至清，佃农的社会地位和人身自由呈逐步提高的趋势，不仅如此，佃农还享有越来越多的权利，如自由择佃、退佃、迁徙等。参见李文治《明清时代封建土地关系的松解》，中国社会科学出版社1993年版；许涤新、吴承明主编：《中国资本主义的萌芽》，人民出版社1985年版等。此外，佐伯有一、田炯权等海外学者在对湖南租佃关系的研究中亦发现，"清后期湖南一带看不到有这种地主为暴力控制佃户而雇佣的僮仆"，《湖南省例成案》中所载各种附租——粮米、新鸡、新米、重阳酒、重阳鸡、年糕、年粑、年鸡等也很少见了（田炯权：《中国近代社会经济史研究——义田地主和生产关系》，中国社会科学出版社1997年版，第64页）。

④ 此类书刊主要有万历年间刊刻的《三台万用正宗》、《学海群玉》、《家礼简仪》、《万锦全书》及崇祯时刊刻的《尺牍双鱼》、《杂字全书》等。租佃契约的格式主要有地主使用的"招佃契式"和佃户使用的"承佃契式"两类。总的看来，明代契约的条款比较苛刻，常有"倘遇丰荒，租谷不得增减"的内容。参见李文治：《明清时代封建土地关系的松解》，中国社会科学出版社1993年版，第403～471页；杨国桢：《明清土地契约文书研究》，人民出版社1988年版，第43～56页。

中均载有佃户承佃时常用的"佃帖式",其内容为:

> 立佃帖人某,今因无田耕种,情愿凭中佃到某田主名下田若干,计租若干,其田每年秋收,照田交纳租稻不致少欠。如遇年成水旱,请田主临田踏看,除租均分(或有处止用约至秋收,看场打稻草,稻上场均分,不致少欠)。如有长芜田地,依数赔还。恐后无凭,立此佃契存照①。

这些工具书是面向全国刊行的,两湖民间也存留有大量租佃契约文书,从田野调查所收获的部分清代契约文中可以看出,明清两湖租佃契约采用的是与此相类似的格式。对灾年如何交租一般要作特别说明,兹举一例:

> 立批佃字
>
> 立批佃承认人蔡鲁占……请凭户众,情愿仍批佃种本卫屯粮四分,仍系鲁占完纳　贴租银。自三十一年始,每年公议止出租稞银五两,倘有水旱,止出租银肆两……恐后无凭,立此为照。
>
> 四分各执一纸
> 康熙三十一年五月十三日 亲笔②

明清之际,两湖方志中有关佃农借口灾歉拒绝足额交租的记载很多,如湖北孝感县佃农,"借口水旱逋其人"③;应城县,"稍旱潦颗粒无偿"④;湖南衡州,稍有水旱,"佃辄借口以逋其人"⑤。这些记载表明,在灾歉的年份业主对佃农减让田租已势所难免了。嘉庆年间,岳州知府针对巴陵一带有"刁佃"借灾歉抗租踞庄的积弊说,"虽岁有丰歉,应减应交,自当临田公议,何以抗欠霸踞?"⑥ 其本意是在责怪佃农,却也从反面说明,在灾歉时"临田公议"已成为岳州等地收租的惯行做法。乾隆刑科题本中的租佃案例也表明灾歉时让租是被人们普遍认同的,如乾隆三十九年(1774年)孝感佃农在交租时向业主说,"今年荒旱,要让些租谷"⑦;乾隆二十四年(1759年)益阳县业主刘

---

① 参见杨国桢:《明清土地契约文书研究》,人民出版社1988年2月版,第43~46页。

② 该租佃契约载于湖北黄冈《蔡氏宗谱》卷1《立批佃字》,民国七年九思堂活字本。

③ 光绪《孝感县志》卷5《风土·习俗》。

④ 咸丰《应城县志》卷3《风土·风俗》。

⑤ 康熙《衡州府志》卷8《风土志》。转引自李文治:《明清时代封建土地关系的松解》,中国社会科学出版社1993年版,第146页。

⑥ 光绪《巴陵县志》卷52《杂识》。

⑦ 中国第一历史档案馆、中国社会科学院历史所编:《清代土地占有关系与佃农抗租斗争》,中华书局1988年版,第707页。

焕若、刘合五兄弟与佃农郭应昌、郭平先兄弟"立有佃约"，"议定每年还租谷三十四石"，至乾隆三十年（1765年），"每年租谷俱已清楚，只有二十九年（1764年）因被水灾，没有还租"[①]。光绪时云梦县丰云社仓拥有三块湖田，该社仓章程对收租的规定为："没有水旱偏灾，自宜看田取租，如或稍有歉薄，应由社正禀县示办，以昭体恤"[②]；竹溪县培育堂田地招佃耕种，收租办法为"每年租石务令各佃户送谷，不准折钱。如遇水旱，佃户须□报明绅首，凭田踩纳"[③]；桃源县书院膏火田亦有"本年除让柒石捌斗外，实收得官斛谷贰百贰拾壹石捌斗，又收得地课钱捌拾玖千六百文。因雨水太甚，让去钱谷壹拾贰千六百文"的记载[④]。族谱中常将族内田主荒年减租的行为视同救饥、恤困一样的美德进行赞扬和提倡。如湖南长沙陈氏为柳孺人立传，称其"尤喜赒饥恤困……雍正丁未岁歉，佐（其夫）府君施粥，耕佃有不足者，蠲租不取。又每岁倩医集小儿良方为丸济人，全活甚众。盖性之好修如此"![⑤]

2. 恩蠲场合

明清两朝国家对业户的蠲赋与对佃户的免租常常是联系在一起的。正如乾隆帝所言："朕视天下业户、佃户皆吾赤子，恩欲其均也。业户沾朕之恩，佃户又得拜业户之惠，则君民一心，彼此体恤，以人和感召天和。"[⑥] 因此在国家恩蠲的场合，业主有适当减免佃户田租的义务。明英宗时就有"被灾之处，富人田租如例蠲免"之例[⑦]，成化六年（1470年）又规定："被灾军民有承佃住种各王府、各公主府及内外官员之家田地、庄园，拖欠租米，自成化五年（1469年）十二月以前并今年现有灾伤无收去处，免追。"[⑧] 清代从康熙时起就制定了有关蠲赋和免租的定例，不过其执行过程中的具体情形较为复杂，且常引发业佃冲突，对此张建民教授已作了详细的辨析[⑨]，此处只结合两湖的情况略举二例。乾隆在位时曾多次普免钱粮，并恩及"食力佃农"，乾隆三十五

---

①　中国第一历史档案馆、中国社会科学院历史所编：《清代土地占有关系与佃农抗租斗争》，中华书局1988年版，第681页。

②　光绪《续云梦县志略》卷首《社仓》。

③　光绪《竹溪县志》卷10《增议培育堂章程》。

④　光绪《桃源县志》卷4《学校志·书院考》。

⑤　湖南长沙《陈氏族谱》卷首《柳孺人传》，民国二十六年木活字本。

⑥　《清高宗实录》卷9，雍正十三年十二月壬午。

⑦　《明英宗实录》卷5，参见张建民：《论康雍乾时期的蠲赋与减租》，《中国前近代史理论国际学术研讨会论文集》，湖北人民出版社1997年版。

⑧　《明宪宗实录》卷82，成化六年八月癸丑。

⑨　参见张建民：《论康雍乾时期的蠲赋与减租》，《中国前近代史理论国际学术研讨会论文集》，湖北人民出版社1997年版。

年（1770 年）的谕令称："前此丙寅、丙戌两年，普蠲钱粮漕米，曾谕令各业户就所蠲之数，量减佃租……此次又值加恩普免，著各该督抚遇轮免之年，遍行劝谕各业户等，照应免粮银十分之四，令佃户准值减租，使得一体仰邀庆惠。在有田之家，岁入所资，固难详其分逮，而正供既免，食德宜均，谅无不共禀天良，欢忻从事。"① 有案例表明，这一上谕在两湖地区得到了执行。据刑部档案，是年，湖北房县孙五佃种朱起的山地，每年交租谷二石六斗。据田主朱起供称："上年钱粮蠲免，孙五只肯六折还租。小的要照钱粮让他十分之四……小的照钱粮摊算，让他二斗。"后因孙五不依而酿成命案②；有些尚义的业主则将"恩让"作为自觉的行动，如湘潭县业主周朝望，"性方正好施予……遇蠲免即以所免之数散给诸佃，不敢独被恩施也"③。

3. 情让和义让

租佃关系中的田主和佃户通常是日常生活中的宗族姻戚或邻里乡亲，即使原先毫无关系，也会因长期佃种而形成较密切的业缘关系。这些因素经统治者和士绅的倡导与宣扬成为业佃矛盾的"润滑剂"，所谓"贫富有丰啬相济之情，业佃尤有缓急相通之谊"；"忮求之心既忘，亲睦之心必笃"；"业佃相资相养"等。"情让"和"义让"就是以此为基础的地租减让形式，在租佃生活中随处可见。如清代湖北通城葛氏映斗公"重义轻财要……田租从薄收纳，不全或折或让，听其支延，即有积欠，仁心曲体，首尾皆空，不知凡几"④；湖北崇阳邓氏有先妣杨太君，"不吝于出寒衣送煖……岁歉减租"，为"宗族乡党藉藉交称"⑤；湖北黄冈谢氏谢惠公"敦行好义，亲邻借贷，辄应折其券。佃农逋租，往往弃之……乡里称为善人"，并上报县令载入县志之"笃行志"⑥。可见，一般情况下，各宗族、乡里都将本族、本乡中地主的让租行为视为荣耀，视其为"善人"、"义行"的重要标志。表 5-2 所示的让租实例大多数即为情让或义让。试再举几例：湖北谷城县人刘惟然于乾隆十五年（1750 年）搬到房县阮西沟外甥王正启家，乾隆二十年（1755 年）他在一命案的供词中讲述了佃种外甥山地时得到的种种优惠："与他同居共食，到十七年（1752 年），与小的分开，就在他家院子旁边盖了两间草房住。他仍把一分

---

① 《清高宗实录》卷 850，乾隆三十五年正月癸未。
② 中国第一历史档案馆、中国社会科学院历史所编：《清代土地占有关系与佃农抗租斗争》，中华书局 1988 年版，第 702 页。
③ 嘉庆《湘潭县志》卷 29《人物·施济》。
④ 湖北通城《葛氏宗谱》卷首《映斗公序赞》，民国十八年刻本。
⑤ 湖北崇阳《邓氏宗谱》卷首《杨太君纪略》，民国二十五年刻本。
⑥ 湖北黄冈《谢氏宗谱》卷首《传略》，民国七年刻本。

山地与小的种，每年课银二两，没有结清。又借他十千五百七十文钱，也没还他"①。后来外甥卖地，非但不要租欠，因费有工本，还准备"给小的四两离山银子"①。乾隆四十一年（1776年），湘乡县民朱荣伯将田二亩当与王学聚，田仍由朱荣伯耕种，并议定次年赎回。"后因无力取赎，额租过多，屡求王学聚减让，王学聚不依"，并由此引发冲突，后"经邻人朱序三们调处"，田仍给朱荣伯耕种，"从前旧欠也劝王学聚减让"②。湖北崇阳县庠生陈从龙，"性仁厚，尝悯佃农贫将卖妇，减田租之半以苏之，岁以为例"③。这些"情让"都以一定的血缘、地缘关系或地主的同情心为基础。"情让"还见于"酌情而让"的场合：前述云梦社仓有三块湖田，其中一处为"土陂湖"，当事者考虑到"此湖之田，因地卑土瘠，租课尚须详情酌减"④。"义让"多见于佃农长期欠租的场合，有时是情非得已的被迫让租。如湖北江夏冯能次于雍正九年（1731年）佃种陈端福田一石，"节年逋租未楚。乾隆元年（1736年）分又欠谷五石，当因端福义让二石，止认找三石"⑤；湖北黄冈陈大如佃余志远田一石五斗，已有二十多年，"历年拖欠租课不能全完"，"志远念其承种年久，义让旧欠"⑥。

需要说明的是，以上诸种情形的让租不是彼此孤立的，灾让中又有情让和义让的成分，义让中又有情让和灾让的成分。它们相互纠缠在一起，在佃农生活中起到了解困、扶危、济贫等救助作用。

四、初级社会组织：互助型民间会社

传统乡土社会，在上述界限模糊的社会关系基础上也可能发育出一些初级的社会组织。这些组织不同于官方设计中的里甲、保甲、乡约、社仓等基层社会组织，而是以民间结社和集会为基础结成的社会组织，可统称为民间会社。中国古代的民间会社活动于先秦时已发轫，一直延续不断，至明清时蔚为大观，是关乎民生与保障、影响社会运行的重要因素。但这些组织一度为学术界所忽视，尤其是对乡村地区会社组织的探讨一直比较缺乏。近年来，一些学者

---

① 中国第一历史档案馆、中国社会科学院历史所编：《清代地租剥削形态》，中华书局1982年版，第286页。

② 中国第一历史档案馆、中国社会科学院历史所编：《清代地租剥削形态》，中华书局1982年版，第205页。

③ 同治《崇阳县志》卷8《人物志·笃行》。

④ 光绪《续云梦县志略》卷首《社仓》。

⑤ 中国第一历史档案馆、中国社会科学院历史所编：《清代土地占有关系与佃农抗租斗争》，中华书局1988年版，第752页。

⑥ 转引自吴量恺主编：《清代湖北农业经济研究》，华中理工大学出版社1995年版，第161页。

开始关注这一问题，如陈宝良依据会社功能的不同，将传统会社团体析为政治型、经济型、军事型、文化型四个大类并作了系统的介绍①。也有学者立足于区域，进行了更精细的研究，如邵鸿以江西乐安流坑村为例的论述②、卞利对明清徽州地区会社的探讨③、张建民对川、陕、鄂交边山区会社碑刻资料的搜集与研究等④。这些成果在一定程度上使人们对民间会社组织的模糊印象渐渐变得清晰。由这些成果可知，民间会社组织可以是对初级社会关系的一种超越，同时对乡土社会关系也有补充和辅助的作用。诚如邵鸿所言，民间会社是"宗族和社区成员为了特定事务而确立的一种契约型组织，其成员必须承担一定的责任与义务，但也享有一定的权力和收益……正因为此，我们就看到了从族会到群会、从义会到利会的发展逻辑"，另一方面，"会社组织主要是作为宗族的辅助性功能组织出现的，是适应社会变迁，巩固和发展宗族组织的一个重要途径和体现。而在近代，当宗族组织衰落以后，会社也在逐步收缩"。为此，他不同意有学者把会社定义为"跳出家族范围，追求基层社会达到安定的社会组织"的观点，认为"会社组织仍然与宗族这个母体有着难以剥离的密切联系"⑤。民间会社与上述各种初、次级社会关系也有千丝万缕的复杂关系，它们纠缠扭结在一起，共同在保障民生、维持基层秩序方面发挥基础性的作用。

在各类民间会社中，对基层社会保障意义重大的是公益、互助性的民间会社，主要指传统时代流行于民间的"义助会"或"合会"，它们正是秉承中国传统中缓急相济、患难相恤的互助古风而兴的社会组织。关于合会产生的时间，较早的研究著作王宗培《中国之合会》推测合会在中国之起始"似在唐宋之间"，陈宝良进一步论证这一观点，认为酾合之风在我国虽古已有之，但是酾合这种方式发展为合会这种互助团体，并且出现会、社的名称，"显然已是唐宋之间的事"⑥。明清时期，民间合会之风盛行，陈宝良对不同类型的互助合会分别作了介绍，主要有：农家自愿结合的耕作互助组织"锄社"；由社庙祭祀会饮转化而成的民间互助团体"吃会"、"义社"、"告助"会；由社仓转化为民间自行结社的"结社积钱和会仓"；缓解州县役患的"保正会"、"牌

---

①　陈宝良：《中国的社与会》，浙江人民出版社 1996 年版。

②　邵鸿：《明清江西农村社区中的会——以乐安县流坑村为例》，《中国社会经济史研究》2002 年第 2 期。

③　卞利：《明清时期徽州的会社初探》，《安徽大学学报》2001 年第 6 期。

④　张建民：《清代后期陕南地方的民间会社——以碑石资料为中心的考察》，未刊稿。

⑤　邵鸿：《明清江西农村社区中的会——以乐安县流坑村为例》，《中国社会经济史研究》2002 年第 2 期。

⑥　陈宝良：《中国的社与会》，浙江人民出版社 1996 年版，第 173 页。

甲会";以慈善为目的的"窝窝头会"、"义赈会";以摇骰子决定收会名次的"摇会"以及父母会、孝义会、花筵会、苏会、标会等名目繁多的会①。邵鸿、卞利也在各自论著中展现了其研究区域内的"桥会"、"路会"、"水龙会"、"洲会"、"木纲会"、"水陆会"、"棺笼会"等民间互助会社。

　　明清时期流行于全国的形形色色的公益互助型会社也不同程度地存在于两湖地区。《刑案汇览》载有道光八年（1828年）湖北巡抚关于境内一宗命案的《说贴》，该案死者李周氏系某县乡民李时富已故胞伯李良启之妻，李良启生前曾共爨为一家。据该《说贴》，"族人李良元前因于李时富等未经分析之前，曾向其家邀集钱会，立有会簿，系注写李时富名字。迨后分析，议将李良元应还会钱二十五行分给李周氏收取。李时富因急用，欲私向李良元暂时挪借，即将会簿携回，冀图借用"，李周氏闻知，心怀气忿，投缳殒命②。这一案件说明"钱会"在湖北一些地区是较普遍的乡村借贷和互助方式。方志和碑刻中有时也有一些关于此类民间会社的记载，如：湖北麻城县浮桥河义渡，嘉庆四年（1799年），林正武倡募创建，岁贡喻学陶募资修桥与船，又"约附近义士十人组十义会"③；襄阳县刘河村之"菩萨胜会"相沿多年，嘉庆时，自安陆致仕归乡的旭园公"恐胜会之或寝，因不惜捐资以为之倡，同乡诸君亦各视其为以共襄义举……铢积寸累十余年，置地三十余亩"，取"贫富相安"之义成立"均安会"，其宗旨在于"每年第收课资为敬神之费，而贫富均相安于无事，行见民和而神降之福，勿虑岁歉而众为力"④；襄阳县张家庄的"清明会"也大力提倡族内互助，清明会《规章》规定："会中之钱积多，凡我族人，或鳏寡孤独毫无所依者，必同两造公议，须将会中之钱予之，以作营生之资，矜恤怜悯得传于后世可也"；"会中之钱积多，或遇饥寒，即将会中之钱账项，凡我会中之人，大可以无斯饥之叹"；"会中之钱积多，或同众公议，兴立义塾，择严师以教子孙可也"⑤。

　　如前文所述，湖南益阳在明代就出现了反对奢侈的"还朴会"，其发起人贺凤梧"于小云谷精舍集同志者二十人为'还朴会'"，专约从简宴宾⑥。清初湖南浏阳、蓝山等地出现了以合会的形式共同轮充乡里职役的"保正会"

---

① 陈宝良：《中国的社与会》，浙江人民出版社1996年版，第174～180页。

② 《刑案汇览三编》卷34《卑幼揹留钱物伯母气忿自尽》，北京古籍出版社2004年版，第1255页。

③ 民国《麻城县志前编》卷2《建置志·桥渡》。

④ 道光六年刊襄阳刘河村《均安会叙碑》，叶植主编：《襄樊市文物史迹普查实录》，今日中国出版社1995年版，第794～795页。

⑤ 光绪二十二年刊襄阳张家祠堂《亿万斯年碑》，叶植主编：《襄樊市文物史迹普查实录》，今日中国出版社1995年版，第798～799页。

⑥ 同治《益阳县志》卷2《舆地志·风俗》。

和"牌甲会"。如浏阳县上东乡，"纠上四都廿四族金，入其息，凡保正期满，聚而谋其可任者，差愈于旧，而其息已赢"，出资的二十四姓还购置产业，在文昌祠立祀，更名"文昌祠"，每姓各领铜牌一面，每年择期在文昌祠祭祀聚会，"核账目，验牌入席"。这样，通过二十四姓轮充保正，避免了旧时充保正者负担过重的弊端①。长沙、善化等地在举行葬礼时，存在"扛行吹手，自分段落，把持苛索"的流弊，素为丧家之累。同治时长沙、善化绅士广筹经费，联名禀请各宪"设立公扛"，由兼善堂订立新章，办理扛抬、鼓吹事宜。后又有"士绅集十余家为'文公会'，扛但向行内雇取扛夫，力钱不过一千六百"。到光绪年间，长沙、善化地区"城中设有兼善堂扛头，乡间制有'阴骘行'，俱称妥便"②。岳州府巴陵等县"贫户治丧多有会，曰'孝义会'。其法，先约家有老亲者十人，定醵钱若干，遇丧则开之，故变起仓卒，亦稍克成礼。无老亲亦有入会者，备嫁娶也。故遇嫁娶亦开，余不准，亦良法也"③；常德府亦有"孝义会"，嘉庆《常德府志》载："乡义约，乡以数十家为率，遇戚懿亲丧，人各出布为赙。城中以百人为率，凡明器所需，悉为佽助，群执绅焉。"类似的集会也推广到喜庆事务中："近今郡绅士复为'四礼约'，于凶礼而外，并及吉礼……从宜从俗，有情有义。有力者既得行其分之所安，无财者亦可致其情之宜，□□贫富不至相耀，有无可以相通云云。"④ 这些结会活动在光绪时期仍然流行，对城乡"孝义会"的结合形式，光绪《桃源县志》有相同记述⑤。祁阳县则有提倡节俭办丧事的会，据嘉庆《祁阳县志》，因祁俗丧事，其费甚繁，"近闻父老倡为规约，凡宾客吊祭，必丧家先期送有讣贴者方往。若至亲密友往奠、送柩，冥镪、祭馔、绸轴之类，亦有折色，得古人麦舟相助之意云"⑥。新化县每逢清明节，"大小户族齐费作会，其大族有先祠者，又分亲疏为公祭，为私祭，费银至数十两、百两不等，祭毕欢饮于祠。其小族无祠者，家下集会祭饮。盖为春季追远报本之祀，亦以睦家族、序尊卑也"⑦。嘉禾县有重阳节"登高作会"的习俗，"是日也，乃申林禁，乃备冬

---

① 《上东乡义举志要》卷2、卷3，转自陈宝良：《中国的社与会》，浙江人民出版社1996年版，第175页。

② 同治《长沙县志》卷9《保息》；光绪《善化县志》卷10《保息》；光绪《善化县志》卷16《风土·风俗》。

③ 同治《巴陵县志》卷11《风土·风俗》。

④ 嘉庆《常德府志》卷13《风俗考》。

⑤ 原文为："约以数十家为率，遇亲戚懿亲丧，人各出布为赙。城中以百人为率，凡明器所属，悉次助焉"，详见光绪《桃源县志》卷1《疆域志·风俗》。

⑥ 嘉庆《祁阳县志》卷13《风俗》。

⑦ 同治《新化县志》卷7《风俗》。

防夜，乃征集义仓谷，乃整饬'义渡会'及其他公约"①。湖南永兴县亦有类似的组织，如永兴县龙门义渡，道光三十年（1850年）李燮南等捐置田亩建置，并"立钉船会，逐年轮流执管"②。

因会社的基层、民间性质等因素的限制，有关两湖会社具体运作情况的文献记载甚少，唯民国《蓝山县图志》等少数文献对清代以来湖南蓝山等地多种形式的民间公益互助会有稍为详细的记载，兹引录如下，以窥民间会社运行情况之一斑③：

牌甲会：

牌甲一会，不惟供役，亦以均输；不惟赴功，亦以从序。如我西隅甲中，一甲律公、九甲棱公约其众，而六甲辅公操其赢。由是十甲并举，而役以均。既又更设簿册，交察互警。犹存守望之风，亦见修睦之意……合一甲而十甲谨严，举一隅而三善兼备，俗美风淳，庶几可取④。

父母会：

亦曰孝义会。凡父母丧葬乏资者，充首会，邀族邻中有年老父母者组合之。各具银若干助费。并派壮丁往丧家异圹。继后会友逢父母丧，悉依助首会之例行之。有初会时，即各派谷为公积者，盖以防将来义助不周，有所弥缝也。

花筵会：

或因子女、或因本身婚嫁，邀集有同等需要者若干人，组会助赀。有婚嫁皆助者，有仅助娶亲者，一年限助两次或三次。倘每年超过会次，即顺挨次年照助。或亦采公积法，以谋救济。会毕，乃告结束。

银苏会：

①　民国《嘉禾县图志》，转引自丁世良、赵放主编：《中国地方志民俗资料汇编·中南卷》上，北京图书馆出版社1991年版，第540页。
②　光绪《永兴县志》卷12《津梁志》。
③　陈宝良：《中国的社与会》（浙江人民出版社1996年版）提供了重要的资料线索，以下所引原文均据该书的论述从民国《蓝山县图志》卷10《户籍》下和卷13《礼俗》中查得。
④　民国《蓝山县图志》卷10《户籍》下。

由某首会邀十人，十个月一会。初会时，即拈阄定会。轮至某会，即由拈定之某人备席接会，假如以会金百元，计首会二会，均付出银十四元五角，三会付十三元五角，以次递减，至尾会付银五元五角，会金总额二百元，则付款倍之，以此类进。

银标会：

人数不拘多寡，会金每人数元，或十元、二十元，高至三、五十元为仅见。一年两会、三会、四会，乃至按月一会，皆首会备餐，会友酌予津贴，金少会密者，仅茶会而已。其法，如每人助首会银十元，二会以后，当众开标，某标四元，会友各付六元，标五元，付五元，首会及已标入者，照原额付款，未标者，照标余之额付款。新法则每次拈定下次接会者，届期，备席集会，悉照款定标额十分之几领付，标其名而额其实，可免操纵。

谷苏会：

谷苏会一班，大都边首会六人，分加五退二、加三退四两种，假如额谷千斤，前例由五会友各助首会二百，至二会则首会付五百，三四五六会友共付五百，三会则首二会各付一半，四五六会仿此。后例亦由五会友各助首会二百，至二会则首会付三百，余会友共付七百，三会则首二会各付三百，四五六会友共付四百。四五六会仿此。

谷标会：

与银标会无甚出入（以谷计者，无论苏会、标会，均以秋收为期）。

坝会：

（县少塘而多坝，坝为唯一之水利。择凡有溪水上流，钉椿磊石，横引入渠，经过几里，或十几里，被灌之田十数亩乃至千余亩不等。其坝权，或田主所有，或一姓一村所专，或数姓数村轮管，有坝会坝田）岁以谷若干雇人包筑，合则留，不力则去之，若无常款，而又向归某姓某村专管输管之坝，自冬徂秋，鸣锣集众，大小毕至，抢工兴筑。其工贸于秋割时按亩割禾若干兜，或派谷数斤以偿之（此皆含有合作性，然劳获不易公平，坝制良否，影响田之收获不浅也）。

社会（禁山会等）：

　　大概联络数村组织之。凡田禾蔬菜百物生理，皆禁偷窃及牛马鹅鸭之践踏，违者分别轻重，责令赔偿与罚金，报者给奖。若禁山会，专禁树木，赏罚轻重，各从其宜。有大书"禁山无义"四字标语者……其常会多在旧六月六日，碗酒块肉，欢宴一度。籍申禁约，盖俗称此日土地生辰，趁此荐新，所以酬神也。

牧牛团：

　　农家一牛一夫耗工费时，于是一村或联合数村若干牛，公雇一枚童，清晨击梆放牛，傍晚击梆送归，无分晴雨也。牛闻梆声，亦即合群往返，不待鞭策，其牧童轮流供餐，其值每牛一头，岁出谷米若干，秋收计给（此与现代合作事业相类，他事可推仿也）。

慈善修造会（桥会等）：

　　凡修路架桥，事属慈善。较大桥工，捐田组会，备有常款，以任岁修。修路多由临时募集。凉亭或个人独造，或数人合造，或募赀公造。费数百金或千金不惜。近则节妇家有移建坊赀为建亭费者，亦实利之道（又路亭多备茶水，以便行人）。①

　　公益、互助型的民间会社也有一定的地域特色和职业特点。清代，包括两湖在内的广大有漕地区水手间的会社关系相当流行。从结社的初始动因来看，这些会社实则都是为谋求基本的生存保障而结成的互相扶助的共同体。铃木中正注意到获得"回空"时的住处和死后葬身的安灵处在促成这些会社结成中的意义："粮船水手在回空——空回时既无居处，因病死亡时也无埋葬的地方。为给予作菴使生者可托足，死者可埋葬之土地所为连名担保，就是形成水手结社的动机。"② 森田明则论述了水手们日益下降的待遇及悲惨窘迫的经济

_____

①　民国《蓝山县图志》卷13《礼俗》。
②　转引自〔日〕森田明著，郑樑生译：《清代水利社会史研究》，台北"国立编译馆"1996年版，第513页。

条件和生活状况所导致的结社需求。身工钱的低微，津贴有限，沿途粮道、监督官员、胥吏的克扣勒索和自身生活的无节度都是导致水手穷困的原因，湖南水手在湖南漕运停止后，因"归费无资"，不得不流落他乡。"为改善水手们的这种生活条件，与因应困穷生活，使须集结水手们之集团，于是形成了水手结社。……他们除向国家、政府主张自己之生活权外，同时也可能在其同志之间谋求互助会式的，彼此相互扶助的方案。尤其就水手的社会条件言之，对国家所作改善待遇的要求越是无法达到，则其所需之互助的保障便会愈益感到迫切①。由于水手的来源多为官府或运军招募的无业游民，所谓"漕剥船户，皆系无业游民，官为召募"②。这些因生存和保障的需要而结成的水手会社在行为方式上有时体现出强争性和破坏性等特点，他们的行为成为危害社会安定的隐患，引起最高统治者的注意和担忧。早在雍正末年，朝廷的会典即称：

> 闻南方滨江两岸多芦洲，民间将芦苇堆贮洲上，卖以度日。而江楚及上江各帮漕船由江经回，竟有不法水手每遇芦柴堆积之处，辄纠集多人蜂拥上岸，恃强夺取，洲民拦阻，动辄殴詈，甚至有强取鸡、鸭等物③。

道光年间他们的行为变本加厉：

> 近年漕船水手肆恶逞习，如当趱行之际，遇有民船欲行走者，必须给以使费名买。当至暮夜时，偶然停泊，辄将掣缆划子，拦住道路，竟有将民船人夫捆缚，诬以碰伤大船，逼令出钱赔修始放还者④。

清廷和湖北省等地方官府一度采取取缔结社、给水手发放腰牌和将粮船分组，各组互相稽查、牵制等办法试图阻止这些不法行为。但正如今崛诚二所言："除非他们所处之社会条件有所改善，否则期望仅以取缔方式来禁遏他们的不法行为，实有困难。"⑤ 政府的取缔和压制使他们的结社趋向秘密化，"邪教"信仰在社众中流行并成为会社组织的纲领，"各省漕船水手多崇尚邪教，

---

① [日] 森田明著，郑樑生译：《清代水利社会史研究》，台北"国立编译馆"1996年版，第517~518页。
② 《清宣宗实录》卷71，道光四年七月辛卯。
③ 乾隆《大清会典则例》卷42《户部·漕运》。
④ 《清宣宗实录》卷61，道光三年十一月壬辰。
⑤ [日] 今崛诚二：《中国的社会构造》，转引自 [日] 森田明著，郑樑生译：《清代水利社会史研究》，台北"国立编译馆"1996年版，第517页。

聚众行凶，一呼百应"①，水手结社日益步入"宗教匪贼化"之途②。

在鄂西北及川、陕、鄂交边山区，民间会社关系也非常发达。据张建民教授的未刊研究成果，该区既有血缘关系性质的"祭会"、"清明会"、"冬至会"，又有地缘、业缘性质的客民会馆。既有专为禁赌而设的"禁赌公会"，又有着眼于地方教化和秩序的"公举乡约会"。其他如春祈、秋报、祈雨、驱邪、除害、禳灾，几于无不有会。就公益、互助类会社而言，有为办学而组织的"义学会"；有为解决赋粮问题而起的"里分会"、"旗会"；有为解决杂税负担而起的"乡约会"、"公和兴会"；有救济落水者的"救生会"，也有为水利堰渠、船桥渡口建设、维护、管理而立的"水会"、"堰会"、"桥渡会"等③。不难理解，鄂西北、陕南、川东交边山区民间会社的发育与这里复杂的自然、人文和社会环境紧密相关。例如，这里山高谷深，河溪密布，桥般渡口对民间经济生活和对外交流意义重大，桥渡会、救生会的兴盛在一定意义上正是这种自然、交通条件的反映。另外，该区在明清时期也是流民集聚之区，来自各地的流民成分复杂，流移原因多样，有相当一部分人可能是单身移住该区，为了在相对恶劣的自然环境中谋生存，他们自然会选择结会互助的形式，以群体活动来应对来自社会和自然的各种挑战和困难。单身流民聚集的特点也使得该区赌博、匪盗之风盛行，禁赌公会、公举乡约会等推行教化、维护秩序的结会结社也应运而生。另一方面，当流民们以正统意识相反的意识形态聚集时，常成为对抗朝廷、破坏地方秩序的隐患。例如秦巴山区的"签会"、川东北的"江湖会"，鄂西北的"穷人会"在该区由来已久，历任地方官员均将其活动视为重大社会问题，称之为"会匪"。以鄂西北的穷人会为例，清人曾论及鄂西北特殊的地理和社会环境与反动结合的关系："一邑山之高者，莫如娘娘山……嘉庆初年白莲教乱作。山之侧旧有响水洞、蓬家山以及木家砦，皆娘娘山之发脉也。其时啸聚山寨者麻大王、王玉相为之创首，相从者则有张草苞、韩三姑等相助为恶，麇聚于娘娘山下广山寨内，延及刘家湾地方。经官军剿灭数年，其党悉伏于法。不意咸丰年间山之北有惠家河，山穷水恶，地阔人疏，储原苛居此，假团练为名而起为穷人会，扰害乡间，聚众约数万人，其势猖狂，莫能扑灭。"④ 同治《郧西县志》记述了储原苛创办穷人会及被官府镇压的经过："储原苛，首倡穷人会，联络竹山、郧县、陕西白河等处，假名团练，诱胁乡愚，党羽蔓延几不可制，欺官诈民，恶难悉数。壬戌之乱，乘机焚

①　光绪《大清会典事例》卷 208《户部·漕运》。

②　参见［日］今崛诚二：《中国的社会构造》，转引自［日］森田明著，郑樑生译：《清代水利社会史研究》，台北"国立编译馆"1996 年版。

③　张建民：《清代后期陕南地方的民间会社——以碑石资料为中心的考察》，未刊稿。

④　清·何学濂：《西山形势论》，同治《郧西县志》卷 18《艺文》。

掠。知县林瑞枝莅任（同治元年），计斩之，其党刘全礼、张可福等五人先后
正法，解散党羽，胁从罔治，地方以安。郧县知县奎联亦斩其党羽范映芝、何
开义等七人，会始平。"① 可以毫不夸张地说，鄂西北三省交边山区流民聚集，
山脉相连，声气相通的区位特点也决定了该区民间会社在规模、形式、性质、
行为方式和影响等方面的区域特点。

　　总之，传统乡土社会中形形色色的初级、次级社会关系交叉重叠在一起形
成一个人际关系的网络，使得"乡土互助圈"无处不在。划分的标准不同，
互助圈的内容和边界就不同，所处地区不同，互助圈就各具特色。这些无处不
在的乡土互助关系在基层民众的生存和生活保障中发挥着"润物细无声"式
的基础性的作用。对"乡土互助圈"所蕴含的深刻道理和在基层社会保障中
的基础作用，民国《蓝山县图志》的修志者有一番发人深省的论述：

　　　　凡一社会之成立，以情以义合者十之八九，以政以令为之轨范者不过
　　二三。情义相缘，蒸为善俗，亦即政令之所取资也。……尝见荒乡俚俗，
　　往往含有至深之哲理，官禁故习，且吻合最新之令甲，然则谈改革者，体
　　验方俗之旨趣，演进之大凡，神而明之，树立社会之中心，以适合实际之
　　生活，其庶几于治乎！②

　　① 同治《郧西县志》卷20《轶事》。
　　② 民国《蓝山县图志》卷13《礼俗》。

第六章
明清两湖地区的同乡组织与社会保障

一、明清两湖同乡群体的名称与种类

明清两湖地区是外地移民集中的区域，外籍或本地的商人、手工业者、佃耕者等不同行业的从业者常按籍贯联结为同乡群体。这些同乡群体既有较为松散的"祭祀圈"或"文化网络"，也有联系紧密的社会组织或准社会组织。它们被冠以不同的名称，主要有商帮、庙宇、会馆、公所、书院等。在某些情况下，以上群体是异名同质的，相互之间可以替换。但是，细究起来，不同的名称其实隐含了不同分类原则，它们体现了不同的凝聚和组织方式，在所涵盖的对象范围和紧密程度等方面也有所区别。作为同乡群体或同乡组织的发起者和领导人，采用何种称谓作为本同乡组织的名称也不是随意的，一般是经过一番深思熟虑后所作的决定。有些名称表面看起来有些"名不副实"，其实包含了许多深意。比如以"书院"来命名同乡组织，隆重奉祀前代大儒，借此表达与国家正统意识的贴近等。同乡群体及其组织是中国传统社会"乡土互助圈"的一种典型形态，它在"移民社会"生活中有着特殊的意义，以下分别介绍两湖地区不同名称和种类的同乡群体。

（一）商帮

商帮是在明清商品经济发展的大背景下出现的新事物，它标志着商人开始以群体的力量参与竞争。明清时期在全国较有影响的十个商帮被誉为"十大商帮"①，其实著名的商帮远不止十个，如苏州商帮、绍兴商帮、南京商帮等

---

① 分别为徽州商帮、晋商商帮、陕西商帮、江右商帮、龙游商帮、宁波商帮、洞庭商帮、临清商帮、闽商商帮、粤商商帮。

都是足以与十大商帮齐名的商帮。大商帮之外，各地中小商帮不计其数①。地缘关系是商帮认同和整合的重要纽带。不过，商帮的地缘连结是松散和不固定的，其地缘范围大可至数省，小可至某个地区。大的商帮有时包括一些小商帮，如有名的晋商商帮即由平遥帮、运城帮、潞安帮、祁县帮等小商帮组成。起基础作用、相对稳定的往往是那些以小地域范畴为基础，由初始成员结成的小商帮。因此，论者通常将商帮称为"以地缘为纽带组合而成的松散群体"②或"较小的非正式组织"③。

就明清两湖地区而言，外地商帮在进入两湖以前已经结成。由于特殊的区位条件和资源条件，全国有影响的大商帮都以两湖地区为主要活动区。例如，江右商帮的主要活动区有五，其中之一亦为两湖地区④；号称"钻天洞庭"的洞庭商帮（原籍地在今苏州市西南太湖中洞庭东山和西山）在全国有四个重点活动区，其中之一为两湖地区⑤；徽商、陕商、晋商等其他商帮也都将两湖视为"射利"的必争之地⑥。除了外地商帮之外，本地商帮也日益崛起，例如湖北的咸宁帮、黄州帮、荆襄帮、武昌帮等商帮在两湖地区非常活跃⑦，湖南的长沙帮、宝庆帮、新化帮、益阳帮、常德帮等也非常有名。两湖地方志留下了许多关于各地商帮在该区活动的记载：汉口素为"商贾辐辏"之区，这里"商贾数千家"，"十家八九是苏扬，更有长沙与益阳"，"千里尜嬉咸水妹，人人都学广东腔"⑧，"只因工商帮口异，强分上下八行头"⑨。宜昌也是各地商人云集："上而川滇，下而湘鄂吴越，皆有往者，至郡城商市，半皆客民，有川帮、建帮、徽帮、江西帮以及黄州、武昌各帮。"⑩ 其属长乐县："商贾多属广东、江西，行货下至沙市，上至宜昌而止。"⑪ 鄂北枣阳："土人多织，以鬻

---

①　相关成果可参见张海鹏、张海瀛主编：《中国十大商帮》，黄山书社1993年版；唐力行：《商人与中国近世社会》，商务印书馆2003年版等。

②　唐力行：《商人与中国近世社会》，商务印书馆2003年版。

③　William T. Rowe, *HANKOW : Commerce and Society in a Chinese City*, *1796-1889*, Stanford University Press, 1984. 参见江溶、鲁西奇译：《汉口：一个中国城市的商业和社会（1796～1889）》，中国人民大学出版社2005年版，第324页。

④　方志远、黄瑞卿：《明清江右商的经营观念与投资方向》，《中国史研究》1991年第4期。

⑤　吕作燮：《明清以来的洞庭商人》，《平准学刊》第1辑。

⑥　参见藤井宏：《新安商人研究》，《东洋学报》第36卷第1期；张海鹏、张海瀛主编：《中国十大商帮》，黄山书社1993年版；张海鹏、王廷元主编：《徽商研究》，安徽人民出版社1995年版等。

⑦　张建民：《湖北通史·明清卷》，华中师范大学出版社1999年版，第438～439页。

⑧　范锴：《汉口丛谈》卷2、卷3。

⑨　徐明庭辑校：《武汉竹枝词》，湖北人民出版社1999年版，第30页。

⑩　同治《宜昌府志》卷11《风俗》。

⑪　咸丰《长乐县志》卷12《风俗》。

陕西客。"① 鄂中云梦"凡山西客来楚贩布，必经云城，捆载出疆……故西商于云立店号十数处。本地贸易布店，亦藉以有无相通"，"凡宽闲屋宇，多赁山西布商作寓"②。鄂东南蒲圻县有竹枝词云："茶乡生计即山农，压作方砖白纸封。别有红笺书小字，西商监制自芙蓉"，县志释曰："每岁西客于羊楼司羊楼洞买茶，其砖茶用白纸缄封，外粘红纸，有'本号监制仙山名茶'等字。芙蓉山在西乡。"③ 崇阳县："同郡邻省相近州县，各处贩客云集，舟车肩挑，水陆如织"，山西商人操纵崇阳一些茶叶作坊的生产，制成"黑茶"，"出西北口卖之"④。鄂西施南府："商多江西、湖南人"⑤，恩施县"荆楚吴越之商，相次招类偕来，始而贸迁，继而置产，迄今皆成巨室"⑥。湖南长沙府集聚着全国各地的商帮，"其贩卖皮币，金玉玩好，列肆盈廛，则皆……豫章之客商"，江浙商人"其货绫罗古玩之属"，山陕商人"其货毡毛之属"，广东商人也"几遍城乡"⑦。其他如福建商帮、四川商帮以及湖北的蒲圻帮、黄州帮、武昌帮，河南的武安帮、怀庆帮、中州帮等在长沙各地异常活跃⑧。湘潭县大的商帮有七个，即江西帮、江南帮、苏州帮、北帮、福建帮、广东帮和本地帮。一些大商帮又分为若干小商帮，如江西帮又分为吉安帮，抚州帮、临江帮三帮，分别经营不同的商品⑨。其他地区也多有商帮活动的足迹，如，宁乡："广人贩红茶，按谷雨来乡"⑩；湘阴："自海禁开，粤商居茶为利"⑪；慈利县桐油、茶油为出产大宗："吴客自津市来市者，咸萃县城及东洋渡，故县城东洋渡有木子行"⑫；祁阳县："惟杉竹之产饶于他郡，每年架簰载舟，涉洞庭而抵鄂汉者，络绎不绝"⑬，等等。

由于外地商帮在进入两湖以前已经结成，两湖本地的商帮也大都结成于他们活动区域之外，因此，相对于其他地缘组织而言，商帮处于基础性的地位，它是初级的松散组织，却也是凝聚力较强的组织。在明清两湖地区的同乡群体中，许多是以商帮为基础而结成的。以著名的汉口山陕会馆为例，其成员包括

---

① 民国《枣阳县志》卷6《物产》。
② 道光《云梦县志》卷1《风俗》。
③ 同治《蒲圻县志》卷1《疆域·风俗》。
④ 同治《崇阳县志》卷4《物产》。
⑤ 同治《施南府志》卷10《风俗》。
⑥ 同治《恩施县志》卷10《风俗》。
⑦ 嘉庆《长沙府志》卷14《风俗》。
⑧ 光绪《善化县志》卷30《会馆》。
⑨ 嘉庆《湘潭县志》卷19《祠庙》。
⑩ 同治《宁乡县志》卷24《风俗》。
⑪ 光绪《湘阴县图志》卷25《物产》。
⑫ 光绪《慈利县志》卷6《食货》。
⑬ 嘉庆《祁阳县志》卷13《风俗》。

了太原帮、汾洲帮、西帮、山陕陆陈帮、西安白花帮、药材帮、皮货帮、油核桃帮、闻喜帮、红茶帮、土果帮、水烟帮等众多的商帮①。从连结纽带和组织方式看，商帮是一种地缘性的经济社会组织或准经济社会组织。

（二）庙宇

　　寺庙是供奉神灵的场所，对相同神灵的信仰是人们获得精神寄托和心理认同的有效途径，它可以树立一面旗帜，将不同阶层、不同职业的人汇聚在一起。对于离开故土、身处异乡的人而言，那些供奉乡土神的庙宇便具备了组织功能，它以乡土神信仰的形式凝聚具有相同籍贯的人群，形成祭祀圈。明清很多同乡组织最初是以庙宇的形式出现的，如江西人信奉许逊而立许真君庙、福建人信奉林默娘而立天妃庙、山陕人信奉关公而立关帝庙、湖广人信奉大禹而立禹王宫、云贵人奉南霁云为黑神而立黑神庙等。次级或更次级的"乡土区"也可能有各自的乡土信仰，如湖北麻城人信奉帝主而立帝主庙、湖南长沙人信奉李真人而立李真人庙，以此为基础而形成范围较小的同乡组织。福建人在外地的同乡组织很多是以这样的乡土神祭祀为初始形态的，如福建延（平）、邵（武）同乡组织奉祀天后、汀州同乡组织奉祀明吏部尚书裴应章，莆阳同乡组织设景贤堂，奉祀郑樵、林光朝、陈俊卿、刘克庄宋代四贤等，都是以神庙的形式出现的同乡组织②。

　　同乡组织所崇祀的神灵有的是国家祀典所确认的"正神"、先哲及地方乡贤。同乡组织以这些神灵为旗帜来团结和组织同乡人，自然也向世人标明了它们的合法性和正统性，有利于各种活动的开展。国家祀典所确认的神灵多为天下共神，它们成为某一地区的乡土神，一般要经由一定的契机和一定时段的演变过程。如财神为清代旅京的各地同乡人群所信仰，"京师宣外财神馆、铁门文昌馆……本为堂会演戏之所"，后因"闽浙总督巡抚新到任者出京时，闽之同乡京官恒借此演剧钱之，成为定例"，财神馆遂成为京师福建同乡组织的代称③。不同地区的同乡组织信奉相同的神灵的现象也经常出现，例如清前期湖南泸溪县有关帝庙二座，一为山陕客民捐赀共建，一为徽州客民捐赀购建④，类似关帝、大禹、财神这样有广泛影响的通祀之神，常成为各地同乡组织联络乡谊的精神纽带。

　　在移民集中的地区，同乡群体多以庙、寺、宫、观标明自己的存在。明清

---

①　《汉口山陕西会馆志》卷上《各帮总录》。
②　王日根：《乡土之链——明清会馆与社会变迁》，天津人民出版社1996年版，第220页。
③　王日根：《乡土之链——明清会馆与社会变迁》，天津人民出版社1996年版，第52页。
④　乾隆《辰州府志》卷18《寺观·坛庙考》。

两湖地区是移民汇集之区，移民兴建的寺庙也遍布各地。移民惯用寺庙作为同乡群体的名称可能与移民社会的特殊环境有关。就两湖地区而言，明清进入该区的移民来源广泛，数量众多，原因不一，既有在大都市为宦者，也有在工商业城镇从事手工业、商业活动者，更有到边远山区进行农业开发者。不仅成份复杂，而且分布不集中，有时距离遥远，散处各地。这些移民难以组织在一个严格的制度之内，以乡土信仰为旗帜更容易将这些不同构成的同乡者聚集在一起，形成一个松散型的群体。由下文可知，在湘、鄂西移民集中的一些县城、市镇和乡集即广泛分布着这样的以供奉乡土神为主的寺庙。这些寺庙多由客商出资兴建，而面向社区的所有同乡移民。出资兴建的客商可能是结合较紧密的商帮或按一定章程结成管理机构，但其覆盖范围却远远超出这一联系较紧密的小群体，而包括了该乡土神的整个祭祀圈。即使身处偏远乡村的移民，从庙宇名称即可推断自己所属的祭祀圈，如"许真君庙"为江西人聚会和祭神的场所、"天后宫"为福建人聚会和祭神的场所等。与会馆、公所等正式组织相比，庙宇的覆盖范围要宽泛得多，可视为一种以信仰为联结纽带的地缘文化网络。

（三）会馆、公所

"设馆舍以为联络乡谊之地，谓之会馆"；"商业中人醵资建屋，以为岁时集合及议事之处，谓之公所，大小各业均有之。亦有不称公所而称会馆者"[①]。会馆、公所两个概念有时难以区分，尽管论者曾试图从"地域性"和"行业性"特征等方面厘清两者的关系[②]，但实际情形往往是同乡团体中常含有一定程度的同业组合，同业团体中又有若干地域的色彩。因此，"不应以会馆或公所的名称来区分这类社会组织的性质"[③]。此类同乡组织若以为同乡者提供寓居之所的功能言之，可以追溯到汉代的邸舍、唐朝的进奏院、宋朝的朝集院之类的机构。若以民间私设同乡组织而言，至迟也可追溯到南宋，当时，"虽没有明说是'会馆'，但从外郡人在杭州所干的事情与后来会馆的事业无异这一点看来，我们实不能否认有会馆这一回事"[④]。据现有研究成果，明清的会馆起源于京城，一开始是同乡官绅的聚会之所，目前已知明代最早的会馆是永乐年间安徽芜湖人、北京工部主事俞谟在北京设置的芜湖会馆。至明中后期，京师会馆服务于科举蔚然成风，此类官绅会馆、试子会馆也由京师向省府城市扩

---

① 清·徐珂：《清稗类钞》，中华书局1984年版，第185页。
② 相关论述及争论参见王日根：《国内外中国会馆史研究述评》，《文史哲》1994年第3期。
③ 严昌洪：《中国近代社会风俗史》，浙江人民出版社1993年版。
④ 全汉升：《中国行会制度史》，台湾食货出版社有限公司1978年版，第93页。

展。同时，自万历年间起，商人创办的会馆在苏州出现，并迅速遍布于全国各大都市和工商城镇。自此，各类会馆纷起频出，呈现出会馆繁荣兴盛的景象①。明清会馆的一个重要特点是管理日趋规范化，与其他群体相比，会馆、公所是比较正式的社会组织，它们的创设首先要得到地方政府的许可和保护，创设后都有稳定的经费来源，并设有"董事"等高级管理人员协调馆内外事务，馆内一般有司事房、神殿、戏台、宴厅、丙舍等建置，并有一套管理机构履行各项职能。会馆还有正式的章程，对各项事务的运作和管理作了非常详细的规定。如竹溪县湖南会馆的章程规定："会馆凡大小事件总以公议为主，不准私做，无论总理、经手值年，大事须全集，议而后定"，"会馆账目以二人经手，一人管账，一人管钱"②。这些规章亦可根据情况进行调整，如汉口山陕会馆"大会值年从前十帮轮流，每年二号会办，今增汇业，每年四号。以祀产渐增，馆务荟繁，不如是不能董理周密也"③。会员的加入有一定的条件，并有相应的义务，如汉口江西会馆条规规定："（甲）凡新开店者，当出钱一串二百文；（乙）新来汉口为店员者，当出入帮钱四百文；（丙）自他帮雇人之徒弟，当出钱五百文；（丁）徒弟入会者，当出钱五百文；（戊）新来汉口贸易者，一年以内，届出于会馆，若入帮延迟一月者，公共处罚；（己）目下在汉口之商人不分明者，查出后当遵规约入帮"等④。从连结纽带和组织方式看，会馆更多地体现为一种地缘性的集政治、经济、文化综合功能于一体的社会组织。

（四）书院

宋至明清的书院本是官府或私人所立的讲学肄业之所，宋代书院盛行讲论经籍，有名的有白鹿、石鼓、应天、岳麓"四大书院"。明清书院益增，多为习举业而设⑤。以书院来命名地缘组织，显示出一定的文化渊源和底蕴，明清两朝"天下书院最盛者无过东林、江右、关中、徽州"⑥，这四个地方正是江苏、江西、山陕和徽州商人的桑梓之区，他们到外地经商，有时以书院来命名同乡组织，其中最为典型的是徽商。作为同乡组织的"书院"名称最常见于以徽商为主体的徽州同乡群体，这与朱熹为徽州人有直接的关系："书院者，

---

① 参见王日根：《乡土之链——明清会馆与社会变迁》，天津人民出版社 1996 年版，第 30～41 页。

② 《竹溪县湖南会馆碑刻·湖南会馆公议条规》，2004 年 11 月 3 日抄于湖南会馆遗址。

③ 《汉口山陕西会馆志》卷下《会馆公同酌定议规续条》。

④ 转引自全汉升：《中国行会制度史》，台湾食货出版社有限公司 1978 年版，第 106 页。

⑤ 参见邓洪波：《中国书院史》，东方出版中心 2004 年版。

⑥ 道光《徽州府志》卷 3《营建志·学校》。

天下之公举也。朱子，天下后世之所师法也，吾新安又朱子之乡也。以新安之人，合其心力建书院，奉朱子宜若易然"①，"江汉名区，南北往还，会馆之设，所在多有。新安之以书院名者，独以文公之乡而重也……念乡人之为此举，无非充其好义乐善之怀，而为维系桑梓之本"②。同时也与徽商的"儒贾观"及昌盛的徽州地域文化有关③。康熙时徽商在汉口筹建"紫阳书院"时即表达了要与流俗不同的意愿："顾俗尚神宇，未有书院。有之，自紫阳书院始。所以尊先贤，正人心，厚风俗，亦仰承国家振兴教化，风励末俗之盛心也"④；"各省皆藉庙貌，以名会馆……积隆等不自量力，议修缺事，建立紫阳书院。爰奉特旨，崇祀朱子。既事顺而名正，阐道闲邪，又足以淑人心而端风化，岂淫祠之可同日语哉？"⑤　同时，以书院为名的同乡群体都把兴办学校、教育同乡子弟放在很重要的位置。"今建兹阁，正欲使吾乡之侨寓汉滨者，父兄训其子弟，朋友勉其同侪，相与砥砺切磋，浸淫于诗书礼乐之中"⑥。

　　明清两湖地区以书院为名的同乡组织为数不少，如江夏徐家棚的天汉书院⑦，汉口的钟台书院，新安书院、三才书院、凌霄书院⑧，天门岳口的湖震书院、新安书院⑨，京山的武郡书院、新安书院⑩，当阳县城及河溶镇的鄂城书院⑪，巴东的两浙书院⑫，等等。从连结纽带和组织方式看，书院更多地体现为一种地缘性的经济文化组织。

---

　　①　清·董桂敷：《紫阳书院志略》，《增订汉口紫阳书院志略序》，湖北地方古籍文献丛书本，湖北教育出版社 2002 年版。

　　②　清·董桂敷：《紫阳书院志略》卷 8《杂志·募修汉镇新安书院序》，湖北地方古籍文献丛书本，湖北教育出版社 2002 年版。

　　③　徽商素有"贾而好儒"的传统，徽州素为文风昌盛之地，徽派经学、新安理学、徽派建筑、绘画、刻书及方志学、谱牒学等都享有盛誉，富有特色。参见张海鹏、王廷元主编：《徽商研究》，安徽人民出版社 1995 年版。

　　④　清·董桂敷：《紫阳书院志略》卷 3《建置·纪书院本末》，湖北地方古籍文献丛书本，湖北教育出版社 2002 年版。

　　⑤　清·董桂敷：《紫阳书院志略》卷 8《杂志·与同乡书》，湖北地方古籍文献丛书本，湖北教育出版社 2002 年版。

　　⑥　清·董桂敷：《紫阳书院志略》卷 7《艺文·魁星阁记》，湖北地方古籍文献丛书本，湖北教育出版社 2002 年版。

　　⑦　清·刘子坦：《建立天汉书院碑记》，咸丰《远安县志》卷 7《艺文上》。

　　⑧　民国《夏口县志》卷 5《建置志》。

　　⑨　道光《天门县志》卷 17《寺观》。

　　⑩　光绪《京山县志》卷 2《建置·会馆》。

　　⑪　同治《当阳县志》卷 9《祠宇志》。

　　⑫　光绪《巴东县志》卷 3《建置·寺观》。

二、明清两湖同乡组织的分布、演变和特点

不同名称的同乡群体经由一定的章程和组织程序凝聚为同乡组织，它们成为各种文献记载的重要对象。关于两湖地区的同乡群体的分布情况，何炳棣、李华、罗威廉、王日根等学者都从不同的角度进行了统计，王美英、付乐园在博、硕士论文中也对所研究的区域作过统计。此处以这些成果为资料线索进行了核对、检正，并依据地方文献和田野调查的情况作了补充，兹列表如下（见表6-1）：

表6-1　　　　　　　　明清两湖同乡组织的分布和演变情况表

地点	总计（所）	名称	位于场、镇	建、修时间				地域单位			
				明	清顺康	清雍乾嘉道	清咸同光	未详	省	府	县	其它
汉口	145	（含有年代可考的89所；无年代可考者56所，不含民国年间新建的会馆）具体名称详见民国《夏口县志》卷5，《建置志》			12	19	60	58	14	13	9	109
江夏	1	天汉书院					1			1		
天门	3	新安书院、湖震书院、瑞庆宫	3			3				1		2
潜江	3	天后宫、关帝庙、万寿宫	3					3	3			
京山	6	新安书院、天后宫、豫章公所、帝主宫、春秋阁、武郡书院	0			1	1	4	3		3	
监利	1	禹王宫	0					1	1			
石首	5	关帝庙、天后宫、禹王宫、万寿宫、镇江宫	2					5	3		1	1
钟祥	6	山陕会馆（2）、江西会馆、苏湖会馆、天后宫（2）	2			6			5		1	
当阳	9	禹王宫（2）、关帝庙（2）、万寿宫（2）天后宫、鄂城书院（2）	5			3	1	3	7		2	
东湖	4	许旌阳庙、江西会馆、天妃庙、禹王宫	0			2		2	4			

续表

地点	总计（所）	名称	位于场、镇	建、修时间				地域单位			
				明	清顺康	清雍乾嘉道	清咸同光	未详	省	府	县	其它
黄梅	1	许真君庙	1				1	1			
广济	1	许真君庙	1					1			
巴东	1	两浙书院	0			1		1			
均州	2	关帝庙、许真君庙			1	1		2			
宣恩	1	万寿宫	0				1	1			
来凤	4	禹王宫、许真君庙、天后宫、浙江会馆	0			4	1	1	4		
建始	2	禹王宫、万寿宫	0					2	2		
郧西	6	山陕会馆（2）、江西会馆、黄州会馆、武昌会馆、河南会馆	1		1	1		4	4	1	1
郧县	6	山陕会馆（2）、江西会馆（2）、黄州会馆、武昌会馆	4			3		4	4	1	1
房县	7	江西会馆、黄州庙、山陕庙、老关庙、关帝庙、泰山庙、三间书院				1		6	4	1	1	1
竹山	5	黄州庙、福建会馆、江西会馆、武昌庙、关帝庙				1		4	3	1	1
竹溪	2	湖南会馆、江西会馆						1	2		
鹤峰	2	万寿宫	1			1		1	2		
保康	1	许真君庙	0					1	1		
善化	13	粤东会馆、穗都宾馆、山陕会馆、苏州会馆、江南会馆、上元会馆、天后宫、湖北会馆、南岳行宫、徽国文公祠、太平会馆、云贵会馆、中州会馆		1	2	4		7	11	2	

地点	总计（所）	名称	位于场、镇	建、修时间				地域单位			
				明	清顺康	清雍乾嘉道	清咸同光	未详	省	府	县	其它
湘潭	13	老关圣殿、新关圣殿、财神殿、黄州公宇、石阳宾馆、天后宫、江神祠、许旌阳祠、三官殿、六一庵、圆通庵、普度庵、万寿宫	1			3		10	10	3		
平江	1	许真君庙	0		1	2			1			
浏阳	3	天后宫、许真君庙（2）	0			1		2	3			
湘乡	3	天后宫、万寿宫（2）	1			1		2	3			
清泉	5	万寿宫（2）、汉圣宫、仁寿宫、麻黄庙	0	1	3	3		2	3	1	1	
宁远	1	天后宫	0			1			1			
江华	2	豫章宾馆、天后宫	0			1		1	2			
邵阳	2	三元宫、万寿宫	0					2	2			
新化	1	万寿宫	0		1				1			
靖州	1	万寿宫	0					1	1			
会同	20	万寿宫、洞庭宫、新安馆、湖州府馆、苏州府馆、九华宫、琴溪堂、忠烈宫、天后宫、福主宫、寿佛宫、太平宫、伏波宫、龙城宫、长郡公所、湘阴公屋、关圣宫、飞山宫、高坡宫、大佛寺	20		3	10	4	3	6	9	3	2
沅陵	4	许真君庙（3）、天后宫	2			2		2	4			
泸溪	6	关帝庙（3）、水府庙、三元宫、天后宫	5		1	1		4	5	1		
溆浦	8	水府庙（4）、仁寿宫、万寿宫、天后宫、财神馆	3	1		4		3	7	1		

续表

地点	总计（所）	名称	位于场、镇	建、修时间					地域单位			
				明	清顺康	清雍乾嘉道	清咸同光	未详	省	府	县	其它
芷江	1	许真君庙	0	1					1			
晃州	3	天后宫、许真君庙（2）	2			1		2	3			
乾州	1	旌阳庙	0				1		1			
凤凰	1	水府庙	0				1		1			
永绥	1	水府庙	1			1			1			
永顺	2	许真君庙（2）	1			2			2			
龙山	2	万寿宫、许真君庙	0					2	2			
保靖	5	万寿宫（5）	4					5	5			
常德	2	天妃庙、三元宫	0		1			1	2			
岳州	1	万寿宫	0					1	1			
小计	326			4	26	87	68	154	151	36	21	118

　　资料来源：各该府州县志，十堰博物馆编内部资料《十堰市文物普查资料》、《十堰市古代建筑遗存一览表》，光绪《洪江育婴小识》卷1《识十馆》。

　　注：名称后未标明数字者均为一所。

　　表6-1中的数据虽然不够完整和精确，但已经大致地反映出明清两湖地区同乡组织演变的基本过程、分布的基本情况和主要特点。

　　首先从始建、重修和修建馆、庙的时间看，建于明代的共4所，均位于湖南，而且均为江西人所建的庙宇，崇祀江西乡土神许旌阳。建立时间最早的可能是位于善化县十一铺铜铺街的万寿宫，光绪《善化县志》称，"万寿宫由来旧矣，明末冠乱，毁于兵"①。其他三所分别为万历二年（1574年）江西客民在溆浦县建的水府庙②，崇祯五年（1632年）江西籍内官俞永斌建于湖南清泉县城南新街的万寿宫③，以及江西客民在芷江建的许真君庙，年代未详④。

---

① 光绪《善化县志》卷30《祠庙·会馆》。
② 同治《溆浦县志》卷20《寺观》。
③ 乾隆《清泉县志》卷5《营建志·寺观》。
④ 乾隆《芷江县志》卷3《学校志·坛庙》。

建、修于清初顺、康两朝的约 26 所，建、修于雍乾嘉道四朝的约有 87 所，建、修于咸同以后的有 68 所。可见，明清两湖在清初康熙年间、中叶的乾隆时期，及太平天国战争之后的同光时代，分别都有一次同乡组织建设的高潮。

从同乡组织的空间分布来看，主要分布在两种类型的地区，一是商业发达、交通便利的省、府、州、县城或市镇。这些地方因此而成为商贾辐辏，会馆林立之地。如，汉口云集了各地会馆、公所一百多所，善化、湘潭也是各地商人云集，他们都热衷于建立庙宇、会馆。仅江苏商人就在善化建立会馆 3 个，即苏州商人建的苏州会馆、江浙商人建的江南会馆、南京商人建的上元会馆①。会同县属的小市镇洪江也因商业地位重要，自康熙年起即有十多所商人会馆。二是移民集中的山区县城或市镇，如鄂西北山区、湘鄂西山区等。同治时当阳县有同乡组织所建庙、馆 9 所，其中位于河溶镇的有 5 所②，溆浦县有宫、庙、馆 8 所，其中在市镇者 3 所③。

从同乡组织的名称看，选择宫、寺、庙为名称的为数最多，选择以书院为名称的为数较少。值得注意的是，大多数的宫、庙与会馆是可以互称的，许多方志中在宫、祠、庙后注明即某某会馆，如"天后宫，系福建商民客馆"、"三元宫，即江南客民会馆"、"万寿宫，即江西客民会馆"、"许真君庙，一名万寿宫，江西会馆也"等。而且在大多数方志中，会馆、书院等同乡组织，都被列入"寺庙"类，这些现象说明，当时人们心中已获得一种认同，即会馆、书院、寺庙都是以地缘为纽带，表达地方信仰，叙述桑梓情怀的地方。

从地缘广窄看，上表所示明清两湖地区以省为单位的同乡组织共 149 个，占同乡组织的大多数，一般以一省为一个同乡单位，也有两省联合的。如山陕旅汉山西、陕西客商共建山陕会馆，河南、河北旅汉草帽商人共建中州会馆等。一些在本省分得很细的商帮，到两湖后也习惯以省的名义出现。如山陕地区的太原帮、汾州帮、西葫帮、西药帮等，到汉口后，统一在山陕会馆的旗帜之下。道光年间建于汉口的长沙会馆，当地人都习惯称之为湖南会馆。汉口江苏会馆原为句容县红纸帮公所，后来发展为江苏省全省同乡团体④。统计这些以省为单位的同乡组织，以江西人所建的许真君庙、水府庙、万寿宫和江西会馆最多，山西、陕西商人的会馆也为数不少。

从同乡组织类型来看，按照惯常分法，作为同乡组织的会馆可分为官绅会馆、试子会馆、商人会馆和移民会馆等类型。明清两湖地区，上表中商人、移

---

① 光绪《善化县志》卷 30《祠庙·会馆》。
② 同治《当阳县志》卷 9《祠宇志·会馆附》。
③ 同治《溆浦县志》卷 20《寺观》。
④ 民国《夏口县志》卷 5《建置志》。

民会馆占绝大多数，这显然与统计遗漏有一定的关系，因为表中所列主要从地方志中"坛庙"、"会馆"等部分摘出，一些官绅、试子会馆可能未列入其中，湖北武昌作为乡试重地，没有试子会馆是不可想象的。但是，即使这样的会馆有一定数量，与大量存在的商人、移民会馆相比也微不足道。以商人、移民会馆为主体，是明清两湖地区同乡组织的一个显著特点。

从修建者的身份看，大多数为商人捐建。有一些被称为"绅商共建"，这里的"绅"显然更多只是名义上的，"商"才是主要的出资者。相当一部分同乡组织被称为"客民"公建，这一现象多见于移民区域的同乡组织。这里所谓客民，论者已通过对移民生计方式的分析，辨明了他们的身份，即"客民当然主要指客商"。因为经商不仅是移民的动机，也是移民得以发家致富、拥有财力的主要途径①。

明清两湖地区同乡组织的兴起、发展及所呈现出的上述特点不是偶然的。如前所述，明清时期，资源丰富，通达四面八方的两湖地区是全国各地商人追逐利润的必争之地，不仅外地大小商帮要在该区寻找立足之处，本地商帮也不会放过"若汉口、沙市、襄樊诸繁盛地，悉谋生理"②。商人和商帮为同乡组织基础设施的建设、运转资金的来源提供了经济保证。另一面，如众多研究成果所示，明清两湖地区是一个大量接纳移民的区域，这些移民以农业移民为主，还有手工业和商业移民③。移民运动的兴盛、大量移民的涌入为同乡组织的兴建提供了群体基础，在乡土信仰的传播、乡土环境的营建等方面，缺少这样的群体基础也是不可能的。正是这两者的结合，才演绎出诸如商帮之间的竞争、客民与土著矛盾、先期移民与后期移民的冲突、乡土神的崇拜、同乡组织的构建等诸种错综复杂的社会现象。

总之，明清两湖地区同乡组织的兴起和发展是明清商品经济发展、商人有组织活动的结果，也是移民运动高涨、两湖地区开发步伐加快的结果。明清两湖地区同乡组织的发展和演进循着两条主线进行，一是随着商帮的进入而兴起，随着商帮的深入、扩散而发展、演进；二是随着移民的进入、流动而新建、延伸，随着移民运动的涨落而兴衰。而这两者又是紧密相关，相辅相成的。

---

① 参见鲁西奇、杨国安、徐斌、江田祥：《内地的边缘——明清时期湖北省郧西县地域社会史的初步考察》，未刊稿。

② 乾隆《汉阳县志》卷10《物产》。

③ 相关成果可参见张国雄：《明清时期的两湖移民》，陕西人民教育出版社1995年版；曹树基：《中国移民史》第5、6卷，福建人民出版社1997年版；梅莉、张国雄、晏昌贵：《两湖平原开发探源》，江西教育出版社1995年版；张建民：《湖北通史·明清卷》，华中师范大学出版社1999年版。

三、同乡组织与社会保障

（一）对同乡的救助

1. 笃乡谊、萃善举：同乡组织建立的初始动因

明清会馆、公所等同乡团体的功能和作用是多方面的，但若对其成立的初始动因和原初功能进行考察，一般会落脚到"笃乡谊、萃善举"上来。所以，清末有人在谈到会馆和公所时不无感慨地说："会馆有时行公议裁判等事，俨如外国领事馆。公所为各业之机关，俨如商业会议所。其始不过曰联乡谊、营慈善而已。"①全汉升先生分析了这种"依同乡之谊来组织和相互救济的团体"的发生机制："中国人爱乡心极强，每逢佳时令节必引起思乡的情绪，故爱慕故乡的诗文甚多。……他们在故乡时，一向聚族而居，有福同享，有祸同当，故一旦外出做官、做买卖、或从事其他工作的时候，以同乡之谊作成一种团结是当然的事。"② 中外研究者也大多注意到同乡组织建立的初始动因之一是出于同乡互助的需要。国外学者有关中国行会起源的研究中有一种较有影响的观点——"同乡团体说"，代表人物 Douglas 指出，"居住同一地方的人赴他乡的时候，因言语、风俗、习惯及其他种种的不同，且又人生地疏，每被所在地（他们心目中的他乡）的人欺凌压迫，住久了亦只被称为'客籍'，故这些同乡们由于地方意识的激发也就共同团结起来组织行会，以谋求共同利益的保持了"。另一代表人物 Macgowan 认为，"行会最初是由于在京师的官吏，为着相互扶助与救济，而设立于同乡人或同省人间的。其后商人也如官吏那样成立行会，现则存在于各省了"③。近年来江南苏州等地的会馆碑刻和其他历史文献资料被陆续整理和利用，这些成果表明，江南地区的会馆莫不以"笃乡谊、萃善举"为己任④。

罗威廉有关汉口的研究，为我们了解两湖地区的情况提供了一个极好的个案。汉口是一个异质人口高密度集结的社区，叶调元称其为"此地从来无土

---

① 杨荫杭：《上海商帮贸易之大势》，《商务官报》1906 年 8 月 14 日。

② 全汉升：《中国行会制度史》，台湾食货出版社有限公司 1978 年版，第 97 ~ 98 页。

③ 转引自全汉升：《中国行会制度史》，台湾食货出版社有限公司 1978 年版，第 3 ~ 4 页。

④ 宫宝利：《清代苏州地区公所的善举活动》，《天津师范大学学报》1998 年第 1 期。范金民：《清代徽州商帮的慈善设施——以江南为中心》，《中国史研究》1999 年第 4 期；范金民：《清代江南会馆公所的功能性质》，《清史研究》1999 年第 2 期。王卫平：《清代苏州的慈善事业》，《中国史研究》1997 年第 3 期。

著，九分商贾一分民"①。这些不同来源的人群的共存方式，罗威廉作了十分
精彩的描述：

> 在汉口看到一个中国人，人们一般能立即说出他属于哪个"族群"，
> 至少能断定他是不是自己家乡的人。除了说话的口音和方言外，外貌特征
> 也能显示出他的"族群"身份。1858 年，第一次访问中国汉口的外国人
> 劳伦斯·奥利弗恩（Laurence Oliphant）就能够指出汉口汇集了来自帝国
> 各地的人，从他们的面部特征和地方习俗可以看出他们来自哪个地方。客
> 寓汉口的叶调元也对汉口来自各地的人作了生动描述：他印象最深刻的是
> 山西人，又称"老西"，他们经常穿着长长的羊皮袍子和厚重的"高底镶
> 鞋"在城市中四处溜达②。

这些被罗威廉称为"亚族群"的人群，正是依据地缘关系来区分的。尽
管罗威廉努力强调这些"亚族群"间的融合，但他和仁井田陞等学者均发现，
族群内部的整合先于族群之间的整合，而族群内部的整合往往是从对同乡者的
施善和救助开始的：

"汉口行会的慈善活动是从自我关怀与培养衍生而来的（在很多情况下仍
然保留这种限制）。在汉口，这种自我关怀与培养开始于向那些贫困的行会成
员提供棺木与葬地，也可能包括诸如向他们提供食物和衣服之类的其它活
动。"③

许多同乡组织在其章程和宗旨中表达了同乡互助的目的，有些组织直接将
其性质定位于同乡的团结和公益，有些同乡组织虽标明以商务、实业等为宗
旨，但仍将兴办善举、救助同乡作为重要内容。正因为如此，"祀神、合乐、
义举、公约"被公认为会馆的基本功能。诚如竹溪县的湖南会馆在条规中所
言，会馆"原为崇祀圣王及梓谊、集议、办公、宴会之所"④。以下是汉口部
分同乡组织的宗旨：

---

① 徐明庭辑校：《武汉竹枝词》，湖北人民出版社 1999 年版。

② William T. Rowe, *HANKOW：Commerce and Society in a Chinese City, 1796-1889*, Stanford University Press, 1984. 参见江溶、鲁西奇译：《汉口：一个中国城市的商业和社会（1796~1889）》，中国人民大学出版社 2005 年版，第 301 页。按叶调元《汉口竹枝词》卷 5《杂记》中有"高底镶鞋踩烂泥、羊头袍子脚跟齐，冲人一阵葱椒气，不待闻声识老西"、"徽客爱缠经白线，镇商喜捻旱烟筒。西人不说楚人话，三处从来习土风"等句子。

③ William T. Rowe, *HANKOW：Commerce and Society in a Chinese City, 1796-1889*, Stanford University Press, 1984. 参见江溶、鲁西奇译：《汉口：一个中国城市的商业和社会（1796~1889）》，中国人民大学出版社 2005 年版，第 386 页。

④ 《竹溪县湖南会馆碑刻·湖南会馆公议条规》，2004 年 11 月 3 日抄录于竹溪县湖南会馆遗址。

　　康熙年间由山、陕商人创立于循礼坊的汉口"山陕会馆"，其宗旨即为"结合团体，维持公益"；康熙年间成立的"福建会馆"，宗旨为"维持帮规，提倡实业，并举办慈善诸端"；乾隆年间由湖南辰州府属沅陵县商人发起成立的辰州公所（伏波宫），宗旨为"联络乡谊，讲求商业，提倡本籍一切事宜"；乾隆年间设立的"咸宁会馆"，"以联络同乡，维持公益为宗旨"；同治年间由湖南同乡捐建的汉口"太平会馆"，其目的是为了"旅汉同乡维持公益，及会议本籍事件"；同光时由黄冈、麻城、黄安三邑商人修竣的"黄帮冈麻安三邑会馆"（帝主宫），为"冈麻安三邑旅汉同人联络、研究商务之所"；光绪时始建的"四明公所"也以慈善为目的①。

　　汉口紫阳书院将朱子摘录的《吕氏乡约》书写在义学的厅壁之上训示同乡学生，"使后生小子知劝善规过，交友事长，睦姻任恤道"，其"患难相恤"条对救助事务有详细规定，要求对疾病者，"贫则助其养疾之费"；对孤弱者，"协力济之，无令失所"；对贫乏者，"众以财济之。或为之借贷，置产，以岁月偿之"；对死丧之家，"缺人则助其干办，乏财则赙赠借贷"等②。

　　一地同乡会馆、公所的成立对另一地同乡有很强的示范作用。咸丰年间天门和汉川两县客商在徐家棚附近建立同乡会馆组织——"天汉书院"时，所立《碑记》将这层意思表达得非常明白：

　　　　安郡与汉郡邻郡也，天门与汉川邻县也，而天门之乾驿与汉川之田二河则又趾相连、壤相错，两县之人不啻在一县也。其来远贸易者，或春去而秋来，或此去而彼来，率皆自觅居停，不能有宾至如归之乐也。其来远而遂家远者，或一二世，或三四世不等，又散处于洋坪、徐家棚、苟家垭、荷花店各处，有吉凶事故彼此不相知，不能有相周相恤之义也，推原所以然，皆因无公所之故。咸丰四年春，向君学纯、黄君大林等始有建立书院之议，适有苟姓花园出售，其地在徐家棚北街口，坐西朝东，与磨子桥相距一箭之遥，遂备价买之，葺其墙垣，补其罅漏，虽地仅数武，屋仅数椽，而令人守之，以俾新来者有所安息。彼此有事，赴书院相商，共为扶持。庶几，不忧寡弱，不畏强暴，未必非异旅之幸也③。

---

　　①　民国《夏口县志》卷5《建置志》。
　　②　清·董桂敷：《紫阳书院志略》卷5《学规·摘训》，湖北地方古籍文献丛书本，湖北教育出版社2002年版。
　　③　清·刘子坦：《建立天汉书院碑记》，咸丰《远安县志》卷7《艺文上》。

2. 桑梓之情的表达和建构

尽管同乡群体的名称和组织方式不尽相同，但各类组织借以获得乡贯认同和地域归宿感的方式却基本相似。归纳起来不外以下几种方式：

一是祀神。除了以庙宇为中心的"祭祀圈"外，一些不以寺庙命名的同乡群体一般也有特定的神灵信仰。这些信仰亦主要体现为以乡土神为主的多神信仰。如郧西县自乾隆年间起在南门外、西关和北门外建有多处会馆，均崇祀有地域特色的乡土神：山陕会馆祀关圣、江西会馆祀许真人，江西客民公建；黄州会馆祀帝主；武昌会馆祀三闾大夫；河南会馆祀三皇神①。在许多地方，特定人群的会馆和寺庙是可以互称的，神灵名称已成为地缘关系的一个符号。如东湖县乾隆二十六年（1761年）所建天妃庙，"系福建会馆，一名天后宫"②，来凤县乾隆二十年（1755年）所建许真君庙，"一名万寿宫，江西会馆也"③，潜江县张截港有三所会馆，"关帝庙即山西会馆"、"天后宫即福建会馆"、"万寿宫即江西会馆"④；江华县，"天后宫，系福建商民会馆"⑤；泸溪县浦市，"水府庙即江西会馆"⑥。类似情况，方志中多有记载。以书院命名的同乡组织也有各自的祭祀对象，汉口的阳明书院是宁波同乡组织，以王阳明为崇祀对象⑦。我们在鄂西房县的田野调查中，发现房县西北城墙残壁上的一些砖块上有"三闾书院"的字样，据当地人介绍，房县城本为夯土城墙，这些砖是从城内的三闾书院搬来加固城墙的。房县城内曾有武昌人的同乡组织"三闾书院"，以三闾大夫屈原为崇祀对象。徽州人以书院为名的同乡群体一般以朱子为奉祀主神，如天门岳口镇的新安书院，乾隆二十八年（1763年）徽商公建，"祀朱文公"⑧。汉口紫阳书院崇祀朱子，有春、秋两正祭，生日之祭和岂日之祭⑨。一些规模较大的同乡组织可能不仅仅祭祀单一的乡土神，而是众神兼祀。这些兼祀之神大多为影响较大、功利性很强的通祀之神，如汉口

---

① 民国《郧西县志》卷2《建置志·坛庙》。在对郧西的田野考察中，会馆遗址附近的老人也都回忆说各会馆里都供奉着各不相同的神像，他们称之为"老爷"。现在山陕会馆、江西会馆、武昌会馆为郧西县人民医院药房仓库所在地，河南会馆在城外旧街，仅剩一座戏楼，为郧西县首批文物保护单位。参见前揭鲁西奇等：《内地的边缘——明清时期湖北省郧西县地域社会史的初步考察》，未刊稿。

② 乾隆《东湖县志》卷10《祠祀》。

③ 同治《来凤县志》卷9《建置志·坛庙》。

④ 光绪《潜江县志续》卷7《乡祀志》。

⑤ 同治《江华县志》卷2《建置·坛庙》。

⑥ 乾隆《辰州府志》卷18《寺观》。

⑦ 徐明庭辑校：《武汉竹枝词》，湖北人民出版社1999年版，第35页。

⑧ 乾隆《天门县志》卷2《建置考·庙祀》。

⑨ 清·董桂敷：《紫阳书院志略》卷4《崇祀》，湖北地方古籍文献丛书本，湖北教育出版社2002年版。

山陕会馆除祭祀关帝的主殿外，尚有财神殿、天后宫、七圣殿、文昌殿、吕祖阁、佛殿等祭祀场所①。

兼祀之神有时与同乡组织的发展历程或宗旨有密切联系，如汉口紫阳书院除朱子的祠宇之外，还有"准提庵"、"三元殿"、"玉皇殿"等祭祀佛道神灵的辅助建筑，一个重要原因是这些庵殿分别代表徽州在汉同乡团体的一个发展阶段②。同时还有"文昌之祭"、"魁星之祭"以彰显崇尚文化，重视教育的宗旨③。对创建书院的有功之人亦立报功祠，"春祀秋偿，永附紫阳百千万年之享"④。王日根认为，明清会馆神灵崇拜经历了一个从单一乡土神向以乡土神为主的众神兼祀的发展演变过程，它表明"会馆在不断发展过程中从互异走向一致，从而必然走向融合"。汉口徽州同乡组织的发展壮大却经历了由准提庵、三元殿、玉皇殿的泛神祭祀到独尊朱子的乡土神祭祀的演变过程。这一过程印证了他已意识到的另一种事实，即"会馆神灵的设置更偏重于对乡贤的炫耀，从而使会馆成为地域观念发展和强化的基地"⑤。总之，神灵信仰是一种更贴近大众心理的感召方式，以乡土神为中心的各种祭祀活动，将神灵在原籍地的感召力移植到客籍地区，从而形成同乡间的认同感和亲和力，如《紫阳书院志略》所言："汉口虽非朱子生长之地，而某等皆生居阙里，因侨寓而建书院，虔奉烝尝，敢不摹勒御书，悬之书院，用纪圣代之恩荣，并志从前之衈赉。"⑥ 同乡组织正是借此手段成为地域观念发展和强化的基地。

二是宴饮、演戏。在节庆或祭祀日进行集宴和演戏等娱乐活动在中国是一种很古老的宗族或乡里联谊方式。全汉升认为会馆中的宴饮、团拜、娱乐等合乐方式是从这一传统中移植过来的⑦。同乡组织的寺庙、会馆和书院建筑中一般设有专门的戏楼和宴厅。如湖南善化山陕会馆"前后三栋，中为关帝大殿，前为戏楼"，善化万寿宫"中为真君殿，两旁廊庑前建戏楼，坊表殿后为至斯堂，乡官燕集于斯"⑧。汉口紫阳书院的会宴厅极为讲究："宴射厅，在文昌阁

---

① 《汉口山陕西会馆志》卷上《西会馆地理总图记》。

② 清·董桂敷：《紫阳书院志略》卷3《建置·别建》，湖北地方古籍文献丛书本，湖北教育出版社2002年版。

③ 清·董桂敷：《紫阳书院志略》卷4《崇祀》、卷7《艺文·文昌阁记》、卷7《艺文·魁星阁记》，湖北地方古籍文献丛书本，湖北教育出版社2002年版。

④ 清·董桂敷：《紫阳书院志略》卷7《艺文·报功祠记》，湖北地方古籍文献丛书本，湖北教育出版社2002年版。

⑤ 王日根：《乡土之链——明清会馆与社会变迁》，天津人民出版社1996年版，第294页。

⑥ 清·董桂敷：《紫阳书院志略》卷4《崇祀》，湖北地方古籍文献丛书本，湖北教育出版社2002年版。

⑦ 参见钱汉升：《中国行会制度史》，台湾食货出版社有限公司1978年版，第5~10页。

⑧ 光绪《善化县志》卷30《祠庙·会馆》。

之西偏，嘉庆癸亥年建，为公私宴会之所"，"轩高二丈二尺，广二丈九尺二寸，深三丈三尺五寸。南北东西各四楹四分之，前堂有其三，后室有其一。……前庭罗石为小阜，杂植花木。从檐至垣，一丈八尺。西序之西有小轩，地不盈丈"①。这种在特定的时间和地点的会宴有着深远的意义："将放古之道以行于今，意不徒为公私宴会之地而已。……循乎古人之法，相与从事于雍容尔雅之场，教化有不兴，风俗有不醇，人材有不备者乎?"② 即使在偏远的山区，也能见到移民集中在会馆宴饮的盛况，如竹山县，附籍之山、陕、武昌、黄州、江西客民"皆各有会馆，亲戚族党因缘接踵，聚族于斯，语言称谓各操土音，气习风尚亦各以其俗为俗，不尽从同，至岁时宴会，竞尚丰靡"③。

据目前所见的图片资料和实地调查，两湖地区会馆、祠堂的戏台有很多设在正门的上方，两侧为观戏的戏楼。在一些县城或繁华市镇，有些规模较大的会馆建筑还不止一座戏楼，如汉口山陕会馆的拜殿、正殿、七圣殿、财神殿、天后宫、文昌殿等殿堂前均有戏台，两侧有相应的戏楼。不同的戏台在演戏的时段和剧目上有不同的分工，如拜殿戏台专"为春秋两祭演古酬神而设"④。在鄂西北山区也可以看到戏楼林立的景象，本地宗族祠堂和客民的会馆都热衷于建戏台。我们在十堰地区的实地调查中就发现了许多古戏台建筑的遗存，如郧西县河南会馆的戏楼，郧西县土门镇的侯王庙戏楼，房县城关的老关庙戏楼，泰山庙戏楼，竹山县火神庙的古戏楼，竹山县得胜乡大庙村的古戏楼，郧县柳皮镇罗公村的古戏楼，郧县白桑镇柏营村，高庙村的古戏楼等⑤。这显示出演戏在传统民间社会是一种影响深远的娱乐方式。祭祀、节庆、宴钦和演戏往往在某些特定时段集中进行，各同乡组织都将其视为一年的大事，届时各帮、馆、庙的首士、司事们都要精心准备，营造出热闹的节日气氛。如竹溪县湖南会馆的条规规定："值年首人每遇会期以及演戏、过年必须先期二日来馆张挂彩灯，打扫铺陈。不准互相推诿，以致临期误事。"⑥ 在这些不同地域人群的戏台上一般都以上演本籍的地方戏来显示自己的特色，秦腔、楚韵、粤

---

① 清·董桂敷：《紫阳书院志略》卷3《建置·厅舍》，湖北地方古籍文献丛书本，湖北教育出版社2002年版。

② 清·董桂敷：《紫阳书院志略》卷7《艺文·宴射轩记》，湖北地方古籍文献丛书本，湖北教育出版社2002年版。

③ 嘉庆《竹山县志》卷1《地理志·风俗》。

④ 《汉口山陕西会馆志》卷上《西会馆地理总图记》。

⑤ 这些戏楼只是以"戏楼"的形态残存的文物遗存，并非都是客民所建。事实上，该区大多数的祠堂、寺庙、会馆等建筑都有戏楼的建置。参见郧阳地区博物馆编所属各县20世纪80年代的《文物普查材料》及十堰市博物馆编内部资料《十堰市古代建筑遗存一览表》。

⑥ 《竹溪县湖南会馆碑刻·湖南会馆公议条规》，2004年11月3日抄于湖南会馆遗址。

剧、越语等乡音流行于两湖的闹市和山村，由此形成的内聚力有时超出人们的想象。如，嘉庆二十四年（1819 年），湖南湘潭因江西戏班在万寿宫演地方戏被土人哗笑而暴发了土客仇杀事件："江西优人演戏火神祠，操土音，土人哗笑之，江西人以为大辱。甲子，演于万寿宫，江西会馆也。土人复聚哄之。丁卯，江西商复设剧诱观者，闭门，举械杀数十人，乘墙倾糜粥以拒救者。"① 这一事件又导致了江西商民与湖南土著的长期对抗，成为强化客民地方意识，促进客籍商人牢固保持与家乡的联系，推动以会馆为基础的地方性商帮、堂口和堂会发展的重要因素。论者注意到，"正是因为万寿宫的这种特殊地位，它才成为江西客商复仇之地和事发后的拒守中心"②。

三是建筑。建筑是一种无声的语言，客籍同乡群体不同规模和风格的建筑事实上也是地域文化的一种表达方式，因而也会产生很强的凝聚力。这种凝聚力主要来自两个方面，一是因建筑规模的宏大和装饰的华丽而产生的自豪感或荣誉感。二是因建筑风格的地方化特征而产生的归宿感和认同感。创始于康熙年间的汉口山陕会馆被兵毁后，山陕两省商人耗巨资重修，"总期规模之大备，堂构之巩固"，阅二十余年而始成。三晋人张桂林在为此所作的碑记中称："亟思乡谊之宜联也，久废之宜兴也，创建之宜精也……採琭琳于汉水，宛如和璧秦收；伐杞梓于荆山，不啻楚材晋用。其翚飞鸟革，无逊于贝阙瑶池；其斗角钩心，备极乎娄明班巧"③，地域群体的优越感和自豪感跃然纸上。另一篇碑记更直白地表明大兴土木建会馆就是要"弥生西北之辉煌乎"④！由于这种地域文化心理的存在，各同乡群体的建筑有时出现相互竞争攀比的现象。诚如叶调元《汉口竹枝词》所言："一镇商人各省通，各帮会馆竞豪雄。石梁透白阳明院，瓷瓦描青万寿宫。"⑤ 正因为如此，同乡群体集会的建筑经常是当地最为豪华的建筑，如湘潭的江西会馆万寿宫顺治七年（1650 年）由江西客商共建，"殿堂馆园最为宽壮，修饰辄用十万金"⑥，湖北当阳县"市井中懋迁服贾者大半自远方来，侨居既久，各建祠宇以为恭敬桑梓地，耸翠流丹，足令山川增色矣！"⑦ 王日根发现"规模不断扩大，装潢更加富丽成为移民区域会馆发展的一般趋势。……因而多在客地形成鹤立鸡群的态势。不同地

---

① 光绪《湘潭县志》卷 11《食货》。

② 邵鸿：《利益与秩序——嘉庆二十四年湖南省湘潭县的土客仇杀事件》，《历史人类学学刊》第 1 卷第 1 期。

③ 《汉口山陕西会馆志》卷上《汉口重建西会馆碑记》、《重修汉镇西会馆碑记》。

④ 《汉口山陕西会馆志》卷上《重修西会馆关帝圣君正殿碑记》。

⑤ 徐明庭辑校：《武汉竹枝词》，湖北人民出版社 1999 年版，第 35 页。

⑥ 光绪《湘潭县志》卷 2《建置》。

⑦ 同治《当阳县志》卷 9《祠宇志·会馆附》。

域的会馆以各自不同的建筑风格，建筑材料，建筑设置争奇斗艳，成为移民区域的一大文化景观"①。这一点，我们在田野调查中深有同感，穿行在鄂西北房县、竹山、竹溪、陨西等县的山路上，沿途多为低矮简陋的民房，偶见一两处高大或风格与众不同的古式建筑，一般为祠堂、寺庙或客民会馆遗址。例如，位于竹山县田家坝镇的黄州庙庙貌至今保存完好，到过田家坝的人大都为它的宏伟气势和精美石雕而惊叹。类似的情况亦见于十堰市郊区黄龙镇的黄州会馆、武昌会馆、江西会馆，竹溪县的湖南会馆及陨西县的山陕会馆、江西会馆、武昌会馆、河南会馆等处，尽管部分会馆已经残破衰圯，但从残存的高大架构，粗壮的木柱，雕刻精美的石墩以及设计精巧的戏楼，我们依然可以想见当年的辉煌和热闹。这些精致而壮美的会馆建筑是客民客商经济实力和感召力的体现，它们所显示出来的繁华富庶，与乡村普通民众生计之艰辛形成了鲜明的对照②。

　　建筑式样和风格的乡土化也能激起很强的凝聚力和认同感。各同乡群体的建筑样式一般保留了各自家乡的特色。如汉口紫阳书院的建筑，"爰募徽地工师，一遵吾郡世族祠堂规制，庀材蠲吉，百役齐兴"③。清前期湘潭和汉口的岭南会馆都依照相同的式样建成，乾隆年间建汉口会馆时，"当时建筑用的瓦是从远隔三千五百华里的广东运来的，一切湖北省的材料都不用"④。前述陨西县河南会馆的建筑风格为戏楼歇山屋面、翼角飞奔，斗拱檐椽结构精巧、藻井彩绘图案精美，颇具中原地方特色。我们在鄂西考察会馆时还发现，许多会馆的墙砖上都烧制有标明地域的文字，如前述田家坝镇的黄州庙墙砖上有"黄州"两字；黄龙镇的黄州会馆、武昌会馆、江西会馆的墙砖上有"黄州"、"鄂邑"、"江西"等字样；郧西县城江西会馆的墙砖上有"江西馆"、"西会馆"字样；上津镇山陕会馆的墙砖上有"山陕馆"字样。房县城墙砖上有"三间书院"字样，竹溪县江西会馆遗址附近的建筑物上也发现了有"江西馆"字样的墙砖。鲁西奇教授认为，这应是强调地域归属感与地域认同感的一种方式，或是势力和财富的一种体现。总之，这种乡土建筑或带有乡土色彩的文字、符号为远离故土的寄寓者营造了一种宛如家乡的乡土环境⑤。

----

　① 王日根：《乡土之链——明清会馆与社会变迁》，天津人民出版社 1996 年版，第 272 页。

　② 参见前揭鲁西奇等：《内地的边缘——明清时期湖北省郧西县地域社会史的初步考察》，未刊稿。

　③ 清·董桂敷：《紫阳书院志略》卷 3《建置·纪书院本末》，湖北地方古籍文献丛书本，湖北教育出版社 2002 年版。

　④ 转引自全汉升：《中国行会制度史》，台湾食货出版社有限公司 1978 年版，第 95 页。

　⑤ 参见前揭鲁西奇等：《内地的边缘——明清时期湖北省郧西县地域社会史的初步考察》，未刊稿。

3. 资金的筹集和对同乡的救助

充足的经费是同乡组织联络乡谊，兴办善举，发挥顾恤、赈济功能的经济基础。同乡组织的资金来源有多种途径，全汉升先生将其分为捐款和赋课金二大类，其中捐款分为四种，即乐捐（喜助、乐输）、一文捐、月捐、入堂捐；赋课金亦分为四种，即货物税、船税、房租、其他（地租、天蓬租、台凳租）①。两湖地区的同乡组织筹集经费的途径也不出以上诸种，例如叶调元《汉口竹枝词》描述了咸宁会馆募集"一文捐"的情形："咸宁会馆后湖头，局面恢宏愿莫酬。每日人捐钱一个，一回大水一回丢。"② 汉口山陕会馆同治至光绪年间建设和运转资金的筹集采用了多种形式的捐款。同治九年（1870年）会馆十帮首人向山陕同乡发出了《劝乐捐文》，"布告同人，亟筹巨款，随缘乐助"。同治十一年（1872年），会馆十帮首人又共同议定抽捐规条，规定"凡两省字号在汉作贸者，并及过往之货物，按货平允抽资，共襄善举"，对棉花（每包抽厘五分，过载减半）、川丝（每包抽厘四钱，过载减半）、白蜡（每支抽厘三钱，过载减半）、红茶（每箱抽厘五分）、药材（每价一两，抽厘三厘，过载减半）等不同种类的货物分别确定了抽厘比例③。此期间，山陕会馆以"布施银"、"开光银"、"筹捐钱"等名目向各帮和商号募捐，"共收布施银叁万肆千叁百壹拾伍两捌钱叁分；共收开光费银肆千柒百零捌两正；共收筹捐银贰拾壹万零零肆拾叁两正。三宗总共收银贰拾肆万玖千零陆拾陆两捌钱三分"④。与此同时，山陕会馆还利用劝捐或契买等方式积累了大量的田地、房屋和店铺（具体名称、座落地点及每年收入情况详见第九章），"岁收屋地租金共计银九百六十四两三钱，钱八百二十八千九百文"，这些租金成为会馆日常运转的重要资金来源⑤。

因田房等不动产能保息增值，而且每年都有稳定的收入，许多同乡组织热衷于添置不动产，以为长久之计。如善化湖北会馆，"在西十二铺东鱼塘街，建于康熙三十三年，价置王中臣房屋地基并鱼塘一区，前抵青石街后墙，后抵白马巷官街，东抵东庙，西抵西庙为界，并鱼塘别径巷道沿塘左右一带房屋，均系会馆管业"。善化县的山陕会馆、云贵会馆、苏州会馆、粤东会馆、天后宫等都有数量可观的田地或房产，其中江西万寿宫的财产最多，有田产和义山

---

① 全汉升：《中国行会制度史》，台湾食货出版社有限公司1978年版，第111～112页。
② 徐明庭辑校：《武汉竹枝词》，湖北人民出版社1999年版，第35页。
③ 《汉口山陕西会馆志》卷上《公同议定抽捐条规》。
④ 《汉口山陕西会馆志》卷上《经收布施筹捐开光费总》。
⑤ 《汉口山陕西会馆志》卷下《岁入》。

数十处，广布于善邑各都，会馆"取其租值以充岁修、祭祀之赀"①。湖北竹溪县湖南会馆"创自道光初年，落成后苦无余赀，首事诸公爰约乡人之籍□者，踊跃输将……置买铺房五间，垣后隙地一段……复置长望圳水田二分，外大岩沟山地一分，每年香灯、演戏、住持口食之需及随时添置器具，胥于此是取焉"②。汉口紫阳书院的日常收入也主要来自不动产，以下是其岁入表：

> 新马头市屋十家，岁收租银二百零六两
> 新安街东市屋十八家，岁收租银一千一百一十二两
> 新安街西市屋十八家，岁收租银一千一百三十七两
> 太平里水巷号屋，岁收租银八百六十两
> 利济通津市屋六家，岁收租银一百六十五两
> 书院西巷南隅市屋，岁收租银一百两
> 后街西首至沈家庙九家，并钟山分秀三家，岁共收租银五百两
> 升基巷后街五家，岁收租银三百二十四两
> 后湖地租岁收银六两
> 以上岁收市屋租银，共计四千四百零四两

　　同乡组织通过各种途径筹集的资金，除用于日常必备开支外，相当一部分用来履行"联络同乡，维持公益"的宗旨，在同乡群体或更广泛的范围内开展各项救济、慈善活动，主要包括周恤贫孤、襄助寒士、施棺助葬等。如前，汉口山陕会馆筹集资金的捐项中专设"布施银"一项，这些银两的一部分在"关帝"的旗帜下被用于慈善活动。同时，山陕会馆还专设同乡人养病的场所："（瘵旅公所）所东为泰山庙，有屋有堂，为乡人养病及丁艰换孝之地"③。同治时，咸宁侨汉商人集资兴建淦川公所，后又改建为钟台书院，"诱诸巨商，凑赀购产，征租供给膏奖，择同邑旅汉之俊秀者，月而课之"④。在面向同乡群体的各项救助活动中，丧葬救助是最重要的善举。内容包括掩骼、施棺、设所厝棺、置地收埋、助榇回乡、安魂妥魄等项，对此，已有论著中都有所涉及，但大多较为简略，特别是丙舍、义阡等机构运行的一些具体情况不为人知，此处以汉口紫阳书院和山陕会馆为例，对同乡组织的丧葬救助实态作一简要论述，以此进一步理解同乡组织的面向成员的慈善、救助活动。

---

① 光绪《善化县志》卷30《祠庙·会馆》。
② 《竹溪县湖南会馆碑刻·田房地产碑记》，2004年11月3日抄于竹溪县湖南会馆遗址。
③ 《汉口山陕西会馆志》卷上《汉口西会馆总图记》。
④ 清·王葆心：《再续汉口丛谈》卷1。

在儒家伦理中，丧葬是人生之大事，而中国人有极强的乡土情结，人们都希望死后"叶落归根"，葬在故乡的土地上。在地方志孝义传中每见孝子们历经千辛万苦将亲人的遗骸辗转运回故里的事迹，体现了传统社会对这种价值观的普遍认同。然而，为生计所迫外出谋生者客生异乡在所难免，若无戚友收殓，很可能会露尸荒野。即使有亲人在侧，在交通不便、盗匪猖獗的时代，以一人之力很难完成这种义务。因此，客民丧葬成为重要的社会问题，这些问题自然引起同乡群体的关注。乾隆初年徽州六邑士商代表程璋、吴继祺、佘勋、吴元伦、汪朝录、吴浣等在对汉阳县正堂的呈词中称："窃念汉镇黔黎，多半异乡赤子。或客游物故，久淹萧寺之中；或贫槟无归，渴殡荒郊之外。以致朽棺遍野，堪怜孤旅之魂，暴骨成丘，谁覆一抔之土？"为避免同乡之人陷入此种惨境，崇尚桑梓之情的同乡组织自觉担负起救助的责任，使助葬成为善举之首。

旅汉的徽州的同乡群体一直以同乡的安魂妥葬为己任，早在顺治年间，汉镇徽人即捐资公买后湖荒地一段，建造准提庵，又添建三元殿以"供佛停棺"①。随着在汉徽商经济实力的壮大和紫阳书院的成立，徽州客民对设丙舍、置义阡的热情有增无减。乾隆五年（1740年），诸同仁有感于旅槟久停古寺，导致混淆难辨及暴露荒郊等缺憾，乃"制序劝输，公择汉阳十里铺紫霞观前刘姓麦地一段……四围钉界明白，前立坊表，颜曰'新安义阡'"。又订立规条，进行规范化的管理：

"自西而东，分定层列；由北而南，编号挨葬。葬定规则，横五尺，直八尺，深圹四尺。设簿二册，一存新安书院，一给十里铺玉皇庙。举凡扦葬，须从书院给票，将死者乡里姓名，按号注簿，方许执票前往，挨次安葬，毋得紊乱。守阡四人，执票依号，亦注玉皇庙簿度。日后孝子慈孙，或立碑祭扫，或迁回故土，俱可按簿查考，知在几列几冢，不致认棺滴血，恸哭呼天矣。若非书院印票，守阡之人，不得滥行收葬，条规既立，永远遵循，毋怠毋荒"②。新安义阡自乾隆五年（1740年）设置至乾隆三十二年（1767年），"历今二十有七年，已葬千百余冢。地虽宽广，棺实停盈"，新增之同乡旅槟又将不免暴栖之虞。续置义阡遂列入议事日程："恤我同乡，泽及枯骨，岂其有创于前而无继美于后者乎？"于是又有好善之士，"每与二三同志，拟为续置，以继前功……乃荷黄陂街各号诸君子，愿以团拜会银六十两，率先捐输。而一时新安人士，无不欣然解囊而助之。用是卜地于旧阡之半里许，……因不惜重价，赀

---

① 清·董桂敷：《紫阳书院志略》卷8《杂志·准提庵三元殿府禁示》，湖北地方古籍文献丛书本，湖北教育出版社2002年版。

② 清·董桂敷：《紫阳书院志略》卷8《杂志·新安义阡弁言》，湖北地方古籍文献丛书本，湖北教育出版社2002年版。

而购焉。"续增之新安义阡在建置和管理上一如旧义阡：

"前立墓表，侧构土祠，如前之规模壮观也。周围筑堑，墁石为阶，如前之工程巩固也。……他如扦葬之规，设簿以填姓名，给票以凭开穴，挨号鳞葬，定其尺寸、层列，悉一一如前之规条而新之。"[1]

嘉庆九年（1804年），后继者又复捐资买地，续置许家湾义阡。至此，紫阳书院已拥有五处义阡，其座落和面积情况如下[2]：

一在十里铺紫霞观下首。乾隆己未契买刘姓麦地。东西十六丈，南北十八丈。

一在十里铺玉皇殿对过。乾隆丙戌契买胡姓业地。名怀三里，又一甲。东西三十四丈五尺，南北二十七丈五尺。

一在潘家庙，土名陶家山。

一在十里铺，紫霞观面前西首。乾隆乙巳契买朱家林麦地，丈尺详契据。

一在许家湾，嘉庆甲子契买许家湾山地一段。东至西，宽十一丈二尺。南至北，长二十六丈二尺。与乾隆壬申所买刘姓山地毗连。

山陕会馆亦在循礼坊建瘗旅公所，并在汉阳七里庙置义地一区，使"死者入土为安，生者益无遗憾"，又就瘗葬事务制定章程，设立票据执照，规范管理，以体现"曲尽乡谊，而义举体恤至微者"之至意，兹将其章程和"寄厝执照"详录如下，以进一步明了同乡组织丧葬救助的具体情形：

　　山陕两省瘗旅公所议定章程立石为记
　　议瘗旅公所系两省捐资公建以备不虞，倘若存寄灵柩，须向值年首士申明实系两省之人，方允存寄，兼有保荐者，无论会内会外，凡寄灵柩，先付庙资纹银贰两入公以备年修外，另付纹银一两，系每年蘸资兼工人打扫照应之资，后来搬取费用自办，不与公所相干，五年不搬，公所出费送葬义地，若不收取庙费，将来抬送义地葬埋等事费从何出。
　　议两省有寒苦者，殁后有相识之友，买棺收敛，欲送公所存寄，公所不得应允情形，如此永不能搬取，不若面求值年首事给一埋葬票纸，送葬义地，岂不两便？
　　议公所存寄灵柩，每年清明、中元、寒衣三节虽无诵经之说，亦必施食超度神鬼均安；

　　①　清·董桂敷：《紫阳书院志略》卷8《杂志·新安义阡续置序》，湖北地方古籍文献丛书本，湖北教育出版社2002年版。
　　②　清·董桂敷：《紫阳书院志略》卷3《建置·别建》，湖北地方古籍文献丛书本，湖北教育出版社2002年版。

　　议照管义地之人，凡一切事件均属照应，议定每年工食钱六千文，按三节交付。棺木送义地葬埋者，打井包坟工价钱六百文，一切杂事俱在其内，不得争论多寡，永远以此为例；

　　议五年后送葬义地，可有人执票来搬取者，亲往义地搬取，着管义地之人开坟取棺工价钱四百文，或抬往别处脚钱，远近面议，均系自出，不与公所相干。

　　议公所脚夫抬棺无论抬至河下登舟或抬至义塜，或抬至马王庙，每夫一名给钱三百文，内扣钱五十文给公所用人打扫供应之费，码头脚夫每一名得钱贰佰伍拾文。此系宪谕立石永远遵行。

　　　　道光贰拾壹年岁次辛丑仲冬月吉立

寄厝执照示（丙申二月起给）

执照

　　汉口山陕两省瘗旅公所为给发执照事兹据　　帮　　号寄停公所葬义地第　　号棺木一具，亡人姓　　名　　系西省　　府　　县人，年　　岁　　年　　月　　日殁于　地方今送至馆，挨号安厝，此票给本家　　收执，日后缴票领棺。如五年不来领，即代为安葬义地，标名立碑。

　　　　光绪　　年　　月　　日给。

（二）参与地方公益慈善事业

　　同乡组织以同乡或同业者为主要的救助对象，但对组织之外的社会弱者和贫困现象也绝非袖手旁观，而是非常积极地投入慈善、公益事业。因为，与在其他方面的攀比和竞争一样，对公益事业的参与也是一种表达和确立地位的方式。对此，施坚雅揭示得非常深刻，他认为，行会和地方同乡会对公益事业的积极参与（当新安会馆发起在宁波建立一个全市范围的消防站时）"立即成为财政实力的标志，成为热心为当地人民服务的一个声明，成为使整个商界社区都为新安会馆感恩戴德的一个手段，同时也是在全市各种商业社团中确立最高权力的宣言，那些仅为自己的成员开办的慈善学校、医院以及医务室，很容易被冠以吝啬的名声，特别是别的行会随之采取更为公开的政策以装出一副孔教贞德的样板的时候，更是如此"。为此，施坚雅认为最初由行会和地方同乡会仅为其成员提供的服务，必然扩展到为社会服务的领域①。同时，同乡组织针

---

　　① ［美］施坚雅著，王旭等译：《中国封建社会晚期城市研究——施坚雅模式》，吉林教育出版社 1991 年版，第 121～122 页。另，本段"慈善学校"、"医院"和"医务室"当指会馆、公所等组织所办的义学、善堂、药局等机构。

对同乡的一些善举，如救火，开通火路、水路等本来就具有公共品的性质，很难避免其他成员不因此受益。有论者在对湖南洪江的研究中指出，"某些特殊行会所具有的一些功能，如灭火和维持治安等，其初衷是使会员们受惠，但不可避免地也使本市其他人得到好处。对于一个消防队来说，仅仅因为在非成员的店铺里发生火灾时不予理睬，这是说不通的"①。在这种情况下，同乡组织都宁愿以为公众服务的名义来从事这些善举。

以汉口山陕会馆为例，汉口山陕会馆曾修保寿、延寿二桥，此二桥作为西会馆成员出入的必经之路，实际上是西会馆的辅助工程，它们也随着西会馆的被毁和重建而几次获得修缮，同时为便于会馆防火，会馆还修了东西两条"火路"。对兴办这些善举的动机和效果光绪年间所作的《记》是这样表达的：

"汉口地方面江背湖，每当夏秋之时，水势涨沸，一片汪洋，故筑堤以御之。大雨滂沱，内濠之水更难疏泄，居民于此往往隔岸相视，苦无渡船桥樑，乡人悯之。于是我山陕两省商人捐资造以石桥两孔，西曰保寿桥，正对会馆之后门，系南北行，东曰延寿桥，与雷祖殿之桥毗连，系东西行。道光十四年孟秋月，西菸帮经理建修，自遭劫后年久失修，今会馆工程告竣，二桥亦随整理，坏者补之，颓者扶之……二桥既修，于东西火路又筑，于东界居民受益良多，行人利济不浅，为义举之不可以已也，善夫！"②

罗威廉也注意到了这种现象，他认为早在善堂建立之前，出于对所拥有的不动产和成员利益的关心，会馆早就开始承担起所在区域的文明建设责任，并开展诸如修义路、设水龙之类的活动。在评价山陕会馆的这些公益活动时，他认为："虽然公所无疑从这些桥上得到了收益，但它还是声称他们这样做是出于对饱受洪水之灾的街区的'同情'，而且，重建也是一种'义举'，有利于所有'居民行人'"；"当山陕公所成功地恳请地方官府禁止侵占此种火路时，行会宣称它不仅代表本行会的成员，还代表所有毗邻的居民"③。

在取水不便，消防条件落后的传统城市中，置办"水龙"以防火、救火是一种善莫大焉的公益。因置办"水龙"必须具备足够的人力和物力，它成为会馆和善堂等有经济实力的组织举办公益的一种常见形式，一般较大的会馆都置有"水龙"。例如湖南善化的苏州会馆"在十铺福胜街，建于康熙年间……杜康祠内有长生局，并捐集经费制备永安水龙，如城厢内外遇灾，随时

① 参见［美］施坚雅著，王旭等译：《中国封建社会晚期城市研究——施坚雅模式》，吉林教育出版社1991年版，第122页。

② 《汉口山陕西会馆志》卷下《后堤外保寿延寿二桥合记》。

③ William T. Rowe, HANKOW: Commerce and Society in a Chinese City, 1796-1889, Stanford University Press, 1984. 参见江溶、鲁西奇译：《汉口：一个中国城市的商业和社会（1796～1889）》，中国人民大学出版社2005年版，第387页。

赴救"①。汉口山陕会馆招夫雇役，成立了一个规模庞大的水龙队，其建制为：

> 夫头四名（每名工价贰百捌拾文）
> 锣夫一名
> 拉龙夫十六名
> 座旗夫一名
> 拿义夫六名
> 吹角夫一名
> 高照夫二名
> 拿梯夫一名
> 轿夫二名
> （以上每名工价一百四十文）
> 挑水夫十二名（正工价每名八十文，水筹每支给钱十文)②

除了救火外，会馆的公益还涉及城市公共生活的其他方面。徽郡六邑同乡群体是一个极好的例证，他们在大规模建设紫阳书院之前就积极关注社区公益事业，书院成立之后更是乐善不倦，他们对汉口公益事业的热情持续了数百年。兹将《紫阳书院志略》所载由徽州同乡组织发起的主要公益事项按时间顺序列举如下：

> 康熙庚寅，救助汉口遇受火灾的居民："八月二十六日，武汉二府同日灾，汉口特甚……男妇老幼，逃于宫墙戟门内，及尊道堂寝堂前，其箱篋衣饰，皆担荷贮书院无失。保全生命，不下数千人。远近闻之，咸谓书院之有裨于阛镇匪浅鲜云。"
>
> 雍正甲寅，修建便民义埠："义埠，即新安马头也。雍正甲寅创开，广两丈九尺，为石级四十有一。"
>
> 雍正丁未，救助汉口遇受水灾的居民："六月初六日，江水暴瀵，堤岸崩溃。……民皆避入书院，蚁聚雁集，堂庑充塞，阶除及口门后院，构席篷数百所，可炊可寝。几三阅月间，有病者给医药，死者助棺敛。吾郡人悉竭力捐赀，乐施不倦。"
>
> 雍正十二年，捐金育婴："育婴堂之举，尤属仁心仁政。官斯土者，既推保赤之恩；蒙其泽者，应体如天之德。愿将所领罚银二千两内，捐出

---

① 光绪《善化县志》卷30《祠庙·会馆》。
② 《汉口山陕西会馆志》卷下《水龙局掛牌式》。

原银一千两，呈缴台前，伏乞验明，赏收育婴堂内，少助乳育之需。"

乾隆乙未，辟"新安街"义路："新安街，在书院照墙之前，原名新安巷。地颇狭。乾隆乙未始辟而成。康衢广一丈馀，深自夹街至大街长三十二丈。……街南榜曰：'道启贤关'。"

嘉庆甲子：辟便民水路"东水巷"："东水巷，名太平里，在新安街之东。嘉庆甲子买宅重辟，深与新安街等。北山夹街，与祠东巷相直，广四尺馀。"

嘉庆五年以前，建水龙："汉镇民居稠密，不下数十万户，火灾之患常有。虽开通火道，以便行汲往来，然仓卒之顷，难于施力。……于是汪君衡士与诸君谋，以为书院兴修以来，诸利人之事，罔不悉举。惟救火之策无闻，宜增设水龙以备缓急，补书院之缺而为郡邑之倡。诸君皆谓善，从而怂恿之。乃募苏工之善制者，为水龙二，制成立之各式……附近民居，得以安息。其有益于人者如此。"

嘉庆五年（1801年），添建水龙二座："照得汉镇为商贾辐辏之区，人烟稠密，每多风火之虞。经本府于上年劝谕新安会馆众商，于原设水龙之外，复添水龙二座。"

　　众多的商帮、会馆等同乡群体并存于同一个城市或市镇，他们在各自展示其实力、凸显其地方特色的同时，彼此之间势必也会产生交流，交流的内容除了在商业上的激烈竞争外，也可能在某些事务上进行合作。被大众普遍关注的公益、慈善事业，往往成为这些群体合作的领域。窦季良较早发现了城市同乡组织之间进行合作的实例，早在康熙年间，重庆的"八省会馆"就联合起来处理城市的公共事务，到晚清时，他们承担了大量慈善事业与公共工程：开办了一所育婴堂、一所养济院、一座义仓，并组织赈灾济贫活动、组织城市防务等①。仁井田陞也注意到清末湖南洪江"会馆商人"联合起来兴办修桥、铺路、救火等事务的情况②。此后这样的个案又被大量发现，施坚雅先生对中华帝国晚期的"城市会社与'市政'管理"问题的综述中指出，汕头、琼州、嘉定、沙市等地都有类似的"商行联合会"，研究者认为这些组织的作用"有点像市政府"③。王日根又举出了四川大竹县、犍为县、灌县、古宋县的类似

---

　　① 窦季良：《同乡组织之研究》，正中书局1945年版。此处参照了［美］施坚雅主编，叶光庭等译：《中华帝国晚期的城市》（中华书局2000年版，第652页）的介绍，该书将"窦季良"音译为"陶季梁"。

　　② ［日］仁井田陞：《清代湖南会馆商人》，《东洋史研究》第64期（1958年2月）。

　　③ ［美］施坚雅主编，叶光庭等译：《中华帝国晚期的城市》，中华书局2000年版，第652页。

事例①。就长江中游地区而言，据目前所知，汉口、沙市和洪江等地出现过比较典型的客商地缘组织联合参与城市或社区公共事务的情况。关于汉口的情形，罗威廉已进行了非常细致深入的论述和分析，以下以洪江市为个案，依据所掌握的资料，对洪江"十馆联合会"的组建过程及对赈灾、育婴、救生、收瘗等事务参与的具体情形作简要论述。

洪江市虽地处偏远的湘西，"横袤不数里"，却"地当孔道，西南达滇黔、桂林，商旅辐辏，帆艦联属，百工毕至"，从乾隆时起就已"列肆如云，川楚之丹沙白蜡、洪白之膏油、材木之坚美……环货骈积"，"户口常二三万人，皆不耕而食"，且"连屋崇楼栉比而居之"，在许多方面都表现出与汉口的惊人相似，"俨然西南一都会也"②。众多的客籍人口亦如汉口一样结为会馆以互助："客籍流寓者，咸立会馆以岁时祭其所先，洽比乡里。"③ 有些会馆成立的时间极早，康熙时即有江西新安等会馆，到晚清时，这里已是会馆林立了，其中规模较大的会馆有十家，每家会馆都冠以一个富有特色的名号，分别为：江西会馆——江宗盛；徽州会馆——吴鼎和；贵州会馆——贵鼎新；福建会馆——福昌隆；黄州会馆——黄齐安；衡州会馆——衡锡龄；宝庆会馆——盛南都；辰沅会馆——王有柱；湘乡会馆——湘萃庭；七属会馆——洪惟先④。基本情况如表6-2所示：

表6-2　　　　　清代湖南洪江主要同乡组织（会馆）一览表

会馆名称	成立时间	地点	备注
万寿宫	康熙十五年以前	大河边	即江西会馆。曰江宗盛，原在洪盛码头，康熙十五年移大河边
洞庭宫	乾隆三年	大河边	即南昌府公所
新安馆	康熙二十年	司门口正街	合五府曰吴鼎和
湖州府馆	乾隆四十年	荷叶街	
苏州府馆	乾隆三十六年	龙船冲	
九华宫	嘉庆十九年	老街	即青阳县公所

---

① 王日根：《乡土之链——明清会馆与社会变迁》，天津人民出版社1996年版，第240～241页。

② 光绪《洪江育婴小识》卷1《识十馆》、卷4《识积谷》。

③ 光绪《洪江育婴小识》卷1《识十馆》。

④ 此外洪江曾有山西、陕西会馆名"樊天锡"；参见光绪《洪江育婴小识》卷1《识十馆》。

续表

会馆名称	成立时间	地点	备注
琴溪堂	道光十八年	小河对岸	即泾县义园
忠烈宫	嘉庆二十二年	桅杆坪	即贵州会馆，曰贵鼎新
天后宫		严码头	即福建会馆，曰福昌隆
福主宫	康熙四年	大河边	即黄州会馆，曰黄齐安
寿佛宫	道光二十八年	正街	即衡州会馆，曰衡锡龄
太平宫	雍正年间	大河边	即宝庆会馆，亦名武宝馆，曰盛南都
伏波宫	乾隆四十二年以前	一甲巷	即辰沅会馆，曰王有柱，屡毁于火，乾隆四十二年重修
龙城宫		新街	即湘乡会馆，曰湘萃庭
长郡公所	同治七年	牛头冲	
湘阴公屋	咸丰十年	土桥冲	
关圣宫		大河边	为七属会馆，曰洪维先
飞山宫	嘉庆十七年	鳌龙坪	即靖州公所
大佛寺		大河边	为十馆公所，十馆集资重修
高坡宫			为十馆公所，光绪二年毁于火，十馆集资重修

资料来源：光绪《洪江育婴小识》卷1《识十馆》。

洪江市特殊的地理位置和密集的商业人口使得城市社会问题亦很严重，突出地表现在三个方面，一是缺乏公共积累，时常面临灾害的威胁："其平时居积率重金钱而轻菽粟，家无儋石之储，咸仰食于黔中……遇水旱衰竭，米艘不至，综贫者、富者而论之，夫何异陆处枯鳞乎？"[1] 二是溺婴、弃婴现象普遍："生齿日繁，生理狭隘，子女爱薄，盖出于情势不得已耳。溺女弃婴，事所时有，吁亦惨矣。至若无故而鬻其子女者，要不觏见。"[2] 三是水势险恶，商船遇险、浮尸飘游等事时有发生："洪江为云贵出入要津，溯沅靖而上，水急滩多，涨平无常。水涨则节节皆险，水平则怪石林立，无论有无风涛，舟行稍涉大意，恒多覆损"，"洪江当下游总汇"，上游浮尸亦多于此汇集[3]。这些问题

① 光绪《洪江育婴小识》卷4《识积谷》。
② 光绪《洪江育婴小识》卷1《识缘起》。
③ 光绪《洪江育婴小识》卷3《识恻隐》。

长期困扰着洪江，会馆的介入使它们得到一定程度的缓解。正是在介入这些事务的过程中，洪江各会馆联合起来，以"十馆联合会"的方式对社会问题进行了组织化的治理，从而使会馆在市镇中的影响不断扩大。

1. 对救婴事务的介入——"十馆联合会"的成立

洪江的溺、弃婴儿现象引起了地方社会的共同关心，光绪五年（1879年），"邑侯张君悯之，首出钱六百余缗，命团防局、恻隐堂、十馆绅首创办收养，方经始间，遽调任去，事几中缀。赖提督安仁周公时领洪江师船，力任繁钜，杨侯继之，董率劝勉。临川张氏首输千金，临江诸杨继之，数阅月而集事。未几裁团防局，于是专由十馆承办"。团防局的裁撤使会馆的作用变得更为重要。为了更好地发挥作用，会馆终于走向联合："议者谓选用绅首难在得人，贤者薄而不为，不肖者遂图私便，推诿侵蚀，弊皆不免。不如用馆名，由大佛寺值年轮流交接，群策群力，公同经理，庶可历久不替。议遂定，善基之固，得力在此"①。

光绪六年（1880 年），"十馆育婴堂"开始试办育婴，其经费由官捐、众捐、月捐、贴捐等部分组成，除"官捐"（共 1 364 030 文）外，其余几项都由会馆、商行或商人捐助，其中"众捐"一项直接反映了育婴事业开办时各商帮的出资情况，兹列举如下（见表 6-3）：

表 6-3　　　　　　　　　　洪江育婴堂"众捐"情况表

商帮名称	下属出资单位数	捐助数额	
		银（两）	钱（文）
江西帮	张慎德堂等 124 家	3 480	740 000
江浙五府帮	朱四志堂等 23 家	50	792 880
福建帮	共 30 家		318 000
贵州帮	土药帮等 4 家	200	148 000
黄州、武昌帮	李乐耕堂等 46 家		120 000
山西帮	李通顺油号		120 000
宝庆帮	黄世泰号等 60 家		225 400
衡州帮	衡锡龄馆等 27 家		87 000

① 光绪《洪江育婴小识》卷 1《识缘起》。另，十会馆在商业领域的合作实际上早已开始，大佛寺即为十馆公所，此次联合是在城市公益中的首次制度化合作。

商帮名称	下属出资单位数	捐助数额	
		银（两）	钱（文）
辰州、沅州府帮	陈恒顺号等 46 家		157 240
湘乡帮	雷晋昌号等 22 家		42 000
七属帮	杨余庆堂等 44 家		186 080
其他私人捐助		10	20 200
合计		3 740	2 956 800

资料来源：光绪《洪江育婴小识》卷 1《识输助》。

可见，十馆联合后，几乎将洪江所有的商行、商号和商人都动员起来，为育婴等公共事业出钱出力。

2. 对救灾、救生、收瘗诸事务的介入——会馆公共职能的拓展

洪江会馆在官府的组织下投入救灾活动由来已久，但救济行为多属临灾"就地捐集筹办，斯时固无所谓积谷也"。一次次灾害的打击使洪江官民都意思到："临时采买，一时权宜，缓不济急"，积谷备荒、救灾以此成为"十馆联合会"关注市民公共生活的一项重点内容。早在光绪四年（1878 年），在张县令的倡劝下，各商已"捐积谷三千石，分储十馆，各自经理"，光绪十二年（1886 年）水灾，"人情汹汹"，于是"汪侯驰谕开仓，遂于山陕馆、福建馆两处减价平粜。未几倒困垂罄，外来老弱就食者四五千人"，幸又得"好善者出粟协赈"，"最后仍得黔米接济"才"转危为安"。这次救灾活动使商民进一步认识到，"非通筹厚积不可平粜"，于是"人心警动……公请于官"，将平粜已动用之三千石积谷"仍由十馆就地弥补"，并"加积谷一千石，一并归仓"，其分存实数如下：

> 江宗盛：积谷贰千石；
>
> 吴鼎和：积谷伍百贰拾石；
>
> 贵鼎新：积谷肆百石；
>
> 福昌隆：积谷叁百贰拾石；
>
> 黄齐安：积谷壹百贰拾石；
>
> 盛南都：积谷壹百伍拾石；
>
> 衡锡龄：积谷玖拾陆石；
>
> 王有柱：积谷壹百伍拾贰石；

湘萃庭：积谷捌拾石；

洪惟先：积谷壹百伍拾贰石；

共积谷：肆千石。

积谷的管理办法为："由各馆值年经理备用"①。

洪江的救生、收瘗等事务本由"恻隐堂"承担。"洪江恻隐堂创自道光十八年（1838 年），因镇远水灾，浮尸漂至，善士杨锡龄等集资买山收瘗，历办四十余年"。"十馆育婴堂"成立后，恰逢"恻隐堂"遭遇控告，会同县令遂决定，"将恻隐堂簿据文契银谷等件，谕归十馆育婴堂接办"，并由十馆"公议章程十八条"，将"救生"、"恻隐"诸事"并归育婴局总办兼理"，又另请司事一人，专理有关具体事务，"每月初二日将一月收支施棺帐目，由育婴局总办查明，经大佛寺两馆值年核挂晓单，每年正月二十日请齐十馆育婴局绅首公共清算一年帐目，汇造四柱清册，呈县核明存案"②。会馆在城市社会中的作用日益扩大。

（三）余论

如何认识会馆、公所等同乡、同业群体在城镇社会中的作用？同乡、同业群体联合起来参与地方事务有何意义？一些学者对传统晚期部分城镇中的这种"商行联合会"方式给予了较高的评价。例如，罗威廉认为汉口"行会"对公益事业的关注以及"行会联盟"的出现，意味着长期居住在汉口的居民已逐步超越狭隘的乡土意识，逐步形成了作为汉口居民的"市民意识"，"行会"关注范围的扩展以及在全城范围内的联合，已具备了城市自治的意义。罗威廉进一步指出，传统的中国社会并不是停滞的，也不是冷漠地等待着外来刺激的震动，在 18～19 世纪，汉口社会一直沿着中国社会经济自身的内在理路在发展，这些发展变化都是外国人到来之前的独立发展，西方人的到来只不过是强化了正在进行的变化趋势而已③。罗威廉的研究成果挑战韦伯关于中国古代城市的定论，并引起了学术界对中国传统社会中"公共领域"和"市民社会"问题的关注和论争。在此撇开这些论争中的复杂理论问题，仅就两湖城镇中同乡（同业）组织的作用梳理如下。

从两湖同乡组织由明至清的长时段演变过程不难看出，有两种趋势一直是

---

①　光绪《洪江育婴小识》卷 4《识积谷》。

②　光绪《洪江育婴小识》卷 3《识恻隐》。

③　William T. Rowe，*HANKOW：Commerce and Society in a Chinese City，1796-1889*，Stanford University Press，1984. 参见江溶、鲁西奇译：《汉口：一个中国城市的商业和社会（1796～1889）》，中国人民大学出版社 2005 年版，第 418 页。

并存的，即一方面，直到晚清，同乡组织都在利用各种手段、通过各种文化符号来强化自身的特色和地域观念。另一方面，不同地缘群体之间也存在着交流、融合的趋势，这种融合既有外在组织机构的联合，也有内在的文化心理的认同。片面强调这两种趋势中的任何一种，可能会导致大不相同甚至截然相反的观点。马克斯·韦伯充分注意了前一种趋势，他指出，"中国的城市之所以难以获得西方城市所获得的那种自由，原因在于宗族的纽带从未断绝。由农村迁入城市的市民，与其宗族、祖产、祠堂所在的故乡保持着千丝万缕的联系，也就是说，和他们出生的村庄保持着所有礼仪和人际上的重要联系"。他也注意到了这些组织的慈善和宗教活动，但认为它们只是在涉及具体群体利益的特定问题上发挥作用而已，他因此对中国传统城市的市民组织的作用给予了较低的评估："中世纪的西方，行会一旦掌握支配权，就会实际地寻求'城市经济政策'。而在中国，尽管有过许多这类有组织的城市政策的萌芽，但却从未臻于完善的境地。"①罗威廉显然对后一种趋势进行了充分的发挥，他不仅揭示了19世纪汉口四个方面的变化，即商业变化、个人身份的变化、社会结构变化和社会组织变化。并向人们展示了一个"以行会为中心的、实质层面上的市政管理机构"②。罗威廉的论述极大地丰富了对中国城镇史的认识，也有力地挑战了韦伯的观点，但他似乎忽视了他所发现的"地方城市自治"现象得以产生的条件以及起作用范围。

就两湖地区而言，如前所述，同乡、同业群体遍及大中城市及偏远的市集，但目前发现有这种类似于"市政府"的城市志愿组织的仅汉口、洪江、沙市三个市镇。这是否意味着其他城市和市镇的同类组织对公益事业漠不关心呢？显然不是，从上文可知，对公益事务的关注是同乡（同业）组织形成内聚力和确立在城市中地位的一种有效方式，几乎任何城镇的同类组织都对公益事业持一种积极参与的态度，即使主要为了谋取群体内的局部利益，他们也会以所在社区或整个城镇的整体利益为旗帜来开展这些事业。当一地只有一、两家经济实力较强的组织时，公益事务的责任可能就由这一、两家组织来承担，而当一地有众多这样强有力的组织时，便可能出现联合承担责任的形式，而这样的形式可能是多样的，有可能结成正式的组织，也有可能不。施坚雅早就注意到了这一点："各会馆之间的有效合作，并不一定需要独立的办事处与正式会章。较验城中度量衡，调停个别行会或同乡会会员的争执，维修码头与疏浚

---

① ［德］马克斯·韦伯著，洪天富译：《儒教与道教》，江苏人民出版社1997年版，第20、26页。

② William T. Rowe, *HANKOW*：*Commerce and Society in a Chinese City*，*1796～1889*，Stanford University Press，1984. 参见江溶、鲁西奇译：《汉口：一个中国城市的商业和社会（1796～1889）》，中国人民大学出版社2005年版，第418页。

整个商界所依赖的水道，避免慈善活动中花钱重复与不公——在我们没有找到商人联合会记录的无数其他城市中，一定也曾感到过这一类需要的。"①

　　也就是说，城市中公共事务合作的需要在中国传统城市和市镇中起源很早，解决这些问题的合作方式也多样多样，成立正式的商人联合组织只是其中的一种特殊形式而已。两湖地区出现此类正式组织的三个市镇有几个共同的特点：其一，交通便利，商业发达，都是因商而兴的市镇。其二，行政级别低，位于国家权力结构的边缘区。其三，五方杂处，客商云集，商人同乡、同业组织林立。其四，它们都是地方政府的财赋重地。同时，还有一些相类的外部原因促使这些组织最终走向联合，如社会陷入动荡、灾害频繁、社会问题严重等。因此，这种联合组织的出现并未从根本上改变国家和社会关系的传统模式。最突出地表现是商人同乡、同业组织及其联合会始终没有摆脱对官府的依赖。同乡、同业组织在遇到外部困难和本身利益受到威胁时总是求助于官府，实力强大的徽州同乡组织——紫阳书院即一次又一次地从汉阳府和汉阳那里获得各种"禁示"以协调与地方社会的关系。山陕西会馆在康熙年间就有湖广巡抚兼提督军务都察院副都御史张连登为其题写碑记②，嘉庆时又有湖北督粮道为其出具免于侵占的禁示。罗威廉也发现，汉口的"城市自治"是被官府所"授权"的。而且，在相当程度上，城市中的这些"联合自治"是在官府的鼓励和推动下得以完成的。例如，洪江十会馆在走向联合的各个主要环节中都没有离开官府的力量，正是在官府的倡导、支持和帮助下，"十馆联合会"的作用才得以发挥。对此《洪江育婴小识》的原作者也有强调："大抵洪江之事，略有数难：居市杂以五方，其气向来涣散，则难在联络而去推诿，一也；事归馆办，人人可以自由，贤智不齐，保无染指，则难在覆实而杜侵蚀，一也……"而帮助克服这些困难的正是官府："至于提倡而始终之，仍操乎贤司牧、良有司也！"光绪六年（1880年）至十三年（1887年），在"十馆育婴堂"的筹建、运行过程中，即先后有"县正堂张"、"县正堂杨"、"分司张"、"州正堂盛"等十余名地方官员十五次向十馆首事等下达行政命令，并将堂事上报户部立案③。

　　晚清中央权力日益衰落，汉口、沙市、洪江又处于地方行政权力的边缘，地方官府在一定程度上并不愿意太多地干预这些地方的事务，他们比较关心的事情是要从这些地方取得财富。因此，在地方社会能顺从官府的意志的前提下，官府和地方团体之间往往容易达成"默契"，即官府允许地方绅商团体联

①　［美］施坚雅主编，叶光庭等译：《中华帝国晚期的城市》，中华书局2000年版，第652页。
②　《汉口山陕西会馆志》卷上《筑垣碑记》、《禁示》。
③　光绪《洪江育婴小识》卷1《识缘起》、《户部立案行知》。

合处理地方的事务，而他们期待着地方社会能够源源不断地向官府提供财赋，并协助官府从事公益，推行教化，引导地方社会向着有利于传统统治秩序维持的方向发展。值得特别注意的是，官府委托地方社会"自治"的这些事务，往往是他们不太关心的"小事"（如市容维护等），或者他们认为棘手的"麻烦事"（如商务纠纷、消防、拆房修路等），或者他们无力办到的"难事"（如救灾、御敌等）。在这些情形下，地方官府是非常乐意有一个"自治联合会"之类的机构来帮助他们负担地方管理责任的。

所以，我们在评价城镇同乡、同业组织及其联盟的作用时，应该同时注意到上文所言的两种趋势，既要充分认识到它们在公益事业和地方社会中的作用，也不可将其意义无限制地延伸。

第七章
明清两湖地区的慈善组织与社会保障

在中国社会史和慈善事业史研究中，明清慈善组织曾经是非常薄弱的环节。夫马进、梁其姿的成果使这种状况得以改观，并将这一领域的研究提升到很高的水准①。他们的立论虽然主要以江南地区为基础，其意义却是深远和广泛的。至少，他们的成果为深化其他地区慈善组织的研究提供了一个极好的参照系。罗威廉关于汉口善堂体系的研究与萧邦奇、玛丽·兰金关于浙江城市精英和城市社团的研究相呼应，引发了学术界关于中国传统社会"公共领域"和"市民社会"问题的讨论②。黄宗智在此基础上提出了"国家与社会之间的第三领域"的命题③。若小心地避开"因公共领域这一术语而产生的极其复杂的一揽子问题"④，这些成果无疑也是考察明清两湖慈善组织的极好的参照系。

一、两湖慈善组织的开端："一枝独秀"的育婴堂

明初的基层社会设计成功地将社会救助的责任转移给里甲等基层组织，明

---

① ［日］夫马进著，伍跃、杨文信、张学锋译：《中国善会善堂史研究》，商务印书馆2005年版；梁其姿：《施善与教化——明清的慈善组织》，河北教育出版社2001年版。

② "1991年4月在新奥尔良举行亚洲学会年会期间，曾组织了一次题为'市民社会在人民中国'的专题研讨会。一个月之后在巴黎召开的'东亚传统中的国家与社会'欧美联合研讨会又有若干篇论述同一主题的论文。同年11月，在华盛顿的威尔逊中心又有一次小规模会议专门讨论'中国是否有过市民社会'？接着，这一问题又成为1992年5~6月间伯克利加州大学与中国复旦大学联合主办的有关中国现代化问题研讨会上热烈讨论的主题。最后，由'欧美合作研究东亚问题联席委员会'主持的于1992年10月在蒙特利尔召开的一次学术研讨会，更是以全部精力用于讨论市民社会和公共领域问题。"参见魏斐德：《市民社会和公共领域问题的论争——西方人对当代中国政治文化的思考》，载黄宗智主编：《中国研究的范式问题讨论》，社会科学文献出版社2003年版，第139~171页。

③ 黄宗智：《中国的"公共领域"与"市民社会"——国家与社会之间的第三领域》，载黄宗智主编：《中国研究的范式问题讨论》，社会科学文献出版社2003年版，第260~285页。

④ 黄宗智：《中国的"公共领域"与"市民社会"——国家与社会之间的第三领域》，载黄宗智主编：《中国研究的范式问题讨论》，社会科学文献出版社2003年版，第260~285页。

代的慈善组织并不发达。明中后期的社会剧变和社会动荡催生了江南和华北等地同善会等公益社群团体，但它们的活动在两湖地区很不明显。明清两湖地区较早、较显著的慈善组织目前只能追溯到清初的育婴堂①。

关于清代育婴堂的起源，夫马进作了非常精彩的辨析，他驳斥了此前流行的育婴堂的建设最初始于北京，又因康、雍二帝的诏令普及到全国各地的看法。指出，"北京育婴堂既不是在全国最早设立的，也并不是全国育婴堂的样板。这就是说，从顺治年间到康熙初年，全国各地都很关心育婴堂事业，北京、扬州和杭州等地分别筹建了育婴堂"。而这些育婴堂均脱胎于明末的育婴社、育婴会等善会："清代遍及于全国的育婴堂在其创建当初，仅仅是明末清初如雨后春笋一般出现的善会善堂中的一个而已。"而雍正二年（1724 年）的诏书，"无非是在这种各地纷纷模仿杭州和扬州的育婴堂，自发地创建育婴堂的大趋势中，想通过国家的力量人为地将育婴堂向全国推广普及而已"。夫马进也注意到，除江南地区外，湖南武冈、邵阳，广东南海、东莞等地也是全国较早设立育婴堂的地区。因对江南以外地区育婴堂兴起的具体情形未作详细考察，他又非常谨慎地将这一结论限定在江南地区："单就长江下游地区来说，是可以明确地得出以上结论的。"②

夫马进的谨慎态度使对江南以外地区的进一步探讨有了余地。两湖地区与京城同为全国第一批育婴堂兴起的地区之一，这里的育婴堂是否象京城育婴堂一样源自于对江南育婴堂的仿效，而与明末善会存在着"血缘"关系呢？只有对两湖育婴堂兴起的具体情形作详细考察后，才能得出符合实际的结论。从康熙元年（1662 年）到康熙五十五年（1716 年），两湖地区共建有五座育婴堂，均位于湖南省。分别是：

武冈州育婴堂："墨池岸南，原系官地，康熙元年知州景宁吴从谦倡建。"③

邵阳县育婴堂："在姜湖路口，乡绅车万育建。收养民间不能活子女者。……亦仿江南育婴社而行之。"④ 另据道光《宝庆府志》，该堂筑于康熙

---

① 下文将提到，明末两湖地区也有慈善组织的零星个案，如黄冈县的"甘露堂"、邵阳县的"济生局"等，但它们只是偶尔出现的善举，很快淹没于改朝换代的战争及随之而来的国家权力扩张中。

② ［日］夫马进著，伍跃、杨文信、张学锋译：《中国善会善堂史研究》，商务印书馆 2005 年版，第 148～150、193、685～686 页。另，清代全国最早的育婴堂，夫马进、梁其姿均认为是建于顺治十二年的扬州育婴堂，王卫平据民国《太仓州镇洋县志》认为，清代全国最早的育婴堂当是建于顺治二年的太仓育婴堂。但这并不影响夫马进、梁其姿的基本结论。参见王卫平：《清代江南地区的育婴事业圈》，《清史研究》2000 年第 1 期。

③ 嘉庆《武冈州志》卷 12《户书下》。

④ 康熙《邵阳县志》卷 4《慈幼》。

二十年（1681年），名保赤堂①。

桂阳县育婴堂："又名始生堂，在县南平政街塔下康熙丙子年（康熙三十五年）知县鹿宾建。有田一百二十九工半，详官田。"②

新化县育婴堂："旧设西门内玉虚宫左，康熙四十四年署县魏承爵倡众建造。"③

芷江县育婴堂："在县治西前塘巷，旧为白衣庵，康熙五十五年知州赵宽奉文改刱。"④

两湖的第一座育婴堂与京师育婴堂都始建于康熙元年（1662年），但两者的性质完全不同。据夫马进的考证，京师育婴堂是绍兴人柴世盛在寓居夕照寺期间，仿其家乡的保婴局活动而创设的，在引起康熙皇帝的重视之前，它在没有官方干预的情形下运行了数十年，可看作是江南育婴堂的翻版。湖南武冈州育婴堂则由官府拨官地兴建而成，它完全是地方官整肃吏治，实施惠政的结果。据记载，知州吴从谦为清初湖南名吏，时值兵火之后，他每到任一地，则多方抚辑，"所施多美政"。在武冈州任上曾修养济院、育婴堂，并主持纂修了康熙二年（1663年）的《武冈州志》⑤。可见，湖南武冈州育婴堂与江南育婴堂不存在直接的渊源关系。

康熙二十年（1681年）邵阳县建立的两湖地区第二座育婴堂与江南模式基本相符合，康熙时的修志者也明确宣称其育婴法"仿江南育婴社而行之"。这表明江南育婴社的影响此时已波及两湖地区。按江南的经验，这种育婴方式应被邻近地区"纷纷模仿"，并"雨后春笋一般出现"。但在两湖地区并没有出现这样的状况。纵观雍正二年（1724年）诏令颁布以前的整个康熙朝，两湖地区的育婴堂仅上列五座。除去车万育捐置的邵阳县育婴堂之外，其余五座都是由地方官主持兴建的。它们的兴建方式如出一辙，都是有能力的地方官员直接参与，并辅以拨官地等方式的官方投入而促成的。而且，育婴堂得以建成，在相当程度上取决于地方官的个人素质。上述几位州县官都颇有政声，如鹿宾，"性刚明……桂永赖之"⑥，赵宽，"沅人德之，即桥西祀焉"⑦。惟一由民间发起的邵阳车氏育婴堂也显然与车万育的特殊经历有关。据光绪《邵阳县志》卷9《车万育传》，车万育是康熙三年（1664年）进士，曾任户科给事

① 道光《宝庆府志》卷8《户书4》。
② 乾隆《桂阳县志》卷3《建置》。
③ 同治《新化县志》卷8《建置》。
④ 乾隆《芷江县志》卷4《赋役》。
⑤ 乾隆《武冈州志》卷5《官师》。
⑥ 乾隆《桂阳县志》卷8《职官》。
⑦ 乾隆《芷江县志》卷7《秩官·名宦》。

中。夫马进推测这期间他目睹了北京育婴堂的情况，也曾听闻了长江下游地区育婴堂普及的情形。这对他回乡后创办育婴堂所采用的育婴方式有很大影响。

尽管江南地区的育婴事业方式已经开始影响到两湖，但清初两湖地区育婴事业在兴起方式上仍体现出与江南地区的明显不同。江南地区的育婴堂主要兴起于经济发达的地区，明末清初流行于江南的慈善会社是育婴事业强有力的后盾。一地育婴堂的兴起对另一地有很强的示范作用，并很快形成蔓延之势。据夫马进的统计，江南的育婴堂在康熙十五年（1676 年）前后已经在府城一级较大的都市中设置完毕，设置育婴堂的州、县城也达到相当的比例，一些市镇中也设有育婴堂或留婴室。诚如夫氏所言："这一时期使育婴堂普及起来的，与其说是行政的力量，毋宁说是各都市的经济力量使然更易理解。"总之，清初兴起于江南地区的育婴堂不再是偶尔的善举，而是"拥有牢固体系以支持延续不断"的施善行为①。两湖地区的情况与之形成鲜明的对照，这里的育婴事业没有兴起于当时已是天下四聚之一的区域中心城市汉口，也没有兴起于经济较发达的湘潭和长沙，而是兴起于经济相对落后的宝庆府、沅州府、郴州。它们的成功更多得益于州县官或地方士绅的个人素质，而没有民间慈善团体的经济支持。正因为如此，它们只能在少数几个州县零星地出现，而无法形成如火如荼的声势。育婴堂的运营效果也不尽人意，多随着创始者的变故而废弃。如新化县育婴堂在乾隆初已有名无实，当时欲重振育婴事业的知县姚奋翼称其，"基局湫隘，阘而新之不易为力，且置膳田以为乳哺货费，实多无米之炊"②。邵阳车氏育婴堂运行一段时间后，亦"岁久寝废，竝地基不可复识"③。

清初两湖地区与江南地区育婴事业在兴起方式上的差异启示我们，江南育婴社并非清初育婴堂的惟一来源。该如何认识两湖育婴堂的起源呢？何以它会最先出现于经济相对落后的地区？

中国古代育婴慈幼事业的起源可以追溯到很早，其源头也是多样化的，择其要者至少可以举出五种，一是作为官府荒政、惠政的慈幼事业，它是历代救荒书和官箴书的重要内容；二是宗教团体的慈幼事业；三是善人偶尔的善举；四是宗族组织的慈幼事业；五是城镇民间慈善组织发起的慈幼事业。在这五者中，前四种慈幼事业都由来已久，亦被人们关注已久。而城镇慈善组织发起的慈幼事业则是明末清初出现于江南的新事物。因为在形式上都表现为救助濒临

①　［日］夫马进著，伍跃、杨文信、张学锋译：《中国善会善堂史研究》，商务印书馆 2005 年版，第 182、186~193 页。

②　同治《新化县志》卷 8《建置》。

③　光绪《邵阳县志》卷 3《建置》。

溺弃的新生婴儿，所以当这种新事物出现时，人们并未发现它的特别之处，而仍将它视为传统的救婴事业。夫马进、梁其姿的研究成果的意义就在于将明末清初江南城镇慈善组织发起的育婴事业与传统慈幼事业区分开来，赋予它们特殊的意义。

　　两湖地区与江南地区在育婴事业兴起方式上的上述差异表明，类似的现象在清初两湖地区并未发生，在前四者中寻找清初两湖育婴事业的渊源，可能更适合两湖地区的情况。事实上，两湖育婴堂的创设者们对育婴堂起源的认识是比较明确的。清代两湖地方文献都将育婴堂的起源归结为历代官府禀受上天好生之德而设立的慈幼机构："周礼大司徒以保息六安万民，一曰慈幼……宋淳祐七年创慈幼局，乳遗弃小儿，民间有愿收养者，官为倩贫妇就局。视常栎知广德军亦置慈幼局，此又后世育婴堂所由始"①；"后汉元和二年赐胎养谷人三斛，为育婴之始……至宋而其法始备"②；"考之史籍，设防置局、收养乳哺，相沿为典"③。清代考据大师赵翼也认为宋代的慈幼局是"后世育婴堂之始"④。车万育在邵阳县倡办育婴取得成功，另有一个重要原因，即车氏所在的邵阳县在宋理宗时就有官办慈幼局的传统，在当时人的心目中，车氏育婴堂不过是对宋代慈幼传统的延续⑤。夫马进以前的学者均认为清代育婴堂是因袭前代遗制的产物。他们形成这样的认识不是偶然的，至少比较适合清初的两湖和类似地区的实际情况。

　　清代两湖育婴事业最早兴起于湖南欠发达地区的一个重要原因在于，湖南省，特别是经济落后、民生困苦的一些州县是全国溺女之风最盛的地区之一⑥。这样的恶风陋习不能不给为任一方的官员和贤达们带来心灵震动，地方官或地方志编纂者常常慨叹溺婴风气的普遍存在，并强调本邑的严重性，所谓"楚南溺女之风所在皆然，而祁亦不免，锢习相沿，牢不可破"⑦；"桂邑溺女之事较他处为甚"⑧；"俗多溺女，恬不为怪，甚至溺男"⑨ 等。炽盛的溺女之风与忠实奉行儒家思想的廉能地方官的仁政理念及有力士绅推行善举的意愿相

---

① 同治《平江县志》卷11《建置志二·保息公所》。
② 光绪《湘阴县图志》卷21《赋役志》。
③ 光绪《零陵县志》卷2《建置·公厕》。
④ 清·赵翼：《陔余丛考》卷27《养济院育婴堂义冢地》。
⑤ 康熙《邵阳县志》卷4《慈幼》。
⑥ 参见常建华：《明代溺婴问题初探》，《中国社会历史评论》第4卷，商务印书馆2002年版；《清代溺婴问题新探》，李中清、郭松义、定宜庄编：《婚姻家庭与人口行为》，北京大学出版社2000年版。
⑦ 嘉庆《祁阳县志》卷7《育婴堂》。
⑧ 同治《桂阳县志》卷18《风土》。
⑨ 光绪《永州志》卷4《建置》。

结合，很容易促成育婴事业的举办。康熙年间湖南五座官府倡办的育婴堂正是这种结合的直接结果，它们与《周礼》的"保息六政"以及宋代的慈幼局是一脉相承的。邵阳车氏育婴堂虽然是对江南育婴社的模仿，由于缺乏像江南那样的经济基础和社会基础，所以也只能归入"善人偶尔善举"的行列。

二、育婴堂建设的高潮与形式化运营

雍正年间的诏令对两湖育婴事业的普及起了至关重要的推动作用。查阅两湖地方志可知，雍正二年（1724 年）诏令后，省城江夏（雍正九年）、长沙（雍正二年）及一些县城如孝感（雍正二年）、宜城（雍正二年）、襄阳都兴建了育婴堂，大部分州县的育婴堂兴建于雍正十三年（1735 年）的诏令之后。雍正朝，两湖至少有 33 个州县发起了兴建育婴堂的活动。到乾隆年间，除少数地方外，育婴堂基本在两湖县一级政区普及了。考察这些育婴堂的兴建过程，与康熙年间的几所育婴堂如出一辙，绝大部分是官府动员民间力量或动用公项，经地方官员倡首建成的。只不过该期的育婴堂建设体现为对皇帝诏令的贯彻，因而在声势上更加大张旗鼓，在执行中更有力度，两湖地区育婴堂建设终于出现了江南那样一浪接一浪的高潮，并如雨后春笋般传播开来。很显然，两湖育婴事业在雍乾时期所呈现的这种繁盛局面借助的是官府的力量，是传统的"荒政"、"仁政"理念大行其道的结果，它也是与当时的时代背景密不可分的。雍乾时代是清代国家经济实力增强、国家控制力增强的时代，也是官方力量全面介入育婴慈善事业的时代。通过前述夫马进、梁其姿等人的成果可知，同期江南地区的民间慈善事业也进入了"官僚化"的阶段。在这种"大一统"背景下，两湖地区的育婴事业与江南地区是否遵循着相同的运营模式，表现出相似的特点呢？

如上文所述，当两湖育婴堂还只是零星出现的时候，江南育婴堂"以结社为基础的事业方式"运营了几十年，并取得了较好的育婴效果。雍正帝的诏令相当程度上是有感于京师、江南等地育婴堂有成效的育婴行为而发出的。作为民间育婴事业策源地的江南地区，官府对育婴事业的介入有特定的"发生机制"。夫马进以松江育婴堂嘉庆、道光间的运转情况为例揭示了江南地区官府与育婴堂的微妙关系。他发现，当该育婴堂正常运转的时候，知县、按察司、巡抚等官员都自觉与堂务保持一定距离，并竭力维持它的民营性，育婴堂不收受官费，经理人员不领公粮，以杜绝"官为经理"可能滋生的弊害。而当育婴堂的民营陷入困境时，官方才直接介入堂务。因此，育婴事业官僚化的根本原因在于"民间经营的育婴堂自己身上……他们要得到自身无法负担的资金时，便不得不比以前更加依赖地方官，通过国家——地方官在当地掌握的

行政机构来筹募"①。梁其姿也以江宁府、扬州府、苏州府的例子说明，雍乾
时期育婴等慈善机构的"官僚化"并非贬义，它带来了堂务上的革新和经费
上的扩张，增强了运营效果："许多善堂反而因官僚的介入而更上轨道，或发
展得更具规模。"② 与此同时，江南地区还借助"事业圈"的方式扩大了覆盖
面和增强了运营效果。江南地区的育婴、接婴事业圈从康熙年间开始出现，在
清代中、后期达到鼎盛，这种"以府城育婴堂为中心的县城接婴堂、镇接婴
局、济婴局的有机关系，与官方行政中的有机关系完全不同"，它们是各城镇
联合从事的事业③。江南的育婴、接婴事业圈不仅将育婴事业的前沿延伸到市
镇一级，还在一定程度上保留了育婴事业的民间性。

两湖育婴堂从一开始就是官方直接介入的结果。考察各地育婴堂创建情况
可知，两湖育婴堂的创设已形成一种大致相似的模式，即地方官员捐廉倡
首——地方士绅、民间善士捐助——公择公正绅耆董理建设、管理事务——育
婴堂建成、田房经费到位，规模初备。这种模式是官府倡办育婴堂的典型模
式，康熙年间编成的地方官入门书《福惠全书》所载的就是这种模式，所谓
"父母官捐俸倡首，而寮佐绅衿富民乐助之"④。道光时湖南巡抚向所属州县发
出《宪札》提倡的也是这一模式："先由地方官倡议，捐廉身先，民率实力奉
行。"⑤ 要特别辨明的是，在这种模式中，育婴堂田产、资金可能主要来自民
间捐助，具体堂务也由民间绅耆经理，地方官的责任只是提倡建设育婴堂、取
得地方绅士的协助并进行监督而已。但在民间力量尚未充分崛起的两湖地区，
地方官的作用仍然是至关重要的，在两湖地区，离开了地方官的参与，育婴堂
的建设是难以想象的。沅陵县育婴堂建设和育婴事业兴废的曲折经历是说明两
湖官绅关系的一个极好例证，据同治《沅陵县志》⑥：

　　　　育婴堂，县向无是举。嘉庆二十年巡抚广厚通饬凡未设堂之处，一律
　　捐置。时知府事顾振于郡城及浦市各绅商共劝捐市平元银七千三百三十六
　　两零，除构建堂费银五百两……外，尚余折库平银五千三百六十三两零，
　　经前知县宋宴春……等先后挪用，尽数无存。绅士素畏官长，莫敢过

① ［日］夫马进著，伍跃、杨文信、张学锋译：《中国善会善堂史研究》，商务印书馆2005年版，
第250页。

② 梁其姿：《施善与教化——明清的慈善组织》，河北教育出版社2001年版，第136页。

③ ［日］夫马进著，伍跃、杨文信、张学锋译：《中国善会善堂史研究》，商务印书馆2005年版，
第260页。

④ 黄六鸿：《福惠全书》卷31《庶政部·养育婴儿》。

⑤ 光绪《长沙县志》卷9《保息》。

⑥ 同治《沅陵县志》卷12《仓储·附育婴救生》。

问……堂事遂不能举。道光二十四年，县教谕浏阳李文耀悯此善举败于垂成，而又苦于力不能复也。倡捐钱数十千……届年余得千余缗，发典生息，遂于育婴堂改设体仁局，刊立规条而自为之序。按息多少，限地救婴……嗣后官绅知此法甚善，均乐为捐助，不十年遂积费至七千有奇。迨咸丰初勒办粤匪，军饷支绌，奉上宪通饬无论何公项尽行提用，时司局事者已先期将存典费陆续取回，置买房屋收租救婴，此项遂赖以不动。三年知府事大兴刘位坦复举自养旧规，扩而充之……并垫发前流摊款二千六百余两，除重修堂费外，余二千两交典生息，冀成育婴堂事，刊所议各规条，暨记建堂巅末。用意良深，嗣缘急需将此款仍复提用，临解任时犹引以为憾，后来贤守苟知此项流摊为民间买命之具，而慨然发给堂内，于以举旧规再扩之，则幸甚矣。

可见，沅陵县兴建育婴堂的最初动力来自于上宪"凡未设堂之处，一律捐置"的行政压力。不难想象，这种压力自雍正二年（1724 年）以来一直困扰着这里的地方官员。嘉庆时知府事顾振的大力倡劝是育婴堂得以建成的关键，而育婴事业败于垂成也因知县宋宴春等历任官员挪用经费，在这个过程中，"绅士素畏官长，莫敢过问"。道光时虽有贤县教谕李文耀等人变通办法，希图重振育婴事业，终因"上宪通饬无论何公项尽行提用"的命令而抽回资金。咸丰三年（1853 年）虽又有贤能的知府重建婴堂，并刊行条规，"缘急需将此款仍复提用"，只能于解任时引以为憾。县志的编纂者也不得不将育婴事业的再次复兴寄希望于"后来贤守"。地方官的一举一动都左右着育婴事业的成败，育婴事业的每一次进步都有赖于官方的推动，这正是两湖地区育婴事业的特点之一。

官府对江南育婴堂的介入在一定程度上增强了育婴堂运营的效果，两湖育婴堂借助官方力量形成高潮，是否意味着它同时也具备了良好的育婴效果呢？育婴经费筹集到位、育婴堂舍房屋齐备而华丽，是否就表明育婴效果也令人满意呢？这是一个极易让人误解，因而必须明辨的问题。笔者在试图考察两湖地区育婴堂建设高潮时期的育婴效果时发现，两湖地区育婴堂的记载中也不乏类似《征信录》的资料，例如同治《长沙县志》记载了雍正、乾隆年间湖南省城育婴堂田产、铺屋的情况①，嘉庆《常德府志》详细开列了武陵育婴堂嘉庆年间所拥有的房产、田产、岁租、生息银等财产状况②，光绪《江陵县志》也记载有乾隆五十三年至道光年间该县官、民育婴堂的田地、稞租、筹捐银两的

① 同治《长沙县志》卷9《保息》。
② 嘉庆《常德府志》卷11《赋役考·积贮》。

数目①。公安、湘潭、湘阴、桃源、邵阳、衡阳等县对本县育婴堂的各种捐项、田房等资产巨细毕录，田炯权据此列成表格，进行"善堂地主"的研究②。总体而言，这些资料以晚清的情况为多，对田地、房屋、银、钱等资产状况记载详尽，却很少有育婴数目和育婴效果的数据。目前已知有关清代两湖地区育婴数目的记录是《洪江育婴小识》、《洪江育婴续识》等晚清文献中所记载的光绪年间的数据③。"盛世"时期的育婴数目和婴儿收、育、存、去的记录尚未发现。为什么在育婴堂建设高涨的时期缺少育婴效果的资料？为什么相关资料都十分详备，独缺育婴数目的记录？这是一个牵涉清前期两湖育婴堂运营效果的关键问题，必须设法透过让人迷惑的表象，才能抓住问题的实质。其实，拨开文献表述方式的迷雾，细心体察，不难发现，其奥秘在于：大多数育婴堂并未实际育婴，而只是处于一种"空转"的状态。以两湖地区第一批创设育婴堂的桂阳县为例，乾隆《桂阳县志》在建置志中对建堂的过程及田产总数作了记述，但在《舆地志》中的一篇按语中却道出了实情："前邑侯鹿宾悯桂邑溺女恶俗，创建始生堂，并劝捐置田亩，诚善举也。至雍正间更名育婴堂，历任邑侯俱存租给养，乃愚民寡识，以送官给养为耻，甘蹈残忍而不悔，溺女之风至今未息，虽雇供乳母，徒虚縻耳。"④上引沅陵县的情况也表明，该县育婴事业从嘉庆朝到咸丰朝虽然"轰轰烈烈"，却一直未进入实际育婴程序。再以被视为典范的湖南省城育婴堂为例，雍正二年（1724年）至嘉庆十二年（1807年），其建设和发展的基本过程为⑤：

　　雍正二年藩宪朱捐银六百两置买房屋四进，围房十二间以为建堂之所。

　　（雍正）八年藩宪张倡捐，因其地建堂前后左右七进，计乳房三十间，并置买铺屋十五间。各宪暨绅耆士庶男女等捐施田亩银谷除建修开用外，饬委首事陈俊伟等轮流值月，董理支发岁租息银。

　　乾隆十一年前府吕肃高重修照壁头门廊房仓廒、书记房正屋三栋，恭悬圣谕匾额，旁竖藩宪张碑记、堂中条约。供观音圣像及灵官、土地诸神，后建乳房二栋，编仁义礼智信、温良恭俭让字号。两边厨房，为东北

---

① 光绪《续辑江陵县志》卷13《赋役》。
② 参见 [韩] 田炯权：《中国近代社会经济史研究——义田地主和生产关系》，中国社会科学出版社1997年版，第15、31、139页。
③ 清·潘清等编：《洪江育婴小识》，光绪十三年刻本；清·张祖培等编：《洪江育婴续识》，光绪三十四年刻本。
④ 乾隆《桂阳县志》卷2《舆地·官田》。
⑤ 同治《长沙县志》卷9《保息》。

院乳妇炊爨之所。

乾隆十四年又兴建乳房二栋，编元亨利贞字号。后有厨房三间，为西南院乳妇炊爨之所。东官厅设各宪查勘公座，后为巡役住宿房。左为发给工食盛贮药饵所，右为收贮堂中米食油盐各项所。楼房二间，楼上收贮棉被蚊帐等项，楼下系首事住宿楼，侧厨房，备首事炊爨，后有小房三间，作堂中整发食米碓房，其经营筹划可谓尽善。

嘉庆十二年，长沙首事周邦瑞因育婴老堂朽坏，首捐银四百余两倡修，不动公款，月募绅者自为监督，重建乳房二栋，计十二间，阶除水道悉墁以石，约费千余金，碑记。是年冬并修整观音堂大堂头门，东官厅、西新堂油饰匾额等，堂宇一新。

从雍正二年（1724 年）到嘉庆十二年（1807 年），历任府、县官员都致力于育婴堂的修建，房舍的增辟，匾额的油饰和经费的筹集，堂宇不可谓不新、规模不可谓不大、功能不可谓不齐全、资金不可谓不充裕，很容易让人感觉到一派育婴事业兴盛的景象。但据同治《长沙县志》记载，直到道光十八年（1838 年），"经抚宪钱整饬堂务，谕管堂绅士拟定条规行之"，该堂才正式开堂育婴。开堂之初并未取得明显效果便停歇了，到道光二十八年（1848 年），又经历了一次整顿："抚宪陆委梁太守芸滋督办，酌堂养之成例，复寄养之旧章"，育婴事业才逐步开展起来①。可见，作为典范的湖南省城育婴事业兴盛的景象是被高大的建筑、筹集经费的热闹场面等外在的形式粉饰出来的。我们很难说从雍正二年（1724 年）到道光十八年（1838 年）间该堂完全没有育婴，但可以肯定的是，即使有育婴行为，也是不规范的、点缀式的，其育婴数量和效果与该堂的规模和气势极不相称。形成这种局面的根本原因在于两湖地区创设育婴堂的推动力主要来源于官府的诏令或地方官个人的仁政理想，因而育婴堂是作为一项"政绩工程"出现的，那些能彰显政绩的外在形式，如育婴堂的兴建，房屋的座落、朝向，建筑的宏伟，装潢的华丽，劝捐言辞的感人和声势的浩大等成为关注的焦点，也成为地方志记载的重点，至于育婴实际效果的好坏，则是无关紧要的事情。由于文献记载的选择性和用语的模糊，很容易给人造成育婴事业兴旺的错觉，但是关于育婴堂运行的实情有时还是从一些不重要的按语、旁注、补述中不经意地流露了出来。如祁阳县育婴堂，嘉庆县志的正式记述为："育婴堂，在城内南街，雍正十一年知县王式淳奉文劝谕绅士公捐，除修建堂宇，收养婴孩外，余银一百二十六两一钱九分。"仅从这条记载会很自然地以为，祁阳县育婴堂雍正时已开堂育婴，并取

---

① 同治《长沙县志》卷 9《保息》。

得了一定效果。但对旧志的一条补述却透露了其中的秘密："祁邑育婴堂虽设
并无送养于官者，亦无妇女肯为乳媪者，其事遂止，其堂遂改为公馆，后有挽
回世道人心之君子，惟此实为急务云。"① 类似的例子还可以举出一些：益阳
县育婴堂"雍正十二年知县李澎奉文捐建，屋二进，各五间，门一座，坊一
座。乾隆十一年，知县高自位重修，有义田五石五斗"，但因送婴者少，"此
处堂遂圮废"。嘉庆三年（1798 年），"知县董如冈倡士绅重修屋二进，门一
座。周環以墙"，并增置田产，店房。后缘岁入甚微等因，"育婴之名渐成虚
设"②；平江县育婴堂雍正十三年（1735 年）知县高能宣率众建，有堂房共十
八间，嘉庆二十年（1815 年）知县陈增德"修复堂屋五间，门栋一间"，又
广集田产、仓谷为经费，而其实际运行情况则是"以经费不足，历未育婴"③；
石门县亦是"育婴有堂，收抚未行"④。

　　总之，两湖地方志有关育婴堂建设规模、外观、资金来源的记述并不能代
表实际的育婴效果，雍乾时期两湖地区在官府诏令中涌现的育婴堂大多有名无
实，育婴事业在相互攀比的建堂热潮中"空转"是一种非常普遍的现象。诚
如《安化县志》所言："自昔各处设法收养，或建养堂于通都，或雇乳母于邮
社，非不详善，无如溺女之家执迷不悟，自养即狃于赔钱之过虑，送婴又阻于
作贱之浮言。即有仗义好善之人，亦虑事体重大，谋始难于善终。此良法所以
不行也。"⑤

　　两湖育婴事业在盛世时期的形式化运营并不是偶然的，以形式化的方式落
实上级的政令是中国传统政治生活中的常见现象。况且，如夫马进和梁其姿所
注意到，雍正帝对育婴事业的真实态度不过是借育婴堂推广教化而已，对育婴
的实际效果并不在意。从盛世时期两湖育婴堂建设的情况看，清代两湖的地方
官员们丝毫没有误解雍正帝的意图。道光十二年（1840 年）湖南省就育婴、
普济等善政向所属州县发出《宪札》，透露出此前地方官对雍正育婴、普济诏
令的真实态度："普济、育婴等堂皆系地方善政，向来各地方官视为具文，漫
不经心，以致有名无实。"⑥ 落实皇帝诏令的"热诚"和注重外在形象的贯彻
政令方式，给盛世时期两湖的育婴事业带来了一种相伴而生的后果，即将建设
育婴堂、举行"堂养"——即由育婴堂雇佣乳妇在婴堂集中养育婴儿——视

---

① 嘉庆《祁阳县志》卷 7《育婴堂》。
② 同治《益阳县志》卷 3《营建·公署》。
③ 同治《平江县志》卷 11《建置·保息公所》。
④ 同治《石门县志》卷 3《公署·养济育婴》。
⑤ 同治《安化县志》卷 16《经政·仓储·附育婴堂》。
⑥ 光绪《长沙县志》卷 9《保息》。

为育婴事业的正统的、合理的模式①。江南地区的育婴观念和育婴方式与两湖明显不同。江南育婴堂因应各都市的经济力量一处接一处地出现，经营方式也相互参照，大体相似，从现存杭州等地育婴堂的《规条》可知，江南并不将育婴堂房舍的建设列为重点，育婴堂多为一个集会办事的机构，仅于"堂侧置屋几间，内招雇乳母数人，并其夫妇己子同住，专待暮夜送来之婴，暂乳，至晓始派他妇"②。那些被育婴堂养活的"以千百计"的婴儿，主要是由育婴堂雇佣的乳母领回家抚养，按月领取一定的报酬，并接受育婴堂的定期检查。江南地区也有一些育婴堂采用堂养的办法，但占主导地位的仍然是于乳妇家中寄养的方式。这是一种务实的、注重效果的育婴方式。两湖育婴事业的最初设计是以建堂育婴为出发点的。只要能力许可，都尽力增加育婴堂房舍田地数量，以堂养为主导，其他育婴方式只是作为堂养的补充方式。许多地方宁可在婴堂的建设等方面作大量投入以维护育婴堂的空转，也不愿意采用更灵活的办法。以建设育婴堂的方式来推行育婴事业需要一个较长的周期，从育婴堂建成到实在育婴，大致要经历这样几个阶段：筹集建堂经费——兴建育婴堂——育婴堂建成，刊行条规——筹集开办经费——雇佣内堂、外堂乳妇——动员送婴，开堂养育。清代地方官的任期较短，少则一、二年，多则三、四年，连任五年以上的很少见，在一任地方官的任期内很难运行到第四阶段。地方官的离任往往意味着育婴堂事业的中辍。所以，两湖地区育婴事业陷入形式化的运营，并不表明两湖地区缺少务实廉能的地方官员。事实上，在贯彻朝廷政令、崇尚堂养的氛围中，即使有这样的能吏，也难以营建出像江南那样的育婴环境和实效。

三、清中后期两湖育婴事业演变的新动向

两湖地区育婴事业形式化运营和崇尚单一育婴方式的局面到嘉庆时已经开始松动，嘉庆末、道光初，一些人开始提出更有效果的设想。如湘潭绅士欧阳兆熊有感于"各处育婴堂皆不得法"，提出了"育婴变通善法"的改革方案，

---

① 除了"堂养"之外，见于清代育婴章程的还有其他形式育婴法。如由育婴堂雇佣乳妇，在乳妇家中抚养，这种方法常称为"雇养"或"寄养"；由育婴堂资助贫穷生母在家养婴，这种方法一般称为"自养"。还有一种名为"捐养"的育婴法，是从经费筹集的角度而言的，指在育婴堂设定育婴名额之外，另外筹集经费添养婴儿的育婴办法。如同治《长沙县志》（卷9《保息·育婴堂》）称同治年间湖南省城育婴堂"以寄养济堂养之不及，复有自养之法兼行，更以捐养普劝城乡，一时并举"。下文所出现的"堂养"、"寄养"、"自养"和"捐养"等概念即据此提出，不再一一解释。

② 康熙《杭州府志》卷12《恤政·育婴堂》。

并在家乡付诸实践①：

> 吾邑育婴堂，向雇乳媪百余人，经费既久不赡，而乳媪皆有子女，仍
> 乳其所生者，而私以饭汁饲所养婴儿。予见其面黄肌瘦，声嘶啼哭不止，
> 不久即当就毙。因变其法，凡送婴女来堂者，给予腰牌，按月领钱六百
> 文，并给以衣裙绵絮，仍交本妇自乳。抚养既久，母子之情益笃，断无有
> 忍弃之水滨者，若一、二年后，即将腰牌掣回。以是增额数百名，费省而
> 事更无弊。吾见各处育婴堂皆不甚得法，故笔之于此，或亦仁术之一端
> 欤。

衡州府亦有善士提出了类似的救婴"善法"，并在一定程度上影响了那些
无力建育婴堂地方的官员。例如，道光初永州府总兵鲍友智"思建育婴堂如
省制，久而未集事。寻闻衡州善士通变旧法，合赀储息，量给生女不能举者以
乳养费，较建堂简易而无弊，心善之。遂与前零陵长丁君煦，零陵司训萧君明
善议设保婴局，准酌规式，以劝以戒"，郡士无不"鼓舞争应"②。前述辰州
府城沅陵县嘉庆时倡设育婴堂未成。至道光时，县教谕李文耀等"悯此善举
败于垂成，而又苦于力不能复也"，转而思索堂养之弊，认为"醵金建堂为育
婴，举良法美意几遍天下焉。第乳妇非其本母，无天性之亲，而欲其于婴之寒
暑饥饱、行止坐卧与夫诸疾痛苦之息息相关，是在司其事者之认真稽察，方能
无弊"。遂决定放弃建堂，而设立体仁善局，"按息多少，限地救婴，生女贫
不能乳者，令赴局报明，分三个月给钱二千文，俾令自养"，认为这种育婴
"新法"既有实效，"又于救婴之中得济贫之意焉"③。
　　一些以"寄养"、"堂养"为本务的育婴堂也开始将重点转向"自养"之
法。道光时，湖南省城育婴堂拟订章程，开堂育婴，"以寄养济堂养之不及，
复有自养之法兼行"，并逐步认识到"自养一条，最为救婴良法"④。晚清兴
起于两湖的育婴堂一般都将"自养"列为重要堂务，大力推行。有名的洪江
十馆育婴堂在举行育婴事业时即综合运用了堂养、寄养和自养的方式，且自养
一法甚为详备。《堂规十条》确立了自养的总原则："就全境各牌择举老成为
方董，访查附近人户极贫、次贫生育事故，见闻必告，有生女实难养育者，取
具领状，填发报单，给予本家赴堂换填照票，仍加盖核查戳记"（具体操作办

① 清·欧阳兆熊、金安清：《水窗春呓》，中华书局1984年版，第20页。
② 清·鲍友智：《保婴记》，光绪《零陵县志》卷2《建置·公厩》。
③ 同治《沅陵县志》卷12《仓储·附育婴救生》。
④ 光绪《善化县志》卷10《保息·育婴堂》。

法详见第八章），又通过《章程十二条》对自养的办法作了具体的规定①。在很多育婴堂中，这些育婴方式逐渐由"辅助方式"演变为"主导方式"，甚至改"堂"为"局"，以自养代替了堂养。以益阳县为例，该县育婴堂始建于雍正十二年（1734 年），乾隆至嘉庆年间曾三次重修，均因"送婴者少"而"使育婴之名渐成虚设"。同治元年（1862 年），邑监生李维甲"禀请于歧市设公局一所，别其名曰救婴局"，"其法不设养房，以节糜费，不雇乳妇，以收实效，凡贫家生女者报局查明，按名给钱，即令其本母乳哺，嗣是生女报局者几无虚日"。同治二年（1863 年）知县徐淦干脆"将育婴堂租息并入救婴局中"②。湖北通山、大冶等县都以县育婴堂设立救婴总局，于四乡设立育婴分局③；湖北竹溪县培育堂开堂时即采用"自养"之法："界定之内生女贫而难养者，须请有身家保户一人，赴堂报明绅首，由绅首核查实系贫难，发给照票一张，注明姓氏□□生年月日交女家，一面登注簿内，每月逢十五日持票向堂领市斛谷三斗，发满十个月将票收回"，"如有未满十月而病殇者，将票撤销，仍给一月谷以恤之"④。

与此同时，两湖地区以"局"、"会"命名的民间育婴组织大量出现。这些民间育婴组织立足市镇或乡村社区，以"六文救婴法"、"十文救婴法"等灵活的救婴方式，活跃于偏远、基层的乡村社会。如通山县，同治时"同人解囊为会，稍给乳哺之需。……各乡亦有立局救婴者"⑤；大冶县光绪时四乡各总局及分局，或"劝办六文救婴会"、或"置产生息行助养法"使该邑溺女之风稍息⑥；清泉县同治时邑人萧韶等倡救婴会，"其法每名给钱三千二百文，愿捐者各认若干名，书票交局，贫民生女力不能举者赴局领票，向捐户取钱"⑦；石门县仁块九区同治时新设育婴局，"其法即于贫难育女之家，酌给钱谷，令其自抚，最为简便"⑧；桃源县育婴局于光绪年间在各村设有育婴分局，由多绅共同领管，内推一人为主，确立各村养婴名额。一般大村二十名，中村十五名，小村十名，由分局查验报总局，由总局发放育婴费用。如果额满而婴有余者，则由分局自行设法收救，每婴每月给钱六百文⑨。

总之，自嘉道以来，两湖慈善、育婴事业在很多方面出现了与江南的育婴

---

① 《洪江育婴小识》卷 2《识条规》。
② 同治《益阳县志》卷 3《营建·公署》。
③ 同治《通山县志》卷 2《建设志·矜恤》；光绪《大冶县志后编》卷 1《育婴》。
④ 光绪《竹溪县志》卷 10《育婴条规》。
⑤ 同治《通山县志》卷 2《建设志·矜恤》。
⑥ 光绪《大冶县志后编》卷 1《育婴》。
⑦ 同治《清泉县志》卷 2《建置》。
⑧ 同治《石门县志》卷 3《建置·养济育婴》。
⑨ 《桃源育婴堂志》卷 5，光绪十八年本。

事业趋同的态势。主要表现在，以民间结社为基础的育婴事业方式开始出现并流行，资助生母自养的育婴局、救婴会方式在两湖地区已成为人们日益认可的育婴方式，并出现了育婴堂改"堂"为"局"的现象。两湖育婴事业借助救婴会等育婴方式向基层和乡村延伸等。以这些基本事实为基础，我们很容易就两湖育婴事业与江南育婴事业归纳出一些相似的特点，并就晚清的育婴事业得出一些一般性的认识，即都面临着"官僚化"弊端所带来的困境、都以民间结会为基础的"保婴会"、"救婴局"等资助母婴自养的育婴方式作为克服堂养弊端的替代方式，都日益由中心城市向小社区和乡村基层社会发展等。从嘉道至同光，两湖和江南育婴事业中这种趋同的态势一步步加强。不过，深入这些现象的背后，仍可发现两湖育婴事业与江南地区的重要区别。

　　从表面看，嘉道时期出现于两湖和江南地区的育婴局、保婴会方式都直接针对堂养的弊端，在育婴形式上都以资助生母自养为特点，而且江南的保婴会与两湖可能存在一定的渊源关系：夫马进和梁其姿均注意到，长江中游地区是清代较早提出并实践这种育婴方法的地方，当道光二十三年（1843 年）无锡绅士余治在家乡实践"保婴会"策略而成为江南保婴会源头时，这种办法"在江西省和湖南省早已发达起来"①。但是兴起于不同地方的大致相同的育婴方式不一定具有相同的性质和包含了相同的意义。事实上，两者不可同日而语。江南的保婴会具有很强的变革意义，余治在其家乡江苏省无锡县青城乡浮舟村创设保婴会，作为尝试克服育婴堂问题的一种方式，很快在江苏、浙江两省为中心的江南地区普及，不久便把从前以育婴堂为中心的育婴事业大幅纳入其中。虽然保婴会的育婴方法算不上什么新发明的育婴方法，但它与江南地区的社会经济环境结合却产生了特殊的意义。它的意义在于它是根植于乡村的育婴方式，将育婴的前线基地延伸至包围城镇的广大村落。由此完成了晚清江南育婴事业两个方面的重要革新，即以保婴会为核心内容的育婴方式的变革和育婴事业前线基地向基层最大幅度的延伸。因此，夫马进先生认为"即使他（指余治）的保婴会受到湖南省和江西省一直实行的自养方式的影响，也应该视作长江下游地域在定向进化（orthogenesis）前进的过程中，保婴会应当出现而终于出现才妥当"②。

　　两湖地区的育婴会显然不具备这样的意义。夫马进、梁其姿注意到，在长江中游地区，资助母婴自养的方法严格地说算不上新育婴方法。作为育婴章程

---

　　① ［日］夫马进著，伍跃、杨文信、张学锋译：《中国善会善堂史研究》，商务印书馆2005 年版，第 280 页。

　　② ［日］夫马进著，伍跃、杨文信、张学锋译：《中国善会善堂史研究》，商务印书馆2005 年版，第 281 页。

中的育婴法之一，自养法的设计早已存在于育婴章程中了，在崇尚堂养的盛世时代，它仅作为育婴的一种辅助方式补充堂养和寄养的不足，并未引起人们的重视。湘潭欧阳兆熊等善士倡导救婴"新法"的最初动机在于增强县城育婴堂的育婴效果，积极响应和实践救婴"新法"的地方官员们都是胸怀府县的能吏，意欲借助"新法"兴办起与其他州县育婴堂相仿的事业。晚清两湖地区民间力量虽已崛起，善会善堂大量涌现，查阅文献和方志的记载可知，它们主要分布于州县城市和商业兴盛的市镇（详见下文），民间自发兴办的以乡村里社为单位的慈善、育婴组织很少见。嘉道以后，由于多种因素的促成，人们终于意识到"自养一条，最为救婴良法"。但在当时两湖特殊的政治社会环境下，它似乎并未带来两湖育婴方式的变革。如前所述，雍、乾、嘉的大部分时期，两湖育婴堂基本处于建堂、筹费和制订章程的"空转"中，救婴会方式被提出的嘉道时期，也正是两湖地区大多数育婴堂正式开堂育婴，进入实质性育婴阶段的时期。此时，作为支撑两湖育婴事业局面的汉阳、长沙等中心地区的育婴堂均以增建房舍、雇觅乳妇、接收婴儿、延请医生、堂役人员为要务，州县一级育婴堂多"仿省章开堂雇妇乳哺"，并取得了一定程度的实际性的效果。直到嘉庆二十年（1815 年），湖南巡抚仍在向全省下达建育婴堂的指令，要求未设育婴堂的府县都要建堂："嘉庆二十年，巡抚广厚通饬凡未设堂之处，一律捐置。"① 地方官和绅士们仍对投资兴建育婴堂寄予了很高的热情。如衡山县育婴堂在县治观湘门内，"经始于道光五年，越七年功竣，为堂四进两横……最后为乳妇食息之所，总四十余间，基深而稳，壁厚而坚，瓦密梁直，柱门皆致石，为邑中公所第一处"②。可见，民间善士"救婴新法"提出的初期，并未引起一石激起千层浪的效应，育婴堂所推行的堂养、寄养方式依然是两湖地区被人们认同的居于"正统地位"的育婴方式。

　　率先响应救婴"新法"的是那些无力创办育婴堂的州县的官员。这些地方官积极采用救婴"新法"的动机无非是在无力建堂的条件下，借助育婴"新法"成就举办育婴事业的理想。一旦时机成熟，他们仍然以建堂为己任。前述沅陵县在建堂经费被挪用时，教谕李文耀等人以自养的方式变通育婴。后来，咸同时的知府刘位坦在任时，利用其影响力，扩充了经费，扩大了捐养，增添了寄养，"并扩垫发前流摊款二千六百余两，除重修堂费外，余二千两交典生息，冀成育婴堂事，刊所议各规条，暨记建堂巅末"③。尽管由于特殊原因，沅陵的堂养最终未能实行，但作为地方能吏，都以以堂养为中心的多种育

① 同治《沅陵县志》卷12《仓储·附育婴堂》。
② 光绪《衡山县志》卷13《拯邮》。
③ 同治《沅陵县志》卷12《仓储·附育婴救生》。

婴方式相配合的"省城模式"为追求的目标和理想，是显而易见的。可见，崇尚堂养的"盛世思维"在一定程度上延续到晚清，即使在资助贫妇自养的救婴会已日益成为主导育婴方式的同治后期，两湖地方官创办育婴堂的追求和理想丝毫不减。以湘阴县为例，湘阴县雍正十三年（1735 年）知县孔毓瑾曾建育婴堂于城东，不久即废弃。乾隆、嘉庆间的历任地方官积极与邑人筹建育婴堂，并陆续置田产三处，"积存钱三千余缗"，但育婴堂一直未能建成。同治年间，尽管仿"百人社"的育婴会形式已在各乡团出现，同治十三年（1874 年）冒沅任知县时，仍热衷于以育婴堂为主导的育婴形式，乃"请之陕甘总督左宗棠以所捐存银五千两划捐银二千两充育婴堂经费"，又另集资置买田产十二处，铺屋五所，"外存典钱二千缗建立育婴堂于衙后街，收养婴幼四十名"①。桃园县育婴堂："光绪十六年知县余良栋奉文重新大拓基宇，复捐廉创修北街，自东街金家巷绕县治后至西街，凡六百余间，岁入房租六百余缗，永作堂费。"② 更有甚者，有些育婴堂仍然固守传统的育婴方式，而对"自养"持拒斥的态度。如平江县分别于道光十一年（1841 年）和同治九年（1870 年）新设育婴堂两座，一在城西忠孝桥右，一在长寿街双江坪。经咸丰年间知县郭庆扬和同治时署知县欧阳平的劝捐和盐茶各商的大力捐助，两堂于同治年间先后开堂育婴，育婴章程规定的育婴办法"分雇养、寄养二种"，并特别强调"寄养之婴不许即寄本婴之母家，以杜影射"③。

　　总之，在嘉道以后的两湖地区，官府举办育婴堂的努力仍未停歇，善士倡导的"新法"育婴，即以自养为核心的救婴方法并未像江南的保婴会那样引起育婴方式具有革新意义的突破，它的意义在于帮助一些贫困州县的地方官员成就了举办育婴事业的理想，并让人们重新认识了自养法的价值。在晚清的两湖，堂养、寄养、捐养、自养等育婴方式同为流行的育婴方式，并同时呈现兴旺的局面。自养法在两湖地区起源很早，但在相当长的时间里并未引起人们足够的重视，堂养、寄养等育婴方式在晚清两湖仍有相当市场。这些事实说明，清代溺婴、弃婴问题不只是一个助养的问题，而一个很复杂的社会问题，溺婴之俗的形成有着深刻的社会原因。对此，两湖地方官员和方志编纂者作了精辟的分析："丈夫见生男则喜，见生女则当面有不悦之色，背后有太息之声，妇窥其意，无地自容，即不致病，亦再不敢养女"，"或曰嫁资不足，恐失体面，与其日后使人笑，不如今日自割肝肠，此情不独穷人有之，富人亦然"④；

① 光绪《湘阴县图志》卷 21《赋役》。
② 光绪《桃园县志》卷 2《营建志·官厩》。
③ 同治《平江县志》卷 11《建置志二·保息公所》。
④ 光绪《麻城县志》卷 34《艺文》。

"积俗难返，欲罢不能，贫家固以此为累，富室亦以告匮，遂使士庶之家视嫁女为畏途，以养女为累赘，溺女之风实由此起"①等。多养活一个婴儿并不需要太多的投入，但诸如重男轻女、接续香火等观念，嫁女重妆论财等习尚风俗在民间根深蒂固，要从根本上扭转，并非有限的助养钱文和一纸禁令所能奏效的。因此，自养之法虽然具有很多优点，但它并不是万能的良法，它只能在治标的层面上解决暂时养活婴儿的问题，却无法解决治本的问题。入清以来，尽管官府的禁令申之再三，官绅举办的育婴事业如火如荼，育婴方式不断翻新，但两湖地区的溺女之俗并无根本性的改变。明了这一点，就不难理解，何以盛世时期的地方官员都将重点放在筹资建堂、推行教化方面，何以堂养、寄养等传统育婴方式经久不息。有些育婴堂公开拒斥自养方式的做法也就不难理解了。

如前，凸显晚清两湖育婴事业与江南育婴事业相同特点的一个基本事实是，嘉道以来，特别是同治以后，两湖育婴事业借助以育婴会为主导的育婴方式向基层和乡村跨出了一大步。如何评价和解释育婴事业向基层、乡村的延伸呢？

根据夫马进和梁其姿的成果，在江南保婴会方式的普及和基层化的过程中，民间士绅起了至关重要的作用。余治是这类士绅中的典型，他构想的保婴会的育婴方式，从一开始就不是只针对自己的家乡，而是以建构一个保婴网络为最终目标。余治及其他江浙绅士不遗余力，带着自印的宣传册子，到处奔波宣扬保婴会的好处，并推动江浙两省下发了推行保婴会的官方文件，且移咨安徽、福建两省。同治之后，这类地方绅衿更见显目，通过他们的不懈努力，江南地区终于形成了一乡一村分散发展，"各州县比比皆是"的保婴会网络。不能不说，两湖育婴方式的多样化和向基层延伸也是两湖民间力量成长和壮大的结果。以汉口为代表的市镇经济的发展，绅商、市民阶级的崛起和民间慈善组织的涌现，表明两湖地区的育婴等慈善事业不再停留于清初那种偶尔的善举的状态，而有了更坚实的社会基础。在一定意义上，正是有了社会力量的支撑，官方的育婴理想和务实态度才有了付诸实践的基础，以民间结社为特点的事业方式和以自养为核心内容的育婴方式才得以在两湖地区立足。同时，与江南地区一样，同治以后，类似江南保婴会的救婴制度向基层社会的延伸，正好迎合了当时社会百废待举的迫切需要。在承认这些基本事实和相似性的前提下，我们发现，两湖育婴事业向基层社会延伸的过程和方式与江南地区仍然存在着很大的差别。

晚清两湖的民间慈善组织是立基于城镇的，民间自发兴办的以乡村里社为

---

① 同治《桂阳县志》卷18《风土》。

单位的育婴会组织非常少见。当救婴会终于成为一种普遍认可的育婴方式时，官府在推行新的育婴方式的过程中仍起了主导作用，育婴事业向基层和乡村的延伸主要是借助行政力量以里、保甲和团练等准官方组织为依托完成的。同治初湖南巡抚刘崐颁发的《六文救婴新法》是借行政手段推行救婴"新法"的代表性文件，该法以团为单位，"每境先邀总首事一人，散首事十人，由散首事各邀九人共得一百人"设立育婴公局，"生女贫难洗养者，先就近报明散首事，由散首事验给报单，单内注明姓氏、里居及生年月日，交女家持赴总局，由局换给照票，每月持票向局领足钱六百文"。刘崐在公文中称赞了"六文救婴新法"的优点，并号召全省推行："盖分地设局，则人易集而事不繁，按月均摊，则费无多而力能继。随收随发，经费无可侵渔，相养相生，功效可期久远。夫十室之区，必有忠信，一命之救，胜造浮屠。能合邑照行，则每岁救生不下数千口，阴功有大于此者乎？"① 巡抚刘崐的倡导，很快得到各州县的响应，如平江县"各乡自奉发章程后，多踊跃从事，推殷实好善者为首，各育各团，各团与县志及长寿二堂相辅而行"②；湘阴县，"各乡团仿百人社之法行之，所保全甚众"③；新化县"令四城行六文救婴法"④；酃县，"奉抚宪刘颁发章程"举办育婴⑤；宁乡、安化等县则"仿照长沙、平江等县章程议呈条款"，对以上"六文救婴新法"稍作改易，名为"十文救婴法"。其办法仍以基层行政组织为依托，一大区立一总领首事，以团长、团总当之，"团总订册分交团长，同保甲挨户造具从救人数……有不听劝救而故溺之及力能育女而亦故溺之者，许邻右甲长告之团总，据实禀究"。同时"集本境善士百人，记名册内，共成十文钱会"以实现"乡各保乡，里各保里，善量直遍寰区"的目标⑥。

湖北省与湖南的情况大体相似：道光年间金云门任崇阳知县时，以县城育婴堂为总局，并以里为单位设立分局，号为"本城某里同善公局"。具体的育婴办法为："据地保报明某村某人于某月某日生女某名，实系无力育养，每月助钱三百文，以三年为期"，"同善公局设立某某处所，凡附近各保均已分别另示，如有极贫之户生女无力养育者，即通知地保开具姓名、住址至值月董事之家，转由董事查实登簿，即给与执凭单并手摺以凭每月验放钱文"⑦。同治

---

① 同治《平江县志》卷11《建志·保息公所》。
② 同治《平江县志》卷11《建志·保息公所》。
③ 光绪《湘阴县图志》卷21《赋役志》。
④ 同治《新化县志》卷9《食货》。
⑤ 同治《酃县志》卷5《营建》。
⑥ 同治《宁乡县志》卷22《职官·政迹》；同治《安化县志》卷16《经政》。
⑦ 同治《崇阳县志》卷3《建置·公所》。

时通山县，"同人解囊为会，稍给乳哺之需。县城以此堂为局，各乡亦有立局救婴者"①；光绪时大冶县由县城总局将部分资金"转发四乡已经开办（育婴）堡分，以资津贴"，同时四乡各总局及分局，或"劝办六文救婴会"、或"置产生息行助养法"，使该邑溺女之风稍息②。

清末两湖借助官府和基层行政组织的力量向基层和乡村推行"救婴新法"的方式与盛世时期官府推广育婴堂的方式极为相似。离开了官方力量，育婴事业还能在多大程度上向基层推进是难以想象的。两湖育婴事业向基层延伸的关键是官方对育婴"新法"的接受和态度转变。促成这一转变的，除了来自民间的影响外，更有来自官方的推动力。如前所述，两湖善士提出育婴"新法"设想之初，也正是官办育婴堂大力开办之时，救婴"新法"并未引起多数地方官的重视，率先正视其价值的只是一些经济落后地区的州县官员。江南民间善士的不懈努力则直接促成了官方态度的转变。早在道光二十六年（1846年），江苏巡抚向全省下达《保婴章程》，并把此事通知安徽省，翌年，浙江巡抚也向全省下达《保婴章程》，并把此事通知福建省。清政府分别于同治五年（1866年）和光绪十七年（1891年）颁发了推行育婴"新法"的有关上谕。来自朝廷的上谕和邻近省份的《保婴章程》显然是两湖地方官员接受救婴"新法"的重要因素。因此，尽管两湖地区的育婴"新法"的提出和应用较早，但从育婴方式革新和育婴事业向基层延伸的角度言之，与其说是两湖影响了江南，不如说江南影响了两湖。

四、两湖善会善堂的兴盛及形式多样的社会保障活动

清中后期两湖育婴事业与江南育婴事业趋同的态势和运行中所呈现的特色，在一定程度上代表了清中后期两湖善会善堂兴起和演变的情形。以民间结会的慈善事业方式为基础的善会、善堂的兴起成为清中后期两湖慈善事业的突出方面。兹据地方志的记载将两湖主要善会善堂列表归纳（见表7-1）。

从表7-1可以看出，两湖地区在明末即有地方官或善士建立慈善机构的记载，例如黄冈县的"甘露堂"（"在但店区，明季邑人丁馥芳捐建，有茶亭一座以庇行人，每岁司茶，迄今不废，由丁氏后人经理"）、邵阳县的"济生局"（明崇祯十一年知府陶珙建，后废）等，这些慈善机构建立只是零星、偶尔的善举。在改朝换代的战乱中，少数类似黄冈"甘露堂"这样的慈善机构虽然得以幸存下来，但大部分都难免废弃的命运。对于这些"意外"的幸存者而

---

① 同治《通山县志》卷2《建设志·矜恤》。
② 光绪《大冶县志后编》卷1《育婴》。

表 7-1　　　　　　　　　　　清中后期两湖地区主要善会善堂表

州县	善堂数量（座）	善堂名称及简介
江夏	31。其中城内 17 座，城外 11 座，在乡 3 座	以下善堂在城内：恤孤局（道光）；楼冬院（同治元年）；广仁堂（光绪十七年）；敬节堂（一曰永安局）；永安分局；积善堂（嘉庆四年初设在汉阳门外新码头，道光元年移城内三元宫，咸丰八年移南楼）；衡善堂；普安堂；滋生堂；卫生堂；同善堂；益善堂；培善堂；敦善堂；济善堂；滋善堂；全善堂。以下善堂在城外：滋善堂（道光中初建，同治初重修）；培善分堂；诚善堂；三善堂；宝善堂；至善堂；敦义堂；乐善堂；福善堂；元善堂；敦义分堂。以下善堂在乡间：全生堂（在东乡真武观）；宝善堂（在南乡纸坊）；生生堂（在北乡青山镇）
兴国州	2	同善堂（同治，在小西门内）；集善堂（同治十一年，在吉口里大畈街）
大冶县	1	培德堂（在道士洑）
汉阳县	25（不含汉口）	敬节堂（同治八年）；敦本堂（道光三年）；同善堂（道光五年）；厚善堂；诚善堂；怀善堂；潜善堂；道安堂；修德堂；意诚堂；补善堂（咸丰八年）；培善堂（乾隆年间建，同治初年重立）；福善堂（咸丰六年）；书善堂；敦化堂；泉隆堂；大生堂（道光二十二年）；济安堂（光绪二十八年）；敦善堂（道光十五年，在蔡店镇）；乐善堂（咸丰元年，在蔡店镇）；文昌社（在蔡店镇，专设以恤孤鳌）；近思堂（咸丰，在南乡觉路庵）；永静堂；翼翼堂（在蔡店镇）；志善堂（在蔡店镇）
汉口	45	具体名称和建置情况详见说明
汉川县	3	积善堂（在城内）；树德堂（在城内）；乐善堂（在城西南分水镇）
黄陂县	1	自新堂（同治元年，在城内三眼井正街）
沔阳州	1	积善堂（在北门外）
黄冈县	4	甘露堂（在但店区，明季邑人丁馥芳捐建，有茶亭一座以庇行人，每岁司茶，迄今不废，由丁氏后人经理）；培心堂（道光二十八年绅民共建，同治三年重修，在阳逻司署右侧）；义安堂（在东乡刘家楼区）、义安局（在东乡刘家楼区）
广济县	1	公善堂（在武穴后街老堤上）
安陆县	2	宝善堂（同治九年，在城内）；同善堂（光绪十二年，在合河店）
云梦县	3	广善堂（光绪五年，在曲阳驿）；培善堂（宣统二年，在詹柱桥）；另光绪三十年在石马会建有善堂一座，名称未详

州县	善堂数量（座）	善堂名称及简介
应城县	9	务本堂（在治东）；乐善堂（在城内北街）；并铭堂（在杨家河）；月铭堂（在巡店西街）；自新堂（在田店街）；积善堂（在县北团山）；聚善堂（在盛家集）；崇文堂（在楼园团）；洗心堂（在长江埠）
襄阳县	7	启善堂（咸丰八年至十年设粥厂四局）；悔过堂（咸丰九年在龙潭寺设粥厂一局）；同善堂（设粥厂两局，咸丰九年和同治九年各设一局）；恤嫠堂（同治三年，在泥觜镇）；同隐堂（道光十一年，樊城）；皆不忍堂（同治十一年，在守备司街）；清节堂（光绪二年）
宜城县	1	公义堂（同治四年，在城内）
光化县	1	敦善堂（同治十年，在新镇）
荆门州	8	兴善堂（同治，在沙洋）；乐善堂（同治，在后港城隍庙旁）；同善堂（同治，在城内）；益善堂（同治，在拾回桥）；滋善堂（同治，在五里铺）；积善堂（同治，在萧家桥）；崇善堂（同治，在建阳驿）；敦善堂（同治，在马良口）
江陵县	5	施棺所（原在旧城隍庙，光绪时并入育婴堂）；济生堂（同治九年，宾兴街，光绪四年移县治西）；济众堂（咸丰八年，在沙市）；救生局（光绪二年，在沙市康家桥江堤畔）；清节堂（光绪二年，在县治西）；乞丐医院（光绪三十四年，在青龙观）
松滋县	1	同善堂（在磨盘市）
枝江县	3	敦本堂（在文昌宫右）；福婴堂（施种牛痘，同治五年捐建）；乐善堂（同治十三年，在董市）
宜都县	1	同善堂（道光间知府裕捐银行息，咸丰十年知县徐有年建堂）
东湖县	4	公善堂（咸丰八年，在镇署西辕前）；培元堂（在北门内）；善缘堂；水龙公局（咸丰九年，在北门）
兴山县	1	公善堂（咸丰三年，在文昌宫）
湖南省城	9	同善堂（道光七年）；兼善堂（道光二十九年）；恤无告堂（同治八年）；保节堂（道光）；全节堂（同治三年）、厉节堂（同治十一年）；恤乡嫠局（同治十二年）；保骼堂（同治五年）；同仁小补堂
善化县	1	同仁堂（乾隆五十八年捐建）
浏阳县	1	同善堂（道光二十一年，在署西）
湘潭县	1	皆不忍堂（嘉庆十五年建，在观湘门外）
茶陵州	1	侧隐堂（在青霞观右，咸丰元年建，咸丰二年毁于兵，同治四年捐复）

续表

州县	善堂数量（座）	善堂名称及简介
清泉县	1	同仁堂（在潇湘门外，道光二十九年建）
衡山县	1	同善堂（咸丰元年，在县治南门外）
道州	1	道善堂（光绪二年，在文昌庙左侧）
宁远县	1	种善堂（咸丰七年，在县治武庙前）
邵阳县	1	体仁堂（济生局建于崇祯十一年，道光二十三年知县胡廷槐改建体仁堂）
巴陵县	2	敦善堂（道光十六年，在鹿角镇）；救生局（在城南渔，即敦堂分局）
平江县	2	同善堂（同治十一年）；皆不忍堂（同治十二年）
武陵县	4	体仁堂（在府城东门外，乾隆间建）；敬节堂（嘉庆十九年建）；同善堂（嘉庆十三年建）；兴善堂（在德山街，道光初建）
龙阳县	2	同善堂（在城西门内）；不忍堂（在县西）
沅陵县	1	救生局（同治五年，在城东郊）
溆浦县	2	同善堂（在东门内，后废，咸丰八年劝捐改建）；体仁堂（在大江口）
永顺县	2	同善堂（同治五年，在府学宫侧）；救生局（同治十年，在府治左）
会同县	2	遂生堂（咸丰十一年，在县东佛塔寺）；广生堂（咸丰七年，在县东）

　　说明：1. 括号内为善堂建置的时间和地点，在城善堂较多的州县，只标明在乡的善堂。

　　2. 汉口善堂善会的数量，民国时的几种记载略有差异，民国四年（1915年）徐焕斗修《汉口小志·义举志》载有善堂善会30处；而民国九年（1920年）侯祖畲修《夏口县志》（卷5《建置志》）载有善堂善会45处，民国二十二年（1933年）周荣亚等编《武汉指南》（第四编，《公共处所》）所载汉口善堂达90余处。参照其名称和地点可以看出，它们并非完全重复，而是互相交差的。此表所列的45处采用民国《夏口厅志》的数据，具体名称、建置时间和分布情况详见该志。

　　资料来源：民国《湖北通志》卷49《经政·善举》；光绪《湖南通志》卷43《建置》及有关府、州、县志，名称及版本详见参考文献。

　　言，康熙盛世时期的官僚化趋势大大淡化了它们存在的意义。地方志的记载表明，在两湖大多数地方，从明代到清前期这段时间可能都不曾有过类似善会善堂的慈善组织，清中后期的善会善堂是作为新鲜事物出现的。乾隆年间武陵县的"体仁堂"和善化县的"同仁堂"是目前所知两湖地区最早的善堂①。据同治《武陵县志》记载，体仁堂建立的过程为：

> 体仁堂，在东门外屠家堤，乾隆二十八年邑人唐廷元、李伟绅、陈怀芳等见江涨浮尸，首为捐募，于大关庙隙地设局救生，捞尸棺埋，兼收陆地遗骸，呈请知县张继辛、知府潘本义各捐俸有差。五十年陈怀芳等因局在城不便，移建屠家堤临江，置纱帽湖义地三处，善卷村一处，此后屡有捐银及田者，嘉庆三年因经费不敷，遂归并育婴堂经理②。

善化同仁堂是善化"六区"绅耆为本区提供公益慈善组织，光绪《善化县志》记载了善化"同仁堂"建立的缘由和过程：

> 同仁堂，八都。堂为六区公所，在八都白田铺文昌阁侧。缘乾隆五十八年强丐滋事，白字、泰字、古字、黄字、桃字又白字六区绅耆集议，禀请示禁，酿赀成款，嗣经生息，道光二年置有田产，施棺掩骼，并置义山，颜曰"同仁堂"。八年复请示泐石，十一年而堂成。旧有社谷，亦六区公捐也，后仓颓废，改建于斯，仍其名曰广济仓。迄又制大扛以便贫丧，设盂兰以赈孤田。盖仁道几洽幽明矣。方冀充切有余，兴义塾、拯无告并及恤嫠救婴诸善举，在有志者续为酌行耳③。

始建于乾隆年间的这两座善堂在宗旨、活动内容和建置方式等方面与晚清善堂已无实质性的区别。嘉庆年间，此类善会、善堂开始增多，例如江夏的积善堂、湘潭的皆不忍堂和武陵的敬节堂、同善堂都建立于嘉庆年间。道光年间两湖地区的善会、善堂的兴建进入了一个高涨期。太平天国战争的挫折和破坏并没有阻遏善会、善堂增长的势头，天平天国运动之后的同光年间，两湖地区出现了更大的善会、善堂建设的高潮。如前所述，夫马进、梁其姿、罗威廉等人有关善会、善堂研究的成果曾经是"公共领域"和"市民社会"问题讨论中的焦点之一，讨论的充分展开，使很多学者能以比较公允的态度来看待中国传统社会的善会、善堂了。例如梁其姿"在开始研究明清慈善组织时，并未以'公共范围'为思索的线索"④。目睹了这场争论之后，梁其姿教授心平气

---

① 据民国《湖北通志》卷49《经政·善举》，乾隆年间汉阳县曾建"培善堂"，但目前尚未查到乾隆时建堂的具体情形。

② 同治《武陵县志》卷10《建置志》。

③ 光绪《善化县志》卷10《保息》。

④ 梁其姿：《施善与教化——明清的慈善组织》，河北教育出版社2001年版，第320页。

和地说：

> 从慈善组织的历史变化可看出，所谓国家与民间均参与的'公共范围'或'第三领域'，在中国其实很早即有。自秦汉以来的中国历朝，虽然拥有比西方封建社会较集中的政权，但是技术上、实际上不可能控制社会每一个环节，因此传统中国社会本来就有一定的自主性；事实上，在20世纪的西方科技、媒体、极权意识形态出现以前，一个绝对（或近乎绝对）由中央政府支配的社会不可能出现。所以在广义定义下所谓'公共范围'，即官方及民间皆参与的社会空间，实在不需要大费周章地证明它的存在，反而欲要证明一个20世纪前的政府可以摧毁、或完全禁压这个领域，是几乎不可能的事情。只要稍有常识，就可找到无数历代中央政权管不着的社会活动，诸如各类的宗教、行业组织。这些组织，就算是政权最强及集中的时代，都能发挥作用①。

将善会、善堂视为中国传统社会广泛存在的介于国家与社会间的一个居间领域，它和宗族、会馆一样，也是一种重要的社会保障机制。关于善会、善堂在社会保障中的作用，目前较系统的成果集中在对汉口的研究中。罗威廉将汉口（含汉阳）的善会、善堂分为"国家和社会共同主导"和"社会主导"两种类型。国家和社会共同主导的善会、善堂主要有普济堂、育婴堂、公善局、惜字局等，其目标之一是培育公共道德，"另一个更具体的相关目标则是在慈善领域提供一个范例，向社群特别是地方精英灌输可供学习、模仿的道德观念"。他认为："在汉口，国家在这方面获得的成功，可能远远超出了其最初希望达到的目标。"其最显著的成果便是社会主导的善会、善堂体系的出现。社会主导的善会、善堂体系包括太平天国运动之前的敦本堂、同善堂、自新堂和太平天国运动之后迅速成长起来的"新型善堂"。敦本堂、同善堂和自新堂主要从事施棺收埋等丧葬服务，有时也参与灾害救济、修建堤防等公益事务。例如同善堂和公善堂一起参与了道光十一年（1831年）和道光十二年（1832年）间汉口水灾的救济，不仅分发了数千口免费棺材，还分发了无数的救急口粮与医药用品。自新堂是汉阳县首次将总部设在汉口的善堂，而且"它第一次将服务范围固定为汉口，仅把汉口作为社团活动的正式单元"。据确切记载，自新堂共为31 000多具（或者说，每年近3 000具）无人认领的尸体提供了免费棺材与墓地。但"自新堂与汉口所有机构的基础一起，都在太平军的占领下，一扫而光了"。从太平军最后一次占领下收复过来不久，汉口就形

① 梁其姿：《施善与教化——明清的慈善组织》，河北教育出版社2001年版，第320～321页。

成了一个建立新式善堂的浪潮——太平天国运动后的善堂是一种城市特有的现象：除了汉口的善堂，汉阳县其他的善堂只有县城里的 4 家，以及蔡店（汉水上的一个大市镇）的 3 家。到 1895 年前后，实际上汉口的每一个街区都建立了善堂，在居民密集的某些街区，如存仁巷和仁里巷，还不止一个善堂。善堂活动的范围也大大超过了太平天国运动前。到光绪初年，善堂已成为邻里自助的核心。大部分善堂都提供多方面的救济服务，不仅包括义葬，也包括分发冬衣、热汤、粮食和稀粥。许多善堂还附设有水龙局。善堂也逐步进入到提供医药服务的领域。更令人吃惊的是，有时，所谓"冬防"也使用善堂体系。这些新型善堂，"本质上都没有官府的参与……在汉口善堂的形成过程中，在城市中占据绝对优势地位的是商人，而不是官府或离乡地主"①。

罗威廉对汉口善堂体系的作用给予了高度的评价。认为这些善堂是 19 世纪后期城市社团中"一种关键性的（也许是最关键的）机构"。它们"代表了地方社会创造精神在公共福利方面的胜利"②；"代表着一个世纪以来城市自助的革新达到了顶峰，也为城市社团奠定了制度性的基础"③。

如果不从"市民社会"或"公共领域"等意义上深究汉口善堂体系在近世社会变迁中的作用，而将善会善堂视为介于"官府与私人"或曰"国家与社会"间的一种有意义的社会保障机制。可以认为，罗威廉的成果以晚清一个商业都会为中心，对这一居间机制的"国家—社会"关系中偏重于"社会"的一面，"官—民"关系中偏重于"民"，特别是"商"的一面进行了充分的揭示。在接下来的论述中，本章拟选取湖南省城长沙和善化为例，对晚清活跃于这座城市中的善会、善堂所开展的各种社会保障活动进行介绍，从中我们或许可以感受到更多的这组关系中偏重于"官"和"绅"这一面的情景。

晚清湖南省城也是一座善会、善堂林立的城市，这些善会、善堂大致可以分为以下几种④：

①　参见 William T. Rowe, *HANKOW : Conflict and Community in a Chinese City, 1796-1895*, Stanford University Press , 1989.

②　William T. Rowe, *HANKOW : Conflict and Community in a Chinese City, 1796-1895*, Stanford University Press , 1989, pp. 126-127.

③　罗威廉认为 19 世纪汉口公共福利活动的历史，受到三种主要趋势的控制：第一种趋势是救济活动的范围大大拓展了，第二种趋势是社会主导的福利机构逐步取代官办福利机构，第三种趋势是建立在个人捐赠基础之上的传统的民间慈善，转变为团体占主导地位、非个人负责的公共事业了。正是基于这三种趋势，罗威廉认为汉口善会善堂为城市社团奠定了制度性的基础。并提出"公共领域"在汉口城市社会兴起这一引起争议观点。参见：William T. Rowe, *HANKOW : Conflict and Community in a Chinese City, 1796-1895*, Stanford University Press, 1989.

④　如无特别注明，本章以下引文俱出同治《长沙县志》卷9《保息》和光绪《善化县志》卷10《保息》。

1. 保节、恤嫠类善堂

节妇本来是传统伦理道德和社会保障制度关爱的群体，在平定太平天国的战争中，湘籍男儿葬身沙场者尤多，节妇成为湖南引人注目的群体。防止这些"烈士"遗孀失节和设法维持她们的生存是社会各界共同关心的问题，保节、恤嫠类善堂因此成为湖南非常重要的慈善组织。

太平天国运动之前，在湖南省城从事保节、恤嫠活动的是保节堂。该堂"创于道光年间，振恤城乡节妇之贫苦者，原额一百五十名，每名每年给钱七串文"。这座善堂由官府倡办，维持堂务运转的是历年置卖和由绅民捐献的田产，道光年间，该堂已积累了相当数量的田产：

> 道光十九年价买杨家湾炉头冲田一契，又买牛头觜田一十二石五斗。
>
> （道光）二十年买老管坝田一契。
>
> （道光）二十一年买杨家屋场练江塘下湾等处田六石，又买绿豆冲田五石，又买半腰垄田三石。
>
> 道光二十一年刘叶氏捐鲁家冲田芦冲田三石，又捐沙培段二石，又捐二合围茶山觜田十石五斗。又捐桑塘田六石。又捐瑶山坝田六石。以上刘叶氏共捐入保节田五契，奉抚宪吴批饬首事承领泐石立碑。
>
> （道光）二十七年买郑阿袁石塘子田十五亩，又买郑阿袁杨官冲田三十亩。又郑阿袁捐稻田一百五十亩（此田立有捐契）。

咸丰军兴以来，在湖南省宪、两淮盐务驻湘官员及长、善绅士的共同努力下，"凡湘省善事均次第举行"。因"念嫠妇多系从征之家，尤宜格外矜恤"，同治三年（1864 年）先后举办了全节堂和励节堂。其创办经过和经费筹集情况为：

> 长沙绅士丁取忠、陈乃溅，湘乡绅士成果道等，禀请局宪在盐局筹议经费，以广善缘，创设全节堂以补保节堂之不及。保节堂原额一百五十名，每名各给钱七千文。本堂加给钱五千文。本堂定额一百六十名，每年各给钱十二千文，及至六年春间，因嫠妇望缺者不少，遂将两堂恤费减至九千六百文一名，而两堂始得各增额四十名。共有三百九十名，恤费由四季照发。十一年冬间，厘金局董事因近来嫠妇更多向隅，添立励节一堂。局设储备仓，每月十六按名发给钱八百文，共又添得三百七十五名。合计三堂实恤嫠妇七百六十五名，每年逐一查验，如遇缺挨次轮补。

同治十二年（1873年），在长沙知府宋公邦的主持下，又举办了面向周边乡村的"恤乡嫠局"："乡嫠局始于同治十二年，长沙知府宋公邦悯以省城嫠妇已立保节、励节、全节各堂设法周恤，而长善四乡嫠妇实系贫苦无依者，未免向隅。因禀抚宪王公文韶等筹款周恤，于府城隍庙设立公局，先以五百名为定额，每名每月给钱五百文，闰月照给。"从恤乡嫠局的章程可知，该局的经费在"督销局津贴各州府县缉私公费项下"提取，同时也鼓励民间捐助："倘有乐善好施之人慷慨佽助，不拘银钱多少，听期随时送局。"湖南省城保守、全节、励节和恤嫠等善堂（局）在管理和运营方面遵循着大致相同的规条，兹将恤乡嫠局的《条款八则》引录如下：

条款八则

酌提经费以省捐募。现拟于督销局津贴各州府县缉私公费项下通行酌提二成以为恤嫠经费，每年约可得银二千两，尽数办理，不别筹捐。

确定稽查以杜冒滥。先行酌定款式刊印报单，分发四乡。凡贫苦守节毫无依靠之妇，准其取具的保，报名团首，由团首查实报局，并遴选慈祥公正之委员绅士各一人，周历长善四乡，详细查访的实，始行注册给单，所有员绅下乡，夫马饭食另行筹款发给。

酌量经费以定额数。长善四乡地方辽阔，势难遍及，此时创办之始，拟先以五百名为定额，嫠妇青年守节，无论有无子嗣，但系贫苦无依，即在应恤之列。其有子成立或家计稍优，以及有亲族可依，并已在保节等堂领钱者，概毋庸资助，以示限制。至查明应恤之妇，各填给照单，俾该妇收执以为领钱之据，遇有病故改适及探亲远出等项，即行开除。凡应行开除之人，责成原保随时报团，禀请开除，不得朦领。至因病故开除，恤钱于病故日停支。仍另给钱三千文，以资丧葬。

分次发钱以示体恤。每嫠妇一名每月给钱五百文，年逢闰月照给，即以十三年正月为始。但四乡离城较远，未便按月给发，拟请于每年三月、九月分作两次由委员各就该乡适中之地，不论祠庙暂作公局，酌定散钱日期及某都嫠妇应付某地领钱，先行出示晓谕，令各嫠妇届期持照赴局验发。如有不能赴领者，准其亲属持照代领。如遗失照单，即行停给。以防假冒，每届年终各嫠妇应给钱四百文，亦照发给月项例办理。

明定劝惩以资整饬。凡开单报团责成保人，由团报局责成首事，下乡复查责成委员委绅。如保人有虚捏之弊，或经首士查出，或经委员委绅查出者，将捏报之保人首士均罚钱三千充公。其委员办理记功超委以示奖励。若听信乡团朦混开报，致有弊窦，一经查出，即撤委员委绅如未能实心经理，亦即随时更换。

设局经管以专责成。酌派委员、委绅各一人经理其事，四乡嫠妇经此次查定之后，除先给五百名外，其余查明之贫苦嫠妇，排定前后，另记一册，即榜示局门之外，遇有缺出，挨次序补，不得挽越，以杜请托之弊。嗣后再有夫故守节贫无所依者，仍准随时续报，查明注册，一律序补。至开除、拨补、经管银钱账目等事，均归委员、委绅妥为经理，按月造册禀报一次，以凭查核。该委员薪水另行筹款发给。

局中现今酌提经费原可无庸集捐，傥有乐善好施之人慷慨伙助，不拘银钱多少，听期随时送局。由委员禀报验收，并将捐生姓名银数榜示，俾众目共睹，以杜侵渔。计人数较多应如何加额及优给之处，再行酌核禀办。

徐图推广以期尽善。此次定额以一年计算，需钱三千余串，所议酌提经费仅敷支用，如随后另有捐款，或于五百名外添设额数；或于每名嫠妇冬间添给棉衣、夏间添给席扇；嫠妇有子长成，愿读书酌给膏火之资、愿学艺酌给饭食之费；至于男婚女嫁，均可量帮费用。以公项之丰歉，定钱数之多寡，总使逐渐增广，以期经久而臻尽善。

2. 综合性善堂——同善堂

湖南省城综合性善堂最重要的是同善堂。同善堂位于善化织机巷，建于道光七年（1827 年），其建置经过为："道光六年十二月绅士陈新、萧宣昭、黄文耀、黄孝陔、陈国珍、秦潮、蔡湘、李端本、蒋廷铺、李应烜、蔡澧、彭涛、陈炳南、郑芬、胡执修、王声溥、杨璋、张国贤等以同善事宜禀府，拟于长善二邑本境筹设救生船只、添设义冢山场、设局施棺、制器救火、报验无名尸骨、雇收弃置遗文，合建同善堂，奉府批准转详各大宪出示劝捐办理，筹集巨款，权款典商，创建堂宇。七年三月开局。"从这些绅士递交给长沙府的《倡建同善堂禀词》可知，同善堂是仿照江浙善堂和湘潭皆不忍堂的操作办法而举行的。开局之后，同善堂首士将该堂"章程及置买房屋田亩各项经用"等编成《同善录》。据此可知，同善堂拥有很雄厚的资财，主要资产有"织机巷房屋六所，大麻园房屋一所，胡家巷房屋一所，端履街铺屋二所，前后三栋，朗公庙街房屋一所，前后二栋"。此外还有分布于长、善各都、甲的田地数十处，"共租二千四百七十四石（前后共租三千九百零八石）"。以雄厚的财力做后盾，同善堂开展了内容丰富的慈善活动：

救生。河下风大，舡只遇险，饬令渔船划船，救生人一名，无论男女，给钱八百文；捞一浮尸给钱四百文。

义山。广济桥山一处，会龙坡山一处；河西杨姓捐颜家山一处，河西小天马山一处，石马铺山二处，分路口山一处，戴家坪山二处。该各处无论男女，编号照章排葬。如有愿迁者，赴堂查明具领，其废穴并不补葬，免紊字号。

施棺。长善城厢内外及距城五里内，实系贫乏无棺病故者，准亲属赴堂说明给领，不费分文。

路毙浮尸。地保围邻查系无伤，分别男女，赴堂领棺埋入义山。如有伤痕，地保照章赴县报验，奉饬给棺殓埋，不入义山。

水龙。堂内五座，城外一座。凡遇出龙，照章给钱。惟城外师余庆堂捐元五十两交水府庙奎光阁董事生息备用，另立章程。

惜字。堂内设字炉，雇夫一名，城厢内外轮日收捡字纸，堂董察查，随时焚化。

收养贫童。每年冬月初一日起，次年三月初一日止，童自五六岁起至十岁止，城厢内外，以本城保内地界止，查明出结，实系穷苦无告，方准照章收养。

施药。每年六月初十日起至八月初十日止，董事诚心监造藿香正气丸，多料施给贫苦，患病一服二丸，有力之家不得分取。

中元厉祭。每年七月初十日起至十六日止，雇僧十名，设立坛台，讽经建醮，焚化河浆、冥赀，并河东西忠义各冢照章祭奠。

渔湾市义渡（同治三年奉府饬归堂管，船夫经费详入津梁）。

3. 救助鳏寡孤独的恤无告堂

同治八年（1869年）十月在省绅士湘乡曾国荃、湘阴李概、善化唐际盛、凌荫廷、连培崑、陈际昌等因养济院、普济堂"限有额数，难以周给，鳏寡孤独向隅者多"，乃"议立恤无告堂，稍补普济、养济两院之所不及"。其创办恤无告堂的基本程序首先是"呈请藩宪王、府宪杜"，征得他们的同意，并请允许"仿照同善堂旧章于各街铺户居民每日捐资以一千文至十分为则，各行交贸货物每银一两抽取二厘，钱则一串取二文，按月收缴。另置总簿随时劝办总捐，置产生息为经久之计"。同治十年（1871年），"又呈请抚藩酌提盐厘两局公费归本堂接济"。在省府各宪的支持和盐厘等公费的资助下，恤无告堂也积累了相当数量的田产、房屋。兹列举如下：

价买胡原奇（善）邑鹅公塘田业一契，计四十亩。
价买谭仁山长邑方家洲伍家坪民田十四石。

价买唐桐荫堂田业一契，共十一处，计田一百零三石四斗三升。

价买韩景福堂河西都湖塘冲一契，民田十二石。

朱云俗堂捐（善）邑何家坨田二石六斗。

袭慎守堂捐长邑河西都九甲田业一契。

李芋香堂捐长邑横桅木冲田八石。

刘生财捐（善）邑菖蒲塘田二石。

刘生财捐（善）邑大围中田二石三斗二升。

价买徐补榆出笔斑竹塘朱家桥等处民田三十一石一斗五升。

价买立德堂出笔道士塘荒熟民田一十五石。

刘积庆堂捐长邑福兴街房屋一栋。

价买李健斋本城苏家巷坐南朝北四印砖墙房屋一栋（现作恤无告堂）。

其办理章程为：

本堂见恤无告穷民，均访查确实，无论男妇，年逾六十即行充补。其残废之人，查系未入养济院、普济堂者，亦准补入。因事属创始，经费不足，目前限额三百名，每名按月给米一斗，其盐菜钱文俟费充足酌广。见恤穷民有身故者，给抬埋钱六百文。

贫苦孀妇，城内向有保节、全节、厉节各堂，共恤多名，往往人浮于额，其年逾六十以上，出缺照章补入。

冬月制备棉衣，发给额恤穷民。

穷民自能食其力而无本谋生及幼孩稍有气力者，酌发给谋生器具，如水桶泥箩等类，俾资生活，冬月加发油笠、箬笠遮蔽雪雨。

城厢内外穷民约数千计，万难遍发，每届冬月，由各街团总择贫苦之尤者，开名送堂，年终查实按名发米一斗，度岁一设点痘局，专点穷民儿女。七月一期，先期牌示，或痘儿体弱，酌与药饵。

后又续议《应行事宜十六则》，具体内容为：

堂内公择值年公正二人总办，不议薪水。其专司堂账，兼掌书记一人，每月薪水钱四千文；帮同管账兼办誊写一人；各街分收月捐兼司查发四人，均每人每月支薪水钱三千文；火夫一名，每月工食钱一千文；随同收捐挑钱二名，杂用堂纪一名，均每人月给钱八百文；司阍一个，月给工食钱四百文；城外小西门收捐兼司查发一人，月支薪水钱二千文；草潮门收捐一人，月支薪水钱一千五百文；随同挑钱工人，月给工食钱五百文。以上均听值年首事酌定去留，以专责成。此为目前筹备经费起见，未免用人过多，一俟经费充裕，停止零捐，堂中开用随时酌裁。

堂中火食及各大小出入用费，议有定规照办。

堂中添设义塾二堂，薪俸均有议章照办。

堂中春秋点痘，冬间发衣，议有定规照办。

捐项数目，月捐、年捐存有票根，总捐另有簿载，泐石永垂。

堂内公派首士值年，务择老成谙练二人在堂经管。三年期满，邀集原议首士将经手事件交清，公同择人接办，至公择已定，不得推诿，仍将交卸接办缘由呈报各宪备案。

本堂收支银钱盈千累万，利之所在，各宜明心，当仿照同善堂章程，每届年终，除造册呈报各宪外，另照缮两份，仍城隍庙呈进，庶免众议而杜侵渔。

据曾国荃所撰《恤无告堂记》，恤无告堂建成后，"岁计可活穷黎一千余人，其浮额者籍记其名，以次待补"。同治十一年（1872年），绅士李概、朱达镛、张恩济、陈乃汶、唐际盛、凌荫庭等又呈请上宪，以恤无告堂为依托建立义塾二所，以课读城内贫苦子弟。

除了以上所列，湖南省城尚有"体仁堂"、"兼善堂"、"保骼堂"等不同名目的善堂，同时，养济院、普济堂等"老牌"慈善机构继续存在并发挥着重要的作用。透视这些慈善组织的兴建过程和所开展的慈善活动，不难看出，地方绅士是在晚清湖南慈善事业中发挥主导作用的力量，商号和市民也发挥了重要的作用，而各级地方官员在慈善组织创办和慈善活动举行的整个过程中都扮演了重要的角色。在善会、善堂这一"居间领域"的社会保障机制中，官与民，国家权力与社会力量呈现出一种相互依存、相互制约的复杂互动关系。这是一个富有弹性的居间领域，在国力强盛的王朝前期，王朝统治者可能将施善和教化视为行"父母之政"理所当然的责任，官府在社会保障相关事务中充当主要角色。而在国家财政捉襟见肘的王朝晚期，民间力量则穿上善会、善堂的戏服闪亮登场。在汉口这样的大商会，商帮、会馆和大商人可能是善会、善堂的领头羊，而在长沙、善化这样的省会城市，与官府关系密切的军功士绅、城居乡绅则是慈善事业的执牛耳者。

第八章
明清两湖社会保障事业运作实态

一、灾荒赈济实态

　　灾荒赈济是传统社会保障体系发挥效用的重要领域，明清时期两湖地区在进入大规模经济开发的同时，频发的自然灾害日益成为经济和社会生活中的困扰因素。经学者们的努力，明清两湖灾害的成因、特点、分布等方面的情况已较为清晰，一些学者还从灾害与经济开发，灾害与社会经济结构的演变，灾害与民间信仰等方面进行了多视角的探讨①。然而，现有成果却很少探讨灾荒赈济的具体过程。前文已述，明清时的灾荒救济，官方有完备的制度，民间也存在着不同层次、不同范围的救助机制。但，面对具体的灾荒时，灾民们是如何被赈救的？救荒事务是如何组织实施的，其效率和效果如何？如何评价明清两湖地区的灾荒赈济实践？这些都是值得揭示和探讨的问题。要使这些问题明晰，就不能仅停留于普遍化的条例和抽象的规章制度层面，而应该进行灾荒赈济实态的研究，通过在一定程度上复原特定灾赈事件的全程或某一侧面，分析明清两湖灾荒赈济的实际运作形态，从而进一步探索传统灾荒赈济中的一些深层次问题。

---

　　① 参见彭雨新、张建民：《明清长江流域农业水利研究》，武汉大学出版社 1993 年版；龚胜生：《清代两湖农业地理》，华中师范大学出版社 1995 年版；宋平安：《清代江汉平原水灾与经济开发探析》，《中国社会经济史研究》1990 年第 2 期；《清代江汉平原水灾害多元化特征剖析》，《农业考古》1989 年第 2 期；张家炎：《清代中后期洪涝灾害研究中若干问题刍议》，《中国农史》1993 年第 3 期；张国雄《清代江汉平原水旱灾害的变化与垸田生产关系》，《中国农史》1990 年第 2 期；张建民：《明清时期的洪涝灾害与江汉平原的农村生活》、张修桂、左鹏：《明清时期的洪涝灾害与江汉社会》、尹玲玲：《社会经济结构的转换与洪涝灾害——以明清时期两湖平原为中心》，俱载复旦大学历史地理研究中心主编《自然灾害与中国社会历史结构》，复旦大学出版社 2001 年版；王蕾：《明清时期两湖平原的自然灾害与民间信仰》，武汉大学硕士学位论文等。

（一）传统荒政程序与灾荒赈济——聚焦于正德和道光年间的两次大水灾

中国传统荒政的理论和实践历史悠久，大约从宋代开始，中国传统荒政已经能够按照一定的程序有系统地运行①。这一程序被《救荒活民书》以来的各种救荒书总结、抄录、沿袭和发展。一般认为，到了乾隆时期，这一程序达到了前所未有的系统化的程度——魏丕信通过对方观承《赈纪》的解析，向我们展示了"一幅前现代中国荒政的最明晰、最详尽的全景图"②，它也标志着传统荒政理论和官方规章制度的成熟和系统化。两湖地区的荒政实践在传统荒政制度和理论的演变中居于什么样的地位？明清两湖地区的灾荒赈济采用的是怎样的灾荒赈济程序？或者说，传统荒政程序是如何落实到明清两湖地区的？它有何意义？只有透过特定灾荒事件的具体赈济过程，才能获得具体条件下荒政运作实态的清晰图像，从而进一步揭示其所包涵的深层意义。以下选取明代正德十一年（1516年）和清代道光十一年（1831年）该区两次大水灾的赈务为例作初步的探讨。

1. 两次水灾的赈济程序及实态

（1）正德十一年（1516年）湖广大水

正德十一年（1516年）对于两湖地区来说是一个灾乱深重的年份，自五月以来，江汉洞庭诸水泛涨，形成特大水灾，受灾范围波及两湖所有濒湖濒江州县，随后一些地势稍高之地报出旱灾、虫灾和疫灾。与此同时，郴、贵等地发生了苗民叛乱，天灾人祸并发，朝野上下展开了紧张的抗灾救荒工作。嘉靖《湖广图经志书》记载了这次救荒活动的措施和步骤，不难看出，湖广的这次救荒活动正是参照传统的荒政原则按一定的步骤和计划进行的。从巡抚湖广右副都御史秦金的《奏处救荒钱粮疏》和《总理赈济副都御史吴廷举参酌议处事宜》等救荒文献中，可以复原这次赈济活动的主要步骤和基本过程③：

---

① 有关宋代荒政的情况可参见王德毅：《宋代灾荒的救济政策》，台北"中国学术著作奖励委员会"1970年；张文：《宋朝社会救济研究》，西南师范大学出版社2001年版。魏丕信亦认为，"北宋以降，官僚体制、行政程式方面出现重大转变，相对标准化的救荒措施才发展起来"。参见［法］魏丕信：《略论中华帝国晚期的荒政指南》，"清代灾荒与中国社会"国际学术研讨会，2005年，北京。

② ［法］魏丕信著，徐建青译：《18世纪中国的官僚制度与荒政》，江苏人民出版社2003年版。

③ 秦金：《奏处救荒钱粮疏》，嘉靖《湖广图经志书》卷1《布政司文类》；吴廷举：《参酌议处事宜》，嘉靖《湖广图经志书》卷1《惠政》，下文中关于此次灾荒赈济的引文如无特别注明，均引自该篇。

急赈、初勘和报灾

水灾的突发性和破坏性等特点使得它比旱灾更容易引人注目，对"人口孳产漂流浸没"的灾民进行紧急救援是有组织社会的自然反应，正德十一年（1516年）湖广赈灾正是从赈济水灾开始的。尽管现有文献没有记录对这次大水灾紧急救援的具体情形。但从秦金"一面分投差人齐文前去被水各府州县卫所守催委官上紧查勘，从实造报，一面用心体察某州县边临江湖，灾伤实有几分"，"淹死人口一千四百九十五名口；漂流瓦草房屋七千六百六十三间；牲畜二千六百三十八头、匹、只、口"等疏文中可知，从五月至八月，湖广行省完成了急赈、初勘和报灾的工作。这一阶段的救荒事宜由巡抚秦金会同镇守湖广地方御马监太监杜甫、巡按监察御史张翰等主持和领导，勘灾工作循着由州县申府、由府申布按二司再转呈巡抚的申报程序逐级上报，巡抚又"仰布按二司定委各道守巡管粮抚民等官亲诣被灾州县查勘"，将申报和查勘情况填写成勘报文册，最终拟成奏疏上报朝廷。疏文显示，各州县的报灾行动迟速不一，江夏、嘉鱼、咸宁、蒲圻、汉阳、汉川、黄陂、孝感、应城、荆门、华容、安乡是第一批报灾的州县，宜城、均州、南漳、光化、谷城、襄阳、麻城、罗田、蕲水、广济、黄梅、黄冈、蕲州、云梦、京山、景陵、公安、龙阳、沅江、宜都、松滋、巴陵、上津、陨西、竹山为第二批报灾的州县，其他州县都陆续上报。从秦金给朝廷的疏文中可以了解当时两湖受灾的基本情况：

> 汉阳府所属汉阳、汉川二县；荆州府所属江陵、潜江、监利、公安、石首五县；岳州府所属华容、安乡二县；常德府所属龙阳、沅江二县；沔阳州并所属景陵县及荆州左卫沔武等卫所地方，边临川汉二江、洞庭等湖，势俱低下……今岁五月以来，淫水不止，山河冲激，江汉泛溢，下地深及数丈，旷衍之处，俱成大湖，八月将终，未见消退，居民人口孳产漂流浸没。有一户全没者；有一门半存者。巢居舟游，数月未已。验其灾数，重者奚止十分，轻者亦有八九。

> 及看得武昌府所属江夏、嘉鱼、武昌、咸宁、蒲圻五县；黄州府所属蕲州、黄冈、广济、黄梅、黄陂五州县；德安府所属云梦、孝感二县；荆州府所属荆门、夷陵、枝江、宜都、当阳、远安、松滋七州县；岳州府所属巴陵、临湘二县；常德府所属武陵一县；襄阳府所属襄阳、枣阳、光化、南漳、谷城、均州、宜城七州县；安陆州并所属京山县；蕲黄岳常等卫所地方亦各边临江湖，但地势半高半下者尽被漂流淹没，其灾不减汉阳等府。州高者颇有成熟，或遭冰雹打伤；或被鼠虫捐食。

> 其辰靖长宝等府卫所州县地方，春夏雨泽颇均，六月以后，亢阳不雨，晚禾亦皆焦枯不实。通计其数或四五分，或六七分轻重不等，俱各为

灾。

勘实灾情，审验灾民和赈济原则、标准的确定

钱粮有限而饥民无穷，传统灾荒赈济事务的一个核心内容是将有限的钱粮发放到最需要救助的灾民手中。勘灾和确定赈济对象因而成为传统荒政中至关重要的一项工作。除了报灾时初勘之外，在正式赈济开始之前，一般还要对灾情进行查实。赈务开始之后，这项工作仍可进行，因此，勘实灾情和审验饥民其实是贯穿赈济过程的一项工作。正德十一年（1516年）八月以后，副都御史吴廷举被派往湖广总理赈济事务。他加强了对委任官和地方官的训令和考核，勘实灾情和审验灾民正是他首先致力的两项工作，在此基础上确立了赈济方案，针对不同的情形，有分别地予以赈济：

> 半高半下，被水灾伤，原奏三十一州县，今访得兴国、江夏、武昌、嘉鱼、大冶、蕲州、黄冈、黄陂、黄梅、广济、麻城、松滋、巴陵、临湘、武临一十五州县并原奏灾重，今审灾轻沅江一县共一十六州县田地如果坐落低下去处极贫小民，俱支正德十三年（1518年）正月、二月、三月止三个月银米赈济。

> 其咸宁、蒲圻、蕲水、罗田、孝感、应城、荆门、澧州八州县乡村里分，田地坐落高仰去处，虽被水灾，尚有五六分收成者，不得浪给。中间果有极贫极饥不能存活之家，委官审验，得实亦支与两个月银米。

> 原奏安陆、京山、襄阳、宜城、光化、谷城、云梦、当阳八州县半高半下之数，今访得各州县与枝江县俱系高阜田地，七分以上收成，不在赈济之数。

> 田地低下，被水极灾，原奏一十三处，今体得汉阳、汉川、公安、石首、潜江、监利、华容、安乡、沔阳、景陵一十州县委的十分灾重，麦谷俱无，今定拟除家道得过人户，不在赈济外，其极贫人户俱验口赈济支与正月、二月、三月、四月四个月银数。

> 武昌、武昌左、荆州、荆州左、荆州右、岳州、沔阳、黄州、蕲州、常德十卫屯所旗军，除坐落高亢颇有收成去处外，其屯田有坐落低洼去处者，比视州县一体赈济。

不难看出，本次赈济对象的确定采用的是勘实灾重地区和审验极贫饥民相结合的原则，赈济范围被限定为已经向朝廷奏报的被水州县的极贫灾民。对这一原则吴廷举特别作了解释并要求广泛宣传："湖广地方赋重差繁，民穷财尽，揆以先王子惠困穷之典，纵无灾伤亦皆赈济，但朝廷仁民之心虽广，府库济民之物全无，只得将被水极灾州县略加存恤，仰各处不被水灾并虽曾被灾半高半下去处贫穷百姓通知此事，各寻生理以安室家，毋起非妄之心而希图官银赈济。"

对稍晚报称旱、虫等灾的州县，亦委官勘实："宝庆府所属武冈、新宁、新化、邵阳四州县，辰州府所属沅州、溆浦二州县，永州府宁远县，衡州府桂阳、耒阳二州县，郴州兴宁县，靖州五开等卫各早称今秋大旱，虫食苗心，瘟疫流行，人亡八九，乞要赈恤。缘前项灾伤，报在具奏之后，今已勘实。"但由于此项灾伤发生在向朝廷报灾的奏疏上报之后，吴廷举拒绝了"合无将赈济银给发，行委的当廉能官员，查据勘报文册，量为赈济存恤"以一视同仁的建议，而让湖南地方官员自行筹措赈济："仰行上下湖南道分守、分巡官督同各府掌印官，径自查取现贮无碍钱粮米谷通融赈济。其清出军匠，查报本院先发《为怜悯灾伤、便益军伍以苏民困事》案验一体暂停起解施行。"

接受赈济的人户也有严格的限定和区分。对外逃人户，设法招回赈济："人户逃移，其类不一，有因被水淹没田禾失收而逃移者，有因房屋被水漂流无处存身而逃移者，有因缺食不能生借移就熟处趁口者，有因官钱私债逼勒煎熬受苦不过逃移者，有因里甲均徭差役重大无力应办而逃移者，仰州县官责令该管里老并各家亲戚前去招抚回乡，一体赈济，贫民既回之后，官吏不得追理新旧钱粮，富豪不得逼取新旧债负，致令再逃，违者许里老举首赴官，行提犯人问罪，罚谷赈济，若多年流移在外，住成家业，衣食足用，不愿一概回乡，希图赈济者，亦仍其便。"

对外地流来种田度荒饥民也量为赈济："外省、外府、外州、外县流来寄住游食种田度荒人民，如果贫难缺食，但在委官处告要赈济者，行拘当地里老审实，每一门给与官银二钱，不必论男妇多寡，子口大小，以致多报冒支。"

对官绅人家，明文规定不予赈济："现任官、省祭官、义民、官监生、举人、生员、承差吏典书手之家，本门人丁不必赈济。中间同户各门有极贫无食者，有司官劝谕本宗本户积财积谷之人，借贷养赡本宗本户，不能周给者，许劝借本乡本里富民称贷，候丰年，借谷一石，还谷一石二斗；借银一两，还银一两二钱。本乡本里别无大户富民者，方许本州县在官预备米谷银两赈济，不许动支本院发出官银。"

明代两湖地区有一特殊人群，即宗室藩王。因连年饥馑，各王府禄米、军士月粮拖欠现象严重，其中楚、荆、辽、华阳四府将军节年拖欠最多，藩王经常以此为由骚扰地方，成为地方一害。在水灾期间，辽府将军父子"因少俸粮，私出府第，欺凌官府，挟放罪囚，擅□库银，大肆凶恶"。鉴于此，一些人建议采用变通之法对这些人实施赈济："或将现今纳例钱粮以补小民拖欠而赈济亦在其中；或将各处现在银两挪充府卫禄粮而拖欠稍宽其限；又或借讨抽分以济目前之急；或再开事例，以杜意外之虞，行银三五十万两将各该王府并一省军士禄粮通行补足，如银数不敷，或者补一半以消祸患于未萌，如此则军民不致逼迫，禄粮得以完足矣。"吴廷举一一否决了这些建议，并且重申："年久缺支，皆军民恃顽不纳，官吏失职不追，奸人侵欺包揽之故。仰布政司一面将贮库无碍银两借支，一面查欠粮去处补给，俱不许于本院发去赈济银两内动支。"

饥民审验采用了武昌府在"申请预备赈济以防欺弊"的报告中所提出的"委官审丁给票，见票支米"的办法。对审验符合赈济条件的灾民登记入簿，并由官府发给"票贴"，"中间里分姓名，数目已是明白，以后州县事完造册，止将前簿前票参伍情查誊写回报"。票贴起初参照武昌府的做法，在年、月之上加盖府印，后来又规定用县印即可："原票俱用府印出□，今拟各州县离府稍远者，就令本管州县自行印别，似亦便于官民。"

具体的赈济标准为：

> 应赈济饥民，不拘男妇，大口每月支银一钱二分，小口每月支银六分。若有米去处，大口每月支米三斗，小口一斗五升。有谷去处，大口每月支谷六斗，小口三斗。
>
> 赈济屯田军余，不论丁而论户，每军一名，丁多者止许报四丁，给银四钱八分。其次许报三丁，给予三钱六分；又其次许报二丁，给银二钱四分，姑与赈济正月一个月，其二月以后，另议。

赈济的实施

具体的赈济过程既是一个艰难的资金筹措过程，又是一个繁难的组织实施和防弊惩弊的过程，正德十一年（1516年）湖广水灾赈济所代表的官府组织能力也从这些方面体现出来。

a. 资金来源。

本次赈济所用资金来源首先是向朝廷请求蠲免、折纳与缓征的政策。经秦金奏请，将本年受灾州县税粮"相应照数蠲免"，同时蠲免本年拨运安庆、庐州二府仓米四万五千石、广西折粮银一万五百两；又将起运安庆、庐州二府正德十二年（1517年）粮米从缓征收。对"例难一概分豁"的起运兑军、南京仓粮等项则请求折纳，兑军粮米共二十五万石，"照例每石连脚耗席折银七钱"，"其南京仓粮米三十一万石并折花绒米五千石，每石连脚耗折银五钱"，折纳虽仍得依期征解，但因其省时省力省耗，可视为一项重要的资金来源："一则小民略堪措办之易，二则贫军暂免转输之劳，至于放支之际，亦可扣除作正，似为一举三得。"

其次，清查司、府州县库存银两以"作正支给"。清查结果，布正司库

"先因上年灾伤及今岁郴桂贵州两处征进……现今别无堪动可充赈济之用"，"查得各属银米，除未开报外，武昌等府，兴国、崇阳等州县库贮堪动银七万三千五百二十三两四钱八分六厘一毫；各预备仓粮米、谷、粟、麦共七万二千三百五十一石五升三合，另具揭帖呈报，堪以作正支给"。

第三，"借办支用"。将所有正德十一年（1516 年）分兑军粮银共九万三千三百九十四两零"借支赈济被灾州县饥民及分送楚辽荆华阳四府将军、中尉、郡县主、仪宾等位，以补正德十二年冬季禄米"，而"采办大木银"七万两则未敢动支。

第四，开生员捐。"奉勘合开纳事例生员三百名"，其中江西、浙江等省共一百四十名未到，"本省六十名，直隶一百名，俱已纳在库，银四万八千八百二十两"。因"此例人多乐趋，得银甚速"，有人建议"合无仍于附近南直隶、河南、山西及本省并本省从宦、游学等生员，再开五百名"，吴廷举以为开纳生员，事体重大，要具题之后再议施行。

第五，犯人赎罪、诉讼银。犯人赎罪、诉讼银成为本次赈济资金的重要来源。赈济章程规定"司府州县卫所各掌印、守巡、清军、提学、管屯、抚民、兵备、守备、巡捕、哨守等官，各将原收现监囚犯，除真犯死罪已未审录成狱者及侵盗系官钱粮应该监追不赦者照旧监候外，其杂犯死罪并徒流杖罪以下囚犯，行催原问衙门作急问完，有力照例纳米纳谷，审颇有力者，照依彼中事体折纳银价，无力者照例摆站哨瞭的决。……其原审有力纳米监禁半年以上者，有司申呈原行上司衙门，即照例改拟发落"；"二司掌印官并分守、分巡、管屯、抚民、兵备等官，但有被灾武昌、汉阳、黄州、德安、岳州、襄阳、荆州、常德、宝庆、永州、安陆、沔阳并所属州县及附近府州卫所，自正德十三年（1518 年）正月起，但有一应军民词讼问理人犯，除无力老幼，应该摆站哨瞭的决，纳钞照例施行外，其审有力者俱令纳米，折价就收本处州县库内，以备明春给予贫军、贫民牛具种子，并代贫民、逃民理还劝借大户米谷之用，不许另项支销"。赈济所用的买办钱笔、置办文册等办公费用亦于发问人犯时收取。对此吴廷举作了专门的规定：

> 现行事例，凡各衙门问刑犯人，该纳官民告纸，以十分为率，八分以上谷赈济，二分问刑官公用。今访得各州县官本以奔走不暇兼之刑名少，通所得二分之纸，每月不及一二千张，但遇上司按临，并本处官吏日逐写发，俱令直日里甲出银买办送用，立法本以裕国，行法至于害民，权宜改行，亦无不可，仰三司府卫州县所各掌印官，各道分守分巡清军管屯兵备都司佐贰军政金事等官，如遇本院批申批呈批词批状或案验信牌，发问人犯，应该纳纸者，除二分照旧与问刑官公用外，八分不必折谷，只令官纸

每分纳银一钱六分，告纸每分纳银一钱二分，民纸每分纳银八分，各衙门收贮买办纸笔，并雇倩书手写造总理赈济文册。并申呈本院及上下大小衙门公支支用，不许缘此科扰里甲，重复出钱买办，候本院回京之日，仍依旧例施行。每月初旬将前月支买并用过纸张及雇过书手具数开报查考。

第六，劝借大户积谷。即设法将民间积谷大户的储积劝作赈饥之用，规定："积谷之家委官并州县掌印官设法督令里老排年书手报名在官，如积谷三千石者，劝出九百石；二千五百石者，劝出七百五十石；积谷二千石者，劝出六百石；积谷一千五百石者，劝出四百五十石；积谷一千石者，劝出三百石；积谷七百石者，劝出二百石；积谷五百石者，劝出一百五十石；积谷三百石者劝出九十石，借与本州本县本乡本里饥民食用，候丰年送还。"这种劝借与对富户救助贫户的一般性鼓励有所不同，除了必要的旌奖之外，还带有一定的强制性，对借贷利息也作了限制，不过对借谷的偿还也提供了官方担保："每石只许取利谷二斗。州县官仍给与印信花栏票贴一纸，明开某里某人借领谷若干票，付谷主收照，有依期还者，借谷之人取票勾抹，过期不还者，具告有司追给。极贫事故者，以赈济银代偿，各州县□出谷人姓名数目，申报本院以凭奖劝。"这些措施使得正常年份的民间积贮成为灾荒时期可供官方支配的资源："如遇该里或邻图饥民告要赈济，就给票一张，掛号用印照依发去式样填写，付与饥民持去大户处求借，得谷之后，票与大户执照"。

b. 煮粥。

煮粥是急赈或赈济城镇流民的一种重要赈济方式。本次水灾爆发初期急赈阶段的情形不得而知，但吴廷举"参酌议处救荒事宜"中有以煮粥赈济城市流民、乞丐的方案："沿街乞食抄化流民……或就将前银买米发与附近僧堂道观，令其煮粥，日给两飧，仍委老人一名，书手一名，主管出纳支销，完日具数开报，委官类造文册。若年力精壮不去生理，诈为乞人以图赈济，不给。"

c. 放赈。

放赈即将赈灾物资发放到已审验过的灾区贫户手中，它是传统赈务的核心内容。根据嘉靖《湖广图经志书》的记载不难复原本次放赈事务组织实施的一些主要环节：

第一，委官。灾荒赈救是府、州、县等父母官理所当然的责任。不过，救荒为紧急事务，头绪纷繁且容易滋生弊端，上级部门一般会委派官员到地方协助赈务，有时主持当地的赈济。右副都御史吴廷举本人就是由朝廷委派到湖广总理赈务的官员。委派委员从勘灾阶段就开始了，其基本的标准是公正廉明，在勘灾和赈济的各阶段要"遍历乡村"，与正直耆民一道保持赈务的公平性。如正德四年（1509年）巡视湖广侍郎兼佥都御史毕亨在赈济湖广的旱灾时规定："该州县各举平昔守己爱民，不分正佐官一员专理其事。仍每里择取平日有行义，为众所推服公直耆民二名，委官以礼相待，同本里里书俱听候本院委官督同亲自遍历乡村，拘集众人公同揭查均徭文册。"① 由秦金的奏疏可知，由布政司派往汉、荆、安、沔等灾重府州的委官有罗环、尹达、于瑶等人，他们时任同知、推官、指挥等职。与委官相配套的一项措施是加强对基层官员的监督和考核，吴廷举要求："三司掌印清军守巡管屯兵备抚民□□等官，所至去处，用心询访有司卫所官员，但有能留□□政，抚恤军民，守己持廉而人无非议，居官勤事而人□□□，储蓄多备而人无逃散，赈给得法而人称均平，是谓好官，是能称职。仍各举其所行事实一两件明白呈来，以凭核实，奏请旌擢，如有贪婪不谨，瘝茸不才，剥下奉上，重罚酷刑，荒政不修，贫民不惜，人有怨言，事有显迹者，是谓不职官员，密切指实奏报以凭施行。"

第二，确定给赈的时间、地点，并广为告示。吴廷举向官员反复告诫因地点选择不当所带来的弊害："访得各处赈济，远乡饥民每到州县守候日久，有不得支粮冻饿身死者；有借房寄饭，关出米谷仅勾还店主者……"，要求负责赈务的官员合理选择时间、地点并提前告示灾民，以此作为考核官员的重要依据："委官所至去处，酌量乡村远近，饥民多寡，限定地方，约定月日，预给告示，使民依则赴官支领；大约饥民卯辰时到州县，午未时支银领谷为上等官；若今日到来，明日支给，则为中等委官，若守候二日三日而不支，则偾事殃民，此为下等委官矣。本院并布按二司巡历地方以此考验，定其贤否而行旌别之典，仰各用心，自求多福。"

第三，给放。放赈过程中有很多繁琐的具体事务，对此，吴廷举在赈济方案中都作了详细的规定，并在某些方面有所改革。放赈时饥民凭审验时所发票贴到官方指定地点领取赈济钱物，委官"见票支米"或给银。在水灾期间外逃觅食的饥民，回乡后可以重新审验补票："各州县人民有因水灾流移前去丰熟趁食，先□□官审验之时，里长开逃，不曾报名给票，今闻朝廷赈济方才回乡复业者，许具状在委官处即兴审实补票，一体支给"；领票之后有事故者则要注销："饥民审定丁口，领票之后，但有事故者，于领银米之时，许同票户丁在委官处具告，即于姓名下注销，如隐匿冒支者，许里老两邻首发，就追原领银米，支赏首告之人，本犯问罪罚谷赈济。"对于住居深山大泽，地处窎远不能赴城市领赈的饥民，则选择公廉谨勤的地方官员"坐定该下乡村，令其匹马二夫，官给廪粮，自带前去，于寺观、铺舍住坐散给，取具数目揭帖开报原委官处，取总造册回报"。

赈济时给银或给米谷视具体情况而定："各府州县预备仓收有米谷去处，

---

① 毕亨：《救荒事宜》，嘉靖《湖广图经志书》卷1《惠政》。

分守分巡官督令掌印委官查出，与发去官银相兼赈济。附近城市饥民，银米中半关支。住居窎远乡村饥民，只支银两，令其自行籴买，若远乡之人告要支米谷者，亦准支与。"因米谷有限，此次放赈以赈银为主，赈银分装和管理有非常详细的规定：

> 分守、分巡将官银发与下令州县官，委官督令吏典监视银匠烧红碎錾，以一百两为率，一钱二分一包者二十六封；二钱四分一包者二十六封；三钱六分一包者二十三封；四钱八分一包者二十一封；六钱一包者十九封；七钱二分一包者十七封；八钱四分一包者十六封；九钱六分一包者十三封；一两八分一包者十一封；一两二钱一包者九封；四分一包者一封。每包用纸固封，用印或图书钤盖封外，明注银数并吏典银匠姓名，俱送委官收贮分散。守巡官出其不意，每百两中吊取一两封，隔别秤对，但有欠者，即将原委吏典银匠问罪，罚谷赈济。

在给赈方式上，确立了"一时给散"的原则："旧时赈济一月一给，未免有勾攝之扰，有守候之难，有赁房之资，有借贷之利，及至领下银谷，便要大半还人，枵腹而出，徒手而归，情可悯也。今次赈济，不拘该给四个月、三个月、二个月，俱要一时给散，使民用稍舒，或可修置农具，或可籴买种子，或可交易生理，或可抵补税粮。"

d. 以工代赈

两湖平原，地势低下，小民以堤垸为命，对那些水毁严重而又亟待修建的工程，用"以工代赈"的办法予以修复是被人极力建议并广为认同的赈济方式。吴廷举总理赈务时被提议用"以工代赈"方式修复的工程主要有五项，即：江陵、潜江、监利、公安、石首、沔阳州并所属景陵县被水冲毁之江、汉堤防和垸田圩岸修复工程，其中以荆州黄潭堤最为紧要①；安陆、沔阳二卫城池崩塌修复工程，其中安陆州崩塌城垣九百二十丈五尺，沔阳州崩塌城垣一百

---

① 建议方案称："设若此堤不趁时修筑，来年必复如是。事难再奏，例难再开。合无行委各该州县掌印官亲诣前项冲决处所，督同圩院长，拘集院内人户，逐一踏勘应该修筑丈尺广远，工程多寡。小院就令本院人户，大院仍于本院之外召募饥民，计工验日，照丁给粮修筑坚固。比常散饥民之外，量加勺合，通作赈济之数。若该砖石椿料等项，官为区处，其老幼妇女应赈米粮不在此内。事完造册回报，如此军民得以保全，工程得以完好……荆州黄潭尤为至紧，此堤一决，众垸皆废。合无拣选能干府官一员，专于彼处招募人力，采取木石，趁时修筑，刻日成功。如原议赈济银两雇工不敷，听于本府并所属州县贮库银内查发接济，务在坚高，以图久远。"

四十六丈①；省城内山前后湖池疏浚工程②；汉阳门外白鳝庙前大江堤岸修复工程，长五丈有余③。对这些"以工代赈"的建议吴廷举并未一一采纳，他认为"沔阳等七州县俱系水患极灾，税粮无征去处。该赈济丁口，本院行令每人各与四个月银两，则食用颇饶，气力壮健，就令修筑本院基围，亦与干办自己家事相同，官银有限，难准量给"，而"黄堤工程浩大，费用不赀"，当令地方官自行设法处置。省城湖池和汉阳门外堤岸二项工程"似急切而实迂缓，告饥百姓易安养而难使令。本院前案所谓量入为出，家政且然，时诎举赢，古人所戒，正此之类也。赈济缺银，何从支给，仰暂候年谷丰稔议□，或候抚按明文定夺"。

在五项工程中，被吴廷举采纳为"以工代赈"的方式兴工的仅安陆、沔阳城池二项，其方案为：

> 安陆州倒塌城楼商铺数多而灾不甚重大，准于存留兑军银四万二千零九两内支三百两代民修理，亦作赈济。沔阳州倒塌城池数少却系灾伤地方，但原发去银两数多，准于二万两内截出二百两以备不足之数，仍行分守左参政叶相提督工程，银两不足量为措置，银两有余收库支销，事完造册回报。

e. 防弊惩弊。

赈济的组织实施过程与防弊惩弊过程是密不可分的，上文委官、选择适宜放赈地点等项都是很有效的防弊措施。除此之外，对以往赈务中经常出现的弊端，本次赈济中都预为考虑，提出了有针对性的预防措施和惩治办法：

> 访得上年赈济饥民，有等城市居人，并出入衙门积年老人、书手、总

---

① 建议方案称："一则王国重地，一则要害上流，所宜作急修筑，以防他变。今该皆有丈尺在卷，例该军三民七出办修理。内安陆州不为全灾，而沔阳州灾伤实重，合无将沔阳城垣，于赈济银两内支出，召集饥民协同军民修筑，以充军三民七之派。安陆亦量为查给补助，而赈济俱在其中，事完造册回报，如此则军民不致困苦，而城池亦得坚固矣。"

② 建议方案称："省城内山前后俱旧有湖池以蓄城内诸水，平湖等门备有旧闸，以杀水势，近年以来，湖池尽被势豪侵占淤塞，设栈养鱼，以致一遇天雨连绵，水无所收，前后居民多被淹没，数月方消，深为民害……合无在于江夏县饥民内点取三五百名，给与赈济银两，候委官查勘明白，兴工之日，就作赈济。"

③ 建议方案称："及照汉阳门外白鳝庙前大江堤岸长约五丈有余，今年因江水冲击消塌，比因水势涨漫，钱粮不敷，未经修理，缘前岸切近省城，实为外护，若有崩塌，必致倾倒。亦合将赈济银两，量为区处，置办砖灰，仍召募饥民，照丁给粮，相兼搬运修理。如此则湖岸得以成功，而军民不致有患矣。"

甲门库人役，但遇审验之时，雇倩衣服蓝缕，形容疲弱，游街乞食，并孤老院贫子赴官顶名听审，所得银米两平分用，有一门而得银三五两者，有一家而谷十数石者，奸人欺公盗财，益至如此，未便追究。仰各府州县今年报名，如有前弊条示，到日许即首明改正，委官将原报丁口削除，奸人姑免追究，如执迷不省，仍蹈前非者，许诸人首出，府州县并委官研审明白，问罪罚谷，枷号□月示众，具招申详。

访得上年赈济，各该官吏人等于鏖鏖包封之际，多将低银抵换，以致成色不足，又将小马小等称出，以致数目短少，仰委官严禁关防吏老跟随之人，但有前弊事发，问罪罚谷，以备赈济，仍抄招申报本院。

访得各仓老人斗级听受饥民买嘱者，每斛多支与三五升，作淋尖踢斛之弊。欺凌饥民老弱者，每斛减少三二升，作刮面鸡窝之弊。今次赈济，仰委官严戒各役，痛改前非。仍每日点差有行止老人入厂监视行概平量。如遇饥民得米得谷经过委官面前，出其不意，每十石或二十石抽掣一石较勘，量出多余者，连正米、余米俱复还仓作正支销，饥民痛打五十大棍，升合不与，赶逐出仓。若量觉数少者，即与补匀，其作弊斗级老人，每人先打四十下大棍，候放粮完日问罪，罚谷问罪，仍枷号一月示众。

访得各处赈济，远乡饥民每到州县守候日久……有被里老吓说拖欠钱粮，扣取银米补还，以致饥民不得领者；有被豪强债主欺负用强，取出银米准折旧债者；有疾病在家不能自出城市托人代领被其欺骗者；有里老、里老书手见本人不能出市，冒名领去者。今次赈济，如乡村窵远去处，仰委官审己量力，有暇或自行、无暇或听禀请二司转委州县官，或委学官带银前去各乡，坐住寺观神祠，同里老见票支散。

赈济银米发放完毕后，又将放赈人户和数目公告乡里，如发现欺隐情形，鼓励告发追究：

给散银两米谷之后，州县官各将赈济过人户每里给告示一张，备将本里领银、领谷、领米人户，逐一开数，每一里一纸，每一户一行，年月上用印，发与里老带回本乡贴示，众民若支数多而得银谷少者，即系里长、户老侵欺，具状告出，审实追给。

尤为值得一提的是，针对官员下乡可能导致的吃喝之风，以及饥民得钱后在城市买酒食肉以图口腹之快的问题，吴廷举采取了得力的防治措施：

今次赈济，委官所至去处，每员每日支票米五升并菜蔬盐醋，有馆驿处照例应付，无馆驿处州县一体应付。合用心红柴炭油烛纸劄，所在州县不可缺供，委官差用乡老耆民书手算手，每人每日给熟米两升，或给银一分五厘，令其自行买办，庶得所养，不因口腹之累旁生奸弊，害人取财。其里老排年，总甲各令自行备办，不许援此破费官钱。

饥民得银，多有在城市买酒食肉，或作谢里老，或聚会乡亲，所得官银花费殆尽，此等奸民，但图一身温饱，不顾一家饥寒，深可罪也。委官所至州县散支赈济之时，禁约店家，不许卖酒，候委官启程后十日，方许照旧施行，其卖饭卖面店房不在禁例，委官审散之际，就行体量验看，如有酣醉者，就与追究是何店家，报出姓名拿问，罚谷赈济。

相关配套措施

祈禳："成汤大旱，祷于桑林之野。《周礼》荒政索鬼神而祭之；《诗》云，靡神不举，靡爱斯牲。古人敬神如此，所以为民祈福也。仰府州县掌印官员将境内应祀神庙坛场俱要修整打扫，于正月内择日虔诚祭告，以祈风雨调和，五谷丰熟，其祭告之文行儒学教官撰述。若庙宇坛场有倾颓倒塌者，或劝谕境内富民出财修造，或候岁丰时和民安政理之日，次第举行，幸勿置之度外，以堕有司敬神之职。"

赎子："访得饥荒去处，小民往往鬻卖子女，远去江外，惟图多价，不顾远离。仰各府县责令本处殷实之家，许其用价质收为义男义女，交易之后，具状赴官投知，置立卷簿，附记姓名，候三五年之内，力能办原价赎回者，听，不许用强执留。庶几户口不甚消耗，骨肉不至分离。"

养孤寡："养济院见在收养孤老男妇例该每月支米三斗，每年冬给棉布一匹，夏给夏布一匹，州县缺供者，委官所至去处督令掌印官查取库内现贮赃罚内纱罗缎布绢衣服氊褥席被，或估价变卖取银，或估计折算搭配，尽数支给，以惠困穷，赃罚不勾者，于官银内查算，有半年之上未给衣粮者，每名散银三钱六分，四个月之上未给衣粮者，每名散银二银四分，就准作未支月分粮米，仍备开支过姓名数目，行该管州县，造册回报。"

安流民："沿街乞食抄化流民，委官设法查审，年老有病目瞽脚跛残疾行动艰辛者，每人给银一钱二分，或就将前银买米发与附近僧堂道观，令其煮粥，日给两飧。"

息讼："府州县掌印官省谕里老回乡申戒百姓，但有户婚田土斗殴军役等项小事，各要息心忍性，不必赴官兴词。中间情有所激，事不可已而告者，掌印官只批与本管里长、老人量情剖断，不许辄便准状提人，连累无干平民，监禁月久，以致供送柴米及公私使用，其费不赀，因而破家荡产者有矣。若军民词状但有告系负骗钱债者，一张不许准行，一人不许提问，如违，本院查访得出，定将受状官参拿究问，坐以听受嘱托赃罪不恕。"

禁追债："饥民拖欠官钱私债，俱候丰熟之年陆续纳还，有司官吏，豪强债主，不许于赈济银内用强充筹准拆，违者许被告饿民赴委官处告理，应提该吏债主就便拿问，具招呈详干碍职官，呈来处置。"

禁宰牛："雨雪连绵，天时寒冻，各处牛只倒死数多，有活者，仰府州县城郭墟市军民自正月起不许宰杀耕牛发卖，违者许地方总小甲连人赃拿送到官问罪，但有杀牛一只，照例罚牛五只入官，借与极贫无牛之家耕作，两年丰熟，方送还官，若老弱病死牛只，亦要告官差人相剥肠肉分食，不得挂卖，皮角入官，不得隐藏。"

掩骸骨："掩骼埋胔，先王仁政，有其举之时维正月。访得今年雨雪深冻，各乡小民因于饥寒而死甚多，无棺收殓，弃尸原野者有之。各州县掌印官并各委官所至去处，差人体视，但有前项骸骨，督令地方总、小甲人等拾拾藏埋，庶无暴露，以伤天地之和。乡民有能捡埋死尸者，州县审实，每一躯者，赏银二钱以酬其劳，事完将收过尸骸，支过银两，开报查考。"

弭盗："湖广地方近年多盗，况今饥馑，所在尤多，仰各州县于各乡村选家道颇厚，素有力量者一人，立为乡长，令其纠集乡夫，自备器械，暇则操演武艺，夜则巡逻地方，每村置鼓置锣各一面，贼至鸣击为号，各乡老闻号亦击鼓鸣锣出兵，各领乡夫伏险，截杀追逐，必枉擒贼，每擒杀强盗一名，审验得实，赏银五两于见贮赃银内即时支给。"

劝富民："周恤乡邻、惠养宗族，古今善行美事，仰各乡积银积谷之家，念此荒年，广行阴骘，如遇族人□□缺食，量其家口多寡，或舍施赈济、生放借贷，俱从其便，生借者候丰年一本一利理还，如一年陪还未足，姑且记数，再待二年、三年，若富民中有舍财施饭，救济存活饥民者，有司上其姓名，书其事实，申报本院，以凭奖劝。"

修水利："各被灾州县原有圩院基围堤塴陂堰去处，去年被大水冲决崩坏者，彼因田禾失收，耕民缺食，无力修筑，今赈济得银，可以买米，食饱力壮，正宜用工。仰州县委佐贰或首领官分投督工，趁时修浚筑塞，使水来有备，秋成有望，各府仍委佐贰官循行提督，有不如法者惩戒之，保固之后，时而不兴工者，催促之，经营之，事完之日，将工程起止日期修筑丈尺数目申报本院查考。"

劝农工："各州县多有闲旷地土，年久抛荒，今当水涝之余，所在饥民缺食，仰各府州县官及时督劝农民于正月、二月广种麦粟荞菜之类接济食用，庶使地无遗类，民不告饥。"

停不急之工："仰各行所属有司卫所将各项修理衙门、学校、坊牌、舡只、铺陈、铺舍大小工程，但系劳民伤财者，一切停罢。敢有沿此科敛，沽名射利者，除本院多方访查拿问外，守巡官所至去处，一体查提追究，官吏科罚银两，分厘不准花销，俱作受赃入己论罪，备招呈详发落。"

助婚嫁："访得各府州县卫所多有男女已长成，婚姻已聘定，止因财礼未备，年久不得嫁娶。仰各掌印官严令总甲前去城市，里老前去乡村，遍谕已聘未娶者，男家不许责备女家嫁妆针指，但得荆钗布衫便可出门；女家不许责备男家猪羊银币，但得鸡鹅果酒，便当度礼。一以体古人荒政即多婚之义，一以革婚姻论财袭夷虏之风。"

厚风俗："凶年饥岁，亲戚不保，骨肉相残者，在在有之。中间不为饥寒所变，不为薄俗所移，子弟之于父兄、侄儿之于叔伯、新妇之于舅姑、兄弟之于姊妹，但遇缺食能致其养赡，或遇有疾能致其医药，不幸病故营办衣衾棺椁，丧葬各不违礼者，各里老开报姓名、行事，报与儒学，师生再加访验得实，移文州县，备申本院，以凭一面核实奏请旌表门闾，一面动支官银收买彩币奖劝，少兴孝悌和睦之风，略变乖戾浇浮之习，每月终，各儒学将查访过有无前项之人申报查考。"

（2）道光十一年（1831 年）江夏水灾

道光十一年（1831 年）江夏灾荒赈济的直接指挥者周存义在事后写了一篇《江邑救荒笔记》，为我们留下了这场水灾中官方赈务的较详细记录①。由于这份笔记是按照较规范的救荒书体例编订的，我们可以直接利用原始的记录来展示这次救荒的全程：

灾情及赈务概要

从笔记的《自序》中可知，本次水灾开始于道光十一年（1831 年）五月："道光辛酉②五月，大雨连朝，江河并涨，兼之山水聚发，鄂城汉口皆成巨浸，哀鸿几遍原野"，据急赈阶段的勘查，当时江夏受灾的基本情形为："查江邑境内，北岸屯等一百三十里屯均已漫淹，测量水深，均有一丈一二尺不等。省城内外因猝被水成，迫不及放，周围皆水，无路可通。避水灾民搬移于城垣高埠之地，搭棚栖止。四乡低洼处亦迁居高阜，或聚处一船，荡析离居，嗷嗷待哺。"

《自序》中也概要记述了本次赈灾所经历的时间和赈务情况。水灾发生后，周存义由黄州通判任上被借署江夏，主持赈务，他从道光十一年（1831 年）七月开始视事。此前，"灾民就食省垣者，业经庞星斋大令搭盖棚厂，散

---

① 周存义：《江邑救荒笔记》，李文海、夏明芳主编：《中国荒政全书》第 2 辑第 4 卷，北京古籍出版社 2004 年版。

② 当为"辛卯"之误，道光朝无"辛酉"年，根据《江邑救荒笔记》成书的时间和行文可知，所记事件为道光十一年，即"辛卯"年事。

给钱米，本已略有头绪"。周存义到任后，"嗣即认真接办，亲历各区，逐户
挨查，分别应赈不应赈，冀无遗滥。随于九月初十日在省城外分设粥厂，立定
章程，选派委员绅士督率夫役。余亦随时随地，亲诣查验。至正月底，随节军
营，代理之员照章接办，至三月乃止，活人无算"。

急赈事宜

据笔记《急赈事宜》记载，本次赈务急赈阶段情形为：

> 蒙上宪颁发《豫省查办急赈章程》，并给领银二千两以备急需。当即
> 雇备划船二百二十只，分派亲信家丁资送干粮，以谋拯救。并雇大船九十
> 只，于五月二十八九两日济渡被灾民。凡有栖止树梢、屋脊之人，迅救至
> 船，设法权为安置。共五千八百二十户，男妇大口一万五千八百三名，小
> 口八千一百三十名。每大口发给芦席二条、竹片四根，小口芦席一条，以
> 资栖止。每日大口给面馍四个，小口给面馍两个，以资口食。自五月二十
> 八起至六月初四日止，除奉拨发银两外，不敷银五百五十余两，自行捐廉
> 凑办。嗣以积水难消，灾黎甚众，奉上宪饬令动碾仓谷，以济民食而安闾
> 阎；查明实在乏食灾民，或钱或米，设厂先行妥为抚恤，毋使一夫失所。
> 遵即禀明动碾常平仓谷三千石，在于城内正觉寺、铁佛寺、社稷坛三处发
> 放。拟定章程，按十日发米一次，大口给米四升，小口三升。自六月二十
> 三日起及七月初三、十三等日三次开厂散放。因灾民纷纷就食，日集日
> 多，每次领米，大小丁口其始一万五千六百八十余名，继则一万九千七百
> 五十余名，末后一次至二万二千九百六十余名，共放过米一千九百三十七
> 石四斗六升。因原请谷数不敷，又续动谷石碾凑支放，曾经先后折报。七
> 月间正拟撤厂另筹，适余奉委署篆。到任之初，见省城内外灾黎仍蚁集，
> 嗷嗷待哺，虽上宪奏请抚恤，并设法劝谕绅商富户捐输接济，第抚恤必须
> 确查各里屯被灾户口细数，急切未能举行，而士民捐输亦难刻期缴齐，仍
> 复查明户口应赈者，接续动碾仓谷，于七月二十三日，在原设各厂又散放
> 米七百六十五石五斗八升，俾资口食。其时江水已逐渐消退，当出示晓谕
> 各灾民中之少壮者即归乡里，自谋生计。又督率汛委各员，逐加清查，其
> 中实在孤寡老弱，无依无靠，不能自给者，于八月初三日在原厂放米四百
> 一十石六斗，又于十三日放米二百六十九石五斗，二十三日放米二百三十
> 五石八斗八升。又于九月初三日放米二百六十一石三斗四升，均在原设厂
> 所散放。连前四次及前县三次，总共放米三千八百七十二石七斗六升，俱
> 经开折申报。江水大退，灾民渐次归里，不致仍前群集。至九月初十日煮
> 粥接济，始将三厂停止。

查勘事宜

据笔记《查勘事宜》记载，本次赈务查勘阶段的基本情形为：

患来仓猝，灾出须臾，江夏灾民搬赴城上及高阜处不下万余口。业经本任庞大令查明大小户口，分别旧管新添、现去实去丁口，开具四柱清册，按日通报核办。而县境所辖各汛被灾较重，前署府委候补县丞荆道泰等分赴鲇鱼、金口、山坡、浒黄，会同各该巡检确查。继又移委署粮府史礼贤、候补县陶洽驰往各乡，察看情形，酌量散给钱米，绘图贴说，并无朦混。七月间，余奉檄权斯篆，以清查户口为目前最要之务，将来赈给赈抚，有所依据，而一人智虑难周，在在需员帮办，又禀请会同兴国州知州蒋嘉瑞分查金口、山坡，武昌县知县林芳分查浒黄，候补知县陆烔分查鲇鱼，逐细严查，将应赈不应赈大小口数认真覆查，以期事归核实。将其中孤寡老弱不能自给者，列为极贫；虽处困乏而现有微业可营，非急不及待者，则俱归入次贫。统计极次贫民五万一千三百二十八户，大小口十五万八千四百三十七口，分别应抚、应赈、应加赈，俱系亲勘，并不假手胥役。其中卫所屯坐军田，亦俱查照，一律办理。

抚恤、加赈事宜

据笔记《抚恤、加赈事宜》部分记载，本次赈务抚恤、加赈的基本情形为：

道光十一年七月二十八日，督抚宪会同具奏查勘江夏等各州县被水轻重情形，照例抚恤灾民一月口粮，仰荷谕旨，先行抚恤。复加确切查勘轻重，核办蠲缓各事宜，江夏所属各汛实在成灾七分，应抚极次贫民，通共计大口一十一万四千七百一十九口，小口四万三千七百一十八口，统计一月口粮，需谷四万零九百七十三石四斗，每谷一石折银五钱，共折银二万四百八十六两七钱。九月领银到县，按足时价，易按钱文，查照大小口数，发给所有四汛应抚灾民。必须分里分屯分期分厂给发，先行出示晓谕，务使灾民家喻户晓，如期赴领，不致徒劳跋涉。鲇鱼汛分设楠木庙、纸坊、东湖驿三厂，浒黄汛分设石山寺一厂，金口汛分设金口镇、张王庙二厂，山坡汛分设山坡街、大公馆二厂，均于十月初五日开厂散放，按照户口截给印券。查照定例，每大口给谷一升，小口减半，盖戳给领，以昭核实而杜浮冒。至十九日止，一律散放完竣。惟被灾之各里屯逐一履勘，或地处低洼，或滨江傍湖，积水较重。其消涸之时，又节届寒露，气候已迟，秋收均皆失望。若抚恤之后不为续筹接济，则瞬届冬令，该灾黎等未免有饥寒交迫之势。又照例禀请将极贫加赈两个月，次贫加赈一个月。计大小口总共需谷四万四千二百二十四石五升，共折银二万二千一百十二两二分五厘。并照定例将一百三十里屯应征本年地丁等项正耗钱粮及各粮米均蠲免十分之二，其蠲剩银米同节年带征钱粮俱缓至来年秋成后分作二年带征。至此外之三城五屯虽俱勘未成灾，第早晚二稻收成亦止六分及五分有余，且县属灾区甚广，该五里、屯错处其间，成熟无几，所有应征本年各项钱粮银米及节年带征钱粮，并请缓至次年秋成后征收，藉可稍纾民力。其各卫所屯坐县境军田亦俱查照一律办理，以广皇仁而彰宪德。当即分别赶照户口清册并顷亩蠲缓各银米册结，详赍核办。其携眷外逃之户闻赈归来，纷纷吁求补放。又复会同委员挨户确查。其间年力强壮尚可自食其力，或有小贸营生者固多，而实系老幼残疾贫苦无告者亦复不少，除例不应赈外，实应赈贫民一万二千五百一十三口，计大口一万九千七百七十五口，小口一万五百五十二口。查归来各户，在外谋食数月，甫经回籍，毋庸先行抚恤口粮，应按次贫普行给赈一月，每大口日给谷一升，小口日给谷五合。其需谷七千五百一十五石，共折银三千七百五十七两八钱七分五厘，随同加赈之极贫次贫民一律给发，俾免向隅。鲇鱼汛灾民厂设金沙洲丁三庙一处，金口汛厂设金镇张王庙一处，浒黄汛厂设鸡窝街陈姓祠堂一处，山坡汛厂设山坡街大公馆一处。以上各汛厂所均于十一月二十二日开厂散放，按照户口，查照定例，每大口给谷一升，小口减半，照票发给。再，屯坐军户有闻赈归来各户，移催卫所，查明核办。

煮赈事宜

据笔记《煮赈事宜》记载，本次赈务煮赈的基本情形为：

被灾较重之区，九月中水势渐次消落，在涸复之地补种荞麦杂粮蔬菜可资糊口，力能自赡。而低洼之地尚有仍被漫淹，必须冬月方可涸复，然亦仅能补种二麦。寒冬将届，为日正长，除力能自给之户无须调剂，实在乏食贫民，饥寒交迫，情殊可悯，必须早为筹画。署藩宪栗仆园先生以煮粥则惠在贫民，有力之家无从冒滥，颁发煮赈条议，饬令确勘情形，自十月起至来年二月止，或散放钱米，或设厂煮粥，通盘筹议接济。查江邑被水成灾地方既重且广，低洼之区一时尚难涸复，困苦情形，岂堪设想！幸蒙圣恩，赈抚兼施，而查造四乡户口细册，请领帮项，尚恐迫不急待，必须亟为先筹拯救之方。当经禀明，将所劝士民、当商乐输银两上紧收缴齐全，尽数先行买来煮粥。当选派公正绅士现任广东海丰县知县沈英、截取知县吴云芝、举人洪恩骏、生员吴杰士，分路采买米石，源源接济。查照旧章,分设三厂,均在适中宽广之处,以前任浙江慈溪县知县黄兆台、前任江苏金山县知县林沛、候选训导骆标综理其事。一在阴骘阁,系候补训导樊朗、监生程浚经理。一在岳王庙,系职员刘文琪经理。一在沙湖三官殿,系监生刘能钊经理。并遴选幕友家人妥为筹备。连日男妇大小灾民各有三四千及五六千余口不等,计每厂日需米十五六石至二十余石不等,合计每日共需米五六十石。以捐数而论,典商所捐之典平色银折实库平足纹九千一百一十四两零。其余绅士富户等乐输,合计存银尚有三万二千一百七十五两。又奉本府饬汉镇盐号杨兴源等公捐助钱三千串,照市价折实库平纹银二千一百两。又连日续捐钱一千七百五十两。共银四万五千一百三十九两。就各厂人数核计,尚可放至来春。惟专待抚赈之户并稍可自给者,其时均未入厂,一至天寒日久,匮乏难支,势必偕闻赈归来之辈源源而来,所以人数概不能预定,捐项当另劝广输。即赶催将已捐之数尽先缴足,一面上紧督饬绅士向各绅商富户善为开导,劝令重念桑梓,再为量力展捐。其未经书捐各户,切加劝谕,一律从丰捐助。并邀同绅士切实婉商,或各分余力,将所在邻里亲族推意养膳,或自筹余资,就各乡村镇量予赈济,给钱散米,均听自便,计口授粥,法亦可从,俾随处皆有就养之方,则正厂可免负重之虑。亦经两院奏闻,奉旨俞允。嗣因入春以来,节候较迟,相距夏秋尚远,虽兴工修筑堤塍,在年力少壮者佣趁度日,原可以工代赈,而老幼孤独残疾无依之人仍有饥饿之虞,殊不足以示体恤,自应展办一月。而捐项所存无几,不敷应用,禀请借用汉同知采买米石,拨给三千石,并两次动碾仓谷一万石,藉资接济。自道光十一年九月初十日开厂起,至道光十二年三月二十九日止,共煮过米二万二千八百二十八石六斗六升。各厂书差匠作夫役人等每日饭食米,共五百三十七石八斗一升。煮粥煤炭,每米一石用煤一石五斗,共用三万四千二百四十三石。总共用银七万一千四百三十八两零。竭尽心力,妥慎筹办,经费尚不至虚糜,哀鸿或稍免失所。设厂七月,计全活数十万人。又有饥饿不能出门户者及风雪之日寒冷不能行走者,用担粥之法,每晨用白米数斗,分挑至通衢若郊外,凡遇前项人等,人给一勺米,五六升可给五六十人之餐,诸命又可暂延。是又煮赈之外,推广及之者也。因时制宜,或足以补旧章所未备云尔。

安辑流民事宜

据笔记《安辑流民事宜》记载,本次赈务安辑流民的基本情形为:

洪水骤发,各州县民田庐舍大半淹没,其逃荒外出,四散觅食纷纷来省，省城并无隙地，无从安置。且江夏县办理抚恤，系照户口册籍按名给发，异籍民人不能遍及。屡奉上宪饬令，速给口粮，递回原籍。并剀切出示，谕以原籍各州县均办赈灾，安居本籍，尚可得沾实惠，若携家远出，不特不能领本籍之赈，且不能领省垣之赈。两无可得，岂非自误？即领取口粮回籍，听候地方官查办赈济，免致流离失所。无如归籍无业者难免复又外出，且有甫经出境，后又绕道而来。既来之后，又不便不给口粮，再行资送。旋去旋来，循环不已。在州县经理资送，劳瘁固所不辞，而饥民道路往来，不遑餐寝，转瞬隆冬，饥寒交迫。冀其不填沟壑之中，亦鲜良法。再四思维，拟暂设留养之法，流民不能回籍者，审问的确，填写姓名口数，酌量安抚。当禀明各宪，将资送与留养兼而行之。其资送之法，专丁督役押送下站，交县收明，取有回照，再由下站逐程资送出境。其留养之法，每大县收养一千人，小县收养五百人，每人每日大口给米三合，小口减半。择城外宽大寺院，或搭盖棚席，暂资栖止。此县收足，余者资送彼县留养。彼县收足，再彼资送别县，俟春融全行分别资送回籍。九月初十日开厂放粥，凡留养流民，一律令其赴厂食粥，以饱为度，毋庸给米。如此办理，在州县所费无几，而流民存活甚众。宫保卢公以所禀拯救饥民，不分畛域，尚属用心周到，即通饬各州县遵照办理。

抚恤贫生事宜

据笔记《抚恤贫生事宜》记载，本次赈务对贫困生员抚恤的基本情形为：

> 应抚贫生，例应由学造册，移县核办。该生等均系寒儒，平时教读糊口，差足自给。因大水泛涨，屋宇淹塌，馆童星散，束手无策，是以邀恩请赈，以济时艰。据府县两学移造贫生大小丁口共九十三户，大口三百五十八口，小口二百七十三口，照例抚恤一月。大口日给谷一升，小口五合，共需谷一百四十八石三斗五升。每石折银五钱，共银七十四两一钱七分五厘。查明被水贫生俱系次贫，例应加赈一月。其闻赈归来贫生，甫经回籍，可毋庸给予抚恤口粮，应照次贫给赈一月。共五十六户，大口二百一十一口，小口一百五十七口，统共需谷二百三十五石二斗，共银一百一十七两六钱，俱照按户口，分派给领。嗣又续请补赈贫生十户，应领赈恤银五两二钱；武生二户，应领银九钱。因前次牒送业已详办，未便转详，当即捐廉给发，俾免向隅。

弭盗事宜

据笔记《弭盗事宜》记载，本次赈务"弭盗"的基本情形为：

省垣五方杂处，被灾之后，棚居灾户鳞次相比，群聚萃处，而每日各州县避水灾民陆续搬运，纷至沓来。往往有棍徒窃匪混迹其中，乘机滋事，或藉称乏食，向商旅富户强索，甚且劫夺拒捕，或暗使妇女哄闹，挟制官长，阻挠赈务，以及鼠窃狗偷，恶丐强讨。除出示严禁外，禀经本府，专派委员，在各门查办，又添委协查，会同前委梭巡，妥为弹压，并选派妥干丁役，在管辖江面并邻邑毗连各要隘派分段落，驻守巡缉，随时抽查勤惰，以示惩劝。如有前项匪徒，立予惩治。所以设厂放赈煮粥，半年有余，宵小莫不敛迹，地方极为安堵。

施棺、施药、施棉衣事宜

据笔记《施棺、施药、施棉衣事宜》记载，本次赈务施棺、施药、施棉衣的基本情形为：

水势异涨，猝不及防，外江内河居民有不及引避以致淹毙者，有坍房压毙者，有因渡江之时风涛汹涌中途沉溺者，有埋厝尸棺被水冲出者，殊堪悯恻。当即捐廉，每大口给棺殓银若干，小口若干，除有亲属领埋外，其无主暴露者，著令地保承领掩埋，并置买义冢，妥为经理。其好善绅士，情愿捐备者，亦听其便。地方官查明捐数，具详请奖，不得抑勒派扰。大水之后，必有时疫。道光十二年，自春徂夏，瘟疫大行，至有阖门相枕而死者。极贫之民，一食尚艰，求医问药，于何取给？宫保卢厚山制府首制药丸，普为施给。道府州县亦各捐资，广购良药，配成丸散。凡有疾者，莫不应手奏效，全活甚众。抚赈兼施，又办理煮赈，所以加惠灾黎，虽已竭尽心力，然衣不蔽体，寒已切肤，不死于饥而死于冻，复难保全其命，亦当早计御寒之策。随又与各绅士熟筹，佥谓善固莫善于绵衣，而需费太多，难以普济，先行广购稻草，编制草衣，即古人所谓牛衣者，约计银一千两，可得草衣二万件。不过暂为应急，实已足卫严寒，赶紧商办。凡此在贫民多保一日之命，叨惠无穷，在捐户多出一分之资，积善匪小。其绵衣一项，盐道本府及余捐制五千件。余又捐制草衣二万件，于散赈之便，察看单寒极贫之男妇，携带散给，有余更以及极次贫户口之茕苦者。不得预期声张，更不可委任胥役，惠难为继，弊益滋多，毋自生扰累也。

捐输事宜

据笔记《捐输事宜》记载，本次赈务组织捐输的基本情形为：

五月中，楚省江河泛溢，为数十年未有之灾，而江邑首区被灾尤重。制府卢公、中丞杨公因灾黎众多，惟恐经费不敷，为日较长，赈济一切应行预为宽备，宜向本地绅商富户熟筹审处，极力劝捐。一邑所捐，能敷一邑之用，自然经理裕如。倘实有不敷，再详请发银。以补不足。时督抚司道府县首先倡捐银自一千两至五千两，并剀切示谕绅衿士庶殷商富民，一体捐输，共襄义举。凡有好善乐施者，或银或钱，及米谷麦面杂粮并席片竹木等类，可以赈济灾民，皆准捐输。并准于事竣之日，核实银数，三十两以上，由县给与匾额；五十两以上由府给与匾额；一百两以上由道给与匾额；一百五十两以上，由司给与匾额；二百两以上，由两院给与匾额奖励；三百两以上，由司详请奏明，给与顶戴议叙。捐至一二千两及三四千两，题请从优议叙。如至万两以上，再行据实奏请恩施。其有捐银不及十两与出资较多之人，将其姓名银数于城乡通衢处所，出榜晓谕，统行勒石，以垂永久。倘印委各员并不实心经理，任听胥役人等串通侵扣，不能实惠及民，即属玩视民瘼，办理不善，一经查访得实，官参吏处。当经庞前县及余选举公正绅士，广劝殷实绅民，一体捐输。其中户人等，亦各量力助捐，积少成多。所有绅民商贾人等，均各宜笃桑梓，闻风好义，踊跃输将，于七月二十五日起至九月初六以前，一律完缴，收贮县库，赶办赈抚事宜。将捐输姓名造册详报，查照捐银多寡，分别声请议叙奖励。

附：《办赈条例》和《粥厂条款》

《江邑救荒笔记》还附录了本次赈务所使用办赈和煮粥的章程等难得的救荒资料，使赈务中的一些细节更为清晰，特附录如下：

《办赈条例》

给赈先查户口，宜归核实也。委查各员有立意市恩，不问灾分轻重，不察极贫、次贫，有户即开，有口即报。不知一经滥开，存之则费有不敷，汰之则毫无所据。里甲浮冒，胥吏舞文，亦由此而起。临时删减，太费周章。其务为节省之员，欲以认真见长，不问轻重情形，惟以少开少报为主，以致灾民不服，酿成殴辱官长等事者有之，且必致道瑾相望，无所控告。则失之于遗与失之于滥，均非核实之道也。

赈期宜早为晓示也。既经勘定灾分，照例给赈，百姓嗷嗷待哺，闻有赈期，有所指望，自然安心待赈，不致四出逃荒。但开赈有一定例限，其未赈之先，又须设法安定，方为万全。

设厂宜就四乡适中之地也。先期示定乡保，在某厂某日放给钱米，则预期将米运贮厂所；放钱，则预期将钱运往厂所。放米若按升斗量给，费日积时，殊难为理。应按大小建、大小口，各制木桶，大建一斗五升大桶、七升五合小桶，小建一斗四升五合大桶、七升二合五勺小桶，以凭量给，较为简便。其桶由该管本府按官斛较准制造，印烙颁发，以杜弊端。若放钱，则按照大小口应给若干文，照数用串穿好，每厂应用若干分，在署穿好，携赴厂所。该地方官暨监放委员随手抽查，数如有短少，立加究办。

劝捐宜乐捐，不宜勒捐也。凡地方殷实富户，厚资坐拥，人所共知，好义者自慷慨乐从，悭吝者亦迫于公议，断难推托。惟家不过中人之产，丰年所入仅敷一岁之需，一遇饥荒，业已自顾不暇。若必强令捐输，谓其既有田亩，即须捐赈，勒令多出钱文，必致典卖田产，往往有中人之产，遇凶年而荡然为赤贫之户者。是宜剀切晓谕承首劝捐绅衿各矢公正，勿涉偏私，以襄义举。

官赈不如私赈之普而易周也。查一保之中，不必皆有富户，而丰衣足食之人总有数家；且一保之中，孰富孰贫，共知共见，有力者各量力出谷米，以救一保之人，尚属易于从事。如一保之中贫户居多，则以邻保两相合计，通融周恤。又或毗连保分，甲保被灾，乙保无灾，则乙保赈甲保之人。既得同灾相恤之谊，亦可收守望相助之益。是在地方官善为劝谕，于每保中择明白一二衿者，发给谕帖，令其经理，并严谕该地保随同稽查，以资弹压，不必假手胥役，致多需索之费。

流民宜安辑也。地方偶遇灾荒，百姓轻去其乡，原非得已，地方官果能抚绥得宜，何致流离四出？若游惰之民，平时不务正业，遇灾则纠众逃荒，此等顽民，当责成地保约束，毋令外出。外来流民，不可久留，致生事端，急须设法资送回籍。亦只约计足将糊口之用，断不可以多与，多与则愚民贪利，必致去而复来，恐难为继也。

盗贼宜严缉，匪徒宜重惩也。灾荒之际，鼠窃狗偷，在所不免，则巡更击柝以防之。其有土豪地棍乘机抢夺，纠众滋事之徒，暗使妇女成群哄闹，挟制官长，阻挠赈务，则严刑峻法以处之。惩其首犯而宽其胁从，务使各知敛迹，自然地方安堵。

狱讼宜恤，用刑宜宽也。差徭宜减，役使宜少也。用度宜节，米粮宜惜也。《周官》荒政有缓刑、驰力、眚礼之条，亦司事者所当讲求也。

《粥厂条款》

立厂先宜卜地，择近水之区宽大庙宇数间，盖造仓厫，建立屋宇，作为粥厂；另择附近宽大庙宇二所，分为男女筹厂。

粥厂设棚一座，俱用木篙芦席造成，宽十四五丈，深八九丈，中设一厅约丈余，以为委员弹压之所。棚外左右各开一门，男女各入一边，以免混杂。每边两头又另设一门，使领粥后轮流而出，以免拥挤之虞。

男女厂各设大灶八口，高六尺余，俱用俗名三六九砖造就。烟筒应用铁横衬，每灶两根，每根约重十斤，每口灶齿重三十余斤。

男女厂各用川二黄锅八口，每口煮米四斗，上作木接口，高九寸。每锅新用，以猪油十二两、粗茶叶一斤，黄土一块熬炼，然后可用。

男女厂器具须较准发厂，大小铁瓢各三把，锅盖八合，锅铲、炭铲、火钩、木瓢各四把，水挽、木灯罩、大灯盖各四个。大缸二十七八口，需贮粥两锅。余木黄桶四个，需贮水二十余石。水桶十担，扁担十条，棕绳二十根，挑炭箩筐四石，扁担四条，棕绳三十二根，运米箩筐八支，木缸盖二十七八套，灯笼十余个。厂夫食粥粗碗三十余个，竹筷三把。其有损坏，俱可随时添补。其刷帚、拭布零星置用。又木架四个，系淘米用。

厂外设更棚一座，更锣一面，更夫三名。随时梭巡，以防攫窃之弊。

公所内应造米仓一二座，约贮米千余石；炭房一所，贮炭千余石，筹房一间。俱设庙内，以防偷窃情弊。

厂内应造大筹万余支，小筹六七千支，俱烙米印，以杜诈伪情弊。

公所内应置大秤、升斗各一，米斛一挑，筹扁、担夹板、绳索各数件。

绅士幕友俱宜三更鼓起，照料发米及淘米煮粥等事务。要督同跟丁书役人等实力向稽察，毋任稍有弊端。

每锅煮米四斗，用水五石半。其水桶深八寸，阔九寸。每锅只在十二三刻，即能煮熟，起锅下缸，不过半时便浓，毋任瓢夫人等搅扰，致浓粥澄清。

每煮米一石，需用八方炭八九斗。

每夜需用牛烛四斤余，灯油四斤余。

给筹应分男女。两厂需宽大庙廊屋宇，能容万余人，方为妥善。殿宇下另设横档一根，用二尺围圆大木，容领筹人等挨次放出，以免拥挤。设厂内有损坏墙壁，即行修补，以杜领筹人等复行越进混领之弊及覆压之虞。

厂内应用役十四名，捕役二名，保正二名，更夫三名，斗级二名，木匠一名，箍匠一名，泥水匠一名，筹厂有力管档雇工八名，饭夫八名，水夫二十名，火夫八名，瓢夫六名。此系煮米四十石以内人数。如煮米至四十石以外，另添饭夫四名，水夫四名。以上人夫，每日于食粥外另给工资四十文。又书办二名，每日每名给钱六十文。

以上各条系开厂应用紧要物事。其煮粥杂款难以枚举，若有应增应减之处，俱可随时查办。

2. 两次赈济的地位及其折射出的传统救荒理论发展

明代正德和清代道光年间发生在两湖地区的这两次水灾及其赈务在两湖地方社会及中国传统荒政发展中都有其相应的地位和值得分析、阐发的启示意义。成化、正德时期正是长江中游地区人地关系趋于紧张，自然灾害开始严重影响人类活动的时期①，该期外地流民的进入使得以"垸"为形态的农业开发在平原湖区兴盛，形成了垸田兴建以来的第一次高潮②。与此同时，长江及汉、湘、沅等支流中下游河谷地带及两湖平原广大地区的洪涝灾问题日益突出，揭开了本区此后相当长的一个时期里灾害频度与强度不断加强和升级的序幕。耐人寻味的是，尽管洪涝灾害频繁、毁灭性强，但两湖平原的经济却从一次次水灾的破坏中迅速恢复过来，一直保持着两湖基本经济区的领先地位。从明清长时段看，两湖平原的经济呈上升和进步的趋势，由此不能不说，传统荒政理论的发展及赈济事务的成功实施与两湖地区社会经济的上升进程有一定的关系。迄今为止，对该期两湖地区洪涝灾害具体赈济过程的研究基本上是空白，正德十一年（1516 年）大水灾的赈务过程使人们明了，在洪涝灾害开始肆虐两湖，人们的经济社会活动日益遭受自然灾害影响的这样一个特定时期，两湖地区的赈务采用了什么样的程序，赈务的组织和实施达到了什么样的水平。道光十一年（1831 年）水灾发生时已远离清代的盛世，而此时正是官僚体制中腐败因素加速滋长，两湖地区洪涝灾害更加频繁和显著的时期，道光十一年（1831 年）江夏水灾的赈济实态向我们展示，此时的地方官府能组织起什么样的赈济，它该如何影响我们对传统荒政理论与实践问题的评价？

将明清两湖地区的这两次赈务放入中国传统荒政事业发展、演变的大背景下更容易开启我们的思路以思考上述问题。中国古代荒政起源很早，以救荒书等形式对荒政经验和措施进行总结的做法也源远流长。有论者将中国古代救荒书的发展分为三个阶段，先秦至隋唐时期、宋元明时期和清时期。先秦至隋唐时期，救荒书数量少且落后于救荒活动的发展，宋代是中国古代救荒书发展史

---

① 张建民、鲁西奇：《长江中游地区人地关系的历史演变及其特点》，《光明日报》2004 年 9 月21 日。

② 梅莉、张国雄、晏昌贵：《两湖平原开发探源》，江西教育出版社 1995 年版。

上的转折点，清代则是救荒书出现的高峰期①。大体而言，中国古代荒政自宋代开始程序化的赈灾活动，以董煟为代表的一批有识之士则开始系统地总结历代救荒经验并单独成书。这些救荒书是中国传统荒政理论发展的重要见证。董煟将本朝重要的救荒之策总结为五点："常平以赈粜，义仓以赈济。不足则劝分于有力之家，又过粜有禁、抑价有禁，能行五者，则庶乎其可也。"至于减租、贷种、优农、存恤流民等措施则"又在随宜而施行焉"②。乾隆时期官纂大型救荒书《钦定康济录》可视为中国传统救荒制度的集大成之作和救荒书的顶峰之作。除"前代救援之典"为引述经史文献外，全书按"先事之政"③、"临事之政"④、"事后之政"⑤ 的体例进行编纂，并对先事、临事、事后各政进行了系统的总结。其中对与赈济有关的"临事之政"论述尤详。自董煟的《救荒活民书》至《钦定康济录》，现在能看到的救荒书基本上是万历以后编写的，而且绝大部分以两湖以外地区的救荒实践为基础。因此，《湖广图经志书》所记载的正德十一年（1516 年）湖广大水灾（以及正德四年旱灾）赈济事宜实在是很难得的救荒文献，它在中国传统荒政理论的发展曲线上增补了一个正德时期及两湖地区的参照点。道光年间编纂的救荒书为数不少，王凤生的《荒政备览》、杨景仁的《筹济编》、章谦的《筹赈事略》等不同形式的救荒书都编成于道光年间⑥。但如《江邑救荒笔记》这样详细地记载两湖水灾赈济过程的却极为少见，它同样也是中国传统荒政理论发展曲线上的一个重要参照点。

　　如何借助这些参照点来认识传统救荒理论的发展？仅从救荒书的编纂来看，宋明以来救荒书的进步和发展是显而易见的。魏丕信敏锐地发现："如果《救荒活民书》可以看做所有荒政指南的'母本'，到了中华帝国的晚期——

---

　　① 卜风贤：《中国古代救荒书的传承和发展》，《古今农业》2004 年第 2 期。

　　② 董煟：《救荒活民书》卷中，四库全书本。

　　③ 先事之政共六条，分别为：教农桑以免冻馁；讲水利以备旱涝；建社仓以便赈济；严保甲以革奸顽；奏截留以资急用；稽常平以杜侵欺。

　　④ 临事之政共二十条，分别为：急祈祷以回天意；求才能以捍灾伤；命条陈以开言路；先审户以防冒恩；借国帑以广粜粜；理囚系以释幽冤；禁遏粜以除不义；发积储以救困穷；不抑价以招商运；开粥厂以活垂危；安流民以免颠沛；劝富豪以助济施；乞蠲赈以纾群黎；兴工作以食饿夫；育婴儿以慈孤幼；视存亡以惠急需；弭盗贼以息奸宄；甘专擅以奋救援；扑蝗蝻以保稼穑；贷牛种以急耕耘。

　　⑤ 事后之政共六条，分别为：赎难卖以全骨月；怜初泰以大抚绥；必赏罚以风继起；筹匮乏以防荐饥；尚节俭以裕衣食；敦风俗以享太平。

　　⑥ 魏丕信按形式和内容将传统救荒书分为三种类型，（1）完全出于实用目的的指南类著述；（2）作为参考而刊行的百科全书式的著述；（3）关于特别的救荒活动的材料汇编。参见［法］魏丕信：《略论中华帝国晚期的荒政指南》，"清代灾荒与中国社会"国际学术研讨会论文集，2005 年，北京。传世的道光年间所编的救荒书原文可参见李文海、夏明方主编：《中国荒政全书》第 2 辑，北京古籍出版社 2004 年版。

明代，特别是清代的——荒政著作不仅在类型上大大超出这个奠基性的范本，而且体例上也颇为不同"，其中清代在明代基础上的进步也很明显。就他所区分的三种类型的救荒书而言，明代的"荒政指南"侧重于历史经验的描述，而"18、19世纪的荒政指南，开创了一个非常规范的体例……荒政的每个步骤，都是清楚地按照王朝的则例和律例展开的"；清代的百科全书式荒政汇编"趋向于比明代同类著述辑录更多材料"，而且显得"更象是为了使当代政策合理、合法化汇集起来的历史先例"；而在"特定救荒活动的公牍文集"中，清代救荒书中充满了明代同类书中所没有的"对于有效官僚行政和完备的施政程式"的那种自豪感①。然而，救荒书编纂的发展是否意味着救荒理论的进步呢？救荒书形式的多样化和内容的详细化是否代表了救荒理论水平的提高呢？欲探明传统救荒理论进步与否，仅停留于救荒书的编纂层面是不够的，必须深入到救荒书所记载的具体的救荒过程当中，对历次救荒活动所遵循的原则、步骤和所运用的策略、措施等进行分析和比较，才有可能得出切合救荒实际的结论。

按照这样的思路，我们可以选择明清时期被详细记录的不同时段的一些救荒事件作为参照点，建立起人们意想中的传统救荒理论发展和进步的曲线。检索现存救荒书中对特定救荒事件的记录，可以从明、清各选出一例与上述两湖地区的两次救灾事件一同组成这样的参照点。这两个典型事例分别是，钟化民的《赈豫纪略》所记述的万历二十二年（1594年）河南大荒的赈济经过；方观承的《赈纪》所记述乾隆八年（1743年）至九年（1744年）直隶大荒的赈济经过。由于《赈纪》所述的事情发生在18世纪中叶的直隶这一特殊的时间和地点，魏丕信认为："我们有理由设想，这次救灾中的举动代表了当时所能采取的最好措施。"② 与这些救荒事件差不多同时，有一些总结前代或本朝救荒经验的救荒文献，例如，与正德十一年（1516年）湖广水灾相去不远的林希元的《荒政丛言》③；与万历二十二年（1594年）河南大荒相去不远的俞汝为的《荒政要览》④；与乾隆八年（1743年）直隶大灾相去不远的《钦定康济录》以及与道光十一年（1831年）湖北水灾同时代的各种救荒书等。这些经验的总结可代表与这些救荒事件同时代人们对荒政的认识水平，可以补充对这

① ［法］魏丕信：《略论中华帝国晚期的荒政指南》，"清代灾荒与中国社会"国际学术研讨会论文集，2005年，北京。

② ［法］魏丕信著，徐建青译：《18世纪中国的官僚制度与荒政》，江苏人民出版社2003年版。

③ 原本是嘉靖九年（1529年）的一份条陈，后被俞森收入《荒政丛书》。原文可参见李文海、夏明芳主编：《中国荒政全书》第1辑，北京古籍出版社2003年版。

④ 刊刻时间为万历三十五年（1607年），参见李文海、夏明芳主编：《中国荒政全书》第1辑，北京古籍出版社2003年版。

些救荒事件的认识和理解。将这些不同时代的救荒事件过程及救荒经验总结排列在一起，便构成一个救荒理论和思想发展的时间系列，将前贤们所总结的救荒经验和历次救荒活动所遵循的原则、程序，所运用的策略和采取的措施进行对照和比较，就可以比较客观、公允地对传统救荒理论问题作出评判，我们意想中的传统救荒理论发展与进步曲线的轮廓就会变得清晰起来。

经过比较和分析，在这些救荒事件和救荒经验中，笔者并没有发现重大理论创新和惊人的突破，而发现得更多的是救荒传统的延续和救荒策略的惊人相似。撇开儒家的仁政理念及掺和着宗教信仰因素在内的慈善观念等指导思想方面的共同点和预防灾荒的措施和思想方面的共同点，这些救荒事件坚持着一个共同的原则，即将有限的救荒资源用来帮助最需要赈济的灾民。临灾阶段的各项工作，包括救荒程序的设计、救荒技术手段的运用及防弊、惩弊的办法等，都是围绕着这个原则进行的，救荒过程前后的一些配套措施也大都服务于这一目的。而且，围绕着这一目的的救荒程序、应对策略、技术手段、防弊措施等也都大同小异，没有实质性的差别。《赈豫纪略》的作者钟化民用18幅图画向朝廷汇报了他奉命主持河南饥荒赈济到赈济任务完成回朝复命的全过程，即：恩赈遣官、宫闱发帑、首恤贫宗、加惠寒士、粥哺垂亡、金赒窘迫、医疗疾疫、钱送流民、赎还妻孥、分给牛种、解散盗贼、劝务农桑、劝课纺绩、民设义仓、官修常平、礼教维风、乡保善俗、复命天朝。这是一项包括赈济步骤和措施的综合报告，不难看出，他所依循的基本程序与前述两湖地区两次赈灾的程序以及《钦定康济录》设定的"临事之政"、"事后之政"所要求程序是基本一致的。这一程序被18世纪以降的则例、律例等规范为报灾、勘灾、抚恤（急赈）、核赈、正赈、加赈（展赈）等基本程序及安抚流民、蠲缓、劝捐等配套措施①。它清晰地体现在方观承的《赈纪》②和周存礼的《江邑救荒笔记》中，尽管嘉靖《湖广图经志书》和《赈豫纪略》等救荒文献不是依照清代"标准化"程式编写救荒过程的，但是我们可以轻而易举地从相关记述中复原这一标准化的程序。

从被提倡的主要救荒措施和实施要求方面进行比较，明清不同时期的救荒书所作的表达也大同小异。万历时俞汝为在《荒政要览》中提出了"平日预备之要"、"水旱捍御之要"、"饥馑拯救之要"、"荒后宽恤之要"。其中"水旱捍御之要"的主要内容为"修德禳灾"、"诚祷祀"、"求直言"、"早报灾"、

---

①　有关定例的颁行时间详见光绪《大清会典事例》卷269~288《户部》。并参见陈桦、刘宗志：《救灾与济贫——中国封建时代的社会救助活动（1750~1911）》，中国人民大学出版社2005年版。

②　《赈济》各卷的顺序为：卷1《上谕》；卷2《核赈》；卷3《散赈》；卷4《展赈》；卷5《安抚流移》；卷6《借籴蠲缓》；卷7《捐恤谕禁》；卷8《赈需杂记》。详见方观承：《赈纪》，李文海、夏明芳主编：《中国荒政全书》第2辑第1卷，北京古籍出版社2004年版。

"速检荒"、"督率修补围田"、"区田救旱法"、"柜田御水法"、"颁旱稻种"、"治蝗"、"贷种"、"劝种二麦"、"戒民节缩饮食"。"饥馑拯救之要"的主要内容为"蠲粮税"、"赈济"、"赈粜"、"借贷内库"、"通融有无"、"立赏格"、"加恤寒士"、"存恤流民"、"施粥糜"、"赡养茕独"、"治盗"、"掩骼埋胔"。乾隆时《钦定康济录》所提出的先事、临事、事后等措施并没有超越《荒政要览》所提倡的内容。这些措施也正是正德十一年（1516 年）湖广救荒、万历二十二年（1594 年）河南救荒、乾隆八年（1743 年）直隶救荒和道光十一年（1831 年）江夏救荒中所采用的基本措施。在具体赈务中参照前代成法或直接沿用前代章程是极为常见的现象。如周存义在组织道光十一年（1831 年）江夏的救荒时，"兼采明张司农《救荒十二议》、吕叔简先生《赈粥十五法》，俯察舆情，稍参己见，次第施行"①。方观承和他的同僚在组织乾隆八年(1743 年)直隶的赈务时，几乎参阅了所有的救荒典籍以采其救荒成法：

> 集古赈饥成法而参观之。户若干、口若干，当核也，则周中丞孔教用之。某也才，某也良，可委也，则林佥事希元用之。赈米有徐宁孙抄割之法，赈银有钟化民督理之法，其展赈也，则陈霁岩之于开州，安流民则滕达道之于郓州，煮粥则耿橘之于常熟，平粜则文潞公之于成都，贷牛种则定之于越州，他若董江都之广种宿麦、赵清献之召兴工作、周文襄之省运耗、吴遵路之采刍薪、吕文靖之谕赎农器、樊子鹄之劝富民捐输，皆次第仿而行之②。

在对救荒实施中的官员素质、实施要点和成败得失的反思、总结方面，嘉靖八年（1529 年）林希元在上奏朝廷的条陈中就提出了救荒的"二难"、"三便"、"六急"、"三权"、"六禁"、"三戒"③，这些实施要点的基本精神已包括在《救荒活民书》所载董煟及宋代名臣贤士的议论当中。如"二难"中的"得人难"一条，董煟《救荒杂说》已经对救荒中人主、宰执、监司、太守、县令等各自应具备的素质和实施要点作了充分的论述④。《荒政丛言》所沿袭的荒政实施中可鉴可戒的这些得失要点，一直延续到清朝，成为官员组织救荒

---

① 周存义：《江邑救荒笔记》,《自序》,李文海、夏明芳主编：《中国荒政全书》第 2 辑第 4 卷,北京古籍出版社 2004 年版。

② 方观承：《赈纪》,《序》,李文海、夏明芳主编：《中国荒政全书》第 2 辑第 1 卷,北京古籍出版社 2004 年版。

③ 林希元：《荒政丛言》,李文海、夏明芳主编：《中国荒政全书》第 1 辑,北京古籍出版社 2003 年版。

④ 董煟：《救荒活民书》卷下《救荒杂说》,四库全书本。

活动的行动指南。分析前述几个较成功的救荒事例的记述方式，可以看出，组织荒政的官员们都乐于从这些方面来标榜自己的言行。可见，他们正是遵照这样的实施要点来组织救荒事务的。

在主要技术手段和实施细节的筹划方面，以上几次赈济活动也如出一辙。不妨将正德十一年（1516 年）湖广水灾和乾隆八年（1743 年）直隶旱灾的赈济过程进行比较。我们将不无惊异地发现，代表了清前期"所能采取的最好措施"的这次直隶救荒活动中的一些关键性的技术手段和实施细节其实在正德十一年（1516 年）湖广的灾赈活动中已经具备了。这些技术细节包括：由上级委派官员负责赈务，要求官员"遍历乡村"；勘灾时以分数标明灾情轻重，建立勘灾登记簿；审户时将饥民分为极贫、次贫等次，并给受赈饥民发放票贴，凭票支赈；确定不同等级饥民的开始放赈日期，以赈济时间的长短来区分赈济等次；放赈之前，广为宣传通知；选择合适的放赈地点，以照顾不同距离的饥民；对偏远地区的饥民送赈上门；赈米与赈银相结合；对赈银合理包装，以利放赈等。一些被认为在清代才通行的赈济方式其实明代很早就实行了。例如，魏丕信指出按月向极贫、次贫户发放物资是清代确立的正式赈济程序，而"有关明代的'按月'发放赈济，我只看到一例"①，而从正德十一年（1516 年）灾赈中"旧时赈济一月一给"② 的记述可知，按月给赈已是正德以前两湖地区很通行的放赈方式了。

若从救荒、赈济中的主要弊端和防弊策略来考察，明清荒政事务中的弊端也大同小异。对此前赈务中的弊病进行总结是明代两湖地区赈务的优良传统之一，正德十一年（1516 年）吴廷举对赈务积弊所作的详细总结和防范办法已如前述。早在正德四年（1509 年），副都御史王纶已作了这样的简要总结：

> 访得往年赈济弊端百出，里老造报多有以富作贫，以下户作上户，赈济之时饥寒小民不得开领，而衙门人役若门子、皂隶、兵快人等及殷实里长、老人、生员、官吏俱各捏作饥民，冒领银米，甚至不才有司通同作弊者，官府徒费银米，小民不沾实惠。诚恐将来亦有此弊，仰各府州县有灾去处，选差公正官员，亲诣各乡，拘集里老并人户面审，互相参订，如果贫难下户不能自存者，将确姓名住址造报在册，先给与印信票贴，然而定立日期，告示赴仓关米，毋得失信，以致贫民等候日久，敢有以富作贫及纵客衙门人役通同冒领者，事发以枉法论罪，仍加十倍罚米赈济③。

---

① ［法］魏丕信著，徐建青译：《18 世纪中国的官僚制度与荒政》，江苏人民出版社 2003 年版，第 302 页注释①。
② 嘉靖《湖广图经志书》卷 1《惠政》。
③ 王纶：《议处救荒事宜》，嘉靖《湖广图经志书》卷 1《惠政》。

可见被清代官员和救荒书屡屡提及的赈务之弊在明代正德年间两湖地区的赈务中早已存在了。对这些弊端的防范和惩治措施亦不外乎委官监督、加强吏治、严防胥役人等作弊以及鼓励举报、事后严惩诸项。

总之，通过对明清救荒实例和救荒书所作论述的比较可知，明清两朝荒政坚持着相同的原则，相同的程序，相互参照的措施、方案，相似的技术手段和细节设计，相似的防弊惩弊策略。这表明，自宋代救荒工作逐步程序化以来，中国传统荒政理论已经成熟化了，尽管我们无法为救荒理论的成熟化确定一个明确的时间上限，但至少在明代正德十一年（1516 年）两湖大水灾的赈务当中，官方救荒理论的成熟化已经很明显了。并不存在一个由明代至清代，由明末清初至康乾盛世的荒政理论的发展和进步曲线，乾隆八年（1743 年）直隶旱灾赈务、道光十一年（1831 年）江夏水灾赈务都是在与正德十一年（1516年）湖广水灾赈务相同的原则和理论指导下组织实施的。

3. 求诸实践——传统救荒程序成败的关键

如果明清时期救荒理论没有突破性进步，又将如何理解救荒书编纂的发展与进步？如果指导历次救荒的理论和原则是相同的，又将如何解释救荒实施效果的差异？传统救荒程序成功实施的关键是什么？

魏丕信注意到 18 世纪国家制度建设对救荒书编纂的影响，"这个时期创立的一整套制度（既有国家的，也有省一级的），其目的在于使得荒政中的国家行为完全预期化"，救荒书因此出现了条例化的趋势，不仅"精细地勾勒出既定则例、律例中的每一个步骤"，而且有努力为当代政策合法、合理寻找历史依据的倾向。官员也时常为拥有这样一套制度和程序而自豪。与此同时，清代救荒书的编纂也因此越来越程式化了，到清代中后期，把每一次受灾记录在案，成为一种例行公事的做法，救荒书日益沦为"单纯为了记载而记载的形式化文字"①。因此，清代救荒书编纂形式的多样化和内容的详细化与其说是荒政理论发展的结果，不如说是清代官僚行政实践发展的结果。如果要说清代的荒政理论较明代有所进步的话，那么可以认为，18 世纪以来的则例、律例使得既有的荒政程序更加规范化，它成为近乎"自动化"的一套程序，不管是官府统治者还是民间精英，在面临灾荒时都会自觉或不自觉地启用这一荒政程序，这样近乎"自动化"的理论和制度资源本身就是一种强大的精神和文化力量。

---

① 参见［法］魏丕信著，徐建青译：《18 世纪中国的官僚制度与荒政》，江苏人民出版社 2003年版；［法］魏丕信：《略论中华帝国晚期的荒政指南》，"清代灾荒与中国社会"国际学术研讨会论文集，2005 年，北京。

　　然而，成熟的理论和"自动化"的程序并不一定必然导致良好的救荒效果。无疑，以上所举的几个救荒事件都是很成功的事例，未被记载的赈济不力、饥民流离失所的事例相信会更多。比较这几次救荒活动的具体过程，可以认为，这几次救荒活动的成功得益于具体救荒环节的有效运作。决定救荒活动成败的关键不是救荒理论的成熟程度，而是救荒具体过程中的"实践性"因素。

　　传统的荒政理论是一个庞杂的系统，对于特定时空的具体灾荒而言，并不是所有的方案和措施都是适用的。所谓"事有宜于古不宜于今者，且五方物产登耗之数、民情舒惨诚伪之殊，皆当随地异施，泥法太过，与无法等"①。因此，应对特定灾荒必须根据具体情况选择合适的措施和办法，选择什么样的措施有时决定救荒的成败。对此，吴廷举在正德十一年（1516 年）湖广大水灾期间有较清醒的认识②：

> 范文正公知杭州日劝令公私兴造，古今多传其法以为当然。殊不知时势不同，地方亦异，彼两浙全熟，独杭州告荒，又钱塘之富多藏于民，范文所以纵民竞渡及诱民修造寺观，本欲以有余之财惠无告之众也。今湖广连年水荒，解京之料，公室之禄，官军之俸，存留之粮以石计者，动欠八九百石，以两计者，动欠千万余两，以一里百家计之，衣食充足者仅十余家，饥饿者恒三四十家，逃移者恒五六十家，非但荒年不及杭州，就使连年丰穰，亦何敢望？

　　鉴于此，吴廷举果断下令停不急之工，并驳回了许多官员大兴以工代赈工程的建议，将一些耗资巨大，"似急切而实迂缓"的工程责令地方官自行处理，而只选取那些真正紧迫的工程行以工代赈之法。

　　完美的理论、方案和有效的措施、办法，若没有一定的财力和物资为基础，荒政也难以实施。掌握一定的财政和物资资源是救荒活动得以按计划展开的先决条件。当国家财政充裕时，便可采用直接的财政干预方式，以全国的财政力量拯救局部地区的灾荒。18 世纪官府之所以能频繁组织起大规模的救荒行动，一个重要原因在于当时国家财力相对雄厚："公平地说，从雍正朝改革起，至少到 18 世纪末，或者还可推至 19 世纪初，中央政府有能力、可以不费

---

　　①　方观承：《赈纪》，《序》，李文海、夏明芳主编：《中国荒政全书》第 2 辑第 1 卷，北京古籍出版社 2004 年版。

　　②　吴廷举：《参酌议处事宜》，嘉靖《湖广图经志书》卷 1《惠政》。

力气地调拨大量经费用于救灾，以及与之相关的事业。"① 方承观的《赈纪》呈示，乾隆八年（1743 年）直隶饥荒赈济中的粮食供应大部分是通过动拨司库银两、截漕、暂借等形式从外地采买或调入的。又如，乾隆五十三年（1788 年）荆州大水，乾隆帝连降谕旨，从户部拨出银两，抚恤灾民。七月十一日"着于户部库内动拨银二百万两，并派户部司员二人每人管解银一百万两"，七月二十日"命于户部库内拨银一百万两，派员分起迅速解往"②。如此快速有力的财政援助在其他时期是很少见的。当官方财力不足以有效调控灾荒赈济时，动员和组织民间财力，合理安排有限的资金和物资便变得至关重要。在正德十一年（1516 年）湖广水灾的赈济中，尽管官府在"作正支给"、"借办支用"等方面作了很大的努力。但由于受灾范围大，官方资源不敷，吴廷举不得不设法广辟财源，在劝借大户、开生员捐等方面采取了得力措施。同时，在确定赈济对象时，将受赈人口限定在灾区的极贫人户，使得有限的财源得到最合理的利用。可见，在本地财源有限的情况下设法取得外部资源，在官方财力有限的情况下设法取得民间资源是赈济事务得以成功举办的基础和保证。

无论是争取上级的政策支持和物资援助，还是动员民间人力、物力、财力，都离不开良好的组织、协调能力。因此，非凡的组织、协调能力也是救荒活动成功的关键因素之一。当官方财力充足时，通过有效的组织、协调可以争取更多的官方资源和外部资源。当官方财力有限时，依靠非凡的组织、协调能力动员民间力量，可以弥补官方力量的不足。同时，传统荒政中那些行之有效的措施和办法，是借助合理、有效的组织协调才变得行之有效的。例如，荒年煮粥，使饥民在生死关头赖之而活，历来被视为"闹市穷乡，皆沾利益"的救荒良法，但粥厂若管理不善、组织不力，则又会滋生很多的弊端，造成更大的混乱，因此又常常被地方官员视为畏途。因此，俞汝为说："荒年煮粥，全在官司处置有法。"③ 可见，赈粥的成功举行全赖组织、协调和管理，"何者当先？何者宜后？断宜选择者何人？必不可少者何事"④ 等，都是非常重要的环节。道光十一年（1831 年）周存义在江夏实行煮粥法，即充分地考虑了各种利弊，并精心地进行了组织实施：

> 一粥虽微，得之则生，勿得则死。虑灾民之艰于跋涉也，则应以厂就民，凡集镇大村皆可设厂。虑胥吏之侵蚀克扣也，则应责成首事，公正绅

---

① ［法］魏丕信著，徐建青译：《18 世纪中国的官僚制度与荒政》，江苏人民出版社 2003 年版，第 241 页。

② 倪文蔚：《荆州万城堤志》卷首《谕旨》，湖北教育出版社 2002 年点校本。

③ 俞汝为：《荒政要览》卷 6《饥馑拯救之要》，李文海、夏明芳主编：《中国荒政全书》第 1 辑，北京古籍出版社 2003 年版。

④ 《钦定康济录》卷 4《赈粥须知》，四库全书本。

者皆可任用。若虑捐项不敷，则仓谷可以酌动。若虑灾民过多，户口可期核实。……此次九月开厂，饬令委员先期查清户口，登造人册。又发给粥筹，分别男女，前赴厂所，待筹领粥，由厂后侧门而出，以免混杂拥挤。……数月以来，各绅士均能实心妥办，仍不时亲诣各处，逐加稽查，期无滋弊①。

"有治法尤贵有治人"。救荒事务的成功与地方官的个人素质亦有莫大关系。地方官的才能、责任感和个人声望都会影响救荒的实施效果。清代《荒政丛书》的编者俞森对鄂西北流民的赈救是说明这一问题的极好一例。

康熙三十年（1691 年）湖北邻省陕西受灾，大量饥民途经鄂西北郧阳、襄阳地区往他乡觅食。时任湖广布政司参议、郧襄道道员的俞森非常敏锐地觉察到流民涌入及大量粮食被邻省籴买可能导致的粮价上涨和食物紧张，以高度的责任感和同情心投身流民的救济。对于这些流民，"他处皆严于驱逐"，俞森则以为"此等流民，虽非襄阳之赤子，要属朝廷之赤子……为朝廷之官，不恤朝廷之赤子，可乎"？他要求郧襄两府尽力安插。这又使得"闻声而来者，盛且多也"。当时流入的饥民"每日不下数百人矣"，郧襄两府面临着更严重的粮食危机和随时可能发生的动乱。俞森"再四思维，惟有两府属重农积粟等事米谷……积贮在仓，可以动给"。但是动用仓谷须由督抚向朝廷申请准行，而朝廷一时不可能知悉这里的危险局面。俞森果断地一面开仓借谷，一面向上详请。又"严行保甲"、"禁宰耕牛"并及时"晓谕饥民"，终于使危机得以缓解②。

正德十一年（1516 年）湖广水灾的赈济中，吴廷举、秦金等朝廷大员的才能得到了充分的体现。正德十一年（1516 年）湖广大水期间，正值苗民叛乱，如果应对不当，很可能导致更大范围的社会动荡，他们综合运用荒政和军事手段，成功地控制了局面。道光十一年（1831 年）江夏大水时，周存义正在黄州府通判任上，由于他平时勤政干练，在水灾期间被上司借署江夏主持赈务。如他在《自序》中所言："宫保卢厚山制府以余历奉差委，尚实心任事，借署江夏，办理赈抚。余恐力不胜任，面辞者再。宫保及杨介坪中丞俱云：士为知己用，不容辞也！乃于七月视事。"③ 正如救荒书中再三申言："贤能者，荒政之要领也，苟非其人，则仁政皆弊政矣。"④

---

① 周存义：《江邑救荒笔记》不分卷，《煮赈事宜》，李文海、夏明芳主编：《中国荒政全书》第 2 辑第 4 卷，北京古籍出版社 2004 年版。

② 俞森：《郧襄赈济事宜》，湖北教育出版社 2002 年点校本。

③ 周存义：《江邑救荒笔记》不分卷，《煮赈事宜》，李文海、夏明芳主编：《中国荒政全书》第 2 辑第 4 卷，北京古籍出版社 2004 年版。

④ 杨景仁：《筹济编》卷 26《任贤能》，李文海、夏明芳主编：《中国荒政全书》第 2 辑第 4 卷，北京古籍出版社 2004 年版。

小　结

宋明以来，随着救荒过程的程序化，中国传统荒政理论已渐趋于成熟，灾荒救济的原则、程序、技术设计、防弊策略等要素隐藏于相互参照、绵延接续和传承的救荒文献当中，形成一个处理灾荒问题的理论宝库。面对具体灾荒的各级官员们可以随时求助于这一理论资源，根据具体情形将适宜的方法和策略组合在一起，构建具体的灾荒应对措施。清朝盛世的制度建设使得既有的荒政程序更加标准化，传统荒政程序成为近代自动化的一种理论资源。不过，灾荒赈济毕竟是一项实践性很强的工作，不同的社会经济环境和时空条件都会影响荒政的运行效果，救荒策略的成功实施和救荒程序的顺利完成更多地取决于救荒措施、手段的配置、财源的争取和动员、赈务的组织和协调以及地方官的个人素质等"实践性因素"。

（二）地方社会与灾荒赈济——清代应山、汉阳两县历次灾荒的赈救实态

上节主要从国家荒政制度的角度揭示了传统荒政程序的各个环节以及这套程序在明清两湖地区是如何运行和落实的。下文则选择应山和汉阳两县在清代一个较长时段内历次灾荒的赈救为例，意欲从地方社会的角度揭示，在基层灾荒赈济中是哪些人和组织在起作用？

1. 康熙元年（1662 年）至嘉庆十九年（1814 年）应山县的七次救荒

因救荒程序上文叙述较详，本篇对灾荒赈济的具体过程不作过多陈述，仅将此七次灾荒救济过程中的主要措施和基本情况列表如下（见表 8-1）：

表 8-1　　　　康熙元年至嘉庆十九年应山县七次救荒实况表

时间	灾情灾况	组织者	主要赈灾措施及手段	赈济效果
康熙元年	旱灾	知县；绅士杨忠烈、孙苞等	①蠲免顺治十五年以前未征各项钱粮；②请发谷赈济；③杨忠烈、孙苞捐谷千石助赈	
康熙十年		知县周祐	①蠲免康熙六年以前地丁钱粮；②请出仓谷千余石分赈四乡	

续表

时间	灾情灾况	组织者	主要赈灾措施及手段	赈济效果
康熙三十年	全楚罹旱，德安尤甚，各属饥民转徙……应山地实咽喉，于时在在皆哀鸟号鸿，处处皆鸠形鹄面矣	知县任启元	①蠲免应输漕米一年；②请旨赈谷；③任启元倡首捐赈；④遣官吏六处设厂发粥赈济；⑤合县数会饥民，计口支领	就食者日以万计，数月之间，消费万金，活民命数十万，免贫民儿女卖鬻者不知凡几
乾隆四十三年	旱灾，岁大饥	知县王鸿典；邑绅；吏胥	①蠲田租；②赈谷、发币金给赈；③设粥厂四，男妇各二；④露处者庇席，湿者藉；⑤老者、稚者、疾与残废者、妇人之弥月者别类而措置之	历三月而竣事，计口而食者日万五千余人
嘉庆二十年	歉收，民艰于食	知县钱丙曜；捕厅谢君；绅衿耆庶	①蠲免钱漕一分；②知县钱丙曜捐廉赈饥；③虑食粥之民，有日日守候之苦也，于是五日一给米焉；④又虑四境之民聚集城厢，不无失业也，于是令名会公赈焉；⑤其有老幼残废炊爨无具及邻境流集之民，又分男女二厂而食以粥	二月既望开赈至四月杪止，随时设法，始终不懈，鹄面鸠形之众渐有生趣
嘉庆十七年	饥馑荐臻，盖藏亦竭，鸠鹄难保	知县徐时英；少府东木；司铎刘荣芬、李祖福；少尉刘克献，捕厅谢恩；原首事及首士子孙十余人	①知县徐时英捐谷百二十石，钱二十千为之倡；②分设粥厂仍旧；③总设米厂仍旧；④确查户口，给以木牌，填其号数，计米给赈	自春杪至夏旬如一日

续表

时间	灾情灾况	组织者	主要赈灾措施及手段	赈济效果
嘉庆十九年	旱灾		①蠲缓钱粮；②奉上谕酌安陆县仓谷一千石，应城县仓谷一千石，黄冈县仓谷二千石，碾米运赴应山平粜	

资料来源：光绪《德安府志》卷6《田赋·蠲恤》。

将方志对这七次救灾活动的记载相互参照，我们可以基本复原应山县赈救活动各个环节的概貌，该县历次救灾活动成功实施关键可归纳为以下几个方面①：

（1）官方和民间的各种力量都不同程度地加入到救灾活动中来，形成了多层次的救济合力。从国家层面看，既有中央政策的蠲赋免漕，亦有国家财政的发帑赈谷，还有邻境的协助和调运。从社会层面看，既有知县的捐廉倡首，亦有士绅的慷慨解囊和民间的捐输助赈。各种力量在具体的救灾事件中"随机"地组合在一起，其配置并无固定的比例，大约因时因灾而异。如在乾隆四十三年（1778年）的旱灾赈救中，"计口而食者日万五千余人，费米薪若干、钱缗若干，出之内署强半，邑之乐输者十之三"；嘉庆十九年（1814年）的旱灾中不仅有钦定的钱粮蠲缓，而且"奉上谕酌拨安陆县仓谷一千石，应城县仓谷一千石，黄冈县仓谷二千石，碾米运赴应山平粜"，可谓"皇上轸念穷黎……惠至渥也"；康熙元年（1662年）的旱灾在一定程度上得益于"杨忠烈、孙苞捐谷千石助之"；嘉庆十七年（1812年）则因"例不能成灾"，来自上级的资助较少，赈济资金的筹措主要依赖于"守土官与都人士通其意而好行其德"。

（2）救荒的实际效果取决于各方面力量在荒政具体环节中各司其职、各尽所能和有效的配合。州县官无疑是一个至关重要的角色，其重要性主要体现为"承上启下"的作用。对上，一方面争取蠲免政策的倾斜，另一方面请求朝廷发放赈济粮款；对下，一方面商之僚属，"谋所以广皇仁，苏民困之方"，毅然"捐廉倡首"，另一方面，"集绅衿耆庶谋所以赈之之方"，妥议《赈粥章程》，对各项赈务也时加督察，"单骑而屡省焉"。基层组织在救灾中发挥了基础性的作用："合县数会之民计口支领"；"总设米厂"，"五日一给米焉"，

---

① 所引资料出自《任启元捐赈记》、何天衢：《王公赈粥记》、钱丙曜：《赈粥发米记》、喻丙：《徐时英捐谷赈饥记》及其他几次赈济未有记之文字说明，均载光绪《德安府志》卷6《田赋·蠲恤》。

"虑四境之民聚集城厢，不无失业也，于是令名会公赈焉，惟附郭之东西南北六及半甲五会则合一办理"，"远乡令各保各会焉"。士绅耆庶则充当了资金的主要捐助者和具体事务的承担者，"斯时莫不踊跃从事，竭力捐输，即力薄者亦愿经营筹办，共成善举"，"绅衿耆庶财力兼输，随时设法，始终不懈"。设粥厂等主要施赈事项由"邑绅董其事，佐以胥吏"，"诸君寝食厂所，视同己事，忘其家计，且不啻经营其家计"，当时赈粥的具体情形为："确查户口，给以木牌，填其号数……于开厂之先，胥吏大门唱名，鱼贯而入，饥民由东街授牌验号首事，首事验讫，属司米者还其木牌，唱口数而给。其入也，由正门来，其出也，由角门往"。由于"捐资者不言德，任事者不言劳"，各种力量汇集为一股强大的合力，使整个救助工作井井有条，收到了较好的实际效果。每次救灾均历时数月，消耗数万金，"活民命数十万，免贫民儿女卖鬻者不知凡几"，而且基本做到了"无漏泽、无偏枯、无拥踏、无烦扰"，"老弱无弃于途，男女无鬻于市，鸡犬无警于夜"，甚至灾民"馕于斯、息于斯、病者药于斯，如有客宿，主人殷勤于其间也"。

（3）以知县为首，由士绅耆庶组成的"地方精英"群体在救灾的组织和实施中起着核心和中坚作用。如上，这种作用的发挥不仅体现为资金筹措中的"出钱"，亦体现为组织和管理中的"出力"。这个精英群体的中坚作用确保了整个赈救活动的顺利进行和有序运转。对此，时人已有察觉和感叹："夫赈饥，义举也；施粥，仁术也。然费绌则惠不周，不得其人则滋弊且妨惠也。今公捐俸钱，鸠众绅，择老成，优礼貌，用虽奢而不漏，法最善而膏不私"；"活一时之命者，不患有千万人，第患无十数人以主之"，"……千万人势必有徙于外者，赖十数人而重迁；千万人势必有毙于途者，赖十数人而不殍；千万人势必有鬻于市者，赖十数人而不离。故此十数人者，虽有官有士，而概以人浑之人者人其人也，则甚矣。十数人者，千万人之命也"！

（4）历次赈灾活动相循相因，在灾情灾况和施赈方式上表现出很强的相似性，从而形成了特色鲜明的"地方赈救模式"。应山县特殊的地理位置和自然环境使得该县的灾害表现为一定的地域特点，"应岩邑也，山多水少，待雨而禾，无雨则田石，田石则民饥，民饥则徙于外、毙于途、鬻于市，其残惨有不忍言者"；"应山地实咽喉……陈家巷系上下通衢，南北孔道"。每逢灾害发生，本境及邻邑之"流离无告者"，转徙就食，灾民络绎于道。可见，旱灾是对该县威胁最大的自然灾害，流民徙聚是灾荒中的必然现象。与此相应，对灾害的赈救也以设立粥厂等"临灾应急"的救济方式为主。乾隆四十三年（1778年）知县王鸿典制定《赈粥章程》将这种赈救方式以文件的方式固定下来，以后的诸次救灾俱"师王公之意，变通王公之法"而行之；而且许多组织者即为上次的首士和首士的子孙。如嘉庆十七年（1812年）徐时英赴应山上任，下车即遇民饥，遂将"旧首事有现存者，有人往，子若孙仍克家者，咸集公厕，仿云溪之法而再斟酌之"，"劳心劳财者仍旧，分设粥厂仍旧，总设米厂仍旧"。如此沿袭因循，形成了有一定特色的救灾模式，如论者所言，"应邑之人一行之，再行之，不一行之，总不外乎善创善因，因其所创，创其所因，愈因愈创，愈创愈因，而仁即溥于四海，而法可推广于天下"。

2. 嘉庆五年（1800 年）至道光二十九年（1849 年）汉阳县的八次救荒

嘉庆五年（1800 年）至道光二十九年（1849 年）汉阳的八次救荒的基本情况见表 8-2：

表 8-2　　　　　　　　　嘉庆五年至道光二十九年汉阳历次灾赈情况表

时间	灾种	灾况	赈济方式	赈济情形及效果
嘉庆五年	饥		煮赈三月	共发过男妇大小人口五百四十余万名
嘉庆六年			复煮赈一月	共发过男妇大小人口五十八万三百余名
嘉庆十五年	汉口大火	被焚四百三十一户	盐商捐赈	盐商徐福曜等买备竹竿席片按户分给，搭棚栖止，共捐资银三千二百两
嘉庆十九年	岁歉		煮赈一月	共发过男妇大小人口二百万四千六百余名
道光十一年	水	灾民男妇十余万口	煮赈	分四厂给粥，自九月至次年三月止，共发过银二十余万有奇
道光二十一年	饥	灾民男妇十余万口	按户给钱	自本年九月至次年三月止共发过钱二十八九万串文
道光二十八年	大水	难民蓬居者计户十一万有零，男妇共四十余万口	赈钱三个月	共发过银二十三万余两
道光二十九年	大水	本邑及外郡饥民二十一万余口	赈钱三个月	共发过银八万余两

资料来源：同治《续辑汉阳县志》卷 8《捐赈》。

　　对汉阳地区历次灾荒赈济的成功经验，同治《续辑汉阳县志》作了较好的总结："历次赈务，系由地方官督同绅士劝谕盐商及商民捐办。另有捐给芦席、絮袄、钱米、汤药等项以及棚居路毙灾民皆由敦本、同善、自新等善局施给板棺掩埋。其项均系绅商人等随时集赀筹用，以故大灾叠见，民鲜流亡。"①

　　可见，在汉阳县历次赈务中起核心作用的是被地方官整合到荒政系统中的有一定经济实力和社会地位的"绅商人等"组成的"城市精英群体"。由于汉阳县所属的汉口镇为全国性的商业都会，商人在汉阳灾荒赈救中的作用尤为突出。如前所述，汉口众多会馆和善堂体系的核心力量就是大商人。汉口救荒、济贫等公益事务的创议者、经费来源乃至管理大部分来自商人或以商人为核心的会馆、善堂。对商人或商人团体参与具体救荒事务中的情形，地方文献中多有记述。如《汉阳县识》描述了敦本堂、同善堂救助道光十一年（1831年）和道光十二年（1832年）水灾的情形。敦本堂："道光三年醝商姚必达、胡元等公设敦本堂救生船局……岁辛卯、壬辰，江汉水溢，楚民荡析离居就赈汉皋，继以疫，局事竭力拯救，送医药，司棺板。病赖以更生者无算，殁不至于藁葬者四万有奇。"同善堂："比辛卯、壬辰大水，灾民麕集大别山麓，支席就赈，蒸为疫疠，枕藉死亡。敦本堂送药施棺，日不暇给，同善堂竭力佽助，而声名益著。"② 汉阳公园内至今残存两块同治年间的碑刻，碑刻表明，道咸年间汉镇盐商及同善堂、敦本堂曾负责督修"汉南江堤及永丰闸大修工程"，并参与疫灾的救助，兹将其中同治八年（1869年）碑刻的相关内容引录如下：

　　　　补用府兼袭云骑尉世职署汉阳县□准补江夏县正堂王谕□事，据同善堂首事职员张华堂，生员蒋立云、张翰青禀称，汉南江堤及永丰闸大修工程，始于前升府、县宪夏、赵谕令汉镇盐旗姚、汪、包、扬四家领捐经费，并谕同善堂首事职敦本堂首事胡善培鸠工督修，光开陈家河径正河，消纳各湖秋水，随达永丰闸堤。劝修八九，续蒙府议，胡善培经理永丰闸事，职督修江堤防险事，务职亲身督率筑修，功经两载，水势大涨，竭力防险，捐赀买土，雇工添□两处工程。除盐旗捐银十余万外，胡善培捐一万六千两零，职堂捐赔八千余串，竣告退时接办水账，在同善堂设局，职同胡善培襄办账务，时俱疫症流行，灾民路毙无算。府、县议将堂中高埠旱田暂作义冢，安葬毕，捐买地还原，事后田费无出，田地未置。府县谕

---

　　① 同治《续辑汉阳县志》卷8《捐赈》。
　　② 光绪《汉阳县识》卷2《营建略》。

将堂内岁修堤费豁免，以作抵消，是以堂内田亩迭经四次水账及起迁汉口
董家垸等处遗棺枯骨并逐平收埋路毙尸骸、白骨合计二十三万八百余棺，
以田作冢四十余□，职堂因此培累义冢银粮不少……①

　　咸同以后，官府的控制力减弱，商人及其团体在汉阳、汉口的灾害赈济等
公益事务中的作用更加显著。如《汉阳县志》所言："近遭兵燹，邑中凋敝情
形无复昔日十分之二三，偶遇偏灾，断难集此巨款，有心者蒿目时艰，徒唤奈
何而已。现在各善局分设粥厂，值隆冬盛雪亦足以苏残喘，虽以经费不支，只
能半售半赈，然于恤政要不无小补云。"② 据统计，同善堂在太平天国的战乱
后，"收水陆死乱之尸骸二千余丛，葬宏仁亭侧"；自新堂仅光绪十七年
（1891 年）至二十七年（1901 年）间，"凡收埋路毙尸身三万一千有奇，历置
义地三十四处"③。光绪七年（1881 年），夏口培心堂施粥给流入城市的灾民；
光绪十五年（1889 年）冬春，灾民每日往善堂食粥者达 3.7 万人。清末汉口
和江夏的镇安、圣化、宝善、安善、仁济、普安、惠济、敬德、衡善等善堂都
开展了为贫民送诊送药的活动④。宣统二年（1910 年），汉口各善堂又联合起
来，组成了"汉口慈善机构善堂联合会"，辛亥革命后又改为"汉口慈善会"，
袁文藻在《慈善会序》中详述了慈善会的筹建经过，并对该会筹建初期的善
举进行了小结，该会除了向津、直等外省灾区募解衣物、豆麦等救灾物资外，
在本省区的主要贡献为：

　　　　仙桃镇兵灾，则募放钱一千串。两湖水、兵各灾，复制送两湖寒衣约
　　一万七千件；散放捐款十余万金。他如江宽轮船遭难，捞起尸身百余具；
　　凤阳小轮失慎，捞起尸身数具，均用棺收殓，拍照招领。复于十一月间推
　　举干事督同医士多名，携带各种药品，分赴松滋、广济、石首、蕲春各县
　　治疫，活人无算，此皆昭昭在人耳目者。至于每年收养孤儿数十名；每月
　　发给孤贫口食；一月收养残废百余名；每日送诊施药不下数百号；每年施
　　送棺板不下数千具；设立小学两堂，学生约百数十人；收埋浮棺已达万余
　　具；设立救生局，添置红船五只；以及赈济被火棚户、资送落魄穷民、办
　　理武汉冬赈，种种慈善，总期功归实济，款不虚糜。宜乎会务日兴，善名
　　洋溢⑤。

----

① 2005 年 11 月抄于汉阳公园，由陈新立提供资料线索。
② 同治《续辑汉阳县志》卷 8《捐赈》。
③ 光绪《汉阳县识》卷 2《营建略》。
④ 参见《武汉市志·民政志》，武汉大学出版社 1990 年版，第 119 页。
⑤ 袁文藻：《慈善会序》，民国《夏口县志》卷 5《建置志》。

二、养济事业实态

在明清慈善事业中，对老弱孤贫的养济事业是尤为重要的一项。明代设养济院以收无告者，清代除养济院外尚有普济堂、棲流所等机构。到了清代中后期，这些原本由不同主体承办的养济机构出现了合流的趋势，共同推进着统治者"恤孤贫"的政策和理念。毋庸置疑，明清时期的养济事业是一个极具理论和现实意义的研究领域，但目前这个问题尚未引起人们的足够重视，至今成果寥寥①，留下了许多值得进一步探讨的问题。如明清养济院和普济堂的名额是如何确定的？养济机构是如何实施对孤寡老人的赡养？养济机构收养、管理和奉生送死的具体情形如何？现有研究成果对此都语焉不详，一个重要的原因是由于资料奇缺。本文欲借助遍检两湖地方志所得的零星资料和个案资料，在现有成果的基础上，对于明清养济事业作一番梳理，以期在一定程度上再现明清养济事业的实态，澄清一些模糊不清的问题。

（一）养济对象和名额

关于养济院、普济堂、栖流所等慈善机构的收养对象问题已引起学术界的关注，但并未形成统一的意见。如日本学者较早发现养济院收养的是有着本地户籍的鳏寡孤独贫病之人，而王兴亚则注意到养济院入院对象和条件随着时代不同而有所变化，且有严格的政治、道德标准。星斌夫认为普济堂是"收养他乡孤病者的民间设施"，王卫平则指出在地方府县，情况有所不同，普济堂所收养的主要是未能入养济院的额外孤贫，并在养济院的机能趋于衰微时承担收养孤贫的责任②。到底如何认识明清养济机构的对象和名额问题？以上研究成果启示我们，明清以养济为内容的慈善机构的收养对象和条件是因时而异、因地不同的，仅从典制的角度或仅凭个案都难以得出满意的结论。只有从理想与实践、政策与实施等多角度、多层次来看问题，才能抓住问题的关键。

考察明清养济机构的收养对象问题不可撇开统治者的统治理念和举办慈善事业的初衷。秦以降，中国历代统治者都以儒家思想作为治国的正统思想，以"三代之治"作为国家大治的典范，《礼记》中所称的"鳏寡孤独废疾者，皆

---

① 目前对该问题较有分量的成果是台湾、日本学者有关慈善事业的综合性研究，如梁其姿：《施善与教化：明清的慈善组织》，台北联经公司 1997 年版；夫马进：《中国善会善堂史》，同朋舍，1997 年等（中译版本见前章）。大陆学者的成果主要有王兴亚：《明代养济院研究》，《郑州大学学报》1989 年第 3 期；王卫平：《普济的理想与实践——清代普济堂的经营实态》，《江海学刊》2000 年第 1 期；曾思平：《清代广东养济院初探》，《韩山师范学院学报》2000 年第 4 期等。

② 王卫平：《普济的理想与实践——清代普济堂的经营实态》，《江海学刊》2000 年第 1 期。

有所养"的理想社会被历代文人、士大夫备加推崇。因此，对鳏寡孤独等社会贫弱群体的救助是统治者们标榜其"仁政"的绝好手段。历代"仁政"中都有抚助社会贫弱群体的内容：汉代曾"赐天下孤寡布帛絮"，"帛人二匹，絮三斤"①；南朝梁武帝即位时"赐鳏寡孤独不能自存者，人谷五斛"②；两湖一些县志将养济事业的起源追索到晋代："晋义熙十一年（415年）平江陵，穷独不能存者给其长赈，为养济之始；《梁书》普通三年（522年）置孤独园恤老幼；《唐书》会昌五年（845年）置悲田院养病坊；至宋而其法始备"③，总之，从统治理念上讲，统治者所极力宣扬的是"天地之大无弃物，王政之大无弃民"④ 的理想，即要将天下无依无靠的社会弱者悉数收养。所谓"帝王为政，首重鳏寡孤独，加意疲癃残疾"⑤；"圣王在上，鸟兽草木鱼鳖皆若，而况人乎？"⑥

不难理解，传统时代养济机构收养对象的基本标准乃是"无告"，即传统社会血缘、地缘、业缘等基本救助体系所无法覆盖的无依无靠的社会贫弱群体。正因为如此，史籍中关于收养对象的记载都是泛称，而没有明确的界定。洪武五年（1372年）明太祖朱元璋在下令各州县设立养济院时，对收养对象的规定为："民之孤独残病不能自生者许入院"；洪武十三年（1380年）颁行的《大明律》的规定为"凡鳏寡孤独及笃疾之人贫穷无亲属依倚不能自存者"；清代养济院是政府"恤孤贫"政策的一个部分，"各省府县皆有养济院，以收养贫民，此即古帝王哀矜茕独之意"⑦。纵观明清两朝《会典》及《事例》，每见皇帝就各地养济院增额和设法收养孤苦无依之流民乞丐等事宜下达谕令，足见最高统治者的恤孤理念。作为最高统治者，其为政的出发点当然是"使民养生丧死无憾矣"。至于具体的落实情况则是地方官吏的责任，"国家之仁政备矣，良有司加之意而不视为虚文焉"，"名惠而实不至，则有司之罪也"⑧。也正因为如此，地方文献对收养对象的记载也都是含糊其辞的"大概念"。以两湖方志为例：《咸宁县志》："设养济院、漏泽园以待民之生无养，死无葬者"，"凡鳏寡孤独流徙笃废不能自存之民皆收养之"⑨；《永州府志》："养济院，盖以养民之老而鳏者、寡者、独者、废疾者，无归者，惟其人不限

---

① 《西汉会要》卷48《民政·赈鳏寡孤独》，商务印书馆1935年印行本。
② 《南朝梁会要》，《民政·赈恤》，上海古籍出版社1984年版，第475页。
③ 光绪《湘阴县图志》卷21《赋役志》。
④ 张宪和：《重修养济院序》，同治《武冈州志》卷37《艺文》。
⑤ 吕坤：《实政录》卷6《风宪约》，清同治十年（1871年）刻本。
⑥ 嘉靖《蕲水县志》卷1《惠政》。
⑦ 光绪《大清会典事例》卷269《户部·蠲恤·恤孤贫》。
⑧ 嘉靖《罗田县志》卷5《惠政志》；嘉靖《蕲水县志》卷1《惠政》。
⑨ 同治《咸宁县志》卷4《食货·恤政》。

其数，月有粮"①；《浏阳县志》："养济院为栖孤贫所"②；《湘乡县志》："养济院，给孤独也"③。

　　然而，收养社会弱者毕竟是一项实践性很强的工作，在理念上调子可以定得很高，越高越能体现统治者的仁爱之心，在概念上可以含糊其辞，不作界定，但在具体的收养实践中却来不得半点含糊，它必须以一定的承受能力和可操作性为基础。因为每增加一名孤贫意味着财政预算中要增加一份支出；每增加一间房舍意味着一个艰苦的筹资过程。统治者十分清楚，社会弱者是收之不尽、养之不竭的，能被政府的养济机构收养的只能是极少数。于是养济实践中的各种制约条件应运而生，这些制约条件主要为年龄、残疾程度、户籍、政治道德条件和养济名额等。制约条件的多寡、收养标准、审查尺度的宽严，取决于理想与现实差距的大小。理想与现实的差距越大，制约条件越多，审查尺度越严；反之则相应缩减。

　　在各地的养济实践中，常常看到一些地方养济机构初建或刚刚恢复时，创办者四方"访闻"孤贫入院，以显示其仁德的事例，如枝江县"古有养济院，建者无几倾圯……正德五年（1510年）夏五月成侯来令"，重建养济院，并"访八里无养老弱贫民杜刘保等十余人，迁处于内"④。江华县养济院"久废。康熙己酉，道州州判施延宝再署县篆，访问孤贫，首加赈恤，其制始复"⑤。均州养济院毁于明末战火，康熙十一年（1672年）党居易任知州时，"令耆老稽其旧址，瓦砾无存，即捐俸赀，启其房室，筑其墙垣，查州民之无告者居其内，月给赡养以终余年"⑥。也常常看到一些养济机构，因资金和房舍所限而不得不将取得入院资格的孤贫按上述各限制条件排序，"渐次递补"的事例，如晃州厅养济院，"孤贫民数由芷江原额内酌拨三名，又于原额外酌拨一名，日须米钱照例支给。此外，准住院者二十人，挨次顶补"⑦。善化县，"养济院二所，额收男妇孤贫五十九名，遇有病故，即行顶补"。普济堂，"收养衰老病孤茕独无依之人，无论本地别郡及外省不能归里者，地保出结，先尽七十，次及六十以上者。老妇衰病年逾六十毫无依倚者，一律收养"，只是孤贫定额惟有五百名，"浮额者记名以次等补"⑧。不过"等补"有时是一个遥遥无期

---

① 康熙《永州府志》卷3《建置·公署》。
② 同治《浏阳县志》卷4《营建》。
③ 同治《湘乡县志》卷6《建置》。
④ 杨序：《养济院记》，嘉靖《湖广图经志书》卷6。
⑤ 康熙《永州府志》卷3《建置·公署》。
⑥ 朱锦标：《重修养济院记》，光绪《续辑均州志》卷15《艺文》。
⑦ 俞克振：《养济院碑记》，道光《晃州厅志》卷42《艺文》。
⑧ 光绪《善化县志》卷10《保息》。

的过程："往往有因现在孤贫业已足额，其陆续呈报，或因无项可支，候缺挨补，有候至数年而不得一缺者。枵腹以待，未免向隅。"①

可见，明清养济院机构收养对象的制约条件最根本的是"财政"制约，诚如一些方志所言，"历任父母非不欲举行恤孤之政，但州民复业无几，钱粮征收有数，存其心，无赍于财，安能及此哉！"②"各州县收养孤贫，准于地丁内报销者，每处不过数名，或十数名不等。此外或有官地官房收租或醵金交商生息，经费有限，而额数亦拘"③。无论统治者的理念如何崇高，落实到各个地方都必须因"财"施济，量力而行。抓住这一点，有关养济机构的对象和条件等问题就很容易理解，如王兴亚注意到建文帝时孤贫入院条件比以前更加严格，诏令"鳏寡孤独贫无告者，岁给米三石，亲戚养之，亡亲戚者，里邻收恤"；"笃废残疾者，收养济院，例支衣粮"④，这种转变正是由于此时各地养济院人满为患，财力不济，出现了"狭小且多颓坏"的情形⑤。当政府财政困境加剧或社会动荡之际，孤贫钱常成为被裁革的对象，如一些方志所称"近各项钱粮多奉裁革，其制几废"⑥。此时，即使笃废疲癃极度困苦之人亦与养济院无缘。一旦财政状况好转，养济机构的堂宇又得以修建，孤贫支出重又列入预算，传统养济事业就这样在时兴时废、时宽时严中向前发展。

明清两朝财政状况总的走向是由前期的略有盈余变为中后期的入不敷出，财源匮乏。随着政府财政状况每况愈下，对孤贫入院的条件限制亦愈多愈严，被遗弃于官方养济机构之外的孤贫也越来越多，对这些人的收养成为新的社会问题，普济堂、恤无告堂等民间的养济机构正是为了缓解这一矛盾，作为官方养济机构的辅助和补充形态出现的。王卫平发现，"普济堂以收养贫病老人为主，而养济院则比较强调贫困的残疾之人"⑦，原因就在于此。在政府财政困境加剧的情形下，民间资金支撑的普济等善堂往往比官方举办的养济院更有保障，地方官的注意力自然转移到这些民办机构上来，以官民结合的方式使其壮大，并将其纳入官方体系，清后期养济院与普济堂出现了合一的趋势，在收养对象上的差别也变得模糊不清了。

在对收养对象的各项限制中，"名额"是最重要、最有效的一项，养济名额的产生也是养济对象"财政制约"的最直接体现。在明代养济事业推行的

---

① 同治《长沙县志》卷9《保息》。
② 朱锦标：《重修养济院记》，光绪《续辑均州志》卷15《艺文》。
③ 《（普济、育婴等善堂）章程十三条》，同治《长沙县志》卷9《保息》。
④ 《明会要》卷51《民政·恤鳏寡孤独》，中华书局1956年版。
⑤ 王兴亚：《明代养济院研究》，《郑州大学学报》1989年第3期。
⑥ 康熙《永州府志》卷3《建置·公署》。
⑦ 王卫平：《普济的理想与实践——清代普济堂的经营实态》，《江海学刊》2000年第1期。

相当长的一段时期内，养济院是没有名额限制的，王兴亚发现在万历以前的方志和典籍中均有"收养孤老，惟其人不限以数"的记载，徽州府所辖六县天顺八年（1464 年）至成化二十三年（1487 年）间的实际收养人数也印证了这一点①。两湖的情况与此大体相似：隆庆《岳州府志》称该府"银差除孤老布花难以预定银外，余差计银七千二百四十一两九分"，其属巴陵、平江、华容、澧州、安乡、石门、慈利诸县均称"孤老布花难以预定"，其支付办法为"孤老每名口给布花银三钱，逐年查照，见名编给，遇有事项，照名扣除"②；嘉靖《归州志》和嘉靖《蕲水县志》等均有相同的记载③。即使万历时修的方志也有类似记载，如万历《郴州志》称，"孤老数难预定，每名岁该布花银三钱，每年临时查照，见名编给"，不过该志的时间下限为隆庆，所言当指隆庆年间的事情④。

　　养济名额到底产生于何时？目前尚不得而知，清代的方志对此问题也含糊其辞，如康熙《六合县志》，"近不知何时，遂定额为三十名"⑤；同治《武冈州志》，"孤贫之养于养济院也，盖有定额，其口粮出于本色米，由来久矣"⑥。王兴亚依据成书于万历十七年（1589 年）的《风宪约》中"今以钱粮不足而限之数"的句子认为"限额"产生于万历年间，当有一定的道理。万历时是明代财政大变革的时期，有可能成为养济名额产生的时间上限。本文所要强调的是吕坤在《风宪约》中指出的养济名额产生的原因："钱粮原非有余，岂能尽人养济"⑦。在统治者眼里，一个名额不仅仅意味着一名孤贫，更重要地，它意味着一项钱粮的征收。因此，与其说养济名额是一项人头指标，不如说它是一项钱粮指标。由于名额问题关系重大，清代各州县养济名额的确定一般要呈报户部，经皇帝亲自批准。养济机构的名额确立后，继任者往往因袭不变，两湖大部分州县不同年代所修方志所载孤贫名额都是一样的，部分州县也有增额和额外收养的情况。增额意味着地方财政负担的增加，其难度较大，一般要奉上级命令或征得上级同意。"额外"虽为临时性的收养，但也要多方筹措资金，所以增额和额外收养都非易事，非有作为的地方官难以完成此举。道光中武昌府部分养济院的增额与知府裕谦的干预有莫大关系。如崇阳县

---

① 王兴亚：《明代养济院研究》，《郑州大学学报》1989 年第 3 期。

② 隆庆《岳州府志》卷 11《食货考》。

③ 嘉靖《归州志》卷 3《赋役》；嘉靖《蕲水县志》卷 1《徭役》。

④ 万历《郴州志》卷 11《食货志》。

⑤ 康熙《六合县志》卷 9，转引自王兴亚《明代养济院研究》，《郑州大学学报》1989 年第 3 期。

⑥ 同治《武冈州志》卷 22《贡赋志》。

⑦ 吕坤：《实政录》卷 6《风宪约》，清同治十年（1871）刻本。

养济院，"额设孤贫七名，增额十名"，其增额过程为："道光中武昌知府裕谦札县增额二十名"①，松滋县养济院，"原额孤贫男妇五名……道光九年（1829年）郡守裕谦增设额外孤贫四十名，捐银一千两发典生息……缴县支发"。

（二）养济院的建置规模

明清两朝虽下令各州县普遍设立养济院，但对其建设规模、档次等似乎未有统一的规定，王兴亚曾统计明代中后期全国 53 州县养济院的建置规模，结果发现各地养济院房舍数量、占地面积等差别甚大，毫无规律可言②。正因为如此，现有成果对养济院建置规模问题的涉及均是一批无序的养济院占地面积和房舍数量的个案堆积。事实上，如果联系上文的"养济理念"、"财政制约"、"地方官的素质"诸端，这些个案是可以"条理化"的：

明清朝廷虽然没有养济院建置规模的具体规定，但对建立养济院的基本要求还是有的。如康熙《永州府志》称零陵县养济院，"按明时旧制，有室、有门、有垣，大门以内有厅堂三间，以备县官不时临际存恤"③。也就是说，有室、有门、有垣、有厅是建立一座养济院的基本条件，它反映了统治者欲让天下老疾无依之人有一个避风挡雨的场所并满足基本生活需求的养济理念。至于房舍质量的好坏、数量的多寡、占地的广窄等，则取决于各地的执行情况。由于各地实际情况不同，地方官勤勉程度不一，养济院的差异自然很大。兹将两湖方志中记载比较明确的部分养济院的房舍、基本设施和规模等情况列表如下，据此可以直观地了解各地养济院在建造和规模上的差异（见表 8-3）。

表 8-3　　　　　　　　　　明清两湖养济院建设规模示例

州县	时间	规　模	资料来源
蕲水	明洪武二年	男房三间；女房三间	嘉靖《蕲水县志》卷 1
	明嘉靖	一十九年，缭以垣，总以门，表以额	同上
平江	明洪武十六年	正屋三间，男女房各十间，外门三间	弘治《岳州府志》卷 5
	清雍正十三年	地两亩，正房五间，有门楼围墙并菜园	同治《平江县志》卷 11
安乡	明成化二十二年	计三间，门楼一座	弘治《岳州府志》卷 8

---

① 同治《崇阳县志》卷 3《建置·义所》。
② 王兴亚：《明代养济院研究》，《郑州大学学报》1989 年第 3 期。
③ 康熙《永州府志》卷 3《建置·公署》。

续表

州县	时间	规　模	资料来源
巴陵	明成化	存恤厅三间，左房十间以居男，右房十间以居女，外门一座	弘治《岳州府志》卷3
衡山	明弘治间	屋六间，门一座	弘治《衡山县志》卷3
光化	明正德间	南北地长拾五丈，东西地阔七丈	正德《光化县志》卷2
新化	明嘉靖九年	屋宇三间，正门一间，左右横屋五间	同治《新化县志》卷8
罗田	明嘉靖间	延四丈，袤七丈	嘉靖《罗田县志》卷5
安化	明嘉靖间	地长二十二弓，阔十一弓	同治《安化县志》卷16
城步	明万历乙卯	屋三间	同治《城步县志》卷5
邵阳	明	厅三楹，左右房室各十间	康熙《邵阳县志》卷4
祁阳	清康熙二十一年	瓦正屋三间，东西横房各三间	嘉庆《祁阳县志》卷7
鄳县	清康熙二十五年	瓦屋一所，园土一片，渔塘一口	同治《鄳县志》卷5
蕲州	清康熙间	屋二十楹	光绪《蕲州志》卷4
	清同治八年	长八丈，左右穿心三丈六尺	同上
湘乡	清雍正间	基址周围四十二弓	同治《湘乡县志》卷3
攸县	清乾隆二年	房屋二进六间	同治《攸县志》卷14
溆浦	清乾隆二年	（屋）一栋三间	同治《溆浦县志》卷7
益阳	清乾隆二年	屋二进，各三间	同治《益阳县志》卷3
	清嘉庆八年	屋一栋三间	同上
临湘	清乾隆三年	正房三间	同治《临湘县志》卷3
房县	清乾隆初	瓦草房各三间	同治《房县志》卷4
荆门	清乾隆十年	前后瓦草屋共十间	同治《荆门直隶州志》卷2
安福	清乾隆四十一年	民居三柱四间	同治《安福县志》卷9
宁乡	清乾隆间	广陆拾有五尺，袤倍之，东西为室各四楹，中建亭，外建门	同治《宁乡县志》卷11
湘潭	清道光初	屋四十八间有余	光绪《湘潭县志》卷2
黔阳	清道光二十年	（屋）六间，中为大天井，两旁为炊爨，四周缭以墙垣	同治《黔阳县志》卷24《工书》

续表

州县	时间	规　　模	资料来源
松滋	清道光二十三年	瓦屋三重，前后九间	同治《松滋县志》卷2
隋州	清同治以前	瓦屋六间，草舍六间	同治《隋州志》卷7
永绥		屋一所三间，门楼一座	同治《永绥直隶厅志》卷2
麻城	清光绪以前	大小院屋三十二间	民国《麻城县志前编》卷3
	清光绪二年	院屋两重，大小十七间	同上

　　表8-3所列尽管只是一些杂乱的个案，结合其他文献的记载细心体察，其中还是有一定规律可循的：

　　养济事业中的"财政制约"在养济院的建设规模方面得到明显的体现。就同府的州县而言，一般省、府治所在地的附郭州县养济院占地面积较大，房舍数量和质量也超出其他州县，平原湖区州县在这些方面一般胜过偏僻山区的州县；就不同府的州县而言，一般经济发达、财政状况较好的州县养济院的建置规模优于经济水平相对落后的州县；就时间维度而言，一般国力强盛的"盛世时期"养济院的数量和规模优于国力衰微的"末世"。既要坚持传统的养济理念，又囿于经济水平和财政的制约，因此造成各地养济院在建置规模上的差异：许多地方的养济院始设时只是几间茅屋而已，如宜城县养济院，"明令雷嘉祥修，惟茅屋数椽"①；直隶澧州养济院，"在道后街，茅屋数间"②。有一些养济院是草屋和瓦屋混杂，如随州养济院，"在北门外，瓦屋六间，草舍六间"③；房县养济院，"城西惠感寺后，瓦草屋各三间"④。也有一些养济院一开始就具有相当的规模和较高的档次，如蕲州，"养济院在治东东岳庙，康熙间昆山徐惺以兵备道驻答蕲州，捐俸建屋二十楹"⑤；衡山县，"养济院在县治西门外，国朝雍正十三年（1735年）奉文添设，房屋九间，县令陈焕修造头门一进，正屋一进，左右住房八间"⑥；平江县养济院，"雍正十三年（1735年）知县高能宣建复，计地两亩，正房五间，有门楼围墙并菜园"⑦。

　　除了客观条件外，养济事业的兴衰与地方官的素质和能力有莫大的关系。

---

① 光绪《宜城县志》卷2《建置志·公所》。
② 同治《直隶澧州志》卷2《舆地志·风俗》。
③ 同治《随州志》卷7《公署》。
④ 同治《房县志》卷4《公署》。
⑤ 光绪《蕲州志》卷4《建置志·公署》。
⑥ 光绪《衡山县志》卷13《拯恤》。
⑦ 同治《平江县志》卷11《建置志·公所》。

在州县官的诸项政务中，"大而钱谷、刑名、教养、风俗，小而建制、修举、科条、庶务"①，与钱粮、刑名两项相比，养济事业属于那种"所当为而非必为之"的事情，因而各地养济事业的兴衰在某种意义上取决于地方官的态度。明清两朝州县官员待遇偏低，州县办公经费不足②，在施政过程中还受到来自上下左右各个方面的牵制③，地方官的素质和能力在养济院建设中的作用亦非常重要，常体现为"得其人则存，失其人则亡"的情形。在地方志中有时可以发现一些偏远落后的地区，由于有一位精明廉能的地方官，该地养济院反而率先兴建且颇具规模。如均州养济院明季毁于战火，一直废弃，康熙时知州党居易"下车即加意于民生……慨然曰：'彼皆我之民也，安有司父母之责而忍令其失所乎？则解衣推食之政岂容缓耶？'"养济院终得以重修④。武冈州养济院"石逆寇城之际而毁于兵"，后张宪和任知州时，"商诸州人，候选道邓翁仁垣酿以卒其事"⑤。大体而言，由于养济事业"系乎守令之贤否"⑥，事关地方官的政声，作为一方守土之吏，一般都能体恤朝廷尊老恤贫之意，以推广善政为己任，在条件许可的情况下，"高其屋舍，宽其园甫，坚其墙宇"，尽可能改善孤贫老人居住和生活的环境。也正因为如此，许多养济院都经历了一个不断修缮、逐步增加屋宇和扩大规模的过程。如蕲水县养济院，"洪武二年（1369年）知县朱文汉立……弘治乙丑知县汪深于神光观侧改迁今聚民仓之北；正德丙子知县王伯重修；嘉靖壬午知县谢爵、县丞传士彦重修，增为一十九间，缭以垣，总以门，表以额"⑦。浏阳县养济院，"明洪武十七年（1384年）县丞冯完建，嘉靖、万历、崇祯间知县许一元、杨一桂、万建元、冯祖望历有修葺"⑧。祁阳县养济院，"康熙二十一年（1682年）知县王霭捐建，历任修葺，今俱完固"⑨。宁乡县养济院，"正德时建……康熙年王令钱昌移建关外；乾隆年侯令可仪拓北关外旧址重修。……易茅以瓦，换篱以墙，阶渠瓦以专石……规制宏敞，工料完固，越数月工竣；嘉庆二十一年（1816年）王令余英捐资复修；道光二十二年（1842年）郭令世闻重修官厅；同治四年

① 清·黄六鸿：《福惠全书·自序》。
② 薛瑞录：《清代养廉银制度简论》，《清史论丛》第5辑。
③ 参见柏桦：《明代州县官的施政及障碍》，《东北师范大学学报》1998年第1期；毕建宏：《清代州县行政研究》，《中国史研究》1991年第3期。
④ 清·朱锦标：《重修养济院记》，光绪《续辑均州志》卷15《艺文》。
⑤ 清·张宪和：《重修养济院序》，同治《武冈州志》卷37《艺文》。
⑥ 嘉靖《湘阴县志》卷1《创设》。
⑦ 嘉靖《蕲水县志》卷1《惠政》。
⑧ 同治《浏阳县志》卷4《营建·养济院》。
⑨ 嘉庆《祁阳县志》卷7《建置·养济院》。

（1865 年）邑侯郭庆飙复修官厅大门，装墙壁饰"①。湘潭县养济院，"县署后，旧造屋十八间，收养孤贫额内外各九口；道光初知县董友筠先后增三十二口，屋三十余间；咸丰中增十二分；同治中增八分；共养七十口"②。

（三）养济事业的管理和运作

居养制度在中国历史上由来已久，唐代的悲田养病坊、宋代的居养院、安济坊和明清时的养济院、普济堂可谓一脉相承。这些机构在性质和收养对象上略有区别，但在对孤贫老人的供养这一点上是相同的，在实践形态上都体现为为孤贫老人提供一个安身之所并予以给养、照顾。但是这类慈善机构的管理和具体养济办法如何？因各类史料中这方面的记载极少，至今这一领域的研究基本上尚未展开。此处主要以两湖地区为中心，将散见于各处的零碎资料汇集起来，相互参照、揣测，以期大致接近传统养济事业的原貌。

1. 养济事业的管理

养济事业的管理包括接收管理、日常事务管理、口粮发放管理等方面的内容。孤贫的接收和口粮的发放多由地方政府固有的行政机构和办事人员来完成，故可称为"外部管理"。如前所述，孤贫的接收需要具备一定的资格条件，口粮、衣物的发放也有严格的标准，承担这些事务的主要有地方官员、胥吏和里老等人。明代这方面的记录多见于时人揭露养济院管理弊端的文字中，如吕坤在《实政录》中指出当时一些养济院，"有里老户房徇情受贿，不当收养而滥收者"；"有私自顶替死名者"；"有散月粮全不经眼，任仓斗通同户吏侵渔者"；"有缺名数多，全不补完，而积猾吏书冒粮侵渔者……"可见，明代养济院孤贫的接收一般要经过里老上报、地方官访闻、胥吏具体办理等环节。口粮的发放多经由斗级、户吏之手，养济院的首事则周旋于其间。地方官在养济事务的管理上远不如创办养济院那么热心，只是偶尔巡视过问而已，这就为管理环节中滋生弊端提供了土壤。

清代养济院的"外部管理"与明代大体相似，到了清中叶以后，养济院与普济堂趋同，许多地方的养济院和普济堂的管理采用的是同样的章程，两湖地区就是这样的典型，道光十二年（1832 年），湖南省宪有鉴于湖南各地方对兴办普济、育婴等善政不力，特借用湖北藩司所议的兴办养老慈幼诸善的章程，颁行全省，要求地方官实力奉行③："……兹据署北藩司筹议章程，通饬

---

① 同治《宁乡县志》卷 11《赋役·义所》。
② 光绪《湘潭县志》卷 2《建置志》。
③ 《（普济、育婴等善政）章程十三条》，同治《长沙县志》卷 9《保息》。

各府、州、县一体遵照办理，务尽父母斯民之职。"该章程共有 13 条，其中第一条即称："收养贫民有普济堂、政先堂、体仁堂、广仁堂、养济院、留养局名目，总为收养鳏寡孤独废疾贫民而设"，十分明确地表达了各类收养机构趋同的趋向。关于养济事务的管理，《章程》也规定得十分明白和具体，主要有，"查办宜核实也。……先由地方官捐刷呈式，逐纲注明，亲自点验，如果与所开相孚，即注册给与腰牌，准其收养入院，不得任意听书役代报捏禀，以防冒滥"。"口粮宜亲身散放也。凡散放口粮，各州县有在初旬者，有在下旬者，须示以定期，令贫民等齐集亲领，地方官亲身赴堂点名发放，如遇公出，即移委典史、教官前往散放，不得任令胥役及堂头代领，至滋弊端"。一些州县也强调对孤贫口粮银等要"逐年照数分派，验明年貌给发"[1]。总之，养济机构的"外部管理"重点是强调地方官管理责任，防止胥役插手生弊。

养济机构内部事务一般在首事的主持下，由堂役等固定人员和若干临时雇请的人员来完成。养济机构的规模不一，内部人员和日常事务的多寡也不一。兹将乾隆年间汉口"普济堂"和湖南省城普济堂的管理和应役人员构成情况列举如下，以供参考：

汉口普济堂重建于乾隆二年（1737 年），收养汉阳孤贫院因屋舍不足而"不能容住"的孤贫，实为"孤贫院"，"而名则仍普济堂"，其人员构成为[2]：

首事：数量不详。

堂役二名：每名按月给工食银三钱，每年给银三两六钱。

医生一名：按月药资银一两六钱，每年给银一十九两二钱。

书记一名：每月给工价笔资银五钱，每年给银六两。

每日赴堂办事人十名：按每日每名食米八合，按月蔬菜银四钱……

湖南省城普济堂建于乾隆四十三年（1778 年），其人员构成为[3]：

首事二名：选负郭居住之殷实端廉生监充任，按季轮管，每月查明给过银数开摺报府。其在堂首事日给米八合，薪菜钱三分。

医生一名：选脉理精通，兼知内外杂症，勤谨小心者互结详充，不时在堂看视，月给辛工银一两。

药夫二名：凡遇老民、妇患病，专司煎药及照应茶汤，每名日给米八合，盐菜银一分，月给辛工银三钱，药罐首士买备报销。

水夫四名：派定挑水务须足用，日给米八合，盐菜银一分，月给辛工银三钱。

---

①　光绪《衡山县志》卷 13《拯恤》。

②　《汉口镇普济堂各款》，同治《续辑汉阳县志》卷 12《公署》。

③　同治《长沙县志》卷 9《保息·普济堂》。

书记一名：每月将收养支放、病故顶补、月日棺瘗造册报销，日给米八合，盐菜银一分，月给辛工银六钱。

府书一名：承办按季请销册籍，每季给纸笔银五钱，年底汇册报销，给银一两五钱。

堂役二名：看守堂门，传唤首事、医生及老民病故收瘗等事，即在长善二县衙役拨充，在堂住宿，日给米八合，盐菜银一分，三节各赏银三钱。

2. 养济的基本内容

关于养济孤贫的主要内容，史籍中多有概要的表述，诸如，"凡民孤贫残废无依者收养其中，岁有例给银粮，病给医，死给棺"①；"廪之使勿啼饥，宇之使勿露处"②；"病则给药以疗之，死则斥官地以葬之"③ 等，总之，明清孤贫的养济包括起居饮食、疾病丧葬等项内容，以下分述各方面的具体情形：

起居　聚居是居养制度最基本的内容，它将统治者"野无弃民"的理想落到实处。被收养的孤贫一般数人一间过着集体生活。至于几人一间，大多数方志没有记载，湖南省城普济堂的情况可作参考，该堂乾隆四十三年（1778年）建立时，"老民住房一百二十间，每间住五名"。咸丰年间重建普济堂，"号房六十四间……每号额居四人"。每房居住人数还与房屋的大小有关，"屋大者可住三人，小者可住一、二人"④。这大致可以代表额内孤贫的正常居住情况，至于额外的临时收养则另当别论。如万历时山西一些地方曾设立"冬生院"，"作通炕一炕，可容四十人，作数广被一被，可容三二十人，连枕厚苫"⑤。

每间居室内都配有一些基本的生活用具："内设床席、灯笼及一切器具。"⑥关于各项器具、用品的设置和规格等事项，各养济机构都有很细致的规定，如汉阳普济堂，男妇孤贫"每名给蓝布棉被一床，用蓝布里面各一丈八尺……每床用棉花三斤"；"每名给稻草一大束，围圆三尺……每二名给竹床一乘，长五尺，宽三尺六寸"；"每名给蒲席一条，长五尺宽二尺五寸"⑦。前引《章程十三条》中有一条为"器具宜周备也"，专门强调室内器具的配置问题："楚省郧阳一带居民近山者间有暖炕，其余或用木床，或用地铺，各随地方风

---

① 同治《钟祥县志》卷2《建置·公局》。
② 清·张宪和：《重修养济院序》，同治《武冈州志》卷37《艺文》。
③ 同治《咸宁县志》卷4《食货·恤政》。
④ 《（普济、育婴等善政）章程十三条》，同治《长沙县志》卷9《保息》。
⑤ 明·吕坤：《实政录》卷6《风宪约》，清同治十年（1871年）刻本。
⑥ 同治《钟祥县志》卷2《建置·公局》。
⑦ 《汉口镇普济堂各款》，同治《续辑汉阳县志》卷12《公署》。

气。而收养贫民，木床易于损坏，应于修理院房时即在屋内门窗之下，两面靠墙，用砖修砌围炕，高一尺五寸，宽三尺"；"贫民入院之初，每人给草荐一个，或稻草一大捆，席一铺"；"再给盂箸瓦盆各一"；"冬月量门用草帘遮挂，窗棂用厚纸裱糊"；"此外如桌凳之类量为量备，各随地方情形变通办理"。湖南省城普济堂则有"夏季给草席钱四十文，蒲扇钱五文"等特别规定①。

分别男女是孤贫居院的一条重要原则，各养济机构在这一问题上都毫不马虎，有些州县为此特建两座养济院，男女各一院。如华容县养济院，"在县治西，分男女两所"②；兴国州养济院，"在北门外厉坛之西，今呼为孤贫院；……又女孤贫院一所，在小西门外新街"③；安福县养济院，"一在东门外，孤贫十名……一在西门外……增恤独无告之老妇二名……分东西两院居停"④。如果只有一院，则要采用多种方式避免男女混杂："宜按计房间，相度形势，应于何处立墙。或分左右，或分前后，异院出入，以别嫌疑而免混杂。"⑤ 蕲水县养济院，"正统旧志称洪武二年（1369 年）知县朱文汉立，男房三间，女房三间"⑥；平江县养济院，"在县北，洪武十六年（1383 年）知县邓敏建，正屋三间，男女房各十间"⑦；巴陵县养济院，"左房十间以居男，右房十间以居女"⑧；长沙县普济堂则让"老妇以堂后二层居之，中用篱间，以别男女"⑨。当然，如果老民男妇本为夫妻，则另当别论，且要尽力提供方便，以尽人道，前引《章程十三条》即规定，"若本系夫妇，宜另隔小院，酌拨间房，同室而居，俾之团聚"。

衣食 养济院孤贫的衣食标准是相对固定的，明代的标准为"收养一人，岁给米三石六斗，布花银四钱"⑩，清代也与此大体相似。但孤贫老人吃饭穿衣的具体情形鲜为人知，因为养济院、普济堂收养的孤贫老人除少数笃病之人外，大多数人的生活是基本能自理的，因此，所以其养济方式与育婴抚幼的养育方式有明显的不同。正如清人裕谦所言："盖鳏寡独虽穷，苟得布能为衣，得粟能为食。而孤未及十岁，即予之布粟，苟无人焉与为衣食，仍不免冻饥死。"据此他对将孤儿送入养济院的做法提出异议："……辄收送养济院，而

---

① 同治《长沙县志》卷 9《保息·普济堂》。
② 光绪《华容县志》卷 4《蠲政》。
③ 光绪《兴国州志》卷 4《舆地志·义所》。
④ 同治《安福县志》卷 9《户口》。
⑤ 《（普济、育婴等善政）章程十三条》，光绪《长沙县志》卷 9《保息》。
⑥ 嘉靖《蕲水县志》卷 1《惠政》。
⑦ 弘治《岳州府志》卷 5《平江县·仓库志》。
⑧ 弘治《岳州府志》卷 3《巴陵县·仓库志》。
⑨ 同治《长沙县志》卷 9《保息·普济堂》。
⑩ 明·吕坤：《实政录》卷 6《风宪约》，清同治十年刻本。

其人殊众，不独养济院经费不足给，屋宇不足容，且其人皆未能自为衣食，必须抚而育之，势非另设一局不可。"① 裕谦的这番议论反映出当时养济院、普济堂老人的衣食方式主要是自理的，现有有关两湖养济机构管理和堂务人员的记载中都极少提到专门的"火头"、"厨役"等人员，而多有孤贫按月或按日从院方领取口粮，按年领取布料或布花银等方面的内容。据此推测，对于部分养济机构而言，孤贫人员可能是在堂、院的管理下自己动手解决吃饭问题。例如长沙县普济堂的做法是，"老民住房一百二十间，每间住五名，每五间给炊爨房一间"②。即每二十五名老人安排一间厨房，显然是自炊自食，至于二十五人如何分组轮班，堂中未见统一的规定，不过此类事情容易通过内部协商作出合理的选择。永绥厅养济院在光绪年间不慎被火焚毁，一个重要的原因就是由于没有专门的炊事、存薪的场所，宣统年间该厅重建养济院时特意增修了厨房和杂屋③。在此之前，孤贫的吃饭问题可能是在住房或其他地方灵活解决的。永绥厅当时的孤贫数目只有十名，类此额养孤贫较少的养济院、普济堂，采取随机、灵活的方式解决饮食问题的当为数不少。

但养济院和普济堂中收养的毕竟有一些深度残废的"笃疾"、"废疾"之人，这些人的饮食起居问题是如何解决的？前揭《章程十三条》透露了些许信息，"向来普济各堂、院均有管门及孤贫头、堂头等名目，此种人役原为经理堂务，照料贫民而设"。可见孤贫头、堂头等人兼有对孤贫照料的责任。至于是否亲自照料，照料的具体情况如何，目前尚无直接的资料，不过按常理推之，不外两种途径，一是由堂头、孤贫头组织老人之间的互助，二是由堂头、孤贫头雇请照料人员。当需照料的笃废之人为个别或数量极少时，堂头、孤贫头亲自照料亦有可能。当这类人员为数较多时，就有可能雇请专门的炊事和看护人员，宋代的居养院就有"令置火头，具饮膳"的记载④，汉口普济堂乾隆时"每日赴堂办事人每工给柴一把半为炊，每把重二斤，每工给炭四两煎茶"⑤。可见，明清的养济机构至少有一部分应该配有专门的厨役、护理等人员。

至于孤贫的穿衣情况，因孤贫的布花银是按年领取，大规模地更换和新做衣服每年只有一、二次，其情形相对简单，如汉口普济堂规定："男妇每名给蓝布大单褂一件，用布二丈，每尺价银一分二厘五毫，工价银四分四厘；每名给蓝布裤一件，用布一丈二尺，每尺价银一分二厘五毫，工价银二分二厘"；

① 清·裕谦：《武昌府恤孤局记》，同治《江夏县志》卷2《疆土志·杂置》。
② 光绪《长沙县志》卷9《保息·普济堂》。
③ 清·董鸿勋：《重修养济院记》，宣统《永绥厅志》卷12。
④ 《宋史》卷178《食货上》。
⑤ 《汉口镇普济堂各款》，同治《续辑汉阳县志》卷12《公署》。

"冬季男妇孤贫每名给蓝布棉袄一件，用蓝布里面各二丈五尺、二丈二尺不等，每尺价银一分二厘五毫，每件用棉花一斤，价银九分，工价银九分四厘"①。孤贫衣服一般由堂院雇请裁缝代做，但为了防止贪污作弊等行为，也可以由孤贫自作。如《章程十三条》所言："各堂贫民隆冬皆散棉衣，然往往委之胥役，托诸纲利之裁缝，棉花则易新而旧，减厚而薄，甚至以敝衣充数，御寒何资。不若于冬初散放口粮之时，当堂查问，情愿自行裁做者，每名发给大布一匹，棉花一斤，不能自做者，官为制造，务派诚实家丁，认真稽查，花须足斤，布须足尺，不得稍有克扣。"

疾病和丧葬　被养济机构收养的孤贫一般年事已高，且多为带病之身，因此，疾病防治是养济事务的一项重要内容。如前所述，一些养济机构中设有专门的医生，并要求"选脉理精通，兼知内外杂症，勤谨小心者互结详充"，医生平日"不时在堂看视"，"其寻常药饵……印给循环簿，将病症药方五日一次报府，其有疑难病症，同首事商酌调理"。对医生亦有考核奖惩制度，"凡遇老民、妇患病，如医治不痊，及一月连毙五名以上者，另行更换"。医生而外，尚有"药夫"，"凡遇老民、妇患病，该首事医生指示，专司煎药及照应茶汤"②。养济机构对孤贫的丧葬亦非常重视，《章程十三条》规定："施棺宜从厚也。贫民孤苦零丁，死亡谁人过问，应饬管堂人随时呈报地方官，查无别情即捐给棺木，在于义地葬埋，毋许浅埋暴露。"汉口普济堂的处置办法为："每物故孤贫一名，给做杉木棺一副，长六尺，高一尺三寸，宽一尺五寸，厚一寸二分，价银六钱；给抬葬钱四十文，给埋葬钱一百文。"③湖南省城普济堂的做法为："收养多系年迈，须预备棺木五十副……如有病故另给抬瘗银三钱责成堂役押赴义冢山深掩埋，将姓名标记。如率略了事，查出将该役责革；倘有亲族愿领安厝者，听其领埋；或老民、妇有节省余资，即为老民、妇殡殓衣服之费。"④

值得特别指出的是，居养并不是明清养济事业的唯一方式，一些地方结合本地实际积极探索多样化的养济方式，以克服堂、院集中居养的不足。江陵县的"给孤贫牌"就是较有意义的一例。该县养济院在城东公安门外，因"孤贫口食额设向少，道光六年（1426年），王太守凤翰率同各属筹捐银二千两，发典一分五厘起息，每月计得息银三十两。饬县查明城乡孤贫男妇共一百名，各给腰牌"。其养济办法是，"每月由府饬委经历查验腰牌，按日发银三钱"。

---

① 《汉口镇普济堂各款》，同治《续辑汉阳县志》卷12《公署》。
② 同治《长沙县志》卷9《保息·普济堂》。
③ 《汉口镇普济堂各款》，同治《续辑汉阳县志》卷12《公署》。
④ 同治《长沙县志》卷9《保息·普济堂》。

这一善举为此后历任官员所继承，并有所发扬和光大："咸丰七年（1857 年），人浮于数，禄太守勋添补十名，由内署每月捐银三两，历任皆然；同治元年（1862 年），唐太守际盛罚滩痞银八百两照前发典生息，每月增息银十二两，复给孤贫四十名；又道宪张谕饬育婴堂首事查明城乡男女孤贫一百五十名，在于宜昌盐务处每月提钱六十串，按口发钱四百文；六年道宪何因盐务改章，议归道，府县每月各捐钱贰拾串仍由府并放，此历任各宪矜孤恤贫之惠政也。"①

三、育婴事业实态

从前文对两湖育婴事业演变轨迹的勾画中可知，育婴堂是清前期两湖地区最引人注目的慈善机构。在官府的大力倡导下，它几乎达到了养济院一样的普及程度。但官府推广育婴堂重在推行教化和妆点盛世，并没有将重点放在实际养育上，两湖育婴堂在某种程度上陷入了空转的怪圈。清中后期绅商士庶等民间力量的兴起和主动介入，使育婴事业的面貌有所改观，两湖地区出现了多样化的育婴方式，并试图开展有实际效果的育婴事业。本章欲通过一些育婴章程和育婴个案来揭示，具体的育婴机构是如何管理和运转并取得了怎样的实际效果。

（一）堂养的组织和人员配置

由育婴堂雇佣乳妇在婴堂集中养育婴儿称为堂养。育婴堂开堂之初都要制订严格的章程对堂务作具体的规定，以下以长沙和汉阳育婴堂为例说明堂养的组织、管理和人员配备情况：

长沙（善化）暨省城育婴堂：始建于雍正二年（1724 年），历朝扩建增修，"道光十八年（1838 年）复经抚宪钱整饬堂务，谕管堂绅士拟定条规行之至道光二十八年（1848 年）"，"同治七年（1868 年）抚宪刘札委城绅即选道李概管理婴堂事务，先后会同盐宪暨委员绅等照前盐宪刘所定堂规斟酌办理堂养"。除首事外，具体堂务所需人员及分工情况如下②：

老妇二名：分住保赤、慈幼两堂，管理验乳、支更、问医调药、察查乳妇情弊……每名月给工食钱四百文，盐菜钱四百二十文，米三斗。

医生一名：在堂餐宿，婴孩有病随时对症发药，每月给钱八千文。

堂书二名：办理册簿填写、验照报销等事，每月共津贴辛工钱八千三百三十三文，工食盐菜钱一千一百文，米六斗，煤二石四斗。

---

① 光绪《续辑江陵县志》卷 13《赋役·恤政》。
② 同治《长沙县志》卷 9《保息·育婴堂》。

帮办清书一名：每月津贴辛工饭食钱二千文。

堂役五名：把门送匣一名；买办兼打扫一名；管两堂锁钥并发药饵一名；走干传唤并催取佃钱，随查寄养共二名。每名每月工食钱四百文，盐菜钱一百八十文，米三斗，煤一石二斗。

牧牛取乳夫一名：每月给夫役、工食、盐菜钱一千零二十文，米三斗，煤一石二斗。

牧牛兼送匣堂役一名：月给工食钱四百文，盐菜钱一百八十文，米三斗，煤一石二斗。

水夫二名：专管各堂井水，并随时注满清平水缸，谨防火烛，其工食等与堂役同。

汉阳育婴堂：雍正十三年（1735 年）始建，后废。同治八年（1869 年）署汉黄德道郡守钟谦钧率同绅商建复并开堂育婴，"其规条均经官绅厘订刊刻"，当时的组织管理情形为：

坐堂首事：每月支出薪资钱伍串文，伙食钱三串文。

老成人一名：专司催乳妇、送婴孩及代内堂节妇置买各物；每月工价伙食钱三串六百文。

水夫兼支更二名：每月工价伙食钱三串文。

管门一名：工价伙食钱三串文。

伺茶打扫一名：工价伙食钱一串五百文。

执事一人：外堂收捐、发钱稽查各件；每月工价钱三串文，伙食钱二串四百文，外船资、点心等每月给钱一串二百文。

以上两堂的人员构成和职能分工在一定程度上代表了两湖育婴堂的组织和管理情况，结合其他地区的育婴堂章程可知，育婴堂组织堂养一般每堂设首士一名或数名负责堂务，首士多由士绅担任，或轮充或独任，并领取一定的薪金。有时还有专门的"坐堂首事"负责具体日常事务。首士之外尚有一定辅助、帮办人员，如执事、堂书、老妇、坐堂医生等，也有一些应役人员，如管门、水夫、更夫、打扫等，人员的多少和分工因育婴堂的规模不同而有异。

（二）堂养的主要环节及内容

设堂养婴一般有收、育、存、去等几个环节，每一环节都直接影响到育婴的最终效果。对此，育婴堂章程都有细致的规定。

1. 接收婴儿

收婴是堂养的第一个环节。育婴堂设立初期，较多照顾到弃婴者的困苦和羞怯情状，婴儿多在夜间秘密送至堂中，如康熙二十年（1682 年）邵阳保赤堂初立时，在堂外建亭，亭内有榻，"凡有乳子女不能育者，自录出生年月日时于儿怀，乘夜置儿于榻上"，次日晨由守堂之僧即收入堂中，告知首事，再雇觅乳妇养育①。对初生婴儿的安危也预为考虑：长沙育婴堂规定"各婴多由各乡远送来城，离胎未久，包裹不周，酷夏隆冬，尤难保护，所以有未到堂而殇者，有到堂一、二日而殇者，殊属可悯，兹定各乡婴孩满月后送"②。衡山育婴堂规定："如有人送婴来堂，必随时接入。若夜间送来，无论寒暑，即当开门收入，不准稍延，使婴冒感，伏有疾根"③。随着育婴渐久，由于经费不足等原因，对接收堂婴的限制日多，如洪江育婴堂一度规定新收婴儿"以十名为限"，境内父母俱亡，又无亲属者，方收入堂养。致使有人将婴儿"乘夜无人，抛送堂内"，使治事者"势不能恝置不收"④。对婴儿生庚姓氏的登记是收婴的一项重要工作，平江育婴堂规定，"凡送婴来堂者，按日将生庚、姓氏、地名注册"⑤。汉阳育婴堂规定，"凡有送婴儿来堂者务将婴儿生庚报明注簿"⑥。洪江育婴堂则规定，堂婴"有原姓氏生命者，注册存记"，"无姓氏者，男则姓洪，女则姓江，照字派依次命名"⑦。

2. 雇觅乳妇养婴

婴儿收入育婴堂后，便由雇觅的乳妇哺养，这是堂养中至关重要的一环。为此，对乳妇所应具备的条件和育婴时的注意事项，育婴堂的章程中有详细的规定。两湖育婴堂制订育婴章程时相互参照的情形很常见，湖南州县一级育婴堂修建记中多有"遂仿省章开堂雇妇乳哺"的句子。从所能搜集到的湖北汉阳、湖南省城、平江、衡山、洪江等育婴堂的章程看⑧，两湖堂婴的养育办法大同小异，许多条款内容基本相同。在雇觅乳妇养婴这一环节中，主要是做好"谨择"和"慎养"两方面的工作：

身体健康，乳汁丰盛是选择乳妇的首要标准。章程普遍要求乳妇必须

---

① 道光《宝庆府志》卷8《户书》。

② 同治《长沙县志》卷9《保息·育婴堂》。

③ 载李子荣《衡山育婴志》，《章程》。转引自谭志云《清代湖南慈善育婴事业初探》，湖南师范大学硕士论文。

④ 《洪江育婴小识》卷2《识条规》。

⑤ 《（平江）育婴堂章程》，同治《平江县志》卷11《建置·保息公所》。

⑥ 《（汉阳）育婴堂规》，同治《续辑汉阳县志》卷12《公署》。

⑦ 《洪江育婴小识》卷2《识条规》。另，无姓氏堂婴的命名字派确定办法为：每婴十名取一字为派，男婴字派为：乾大光明 增荣益寿 康和元吉 文定致祥 孝弟谨信 诗书执礼 尚志维先 进德伊始；女婴字派为：坤厚广德 安富敦仁 慈惠恭善 □有余庆 幼慕贞洁 姒嗣徽音 柔嘉作则 渊懿其心。

⑧ 参见同治《续辑汉阳县志》卷12，同治《长沙县志》卷9，光绪《善化县志》卷10，同治《平江县志》卷11，李子荣《衡山育婴志·章程》，《洪江育婴小识·识条规》，《洪江育婴续识·条规续识》等。

"择其年壮而无隐疾者"，要"气体强壮，乳汁浓厚"。入堂前还要进行资格审查，"取具的保，书立券据，以防来历不明之弊"。乳妇入堂之后，要服从育婴堂的统一管理，一般两乳妇居一室，"编定字号，不许任意移换"；育婴期间，除规定的假期外，"必家有大事，方准告假一日，平日不能擅自出入"；"堂中栅门于日入时关锁，至次早方许开门"；"乳妇所需食物许交年老雇工代买，雇工无事不许擅入堂房，以照严肃"；"家人探视，隔栏叙语，不准启钥入堂"；乳妇虽自有子，"不许携带子女入堂，致纷心力"；堂中还有人"稽考群妇勤惰"。

乳妇选择到堂后，要按一定的操作规范来养婴。一妇一婴是育婴的基本规则，"一房止住二妇，一妇止养一婴"；"一乳专哺一婴，视婴数为数"。在特殊情况下才准许一妇两婴："新收堂婴交乳足之妇暂时兼哺"；"乳妇月准假两次，其婴交同房兼哺"。二婴为乳妇养育的最高限度："每妇约育两婴为度"。为确保婴儿的哺乳量，育婴堂还采取一些特殊的措施，如考虑到"各乳妇均系贫苦之家，入堂哺婴毫无荤食，乳更难充，酌每名每月发猪肉半斤，朔望分给"；规定一个乳妇最多育婴两年，此间"倘若乳汁不旺"，则要更换；长沙育婴堂鉴于"送婴过多，仍须堂妇暂养，恐该妇乳少不能兼乳二婴，另买初生小犊母牛两头，雇夫蓄养。每日取乳用砂仁末少许加薑熬煎，并添冰糖少许以分哺两堂体弱之婴，乳少换牛"。对婴儿的日常护理也有严格要求，诸如，"乳后不可喂糕"，"婴儿衣食不可过于饱暖"，衣裙"随时更换，宜洁不宜污"，"切忌抱婴当风尘立"等。不同的季节亦有不同养育要求及相应的衣物、用具：如汉阳育婴堂"婴儿衣物除入堂时随时散给外，分春末秋初二季轮换。春季以二月初发夹被一件，单衫一件，抱裙二条，蒲席一床，车椅一乘；冬季以十月初发棉袄裤各一件，布褂二件，绵抱裙两条，脑褡一个，毛蹄一双，绵被一床，箦窝一只，均按季按名散换，不得遗漏"；长沙等堂"每乳妇发给新制纹帐、被絮、竹簟各一件，小孩布片俱用暗号以防偷换，夏季发给单衣、抱裙各一件，冬季再发棉袄、抱裙、夹帽各一件，每年由堂更换"。育婴堂还要定期检查婴儿的养育质量，以"婴儿之肥瘠"来判断"乳妇哺养之得失"和"乳汁之多少"，"若寒暑不时，衣裙不洁……任婴啼哭，不受约束者革换。恣意毒殴或单提一手一足者，查出送究"；"如有不善哺养及乳汁不足者，即时更换"；"如殇毙太多，必系乳妇及司事办理不善，由首事查察更换"。

3. 婴儿疾病的防治

育婴堂普遍注重对疾病的防治，并坚持预防为先的原则。要求堂中要保持洁净，"房内乳妇扫除，厅堂厨畐老媪扫除，务期洁净"，"时备枫球药末，薰除秽气，免致沾染时疫"；"堂外木栏每日辰巳时治事发钥取牡，运水出粪，余时封闭，不得擅开"。当时常见的小儿传染病是麻痘，"点痘"是预防这种疾病的有效手段，"以金刀刺牛乳旁青蓝若痘状之浆，传儿臂消烁清冷渊穴，谓之点痘，又曰牛痘"。这种方法是从南洋传入的西洋医法，两湖地区较早学会了此法，"楚中首得其法，保全之功较大"①。前述育婴章程多规定，"每年春二月，秋八月，婴孩满百天者，雇医点痘"。对于"麻症"，则采用中国传统方法进行防治："每年于六月伏中买肥丝瓜数十斤阴干焙研，至十二月除夕亥子交接之时，用开水冲哺，诸孩纵发麻症，亦获安全"。堂婴患病则要及时延医司治："各婴偶有疾病，立即报名司事，请医发药调治"。乳妇患病同样不可小视："婴儿有疾自宜诊治，即乳妇有疾亦须速治以免传染。而医士必须择其精习者随时诊视，不得迟误"；有些育婴堂还有专门的坐堂医生。如前所述，长沙育婴堂设"医生一名，在堂餐宿，婴孩有病随时对症发药"。如婴儿不幸夭亡，也要善为处理后事，"偶有殇毙，宜制六匣，令雇工深瘗，不许草率"。

4. 堂婴的去留

育婴堂只是一个临时的收养机构，堂婴被养一段时间后，便出现去留问题。为婴儿寻找出路亦是育婴堂的重要职责之一，这一过程从婴儿断乳之时便开始了，如汉阳育婴堂规定："婴儿稍大能食粥饭即饬令本身父母领回，如无父母而有亲属，亦劝令抚养"；洪江育婴堂亦鼓励有力之家抱养"断乳堂婴"。归纳言之，除早夭的婴儿之外，堂婴的出路大致有三，即由父母或亲属领回；由人抱养为子女；或由人抱养为童养媳。在找到出路之前，一些婴儿不得不长期滞留在育婴堂。对这些已断乳而未领出的婴幼儿，育婴堂有继续抚养的责任，而且对达到一定年龄的幼儿，还要进行必要的谋生教育。汉阳育婴堂规定："倘并无亲属承领，即将女婴注明交堂内孀妇抚养，认为义女，每名按月给养资钱壹千贰百文，稍长则课以女工，男孩稍长则归入本堂义塾，照章办理"；洪江育婴堂亦规定："女婴过七岁，堂给棉花五斤，苎麻五斤，责令老媪教督纺绩，按日责工，纱线布匹，由治事经理，变价存记，及岁遣嫁时并作匲赠"；"男婴过八岁，出居外堂，入塾读书三年，治事体察资禀，量能授事"。

对堂婴的领养，育婴堂绝非草率从事，而是以十分审慎的态度进行，并在一定时期内进行"跟踪管理"。汉阳育婴堂规定："民间有愿领男婴为义子，女婴为义女及为子妇者，问明姓名籍贯住址，作何生理，由首事亲诣查明，再由地方官确查，实系良民方准保领，仍取具地邻甘结存案。如有转卖为奴、为

---

① 《洪江育婴小识》卷2《识牛痘方药》。

婢及娼优僧尼，捏名冒领者，查出禀官照律惩办。"洪江育婴堂规定："断乳堂婴系殷实抱作儿女、子妇者，劝其量力捐资；家贫及乳妇抱作子女者，报明候查。果系身家清白，有族邻方董联保方准承领，仍注簿给照存记，后有转卖他人为奴婢及凌虐情事，惟联保人是问。"为了尽可能避免婴儿抱养后可能出现的凌辱、为奴等情况，堂婴抱养时都要履行严格的程序和手续。填写不同格式的保单，主要有：

领婴保状式：

具领状人××系××省××（州县）人，实领得洪江育婴堂收养××婴一口，名××现年××岁，收继为××，当捐助养费（银、钱）××。领出之婴，情愿善为抚养，不得异视，暨日后有为奴为婢凌辱情事，任凭处罚送究，须至领状者。

具领状人××系××省××（州县）人，实系家贫清白，邀同族××，邻××等联保领出洪江育婴堂收养××婴一口，名××现年××岁，收继为××，日后善为抚育，不得凌辱轻贱，如查有转卖他人为奴为婢情事，任凭处罚送究，须至领状者。

方董联保式：

具联保人××实保得××系××省××（州县）人，身家清白，领出××一口，委系收继为××，日后善为抚育，不得凌虐轻贱，倘查有转卖他人为奴为婢情事，均惟联保人是问，须至联保者。

执照式：

今有××系××省××府××（州、县）人，家道××领抱堂婴为××，情愿输助（银、钱）××，除取领状注簿覆查外，合行填发执照。倘有无知痞徒，藉称该婴亲属名色，希图冒认讹骗情事，应持照就近呈请××地方（文、武）衙门核实究办，领婴之家，亦当善为抚养，不得异视凌贱，暨转卖他人为奴为婢，是为至要，须至执照者。

领出堂婴现年××岁，取名××，××年××月××日收养，发旋××，周身××（疤痣），原开姓氏××生命××。

右照给××收执

××年××月××日填给。

（三）堂养的成效

育婴章程在多大程度上落到了实处是个难以评估的问题。有记载表明，在局部地区、个别时期、某些方面得到较好的落实是有可能的，如蒲圻县育婴堂，自知县劳光泰莅任以来，"月朔望必诣堂亲给乳资，验婴儿以优劣乳母，故婴儿鲜有死者，而所养由是益多"①；湖南省城育婴堂因章程的制订和执行"皆极严密周虞，无稍疏虞，以故保全者多，殇亡者少"②。但是，另一方面育婴堂死亡率极高的例子也很多。以下将洪江育婴堂光绪十四年（1888 年）至光绪三十二年（1906 年）堂婴的收、育、存、去的情况列表如下，以此窥见清代育婴堂堂养的实际效果（见表8-4）。

表 8-4　　　　洪江育婴堂光绪十四年至三十二年堂婴收育存去情况表

年份	旧存堂婴		新收堂婴		领出堂婴		死亡堂婴		死亡率（％）
	男	女	男	女	男	女	男	女	
十四年	1	23		30		7		18	33.3
十五年	1	30	1	20	1	10	1	17	34.6
十六年		23	2	28	2	5		12	22.6
十七年		34		26		14		23	38.3
十八年		23	2	35	2	11		17	28.3
十九年		30		46		9		32	42.1
二十年		35	6	69	2	6	2	60	56.4
二十一年	2	38		61		13	2	35	36.6
二十二年		51	4	54		13	1	40	37.6
二十三年	3	52	1	63		6	2	53	46.2
二十四年	2	56		60		5	2	51	44.9
二十五年		61		67		8		53	41.4
二十六年		67		112		8		98	54.7
二十七年		73		76		16		62	41.6
二十八年		71		38		8		34	31.2
二十九年		67		43		23		25	22.7

① 同治《蒲圻县志》卷3《政典·育婴堂》。
② 光绪《善化县志》卷10《保息》。

续表

| 年份 | 旧存堂婴 | | 新收堂婴 | | 领出堂婴 | | 死亡堂婴 | | 死亡率 |
	男	女	男	女	男	女	男	女	（％）
三十年		62		34		15		20	20.8
三十一年		61		58		21		30	25.2
三十二年		68		102		7		80	47.1

注：光绪十四年（1888年）除领出外，又奉发女婴2名。资料来源：《洪江育婴续识》卷下《经费续识》，光绪三十四年本。

（四）"不在堂"育婴的组织管理和实际效果

堂养是一种受到较多限制的育婴方式，以堂养的方式开堂育婴一般会遇到收婴过多、乳妇不足、房屋容量有限等诸种问题。如前所述，两湖育婴堂很早就出现了"寄养"、"自养"、"捐养"等养婴方式，这些养婴方式的一个重要特点就是不在堂养育——雇请乳妇在家养育或资助生母在家养育。嘉道以来"寄养"、"自养"逐步由堂养的辅助方式变成广为流行的育婴方式，晚清善士又以"六文会"、"十分会"等筹资方式将这种不在堂的养婴方式推广到乡村社区。不在堂育婴方式的难度在于如何克服养婴过程中的舞弊行为，如对家庭贫难状况和育婴情况的瞒报、捏报，钱物的冒领、侵占挪用等。对于寄养之婴，还要设法强化乳妇的责任意识，提高育婴质量。对此，各育婴堂或育婴会都有相应的管理办法和措施。如汉阳育婴堂，"其在外抚养者为外堂"，"外堂六处均托各首士访查附近贫民壮年乳妇具册报名，先给钱三百文，俟有送来婴孩即查照册名，交给抚养，每月添给钱七百文，又薙发布片钱贰百文"。在养婴期间，由首士及堂中老妪人等"带册亲往验视，如果婴孩壮健无恙，由堂按节奖赏。倘或瘦弱，即系乳少所致，立将乳妇更换。如老妪徇隐不报，查出亦即更换"[1]。平江育婴堂，"寄养者，凡近堂十里以内有乳之妇，许预先赴堂报名，遇送婴太多，即由司事按报名先后分寄各家哺养，月给工食钱一千二百文"，并规定："须将寄养之家姓名，住址开送首事方许支领。每月朔望抱婴送堂由司事验明肥瘠，给发钱文。如哺养不周，立即撤换"，"寄养之婴倘有顶替代验，或讳殇冒领等弊立即送究"[2] 等。参看各地育婴章程，对不在堂育婴方式的操作办法都大同小异，其要点在于加强监督和进行定期或不定期的检

---

① 同治《续辑汉阳县志》卷12《公署》。
② 同治《平江县志》卷11《建置·保息公所》。

查，给予相应的奖惩。兹以竹溪县的培育堂和洪江十馆育婴堂为例进一步揭示不在堂养婴方式的组织实施办法和实际效果。

竹溪县培育堂创建于光绪二十三年（1897年），其创建的动因是由于按官府的指令举办育婴堂受阻："奉上宪札饬举办育婴，甚善举也，乃创办之初，贫民产女者率以报堂为耻，嗣经晓谕，虽有请育者，又苦经费无多。"在县教谕邱峻的推动下，新任县令夏瓶仙等"诸同寅各慨然乐捐重赀以襄美举，又得好善诸绅以为之助"，建成了培育堂，以培修古墓和育婴为主要内容①。该堂所采用的育婴法即不在堂的自养之法，所制订的《育婴条规》和《增议培育堂章程》将这种育婴方式管理和运行的有关内容规定得具体而详细，兹引录如下：

《育婴条规》

每年育婴以二十名为定额，每名育养以十个月为定期，每月每名给市斛谷三斗为定数，不得给钱，亦不得以私谷换给。如二十名外有应育者，则以六文会辅之。

婴孩返路远易致受病，且费少亦难远及。今议定城四面皆以十五里为限，由北门出城正北则至夜合树为止，西北则至望葫芦坡茶亭为止。由西门出城，正西则至花椒寸为止，西南角则至灌沟为止。由南门出城，正南则至漫液塘为止，东南角则至大峪沟为止。由东门出城，正东则至黄龙寨为止，东北角则至黑虎垭为止。界内凡有应育婴儿，许其请保赴堂，给票照领，其远者试再设法扩充。

定界之内，生女贫而难养者，须请有身家保护一人，赴堂报名绅首，由绅首核查实系贫难，发给照票一张，注明姓氏□□生年月日交女家，一面登记簿内，每月逢十五日持票□堂领市斛谷三斗，发满十个月将票收回。如系在路拾取之孩，即以报局年月日时为八字，何人收养即后其姓，仍于单内注明照育。

婴孩报局后，由堂绅亲往验明，即令薙头留发一角。城内留顶中，北方留脑后，南方留顶前，东方留左角，西方留右角，以便按月按方查验。

育养之婴孩每月必须堂绅逐户亲往验看一次，倘有抚养不善，随时申饬，如有未满十月而病殇者，将票撤销，仍给一月谷以恤之。

定界之内，自立堂后，贫难养女之家，并不报局，故意溺女者以故杀子孙论，其力能自养，忍心害命者罚钱四串文归堂充公，若家资富厚，从重议罚。

---

① 光绪《竹溪县志》卷10《培育堂记》。

培育堂契买……总共田三石三斗，每年收租一百零九石，存储公仓以为每年育婴修坟用费，新旧契约轮存值年堂绅收管，寄庄钱利息则□□□□完粮之用。

堂中租谷除育婴二十名应存谷六十石不卖外，下余谷石必须至次年清明节时方准酌核修坟用费粜卖一次，其余必须至青黄不接之时始可尽卖，以便救饥。本年秋冬全无用费，不准卖谷。

每年文武官内轮议监管官一员、殷实仁廉堂绅二人。监管官只准稽核钱谷数目，卖谷早迟，育婴名数是否相符，是否应育，验看修整之坟墓果否坚实，有无遗漏，不得经手钱谷，致滋物议。堂绅必须殷实好善之人，方准印谕充当。接事之日，监管官率同堂绅鸣誓关帝神前，不得徇情侵蚀，倘有不应育而育以及扣刻亏短诸弊，由县追赔革退。再议年终核算总账四本，以三本分送文武衙门存案，一本存局，经监管官核算清楚，再行更替。

堂内经费不多，堂中使用务照定章支销，□每年纸张账簿笔墨准开支钱二串文，一切火食薪水，官绅皆系自备，不得藉衙门小费名目冒滥开支。

公共若有余剩，止准买谷存仓，于次年春夏出粜，其钱仍辗转买谷，多则买田，不准官绅佐借挪用。

《增议培育堂章程》

每年年底结账后，该管首士除缮就总账四本，将三本分送文武衙外（系县一本，营一本，两学共一本），务将夏间卖谷若干石，实系何价，共得钱若干串，秋间收谷若干石，如遇水旱某佃户全收、某佃户让谷若干石，除育婴多少名用谷若干石，培修某处坟用钱若干串，并完钱粮若干外尚存谷若干石、钱若干串或并无存有亏，大书清单一纸，送监管官钤印榜于堂门晓示。

每年租石务令各佃户送谷，不准折钱。如遇水旱，佃户须□报明绅首，凭田踩纳。倘佃户多种洋烟，贪图重利或惰农荒芜田亩，致谷歉收者，不准让稞，并即将该田佃户更换，首士不得徇情转留。

遇推换首士，必采公正廉明殷实好善者，不准各存意见，妄举妄留。

堂中存款及租谷原议不准官绅借贷挪用，而丁酉岁荒，颇有借用堂中存谷之说，殊于原议不合，嗣后无论何项公事，不准借以公济公之说向堂中挪借，如首士徇情挪借，查出追赔，并将该首士更换。

（以下为培修坟墓的规定，略）

如前所述，洪江十馆育婴堂在举行育婴事业时综合运用了堂养、寄养和自养的方式。其寄养，"按名发给堂票，寄出时认明婴孩，详悉注册以凭随时查验"；其自养"就全境各牌择举老成为方董，访查附近人户极贫、次贫生育事故，见闻必告，有生女实难养育者，取具领状，填发报单，给予本家赴堂换填照票，仍加盖核查戳记"。对在家抚养的婴儿，该堂育婴章程针对当地实际制订了一套详细的管理办法：

> 生女贫难养育者，邀同族邻保正，投知方董查实，发给报单赴堂具报，堂派看妇核查男女、旋发、疤痣及乳名、生命，帮办核对报单相符，换填照票，再由方董加盖戳记，付予本家收执，月给口粮钱六百及毛衣、布片，责令自乳。下月抱婴持照来堂验给，尽期年止。期内女婴殇亡，三日内报堂销票。捏报串领及殇故匿报者，查出加倍处罚。
>
> 极贫之家遗腹孤儿，不论男女，月给口粮钱六百，外加给保节钱二百，尽两年止。期内母再醮、儿出继停给。婴母产亡，无论男女照数月给口粮外，加给优恤钱二百，亦尽两年止，听其父自择乳哺。无方董报单者不给，捏报串领倍罚，婴生而父母俱亡，有亲属哺乳者，月给钱一千二百，尽三年止。无亲属者收入堂养。
>
> 赡婴门首粘贴堂给门条，若有迁移报名再给，除看妇不时往查外，治事帮办不拘日期，每月各巡视一次。
>
> 难女过境，适生女婴，报堂验剃胎发一绺，酌给养费钱一千，仍令绷婴回籍，逗留多索及产逾十日者不给。

为了使章程规定的目标得以实现，洪江育婴堂除了发挥地保、族邻、方董的作用外，还从管理制度上进行规范，形成了以"领状"、"报单"、"照票"、"方董门条"、"赡婴门条"等文本为承载形式的一整套管理制度，兹将这些文本的格式列举如下：

1. 领状，分四种：

领状式（一）

具领状人××系××省××（州县）人，向居洪江××牌××地方××生理，妻××氏光绪××年××月××日××时产生女婴，系第××胎，婴名××发旋××周身××（疤痣）邀凭（族邻）××保正××投请核查转报，委系无力养育，如有指男作女、扶同串捏、重报情弊，愿将领获钱文加倍处罚，须至领状者。

光绪××年××月××日

领状式（二）

　　具领状人××系××省××（州县）人，向居洪江××牌××地方××生理，妻××氏光绪××年××月××日××时产生××婴，旋即患病身故，婴名××发旋××周身××（疤痣）邀凭（族邻）××保正××投请核查转报，委系极贫，无力养育，如有扶同捏故串冒情弊，愿将领获钱文加倍处罚，须至领状者。

　　　　　　　　　　　　　　光绪××年××月××日

领状式（三）

　　具领状××氏，故夫××系××省××（州县）人，向居洪江××牌××地方，光绪××年××月××日××时遗腹产生××婴，取名××发旋××周身××（疤痣）请凭（族邻）××保正××投请核查转报，委系极贫无力养育，如有扶同捏故串冒情弊，愿将领获钱文加倍处罚，须至领状者。

　　　　　　　　　　　　　　光绪××年××月××日

领状式（四）

　　具领状××系××省××（州县）人，今有同邑××向居洪江××牌××地方，妻××氏光绪××年××月××日××时产生××婴，夫妇患病，先后身故，婴名××发旋××周身××（疤痣）邀凭（族邻）××保正××投请核查转报，委系极贫，毫无遗产，力难养育，如有扶同捏故串冒情弊，愿将领获钱文加倍处罚，须至领状者。

　　　　　　　　　　　　　　光绪××年××月××日

2. 报单，分四种：

报单式（一）

　　为报明事今有本牌××地方××系××省××（州县）人，妻××氏光绪××年××月××日产女，邀同族邻保正开具事实领状投明往查核对，原开情节相符，委系极贫，合将领状粘连报明育婴堂总堂，换填照票，交本家收执，嗣后按月绷婴查验，给予伙助钱文，俾资养育，并无扶同滥给情弊，须至报单者。

　　　　　　　　　　　光绪××年××月××日××牌方董××

报单式（二）

为报明事今有本牌××地方××系××省××（州县）人，妻××氏光绪××年××月××日产生××婴，旋即病故，邀同族邻保正开具事实领状投明往查核对，原开情节相符，委系极贫，合将领状粘连报明换填照票，发交本家收执，听其自择乳哺，按月绷婴请验，给予伙助钱文，俾资养赡，并无扶同滥给情弊，须至报单者。

光绪××年××月××日××牌方董××

报单式（三）

为报明事今有本牌××地方××氏，系已故××之妻，原籍××省××（州县）人，光绪××年××月××日遗腹产生××婴，请同族邻保正开具事实领状投明往查核对，原开情节相符，委系极贫，合将领状粘连报明换填照票，发交本家收执，按月绷婴请验，给予伙助暨保节钱文，俾资养育，并无扶同滥给情弊，须至报单者。

光绪××年××月××日××牌方董××

报单式（四）

为报明事兹由本牌××投称，有××系××省××（州县）人，妻××氏光绪××年××月××日产生××婴，夫妇先后患病身故，邀同族邻保正开具事实领状投明往查核对，原开情节相符，委系极贫，合将领状粘连报明换填照票，发交收执，代为择妇乳哺，按月绷婴请验，给予伙助暨优恤钱文，俾资养育，并无扶同滥给情弊，须至报单者。

光绪××年××月××日××牌方董××

3. 照票，基本格式：

照票式

洪江十馆育婴堂××为照验××事，兹由××牌方董××查报……核查属实，今自本月起扣至××年××月××日止，××年为期，按月给口粮钱××，共计钱××，合给照票付与本家收执，按月持赴方董处加盖戳记，绷婴来堂，查验领钱，期满将原票扣销……

再每婴一口，初报时给毛衣二、毛片二，夏给夹衣一，夹裙一；冬给棉袄一，絮裙一，悬牌定期验照发给此批。

填注月份（××）

右照给××收执

光绪××年××月××日填给

4. 赡婴门条：

赡婴门条式

洪江十馆育婴堂××字第××号赡婴门条

光绪××年××月××填发

5. 方董门条：

方董门条式

洪江十馆育婴堂第××牌散查方董

由于措施得力，洪江育婴堂"自养"的婴数和效果明显超出"堂养"，兹将该堂光绪十四年（1888 年）至三十二年（1906 年）用自养法抚养的"赡婴"情况列表如下（见表8-5）：

表8-5　　　洪江育婴堂光绪十四年至三十二年"赡婴"情况表

年份	赡婴总数	其中遗腹数	年份	赡婴总数	其中遗腹数
光绪十四年	64 名		光绪二十四年	78 名	18 名
光绪十五年	66 名		光绪二十五年	56 名	15 名
光绪十六年	70 名		光绪二十六年	59 名	12 名
光绪十七年	65 名		光绪二十七年	49 名	13 名
光绪十八年	45 名		光绪二十八年	41 名	9 名
光绪十九年	56 名		光绪二十九年	15 名	5 名
光绪二十年	78 名		光绪三十年	11 名	4 名
光绪二十一年	66 名		光绪三十一年	14 名	4 名
光绪二十二年	47 名		光绪三十二年	29 名	4 名
光绪二十三年	72 名	14 名	总　计	981 名	98 名

资料来源：《洪江育婴续识》卷下《经费续识》，光绪三十四年本。

第九章
明清两湖社会保障事业运作方式分析

一、社会保障运作中的"官"与"民"

明清两湖地区社会保障事业的运作实态启示我们，明清社会保障事业运行中的官方制度和民间机制并非彼此孤立，单纯注重其中的任何一方都不足以解释明清社会保障的实施效果，也无法全面认识明清时期的社会保障问题。事实上，在传统社会保障事业的运作过程中，官方力量和民间力量通常会以某种方式有机地结合起来，形成互相依存、分工协作、彼此消长的微妙关系，而社会保障资金的筹集与分配则构成官民关系的轴线或核心。把握官民间的这种微妙、复杂的关系是理解传统社会保障运行机制的关键，本章试图在上章"社会保障运作实态"的基础上进一步厘清明清社会保障事业运行中围绕着"财政——资金"这个轴心，"官"与"民"各自的角色地位和起作用的方式，为认识传统社会官民间的复杂关系提供一个"剖面图"。

（一）国家或"朝廷"

从上文的社会保障运作实态可以看出，朝廷作为政令和教化的掌管者，以居高临下的姿态扮演着多重角色。除了国家财政的直接投入之外，还可以通过各种奖劝政策将民间的资金和资源吸纳到官方主导的社会保障事业中来。

1. 国家财政的投入

明清两朝俱实行高度集中的财政制度，对社会保障事业的投入是两朝财政支出的一项重要内容，既有固定的支出项目，又有临时性的拨给。如前所述，明清两朝均实行"养老"和"恤孤贫"之政，其中孤贫口粮、布花银等资金都是列入国家财政预算的支出项目，在国家正项钱粮中支给。除了预算内的救助对象外，国家财政有时也惠及"额外"的社会弱者，如乾隆九年（1744年）核准，"各省流寓孤贫……其有隔省遥远及本省相去至千里者亦一例加恩收养，动支公项银，年终造册报销"；乾隆十七年（1752年）又专门酌定湖北省宜昌府之长乐、鹤峰二州县，施南府之恩施、宣恩、来凤、咸丰、利川、建始等六州县额外孤贫口粮，"于耗羡内给银一千九两一钱二分有奇"。嘉庆时又议准"湖北省每年额外孤贫口粮银一千九两一钱二分有奇；湖南省每年额外孤贫口粮银五百一十四两七钱有奇"①。

两朝的荒政制度亦非常完备，国家每年都要因灾害救济而蠲免大量的钱粮，并直接投入相当数额的救灾资金，这些资金虽然以临时投入的形式出现，但由于它是国家荒政政策的一项重要内容，因而可视为一种制度性的经常的支出。一些官办的社会保障机构也经常得到国家财政的直接补充。明代预备仓创设之初主要是由政府出钱籴谷，"洪武初令天下县各分立预备四仓，官为籴谷收贮以备赈济"，其后政府资金的比重虽逐步减少，但临时性的投入仍源源不断。弘治七年（1494年）、正德四年（1509年）、嘉靖六年（1527年）、嘉靖八年（1529年）及万历以来，明中央政府多次下令各地将"赃罚两银"、"库贮官钱"、"支剩无碍官钱"等项财政收入"尽数籴米"，其中正德四年（1509年）特议准"湖广原留赈济支剩银两，著籴买米谷上仓，以备荒年"②。清代常平仓情况与此大体类似，常平仓仓谷采买费用原则上在正项钱粮中支出，当正项钱粮不足时，除了民间的捐助外，也有一些来自政府的补充渠道，主要有截拨漕粮、动司库兵饷、借劝帑银、支给存公银两、动支夔关及盐茶赢余银、动藩库银两、邻省协拨米谷、兵米支剩米等③。所谓"预备、常平、社仓名虽不同，总为济荒而设，朝廷岁出官帑籴谷以防水旱"④；如康熙四十九年（1710年）奏准湖南镇筸地方，"自改协为镇之后，兵民聚处，生齿日繁，酌借帑银三千两，买谷储仓"⑤；乾隆五十三年（1788年）湖北江陵县常平仓"被水漂没，廒座悉付波臣。乾隆五十六年（1791年）奉文发帑买补仓谷七万五千五百六十九石三斗六勺"⑥。

社会保障机构的建设和开办资金也经常得到国家财政的资助。雍正四年（1726年）议准，地方仓廒"若年久倾圮，砖瓦木植破碎朽坏者，该地方官详明上司，委官估计工费报部，即动支正项修盖"，乾隆四年（1739年）亦议准"兴建仓廒，于存公银内动给，照例每间给银二十两"⑦。从方志记载看，这些

①　光绪《大清会典事例》卷269《户部·蠲恤》。
②　万历《明会典》卷22《仓庾·预备仓》。
③　参见张岩：《试论清代的常平仓制度》，《清史研究》1993年第4期。
④　同治《长阳县志》卷3《田赋志·仓储》。
⑤　光绪《大清会典事例》卷189《户部·积贮》。
⑥　光绪《续修江陵县志》卷13《赋役·仓廒》。
⑦　光绪《大清会典事例》卷189《户部·积贮》。

政策在一定程度上落实到了地方仓储建设的实践之中：湖南安仁县乾隆四年
（1739 年）、十一年（1746 年）、二十四年（1759 年）都有修建常平仓的记
载，乾隆四十四年（1779 年）"知县何梦枚查勘仓廒，只后添八间坚固完好，
其余七十一间历时既久，板片朽坏，砖缝渗漏，所贮仓谷霉变堪虞，因请项修
建，将原建仓七十一间改为七座……嘉庆二十三年（1818 年）知县侯钤重
修"①；晃州厅很长一段时间里没有常平仓，俞克振到任后，动工兴建"仓神
祠三间，头间三间，左右仓廒四十间，均系动帑轫建"②。养济院的建设亦如
此：溆浦县养济院"乾隆三年（1738 年）知县刘之玉领公币建一厅三间"③；
益阳县养济院"乾隆二年（1737 年）知县秦莘田奉文领帑建于治东"④；巴陵
县养济院"乾隆三年（1738 年）题奉发币建复"⑤。许多社会保障事业借助国
家的投入得以启动。如雍正二年（1724 年）胤禛"赐广渠门内育婴堂帑银一
千两，八年又赐帑银一千五百两"并"赐御书'功深保赤'扁额并白金千
两"，谕各省"照京师例推而行之"，可以毫不夸张地说，雍正帝的这些赐币，
不仅启动了广渠门育婴堂，而且启动了全国的育婴事业。通过上文对两湖主要
社会保障机构兴衰沿革情况的考察可知，两湖地区育婴事业在雍正时期掀起了
高潮。地方官吏倡首和政府投入部分启动资金正是该期育婴事业发展的重要特
点。

　　总之，国家财政的投入是社会保障事业中不可缺少的力量，它不仅发挥了
"铺底"、"启动"的作用，而且在特定的领域和特定的阶段，它是社会保障资
金来源的主渠道。

2. 朝廷的奖劝政策

　　尽管以儒家思想"武装"起来的各级政府借以笼络士民的手段很多，但
最基本的和最具操作性的当推国家统一制订的奖劝政策。需要特别说明的是，
明清时期与社会保障有关的奖劝政策头绪纷繁，错综复杂。从内容上看，既有
以救灾为主的奖劝，又有以救助社会弱者为主的奖劝；从制度的"正式程度"
看，既有随机的奖劝，又有"暂行事例"和"现行常例"；从奖劝的对象来
看，既有在职或罢免的官吏，又有无功名的普通民众或有功名的士绅，还有罪
行轻重不一的囚犯；从受劝者的动机来看，既有功利色彩极强的捐纳，又有无
偿的捐输报效等。而且有些"劝"或"捐"的行为交织在一起，很难严格区

---

①　嘉庆《安仁县志》卷 3《营建·仓廒》。
②　俞克振：《常平仓碑记》，道光《晃州厅志》卷 42《艺文》。
③　乾隆《辰州府志》卷 10《廨署考》。
④　同治《益阳县志》卷 3《营建·公署》。
⑤　光绪《巴陵县志》卷 16《政典志·蠲恤》。

分。以"捐纳"和"捐输"为例，许大龄先生指出，"捐纳与捐输，用语易混，严格言之，捐输系由士民之报效，捐纳则系卖官之行为。买官者欲求掩饰，咸谓出自援例捐输或报效议叙……即政府诏谕，亦往往含忽言之"①。此处不欲详细考证各类奖劝内容的差异，也无法备述各类奖劝政策的所有内容，特选其中制有定例且常见的几种列举如下：

（1）捐纳事例及捐输助赈定例

在各类奖劝中，有关灾害赈济的奖劝政策最为重要。明清与社会保障有关的捐纳事例均见于赈灾场合。许大龄先生所收录的两湖地区的开捐事例共有三次：即明宪宗成化二年（1466 年）以湖广等地兵兴岁饥，定官吏纳米免考复职等例；康熙十五年（1676 年）在湖广等省开实官捐例及嘉庆三年（1798年）川楚善后筹备事例，其中康熙十五年（1676 年）例主要用于军需②。除此之外，明清两朝都制定了民间助赈的奖劝办法，或旌为义民，或给以官爵，有时也以赎罪或给予僧道证书为条件。至于奖劝的标准多因时因地而异。对此有论者已作较系统的论述，在此谨引录其中有代表性的几项③：

明代嘉靖八年（1529 年）的奖劝条例规定：

"令抚按官晓谕积粮之家，量其所积多寡，以礼劝借。若有仗义出谷二十石、银二十两者，给予冠带；三十石、三十两者，授正九品散官；四十石、四十两者，正八品；五十石、五十两者，正七品；俱免杂泛差役。出至五百石、五百两者，除给与冠带外，有司仍于本家竖立坊牌，以彰尚义。"④

清顺治十年（1653 年）即有士民捐输助赈的定例，次年又有现任官及乡绅捐输助赈奖劝则例。康熙七年（1668 年）又重新改定捐输助赈奖劝则例，奖劝办法如下表：

表 9-1　　　　　　　　　　康熙七年捐输助赈奖叙法

捐　额	奖　叙	捐输者身份
银 1 000 两或米 2 000 石	加一级	满蒙汉军
银 500 两或米 1 000 石	纪录二次	并现任
银 250 两或米 500 石	纪录一次	文武官弁
银 200 两或米 400 石	准入监读书	生员

① 许大龄：《明清史论集》，北京大学出版社 2000 年版，第 3 页。
② 参见许大龄：《清代捐纳制度》，《明清史论集》，北京大学出版社 2000 年版。
③ 参见张建民、宋俭：《灾害历史学》，湖南人民出版社 1998 年版。
④ 万历《明会典》卷 17《户部·灾伤》。

续表

捐　额	奖　叙	捐输者身份
银 300 两或米 600 石	准入监读书	俊秀
银 300 两或米 600 石	九品顶戴	富民
银 400 两或米 8 000 石	八品顶戴	富民

资料来源：杨景仁《筹济编》卷 10《劝输》。转自张建民、宋俭《灾害历史学》，湖南人民出版社 1998 年版，第 338 页。

除定例之外，明清政府对其他形式的助赈行为同样予以旌奖鼓励，如对愿意出资养赡流入本境饥民者；出资雇舟救助被水之人者；捐输银钱或米粮自办煮赈者；捐输医药拯救疾疫者等，都可以由各地方政府计其所费多少给予奖励，数量大的提请议叙，小量的则颁发匾额，免其差役。

（2）罪犯纳赎定例

罪犯赎罪所输谷物或钱钞也是明清救灾及其他社会保障事业的重要资金来源之一。明代律例对罪犯赎罪规定甚详，"按赎法有二，有律得收赎者，有例得纳赎者。律赎无敢损益，而纳赎之例则因时权宜，先后互异。嘉靖中重修条例……至今遵守，万历十三年（1585 年）复题准申明"[1]，兹列表如下（见表 9-2）：

表 9-2　　　　　　　　　　　明代纳赎诸例表

刑罚	有力	稍有力	刑罚	有力	稍有力
	照例	纳工价		照例	纳工价
笞一十	米五斗；谷一石	三钱	徒一年	米十五石；谷三十石	三两六钱
笞二十	米一石；谷二石	四钱五分	一年半	米二十石；谷四十石	五两四钱
笞三十	米一石五；谷三石	六钱	二年	米二十五石；谷五十石	七两二钱
笞四十	米二石；谷四石	七钱五分	二年半	米三十石；谷六十石	九两
笞五十	米二石五；谷五石	九钱	三年	米三十五石；谷七十石	十两八钱
杖六十	米六石；谷十二石	一两二钱	总徒四年	米四十石；谷八十石	十四两四钱
杖七十	米七石；谷十四石	一两三钱二分	杂犯五年	米五十石；谷一百石	一十八两
杖八十	米八石；谷十六石	一两五钱	绞斩		

---

[1]　万历重修《明会典》卷 176《刑部·五刑赎罪》。

续表

刑罚	有力	稍有力	刑罚	有力	稍有力
	照例	纳工价		照例	纳工价
杖九十	米九石；谷十八石	一两六钱五分	过失杀	依律收赎钞四十二贯，内钞八分该三十三贯六百文，制钱二分该八千四百文	
杖一百	米十石；谷二十石	一两八钱		给付其家。	

说明：明代纳赎诸例有在京纳赎诸例、在外纳赎诸例。此为在外纳赎诸例，在京纳赎诸例从略。另：无力纳赎者则"照律"。资料来源：万历《明会典》卷176《刑部·五刑赎罪》。

　　明代的上述规定《大清律》基本沿袭了下来，如沈之奇所云："明律准唐律而稍有增损。国朝因之，自笞、杖、徒、流、死五刑，皆有折赎、收赎之法。"[①] 关于这些规定的执行，清代多次颁布具体事例：如顺治十八年（1661年）议定：

　　官民人等犯杖六十，徒一年者，折银二十三两七钱五分；杖七十，徒一年半者，折银二十九两三钱七分五厘；杖八十，徒二年者，折银三十五两；杖九十，徒二年半者，折银四十两六钱二分五厘；杖一百，徒三年者，折银四十六两二钱五分；杖一百，流罪准徒四年者，折银五十两；杂犯死罪，准徒五年者，折银五十三两七钱五分。

雍正十二年（1734年）议准：

　　凡犯罪例不准纳赎而情有可原者，其捐赎之数：斩绞罪，三品以上官一万二千两；四品官五千两；五、六品官四千两；七品以下官及进士举人二千五百两；贡监生员二千两；平人一千二百两。军流罪各减十分之四。徒罪以下各减十分之六。枷号杖责，照徒罪捐赎。

乾隆十七年（1752年）议准：

　　嗣后除律应纳赎、收赎之罪，仍各照例办理及犯该枷杖责者，照徒罪

---

① 《大清律集解名例》，载清·沈之奇：《大清律辑注》，法律出版社2000年点校本，第47页。

捐赎外，其例应杖笞的决人犯，情有可赎者，酌议分杖为一等，笞为一等。如贡监生犯杖罪者，捐谷四百石，纳银二百两；笞罪捐谷二百石，纳银一百两；平人犯杖罪，捐谷二百石，纳银一百两；笞罪捐谷一百石，纳银五十两"。另外"凡有职官员，俱得一律援赎，其赎锾之多寡，俱视其品级之高下，分别等差①。

类似的事例还有许多，规定亦甚详细，兹不一一列举。

（3）备荒仓储的奖劝定例

严格地说，有关备荒仓储的奖劝定例属于捐纳或捐输助赈的一项内容，考虑到仓储作为一种独立的社会保障机构在社会保障事业中的重要作用以及明清两朝都有专为仓储积谷而制定的条例等因素，特将中央政府统一制定颁发的有关条例列举如下：

明代预备仓积谷奖劝条例

正统五年（1440年）议准：凡民人纳谷一千五百石，请敕奖为义民，仍免本户杂泛差役；三百石以上者，立石题名，免本户杂泛差役二年。

成化六年（1470年）奏准：凡一应听考吏典，免米五十石，免其考试，给与冠带办事；在外两考，起送到部，未拨办事吏典，纳米一百石；在京各衙门现办事吏典一年以下，纳米八十石；二年以下纳米六十石；三年以下者纳米五十石，免其考试，就便实拨，当该满日，俱冠带办事，各照资格，挨次选用。又令在外军民子弟愿充吏者，纳米六十石，定拨原告衙门，遇缺收参②。

清代常平仓奖劝条例

清顺治四年（1647年）即题准各州县整理常平仓，令"其乡绅富民乐输者，地方官多方鼓励"③。不过众多的捐助中，对清代常平仓谷补充作用最大的当属"捐监谷"一项。如前所述，清代顺康雍各朝都屡开捐纳事例，其中捐纳贡监一项主要用来补充常平仓谷④。乾隆十三年（1748年）在议定全国常平仓额的上谕中明确指出，"常平积贮，以备不虞，故准臣工奏请，以捐监谷石，增入常平仓"⑤。

---

① 光绪《大清会典事例》卷724《刑部·名例律》。
② 万历《明会典》卷22《仓庾·预备仓》。
③ 光绪《大清会典事例》卷189《户部·积储》。
④ 参见许大龄：《清代捐纳制度》，《明清史论集》，北京大学出版社2000年版。
⑤ 清·王庆云：《石渠余记》卷4《纪常平仓额》，北京古籍出版社1985年点校本。

清代社仓奖劝条例

　　康熙五十四年（1715 年）议准直省社谷劝谕之例：富民能捐谷五石者，免本身一年杂项差徭；有多捐一倍两倍者，照数按年递免；至绅衿捐谷四十石，令州县给匾；捐谷六十石，令知府给匾；捐谷八十石，令本管道给匾；捐谷二百石，督抚给匾；其富民好义比绅衿多捐二十石者，亦照绅衿例次第给匾；捐至二百五十石者，咨吏部给予义民顶戴，照未入流冠带荣身。凡给匾民家，永免差役。

　　雍正二年（1724 年）议定社仓事例：若有奉公乐善，捐至十石以上者，给以花红；三十石以上，奖以匾额；五十石以上，递加奖劝，其有好善不倦，年久数多，捐至三四百石者，该督抚奏闻给以八品顶戴。其每社设正副社长，择端方立品、家道殷实者二人，果能出纳有法，乡里推服，令按年给奖。如果十年无过，该督抚题请给以八品顶戴①。

　　除以上诸项之外，有关社会弱者收养和救济的事例也常有颁布，如明代曾规定："鳏寡孤独、瞽目、残疾之人，如有义士、善人愿收养者，一人十年以上及养三人三年以上者，俱于州县簿记大善一次旌奖；更多者送匾、冠带；积久，准入乡饮。"② 清代乾隆元年（1736 年）在谕全国各省府州县遍设养济院时就说："倘地方有乐善好施者，听其捐助，共成善举"③ 等。

（二）地方"衙门"和地方官

　　国家的各项政策都要通过地方政府和地方官落到实处，在地方上，地方衙门和地方官就是朝廷和国家的代表。不过，在中国这样一个幅员辽阔、内部多样性较强的国度，国家政策的制订与其在地方和基层的贯彻实施并非同一概念，任何政策在实施过程中既有偏移甚至与原意相违的一面，也有因地制宜、灵活运用的一面。因此，地方官府与地方官在社会保障事业的运行中发挥着重要的作用，主要体现在四个方面：

1. 因地、因时制宜地执行国家政策

　　一些精明练达的地方官多能根据实际情况将中央政策用足用活，那些与皇帝联系紧密的省级大员尤有这方面的优势。如正德四年（1509 年）湖广大旱，

---

① 光绪《大清会典事例》卷 193《户部·积贮》。
② 吕坤：《实政录》卷 2《收养孤老》。
③ 光绪《大清会典事例》卷 269《户部·蠲恤·恤孤贫》。

巡视湖广侍郎兼金都御史毕亨组织救灾工作，综合运用了国家的各项奖劝政策，并不乏创新之举，规定："有富实之家能散财发粟，施粥、捨饭以惆恤宗族，接济乡邻者，此皆孝义之人，有司录其姓氏缘由申报，以凭旌赏"，并"立法奖劝，有能收养子女二十口以上者，官给花红鹅酒；三十口以上者，花红羊酒，各迎送于家。仍具实呈来，以凭别议旌奖……此宜行于乡村去处"；又规定罪犯"有力者照罪纳米……不许滥收"，同时仿古人煮粥以济饥饿的做法，"官先捐俸，倡率好义富实之家施助柴米，每日煮粥一飧"①。这些措施在本次救荒中起到了较好的效果。

乾隆二十年（1755 年）陈宏谋任湖南巡抚时，"湖南常平额谷历年止供平粜，原不出借，四乡农民专望借领社谷接济春耕……去冬因江浙搬运过多，米粮日渐昂贵"。面对这种情况，陈宏谋"诚恐入春更甚，一面委员分查积欠，乘其秋收未久，及早催追；一面出示晓谕，一届春耕，先将社谷尽数出借"②。在稳定人心的同时，陈宏谋因地制宜地出台了很多强有力的措施，著名的《社仓规条二十一则》因此而颁发。这次积谷活动实际上是对"乾隆十二年巡抚杨锡绂题准将各处社谷归并为一"③ 的改革，《规条》本身也有许多特别的规定，如"社长专司社谷出入，选充之后，官给执照戳记，凡有禀官之事，用戳投衙"；"各仓贮谷过多则借谷之屯必有窵远不便者……今酌定每仓至多不过四五百石，有应分仓者即于适中之地酌令建仓"；"捐输社谷，听民情愿，斗石不嫌其少，捐谷十石以上州县给以花红；三十石以上给匾奖励；五十石以上知府给匾；八十石以上道员给匾；一百五十石以上藩司给匾；二百石以上抚院给匾，四百石以上者具详奏明，请旨议叙，顶带荣身。如上年未足数，次年捐至四百石亦准接算请叙"等。这些规定既参照了国家的社仓事例，亦有所变通。不仅如此，陈宏谋还根据不同州县的具体情况，采取了分别对待的办法："惟是社谷太少之处，不敷出借，今议于止有社谷一、二、三百石之乾州、永绥二厅，华容、永定二县借拨常平仓谷八百石，止有五、六、七百石之永顺、保靖、桑植、慈利四县，借拨常平仓谷五百石，各于本处仓内拨作社本，同现有社谷一体出借……数年之后，社本渐充，仍即归还常平。"④

府县官员则对全省通行的有关政策进行灵活的变通。同治三年（1864 年）宁乡县令郭庆扬奉宪檄督饬积谷。为了取得实效，他"与各绅士悉心商榷，并体察地方情形，将建仓收放各事宜酌定条款一十五则，循照奉发章程，因地

---

① 嘉靖《湖广图经志书》卷1《本司志·救荒》。
② 嘉庆《湖南通志》卷41《积贮》。
③ 同治《平江县志》卷20《食货志·仓储》；民国《醴陵县志》卷5《食货志·仓储》。
④ 嘉庆《湖南通志》卷41《积贮》。

制宜，稍为变通，以符舆论，业经罗列，示谕阖邑一体遵行"。考虑到境内"各区地境宽狭不等"，遂"按道里之远近，定建仓之多寡，有一区而分设两三仓者，有一区而共为一仓者，只图便于搬运，弗至虚糜修费"①。当属县情况较为复杂时，府级官员常常亲临县地，与州县官一同审时度势，提出切合本地实际的应对措施："嘉靖二十三年（1544 年），岳州大旱，华容尤盛……时嘉兴陆公帮为岳州府知府，乃履邑巡轸，督檄告凶，剖析群咻……集其民齠者、稚者、壮者、弱者、遗者、徙者、任贤使能，别远甄迩，量急揣缓，分金出粟赈焉，计其田无者则预为厝划牛种，俾咸播穑，于是道还窜踤，庐有生色……次年复旱，公复履其地，如其政，行之二年而所活数万。"②

　　身处基层的州县官员，除了因地制宜地推行既有的国家政策外，其佼佼者尚能结合实际，因时因地提出有创见性的方略。明清以来，特别是清中叶以后，人口压力导致的民生问题在一些地方日益突出，农民生活水平低下，人民流离失所，地方政府救助不暇成为社会保障和基层社会控制中的一个普遍性的问题，有些地方官不满足于朝廷的消极赈救措施，而是根据本地实际提出积极的应对办法：

　　道光十七年（1837 年）来凤知县丁周到该邑赴任，"下车伊始，访问民间疾苦，往者偶遇偏灾，饿殍情状与他处无异"，究其原因乃为"……现在户口约倍于前，而山多田少无荒可垦，是粮田有限，人民日众"，他认为"为民父母岂可坐听其年荒岁稔而不预筹一保富救贫之术哉？"为了"于人稠地狭之乡，化少为多，转硗为沃"，他在县境内推广了"区种之法"，并要求农民开展多种经营，行"家蚕、野蚕诸法"。同时他从本地实际出发，推行"公督私藏"的特殊积谷办法："将余谷酌量存留以备荒歉，里中择一二绅耆董其事，其谷仍存本户仓内，该管绅耆年终汇数报县备查，所有书差约保不得干预参越，此等谷只许本境平粜，民谷民存，我仓我积，较常平、社仓尤为称便。"③

　　同治时城步县令盛鉴源"奉各大宪殊恩，俾以此任，去春下车以来直至于今，但有与民有益诸事，无不行之"。但这些尚不足以解决城步县米价昂贵，农户鲜有盖藏、衣食维艰的严重问题。经过调查分析，他发现造成这种局面的原因在于一年一熟的耕作制度已不适应时代的需要："查城步地方辽阔，从前设县时必地广人稀，不惟山土不必耕种，即水田亦可择肥美而耕之，彼时人少粮足，谷价必贱……是以丰年陈陈相因，及遇水旱偏灾亦必绰有余粮，此

---

① 同治《宁乡县志》卷 22《职官·政迹》。
② 孙宜：《郡侯陆公去思碑记》，光绪《华容县志》卷 14《文》。
③ 丁周：《论阖邑诸民"区种田法"、"家桑山桑蚕法"示》，同治《来凤县志》卷 30《艺文志》。

每年耕种一次之所始。至于近日，情形与前迥异，在本地居民已经生齿日繁，更兼以新化农民多有携眷来县开垦土山者，大约人本增加较昔已不下数十倍……年来谷价有增无减者，实缘人多粮少之所由，显然情形已露，若不亟早思变章程，恐将来不致饥馑不止耶！"盛县令认为，"事莫贵于兴利除弊，因时制宜，苟能稍为变通，即可家给人足，吾民又何惮不为也？"于是他毅然决定改革耕作制度，"自今秋为始，除山土不计外，每水田耕种杂粮"。同时严定赏罚章程，"以五成为适中，如不及五成者，即予重罚，十分普种者，立给奖赏"。为了缓解粮食危机，他还采取了禁止"米谷煮酒熬糖"、"糯米做成饼子以油炸熟"等民间惯行的临时配套措施①。

2. 在地方社会保障事业中的"倡首"作用

在传统社会保障事业的运行中，一定规模的地方社会保障项目的成功举办是多种因素共同促成的。其中一些基本条件是必备的，如民众的强烈愿望、士绅的实力及热情等。一旦这些条件成熟，还须有一位在地方事务中起主宰作用的人物来驾驭全局方能玉成好事，地方官是此类人物的最佳人选。以前述竹溪县培育堂的兴建为例，光绪时竹溪育婴事业"虽有请育者，又苦经费无多。迄乙未衡山夏公瓶仙宰斯土"，有人"以筹款请，夏公欣然。是夕，邀同寅共集游府张君处会议，而诸同寅各慨然乐捐重赀以襄美举，又得好善诸绅以为之助。而夏公复悯近城古墓垒垒……思有以泽及之，惟是二善并举，需费尤多，遂檄城乡殷实，极力劝捐，不两月已捐成银壹千五百五拾五两……于西关设立培育堂"。事后县教谕在所作《培育堂记》中感叹曰："夫有天下者，天下之主；有一国者，一国之主；则有一邑者即一邑之主……然是举也，非官绅之乐捐不得成，非夏公之力行尤不得成。"②

当以上基本条件尚不成熟时，地方政府和地方官则通过各种手段促成一种群策群力和衷共济的局面。"捐廉倡首"是最常用也最有效地手段，由于地方官以身作则，带头捐资，其余人等不管是出于自愿还是迫于威势都会加入到捐资者的行列中来，这种方式有时比国家的政策条文更为有效，堪称传统时代地方政府筹资的"密诀"。两湖方志中几乎所有的社会保障机构的"修建记"中都有某某地方官"捐己俸以为倡"等语句。"捐廉倡首"已成为地方官推行政务、为治一方的一项基本"技能"和工作方法。尽管这种方法是不得已而为之，而且往往只能起到应一时之急的作用，但是在国家财政紧张的背景下，通过对这一方法的反复运用，却也能使陷入困境的社会保障事业多次重新启动，

---

① 同治《城步县志》卷10《艺文·附兴除》。
② 清·邱峻：《培育堂记》，光绪《竹溪县志》卷10。

从而在时兴时废中延续下去。例如蒲圻县育婴堂在知县劳光泰时，"所收养由是益多……惟存堂本钱仅一千八百串，岁取息可育四十余口，念所收至一百二十余口，若以本钱济之，后将不继"。于是劳光泰"乃捐廉为倡，随令堂长张美赋等劝捐得钱四百余串。踰年谢上恩等劝捐得钱三百余串；又刘海呈捐钱一百串；曾永清捐田一百亩；张琪美捐田四十五亩；王名魁捐田十三亩；马文杏捐田十八亩；……而刘海存、叶大模等六人复捐钱二百串取息……"①，这种依赖倡捐而苟延性命、兴废无常的状况已成为明清社会保障机构运转的常态。地方官在"捐廉倡首"活动中，一般都要以某些政令的申述或道德的说教为统帅，以达到最佳的效果，这些言行集中地体现在地方官所作的"劝捐引"中，大致有以下几种模式：

动之以情——示例：
武冈知州张宪和《劝捐育婴经费序》②

有一孺子于此，其父母不知，顾复芒芒焉，匍匐道旁而将坠于水，苟途陌见者号呼救之，则墟中闻声毕出，争趋而思援。其有力者且将悬金以号于众，多方而求生之。乃今有千百孺子嗷嗷仰哺于不知谁何之人，而得人拯焉则生，不得则死，若是者尤宜为有力之所哀，而顾未闻有汲汲以卫其生者，岂无人号呼于其侧而弗闻也耶？如州之育婴是已，余之摄州事也，乡大夫至余室者咸以育婴为言，叩其所育，岁近三百人，而核其堂租所入二百余缗而已，婴增而费绌，则局董丐于乐善殷富零捐以继之，岁岁而告匮焉。噫！是非有力者之不欲为孺子所也，而特无司牧者为之号呼。则虽一、二巨室相与咨嗟太息于下，而其力不足以振其泽，常涓然而竭也。夫孰非属毛离裹，人以无力故忍而弃之，而有力又弗收之，此呱呱者将张口眶目待毙焉，已矣！不诚大可哀乎？今余忝列司牧而聊为群儒一效途陌之呼焉，倘有力者闻之，其亦有恻于心，弗忍恝而置耶。夫能助司牧养吾赤子者，乡大夫也，司牧倡之，而乡大夫欣然助之，则远近绅庶之有力者亦将观感于乡大夫，踵而助之矣。助之者多，其集之也亦易。育可广而费可久也。虽然，或鳃鳃内顾而过计曰：财者，吾之财，而孺子则途人孺子耳，固不能无靳焉，则非诸君子助余养民之意。而乡大夫固皆恻恒尚施，予能以任恤倡兆民者，岂有是哉！岂有是哉！余既以是言觞乡大夫，又书之简端以谂绅庶之有力而乐施者！

晓之以理——示例：
辰州知府雷成朴《劝买义田说》③

① 清·劳光泰：《育婴堂记》，同治《蒲圻县志》卷3《政典·育婴堂》。
② 同治《武冈州志》卷37《艺文》。
③ 道光《辰州府义田总记》卷上。

辰郡之有义仓，仓贮谷四千余石，系王前府见炜禀明劝捐以备缓急者。本府抵任接收方前府交代，尚有应交缴存谷价钱一千九百五十四千文，当即查传首事，谕令随时请领，陆续买补矣。因思陈谷既已出粜，自应上紧易新，于仓储始为有益。似此因循延诿，恐日久不无亏缺。本府通盘筹划，思有以济民于久远而长此有备无患者，则莫如多买义田，使义仓岁岁入新，俾仓储日臻充裕，设遇不虞，庶实有可恃。惟本府意见如此，特再为阖郡绅商士庶人等剀切言之：

义谷捐之于民而籍其数于官，复选派公正绅士互相纠察，已可保无私粜隐匿诸弊矣。乃往往尤有亏缺者，则以谷易钱之后，民不能禁官不因公那用也。今本府另劝义田，除将前短义谷如数买补归仓外，如绅商士庶人等果能踊跃捐输，则由本府总计现买义田若干亩，岁可收租谷若干石，详明各宪产案，一面慎选首事妥为经理，从此取谷于地，岁有所增而斯仓永无空乏矣。

义谷积之于富而散之于贫，酌盈剂虚，立法固已尽善矣，所虑者谷易为钱，钱未买谷之际，设遇水旱，米贩不来，而郡城素鲜盖藏，专赖商船接济，嗷嗷万口，其何以苟延旦夕乎？今本府广劝义田，除将旧存钱谷加谨封贮外，如绅商士庶人等果能辗转劝捐，则由本府综计捐数多寡，尽买义田，召募殷实佃户，按年交租，纵有偏灾，而义仓之谷陈陈相因，当不至官民束手也。

义谷必出陈易新，或春放秋收，始可免谷粒霉变，乃地方绅士或恐粜存谷价别有那移，每于应粜之时，必饰词延宕，以致谷多红朽。今本府力祛其弊，特劝义田，如绅商士庶人等果能捐有成数，则以每年所收新谷定次年应放陈谷，如本年收新谷三百石，则次年只出陈谷三百石；本年收新谷五百石，则次年只出陈谷五百石，使仓储永远充盈。而每年粜谷无多，即粜价亦属无多，首事亦易于经理，至买补之时，当不致别虞支绌矣。

义谷或全数散济，或减价平粜，地方官自能因时制宜，传谕该首事遵办。惟仓谷全出之后，或岁仍告饥，何处求不涸之仓，使斯民常常保聚乎？今本府力图其继，急劝义田。如绅商士庶人等果能不惜捐费，则由本府催令首事等速买上等水田，使旱涝皆有所获，如今年收谷三百石或全数动用，明年又可收谷三百石；今年收获五百石或全数动用，明年又可收新谷五百石，从此凶荒有备，长享太平，当亦阖郡生民所同，深庆幸者也。

以上四条皆本府仰体各宪德意，悉心筹划，作未雨绸缪之计，为袭成集腋之谋，所期谕到即捐，慎勿迁延观望，则本府当分别实捐数目，详请议叙奖励，断不使乡风慕义者纷纷埋没也！

申之以令——示例：

应城知县奚大壮《救饥劝赈引》[①]

---

① 光绪《应城县志》卷3《经政·蠲恤》。

去夏汉东偶值恒阳，邻境率多荒歉，惟县属连得甘甫，遂书有年。宰之薄德，岂能致之，抑吾士庶沐浴圣泽，敬迓天麻，是以时和年丰，神降之福也。奈四邻仰食于一方，泛舟而去，牵车以往者络绎于途。小民但计近利，罔顾远谋，积谷之家或多居奇闭粜。且豫省及随州、应山各处饥民群至就食，尚未还乡。以致米价骤昂，民食顿缺，当此青黄不接之际，若不急为调剂，则穷黎有悬罄之嗟，流民虞道殍之望。非惟司牧之羞，实仁人君子所不忍闻者也。夫衰多益寡，义取平施，周急济贫，道存任恤，往者岁在丁卯，境内告饥，曾经本县劝谕，绅士煮贩，民鲜流离，系维尔等之力。今好善之心谅无异，致待济之急亦有同，情用捐俸以为首倡，并告群贤各分积贮。凡境内绅民有力之家，多者捐米二、三十石或十余石或数石，多多益善，慨慷而予，务于数日之内捐齐。听候本县选择公正绅士酌议章程，定期赈济，总期实惠及民，并不假手胥役，仍俟事竣，详明上宪，分别奖赏，以盖藏之余免饥馁之苦，好行其德，必有余度，毋稍悭吝以副厚期矣！

3. 充当民间社会保障力量的"后盾"和矛盾的协调者

在前述有关宗族、民间会社、会馆、善会善堂等章节的论述中，处处可看到官府充当这些民间保障机制的后盾或"保护伞"的情形。一方面，因财政能力的限制，地方官府需要地方精英群体成为其施行仁政的臂膀，另一方面，以士绅、绅商等为主体的地方精英群体为了取得在地方事务中的控制权，也主动参与救灾、慈善或公益事业，并努力取得政府的支持。在"官本位"的传统社会，离开了官府的保护和支持，民间保障机制很难获得生存和伸展的空间。

对于同受儒家政统教育的在朝为官者和在野为绅者而言，他们有着"本是同根生"的关系。初到一地的为官者，一般首先要延请、拜见当地绅士。前文已经展示，两湖许多州县的社会保障机构和组织的建立正是地方官"商诸绅耆"的结果。更多的情形下，民间力量会主动地靠拢官府。例如，宗族在组织化的过程中，族中的绅士都热衷于请官员作谱序，将朝廷和地方官府的诰封和旌奖等置于家谱之首以显其恩遇和正统性等。在宗族保障事务中，许多宗族制订了针对"不孝"、"不睦"等行为的严酷的族规，对违反族规者，动用刑枷。这些惩罚往往与国法相配套，并得到地方官府的认可。如湖北麻城鲍氏曾制订《户规》对各种法律未作具体规定、但与睦族宗旨相违背的行为施以"杖"、"笞"之刑，规定"妇女肆行无忌而乱骂人者，及无故骂人者，笞四十"、"盗窃他人谷麦、棉花、柴草、杂粮等项，男杖八十、女笞七十"、"恶棍设法索诈平民者，笞四十"、"服尽卑幼以手足殴尊长不成伤者，笞三十"等。对触犯法律的行为则送官究治，如"以私债强夺人妻妾、子女，因而奸占者，送官治（罪）"、"聚众伙谋抢夺路行妇女财物者，送官治罪"、"强占、盗卖田宅、金银者，送官治罪"，等等①。湖南宁乡熊氏"家法拟责、跪、枷三条。责分五等，自二十、四十、六十、八十、一百满。跪分三等，自一炷香、二炷香、三炷香止。枷分三等，自一月、两月、三月止"，"凡忤逆、劫杀、淫恶情重者，即执入祠，令本身父兄书立字据，历数罪状，跪求族长，凭公捆送，解宪处死。无本身父兄者，令亲支房长告祖，书请族长，凭公捆送，解宪处死。虽至戚无得异说。情轻者，分别减等，责、跪、枷"。需要特别指明的是，为了确保其《祠规》的严肃性，该族从官府请来了竹板、木枷等刑具，并让祠壮穿上官府发给的号褂。特将其《请刑禀词》及《宪批》引录如下：

请刑禀词：

光绪十年甲申十二月初八具禀。职员熊汉泉、任刚、运隆、清益、万才，为禀请刑状以肃祠规事。职等先人自靖州落业沩宁，支分派衍，若数百户。道光时建祠于回龙铺，公择族长，主持祠务、家法，幸叼风化，无有犯律之人。特虑尔年来，匪类蜂起，邪教肆行，恐族中愚蠢，有被其蛊惑者。一朝破露，其贻害也，小及一家，大及同族。爰立家刑，通知各房房长，遇有不孝、不弟、游荡、嫖赌、偷窃、无赖、酗酒、行凶、吃洋烟以败家、藉茹斋而斩祀等弊，该房长传亲属父兄毋得纵庇，押送交祠处置，取具悔结，并取亲属父兄约束保结，交族长收执。而流入匪类、邪教，亦如之。倘怙恶不悛，祸酿不测，该房长通知族长，解宪求办，以免株连。因族繁散居宁、益各处，贤愚不一，诸如此弊，恐难概免，请于祠内设立刑具，以便刊谱，临时酌用。此系为戢匪安良起见，是否有当，理合禀请公祖台前赏赐批示存案，以垂永远，深沾上禀。

景宪批：

子弟偶有过犯，应由父兄治以家法，房长户族严加教诫。如实系藐法妄为，及为匪为盗，自应宗祠设立刑具。准请存案。

计开刑件：

小刑竹板两幅

木枷两幅

祠壮号褂四件②

---

① 湖北麻城《鲍氏户规》，转引自朱勇：《清代宗族法研究》，湖北教育出版社1987年版，第221~223页。

② 湖南《宁乡熊氏续修族谱》卷8《祠规》，光绪十年本，转引自费成康主编：《中国的家法族规》，上海社会科学院出版社1998年版，第329页。

显然，麻城鲍氏、宁乡熊氏之所以能用这样的《户规》、《祠规》责罚族众，整合宗族，地方官府是其坚强的后盾。

在城镇会馆和慈善组织中，地方官府也处处辅助绅商士庶等社会力量的工作。上文已见长、善绅士将湖南省城各堂善成立和运行中大小事务禀呈"各宪"的情形，湖北光化县敦善堂的情况则提供了一个地方官挽救濒于停废的善堂的例证：光化县敦善堂由地方善士创办于咸丰四年（1854 年），但它并不能正常运行，"光化自遭兵灭，元气未复，岂无好义之士，殊乏补救之方。咸丰四年立有敦善堂公所于河口镇翔鹤楼右侧，并刊刷募捐小引，拟办善事，因经费无出，未果举行"。知县胡启爵的到任使这一状况得以改观："今予来令是邑，举凡有裨地方培养元气之事，靡不实心实力次第为之，而于敦善堂仍眷眷不忘，每邑绅因公谒见时，不惮备为奖励，诚以善人多则风俗自厚，善堂立则阴隲易培也。兹者水师周统领，厘局袁明府、邱广文首倡捐资，皆恐堂之不立，立之又恐不予，忝膺令职敢不尽力爰集绅耆共襄义举，悉心筹画，不厌精详……因以翔鹤楼前重空殿归并办公，庶几善念胥发，善举即因之以垂不朽"，胡启爵特为敦善堂制订了《规约十条》，并对敦善堂首士提出要求："惟是经始匪易，历久尤难，即为首士，即应竭诚尽慎，以图远大，勿得视为具文。"①

即使在湖南洪江这样的商业市镇和汉口这样的商业都会，尽管商人的会馆、"商人联合会"或善堂体系在城市生活中发挥了一定意义上的主导作用，但如前文所述，这些组织的活动空间一定程度上是官府"故意"转让的，它们的救灾济贫等活动深受官府的欢迎并得到官府的鼓励或资助，这些组织的正常运转和权益保障也离不开官府的支持和保护。事实上，清中后期以来，官僚与商人的社会背景出现了日益趋同的倾向，梁其姿早已注意到，"在 18 世纪许多商业较为发达的地区，地方上大家族的社会策略，不再单一投注于商业或科举，而多是两者兼重，所以务商而成功者必鼓励其子弟走上仕途，而士绅家庭中也通常不乏务商之成员。……士绅、大商、富室之间的界限并不明显，他们都是都市社会中的精英分子，也是地方'善人'的主要成员"。因此，在许多商业发达的地区，"这些'善人'的社会背景与官僚的社会背景事实上没有很清楚的分别"②。正因为如此，在汉口、洪江等地，会馆和商人与地方官员来往密切，特别那些与商业会馆同籍贯的官员，往往定期到会馆中为本籍的乡土神烧香，会馆也以各种理由极其铺张地宴请本籍和非本籍的官员们。如前所述，汉口紫阳书院的"宴射轩"极其豪华，徽州商人们经常在这里宴请定期

---

① 光绪《光化县志》卷 2《官署附》。
② 梁其姿：《施善与教化——明清的慈善组织》，河北教育出版社 2001 年版，第 161～162 页。

祭祀朱子或造访书院的省、府官员们，他们将这些活动作为荣耀记录在《紫阳书院志略》中①。罗威廉注意到，福建籍在鄂官员大多定期"诣汉镇福建会馆、天后宫行香"，连林则徐这样的大吏在担任湖广总督期间也要"黎明渡江亲祭"②。试再举一个广东籍官员的例子，光绪二十九年（1903 年），广东香山人李翰芬被朝廷派往湖北担任乡试正考官，据他的日记可知，他在鄂期间与岭南会馆等两广同乡组织来往密切，兹略举数则：

> （九月）三十日，两广同乡公请于会馆，岑廉访、谭观察、两广同官俱到，鼓吹宴集。馆地高踞山巅，石台数十级，晚间司道公宴于藩署。
>
> （十月）初四日……粤同乡官商合请驻岭南会馆，是日公宴演戏，尽调汉上名角，冠裳雅集，乡情甚挚。
>
> 初五日，拜汉口同乡，过江后仪卫省去，用卫队八名，武员三名。
>
> 初六日，同乡罗晴村、唐述庭、唐朗山公请汉帮……③

山陕商人也热衷于寻求官府庇护。如康熙时湖广巡抚张连登为山西人，他在为山陕会馆所撰的一个碑记中透露了他与秦晋商人的密切关系："余癸已观察三楚，丙申奉召北上，去之前数日，吾乡里人客楚者设宴张乐祖饯，因得登汉阴春秋阁……观吾友刘子曾传记，亟为称善，其地即秦晋商人行嘉会处，今岁五月，余复奉天子命来抚兹土，越二月秦晋商人咸揭以重修春秋阁墙垣碑碣请。"山陕商人的请求自然得到了他的大力支持，他在给予资助的同时，还以巡抚的身份将这层意义普遍化："今秦晋商人亦既轮奂辉煌，朝夕告虔，春秋俎豆矣，而能体仰夫子之心（指关公）……岂不与孔子之《春秋》同一与人为善之意乎？诚如是也，则吾秦晋枌榆不负夫子亦不负此阁矣，而他省人过而望之，庶亦有所感发而兴起乎？余愿敬夫子者以其学夫子之心为劝，遂记之命镌诸石。"④

当商人、会馆或慈善组织与地方社会发生矛盾或利益冲突时，也需要借助官府的力量来调解。如山陕会馆在后堤外所存隙地，"原开火路，以利民便"。嘉庆年间许多人在隙地上搭棚盖屋，首士王泰昌等赴官府"呈请示禁，逐各

---

① 参见清·董桂敷：《紫阳书院志略》卷 7《艺文·宴射轩记》、卷 4《崇祀》等，湖北教育出版社 2002 年版。

② William T. Rowe, *HANKOW: Commerce and Society in a Chinese City, 1796-1889*, Stanford University Press, 1984. 参见江溶、鲁西奇译：《汉口：一个中国城市的商业和社会（1796～1889）》，中国人民大学出版社 2005 年版，第 409 页。

③ 清·李翰芬：《梅园丛稿》不分卷，《杂稿·鄂轺载笔》。

④ 《汉口山陕西会馆志》卷上《〈春秋楼〉筑垣碑记》。

户遵示迁退"，但"内有刁棍汪亨恺盖造房屋，延不迁退"，王泰昌等复"具禀汉阳县讯明，节保押限汪亨恺五日拆屋退地"，为绝后患，会馆又"公叩赏示严禁，以免侵占"，并获得"钦命湖北全省督粮道加四级纪录七次张"为他们订立的《后堤外禁碑》，碑文称："查该处基地既系山陕绅士捐置建造，公奉关圣帝君并与雷祖殿毗连，所有居民人等，自均宜各守各界，不得任意搭盖棚屋，希图侵占。除行汉阳县查禁外，合并出示严禁为此示。仰各处地保及庙僧人等遵照，嗣后如有无知棍徒，在于隙地搭盖棚屋，冀图侵占，并或有作践庙宇情事，许即扭赴地方官禀究，毋得狥隐，并干掌究，各宜凛遵毋忽，特示。"① 罗威廉也注意到，徽州会馆经常借助官府的告示和指令来保护其利益：禁止擅自占用属于会馆或与会馆邻近的土地；不得从它的周围的主要街道搬运脏土粪便之类的脏东西；小摊小贩均应在划定的地盘里叫卖，不得进入住宅区等②。前述汉阳公园内残存的二块碑刻即同治年间汉阳县正堂为调解同善堂、敦本堂与汉南江堤堤局之间的经费矛盾而设立的。前文已述，同善堂、敦本堂因参加汉南江堤及永丰闸大修工程而培累甚多，"府县谕将堂内岁修隄费豁免，以作抵消"，但"从前堂有印谕存查，因兵燹猝来，各印谕册账概行毁销，无从检查。堤局后届首事莫知前情细末"。为协调善堂与堤局的经费矛盾，善堂新任首事请原县令出具了证明文书，并禀请汉阳县正堂豁免修堤费用，于同治八年（1869 年）二月立下石碑③。同治十一年（1872 年），汉阳县正堂又为此事发布指令，同样被立碑，兹将同治十一年（1872 年）碑刻全文引录如下：

> 汉阳县正堂张为谕饬事，据同善堂司事、生员张翰青禀称，先年首事张华堂督修隄务，赔累甚多，蒙前府宪谕将堂内岁修隄费豁免，以作抵消，其有佃户有应完一半仍照旧章催收，因兵燹后恐堤首莫知，前经禀蒙前县谕饬等情。据此查此案前据该司事等具禀当经前县王谕饬该局首等查照在案，该据前情除批示外，合再谕饬，为此示，仰江隄首事冯开用、倪玉函著知悉该同善堂岁费、隄费，既经免派，自应照案办理，其有佃户应完一半隄费，仍照旧章催令速缴，如敢籍延即指名禀究，再现在□汛瞬临，该处隄塍务须多雇夫工赶紧修筑完固，以御□涨，慎勿泛视迟延，致

---

① 《汉口山陕西会馆志》卷上《禁示》。

② 《紫阳书院志略》卷 3、卷 8，参见 William T. Rowe, *HANKOW : Commerce and Society in a Chinese City, 1796-1889*, Stanford University Press, 1984. 另参见江溶、鲁西奇译：《汉口：一个中国城市的商业和社会（1796～1889）》，中国人民大学出版社 2005 年版，第 409～410 页。

③ 汉阳公园内同治八年石碑，2005 年 11 月抄于汉阳公园内。

取咎戾，切切特谕，谕江陡首事。①

4. 地方官的个人素质对地方社会保障事业的影响

地方社会保障事务按紧急程度大致可分为两种类型，一类是救荒等紧急事务，另一类属于日常救助事务。前一类社会保障事务的妥善处理在一定程度上依赖于地方官的胆识和能力。如明嘉靖初年进士储洵"知沔阳，时郡数歉，民力凋瘵，洵下车拊循，专务休息。尝赈饥，虑道远烦民，乃移粟分给，所在沾被。征需不急者，一切罢止，以身任咎，流亡尽复……"。修志者曾亲眼"目睹其政"，赞曰："洵本名家，才高事练，遭时凶歉，镇静简文，务为安养，遗爱所及，视徼名喜事者不俟矣。"② 嘉靖时岳州府境内大旱，知府陆秀卿"罄府县仓积而复借之藩省，又恐徼请之迟迟也，每先发后闻而以身任之，毁誉得失所不较，自冬趋夏，随所急而赈之，无弗以次计也，又不足则借支于国税，且为之给牛种焉，其所活不啻数千万矣，而田野亦赖以弗荒"③。康熙十八（1679 年）、十九年（1680 年），湖南邵阳"大兵既上，旱荒相继，民多乏食……知县张起鹏捐金市米……两年设厂煮粥赈济饥民，民赖全活者众。又捐备牛种给民田宾楚等耕种。二十年（1681 年）分捐输谷壹百贰拾石、二十一年（1682 年）又首捐谷壹百石，又劝绅衿商贾士民捐谷肆百叁拾石……可谓急则拯救，缓则备贮，父母斯民亦既勤而密矣！"④

与"紧急事务"和赋税征收、社会治安等事务相比，大多数社会保障事务的弹性较大，属于那种"所当为而非必为之"的事情，对地方官的考核影响并不大。此类社会保障事务的举办在一定程度上取决于地方官的责任心，事实上也是对地方官综合素质的一个考验。没有责任心的地方官完全可以以一种"不求有功，但求无过"的态度来对待它。而一些责任感较强，关心民瘼的地方官则能够通过自己对社会保障事业的价值取向和重视程度来影响和带动地方社会保障事业的发展。如同治初年，宁乡县"社谷渐就消亡，前令叠奉檄清查，总未确实追缴。同治六年（1867 年）郭令庆扬认真办理，得旧存及新捐谷共壹万零柒百玖拾余石，并积谷共计贰万玖千陆百伍拾余石，分贮各都"⑤。再如同治时署武冈知州张宪和到武冈之前，这里的州官"仓粟陈红而弗时粜，惧受代滋累耳。请帑增粟，不愈累乎？……民穷无诉，尚不知恤"。张到任后，缓刑薄敛，留意民间疾苦，重修养济院，捐修育婴堂，并重视其他社会保

---

① 汉阳公园内同治十一年石碑，2005 年 11 月抄于汉阳公园内。
② 嘉靖《沔阳州志》卷 16《良牧传》。
③ 隆庆《岳州府志》卷 13《宦迹列传》。
④ 康熙《邵阳县志》卷 4《荒政》。
⑤ 同治《宁乡县志》卷 11《赋役·仓廒》。

障事业，使士民"如病得药、如盲得途、如负得释、如婴得乳、如涉得济……①"州民咸曰："百年来无此官矣。"张离任后，州人在为之所作《去思碑叙》中曰："侯何以得此于吾民哉？侯之所为，皆吏职之所为与？古贤人之所以自任者，初非有卓荦奇伟之行也，特人不为而侯独为之，加循循而不倦，故吾民信而爱之若父母耳。"②

可见，地方官的个人素质、品行与地方社会保障业有莫大的关系，地方官是否具有创造性执行国家政策的胆识；是否具有主宰一方的能力；是否具有以振兴社会保障事业为己任的责任心等多种因素都将影响到地方社会保障事业的兴衰。成为一名能"造福一方"的地方官应当具备较全面的综合素质。当时就有人总结说，"盖闻六计首廉，而徒廉不足以为政；五德终惠，而徒惠不足以兴民；三语贵勤，而徒勤不足以成化。兼斯三者，而行之以经术，久之以儒道，虚公诚明，勿敛勿怠，则庶几于君子之仁，而可以与于经纶之际矣！"③而能兼具"廉"、"惠"、"勤"三者的地方官并不多见。正因为如此，地方社会保障事业的发展往往体现为"得其人则存，失其人则亡"的情状。

在方志中常常可以见到这样的记载，一些社会保障机构久废不兴，一些问题久拖不决，而一旦某位得力的州县官到任后，一切问题迎刃而解：湖南常宁县万历以前很长的时期"稻谷贮积仓廒圮坏，不足蔽风雨、除鸟鼠。一有水旱螟蝗，菜莩相望，流离转徙，散之四方"。万历九年（1581年）知县吴景明"下车即有意兴举之……毅然请于当道，得允。即捐己俸，经始庚辰之八月，落成辛巳之九月"④。均州养济院明季毁于战火，一直废弃，康熙时知州党居易"下车即加意于民生……慨然曰：'彼皆我之民也，安有司父母之责而忍令其失所乎？则解衣推食之政岂容缓耶？'"养济院终得以重修⑤。竹山县社会保障事业在清后期相当长的一段时间里一蹶不振，不仅社会保障机构俱废，县治亦是"颓垣破瓦，堂舍萧然"，"官吏处其中……亦卒无谋"。光绪初年长安李公"以名孝廉权篆斯邑，甫入境慨然以重修为己任。……选举绅耆，晓以大义，转相劝导，士庶风从，争乐输将，熙熙然若子弟之趋父兄。计资所入，初可将事"，终使竹山城署及养济院、栖流所等一切工程得以修复⑥。

也常见到一些有政声的州县官每到任一处，则该州县的社会保障事业因之兴盛：明代湖北名县令徐泰成化初知罗田时"俸禄湉供费外尽贮于公，四郊

---

①　邓辅纶：《署武冈知州张贤侯德政碑》，同治《武冈州志》卷37《艺文志》。

②　邓绎：《去思碑叙》，同治《武冈州志》卷37《艺文志》。

③　邓绎：《去思碑叙》，同治《武冈州志》卷37《艺文志》。

④　同治《常宁志》卷5《积贮》。

⑤　朱锦标：《重修养济院记》，光绪《续辑均州志》卷15《艺文》。

⑥　哈承义：《重修竹山城署暨一切工程事宜总记》，同治《竹山县志》卷28《艺文》。

俱列便民仓",岁饥时"发粟以赈",为政"以扶善抑强,济贫恤患、阜民为先",离任时县人为其立"去思碑"①;后在知荆门州时又奉行善政,修红花村、新城镇、却陂村、东寨村等处预备仓②。道光二十一年(1841年)金云门在崇阳县任县令时,"陆续收养额外孤贫二十二名",又清出育婴堂"旧年田亩,召佃收租",并拟定条规,捐资委绅经理,使育婴事业得以恢复,邑人以"召父杜母"之额颂之③;道光二十七年(1847年)他在黄冈任县令时又重议修复黄冈县育婴堂,并"捐钱一百千"以助经费④。咸丰八年(1858年)郭庆扬在平江县任县令时,曾倡捐育婴田亩,"计共捐钱一千八百串契置钟姓盘埠庄田一所"⑤;同治年间他到宁乡任知县时,又"严禁溺女,并谕育婴章程告示","督饬绅士设法劝办",推行有特色的"十文救婴法";同时他还妥拟章程,"先后劝捐积谷贰万壹千贰百肆拾柒石陆升壹合"⑥。

(三) 以地方精英为首的民间力量

民间力量是传统社会保障事业深厚而坚实的基础,有时,那些表面上由官府主办的社会保障事业,其"内核"也是由民间力量在发挥作用。民间力量在社会保障事业中的作用可以从以下三个方面来认识。

1. 传统社会保障事业的群众基础和中坚力量

将符合儒家道德伦理的行为载入志乘以为世之圭表是传统统治者牧民的基本手段之一,正因为如此,孝友、烈女、隐逸、忠义等成为地方志为普通人物立卷的基本体例。得益于传统社会的这种教化方式,现存明清两湖地方志中保存了大量的民间力量参与社会保障事务的具体事例。梁其姿发现,"方志中的人物卷在明末以后出现了新的类别,即除了原有传统的名宦、宦业、孝友、文苑、隐逸、艺术、列女等分类外,渐多的方志加上'善人'一类,而'行谊'一类中也包括了越来越多的慈善家。这一变化说明如要在地方社会得到尊敬,除了功名、艺术成就、体现过人道德(忠、孝、贞)等方式外,从明末以来还多了一种选择:在地方行善,而且不单是如前代一样的仅救济族人、或作个别的赈济、修桥、铺路等,而是组织、资助、管理长期性的慈善机构"⑦。梁

---

① 嘉靖《罗田县志》卷3《官师志·名宦》。
② 嘉靖《湖广图经志书》卷6《荆州府·惠政》。
③ 同治《崇阳县志》卷3《建置·义所》。
④ 光绪《黄冈县志》卷4《蠲恤》。
⑤ 同治《平江县志》卷11《建置志·公所》。
⑥ 同治《宁乡县志》卷22《职官·政迹》。
⑦ 梁其姿:《施善与教化——明清的慈善组织》,河北教育出版社2001年版,第160页。

其姿论述的着力点是在寻找长期性的、组织化的慈善机构的社会基础。事实上，更久远地看，在"善人"还没有单独成为地方志人物的专门分类之前，他们的事迹也是散布于孝友、义行各传中为传统社会大力倡导的行为。这些以儒家济世伦理为指归的善人善行正是传统社会保障事业最广泛的民间基础。两湖地区的地方志中都有内容丰富的《善行》、《义行》等卷，嘉庆《湘潭县志》的人物卷还专设《施济》一类。分析这些人物卷，我们可以站在传统社会正统理念的大厦上观察到，是哪些人在民间社会保障事业中发挥作用（见表9-3）。

表9-3　　　　嘉庆《湘潭县志》所载明清"施济"类人物表

朝代	人物姓名	身份	事迹要点
明	唐礼	邑巨族也	永乐二年散谷赈饥
明	吴如宽	家赀巨万	成化间施米粥赈旱灾
明	罗瑶		正德间迁建学宫，修暮云桥
明	周环	以勤智起家至30万缗	买纳军民粮累、置义田入县学、输谷赈饥
明	王仕宾		隆万间置义田赒贫、捐修桥72座
明	史若志	万历乙酉举人	置义田赡族，岁大饥，施粥敛棺
明	谭舜臣	幼习儒业不就，家素封	平日施米乞丐、僧人、无告罪囚，水灾时载米盐赈济、救溺
明	张四合	少列黉序	崇祯年间捐谷、施粥赈饥
明	张文选		乐善好施，捐资送人还乡
明	谢庆旦	积学工文	岁祲泛舟载粟就哺饥者，助人葬，
清	李玉	再举乡宾	掩骼、修造舟梁
清	罗仕亲	勤俭起家，赐八品冠带	修建桥梁、周饥寒、济穷乏，助婚葬
清	何象巽		间党中赖以生养死葬者甚众
清	黄绳宪		常贮谷以济匮乏
清	龚尔俊	幼业儒，后学医	置田备药以赡老疾
清	李士鲠		置义田以赡宗族
清	张德俊	明名宦之孙	待以举火者数百余家
清	曾惇	乡贤之曾孙	借官谷赈乾隆辛未之饥，减租、施棺
清	陈佑	太学生	制药、备槥、疗疫、佑亲，喜施舍

续表

朝代	人物姓名	身份	事迹要点
清	郭碏		置义棺购物贮之以施死
清	唐辟万		赈乾隆壬申饥
清	何洪瓒	太学生	凡减粜赒穷成梁治道不吝其力而为之
清	郭添圉	以勤俭起家	独建钜桥修磴道
清	唐大位		著溺女、杀牛诸戒训，修桥、施茶
清	何世纲	太学生	每遇岁祲，父子悉罄所有以济贫寒
清	刘宗尧	国学生授州司马	扶危济困终身如一日
清	齐享清	诸生	赈乾隆壬申饥、疫，置义棺收遗骸
清	齐民钦		赈乾隆辛未、戊戌饥
清	周方鸣	幼孤敛迹山林	赈饥，制衣以济贫寒
清	尹端	以明经官学博	捐俸置学舍，设膏火以育士
清	肖仕琼		捐谷四十年，隆冬施絮衣、修石桥
清	周新盛		赈乾隆壬申、乙酉饥，施棺敛骸
清	周方沂	太学生	春耕倍下种谷以分给贫者
清	何元震	诸生	赈乾隆乙酉饥
清	陈应富		拯荒济贫，施药施棺
清	刘灯	幼孤，家不饶	施棺 1 500 具，疫时施药
清	胡天卫	以明经举优行	遇岁歉倾困解囊
清	郭瑀		赈雍正丁未饥、疫，焚债券
清	冯开瑚	诸生	岁歉施米粥，出重资为里女保节
清	齐嘉行	太学生之子	乾隆丁亥疫，施义棺千余具
清	王世逸		赈雍正丁未疫、乾隆辛未、壬申饥
清	萧奕淙	太学生	赒乡里贫乏者衣、食、药、棺
清	张缨	监生	建修津梁石道，赈乾隆壬申饥、疫
清	蒋铭策		捐书院田、修黉宫、义渡，赡族
清	周世淳		施粥赈乾隆壬申饥
清	袁连鬻		自撰族训二十则，赈乾隆壬戌饥
清	胡宗盛		置赈饥田

续表

朝代	人物姓名	身份	事迹要点
清	朱名梁	捐职州同	赈乾隆四十三年旱，救贫弃妻者，修桥路
清	宋铭	捐职州同	修桥，设引洪船，赈嘉庆六年饥，恤佃
清	李正清		救乾隆己亥疫，施棺，制锡水龙御火
清	马士佐		建祠、修冢、减粜、焚券
清	谢命诰	监生	置赡族义田
清	郭连选		助婚嫁、丧葬
清	周朝望		岁歉贮米减粜
清	陈应海		焚券、救困，致力于老孤贫病之间
清	王世超	贡生	施棺、棉衣
清	易奉元		乾隆戊戌、辛丑米贵倾囷减粜
清	龚文登	本素封	城内外赖以给饭粥及嫁妻鬻子赖以保全者无虑数十百家，遂以致贫
清	向荣都	捐职州同	赈嘉庆辛酉、戊辰饥，修向家桥，助修文庙、经理育婴堂
清	葛在藻	捐职州同	赈嘉庆辛酉、癸亥、乙丑、戊辰等年饥，修驿路及十八总渡船，司育婴堂事
清	尹岐		置义田赡族，赈嘉庆初年饥
清	彭起凤	国学生	赈嘉庆辛酉、丁卯饥，修桥路
清	陈文枨	太学生	赈嘉庆辛酉、丁卯饥，捐义渡
清	胡鸣玉		养葬老无依商贾，倡、修石磴、桥梁

资料来源：嘉庆《湘潭县志》卷29《人物·施济》

从表9-3不难看出，被儒家伦理所推崇的善人们大多是有功名的士绅或有财力的好义者。因上表所记善人事迹截止嘉庆年间，以下再选择民国《郧西县志》、民国《蓝山县图志》两部民国时所修的方志，仍如嘉庆《湘潭县志》一样，将其《义行》卷中的明清人物以"竭泽而渔"的方式一一列出，又将嘉庆《常德府志》《义行》卷中的明代部分抽出来组合成下表，这个组合的表格比嘉庆《湘潭县志》具有更广泛的代表性（见表9-4）。

表9-4　　　　　　　　　两湖部分州县志《义行》卷所载明清人物表

朝代	姓名	身份	朝代	姓名	身份	朝代	姓名	身份
嘉庆《常德府志·义行》				周人元	监生		黄芝芳	庠生之父
明	苏彬	未详		石绍德	国学生		李朝绅	未详
	燕政	未详		胡锦云	国学生		陈嘉会	岁贡生
	胥本初	副使之孙		胡如琴	监生	明或清	钟玉振	武庠
	李暄	未详		刘元浩	太学生		彭华时	庠生
	许东山	生员		陈友云	未详		封肇	恩贡生之父
	曾仲保	未详		杨万福	未详		梁继佑	增生
	钟志达	未详		陶焕均	邑绅		唐福升	未详
	陈仲钧	未详		陶焕彬	庠生		李延龙	监生
	张思贤	七品散官		余程华	未详		唐崇荣	未详
明	陈汤命	未详	清	祝方据	邑庠生		曾克振	监生
	贺玑	未详		桂超羲	太学生		萧馨	监生
	刘从礼	未详		桂茂林	岁贡生		廖庆华	例贡生之父
	刘焕	未详		黄显武	未详		廖鹏搏	庠生之父
	廖文卿	太学生		袁发义	未详		扬巽	庠生
	彭胜纪	未详		祝方懋	附贡生		杨上品	未详
	裴绍度	诸生		祝方舒	邑增生		杨烨廷	庠生
	陈俞圣	举人		汪学名	武德骑尉		成鸿举	附贡生
	梅献早	天长县令		黄绍礼	未详		雷光焕	增生
	陈大忠	庠生		李观楷	六品军功		李振谦	庠生
民国《郧西县志·义行》				王道美	未详		雷应龙	未详
明	梁汝孝	未详		彭达海	邑庠生		胡思彬	禀生
	李春芳	未详		王正已	乡愚		雷电辉	国子生
	梁有才	未详		周命贵	敕封登仕郎		谭占甲	武庠
	林曰辉	邑庠之父		江光柏	附贡生		廖德辉	增生
	李光国	监生		李文焕	袭骑尉世职		廖烨庚	未详
	杨景秀	户部郎中父	民国《蓝山县图志·义行》				廖光辉	国子生
	李开运	邑庠之父		陈鉴	未详		杨嘉贵	未详
	何先甲	武生		廖舒	经历之父		刘青藜	乡先生
	樊思懋	生员之父		陈世楷	未详		刘世珍	庠生
清	陈伯	国学生		彭一举	贡生	跨晚清与民国	黄玉选	廪生之父
	文承锐	邑吏员		李伯明	未详		梁焕南	庠生
	文登榜	监生		陈永都	未详		彭孔治	未详
	王凤亭	附贡生	明或清	蒋德敷	未详		唐培南	国子监生
	陶业茂	国学生		廖钟秀	庠生		萧正彝	未详
	金文元	优贡生		钟文广	未详		彭藻翰	未详
	康璨	例贡生		李上果	诸生		李高淑	客民
	祝方炳	邑庠生		黄中道	诸生		朱宣聪	未详
	朱本义	未详		成德福	未详		陈振器	未详
	王加贤	未详		李世恩	习举业		彭理金	未详
	张富伦	未详		陈世机	督运府职			

从上表中我们看到的是与湘潭县大致相同的情形。总之，尽管不同时期、不同地方和不同的社会保障事业中其民间参与者的身份和起作用的方式不尽相同，但他们在总体形象上常常表现为一群地方精英人物对地方社会事务和社会保障事业的参与。归纳起来，传统社会的地方精英主要包括：①不在本籍任职的现任官员；②退职居家或暂时居家（如丁忧）的官员；③在科举中取得生员以上学衔者；④通过捐纳等非正常途径取得监生以上功名者；⑤力农起家的殷实人家；⑥商人；⑦军功或武力的拥有者。这些地方精英凭借他们的官衔、功名、财富或武力在地方社会事务中居于领导地位，一般民众在社会保障事业中也能发挥重要的作用，但他们的作用要通过地方精英的组织和凝聚才能形成一定的规模和较大的影响。以地方精英为首的民间力量在传统社会保障事业中的作用突出地体现在资金和事务的承担两个方面。

2. 社会保障资金的重要承担者

张仲礼先生将士绅的各项社会活动参与分为八类，"私设善堂、赈济"是其中较重要的一项。按他的统计口径，仅19世纪湖北士绅私人设善堂、赈济的实例共63例，湖南共70例①。在这类活动中士绅是唯一的资金承担者，明清社会保障实践中这样的事例举不胜举。除了这些"独资"行为之外，明清时官方价值体系中的仓储、养济院、育婴堂、栖流所等社会保障机构也在很大程度上依赖士绅等地方精英出资来维持正常运转。需要指出的是，地方精英所捐助的"资金"，在形态上并不总表现为货币，有时表现为米谷，有时表现为田房等资产。从用途上看，大致有建设资金、启动及运转资金等项。从这些资金所起的作用来看，有时是这些机构资金来源的必要补充，有时则构成社会保障机构资金的主体，士绅等地方精英提供的资金在各项资金来源中居支配地位是极常见的现象。

兴建社会保障机构是地方社会保障活动得以开展的重要内容和标志，在士绅等地方精英的资助下，许多社会保障机构得以新建，一些废弃的社会保障机构得以重建：乾隆时东湖县令李越为筹集育婴堂建堂经费，"倡率邑绅士乐输白金三十有八两入质库取息"，经多年积累，到县令林有席继任时终使育婴堂得以建成②。湘潭县上五都社仓，"乾隆三十六年（1771年）翰林刘元熙兄弟与胡万中父子改建瓦仓四间，版仓二间"。"上五都五六甲、小五甲社仓，乾隆二十九年（1764年）都人刘元熙轫建"③。监利县养济院"久废"，道光二十三年（1843年）邑绅赵运炳、王光烈、杨荣等"捐购治东瓦房三重，前后

---

① 张仲礼著，李荣昌译：《中国绅士——关于其在19世纪中国社会中作用的研究》，上海社会科学出版社1991年版，第225页。

② 林有席：《建育婴堂记》，同治《续辑东湖县志》卷26《艺文》。

③ 嘉庆《湘潭县志》卷17《积贮》。

九间，房契呈县立案"①。石门县养济院，"同治六年（1867年）例贡生龚绍汉复修"。罗田县常平仓"咸丰甲寅粤匪毁之，同治己巳知县吴凤笙谕邑绅……改建于县西"，养济院亦"令邑绅修葺"②。武冈州养济院"石逆寇城之际而毁于兵"，后张宪和任州时，"商诸州人，候选道邓翁仁垣酿以卒其事"③；育婴堂"现拟建于城隍庙之右，例贡生龚绍汉捐钱一千串"④。攸县普济堂于乾隆七年（1742年）"贡生张朝盛呈捐田租一百石又银百两"而始建；育婴堂乾隆年间被水毁后，"嘉庆二十三年（1818年）邑绅廖文瀚、欧阳金总、刘宗铭、刘之光、刘枝迈、蔡荣谋等扩旧址而修复之"⑤。衡山县育婴堂，"监生丁寅纠阖邑士绅捐建，经始于道光五年（1825年），越七年功竣……为邑中公所第一处。计公捐钱万余缗，寅自垫钱四千余缗；公捐田租八百余石，寅自捐田租百石"⑥。湘阴县育婴堂"同治十三年（1874年）知县冒沅请之陕甘总督左宗棠以所捐存银五千两划捐银二千两育婴堂经费"，又另外集资，"建立育婴堂于衙后街，收养婴幼四十名"⑦。

社会保障机构的开办和运转也离不开士绅等地方精英的资助。官办的仓储、养济院等机构虽然有一定的财政保障，但在政府财力不足的时期和场合下也常以地方精英的捐资为必要的补充。如前所述，明清两朝都制订了仓储的奖劝定例，明中叶后，预备仓的仓谷主要来自民间的捐助，清代也以捐监谷补充常平仓。这些政策的执行在两湖各州县的积谷实践中得以体现：平江县常平仓"乾隆四年（1739年）捐监谷五百四十石"⑧；宁远县常平仓"乾隆五年（1740年）收捐监谷三百三十七石五斗"⑨；龙阳县常平仓"乾隆八年（1743年）收捐监谷七百六十五石，十年收捐监谷六百八十八石五斗"⑩。养济院额外孤贫由士绅资助早习以为常，有时额内孤贫的供养也是靠地方官动员民间资金得以维持的。如黄冈县养济院，"同治十二年（1873年）邑绅刘维桢捐制钱一千串文以助经费"⑪。

清代两湖育婴堂有很强的官方色彩，但它从一开始坚持的就是"官督民

① 光绪《荆州府志》卷11《建置·善堂》。
② 光绪《罗田县志》卷2《建置》。
③ 张宪和：《重修养济院序》，同治《武冈州志》卷37《艺文》。
④ 同治《石门县志》卷3《公署》。
⑤ 同治《攸县志》卷14《公署》。
⑥ 光绪《衡山县志》卷13《拯恤》。
⑦ 光绪《湘阴县图志》卷21《赋役志》。
⑧ 同治《平江县志》卷20《食货志·仓储》。
⑨ 光绪《宁远县志》卷3《赋役·仓谷》。
⑩ 光绪《龙阳县志》卷10《积储》。
⑪ 光绪《黄冈县志》卷4《蠲恤》。

办"的思路，就大多数情况而言，育婴经费的来源从未脱离过地方精英的资助。如前所述，即使在"官僚化"很强的盛世时期，育婴堂的建立多由地方官府、官员倡首或拿出部分"铺底"资金，士绅等地方精英则是主要的资金承担者。如攸县育婴堂雍正年间始创时即靠"贡监刘传鼎、刘祚蕃呈捐铺房四栋"来维持日常经费①；平江县育婴堂于雍正十三年（1735 年）由监生陈德行等倡众建立，其中"众捐银八十两"，陈德行和陈吴氏、陈金氏"共捐银一百三十二两"②；湖南善化育婴堂，乾隆时"各宪既绅耆士庶捐施田亩银谷，除建修开用外，饬委首事陈俊伟等轮流值月董理"③ 等。试再将嘉庆年间宜章县育婴堂开办时绅民捐资的份额和比例列表如下（见表9-5）：

表9-5 嘉庆年间宜章育婴堂运转资金来源构成表

类别	姓 名	籍 贯	身 份	资金形态	数 量	备 注
绅	李万隆	九都三甲	农官	田	三亩	
	李振极	十三都三甲	生员	田	一亩	
	萧世振	十都八甲	生员	田	一亩五分	
	吴国玺	五都八甲	生员	田	三亩	其中其子补捐一亩
	吴国典		生员			
	邓正谏	六都七甲	生员	田	五亩	
	黄世景		新生	田	三亩三分	
	温金壁	十都八甲	生员	店	一间，年租银八钱	
	李矜式	十都八甲	监生	店	一间，年租银一两六钱	
士绅合计			9 人		田十六亩八分，店二间	
民	李良豪	九都一甲	民	田	二亩	
	李吉士	九都一甲	民	田	一亩	
	邓君木	十都一甲	民	田	一亩	
	彭超万	四都四甲	民	田	一亩	
	李学庵	一都七甲	民	田	二亩	
民合计			5 人		田七亩	

---

① 同治《攸县志》卷14《公署》。
② 同治《平江县志》卷11《建置志·公所》。
③ 光绪《善化县志》卷10《保息》。

续表

类别	姓　名	籍　贯	身　份	资金形态	数　量	备　注
身份未详	陈谭氏	粟源堡	未详	田	三亩	
	温李氏	十都八甲	未详	田	二亩	
	彭拨万	四都四甲	未详	田	一亩	
	吴陈氏	五都八甲	未详	田	三亩	
	邓德普	六都七甲	未详	田	一亩	
	廖国龙	十三都七甲	未详	田	五亩	
未详者合计			6		田十五亩	

资料来源：嘉庆《宜章县志》卷9《田赋·育婴堂附》。

分析上表可知，宜章育婴堂用来维持运转和支付日常开支的田租和店租基本上全部来自民间力量的捐助。其中店租全部由士绅捐献。各田的租额未详，从田亩数量看，该堂田亩合计38.8亩，其中士绅捐田16.8亩，占总数的43.3%；庶民捐田7亩，占总数的18%。此外尚有身份未详者捐田15亩，占总数的38.7%。晚清以后，两湖由士绅和商人主办的善会善堂如雨后春笋般兴起，育婴事业出现了向基层和乡村延伸的趋势，这些基层、乡村慈善事业的资金筹集方式诚如方志所言"四乡士绅各就近举办，其经费若何筹集，若何保管，准酌当地情形，自行规划"①。

3. 社会保障具体事务的经理者

社会保障是一项实践性很强的制度，每项社会保障政策落到实处都须假以一定时日，且要经历诸多中间环节和复杂的过程，这使得社会保障事业运作过程中的管理、组织和协调工作成为一项十分繁重的任务。在政府的视界中，士绅等地方精英是承担此类事务的绝好人选，他们在社会保障事务中的作用大致有以下几方面：

（1）担任社会保障机构的"首事"

明清时各社会保障机构的负责人常被冠以不同的名称，如"堂长"、"社长"、"义长"、"局董"、"绅董"等，但最常见的称号为"首事"。无论是皇帝的谕旨、地方官吏的宪札还是社保机构的条规、章程，都十分强调"慎择经理首事"的重要性，所谓"有治人无治法"、"得治法易，得治人难矣"。翻检两湖现存仓储、养济、育婴及各类善会善堂章程中有关首事一条，有一些措

---

① 民国《麻城县志后编》卷3《食货》。

词大体相同的规定，如"品行端方，家道殷实"、"家资殷实，品端识明"、"任劳任怨，利济乡里"、"老成公正"、"殷实老成"等。为人公认的首事既要符合品行端正、公平正直的道德标准，又要符合家道殷实、能利物济人的经济标准，还要符合老成练达、任劳任怨的能力标准。这些标准恰似在为士绅"画像"。记载表明，两湖社会保障机构按照上述标准选择首事的结果，士绅常常是被选中的对象：

黄陂县育婴堂同治年间开办时，"访有贡生陈均藻品行端正，存心好善，素为乡里所推服，堪以充当堂董"，于是"禀县延请到堂"会同"己未举人，同知衔徐承颐"管理堂务①；咸丰时宝庆府义仓首事的确定办法为"每年择城中两人，乡间二人总理其事，由绅民公举绅耆中家资殷实，品端识明者告之"②。有些机构明确指出首事在士绅中挑选，如岳州救生局，"局中一切事宜向系岳州通判帮同绅士办理，同治五年奉文专归绅士经管"，光绪时又详定章程，规定首事的产生办法为："将选用各绅籍贯、年岁、人品、才具据实开单转禀抚宪核夺批示，候奉批准，由府札委赴局分办各事"③；平江县育婴堂规定，"首事由盐号轮充外，仍择城内公正士绅公同经理"④；桂东县义仓积谷章程规定，"经管义长经本县择得勤明殷实之绅士数人躬亲催收入仓"，同时收放积谷"准甲内公正绅耆查核"⑤；龙阳县在推行恽世临积谷政令时，决定要"慎择仓储，验明实储，派交公正富绅分年经管"⑥。

若试图为每一具体社会保障机构的首事建立"人事档案"，获得的将是一批地方精英名单：两湖创立最早的育婴堂之一的邵阳县育婴堂康熙年间的首事车万育即为康熙八年（1669年）的进士⑦，道光时辰州府的义田首事为"武生许文耀"（称"田正"），义仓首事为"禀生张开谟"（称仓正），其"田副"和"仓副"也分别为"国学生"和"庠生"⑧；同治时溆浦县东门外义仓，"交绅士李百涛、钟允涛、杨海南、郭远丰等经管"，大江口义仓，"交绅首郭远厚经理"⑨；汉口敦实堂救生局首事为"邑绅戚席臣、周芸青、刘步瀛、刘晋侯"等；光绪时汉口回生堂首事为"绅董余福田"⑩等。一些事务比较繁

---

① 同治《续辑黄陂县志》卷2《善堂》。
② 光绪《邵阳县志》卷3《建置》。
③ 《岳州救生局光绪十二年详定章程》，光绪《巴陵县志》卷16《政典志·蠲恤》。
④ 《（平江县）育婴堂章程》，同治《平江县志》卷11《建置志·公所》。
⑤ 同治《桂东县志》卷4《赋役·义仓》。
⑥ 光绪《龙阳县志》卷10《积储·社仓》。
⑦ 光绪《邵阳县乡土志》卷2《耆旧》。
⑧ 道光《辰州府义田总记》卷下。
⑨ 同治《溆浦县志》卷7《赋役·积储》。
⑩ 民国《夏口县志》卷5《建置志》。

杂的社会保障机构有时要设置多名首事，首事们或轮流充任，或分工协作，或相互统属，如同治时襄阳县"置社仓，拟定章程二十四则，择老成公正绅耆司之。曰总首，司全局事宜也；曰仓首，司钱谷也；曰村首，分司各村借户、食户也"①。兴国州同善会除"总理善堂各项事务首事二人"外，尚设有"专理额设各善事进出首事二人"、"专理随时应急各善事进出首事二人"、"专理堂内一切及劝捐首士二人"②。

（2）董理社会保障机构及设施的建设事宜

社会保障机构的建设虽算不上大兴土木，却也得劳师动众，不仅要勘测基址、鸠工庀材，而且还有一定的建设周期。翻检方志不难发现，在两湖各类社会保障机构的新建和改、扩建中，屡任其劳者也是士绅等地方精英，如汉阳县育婴堂"雍正十三年（1735 年）郡守张廷庆、邑令梁瑛率绅士崔文元等募建"，后又由"绅士徐诜置买高姓房基改建"，同治八年（1869 年）汉黄德道郡首钟谦钧又"率同绅商……于堂后韧修敬节堂"③。各类社会保障机构的建设大体类此。

地方精英对建设事宜的参与体现在建设工程的每个环节和建设周期的每个阶段。建设工程动工之前，都要筹集一笔资金，这笔资金多交由士绅管理并监督其使用：光绪年间竹山县在捐修县治及养济院、栖流所等机构时规定，"凡民间乐输，毫厘不入官署，亦不假手吏胥，择荐绅中殷实而谨愿者司会计"④。勘基选址是动工兴建的第一步，选址是否得当有时影响到建设工程的正常进行：东湖县乾隆年间筹建育婴堂，因选址问题而延迟三年，后"邑绅屈潜、孙成章谋另置善地，购东湖门外濠之半条街基址，改议申详，得报可"⑤。一定规模的建设工程一般会有较长的建设周期，且有大小不同的事务，这些事务一般由多名士绅相互配合，分工负责：宁乡县养济院清代重建时"督修则绅衿偕耆老姚士登，输材则邑中诸良善"⑥；江陵县新育婴堂"功于嘉庆二十四年（1819 年）春，告成于道光元年（1821 年）夏五月"。在整个建设过程中，"领修则孝廉鲁梅村、寿邦、贡生陈静笃、体仁；协修则进士郑黼廷、若璜……"⑦光绪七年（1881 年），施南府合建同善堂、育婴局，"藏事董斯役者

---

① 王述文：《社仓记》，同治《襄阳县志》卷 3《食货·仓储》。
② 光绪《兴国州志》卷 4《舆地志·义所》。
③ 同治《续辑汉阳县志》卷 12《公署》。
④ 清·哈承义：《重修竹山城署暨一切工程事宜总记》，同治《竹山县志》卷 28《艺文》。
⑤ 清·林有席：《建育婴堂记》，同治《续辑东湖县志》卷 26《艺文》。
⑥ 清·王钱昌：《重建养济院碑文》，同治《宁乡县志》卷 22《职官·政迹》。
⑦ 清·李若璋：《江陵新建育婴堂碑记》，光绪《荆州府志》卷 11《建置志·善堂》。

成绅旭初、朱绅□□□、皮绅越群、康绅述谦、姚绅树勋、黄绅炳文也"①。在建设过程中如果用人得当，则会加快工程进度：东湖育婴堂从筹建到动工用了十余年的时间，乾隆二十七年（1762 年）新县令林有席上任后，访得"东邑质库皆绅士之素封者"，乃请"质库诸君督其役"，并"兴工于二十七年八月八日"，至九月二十日堂即告成②。

（3）承担社会保障活动的组织和协调任务

在地方社会保障活动中，政府惯常扮演的是大张旗鼓地宣传、劝勉的角色，而具体的实施过程则要依赖地方有力者，通常情况下这些人的核心就是士绅等地方精英人群：

黄陂县同治年间历任知县均积极倡办社会保障活动，同治二年（1863 年）"邑侯孙，倡捐钱壹百串文"，其继任者"邑侯多"捐钱"陆串文"、"邑侯吕"捐钱"肆佰玖拾肆串叁百拾贰文"、"邑侯朱"捐钱"玖拾柒串肆百捌拾捌文"，使得陂邑"宣讲、施棺板、种牛豆、施药施茶、拾字纸、恤孤贫"诸善举次第举行。尽管县令频繁更换，因有一个相对稳定的士绅群体一直在承担着具体的组织协调工作，黄陂的各类善举并没有因此衰弱，而是不但扩大，碑刻中详细记录了这个士绅群体诸成员的身份，兹列举如下③：

五品封职：　　　　　　宗淇、陈均宰、胡振福

知州衔孝廉方正：　　　周恒渠

举人：　　　　　　　　张安庆、晏占鳌

同知衔：　　　　　　　陈福成、郭大塘

生员：　　　　　　　　燕商、姚芳松、杨镜清

贡生：　　　　　　　　陈均藻

布政使司经历：　　　　李文铨、陈松亭、刘振藻

州同衔：　　　　　　　胡春明、李文锦、李琼榜

守备衔：　　　　　　　朱锦湘

主簿衔：　　　　　　　李开泰

选用从九：　　　　　　袁瀚章

六品顶戴按察使司照磨：李鸿禧

监生：　　　　　　　　陈德荣、胡傑、王继奎

职员：　　　　　　　　李埰、陈寿阶、黄靖芬、姚芳照

再以晚清时的积谷活动为例，从现存的"谕"、"札"、"禀"、"详"等各

---

① 清·王庭桢：《合建同善堂育婴局记》，光绪《施南府志续编》卷 3《续经政志》。
② 清·林有席：《建育婴堂记》，同治《续辑东湖县志》卷 26《艺文》。
③ 《自新堂公请泐石立案碑》，同治《续辑黄陂县志》卷 2《善堂》。

类政府公文可以看出，各级政府对这些活动高度重视，在积谷中的作用非同寻常，但若从各州县的具体积谷过程考察，则会发现士绅等地方精英对积谷备荒的贡献"功不可没"。道光二十七年（1847 年）湖南布政使万贡珍、按察使徐泽醇檄州县捐义谷备赈，新化知县李春暄乃"属绅士陈之弼、曾宣旬、晏启球、晏贻璠、刘宽耀五人董其事，凡三次劝捐得谷万一千六百十石"①；同治二年（1863 年）湖南巡抚恽世临札饬各府州县捐积义谷，在这次活动中，各级官员都表现出足够的热情，但具体实施者仍是以士绅为中心的地方有力者，如武冈州，同治三年（1864 年）恽巡抚"委员陈有鑫、吴锦章先后来州，会同知州蔡式钰办理"，最终由"属绅士夏陈常、邓友直、邓友仁、陆宗玉、张德进、银邦达、李松霖等董其事，凡捐积谷一万四千二百零七石"②；湘阴县在这次积谷活动中"其董率劝谕，邑绅陈嵘之力为多"③。湖北在光绪年间也有倡办积谷之举，其情形大体相同。黄冈县"光绪五年（1879 年）奉文筹办积谷，延邑绅范粹纯、张增炎、刘廷栋、林时化经管局务，计收合邑捐银二万一千二百五十两六钱八分五厘"④。

政府所倡办的各类社会保障活动的每一实施过程都是一项环环相扣的系统工程，这一系统工程的各个环节都有大量的组织和协调工作，例如在发谷赈灾活动中，有调查户等、造册登记、核查发赈标准、按户分发等环节；在养济、育婴等事业中也有收、养、存、去诸环节，所有这些环节中的具体事务往往需要社会保障机构的士绅与地方士绅共同配合完成。正因为如此，各社会保障机构的章程中常要对某些环节的具体事务的操作办法作特别的说明，诸如"遇荒歉之年，仓正、仓长会同绅耆查造境内欠谷之户，分极贫、次贫，应谷若干"⑤；"生女贫而难养者须请有身家保户一人赴堂报明绅首，由绅首核查"⑥等。实际的运作过程则要比文字上的叙述复杂得多，士绅在这些环节中起到了很重要的组织和协调作用。

除了以上几个方面的作用外，士绅还经常在社会保障事业中起监督作用。既有士绅对官员的监督，所谓"官有弊绅得而举发之"；也有一般士绅对"绅首"的监督，对其不法行为"许里中绅耆禀请查究"、"准甲内公正绅耆禀官严追究办"等，凡此种种，各社会保障机构的章程、条规中都有特别的规定，兹不赘述。

---

①　同治《新化县志》卷 9《食货》。

②　同治《武冈州志》卷 22《贡赋志·恤政》。

③　光绪《湘阴县图志》卷 21《赋役志》。

④　光绪《黄冈县志》卷 4《积贮》。

⑤　同治《安化县志》卷 16《经政》。

⑥　同治《竹溪县志》卷 10《育婴条规》。

二、"官民结合"的运作方式

在明清两湖社会保障的实际运作中，官方和民间力量是紧密联系、不可分割的，它们在特定的环境下，按照不同的组合方式结合起来，形成一个有机的统一体。传统社会保障运行的这种官民有机统一的方式可称为"官民结合"的运作方式。上文对这一运作方式的各个构成要件进行了解剖，形成了静态的"分解图"，不妨将其中中央和地方的官方力量统称为"官"，将民间力量的地方精英称为"绅（商）"，将一般民众称为"民"。在传统社会保障事业的运作中"官"、"绅（商）"、"民"三者按特定的方式组合在一起，相互依存，相互制约，彼此消长，产生了"官民结合"的多种形式。接下来的论述将努力展示"官民结合"的动态的"效果图"。

（一）"官—绅—民"型

"官—绅—民"型的运作方式是"官民结合"的基本方式。在这一组合中，"官"主要起领导、倡导的作用，"绅"主要起组织、协调和管理的作用，"民"则主要起参与、配合作用。当三者都正常发挥各自的作用时，则出现了社会保障事业中的"官—绅—民"型的结合。明清两湖社会保障事业的运行，很多情况下都是按"官—绅—民"的方式进行的。以下举几个记载较详的实例，对这种方式进行剖析。

道光年间，辰州府义田、义仓的劝捐过程被详细地记录了下来。据《沅陵县志》和《辰州府义田总记》可知，此次义田劝捐活动发端于道光二十四年（1844 年）知府雷成朴的《劝买义田说》（内容见前），在雷知府的倡首下，先后有 17 名士绅和 147 名庶民参加了这次活动，道光二十五年（1845 年）以捐助所得购义田 213 丘计 255 亩 2 分，每年租谷 505 石余①，同年又建新义仓 20 间，田仓互济，成为辰州府社会保障事业的一项盛举。因田炯权先生已对义田数量和捐助者的身份作了较详细的统计，此处不将详细情况——列出，只补充部分资料，着重介绍官、绅、民三者在这次活动中的作用：

知府雷成朴可以作为这次活动中"官"的代表，他于道光二十二年（1842 年）到任后有感于当地的民生状况，开始考虑捐置义田、重建义仓的问题。田炯权先生在研究这一问题时对置田和建仓的时间怀有疑问，以为"我

---

① 同治《沅陵县志》卷 12、道光《辰州府义田总记》卷上。参见［韩］田炯权：《中国近代社会经济史研究》，中国社会科学出版社 1997 年版。

们无从知道何以两种资料之间会发生 2 年的偏差"①。事实上，雷知府在《重建辰州府义仓记》中有所交待："壬寅冬，予奉命守辰，下车之后，执簿勾核，仓仅贮谷二千六百五十一石五斗九升五合，询之首事，知为某前府以谷易钱，复为某某县某事借用，予慨然者久之……又恐小民未信，因循至甲辰冬始以所拟《劝买义田说》抄写多本，并自捐俸钱一千六百千，择郡城绅士许文耀等分任其事。"② 可见雷知府到任后就如何解决义仓的运营问题经过了近两年的酝酿和协商，直到道光二十四年（1844 年）才开始劝买义田，二十五年（1845 年）又因"王前府所建仓地势较低，木渐朽腐，派首事余廷栋督工……于仓后高阜处，另建新廒二十间"③。

在道光二十二年（1842 年）至道光二十五年（1845 年）这段时间里，围绕着置田建仓，雷知府主要做了三项工作，即与士绅反复协商置田建仓事宜、起草《劝买义田说》、向上宪请示及汇报置田建仓事宜及前后经过④。

参加这次活动的十七名士绅的构成情况为，现任安庆知府一名；前任郑州知州一名；捐职千总一名；候选通判一名；候选训道二名；举人一名；禀生二名；监生二名；武生一人；生员五人。这十七名士绅中有三名出捐者，共捐银三百两，钱五百千，谷二十石；有九名首事；其余则为具体事务的承担者。可见士绅层在这次活动出捐数量极少，他们的主要作用如议叙册中所称："采买义田、督修义仓最为出力"；"董事劝捐，出力最多"⑤。

参加这次活动的一百四十九名庶民是这次活动中的主要出捐者，共捐银三千九百两，捐谷九千九百六十三石⑥。

同治二年（1863 年）湖南巡抚恽世临札饬各属劝办义谷，各州县多以"官—绅—民"的形式完成。以永绥厅为例，"永绥厅之有义仓肇始于同治二年（1863 年）七月案奉抚部院恽札饬通省劝办义谷，限于三月开一律办毕，同知耿维中谕委李鸿柏、刘恒魁、吴庆余充当义仓局绅，又谕委颜德明、王家沛、邹一绥、从九、刘德俊及各里土备绅团人等发册劝捐，于三年六月十七日出禀计捐得仓斛谷一千一百二十七石，收现谷一千零三十石"⑦。这次积谷活动中"官"、"绅"、"民"三者的作用如表 9-6 所示：

---

① ［韩］田炯权：《中国近代社会经济史研究》，中国社会科学出版社 1997 年版，第 80 页。
② 清·雷成朴：《重建辰州府义仓记》，道光《辰州府义田总记》卷下。
③ 清·雷成朴：《重建辰州府义仓记》，道光《辰州府义田总记》卷下。
④ 参见《辰州府义田总记》中各《禀》、《批禀》、《宪札》等。
⑤ 《请给议叙册》，道光《辰州府义田总记》卷上。
⑥ 参见 ［韩］田炯权：《中国近代社会经济史研究》，中国社会科学出版社 1997 年版，第 93 ~ 95 页。
⑦ 宣统《永绥厅志》卷 13《公署》。

表 9-6　　　　　　　　　　永绥厅"官一绅一民"积谷情况表

官	巡抚恽世临 同知耿维中	发布积谷章程，限定完成期限； 谕委绅士经办积谷事务
绅	李鸿柏等人及 各里绅团人等	充当义仓局绅，具体组织实施积谷事务，并"发册劝捐"
民	本城捐户，52	多者 50 石，少者 4、5 石，共积捐谷 788 石
	上五里捐户，45	多则 80 石（庞正太），少则 3、4 石，共捐谷 483 石
	下五里捐户，19	多则 10 石（吴正烈），少则 3、5 石，共捐谷 191.5 石
	上六里捐户，29	多则 30、20 石，少则 2、3 石，共捐谷 136 石
	下六里捐户，64	多则 60 石（赵列华），少则 3、5 石，共捐谷 491 石
	上七里捐户，39	多则 20 石，少则 1.5 石，共捐谷 251 石
	下七里捐户，46	多则 65 石（谢承乾），50 石（陆承纪）少至 1.5 石，共捐谷 320 石
	上八里捐户，9	多则 25 石，少则 3、5 石，共捐谷 123 石
	下八里捐户，37	多则 22 石，少则 2 石，共捐谷 127 石
	上九里捐户，57	多则 80 石（石昌文），少则 1、2 石者甚多，共捐谷 291 石
	下九里捐户，77	多则 80 石（龙老香），少则 1.5、2 石，共捐谷 348.5 石
	上十里捐户，121	多则 50 石（庞天明），少则 1.5 石者甚多，共捐谷 382 石
	下十里捐户，93	多则 10、20 石，其 1、2 石者甚多，共捐谷 365 石

资料来源：宣统《永绥厅志》卷 13《公署》。

在这次积谷活动中，通过官、绅的倡劝和组织，永绥城乡共有 688 个捐户被动员投入了捐谷活动，除了捐谷较多的吴正烈、龙老香等少数人可能是士绅外，大多数都是一般民众。

育婴事业中"官一绅一民"结合的情形也很常见。据统计，湘乡县育婴堂嘉庆至同治间的 28 名捐户中，只有 5 名是邑绅士，而且所占份额极少，大乡绅曾国荃仅出钱 1 000 串，主要田产和资金由无身份的庶民捐助[1]。晚清育婴事业向基层延伸的过程中也常采用这种方式。道光二十六年（1846 年）新化知县李春晖劝捐育婴，其办法为：在村者"育婴首事值丰熟之年，约村中

_____

[1]　参见［韩］田炯权：《中国近代社会经济史研究》，中国社会科学出版社 1997 年版，第 31～32 页。

各姓各垣绅者，提一簿分往温饱之家量力劝捐，新谷不拘多少，其富者自当发愿多捐，俟收获既毕著人照簿收取，贮存本村公所……如是三载"；"凡在城市者，首事计城厢铺店若干，设立功德筒分送各铺，每铺每日贮钱一文，按月清收"①。沅陵县也采用类似的办法筹集育婴经费，称为"店捐"："每店挂竹筒一，每日或数十文，或数百文，按月收取"②；道光二十八年（1848 年）、二十九年（1849 年），武陵县因水灾严重，弃婴日多，县令刘兆璜乃谕育婴堂首士以"筒捐"法募集经费，"各铺户日捐数钱，谓之筒钱，岁得钱一千串有差"③。

值得特别指出的是，在以上事例中，士绅所出捐的份额并不占多数，有些士绅可能并未出捐，但他们的作用却至关重要。首先从"官—绅"关系看，他们是官方意志的禀承者，也是各项具体事务的承担者，如果不凭借士绅的作用，官方推行社会保障事业的意愿只可能停留在口头和文本之上，既不能传达到民间，更无法变为实际行动。再从"绅—民"关系看，普通民众的捐项汇聚到一起虽然构成出捐份额的主体，但若从单个的捐户来看其作用则是微不足道的，而将单个捐户联结起来的关键因素正由于士绅"董事劝捐出力最多"。可见，士绅不仅将"一盘散沙"凝聚起来成为强有力的可用资源，而且将其冠以官方的意志和社会保障的主旨，使官方推行的社会保障事业得以正常进行。

反之，如果士绅不正常履行其居中组织协调的责任，即使官方有很强的意愿，民众也有一定的实力，"官民结合"的运作有时也无法顺利进行。仍以同治时恽巡抚倡行的积谷活动为例，在这次全省性的积谷活动中，官、绅、民三者相互配合、各任其劳而使积谷成效斐然的事例我们已举出很多，但也有些地方只是虚为应付，如龙阳县的情况是，"社仓则遗址难稽，后中丞阳湖恽公聿兴此举，其时奉国朝旧章，至为详密，缘通省臧事迫于一岁之中，吾邑多有虚填一结，指曰若干，其实颗粒未见。当时止委学官索一捐条，不及选派老成分社收积……一及恽公解组，事遂悬延"④。至于不法士绅与胥吏结党为非、劣绅侵吞公项、滥绅与痞棍勾结等非正常行为则直接导致社会保障事业的运转失败。慈利县的社仓积谷便因此而屡兴屡废："同治二年（1863 年），巡抚恽世临檄列县设社仓，于是知县理募谷富民，得五千石有奇，顾未几率盗败无仓合留者；光绪七年（1881 年），分守道崔穆之檄募复焉，县乃按亩派输，又得谷

---

① 清·李春晖：《劝捐育婴示》，同治《新化县志》卷9《食货》。
② 同治《沅陵县志》卷12《仓储》。
③ 同治《武陵县志》卷10《建置·公舍》。
④ 光绪《龙阳县志》卷10《积储·社仓》。

七千余石", 不久又"存不足十之一"。有人就此感慨曰:"今郡县莫不汲汲言积谷, 予恶敢谓其法之必有害而尽无利也? ……慈利社仓之设凡几矣, 始盍尝不曰为民哉, 究也举南亩卒岁勤勤之羡赢, 供大仓红腐干没之一掷, 殄物厉农, 义将奚取!"①

总之, 只有在官、绅、民三种基本力量各尽其能, 尤其是居中的士绅正常发挥作用时, "官—绅—民"结合的理想运作方式才会达到理想的运作效果。

(二)"官—绅(商)"型

"官—绅"型组合也是明清两湖地区社会保障事业运行的基本模式, 在这种运作模式中, 绅(商)既是社会保障事务的主要组织者又是社会保障资金的主要承担者, 一般民众也可能参与其中, 但所起的作用很小。如上文所述, 官、绅(商)双方从各自的目的和意愿出发, 常常能在社会保障领域形成十分"默契"的配合。一方倡劝在前, 一方勤勉于后, 双方"一拍即合"。在"官—绅(商)"模式中, 有时是官府主动倡首, 也有时是绅(商)主动呈请官府支持, 兹结合具体的实例进行分析。

清代洞庭湖的水上救生事业在清前期一直由官府举办, 雍正九年(1731年)朝廷曾发水利平余银二十万两于舵杆洲建石台, 自乾隆二年(1737年)陆续添置救生船, 但被毁于咸丰年间太平天国战乱。从咸丰十一年(1861年)开始, 镇守本地的官员们商议发动绅商采用救生局的方式恢复水上救生事业, 岳州救生局因此而诞生。《岳州救生局志》叙述了救生局创办的过程:

> (救生船)至咸丰兵燹之际, 为匪所毁, 今宫保丁公稚黄守岳州, 而浙江衢州镇刘公祝庭时统水师在岳州防堵, 因商各倡捐银千两以复救生船只, 而劳大令铭勋亦由临湘茶商劝捐银钱合二千余串, 并请前中丞恽饬下常澧湘潭等处广为劝谕, 而中丞恽、方伯石、观察彭并各捐银两, 复查明各属旧设救生船额支银数, 归并一款。又借支四年工食发商生息, 于是陶守寿玉、赖守史直相继办理, 督同巴陵翟令宗发, 选派绅士, 妥议章程, 由是而额支捐款租谷草洲厘金等费, 局绅、知事、舵工、水手诸人各就绪焉。经始于咸丰十一年, 而告成于同治四年。②

至同治四年岳州救生局开办时, 救生局的资金来源主要为历年捐输银两, 其款目如下:

---

① 民国《慈利县志》卷7《建置》。
② 《岳州救生局志》卷首《序》。

湖南抚宪恽	捐省平银 200 两
湖南藩宪石	捐省平银 1 000 两
湖南盐道宪彭	捐省平银 100 两
湖南岳州府丁	捐省平银 1 000 两
又	捐省平银 400 两
浙江衢州镇刘（培元）	捐省平银 1000 两
岳州釐金局委员劳	捐省平银 600 两（由临湘捐缴）

以上共计捐银 4 300 两（均先后由长沙府发典生息，其发典日期并息银数目另列一册以备查考）

湖南藩宪翁	捐省平银 200 两
湖南粮道宪陆	捐省平银 100 两
岳州府陶	捐省平银 100 两
平江合邑	捐省平银 1 200 两
广东永利合	捐省平银 20 两
江南荣阳堂	捐省平银 30 两
江南大连堂	捐省平银 20 两
汉镇吴宏泰	捐省平银 50 两

以上共计捐银 1 720 两①

除此之外，同治四年又有监生杜榆兄弟捐田 30 石，杜榆在"缴田归局"的请求中称："生兄弟愿将自分业内拣出水旱无忧之上田三十石归入岳城救生总局，每年可收犀租谷三百石以充救生经费，其田生即于旬日内全缴局中，决不稍事迟延。"②

在咸丰十一年（1861 年）至同治四年（1865 年）岳州救生局创办的过程中，官方力量起了决定性的作用。不过，在"官—绅"型结合中，士绅居于主导的情形也不少，大致有以下几种：

有一些上层士绅本来就是在职的官吏，其职位有时高于原籍所在地的地方官，举办地方社会保障事务往往是地方官与之接近的一种途径，在这种情况下，士绅自然居于主导地位。如道光三十年（1850 年）长沙人、四品卿衔工部员外郎陈本钦，"呈请抚宪骆督率官绅会议集赀筹捐积谷，建立义仓预为荒歉之备，本钦经理其事"。由于地处省城的便利条件和陈本钦的特殊身份，长沙县的这次积谷活动得到了巡抚骆秉章的大力支持，在他的影响下，诸多官员和上层士绅纷纷出手相援，使积谷建仓非常顺利，兹将本次活动的主要捐助者

---

① 《岳州救生局志》卷 3《银捐》。
② 《岳州救生局志》卷 1《文件》。

列举如下①：

湖南巡抚	骆秉章	钱五百串
湖南布政使	万贡珍	钱七百二十七串
湖南按察使	春　熙	钱六百串
署湖南按察使	吕恩湛	钱二百串
湖南盐法道	周　颚	钱五百串
湖南盐法道	杨炳堃	钱一千串
湖南督粮道	陈桐生	钱五百十二串
礼部尚书	徐泽醇	钱一千串
长沙府知府	钟音鸿	钱五百串
署长沙府知府	陆咸升	钱二百串
未详身份	黄白海	钱五百串
未详身份	曹汉轩	钱一百串
会同知县	丁景森	银一百两
江西巡抚	陈启迈	银一百两
江西布政使	邓仁堃	谷五百石
四品卿衔工部员外郎	陈本钦	谷二百石
即用道江西吉安知府	黄　冕	谷四百石
两江总督	李星沅	谷一千石
山东登莱青道道	舒梦龄	谷四百二十石
浙江巡抚	胡兴仁	谷三百石
江西盐法道	余正焕	谷五百一十石
候选训道	杨基善	谷二百二十石四斗
贵州布政使	李象鹍	谷一千石
湖南候选道	王葆生	谷五百石
善化知县	易学超	谷四百二十石
未详身份	李明远	谷一百二十石

其他从略。

也有一些绅（商），自身可能属于地位较低的下层士绅或无功名的商人，但他们却可以凭借与上层士绅特别是在职高级官员的关系而在地方社会保障事务中发挥主导作用。如晚清时漕运总督黎培敬是湖南湘潭人，出于对家乡育婴事业的关注，准备"出千金助堂费"。但"其兄建议以为，官经理不如私经

---

① 光绪《善化县志》卷9《积贮》。

理"，于是"就家设局，发县立案为九都五甲堂费"，由"培敬兄培心经理之"①。再如"同治二年（1863年），新化大饥，常平仓谷以往年石逆之役罄困以充军饷，当事者拯荒无策"，时有邑绅曾毓芳"与周君孔揩、罗君瑜请于郡伯邵朴山先生，贷广储仓谷五千石"。可是当粟舟抵达县城时，又闻有贼倡乱，饥民多从之，"邑尹鲍公听彝仓皇无措"，曾毓芳又"星夜告急于邵郡伯，郡伯檄令减价粜仓谷，一以济饥民，一以所得钱招勇"，终使事态平息②。

　　除了官方奖劝、督导外，更多的情形是地方精英自觉发起社会保障事业。通常情况下，他们会主动接近官府，将所举办的赈济和慈善活动纳入官方的理念和操作体系，以确保各项事务的顺利开展。例如，万历十七年（1589年），湖广被灾，德安府有赈粥之举，其实施方式为："一二友人倡之，郡公邑大夫主之，诸慷慨事力任之，众善襄成之"③；嘉庆年间，江陵邑绅郑若璜等有感于官办育婴堂"通计岁入不过二百余金，又其地处幽僻，园房亦少"，决定另建民办育婴堂，于是便请示县令李若璋，县令"嘉其事，为详于府，府尤之，申于大宪，大宪亦尤，乃购孝义街民宅，扩地数百弓"，育婴堂得以建成④；咸丰五年（1855年），黄陂邑绅原任浙江嘉兴府知府、候选道徐瀛"因病归里"，对黄陂溺女之俗"恻然以为己忧，因捐资买田八十二石三斗四升八合以为育婴公费……又捐资置买城内吴家巷房屋一所，仿育婴堂之例取名资生堂……于同治八年（1869年）四月初一日开堂……收养婴孩一百九十余名"。在此过程中徐瀛遇事必请于官府，先后"为倡捐育婴，报明开堂事"、"为倡捐育婴，买产人公，报明存案事"、"为育婴开堂将近一载，恳通详立案以垂久远事"，向各宪"据实禀请批示遵行"⑤。在"官一绅（商）"型运作方式中，绅（商）等地方精英主动兴办社会保障事业，并与官方靠近，一个重要的目的是为了取得官府的保护和帮助，从而赢得在地方事务中的控制权。前述汉口、洪江等地商人会馆、善堂的面对市民的慈善活动是这种情形的典型。

　　当然，也有些士绅、商人或者地方有力者由于深受儒家正统伦理的影响，自发地进行救助活动，他们发起的慈善、救助活动办出一定成效之后，得到地方官的重视和支持。例如，康熙时会同县"太学生李元珠勤俭起家，岁节省得余粟贮之里社，数年成廒，座供千斛，里中贫乏者周之，出不索偿，入不计息，一里嬉嬉无枵腹焉。其子太学生宗耀、庠生宗辉丕承父志，益敞规模"，康熙六十一年（1722年）秋知县沈联元"以役经其地……不禁瞿然"，乃

①　光绪《湘潭县志》卷7《礼典·育婴堂》。
②　清·曾毓芳：《储备仓记》，同治《新化县志》卷9《食货》。
③　明·杨涟：《赈荒纪事文》，光绪《德安府志》卷6《田赋·蠲恤》。
④　清·李若璋：《江陵新建育婴堂碑记》，光绪《荆州府志》卷11。
⑤　同治《续辑黄陂县志》卷2《善堂》。

"请籍其仓，旌其庐，以志不朽"①。南漳县育婴堂"在县东武安镇，清咸丰三年（1853年）贡生王化南、邓士聪等捐建"，十年（1860年），"提督颜朝斌奖给扁额"②。益阳县的六里社仓和歧市育婴公局创设的情形也大体相似：乾隆年间益阳各处社仓积弊丛生，时有"贺君聿修、符君清河、刘君石岭、龚君渭廷、赵君在位，里中笃实士也……劝捐购地本里舒堂市，建社仓十间，分储十区之谷"，"其谷散敛有时，登记有册，年终会核，毋许侵渔"。事成后，"邑侯陈公省庵过其地见之，给之额曰'和衷协济'，盖嘉之也"③。同治元年（1862年）鉴于县育婴堂形同虚设，"邑监生李维甲首倡捐田亩房屋，禀请于歧市设公局一所，别其名曰救婴局，并邀其同志朱梦槐等经理其事"。同治二年（1863年）"知县徐淦劝谕城堡行店，凡货物买卖每钱壹千抽取贰文入局以助经费，并将育婴堂租息并入救婴局中"④。

值得指出的是，上述"官—绅—民"型和"官—绅（商）"型运作方式，只是明清两湖社会保障运作中两种比较典型的运作方式，上述所举事例也都是"官民结合"比较成功的事例。事实上，在实际运行中，"官民结合运作"的组合方式远远不止这两种，这两种方式也可以演变出许多的"变形"。运行的结果也并非总是成功的，官民结合效果不理想或失败的情形也屡见不鲜。试略举两例：

在官府意愿很强烈的情况下，如果地方精英的实力很弱或对公益不热心，则会出现地方官与普通民众的直接结合。如荆门直隶州"雍正五年（1727年）前牧令王佳士于四乡劝捐，因年荒未获收贮，详请代民垫银三千两买谷六千九百余石借贮沙洋南漕仓内"⑤。不过，这种官方代民垫付银两的事例毕竟是为数很少，一般而言此时官方会采用"申之以令"的方式进行强制性的摊派。如湘乡县清初"劝民丰年捐谷以备荒歉，因乐捐者少，遂令计田派谷"。到康熙间，"署知县向登元谓民难重困，有田者不应额外加派，详减昔派四分之三"，另四分之一则继续摊派⑥。衡阳县"同治元年（1862年）按田派谷，计衡阳县属得谷一万一千七百五十一石八斗有奇，九年小歉社谷不足，知县罗庆芗……复按亩募谷三升，其塘山土诸税，按额税千钱出钱二十，议立条款，分载簿册，计城乡九百九十七社，新旧本息谷衡斗一万四千八百二十四石九斗有

①　清·沈联元：《李生义仓记》，乾隆《会同县志》卷10《艺文》。
②　民国《南漳县志》卷6《建置·善堂》。
③　清·刘永华：《六里社仓记》，同治《益阳县志》卷3《营建·仓库》。
④　同治《益阳县志》卷3《营建·公署》。
⑤　嘉庆《荆门直隶州志》卷3《政典志·仓储》。
⑥　同治《湘乡县志》卷3《建置·仓廒》。

奇"①。

　　也有些庶民完全出于一种朴素的慈善观念自发地进行救助活动，其事迹被官府闻知后才予以表彰和奖励。松滋县八十余岁的耆民谭叟国夫妇有感于该县的溺婴恶习，"慨然而叹曰：水旱频年，穷黎困苦自活为难，有婴不举，赤子堕地，无罪而就死者，老人闻而恻焉"。遂决定"以垂死无用之产，为初生续命之资"，邑令黄燮清闻知后赞叹曰，"叟真有道人哉，彼身产仅中人之家，又无人焉激励而奖劝之，乃其善念所动……"② 永明县人顾仰清因"生平踊跃乐善"，"雍正间，湖南巡抚赵、左金都御史李共旌以'忠厚积善'匾额；桃川司缪廷佐赠以'有古人风'匾额"③。在儒道释各家思想及民间信仰汇聚的传统文化土壤里，这种现象为数不少，前述两湖方志人物卷中各州县的一般平民参加的社会救助活动很多都属于这种情形。

　　在"官—绅（商）"结合的运行方式中，如果没有广泛的群众基础，有时可能造成只凭官方单方意志办事或士绅一厢情愿的形式主义结果，达不到社会保障的实际效果。如前所述，在雍乾的育婴堂建设热潮中，两湖有许多育婴堂完全是官方意志的产物，堂成之后并未育婴。如蒲圻县育婴堂"雍正间堂初建，乏乳资故未收养"④；崇阳县育婴堂，"雍正十三年（1735 年）知县李五惇奉文饬邑人士捐资建……然未尝育婴，虚设而已"⑤；平江县育婴堂"雍正十三年（1735 年）知县高能宣谕……众建，嘉庆二十年（1815 年）知县陈增德修复……以经费不足，历未育婴"⑥。

三、社会保障运作中的"基金"运营

　　若用经济学的"收入分配理论"对传统社会保障的运行过程进行抽象，可以发现它与现代社会保障一样，也是一个收入的再分配过程。社会保障资金的筹集和分配构成了整个社会保障体系运行的主线。在各类资金中，"基金"构成社会保障系统实现收入再分配功能的基础。对迄今为止的任何社会保障制度而言，有效地积累并壮大社会保障基金，是确保社会保障事业长久维持的核

---

① 同治《衡阳县志》卷 4《建置》。
② 清·黄燮清：《育婴堂记》，同治《松滋县志》卷 11《艺文》。
③ 道光《永明县志》卷 10《人物志·行义》。
④ 清·劳光泰：《育婴堂记》，同治《蒲圻县志》卷 3《政典·育婴堂》。
⑤ 同治《崇阳县志》卷 3《建置·义所》。
⑥ 同治《平江县志》卷 11《建置·保息公所》。

心问题。然而，明清时的社会保障基金不可与现代社会保障基金相提并论①。依据当时实际，姑且把它分为三种：①作为救灾基本储备的仓谷的谷本；②借以生息的资金；③用以收租的房、田产。如前所述，在社会保障项目的始创阶段，经由官府的奖劝和士民的乐捐，一般能积累数额可观的"基金"。但是要使社会保障事业在较长的时期内维持正常运转，尚须借助一定的经营手段，使"基金"保值和增值。明清时主要社会保障机构都呈现存废无常的发展状况，一个重要的原因就是运营乏力。但不可否认，在明清长期的社会保障实践中，也产生了一些行之有效的"基金"运营办法。以下结合两湖地区的实例分述"基金"的运营情况。

（一）仓谷谷本的运营

明清时期为救荒而设的仓储主要有预备仓、常平仓、社仓、义仓等几种形式，这些仓谷的谷本可视为一种特殊的社会保障基金。"夫谷积三岁则腐，虫鼠之及不能终年，是故有以陈易新之法，或每岁放敛如古社仓，或以时粜籴如古常平"②。因仓谷在存储中会因腐烂、霉变等原因自然减值，仓储发挥救助功能过程的本身含有很强的运营色彩，而且这种运营方式体现出一定的特殊性，既有以保本为内容的"运作"，也有以增值为目的的"经营"。

1. 以平粜为主要内容的运营

明清时，为了使聚之不易的仓谷不致因储藏而损坏，除了加强仓廒基本设施的建设③、在仓库未建或倾坏时"借储"和"寄储"之外，主要是借助一些行之有效的运作手段。如清代南方省份的常平仓经历了一个以谷易米的"换血"过程。因常平仓创设之初，"凡米麦谷豆高粱咸储"，雍正三年（1725年）谕"南省地方潮湿，米在仓一、二年便致红朽，改贮稻谷，似可长久"。此时湖北、湖南等省"存储米皆五万石内外，令于一年内改易稻谷"，"俟易谷既完之后，每年额征兵饷仍收米给兵，余悉改征稻谷"④。总的来说，"借贮"、"修仓"和"以谷易米"虽在一定程度上减少了仓谷的霉坏，但毕竟是

---

① 现代社会保障基金按来源可分为财政性社会保障基金、社会保险基金和社会福利基金等；按功能可分为养老保险基金、医疗保险基金、救灾基金等；按存储与运转可分为积累性基金与非积累性基金。参见郑功成：《社会保障学》，商务印书馆2000年版，第323～371页。

② 同治《茶陵州志》卷10《惠政志》。

③ 明清统治者较注重仓库质量对仓谷的保护作用，最高统治者多次就仓廒建设问题下达谕令，如雍正四年令，凡地方仓廒有"渗漏及墙垣木植不坚者"、"年久倾圮，砖瓦木植破碎朽坏者"、"廒座无多"或"无寄存之处，将米谷露囤者"，地方官有"不修补仓廒、不详请修盖，以致米谷熏烂者，照溺职例革职"。参见光绪《大清会典事例》卷189《户部·积储》。

④ 光绪《大清会典事例》卷189《户部·积储》。

一些临时的治标措施，最有效的办法还是定期将仓谷出陈易新。中国早在"齐管仲、魏李悝"之时就有了"籴粜散敛之法"①。明清时的"平粜"大致有两种情形，一是正常年景的"春季粜卖，入秋籴还"；二是灾荒时的"歉年粜出，丰年籴入"，因歉年粜价要作适当的让减，有时也称"减粜"。这些办法不仅发挥了仓储平抑物价、救助贫困的功能，而且将新陈代谢的运作功能蕴含于其中，成为明清官仓最常用的仓谷运作方式。

明代于嘉靖六年（1527 年）制订了预备仓谷的"常平之法"："令抚按二司，督责有司设法多积米谷，以备救荒。仍仿古人平籴常平之法，春间放赈贫民，秋成抵斗还官，不取其息。……岁荒减价粜与穷民。"② 地方官也自觉运用"常平之法"补预备仓之不足，如嘉靖《茶陵州志》称"建昌夏公之治茶也，法□罪当赎者，令民自□谷赴预备而官计其入，不复受金以革袖夺之弊，入官赃罚则□为粜本，别置一廒，如常平之法，每季秋则增价籴之，春则减价粜之"，以"补预备之偏也"③。万历时醴陵县"奉文劾支库帑，建仓收贮，万历二十二年（1594 年）改名常平仓。知县晏朝寅申支库银买谷增储，始议止许平民平粜……于治西建预备仓二，后又添建治西、渌口、明兰、泗汾、黄梁五仓，统名常平"④。衡山县明正统七年（1442 年）及天顺、成化间知县均有推行常平仓的政绩⑤。此外，湖北崇阳、兴国、沔阳、随州、潜江、巴东等州县亦俱有明代建立常平仓的记载⑥。

清代的常平仓则有钦定的"存粜定例"。康熙三十四年（1695 年）曾针对江南地区提出了"存七粜三"的比例，乾隆元年（1736 年）则专门核准了湖南的存粜比例："湖南各属，地有高下燥湿之不同，常平仓存粜之数，因地制宜，列为三等：长沙等四十五府州县，地势干燥者，仍存七粜三；永州等三十一府厅县卫，地势稍湿者，存半粜半；龙阳等四县地势尤湿者，粜七存三。倘民间有不须籴买或不能粜半粜七，听该管官随时斟酌。"乾隆十三年（1748 年）又定各州县常平仓谷定额，规定"溢额谷石及出借征还余剩谷石以次出粜"。除此之外，存粜比例还与荒歉程度有关，"若遭值荒歉，谷价昂贵，小民难于谋食，而仍存七粜三，则闾阎得谷几何？大非国家发谷平粜之本意也"。因此乾隆帝多次强调"不必拘定粜三之例……总看各处情形，临时酌办"。对"平粜"出陈易新的保值功能乾隆帝也反复申述，"常平仓每年存七

---

① 《续文献通考》卷 25 《市籴考》。
② 万历《明会典》卷 22 《户部·仓庚·预备仓》。
③ 嘉靖《茶陵州志》卷上《惠政》。
④ 民国《醴陵县志》，《食货志·仓储》。
⑤ 光绪《衡山县志》卷 11 《积储》。
⑥ 民国《湖北通志》卷 48 《经政·仓储》。

粜三，原为出陈易新，亦使青黄不接时民间得以接济"，"向例春借秋还……可以出陈易新，兼不致侵蚀悬欠"等①。

朝廷有关出粜的政策在两湖地区基本得到了较广的推行，但各地执行情况很不平衡。有些州县在一定时期内呈良性的运作状况：

长阳县自雍正六年（1728年）至乾隆四十二年（1777年）间多次减粜，实储谷四千石，嘉庆后虽因贼匪滋扰等原因多次动用，到同治修志时尚储谷三千六百多石。究其原因，"是在司牧者随时籴粜，以陈易新，而邑人士之好善乐输者又相与料量而补葺之，仓有粟而非红，年虽饥而无害"②。郧西县"乾隆三十八年（1773年）常平仓谷实贮四千四百五十九石六斗四升九合，历年耗折籴粜买补，道光初实贮存谷五千石"③。蕲水县乾隆年间因储谷溢额，"乾隆四十三（1778年）、四十八（1783年）及五十（1785年）、五十三（1788年）等年详粜谷贰万玖百贰拾贰斗贰升叁合肆勺，价解赴司充公"④。均州常平仓谷自嘉庆以来"节次因公动支，皆陆续买补如额。道光十二年（1832年）汉水溢入州城，仓谷被浸……日就红腐，不堪存储，知州郑伟、署知州王汝霖通详各宪批准分别变粜，获银二千六百二十四两三钱，解郡发典生息，俟符原数即请买谷还仓，自道光十三年（1833年）至二十六年（1846年）共得本利银一万一千四百六十五两五钱一厘"⑤。耒阳县常平仓，"咸丰九年（1859年）知县李以菁奉文粜谷九千石，价银如数批解藩库。……光绪三年（1877年）知县李师濂开仓平粜，秋籴谷赢余五十石"⑥。

可见，只要籴粜得当，仓谷的运作不仅能使谷本保值，有时也能收到"平价生息"的增值效果。

仓谷平粜失当，运作失败的情形也很常见。有些州县有粜而无籴。如攸县"乾隆十三（1748年）、十四（1749年）两年奉文减粜未补谷肆千壹百玖拾壹石陆斗"⑦；浏阳县"（道光）二十九年（1849年）奉文拨运益阳县平粜谷一千石，又知县赵光裕请平粜去谷八千石……均未领价买补"⑧。有些州县则不粜也不籴，任凭仓谷红朽，如桂阳直隶州出现了"自建立常平仓以来，未尝一发"，"每歉岁城内外仰谷尤众，常平、社仓不敢言也"的极端情形⑨。

---

① 光绪《大清会典事例》卷189《户部·积储》。
② 同治《长阳县志》卷3《田赋志·仓储》。
③ 民国《郧西县志》卷3《经政志·仓储》。
④ 光绪《蕲水县志》卷4《积贮》。
⑤ 光绪《续辑均州志》卷7《积贮》。
⑥ 光绪《耒阳县志》卷2《仓储》。
⑦ 同治《攸县志》卷14《公署》。
⑧ 同治《浏阳县志》卷7《食货·仓储》。
⑨ 同治《桂阳直隶州志》卷6《工志》。

除了平粜之外，常平仓有时也履行一定的支付职能，如支付兵米、囚粮等，在局部地区，这种支付功能已形成常例，客观上起到了更新仓谷的作用。如龙阳县，"每年详给洞庭协兵米动谷 1 726 石：赴司请价买补……其囚递安置口粮每年动谷二三百不等，系在司领价买补。每年约价买补谷 3 000 余石"①。再以永州府为例，永州府属各州县常平仓都担负着常年支付所在驻军米粮责任②；零陵县"每年于常平谷内碾放永州镇标兵米谷千三百七十五石二斗二升，秋成采买补贮以为常"；祁阳县"每年动支祁汛兵米谷三百八十六石，秋成买补以为常"；东安县"每年碾动本汛兵米谷二百十石四斗五升，秋成采买完仓以为常"；道州"每年动碾永镇右营兵米谷五百七十九石三斗四升八合，秋收买补还仓"；宁远县"每年动碾驻防汛兵月米谷五百四十一石三斗一升，秋收买补还仓"；永明县"每年动碾永镇左营兵米谷五百九十六石九斗四合，秋收买补还仓"；江华县"每年动碾永镇左营岭东专营兵米谷千五百九十四石六斗七升，秋收采买还仓"；新田县"每年动碾驻防兵米百四十六石三斗，秋收买补"。

宋人董煟曾言，"常平赈粜，其弊在于不能遍及乡村"③，明人周中函提出救荒的"八宜"，"一曰次贫之民宜赈粜。其法有二，有坊郭之粜，宜多择诸城门相近寺院及宽敞民居储谷于中，不限时日，零细粜与，粜米计升，多不过一斗，谷不过二斗……有乡村之粜，宜行见编保甲之法，间月而粜之……赈粜宜溥"④。这些言论虽然主要针对政府的荒政，但宋明以来作为官办仓储重要补充的义仓和社仓将平粜作为一项基本职能是可想而知的。因明代义、社仓的详细情形少见于记载，以下主要围绕清代的社仓和义仓简述民办仓储有关平粜的运作。从现存义、社仓的条规、章程看，清代两湖大多数义仓和社仓都有平粜的功能，但具体情形很复杂：

有些仓储以平粜为单一的功能，如辰州府义仓，该府《义仓义田章程》规定的运作方式只有"常年出陈"和"荒年平粜"两种⑤；鄞县"减粜义仓"亦规定"如遇岁歉，定期六月初一日开碾，照时价酌减发粜，仍以所易之价市米接济"⑥。

有些仓储只在特殊情况下偶尔平粜，如安化县社仓，"道光二十九年

---

① 光绪《龙阳县志》卷 10《积储》。
② 道光《永州府志》卷 7《食货志·积贮》。
③ 清·俞森：《荒政丛书》卷 1《董煟救荒全书》。
④ 清·俞森：《荒政丛书》卷 4《周孔教荒政议》。
⑤ 清·雷成朴：《义仓义田章程》，道光《辰州府义田总记》卷上。
⑥ 同治《鄞县志》卷 6《积储·减粜》。

（1849 年）己酉岁荒，知县戚天保将贮仓社谷减价粜济贫民，秋成如数买补还仓"①；湘乡县义仓，"同治三年（1864 年）奉文劝捐义谷，合邑绅民共捐谷壹万叁千石寄存常平仓内，并由县通详立案，九年因谷价昂贵，经上中下三里绅士曾国潢、刘岳晴、朱富荣、杨安臣等呈请分领平粜，除上中两里领出义谷分存娄底、永丰两处义仓外，其下里领出义谷仍于秋后买补寄存常平仓"②；恩施县义仓"道光二十一年（1841 年）因岁歉平粜"怀"、"保"、"惠"三仓贮谷一次，所粜之钱，随于秋收价平时买谷还仓，除补足每仓原贮实数外，共得赢余谷三十八硕六斗六升五合"③。

绝大多数仓储将平粜作为与借贷、赈济并行的一项基本职能。如醴陵县"清康熙四十二年（1703 年）建议设立社仓，于本乡捐出即贮本乡，令本乡诚实之人经管，上岁加紧收贮，中岁粜借易新，下岁量口散赈"④；云梦县社仓《原议条规》规定"大荒直赈，小荒平粜"⑤。同治二年（1863 年），湖南巡抚恽世临通饬湖南各州县积谷时所议定的《章程》规定，"若遇荒歉，或减价平粜，或借或赈，仍于丰年捐还"⑥；稍后长沙知府丁宝桢为府属各县所议定的《积谷收放赈借章程》规定："遇灾歉之年，仓正、仓长会同绅耆查照境内欠谷之户，分极贫、次贫应谷若干，极贫酌赈，次贫减粜，耕户免息，以谷之多寡，均分接济，秋收后照章分年捐补"⑦；桂东县同治时义仓《积谷章程》规定："积谷原为备荒而设，一遇青黄不接之时，谷米腾贵，随时请示酌办开仓，减价平粜，必按贫户丁口多寡量粜，总期贫民不致饿殍，动用若干谷石，仍于秋成后将价买补还仓，不得亏短升合，而谷石终归实储"⑧。同治八年（1869 年）浏阳县知县钱绍文详准《积谷章程》规定："谷价昂贵办理平粜，或粜七存三，或粜三存七，或碾米兼粜，临时察看情形，酌量办理"⑨；湘潭县麻维绪拟订《积谷局章程》规定："设遇凶年，或减粜或散赈，如何因时制宜，事后如何筹补，但能经理合宜，无稍虚饰，亦颇足为籍手之资，至于多多益善"⑩；兴国州光绪时的《社谷善后章程》亦有"出粜易新，出借取息"的

①　同治《安化县志》卷 16《经政》。
②　同治《湘乡县志》卷 3《建置·仓廒》。
③　同治《恩施县志》卷 2《建置志·积贮》。
④　民国《醴陵县志》卷 5《食货志·仓储》。
⑤　光绪《续云梦县志略》卷首《社仓》。
⑥　清·恽世临：《札示（积谷）章程》，光绪《龙阳县志》卷 10《积储》。
⑦　同治《安化县志》卷 16《经政》。
⑧　同治《桂东县志》卷 4《赋役·义仓》。
⑨　同治《浏阳县志》卷 7《食货·仓储》。
⑩　光绪《湘潭县志》卷 2《建置》。

规定①。从这些章程可知，作为义、社仓基本职能的"平粜"又可分为两种，一为常年按时价"春放秋收"，一为灾年"减价平粜"。不难发现，这两种"平粜"都在救助贫困、接济青黄不接的同时，紧密地与粮食市场相关联。兹以黄冈丰备义仓和云梦丰云社仓为例，分别说明这两种情形下义、社仓的运转和赢利机制。

黄冈丰备义仓于光绪五年（1879年）由邑绅范粹纯等捐建，其《章程》对出陈易新的办法作了较详的规定："丰备仓谷宜分别存粜，以免霉变也，此项积谷出自民捐，以备荒歉。自不能悉数出粜。每年酌定存三粜一，以二万石谷计之，四年轮卖一周，庶免积久红朽之虑。粜以三月初一日为始，籴以九月初一日为始。粜自出仓之日起，籴自入仓日起，由官发给印簿，逐日将钱谷数目登入簿内"。但这只是"常例"，具体的粜籴过程又要充分考虑到价格因素和仓谷的保本和增值问题，不仅要于"春间粜谷之时，首事查明市价赴县禀商酌定后再行开仓出粜"，"春粜秋籴价有贵贱，即钱有羡余，应将所获羡余，买补折耗，以免亏折而敷原额，其余尽数添买谷石"；而且"春间出粜宜酌量价值，以防不敷秋籴也。如上年丰收，春华又茂，谷价必至贱极，若拘定每年粜一常例，设或夏秋水旱不时，则春粜谷价断不能如数买补，应停粜一年，以示变通"；出粜事毕后，"出粜谷价宜缴官就近发城内质铺以防挪用也"②。

灾年的"减价平粜"亦非不考虑市场因素，无条件减价出粜。云梦县丰云社仓的条规将这种机制揭示得十分明白："粜必小歉而后平，小歉无定象，以市之谷价为涯。大抵云梦谷价每石钱二千数百文为常数，今定市价每石卖至钱三千即算小歉。市谷不至三千，民不得称歉索粜。市价已上三千，社正等不得闭粜。"也就是说，云梦社仓是以谷价定灾歉的，只有当市价高于平常价几百文后，社谷才开始以"减价"的形式出粜，"定市石谷价每石卖钱三千文。社谷以二千五百文平粜；市价昂至三千五百文，社谷以二千八百平粜；市价昂至四千，社仓以三千平粜；以后市价任昂，社谷以三千为定，永不加价"。可见，当"小歉"时，社谷可以卖到二千五百文，而当出现"大歉"时，社谷反而可以卖到三千文的高价，而一旦谷价恢复正常，社仓以"其平粜之钱，夏秋总以买谷填仓"③ 时，就自然增加了谷本。

清代社仓、义仓借助平粜手段而使仓谷保值增值的成功事例很多，兹略举一二：

恩施县赈济仓，"道光十七年（1837年）邑绅康光远捐建……同治甲子前

---

①　光绪《兴国州志》卷6《仓廒》。
②　光绪《黄冈县志》卷4《积贮》。
③　光绪《续云梦县志略》卷首《社仓》。

太守夏君创为推陈易新之法，旧谷贵则减其价而粜以便民，新谷贱则增价而籴"。知府王庭桢继任后，"率由旧章……行之十有七年，储一千六百二十石"①。武冈州义谷仓，同治三年（1864 年）"积谷一万零八百五十二石一斗，禀报核实在案，八年（1869 年）知州黄维瓒推陈入新，增加谷三千二百四十六石一斗七升，合计实谷一万四千零九十八石二斗七升，九年（1870 年）知州吴长清奉札覆查如数，十年（1871 年）知州潘清禀报积谷廒底气头颇有霉变，澈底盘量，耗朽四百零一石一斗七升，实谷一万三千六百九十七石一斗，本年夏出陈换新，长余谷八百零九石四斗五升，实在储谷一万四千五百零六石五斗五升"②。湘潭县，"同治初巡抚恽世临通饬积谷……其善粜籴者率百石得百余石息。……光绪十三年（1887 年）计十八都积谷九万八千一百十三石五斗，其息谷赢额者犹不在此数。各建公仓以时粜籴遂为湖湘之冠焉"③。

2. 以借贷为基本运营方式

借贷是明清仓储系统增殖的主要手段。官办的仓储除按一定比例出陈易新外，有时也将仓谷借贷与民，不过官仓出借的利息低微或无息。明代预备仓主要功能为赈济，借贷在特殊情况下也偶尔为之。宣德时巡抚湖广御史朱鉴曾谈到洪武时预备仓向民贷谷的情况："洪武间各府州县皆置东西南北四仓，遇有水旱饥馑以贷贫民，民受其惠。"④ 清代出借仓谷已成为常平仓的一项基本职能。乾隆时对常平仓出借的利息问题作了统一规定。乾隆二年（1737 年）谕"各省出借仓谷，于秋后还仓时，有每石加息谷一斗之例，如地方本非歉岁，循例出陈易新，则应照例加息；若值歉收之年，国家方赈之不遑，非平时贷谷者可比，至还仓时，止应完纳正谷，不应令其加息，将此永著为例"。乾隆四年（1739 年）又进一步规定："出借米谷，除被灾州县毋庸收息外，如收成九分、十分及收成八分者，仍照旧每石收息谷一斗；其收成五分、六分、七分者免其加息。又议准，出借米谷，如本年收成五分者，缓至来年秋后征还；收成六分者，本年先还一半，次年征还一半；收成七分者，本年秋后免息征还；收成八分、九分、十分者，本年秋后加息还仓。"⑤ 可见，常平仓的借贷奉行的是"低息"、"微息"的原则，十分收成的年景也不过是加一取息。这一原则在清代大体上是一以贯之的。同治时，有县志仍称，"按定例常平仓谷悉照地丁钱粮例由县造册汇同司册逐年报部核销。兹据同治九年县册内载额贮常平各

①　清·王庭桢：《添建赈济仓记》，光绪《施南府志续编》卷 3《续经政志·仓储》。
②　同治《武冈州志》卷 22《贡赋志·恤政》。
③　光绪《湘潭县志》卷 2《建置》。
④　《续文献通考》卷 25《市籴考》。
⑤　光绪《大清会典事例》卷 276《户部·蠲恤·贷粜》。

案仓谷伍万捌千叁百陆拾陆石玖斗伍合叁勺”，其中“借给农民收加一息谷叁百壹拾捌石”①。

如果说官仓借贷的出发点只是“保本”，那么社仓（义仓）从一开始就有很强的借贷取利职能。据研究，明代社仓创设之初，因积谷不多，为了取息增本，普遍放多存少，一些社仓“初年每五百石量留百石”，候息谷增多，再留足一年救饥之用，为了便于息谷还仓，一些社仓出借之时，社正、副等“会同集议，量其可偿，方准托保关借”②。明代两湖社仓和义仓多直接仿照前代之法，如澧州义仓“稽□古义仓之制，绘图成册，请于巡抚”而建成③。桂阳州“戴录社仓”乃“仿文公崇安建阳之制”而行④。岳州府某属社仓“其法则仿文公摹规，使贫民岁以中下受粟于仓，冬则加息什一以偿，岁小不收则弛其息之半，大祲则尽弛之。期以数年，子什其母，则惠足以广而息遂捐以予民”⑤。万历二十（1592 年）至二十二年（1594 年）湖南醴陵县曾倡捐社谷，“每年夏初谕乡约出贷贫民，秋成加二还仓，已而成立义仓一百九所”⑥。

清代于雍正二年（1724 年）创立了完备的社仓之法，对社仓取息问题也作了明确规定：“其收息之多寡，每石收息二斗，小歉减息之半，大歉全免其息，止收本谷，至十年后息已二倍于本，止以加一行息。其出入之斗斛，均照部颁斗斛，公平较量，社长豫于四月上旬申报地方官，依例给贷。”⑦ 其后又于雍正七年（1729 年）从监察御史晏斯盛之请，规定：“嗣后如有贫民不遇荒歉借领仓谷者，请准其给发，每石止收息谷十升；遇小歉免收其息，仍如本数还仓。”⑧ 乾隆时又对社仓息谷的分配作了规定：“社仓积谷，将息谷十升，以七升归仓，以三升给社长作修仓折耗，如有逃亡故绝之户，无可著追者，令社长报明地方官，查明确定，取结通详，于七升息谷项下开销。”⑨

取息的比例以及息谷的分配是社仓赢利的关键。从以上事例可知，国家关于社仓的取息及息谷的分配等方面的规定都有一定弹性，又由于社仓的民办性质，这些规定只能是指导性的原则，各地在具体执行过程中一般会视具体情况而有所变通。就两湖内部而言，从方志的记载推测，湖北与湖南似乎也略有差

---

① 同治《湘乡县志》卷 3《建置·仓廒》。

② 转引自段自成：《明中后期社仓探析》，《中国史研究》1998 年第 2 期。

③ 明·廓然子：《义仓记》，弘治《岳州府志》卷 7《澧州·纪述志》；又见嘉靖《湖广图经志书》卷 7。

④ 嘉靖《衡州府志》卷 4《惠政》。

⑤ 万镇：《社仓规约序》，嘉靖《湖广图经志书》卷 7。

⑥ 民国《醴陵县志》，《食货志·仓储》。

⑦ 光绪《大清会典事例》卷 193《户部·积储》。

⑧ 《清世宗实录》卷 86，雍正七年九月戊寅。

⑨ 光绪《大清会典事例》卷 193《户部·积储》。

别。大体而言，两湖地区政府推行的大规模的社仓积谷活动始于雍正初年湖广总督杨宗仁的倡导，此后直到光绪五年（1879年），湖北官方对社仓积谷活动的干预甚少①，这使得湖北的社谷难以形成"规模效应"。另一方面也使民办仓储有可能以一种灵活的态度对待国家的政策，围绕着生息取利这个中心开展借贷业务，局部地区可能取得较好的运营效果，我们可以举出若干自雍乾以来一直运转良好的民办仓储的例子：

蕲水县社仓："社仓分建五乡，共壹百玖拾伍处，雍正二年（1724年）总督杨行文劝捐，雍正五年（1727年）清查实存本谷壹万壹千壹百陆拾壹石捌斗；历年生息至乾隆十二年（1747年）收息谷伍千柒百叁拾叁石玖斗，共本息谷壹万陆千捌百玖拾石柒斗……又历年生息谷截至乾隆五十四年（1789年）连前共存本息谷壹万陆千捌百贰拾肆石捌斗柒升肆合，乾隆五十五年（1790年）钦恩诏蠲免因灾出借，逃故无著谷贰千玖百捌拾叁石叁斗外，实在存储谷壹万叁千捌百肆拾壹石伍斗柒升肆合"②；郧西县社仓"雍正二年（1724年）始捐十九处，共报捐谷二千八百一十八石五斗，嗣后或捐或息，渐次增加，各乡共贮谷七千九百二十一石三斗五升四勺"③；长阳县社仓"自雍正二年（1724年）起至乾隆十九年（1754年）底本息谷共二千四百零六石四斗一升五合九勺七抄"，嘉庆元年（1796年）"贼扰"以前"共储原捐本谷及递年收获息谷共二千六百二十五石六升二合四勺"④；南漳县有社仓一百零二处，至乾隆时"储本息谷九千七十九石九斗零"⑤；黄梅县社仓"自雍正二年（1724年）起至乾隆二十年（1755年）止本息共应存谷二万二千四百五十六石零"⑥；通山县足民仓主要是依靠民间力量捐助而成的备荒仓储，它以借贷的形式维持了一百九十二年："康熙元年（1662年）知县任钟麟捐俸改建于县署西，积谷备赈，继任者历经增益，遇荒则贷，出陈入新，至道光间积谷五千四百余石。……咸丰四年（1855年）甲寅春红巾贼犯境，毁仓散谷。"⑦

湖南的社仓积谷活动一直在政府的指导或干预下进行，仓政几经变革。记载表明，湖南社仓一开始较强调"严格"执行国家的规定，注重发挥社仓的救助功能。如雍正十年（1732年）湖南浏阳县县令陈梦文对该县社仓积储取

----

① 光绪五年湖广总督李瀚章先后会湖北巡抚潘尉、彭祖贤、布政司王大经通饬各州县兴复社仓。参见光绪《兴国州志》卷6《仓廒》。

② 光绪《蕲水县志》卷4《积储》。

③ 民国《郧西县志》卷3《经政志·仓储》。

④ 同治《长阳县志》卷3《田赋志·仓储》。

⑤ 民国《南漳县志》卷7《食货》。

⑥ 因管理"弊窦丛开，仓无半粒之存"。引用此例旨在说明若非用人不当，仓谷的运营办法足以使谷本增值。光绪《黄梅县志》卷16《积储》。

⑦ 《通山县志》卷2《建置志·仓储》。

息问题进行了清查："查雍正二年（1724 年）前令劝捐社谷并节年出息共八百八十三石有零，历届报明奏销在案。……社谷出借，奉文只许加一出息，而不肖社长往往重息勒取。"鉴于此，陈县令决定将社谷按乡并入常平仓，仍行加一之息。每当仲春"凡愿借者赴县禀明，社长加具保结凭领出借，秋成限以的期，凭社长赴仓加息交纳息谷"①。可见，此时地方官仓政的出发点是认真推行朝廷的政令，加息属于社长的私下行为。

　　乾隆年间，湖南社仓在息谷的分配问题上进行了一次变革，社仓的赢利增值功能渐得以正常发挥，《鄮县志》为我们透露了这次变革的大致内容："湖南省自乾隆二十三年（1758 年）社仓加一息谷，三升给社长，七升归公变价，除扣本仓斗级工食外，有余解司，不足赴司领补，每年社谷原额无增。二十八年（1763 年）巡抚陈宏谋咨请停止变价，于七升内拨一升加给社长，连前共给四升，凡盘量折耗，看仓工食均在此内。余息六升归仓作本。每年出借亦不限定一半，准动十分之六七，俾息谷稍裕，奉部核准遵行在案。"② 然而，这则史料只指出了本次改革的一个关键环节——息谷的分配和一个关键人物——陈宏谋，对改革的具体过程尚有进一步考证的必要。乾隆二十年（1755 年）陈宏谋颁发的《社仓规条二十一则》可作为该期湖南省社仓运行的总纲领，不妨将其与借贷和取息有关的规定摘录如（表 9-7）：

　　"其每石收息一斗，以三升为社长折耗铺仓等费，以七升作本出借，悉照旧例遵行，其看仓夫口食，候部核遵行"；"今年所收之息，下年即作社本，统计实贮在仓之谷存半借半，无人赴借者，不必强借足数；有借半不敷者，禀明地方官一面酌量多借，一面通报亦不必俟示方借；有禀请全不出借，官须查明，以防侵亏及暗借"；"地方偶有偏灾，所借之谷秋后免息还仓。如本年不还，次年仍收加一息谷，必须详明批定，方准免息，亦不得因一隅偏灾而请免一县之息"③。

　　可见，在这一《规条》中，陈宏谋并没有完成上述变革过程，不过从其"悉照旧例遵行，其看仓夫口食，候部核遵行"的措词中可知，看仓夫口食等问题是陈宏谋正通过户部向皇帝请示的问题，而且正等待着"部核"。查《大清会典事例》可知，直到乾隆二十八年（1763 年）户部才正式核准这一问题。可见，在部核之前的这一段时间，湖南省社仓的谷息并没有作为谷本存入社仓，而是用以支给看仓夫及斗级的工食，或变价解司库。《祁阳县志》进一步证实了这一问题："二十三年（1758 年）核准看守社仓斗级工食于七升息谷内

---

① 清·陈梦文：《社谷归仓详》，同治《浏阳县志》卷 7《食货》。
② 同治《鄮县志》卷 6《积储·社仓》。
③ 嘉庆《湖南通志》卷 41《积储》。

变给，内有借放收息者，将应支本仓斗级工食即于息内动支，如有余剩，变价解司库拨补未经收息及收息不敷斗级工食之处。"① 到乾隆二十八年（1763年），情况有了变化："二十八年核准湖南省社仓斗级工食向系在于所收加一息谷内，三升给社长盘量之费，其仓夫工食，每年银六两。在于七升息谷内动支，但盘量折耗尚不须三升之多，仓夫只须夜宿看守，日间仍可佣趁工食，止应酌量给予。不比官仓斗级，必须工食六两之多。且各省社谷均无另议看仓工食之项，应于七升工食之内拨出一升加给社长，连前共给四升，为盘量折耗及看仓工食之用。余息六升归仓作本。若偶遇歉岁，许社长于旧存息内通融支给。"② 这种"包干制"基本保证了每石谷有六升的息谷"归仓作本"，从而为仓谷的稳定增值创造了条件。诚如前述《酃县志》所言："本邑除二十八九两年通增息谷连前原额开载于前外，嗣后年年借还，即年年增息。逐渐加多，荒歉有备。"③

然而，这些措施在多大范围内得到了推行呢？记载表明，这些规定被稍后的全省性条规固定了下来，而且一直到嘉庆朝都得到了较好的坚持。嘉庆六年（1801年）巡抚马慧裕批饬署长沙知府张五纬议详《社仓条规十一则》仍有这样规定："息谷以每石加一核计，内扣除四升准作开销，修仓、盘折鼠耗及斗级公费，其余六升归公，算该本谷若干，息谷若干，社长于每岁底将出入贮欠数目造册结报地方官。"该条规还说明了此项规定的出处，即"查原定条规内开出借谷数以每石加一息谷内扣除四升准作开销修仓盘折鼠耗及斗级公费，其余六升归公算该本谷若干，息谷若干，具结投递州县官……"这里的"原条规"指的是"乾隆四十八年（1783年）条规"④。这一条规显然是巡抚刘墉在湖南劝办社谷时所制定的，此前不知是否还有条规。但不管怎样，湖南省社仓息谷"四六开"的规定一直未变，且至迟在乾隆四十八年（1783年）以条规的形式正式固定下来了，而且在嘉庆朝得以重申。与此相应，湖南省在这段时间社仓的运营是比较成功的。乾隆四十六年（1781年）曾奏准"湖南省社仓本息谷石，除本谷储备借粜外，所有历年积储息谷变价存司，以为民田水利随时抚恤所用"⑤，社谷得到一定的增值是可想而知的。

到了清后期，以省、府为单位的大规模的积谷已不可能，民间成功积谷的实例多以县、乡等为单位的义谷的形式出现。前揭恽世临积谷章程即明文规定

---

① 嘉庆《祁阳县志》卷9《积贮》。
② 光绪《大清会典事例》卷193《户部·积储》。
③ 同治《酃县志》卷6《积储·社仓》。
④ 嘉庆《湖南通志》卷41《积储》。
⑤ 光绪《大清会典事例》卷193《户部·积储》。

"各县地方向有社谷一项，准其归并积谷收存，无容另立社长"①。"加一取息"的限制也逐步放松。咸丰元年（1851 年）宝庆知府魁联所议的《义仓条约》规定，"每岁夏至前后分三期放借，每石二分收息"②；同治时长沙知府丁宝桢所议《积谷收放赈借章程》规定，"今定以石谷取息一斗二升，乡民得以年沾实惠，而息谷亦借以弥补失耗及岁修看守诸费"③。这种规定当然有助于社仓、义仓的赢利，少数州县的仓储在一定时期内运营良好，如湘潭县麻维绪任县令时清查该县社仓自同治二年（1863 年）以来所积息谷近万石④；新化县遗爱祠义仓，"遇歉岁则出贷于贫民，秋后每石加息谷二斗归仓，丰岁则照时价出陈易敛新，行之五年，储谷计以五千余石"⑤。不过此类小范围的积谷多不能持久，一些地方出现了利息过高、仓谷无法正常运营的情况，如城步县义仓，"乡民待给者资粮已尽，而卒不得与，即有少得不足偿贷，何以平也"⑥。

3. 特殊的运营方式——以田养仓

"以田养仓"的方式在中国历史上由来已久，道光时裕泰在为《辰州府义田总记》所作的序中称，"文公（朱熹）社仓立法详备，而当黄震通判广德军时，社仓大弊，众不敢议，震乃别买田六百亩，以其租代社仓息而民称便"⑦。辰州府义仓田的创始人知府雷成朴亦称其置义仓田的动因是"拟仿常平田成法，劝买义田"⑧。清代嘉道时江南"华娄义仓"、"丰备义仓"以田养仓的例子受到论者的关注，事实上，两湖明代即有义仓置田的事例。成化九年（1473 年）桐庐俞公判澧之时，曾置义仓田二十余顷⑨。清中后期两湖义仓中"以田养仓"的事例亦非常典型，现将已收集到的两湖义仓田的事例列表如下（见表 9-7）：

---

① 清·恽世临：《札示（积谷）章程》，光绪《龙阳县志》卷 10《积储》。
② 光绪《邵阳县志》卷 3《建置》。
③ 同治《安化县志》卷 16《经政》。
④ 光绪《湘潭县志》卷 2《建置志》。
⑤ 同治《新化县志》卷 9《食货》。
⑥ 同治《城步县志》卷 5《赈济》。
⑦ 清·裕泰：《辰州府义田总序》，道光《辰州府义田总记》卷上。
⑧ 清·雷成朴：《重建辰州府义仓记》，道光《辰州府义田总记》卷下。
⑨ 明·廓然子：《义仓记》，嘉靖《湖广图经志书》卷 7。

表9-7　　　　　　　　　　　　　　**两湖"以田养仓"事例**

州县	义仓名称	建仓时间	置田时间	义田数量	每年租谷	资料来源
湘乡	二十二都永丰市义仓	乾隆五十九年	乾隆五十九年；嘉庆二十四年；道光二十一年	共五处五十四亩		同治《湘乡县志》卷3
鄞县	减粜义仓	嘉庆二十年	嘉庆二十至道光末历年捐、买	一百七十三亩余		同治《鄞县志》卷6
恩施	赈济仓	道光十七年	道光十七年	共九区	租谷七十一石五斗，租钱五十一缗	光绪《施南府志续编》卷3
浏阳	七都义仓	道光二十二年	道光二十二年之后	一百二十九亩八分	二百余石	同治《浏阳县志》卷7
沅陵	辰州府义仓	道光二十五年	道光二十五年	二百五十五亩二分	五百零五石余	《辰州府义田总记》
溆浦	溆浦县义仓	咸丰三年	咸丰三年	共五处四十七亩余	三十五石	同治《溆浦县志》卷7
湘乡	十一都义仓	同治九年	同治九年	四十亩		同治《湘乡县志》卷3
大冶	陈氏义仓	同治十一年	同治十一、十二年，光绪三年	一石六斗		光绪《大冶县志续编》卷4
云梦	丰云社仓	光绪八年		三处共二百三十二斗石		光绪《云梦县志略》卷首
襄阳	庞居寺社仓	同光年间				光绪《襄阳府志》卷11

说明：

①　建仓置田的大致经过为："乾隆九年县丞胡澍倡捐银壹百叁拾伍两交邑士杜超万经管生息；五十九年子杜再中经纶算交本息银玖百余两置田收租，建仓纳谷；嘉庆二十四年邑绅程大间倡捐银捌拾余两；道光二十一年县林士纶捐钱柒拾余千合，士民共捐银捌拾余两，陆续置产。"同治《湘乡县志》卷3《建置·仓廒》。

②　其中"泥湖田壹拾陆亩贰分玖厘，纳租三十五石"；"窑头计田柒亩五分，每年纳租拾肆石捌斗五升"；"斜里计田壹拾壹亩，每年纳租壹拾肆石捌斗五升"；"顿脚水计田柒亩，每年纳租拾贰石"；"南村桐油林田六丘，柒亩柒分，纳租六石六斗"此五处之田共计四十七亩多，与"黄思清册"所载略有不同，县志认为"应为桐油林田少去肆亩柒分之故"，此外义仓尚有"张大佑所佃之田"及"大暗溪田二十六丘"，俱无契约。同治《溆浦县志》卷7《赋役·积储》。

③　义田分三次捐：同治十一年四品封贡生陈国祥捐田一石一斗三升；十二年添置田三斗二升；光绪三年陈茂盛续捐田一斗五升。另该县光绪年间尚有"李氏义仓"，亦有田，面积和租额不详。见光绪《大冶县志续编》卷4《建置·仓廒》。

④　"里绅王述文倡捐，分六仓轮管，初行为社谷，后易为社田"，光绪《襄阳府志》卷11《仓储》。

上述义仓设置义田的直接原因多由于义仓的运作失效和管理不善，如浏阳七都义仓，"后因经理维艰，将谷售价购田"①；辰州府义田的设置也由于原义仓"立法诚善，已乃行之未久，即不能无弊者"②。总之，到了清代中后期，社谷、义仓的管理和运作弊端丛生已成为十分普遍的现象，诚如道光时湖南巡抚陆费瑔所言，"相沿既久，弊窦滋生。少积之则不足以备荒，多积之则朽蠹而不可用，又其间胥吏之侵蚀，官司之挪移，卒然有急，相顾而束手者皆是也"③。置田养仓正是一些有识之士针对仓储积弊提出的解决办法："谷可侵渔而田难乾没；谷有盈虚而田为永业"④；"积谷于仓，经理既万难妥善，不若积谷于地，仓箱可长冀丰盈"⑤。兹结合辰州府仓田互济的情形透视这种"新方式"的运营情况。

辰州府义仓、义田的形成过程已如前述。新仓建成后，雷知府将原先的缺额一一买补，"前府动缺谷一千七百五十七石零一升五合，现经本府如数买补，又历任盘折谷三百零四石四斗八升九合亦经本府如数买补，总计实存官斛净谷四千四百零八石六斗一升，仍符原贮之数"。并制订了《义仓义田章程》，

①　同治《浏阳县志》卷7《食货·仓储》。

②　清·雷成朴：《劝买义田禀》，道光《辰州府义田总记》卷上。

③　清·陆费瑔：《辰州府义田总记序》，道光《辰州府义田总记》卷上。

④　光绪《黄梅县志》卷16《积贮》。

⑤　清·雷成朴：《劝买义田禀》，道光《辰州府义田总记》卷上。

对义仓义田的运营办法作了详细的规定，主要环节有①：

慎始：即对"以田养仓"的组织管理事务预为筹划，主要内容为，"经理义仓派仓正一人，仓副一人"，主要掌管仓谷的收放，每遇收放谷，都要督同斗级公平验收，"经理义田派田正一人，田副一人"，主要负责对佃户的管理。当时的仓正为禀生张开谟，田正为武生许文耀，雷知府规定"义仓之事较多，义田之事较简，该张许二生应按年轮流接充，以均劳逸，遇有要事仍公同商办"②。雷知府还设计了"收放谷石及收支各项银钱"的册籍，"经本府订簿盖印，一样三本，一存内署，一存粮房，一发首事"。在此基础上，雷知府制订了仓谷运营的"十年规划"："收贮义谷以万石为率，现计原存谷及每年所收租谷，十年后即可得九千四百六十一石六斗八升，作为母仓。此后岁入新谷五百零五石三斗零七合，即出陈谷五百零五石三斗零七合，将粜价交典首事，即另购义田，仍按五五收租。于义仓附近另建仓廒，按年收贮作为子仓，以次推及浦市等处。……十数年后，浦市建立子仓，收纳租谷，所有应行各事，宜即照城仓核定章程。"

收谷：义仓首事于每年八月开始收谷，是时有佃户二十九名分种义田二十七处，每年收租谷五百零五石三斗七合，待照数收齐后，义仓首事和斗级都要出具"委系实贮"的甘结，"同收租串根一并具禀缴府"。其格式为③：

收谷甘结式

具甘结义（仓、田）首事××今于大老爷台前实结得本年分义田所上车净晒干官斛租谷五百零五石三斗零七合，均经生等如数量收，实储 某字廒，并未短少合勺，所具甘结是实。

道光××年××月××日

义仓斗级随同首事收谷甘结式

具结义仓斗级××今于大老爷台前实结得本年分义田所上车净晒干 官斛租谷五百零五石三斗零七合，小的等奉××谕，随同首事××按期 如数量收，实储某字廒，不敢扶同捏饰，所具甘结是实。

道光××年××月××日

---

① 如未特别注明，俱见雷成朴：《义仓义田章程》，道光《辰州府义田总记》卷上。

② 田炯权先生认为"此轮流工作制原则之目的主要是令他们彼此牵制以杜绝义仓首事的腐败现象，而并非如《义仓义田章程》所云是为了平衡两首事之工作量"，参见［韩］田炯权：《中国近代社会经济史研究》，中国社会科学出版社 1997 年版，第 97 页。

③ 道光《辰州府义田总记》卷上。

出陈与平粜："每年春夏之交、青黄不接之际，准定出粜陈谷五百石"；"郡城一带偶遇荒歉必须平粜，由义仓义田各首事公同具呈，听候本府分别轻重酌定谷数，先期出示晓谕，自某日起至某日止按照四乡轮流粜卖，俾小民不致向偶。平粜谷数自一升起至五斗止"；"浦市距府较远，设遇荒歉……责成浦市首事察看情形，赴府具呈，候本府酌定应粜谷数，饬令郡城首事照数盘运，即协同浦市首事于该市适中之地，遵照章程零星粜卖"。

买补：在正常年景，出陈之后，按规定要采买新谷五百石："该义仓首事于粜竣后即将粜价交典，俟秋谷登场，采买新谷五百石"，并"于八月底九月初，一律买齐，统俟归仓后，出具买补某年仓谷五百石委系实贮甘结"。斗级亦要出示甘结，格式与收谷甘结大体相同。荒年平粜之后，"平粜谷价统交郡城各典收存，各典相隔钱亦议明无利，候买补凭印簿支用"。为了确保买补新谷的资金来源的稳定性，雷知府还发给典商"图记"一颗，规定，"此项钱文专候买谷凭印簿支用，不得因别项公事权且挪移"，"倘因别项公事，私相挪移，即着各典照数赔缴，俾地方义举不致无着"；又规定"各典收存粜价……至买谷时见印簿即付，不得延缓"①。

积累与增值：在正常年景，仓谷是按时价出粜的，一般都有所盈余，官府努力将这些剩余积累起来，以期扩大义仓义田事业的规模："其五百石谷价以外余剩钱文仍由该典扣存，俟另买义田并建义仓应用。"如果这种积累顺利实现，便自然形成了一种"以田养仓——以仓赢利——以利置田——以田建仓"的良性循环，雷知府的"十年规划"也就为期不远了。

记载表明，雷知府在任的若干年中，辰州府的义仓田基本处于正常的运营状态，直到道光二十八年（1848 年），湖南巡抚尚在称赞雷知府举办义仓田的政绩："若辰州义田之制有异焉……岁歉则出谷以赈民，岁丰则粜谷以增田，田日增而田常存，谷屡粜而谷无损，较之积谷于仓，有利无弊。制既立，辰之民赖之。"②

（二）生息基金的运营

将银、钱交给典当铺、押铺或商人收取利息而获得的资金通常被称为"发典生息银"或"发商生息银"。在商品经济已十分发达的明清时代，"发商生息"成为资金增值的一种常用方式。据论者研究，明代中后期即有大量以取息为目的的私人存款的事例，"除私人存款外，明代宗族、合会财产也多通

---

① 清·雷成朴：《谕郡城典商》，道光《辰州府义田总记》卷上。
② 清·陆费瑔：《辰州府义田总记序》，道光《辰州府义田总记》卷上。

过存款而得以增值"①。清代至迟在康熙朝已形成了较完备的"生息银两"制度②。不过现有的研究成果多侧重于皇帝在内帑库银中拨出的专项基金的生息问题，生息基金对社会保障事业的作用也只限于官吏兵丁人等的福利津贴问题③。事实上，除了这种来自于中央政府、由朝廷指派官员统一管理的生息银两外，地方各级政府及民间各种基金也多存典、发商生息，特别是各类社会保障机构运用"发商生息"的手段运营资金是十分常见的现象。台湾学者潘敏德曾根据清代实录及圣训统计了乾隆、嘉庆、道光三朝包括仓储、善堂等机构在内的138笔发商生息基金情况，其中发典生息27笔、发盐典生息4笔、笼统的发商生息107笔④。张建民教授也较早注意到这一问题⑤。大量记载表明，清代两湖地区的社会保障事业已普遍采用了"发商生息"这种基金运营方式。既有朝廷拨款并指定发商生息，也有地方和民间对生息手段的自觉运用。仅乾隆年间，乾隆帝即四次就两湖社会保障机构基金发商生息之事下达谕令⑥，乾隆四年（1739年）核准："湖北省城育婴堂一所，动用典商生息银两，每月可得利银一百十三两九钱。又议准湖北省汉阳县育婴堂一所，每日所需息捐二项银两实不敷用，在司库商捐银内动给银三万两为育婴生息动用"；乾隆六年（1741年）议准："湖北省汉口镇普济堂动用商捐生息银两"；乾隆四十二年（1777年）议准："湖南省建设普济堂一所……于发商生息银内动用。"

清中后期，两湖地方自主利用"基金生息"手段的情形已屡见不鲜：

在各类社会保障机构中，养济院因有固定财政预算作保证，"基金"经营活动的记载相对少见，但在增加收养名额和收养额外孤贫的场合也会采用。如松滋县养济院，"道光九年（1829年）郡守裕谦增设额外孤贫四十名，捐银一千两发典商生息，每月息银二两，缴县支发，每名每月三钱"⑦。宜都县养济院，"原额孤贫十一名，知府裕谦发银五百两生息，收养额外孤贫二十名。又历任知县捐廉收养孤贫七名。又知县易光蕙于罚款内筹拨钱四百串生息，收养

---

① 刘秋根：《明清高利贷资本》，社会科学文献出版社2000年版，第137页。

② 关于清代"生息银两"制度的起源问题，目前韦庆远与张建辉的观点略有差异。参见张建辉：《关于清代生息银两制的兴起问题——清代生息银两制度考论之一》，《中国社会经济史研究》1995年第1期。

③ 参见韦庆远：《对清代"生息银两"制度兴衰过程研究》系列论文之一、之二、之三，《中国社会经济史研究》1986、1987、1988年第3期。

④ 潘敏德：《中国近代典当业之研究》，台湾师大历史所1985年版。转引自刘秋根：《明清高利贷资本》，社会科学文献出版社2000年版，第57页。

⑤ 张建民：《清代"基金"生息述论》，《武汉大学学报》1990年第5期。

⑥ 光绪《大清会典事例》卷269《户部·蠲恤》。

⑦ 光绪《荆州府志》卷11《建置志·善堂》。

孤贫二十名。又知县崔培元于罚款内筹银生息，收养孤贫二十名，总共七十八名"①。崇阳县养济院，"额设孤贫七名，增额十名，先是道光中武昌知府裕谦札县增额二十名，府县捐廉各半，知县金云门又陆续收养额外孤贫二十二名，捐廉存典生息给发"②。普济堂等收养孤贫的机构则将生息银作为重要的资金来源渠道之一，如衡阳县普济堂乾隆时"岁不及钱百千"，于是将义田"岁租四百石折租钱四十余千，典息十二千八百"，嘉庆十九年（1814 年）生息银中又增加了"罚款本钱百六十千"③；湘乡县普济堂：道光时"邑绅士捐钱二千四百四十八串文发典生息"④；咸丰九年（1859 年）辰州府知府沈元泰"捐钱四百千文发典生息，给养鳏寡二十名"⑤。

对那些没有专门机构收养的孤贫人等，许多地方采用生息基金的方式给养，如江陵县"孤贫口食额设向少，道光六年（1826 年），王太守凤翰率同各属筹捐银二千两，发典一分五厘起息，每月计得息银三十两。饬县查明城乡孤贫男妇共一百名……按日发银三钱"。"咸丰七年（1875 年），人浮于数，禄太守勋添补十名，由内署每月捐银三两，历任皆然；同治元年（1862 年），唐太守际盛罚滩痞银八百两照前发典生息，每月增息银十二两，复给孤贫四十名"⑥。光绪四年（1878 年）王恂知永绥时"捐出钱二百千文以一百千发商生息，每年购备衣二百件缴府，隆冬发给各贫民……又一百串照月三分行息，发商生息另设孤贫四，按月分取此项息钱"⑦。

仓储虽然有借贷、平粜等运营手段，但也常将粜银或所收捐银发商生息，如均州常平仓因道光十二年（1832 年）"汉溢仓坏"，遂将仓谷变粜，"获价银二千六百二十四两零，发典生息。自道光十三年（1833 年）起至二十六年（1846 年）止共得本息银一万一千四百六十五两零"⑧。嘉庆时鄞县"减粜义仓"，"先后共捐钱文交首事收领生息"⑨。云梦县丰云社仓条规规定，"平粜之钱存典生息"⑩。黄冈县"丰备义仓"章程亦规定："余存捐项宜发典生息以资以费也。……如该质铺有禀请歇业者，即将成本及月息扣算清楚，如数檄

① 同治《宜都县志》卷2，《营建》。
② 同治《崇阳县志》卷3，《建置·义所》。
③ 同治《衡阳县志》卷4《建置》。
④ 同治《湘乡县志》卷3《建置》。
⑤ 同治《沅陵县志》卷12《仓储》。
⑥ 光绪《续辑江陵县志》卷13《赋役·恤政》。
⑦ 宣统《永绥厅志》卷14《局所》。
⑧ 光绪《襄阳府志》卷11《食货志·仓储》。
⑨ 同治《鄞县志》卷6《积储·减粜》。
⑩ 光绪《续云梦县志略》卷首《社仓》。

县，另发质铺具领生息。"①

许多育婴堂和育婴组织的日常经费即来自于"生息银"的利息，如钟祥县育婴堂"雍正十三年（1735 年）建……安陆知府胡学成捐俸四百两，邑令王仲桂捐俸二百两，交典铺每月缴利银十二两以给乳妇工食及婴儿衣服、药饵之资"②。沅陵县自嘉庆至道光时倡建育婴堂事一直未竟，道光二十四年（1844 年）县教谕行"簿捐"、"店捐"之法，"得千余缗，发典生息……按息多少，限地救婴"③。有些拥有一定数量田产的育婴堂也将生息银作为运转经费的重要补充，如江陵县育婴堂除首事定期将资金送典生息外，还经常得到来自府宪的生息银两的支助。据道光二十二年（1842 年）清查，共存"府宪发典生息银二千二百两，首事发典生息银四千串。同治十二年（1873 年），府宪倪延职员胡邦达接办，实存钱三千六百串，总理两载，益钱一千九百串"，终使该堂"自后度支渐见盈余"④。澧州育婴堂于嘉庆五年（1800 年）捐资拓建，增置田房，"道光元年（1821 年）善妇吴徐氏捐金存典生息"⑤；湘乡县育婴堂"同治十年（1871 年）邑绅曾国荃捐钱壹千串，罗会焜捐钱壹千串，年收息钱以作经费"⑥。

其他善会善堂更是自觉地以生息钱作为运转资金的重要来源，如武陵县敬节堂嘉庆十七年（1812 年）同邑人捐资创立后，"知府邓鹏程、知县许绍宗各捐银百金，邑人赵慎畛捐银四百两，共凑银一千八百两发典商生息"，照条规举行恤嫠事业，咸丰年间因兵燹典商歇业，该堂经费"几不能支"⑦；兴山县公善堂"咸丰三年（1853 年）知县黄德薰率邑人捐置水旱田二处，余资当田生息"⑧；零陵县永善堂同治时曾"扩资二万余缗，以其息为恤嫠、育婴、发药、施棺诸善事"⑨；宜都县同善堂道光时每年"领息银五十余两"补充经费；汉阳县敬节堂将建堂"尚存经费钱二万串发交汉阳汉口镇各质当承领生息，每月壹分陆厘行息"，并规定"按月取息济用，如质当有一家亏欠者，著落众质当公同赔缴"⑩；枝江县乐善堂"同治十三年（1874 年）邑人邹秉哲、

---

① 光绪《黄冈县志》卷 4《积贮》。
② 同治《钟祥县志》卷 2《公局》。
③ 同治《沅陵县志》卷 12《仓储》。
④ 光绪《续修江陵县志》卷 13《赋役·恤政》。
⑤ 同治《直隶澧州志》卷 2《舆地志·公署》。
⑥ 同治《湘乡县志》卷 3《建置》。
⑦ 同治《武陵县志》卷 10《建置志·公舍》。
⑧ 光绪《兴山县志》卷 10《赋役志·收恤》。
⑨ 光绪《零陵县志》卷 2《建置·公署》。
⑩ 同治《续辑汉阳县志》卷 12《公署》。

杨利行等共捐千余缗，以九百缗发典生息"[1]；光绪时施南府知府王庭桢筹办同善堂，"月捐俸钱以倡，郡人士翕然乐输，月可得钱八十缗……迄今六年积存二千缗生息"[2]；蕲州问心堂"本城绅商公捐钱壹百串文生息，每年春秋醵金以作拾枯骨、修墓冢、立石标祀等费"[3]。

　　因资料所限，明清两湖大多数社会保障机构发典生息基金的利率和具体取息情况不得而知，兹将岳州救生局同治四年（1865年）至光绪元年（1875年）历年存典生息款目及息银分配方式列表如下，以作参考（见表9-8）：

表9-8　　　　　　　　　　　岳州救生局基金生息情况表

发商生息时间	金额	典商名称	取息方式	备注
同治四年二月二十九日	省平银2 000两	赵光裕等	周年一分行息，年缴息银二百两，按六、腊月两次分缴	系藩宪石、岳州府丁捐款
同治四年九月二十三日	省平银1 836两	李鼎泰等	周年一分行息，年缴息银一百八十三两六钱，按二、八月两次分缴	系府宪恽、盐道宪彭并常澧等处捐款
同治五年正月初一日	省平银2 262.1两	苏仪隆等	周年八厘行息，年缴息银一百八十两零九钱六分八厘，按六、腊月两次分缴	系衢州镇刘、岳州府丁并临湘捐款
同治五年三月初一日	省平银1 958两	汤瑞和等	周年八厘行息，年缴息银一百五十六两六钱四分，按六、腊月两次分缴	系湘潭捐款
同治五年六月初一日	省平银1 069.6两	汤瑞和等	周年八厘行息，年缴息银八十五两五钱六分八厘，按六、腊月两次分缴	系湘潭、常澧等处捐款

---

[1]　光绪《荆州府志》卷11《建置·善堂》。
[2]　清·王庭桢：《合建同善堂育婴局记》，光绪《施南府志续编》卷3《续经政志》。
[3]　光绪《蕲州志》卷4《公署》。

续表

发商生息时间	金额	典商名称	取息方式	备注
	以上总计省平银9 125.7两		每年共计息银八百零四两九钱四分	自同治六年起奉文概作六腊两月一律两次分缴，由局携带长沙府印簿赴省同善堂领取，息银零数颇有错误，兹因相沿已久，姑仍其旧
同治十三年五月十五日	省平银1 074.94	冯同升等	周年一分行息，年缴息银一百零七两四钱九分四厘，按六腊月两次分缴	系奉藩宪涂查缴磊石唐懋瓒经手捐款
同治十三年七月初一日	省平银2 400两	汤德福等	周年一分行息，年缴息银二百四十两正，按六、腊月两次分缴	府张查缴鹿角吴嵩等汉镇捐输钱文由局划易前项银两解省发典
光绪元年五月十六日	省平银1 248.2两	汤德福等	周年一分行息，年缴息银一百二十四两八钱二分，按六腊月两次分缴	系奉藩宪涂札发捐廉并谭忠懋、唐贺曾各绅等捐项

资料来源：《岳州救生局志》卷5《典息》。

（三）　不动产的运营

房屋田产等不动产是传统时代重要的财富标志和利益源泉，明清时期各类社会保障团体和机构都热衷于广置房屋田产，通过收取房租或地租作为救助事业的稳定收入。

仓储"以田养仓"的情形已如前述，仓储置房产以助经费的情况也偶有所见，如溆浦县义仓除田亩外尚有铺店五所："仓门口上首店一所，每年租钱壹拾千文；仓门口下首店一所，每年赁钱拾捌千文；城门口店一所，每年赁钱拾千文；万安桥铺店一所，每年赁钱拾壹千文；桥江大凝街下口第三间坐东朝西店一所，每年赁钱捌千文"①。光绪七年（1881年）当阳县令李元才倡首在城中鼎建总社仓，"因岁修无资，门左右复搆铺屋二所，以所收租钱备之"②。

养济院有时也以田租收入补充经费：安福县西门外养济院，乾隆四十一年（1776年）知县杨鲲捐廉倡建，院成后，"又购曾廷扬田种一石一斗；周朝信田五升，岁共佃纳租十二石，仿长沙养济院之例，增恤独无告之老妇二名，各给谷六石"③；浏阳县养济院"乾隆二年（1737年）署县事胡志仁重建，知县赵贤续修，邑人刘家升、刘家培捐谢家洲田四十二亩入院助养"④；衡阳县养济院额养孤贫十五名，"然孤贫人倍蓰十五，则官士随时振养之……同治元年（1862年）蔡可堂入义田岁租十六石，佐济官费焉"⑤。普济堂置田收租亦为数不少：祁阳县普济堂"乾隆八年（1743年）知县徐宗淮奉文捐建，乾隆十年（1745年）署知县魏成汉断有东林庵田十六亩四分，又断有乌塘观田十四亩。乾隆十一年（1746年）知县觉罗卓尔断有朝阳庵荒田四亩并监生何一龙捐田五亩，共田三十九亩四分，每年收租尽数接济量中口粮、医药之需"⑥。衡阳县普济堂乾隆四十二年（1777年）时有"义田九十一亩"，同治元年（1862年）"县人蔡可堂复施义田租十三石"⑦。

会馆等同乡组织一般以不动产的租息来维持日常的运转。如前所述，汉口山陕会馆、紫阳书院、善化的万寿宫等都有数量可观的户屋、田产或店铺。兹将汉口山陕会馆同光年间的主要不动产及其岁收租息情况列举如下：

夹街路南市屋一家，岁收租钱贰拾肆千文

夹街路南基地一块，岁收租银陆两

夹街路南市屋并会馆巷西南隅市屋一家，共岁收租银肆拾陆两

会馆巷东南隅市屋二家，岁收租钱壹佰壹拾柒千贰佰文

会馆巷内路东基地五块，共岁收租银伍拾捌两叁钱

会馆巷内路东市屋四家，共岁收租银叁佰陆拾捌两

会馆巷内路东市屋六家，共岁收租钱叁佰伍拾壹千六百文

会馆巷内路西市屋，共岁收租钱贰佰贰拾捌千文

会馆巷内路西基地六块，共岁收租银柒拾壹两

---

① 同治《溆浦县志》卷7《赋役》。
② 光绪《当阳县补续志》卷1《政典·社仓》。
③ 同治《安福县志》卷9《户口》。
④ 同治《浏阳县志》卷4《营建》。
⑤ 同治《衡阳县志》卷4《建置》。
⑥ 嘉庆《祁阳县志》卷7《建置》。
⑦ 同治《衡阳县志》卷4《建置》。

会馆后堤南岸桥东市屋二家，共岁收租钱拾肆千肆佰文

会馆后门东隅三角屋壹家，岁收租钱叁拾陆千文

会馆后堤南岸桥东基地一块，岁收租钱叁千叁佰文

会馆后堤南岸桥西市屋四所，共约收岁租银贰百两之谱

会馆后堤南岸桥西基地一块，七家共岁收租钱叁拾叁千捌百文

会馆后堤北岸泰山庙东首市茶楼一座，岁收租银贰佰

会馆后堤北岸茶楼东空基一块，岁收租银壹拾伍两

又茶楼东延筹桥西地基一大块，三人共岁收租钱伍千陆佰文

又湖东西两边菜地共岁收租钱叁千文

药王庙东边巷内地基一块，岁收租钱拾贰千文

以上岁收屋地租金共计银玖佰陆拾肆两叁钱，钱捌佰贰拾捌千玖佰文①

育婴堂靠房屋田产的租息维持正常运转的情况也屡见不鲜。《大清会典事例》中常有皇帝给某育婴堂赐帑，令其购置产业的事例②，最高统治者为两湖育婴堂田产事发布谕令的事例最早见于同治七年（1868年），是年"议准湖南省醴陵县建立育婴堂，自道光十三年（1833年）起至同治五年（1866年）止，总计捐买田山房屋，每岁可收租谷三千九百十二石，租钱一百二十八千"③。事实上，两湖育婴堂置买产业情形由来已久。早在宋理宗时湖南宝庆府慈幼局即由知府桂锷权劝民输资置田百余亩④，康熙年间湖南武冈、新化、新宁、芷江等育婴堂资产也多以房田产的形式出现。前述醴陵育婴堂创始于清雍正间"阳、罗二姓捐田租，置区舍，雇乳媪以收养遗弃者"⑤；湖北的情况也大体如此：如始建于雍正年间的蒲圻县育婴堂有历任知县拨给的充公田和邑人项祚梁等11人捐献的田产"共二十八石一斗一升五合，每年租谷，堂长亲收，除完纳条粮外，补给乳资"⑥；江陵县"旧堂在城南隅，雍正乙卯岁前邑侯汪同永嘉丞刘公振铎所创建也，公捐下湖粮田廛地及广有垸田租供收养资，行之数十年"。其后，嘉庆二十三年（1818年）又建立新育婴堂，"其经费出入则置腴产数顷，岁有常租，按年征收，计口授食"⑦。湖北崇阳县育婴堂，

---

① 《汉口山陕西会馆志》卷下《岁入》。
② 光绪《大清会典事例》卷269《户部·蠲恤·养幼孤》。
③ 光绪《大清会典事例》卷269《户部·蠲恤·养幼孤》。
④ 道光《宝庆府志》卷8，户书。
⑤ 清·阮文藻：《育婴堂续捐劝输引》，同治《（醴陵）育婴堂纪事》卷1。
⑥ 同治《蒲圻县志》卷3《政典·育婴堂》。
⑦ 光绪《荆州府志》卷11《建置志·善堂》。

"雍正十三年（1735 年）知县李五醇奉文饬邑人士捐赀建，购陈治勋、陈夏传罗头畈田二十六亩七分六厘为哺婴资，每年粮饷官垫"，"道光二十一年（1841 年）知县金云门……清出旧年田亩召佃，岁收租三十五石"，至咸丰四年（1854 年），育婴堂虽毁于兵，但"所存前后捐人之田收租如故……共租一百零五石八斗七升七合"①。

　　清中后期，两湖的善会善堂如雨后春笋般兴起，各善堂都广置田产房产，许多善堂成为拥有雄厚资产的义田地主。对于某些善堂而言，此时的田产房产运作不仅仅是取得维持正常运转的经费，而带有很强的营利目的。对此田炯权先生有比较深入的论述，此处不作重复，兹将清后期湖南湘潭、湘乡、桃源、邵阳、衡阳五县的善堂田数量列表如下（见表 9-9）：

表 9-9　　　　　　　　　　湖南五省善堂田统计表　　　　　　　单位：亩

	湘潭	湘乡	桃源	邵阳	衡阳
育婴堂田	4 087.5 570.7	432.3	45.0 600.0	33.0 捐田亩约万金	义田租 1 600 石
保节堂田	480.0				
皆不忍堂田	2 710.5				
养济院田	522.5				田租 16 石
普济堂田		162.0			91.0
作善堂田	602.2				

资料来源：田炯权《中国近代社会经济史研究》第 15 页。

　　以上分别介绍了明清社会保障"基金"运营的基本方式，事实上，大多数社会保障机构并非单一地运用其中一种，而是综合运用上述诸种方式，尽可能地壮大社会保障资金的积累。试略举两例：

　　嘉庆时湖南武陵育婴堂综合运用各种手段运营"基金"，使育婴堂得以正常运转（见表 9-10）：

---

① 同治《崇阳县志》卷 3《建置·义所》。

表9-10　　　　武陵育婴堂嘉庆年间"基金"综合运营情况表

房　产		田　产		生　息　银
地点、数量	房租	地点，数量	田租	
南门外房屋一所； 华严庵房屋一所； 三板桥房屋一所； 北关外房屋一所； 苏子巷房屋一所； 石公桥房屋二所	每年银八百五十余两	进溪村田一石； 进阳村田一石九斗； 下得村田一石四斗三升； 枫林村田一石； 阳城村田一石五斗七升； 上念村田二石五升； 下念村田一石一斗； 落耙村田一石一斗五升； 下得村田一石； 永北村田一石三斗； 长乐村田三石四斗； 上东村田一石； 同古村田三石； 桃源杜青村田三石 另：其田亩星散未至一石者不悉载	每年租谷二百余石	每年田租及房屋租银变产生息银一千八百两； 　嘉庆十三年交典生息银四千两，按季支给； 　嘉庆十七年，隐名氏送纹银三百两至育婴堂为士族贫寒孀妇弱子之家按季息银送助薪水；知府应先烈将银发商生息； 　嘉庆十九年、二十年官绅共捐银一千两生息，为恤嫠之用

资料来源：嘉庆《常德府志》卷11《赋役考·积贮》

巴陵县普济堂亦通过"基金"运营手段综合运用使普济活动勉强支撑到晚清，见表9-11：

表9-11　　　　清代巴陵县普济堂基金综合运营情况表

时间	生息银		田产		房产	
	本钱	利息	数量	田租	数量	房租
乾隆十年	银750两	每月二分行息				
乾隆二十一年	银2 100两有零	每月一分五厘行息				
乾隆三十四年	3 000两有零	每月一分行息	刘某捐田若干	田租折银计入生息本银		
乾隆四十年	3 120两有零					
乾隆五十六年	知县追缴本银	另招绅士承领生息				
道光初	知县追缴入官	本息全亏空				

续表

时间	生息银		田产		房产	
	本钱	利息	数量	田租	数量	房租
咸丰六年	48 两 3 钱	定价每两给钱 2 千	里神堂地方田若干	23 石，每石折钱 6 百		每月1 575文
同治七年	知县重修，并作记告之"后之好善乐施者"。					

资料来源：光绪《巴陵县志》卷 16《政典志·蠲恤》。

第十章
结　　论

一、明清两湖社会保障的演变轨迹

明清两湖地区社会保障的演变以明初的制度设计为起点。明初，朱元璋亲自设计的以里甲为基础，以"乡礼"、"乡法"相经纬的"和谐乡村"制度对人民的生存和生活问题全盘负责，不仅农民被禁锢在土地上，乞丐也被限制在里甲之内。这一制度使乡村地区承担了大部分的社会保障责任。城市中最重要的社会保障机构是养济院，养济院实行严格的原籍地收养政策，它的教化作用大于实际养济功能。

从明中叶开始，中央权力削减，里甲开始松动和破坏，建立在里甲制之上的社会保障秩序无法正常运行。这是一个全国的趋势，两湖地区的荆襄流民起义等社会动荡加剧了已有的混乱。从此，两湖地区的社会保障和全国大多数地区一样，陷入一个长时段的周期性演变过程。这一过程大体可以分为明中后期、明末清初、清朝盛世、清中后期、太平天国之后的同光时期等几个大的时间段。在这些时间段中，社会保障事业随着国运的盛衰而变化、起伏。在社会保障事业的这种周期变化中，又可以分为两条主线，即官方社会保障制度的演变和民间社会保障机制的演变。分析这两条主线的演变可知，两湖社会保障事业的演变既有与其他地区大体一致的方面，也有自身的特色。

从官方社会保障制度和机构的演变看，两湖社会保障机构的兴衰与国家财政状况的变化基本同步。例如，从前文可知，在张居正整理财政的万历时期和清代的康、雍、乾时期，各州县多有养济院、常平仓等社会保障机构修、迁、扩、改建的事例。两湖社会保障政策的推行也与国家社会保障相关政策、法规颁行相一致。例如，明代两湖地区养济院、预备仓多始建于洪武时期，清代两湖育婴堂在雍正时期掀起建设高潮，养济院和普济堂在乾隆年间大兴土木，这显然是明太祖诏天下设养济院、预备仓；雍正帝谕各省照京师之例推行育婴和乾隆帝谕各省府州县皆有养济院、议准各省会及通都大郡概设立普济堂等诏令的直接结果。同样，两湖社会保障机构也大量废毁于国家陷入动乱的时期，其中明末清初的改朝换代战争和清后期的太平天国战争几乎给两湖地区社会保障机构以毁灭性的打击。这些都可视为与全国的演变趋势相一致的方面。不过，两湖官方社会保障的演变也有与上述"王朝周期"不相一致的一面。这种不一致一方面表现为发生在两湖地区的一些特殊事件对两湖社会保障事业的影响，如荆襄流民起义、白莲教起义对社会保障机构的破坏等。另外一个突出的方面是晚清时期两湖地方官员实力的强劲。两湖是晚清团练和军功士绅兴起的策源地，他们大量加入官僚队伍，对两湖地区实行了强力控制，这在一定程度上影响到社会保障事业。如前文所述，晚清两湖地方官依然存有以官方力量举办慈善事业的强烈愿望，并努力让所创办的慈善机构按照他们理想中的"盛世模式"来运行。

从民间社会保障机制的演变看。两湖地区也经历了一个与其他地区大体一致的周期性演变过程。这一过程表现为：明中后期国家对地方社会的保障能力减弱，民间力量开始兴起，他们关注民生，兴办善举，赈济饥荒，代替官府或与官府结合共同承担社会保障责任，整合社会。清前期，随着社会保障事业"官僚化"时代的到来，民间力量开始衰退。到了清中后期，国运衰微，民间力量又开始崛起，而且在社会保障活动的规模、力度和水平等方面均大大超过了明中后期。在这一具有典型意义的周期中，两湖地区也有自身的一些特点，例如明末两湖民间力量的社会保障活动基本停留在"善人零星善举"的层次和水平上，没有出现江南那样的民间慈善结会。所以在清前期两湖地区的社会保障事业中很难找到民间慈善组织的本地渊源。晚清时期，尽管以慈善结会为基础的组织化民间社会保障事业在两湖地区已经兴起，但是，除了在汉口、洪江、沙市等少数商业较发达的市镇中这种组织化民间社会保障事业有较强的自发性，并在社区社会保障事业中居于主导地位之外，其他地区的民间结会多由官府以行政手段加以推行。以"善人零星善举"为形式的传统民间慈善事业仍占很大的比重。总体而言，晚清两湖的社会保障事业基本上是官府机构（或官督民办）、民间自发慈善组织，善人零星善举并存共荣的一种局面。官办或官督民办的组织与机构影响最大、覆盖面最广，而民间自发慈善组织和善人零星善举各自在有限的范围内发挥作用。

二、中国传统社会多层次的社会保障体系

上述各章以两湖地区为中心对明清时期在社会保障领域长期起作用的一些机制逐一进行了讨论。由此可知，明清时期由不同的责任主体所开展的社会保障活动的内容主要包括：国家的社会保障制度安排，基层行政组织的社会保

功能，家庭、宗族的基础保障作用以及戚友、业佃互助圈、民间会社、同乡群体与同乡组织、民间慈善组织等在不同范围内所开展的社会保障活动等基本方面。这些基本的社会保障机制及其开展的社会保障活动构成了明清时期"官民结合"的社会保障体系。这一体系主要由中央、地方和民间三个方面的力量构成，三者在社会保障体系中的作用和职能分工既相互关联又有所区别，表现出明显的层次性。其中，儒家的大同理想、仁政理念、国家法律和政府典章属于较高层次，它们对社会保障的实施起指导和规范作用；政府部门、地方官吏、官办社会保障机构和基层行政组织属于第二层次，它们代表国家和政府充当社会保障责任的承担者和社会保障政策的推行者；地方精英、宗族组织、族田义庄、民间会社、同乡组织、民间慈善团体等构成社会保障体系的第三个层次，它们一方面补充官方保障制度的不足，另一方面协助官办社会保障事业的组织和实施，将统治者的社会保障理念和目标极大限度地推广到基层社会；依最初始的血缘、地缘、业缘等联结纽带形成的家庭、宗族、戚友、业佃、邻里乡党等"乡土互助圈"成为传统社会保障体系最基层的一道"保障线"。传统社会保障体系的各个层次之间不是彼此孤立的，它们在运行中凭借一些特殊的"粘合剂"结为一个有机的统一体。在传统社会保障体系中起联结作用的力量比较突出的有以下三种：

1. 儒家道德伦理的教化

社会保障的任何实践形态都被一种理念所统率。诚如诺思所言，"一个社会的健全的伦理道德准则是使社会稳定、经济制度富有活力的粘合剂"[①]。文化背景不同，统率社会保障的理念也不同，社会保障的实践方式也因之而异。在一种文化中被视为"明智的、合理的、可以接受的选择"，在另一种文化中可能是不可理解的[②]。贯穿于中国传统社会保障实践的核心理念是儒家伦理。明清时期，在中央集权的政治制度登峰造极的过程中，皇权主宰的国民思想教化体系也趋于完备。一系列的教化手段将儒家纲常伦理一直贯彻到基层和民间，使之深入人心。诸如养老慈幼、敬节恤嫠、怜恤鳏寡孤独之类的社会保障

[①]　[美] 道格拉斯·C. 诺思著，厉以平译：《经济史上的结构和变革》，商务印书馆1992年版，第48页。

[②]　比如西方人类学家西蒙斯研究小组在进行跨文化阶段考察时发现，在一些地方仍存在着虐待和遗弃老人的习俗；英国社会学家埃·哈拉兰博斯曾考察到澳大利亚土著人、爱斯基摩人和加勒布印第安人的某些群体，都在某种情况下实行过杀老人的做法。当食物匮乏时，加勒布印第安人的进食顺序为，首先让成年男子吃饱，其次是让这些人的妻子吃饱，再次是男孩。"老年人首当其冲被淘汰，灾荒时他们要光着身子走到雪地里去自杀。如果老年人都死了，就轮到女婴"。这些习俗和行为在儒家文化圈中是不能接受的。参见 [英] 哈拉兰博斯著：《社会学》，上海社会科学出版社1986年版，第5页；刘燕生：《社会保障的起源、发展和道路选择》，法律出版社2001年版，第3页。

观念已积淀成为日常生活习惯和民间习俗。如前所述，明初建立了"乡礼"和"乡法"相经纬的教化和控制系统，中后期又发展出不同形式的乡约模式，此外明朝还在各州县兴建申明亭、旌善亭等"教化设施"，并通过褒奖节孝、封赐义民等活动施行教化。清兵入关之后，清统治者自觉接纳儒家文化，构建了一套由官方教化组织和非官方教化组织共同构成的社会教化体系。官方教化组织主要包括社学、书院和保甲，非官方的教化组织主要包括宗族、乡约、私塾和义学。除此之外，朝廷的旌表活动和民间的宗教、戏曲等也具有很强的教化功能①。统治者精心构建的社会教化体系在传统社会结成了一张疏而不漏的网，它使社会保障体系中各个层次的主体都自觉地以儒家理念作为社会保障实践的行动指南：家庭自觉地以养老抚幼为己任，宗族、乡里、社区等以睦族、互助和怜恤为美德，地方官员以宣扬儒学、扶贫助困为政绩等，社会保障的各个层次被有机地"粘合"为一体。

2. 州县官的作用

州县是明清最基层的国家正式行政机构，州县官品位虽低，但他拥有处理本级政务的全权。清人汪辉祖认为"天下真实紧要之官，只有两员，在内则宰相，在外则县令"②。因此，国家社会保障政策要落到实处非凭借州县官的作用不可。在州县官的诸项政务中，"大而钱谷、刑名、教养、风俗，小而建制、修举、科条、庶务"③，与钱粮、刑名两项相比，社会保障事务似乎不是最紧要的，但它在为州县官带来政绩和官声方面有独到的效果，所以州县官一般对社会保障事业比较重视。然而将国家的社会保障政策落到实处并非易事，如前所述，国家有关社会保障的指导思想和政策规定都是十分高调的，但由于国家财政等制约因素的存在，这些政策能否落实和如何落实并没有相应的制度支撑。例如，国家要求各州县都要有养济院、育婴堂，但一般并不拨给相应的建设资金；要求入院的老人月有粮，岁有衣，而能否到位则是州县的事，州县孤贫银荒缺之事在明清两朝并不少见。因此，国家社会保障政策能否及时有效地落到实处，在某种程度上取决于州县官的作为。作为国家机器的一个组成部分，州县同样面临着财政制约，明清两朝州县官员待遇偏低、州县办公经费不足是很普遍的问题，雍正以后虽实行耗羡归公的办法弥补地方公费，但并未从根本上扭转公费不足的状况。同时，由于在官僚阶层中地位卑微，州县官在施

---

① 参见张瑞泉：《略论清代的乡村教化》，《史学集刊》1994 年第 3 期；王先明、尤永斌：《略论晚清乡村社会教化体系的历史变迁》，《史学月刊》1999 年第 3 期。

② 清·汪辉祖：《勤职》，《牧令书》卷 1，转自毕建宏：《清代州县行政研究》，《中国史研究》1991 年第 3 期。

③ 清·黄六鸿：《福惠全书·自序》，康熙三十三年种书堂藏版刊本。

政过程中还受到来自上下左右各个方面的牵制。各种制约因素的存在使得协调和处理各方关系成为县州官员为官的一项基本功。社会保障事业是州县官借以处理好各方关系的一个很好的切入点，他们以为地方造福为理由与各种力量进行对话和交流。州县官处理和协调各方关系的过程，在客观上体现为沟通和联结社会保障的各个层次，使社会保障项目得以在基层落实的过程。如前所述，这一落实过程是不平衡的，它常常体现为"得其人则存，失其人则亡"的情状。一些精明廉能的州县官往往能较大限度地争取上级官僚及士绅阶层的支持，使地方社会保障事业左右逢源。反之，如果缺乏综合协调的能力，即使有良好的愿望，也只能处处受阻。回顾前文各州县社会保障事业成功举办的实例，莫不是州县官综合协调、上下沟通的结果。

3. 士绅的作用

明清时期，士绅在国家与社会之间"居中调节"作用久为学术界关注。社会保障事业正是士绅大显身手的领域，前述两湖地区"官民结合"的社会保障运作实态显示，士绅是社会保障资金的主要承担者，也是社会保障具体事务的主要组织和实施者。士绅在传统社会保障事业中的作用还突出地表现在沟通、连结社会保障体系的各个层次方面。在"绅权扩张"的过程中，士绅主要朝两个方向发挥这种连结作用。即向下凝聚民间社会和向上贯通官僚机构。州县是国家权力向基层延伸与绅权向上扩张的"接壤"地带。如前所述，州县官处于国家职业官僚机构的底端，他们凭借自身的协调能力集官方资源于一身，以推行国家政令为己任。士绅则处于基层社会的顶端，他们熟悉下层民众的要求，并有效地凝聚和控制着下层民众。州县官和士绅的关系在官民沟通中至关重要，它不仅是社会保障体系各层次有机联结的关键，也是各项地方事务成败的关键。一般而言，由于特定的文化背景和权力来源，士绅总是将地方社会纳入国家权力的正统加以规范，但是当地方利益与政府行为发生冲突时，士绅也有代表地方利益而制衡政府的一面。官绅之间的冲突经常发生在征赋、派役及与地方利益相关的一些重大事件的处理上，一般情况下，无论是州县官还是士绅都不愿意陷入这样的僵局，客观上他们需要一个"一拍即合"的对话渠道以保持经常的沟通和联系，社会保障事务正是这样的理想渠道，因为兴办善举既有利于地方官的官声和政绩，又有利于士绅获得地方事务的控制权，还能在一定程度上缓解民间疾苦，推广教化，可谓一举三得，因而州县官和士绅均表现出对社会保障事业的热心，社会保障体系的官方层次和民间层次在这种默契中被连接起来。

在实际生活中绅权扩张的路线不是简单的直线形，而是呈非常复杂的曲线。有论者将它归结为两大"辐射区"，即"家庭辐射区"和"社会辐射区"："在家庭辐射区内，以血缘、姻戚关系为纽带，连接着宗族、姻戚成员；以人身依附关系连接着主子和奴才们；以契约关系为纽带连接着东家和清客们。在社会辐射区内，以师生、同学关系为纽带，连接着宗师、门生、同年；以地缘关系为纽带，连接着同乡绅士；以互利关系为纽带，连接着绅士与州县官、幕友、吏胥、保甲、流氓等。而这些社会组织、社会关系又纵横交错，多向联络，形成一系列'亚关系'，从而使绅权权力结构更加复杂化。"① 无疑，以士绅为媒介形成的这些"辐射区"和复杂的社会关系网络也是传统社会保障体系的辐射区和关系网络。

经由各种凝聚力量的粘合与连结，传统社会保障体系的各个层次联合作用所产生的"整体效应"极大增强了传统社会保障的实施效果。前文所述的"官—绅—民"型、"官—绅（商）"型社会保障运作实态和慈善"事业圈"、"救助网络"等就是这种整体效应的表现。

明清社会保障的这种机制选择与西方社会明显不同，回顾西方社会保障的历史可知，西欧各国对老、弱、病、残等社会弱势群体的保障大致经历了家庭机制、行会互助机制、市场机制、政府机制等递进的演变过程。自政府机制形成后其他机制的作用都变得弱化或基本消失，尤其是家庭在人们生活保障中的作用变得微不足道②。明清民间保障机制并没有因为政府的介入而减弱，相反它们在政府的提倡和支持下日益发展，与政府机制长期并存，互为补充，形成了官民结合的社会保障体系。东西方社会保障机制之所以会出现这种差异，除了文化背景不同外，也有具体国情条件的限制。中国传统时代的农业生产工具在宋元时已基本定型，明清时期又将多熟制的推广、复种指数的提高和耕地面积扩大等方面的潜力作了尽可能的发挥，使中国农业生产力水平达到了传统时代的顶峰。与此相应，明清时期中国的人口增长也十分引人注目。大多数人口史家均认为，明代我国人口已达到 1.5～2 亿，而清代官方统计中的人口到道光二十年（1840 年）已突破了 4 亿，实际的人口规模可能更大。人均耕地面积下降、人口与耕地的比例关系恶化是该期人地关系发展的总趋势。这样的背景对传统社会的方方面面都产生了很大的影响，也必然影响到社会保障机制的选择。在经济上，由于生产力水平有限、社会总体积累不足、国家财政实力弱、人口众多和人民生活水平低等硬性制约条件的存在，中国传统时代的社会保障只能选择一种低水平的社会保障，社会保障的出发点和价值取向总是以竭力地维持温饱、不致产生社会动荡为目的。为了保证这一目标的实现，又被迫在社会保障制度设计和实施运作上作出与国情特点相适应的安排，一个基本的

---

① 郝秉键：《试论绅权》，《清史研究》1997 年第 2 期。
② 参见刘燕生：《社会保障的起源、发展和道路选择》，法律出版社 2001 年版。

取向就是努力调动民间资源投入社会保障事业。在政治上，明清两朝都极力推行大一统的中央集权制度以维护广土众民的大国统治模式，但是，国家机器所供养和委派的官员极其有限，县一级的正式行政人员只有知县、县丞、主簿、典史等调动频繁的少数几个人，为了实现治理国家、保障社会的施政目标，就不得不借助社会力量。如论者所指出，宋以后直到19世纪中期，中国一直实行的是国家权力和以绅士为首的基层地方社会组织相结合的双重统治格局①。总之，不同的文化背景以及经济、政治生活的这些选择和安排共同促成了中国传统时代多层次社会保障体系的形成。

三、明清社会保障的城乡之别和城乡互动②

中世纪欧洲城乡的鲜明对立导致西方学者认为中国传统社会没有理想类型的城市③，或认为中国传统社会只不过是一个"城乡空间连续统一体"④。现代社会学家常常论及的中国"城乡二元社会"也被厘清为主要是20世纪初的地方自治运动和1949年后户籍制度改革的结果，而此前的明清时期，"城乡分别不是个人身份的明显标记"⑤。然而，作为土生土长的中国学者，不免要问，在传统时代或曰明清时期，就真的没有明显的城乡之别吗？最近，已有学者开

---

① 参见张研、牛贯杰：《19世纪中期中国双重统治格局的演变》，中国人民大学出版社2002年版。

② 本处的城市采用的是"最普遍意义上的城市概念"，即既包括府州县城，也包括市镇。具体的分类和定位办法参见李伯重：《工业发展与城市变化：明中叶至清中叶的苏州（上）》，《清史研究》2001年第3期。不过这种城市与乡村的区分也不是绝对的，特别涉及市镇的问题时，有时要针对不同的发展阶段和具体的情况而定。

③ 皮雷纳和马克斯·韦伯均认为典型的城市应在实际上表现为"城市共同体"，"要发展成一个城市共同体，聚落至少得具有较强的工商业性格，而且还得有下列特征：（1）防御工程，（2）市场，（3）自己的法庭，以及——至少部分的——自己的法律，（4）团体的性格（verbandscharacter）及与此相关的，（5）至少得有部分的自律性与自主性，这点包括官方的行政，在其任命下，市民得以某种形式参与市政"。因此，他们认为"只有在西方，才出现过大量的城市共同体（就此词之完整意义而言）"。参见［德］马克斯·韦伯著，康乐、简惠美译：《非正当性的支配——城市类型学》，广西师范大学出版社2005年版，第22～23页。

④ 代表性的阐述参见［美］牟复礼：《元末明初时期南京的变迁》，［美］施坚雅主编，叶光庭等译：《中华帝国晚期的城市》，中华书局2000年版，第118～123页。

⑤ 科大卫和刘陶陶主编的《中国的城镇和乡村：身份与透视》一书的导言部分指出"在明清时期，城乡分别不是个人身份的明显标记，直至20世纪早期，区别城乡的地方自治作为社会变迁的动因，导致将农村视为落后之源的观念开始萌生。1920年到1930年代，农村落后观反过来影响了社会学家对中国社会的理解。1949年以后实施的户籍制度从根本上改变了中国社会结构，它将社会划分为刻板的阶层，并把不同的人群贴上'工人'和'农民'的标签"。参见吴滔：《科大卫、刘陶陶主编：〈中国的城镇和乡村：身份与透视〉》，载《中国社会历史评论》第5辑。

始对这一问题进行较理性的反思①，事实上，前文关于明清两湖地区社会保障问题的实证研究也处处透露出城乡差别的信息，社会保障的城乡差别和城乡互动正是本书认识明清两湖地区社会保障的区域特点和中国传统时代社会保障演变规律的一个切入点。

（一）社会保障的城乡之别

1. 城乡社会保障制度设计的出发点、侧重点等方面的差异

在中国传统社会，乡村拥有最广袤的国土面积和总人口的绝大部分，农业是民之本业，农业税是财政收入的主渠道，乡村社会是王朝统治维持和运转的基础。正因为如此，在以儒家伦理为指导的统治策略中，乡村是各项制度设计的立基点。乡村制度设计的两个中心任务是保证赋役的征收和农村社会的稳定。乡村社会保障制度正是实现这两大目标的各项制度安排中的重要环节。也就是说，保证国家安全、平稳地从农民手中取得赋役资源是乡村社会保障制度设计的出发点。明初的里甲综合功能体、明中后期和清前期的里甲、保甲、乡约、社仓"四合一"以及晚清的团练、保甲相结合等制度设计中的社会保障功能无一不是围绕这个出发点来安排的。对有碍国家乡村统治目标顺利实现的社会问题进行预防和救助成为乡村社会保障制度安排的侧重点。在传统社会中，妨碍国家乡村统治目标实现的农村社会问题主要表现在灾害对农业生产的破坏、饥荒对农民生存的威胁、赋役负担过重造成的编民逃亡、贫富不均造成的贫民生计困难、佃农抗租造成的业佃关系紧张以及礼教废弛造成的宗族不睦、以众暴寡、好诉健讼等方面。与此相对应，中国传统社会的备荒仓储制度、灾荒的勘报、蠲免、赈济、督察制度发育很早，而且很早就产生了赈济与水利事业相结合的以工代赈制度。这些制度到明清时期已相当完备，明代还创立了颇有特色的预备仓制度，预备仓以县城为中心，在四乡农村地区各设仓储一座，重点防备乡村地区可能出现的饥荒。康乾盛世时期的一系列条例和定例将传统荒政规范为一套将各级官僚机构和农村基层组织都纳入其中的复杂而严

---

① 例如鲁西奇近两年在"中国历史的空间结构"的历史地理教学中将中国历史上的城市与乡村之别视为区域多样性中的"非地带性差异"并对此作了有意义的探讨，并得出了一些具有启示性的结论。他认为城市和乡村意味着不同生计方式和不同的社会控制方式，这种差别在中国古代城市的兴起和早期发展阶段就已经开始了。具体而言，乡村生计方式以农业为主，城市生计方式以非农业为主。乡村控制重在户口和赋役，城市控制重在维护治安。鲁西奇对"中国历史的空间结构"和"非地带性差异"等问题进行思考的已刊成果可参见鲁西奇：《唐代长江中游地区政治经济地域结构的演变——以襄阳为中心的讨论》，载李孝聪主编：《唐代地域结构与运作空间》，上海辞书出版社 2003 版；鲁西奇《城墙内外：明清时期汉水下游地区府、州、县城的形态与结构》，载陈锋主编：《明清以来长江流域社会发展史论》，武汉大学出版社 2006 年版等。

密的规章制度。明太祖朱元璋曾经对最底层的乡村生活模式进行了精心设计，在这一模式中，朱元璋赋予乡村高度的自主权，并反复强调了讲求孝道、民相亲睦、贫穷、患难相助的重要性。前文已经显示，由明初直至晚清，以血缘群体、宗族组织和基层里、保甲制度为依托的喜庆、丧葬互助，农忙换工、业佃互惠和形式多样的乡村公益事业成为乡村社会保障的基本方面。国家备荒、救灾制度和乡村民间保障机制所倡行的社会保障活动构成乡村社会保障的重点内容。

相对于乡村而言，城市是权力、财富、物资、人文的荟萃之地。此前城市史的研究成果充分揭示了中国传统社会作为政治、军事结点的城市和作为经济、文化中心的城市的功能和种类[①]。学者们都已经注意到城市在控制地方社会中的作用。一般而言，对一个国家的控制是以夺取都城和定都为标志的，控制了省、府、州、县城意味着对地方的统治。同样道理，控制了经济枢纽也就掌控了一个地方的经济命脉，控制城市是控制地方社会的关键和象征。作为控制社会的节点，官方维持日常统治的设施和机构也都集中在城市。在一定意义上，传统城市生活的主要目标就是利用城市资源比较集中的优势来保证统治阶层安全地享受城市相对优越的政治、经济、文化生活。这一目标也正是传统城市社会保障制度设计的出发点。妨碍这一目标实现的障碍主要体现为流民、乞丐、物价暴涨、失业、偷盗、抢劫等城市社会问题。对这些问题的防范、救助和缓解成为城市社会保障制度安排的侧重点。在城市中，大多数社会保障机构本身就是官方统治机构和设施的重要组成部分。例如，明清省、府、州、县城市中养济院、常平仓、惠民药局、漏泽园等基本成为官府的常设机构，一般一县一所，有时一县两所。清代普济堂、育婴堂、栖流所、恤嫠堂等机构在官府的大力倡导下也得到了很大程度的普及，许多地方此类社会保障机构一直延伸到市镇。它们可以视为官府借助民间精英的力量保障地方社会的官督民办机构。城市中社会保障机构的林立与乡村中社会保障机构的分散形成鲜明对照。与官衙、法司、监狱等硬控制手段相比，社会保障机构以社会问题调和者的面目出现，用常平仓平抑物价、设栖流所以安流民、开粥厂以活饥黎、修义塚以

①　国内学者的成果集中在古都史研究和历史地理研究领域，可参见史念海：《中国古都和文化》，中华书局1998年版；侯仁之：《北京城市历史地理》，北京燕山出版社2000年版；杨宽：《中国古代都城制度史研究》，上海古籍出版社1993年版等。海外学者的成果可参见［德］马克斯·韦伯著，康乐、简惠美译：《非正当性的支配——城市类型学》，广西师范大学出版社2005年版；［德］马克斯·韦伯著，洪天富译：《儒教与道教》，江苏人民出版社1997年版；［美］施坚著，史建云、徐秀丽译：《中国农村的市场和社会结构》，中国社会科学出版社1998年版；［美］施坚雅主编，叶光庭等译：《中华帝国晚期的城市》，中华书局2000年版；［日］斯波义信著，方键、何忠礼译：《宋代江南经济史研究》，江苏人民出版社2001年版；［美］林达·约翰逊主编，成一农译：《帝国晚期的江南城市》，上海人民出版社2005年版；梁庚尧、刘淑芬主编：《城市与乡村》，中国大百科全书出版社2005年版。

瘗枯骨、建恤嫠堂以保节妇、立育婴堂以收弃婴……城市社会保障机构广为开展的这些社会保障活动一方面在一定程度上解决人们的实际困难，另一方面承载了很强社会教化功能。它们通过向社会昭示统治者的慈恩，从而达到缓解城市社会矛盾，稳定城市社会的目的。从这种意义上看，城市社会保障体系是一种更有韧性的社会控制手段。

2. 城乡社会保障手段、措施和作用方式等方面的差异

城乡社会保障制度设计的出发点、侧重点的差异在一定程度上决定了城乡社会保障手段、措施和责任承担方式等方面的差异。乡村的广袤和分散使得它对社会问题有更强的接纳和溶解能力，国家可以委托接受正统儒家伦理的乡绅和借助宗族、里社等民间保障机制来解决乡村自身的问题。城市是权力的结点和经济文化中心，同时也是社会问题的汇聚之地，散布在乡村地区并不突出的问题汇集到城市中就特别引人注目，因此，国家的社会保障机构一般集中分布在城市，它们与其他权力机构相互配合，共同缓解统治者眼皮底下的问题。当官方力量不足时，社会力量也会被设法纳入官方的社会保障系统之中。当本地力量不足时，则动用官僚机器跨地区调动资源。马克斯·韦伯早已注意到，中国传统的城市和乡村存在着"管辖术上的差别"，大体上，"'城市'就是官员所在的非自治区，而'村落'则是无官员的自治地区"①。这一区别同样适合于社会保障领域，可以说，城市是传统社会保障系统集中发挥保障作用的区域，而乡村则是传统社会保障系统分散发挥作用的区域。

与此同时，在社会保障责任的承担方式上，乡村社会保障的责任主体和救助对象之间凭借较初级的连结纽带结成紧密的互助关系，宗族贫富成员之间、业佃之间、戚友之间、里邻之间以面对面和"帮到底"的方式济贫、解困、救患。也就是说，乡村社会保障更多地体现为直接的责任承担方式。城市中虽然也有同乡会这样的对农村"血缘—地缘"关系进行拟制的初级社会保障机制，但总体而言，城市居民之间的异质性日益增强，人与人之间的关系越来越失去乡土人情味道，社会保障多以集中养济、短期收育、搭棚暂住、施粥活命等间接、临时和应急的形式出现。易言之，城市社会保障更多地体现为间接的责任承担方式。

城市和乡村不同的社会保障目标和任务也使得城乡社会保障呈现出不同的季节性特点。青黄不接的春夏之交对于农村社会保障有着很特别的意义，在这个时段，种子和口粮等方面的短缺形成迫切的社会保障需求，农村富户对贫户的救助、常平仓、社（义）仓的平粜和借贷等多发生在这一时段。农忙时节

---

① ［德］马克斯·韦伯著、洪天富译：《儒教与道教》，江苏人民出版社1997年版，第110页。

也是农村社会保障机制的高频率运转时段，对缺乏劳力、农具的贫难户、鳏寡户、幼弱户的帮助和村民之间换工互助多发生在农忙时节。在城市中，冬、春季节则是社会保障至关重要的季节。严冬和初春的寒冷使得城市贫民和乞丐处于饥寒交迫的状况，一些在农村失去佣佃机会的贫穷者也多在冬季流入城中觅食。种种因素使得冬季成为城市弱势群体处境严重恶化，城市社会问题突出的季节。为了避免"路有冻死骨"的惨状在身边蔓延，一些平时财力有限的收养机构一般在冬季会加大收容、收养的力度。冬季临时供养，春耕期间补助路费送回原籍的"留养资送"制度是明清城市中在相当长时间里实行的一项制度①。官府和地方精英有时会在城市中适当的地点开设粥厂，慈善组织也会增加对棉衣、草褥、医药等过冬物品的馈送。一些城市因此形成了有特色的"冬赈"或"冬防"制度②。

城市和乡村社会保障的覆盖面也有较大的差异。乡村社会保障立足于本乡本土，主要借助相对初级的社会保障机制解决自身的生存和生活保障问题，社会保障的覆盖面与社会保障机制的"口径"基本吻合，家庭、宗族、社区、互助圈各自对自身的成员提供保障，在"萌芽状态"消解可能出现的问题，并尽可能将问题抑制在自身的保障范围之内。可见，乡村社会保障是覆盖面较小的社会保障。城市社会保障则放眼于以自身为中心的整个辐射区，它不仅解决"城墙内"的社会保障问题，也解决溢出农村社会保障机制的明显问题。例如明清州县养济院的收养对象主要为具有本州县户籍的孤贫之民，既包括城市户籍也包括乡村户籍；清代普济堂、栖流所的收养对象主要为外地流入城市的饥民，他们大部分都来自农村。清代育婴堂有时派专人到乡村地区捡拾被人遗弃的婴儿，在江南等地，以府、州、县城或市镇为中心，形成了覆盖乡村地区的层级不同的育婴事业网络，这些育婴事业网络有时与行政体系并不重合③。可以说，城市社会保障是覆盖面较大的社会保障。

---

① 参见［澳］邓海伦：《试论留养资送制度的废除》，中国人民大学清史所编《"清代灾荒与中国社会"国际学术研讨会论文集》2005 年 8 月。

② 例如，据罗威廉的研究，19 世纪 70 年代以来，汉口由国家与社会联合参与的"冬防"逐步走向制度化，"它由危险的冬季里对城市社会管理有着至关重要意义的因素组成，即救济与公共安全——每年冬季，批发市场停业了，港口冰封了，粮食储备日渐消耗，粮价抬升，乡下的流民又蜂拥而来……其公共福利部分——有时称为"冬赈"——则已达到了准官方性质的地步，特别是当官府开始将自己的政策与粥厂系统协调一致（已经高度制度化了）、并正式公布粥厂的开放与关闭日期之后"。参见 William T. Rowe, *HANKOW : Conflict and Community in a Chinese City, 1796-1895*, Stanford University Press , 1989.

③ 参见［日］夫马进著，伍跃、杨文信、张学锋译：《中国善会善堂史研究》，商务印书馆 2005年版。

3. 城乡社会保障机制运行、演变等方面的差异

乡村是传统社会保障制度设计的立基点，明初的乡里制度非常巧妙地将大部分的社会救助责任赋予乡村里甲等民间保障机制，并以四乡预备仓为阵地，设法将饥荒时期的社会问题阻挡在城门之外。明初城市中的社会保障组织和机构并不发达，主要由养济院、惠民药局等少数机构承担施善和教化的职责。在开国时期的经济发展水平和大统一的中央集权制度下，明初社会保障制度的这种城乡配合已足以起到保障社会、维护安定的作用。随着社会经济的发展，明初富于理想色彩的里甲制度渐趋瓦解，里甲的综合功能名存实亡。明中后期，立志整饬乡村秩序的官吏和士绅创立了"泰泉乡礼"、"南赣乡约"、"徽州宗族性乡约"、"吕绅乡甲约"等有名乡村保障模式，在这些模式中，他们努力将乡约、乡校、社仓、乡社、保甲等基层组织与家族、宗族和戚友互助圈等保障机制融为一体，构建起乡村的社会保障和社会秩序网络，这些乡村社会保障设计和实践所秉承的依然是明初综合治乡的和谐乡村理念。清初里甲和保甲制一度并行，分别承担赋役和治安的功能，但清初统治者无法根除明叶以来的里甲积弊，保甲遂成为清代基层社会占主导地位的正统制度，保甲和乡约相结合，充当清代基层社会人民生活和社会秩序的支撑和保障者。与此同时，里社积谷和社仓建设在清前期得到卓有成效的推行。晚清的社会动荡使得团练成为整合基层社会的主导力量，在帮助清廷成功镇压农民起义之后，团练依然按照与保甲、社仓和民间初级社会保障机制相结合的原则履行社会保障和社会控制的职责。可见，明清乡村社会保障的运行更接近传统社会保障制度设计的"原生态"。

与乡村相比，城市是社会矛盾和社会问题集中的地方，一些在社会经济发展中产生的新问题常常比较突出地在城市中表现出来，它们也更容易纳入统治者或地方精英的视野。城市在某种程度上成为社会治乱敏感的信号器，从而也是社会保障新因素滋生的温床。面对社会发展中不断出现的问题，王朝初期的制度设计常常显得不够用，统治者不得不对原有的制度设计进行调整。另一方面，突出的城市社会问题也能激发地方精英和新生民间力量的创造力。这样，一些新的制度设计或保障机制便会产生出来，前文所述的明中后期以民间结会为基础的慈善组织的出现，清中后期官方社会保障机构日益向官民结合的社会保障机构演变，以及晚清民间善会善堂的复兴和体系化等都是城市在应对社会问题的过程中社会保障新因素孕育和产生的例证。在以往的城市史研究中，"城市本身并没有受到研究者的重视。城市转型带来的各种各样的问题以及政

策改良的过程依然是研究的盲点"①，罗威廉有关汉口的研究有一定的开创性意义，他对19世纪汉口城市公共生活的活跃、有组织的市民团体活动的持续发展、大范围的慈善机构以及"为应对那些前所未有的、早期现代化城市又必须面对的具体的城市社会问题而组织起来的公共服务机构"的不断孕育和"自然而然地形成"的过程作了深刻的揭示②。近来，这类成果不断增多。例如，邱仲麟探讨了明代北京瘟疫流行与国家医疗体系的应变之间的关系，认为水旱饥荒之后，众多饥民涌入城市，导致了北京瘟疫的传播和环境卫生方面的问题，北京城市医疗体系被迫在"祈禳"、"派医官诊疗"、"施药"、"掩埋尸体"等方面作出应对③；邱澎生考察了苏州商匠之间、商人与官员吏胥、盗贼无赖之间，商人与脚夫、船行之间，商人与本地牙行之间，商人与商人之间的各类"经商冲突事件"，在这些不断发生的经商冲突事件中，商人为保护自己的利益而结成团体，促使商业竞争也演变为团体与团体之间的竞争，更重要的是，商人、官府、手工业者和其他城市社会力量都在这些冲突事件中学习、调整自己的行为，从而演绎出一些新的相互关系模式，如官府对民间工商业态度的转变等④。保罗·圣安杰洛则透过18世纪苏州"包头—保甲"制度的调整来揭示苏州城市自治的倾向⑤："这次调整的结果是形成了一种城市社会自我管理模式，即由帝国政府'承认'但实际上是由城市经济精英们来管理，这种模式是高度系统化和等级化的，与政府机构完全脱离。"⑥ 这些都是与城市社会保障运行研究密切相关的成果，它们表明，城市社会保障的运行具有更多的变动性，因而也含有更多的进步意义。

（二）社会保障运作中的城乡互动

城乡社会保障之间的巨大差异并不表明城市和乡村在社会保障领域是相互对立的，相反，城市和以城市为中心的乡村腹地从一开始就保持着千丝万缕的

① ［日］夫马进：《晚明杭州的城市改革和民变》，［美］林达·约翰逊主编，成一农译：《帝国晚期的江南城市》，上海人民出版社2005年版。

② William T. Rowe, *HANKOW : Conflict and Community in a Chinese City*, *1796-1895*, Stanford University Press , 1989.

③ 邱仲麟：《明代北京的瘟疫与帝国医疗体系的应变》，梁庚尧、刘淑芬主编：《城市与乡村》，中国大百科全书出版社2005年版。

④ 邱澎生：《由苏州经商冲突事件看清代前期的官商关系》，梁庚尧、刘淑芬主编：《城市与乡村》，中国大百科全书出版社2005年版。

⑤ ［意］保罗·圣安杰洛：《帝国晚期的苏州城市社会》，［美］林达·约翰逊主编，成一农译：《帝国晚期的江南城市》，上海人民出版社2005年版。

⑥ ［美］罗威廉：《长江下游的城市与区域》，［美］林达·约翰逊主编，成一农译：《帝国晚期的江南城市》，上海人民出版社2005年版，第17页。

联系。城市相对于乡村而言，不仅是地理空间的中心和经济文化的中心，它同样也是社会保障的中心。城乡之间在社会保障领域的连结和互动突出地表现在城市对农村社会保障问题的受纳、消解，以及城市社会保障的制度和机构日益向乡村延伸两个方面。

作为权力结点和中心地，城市对乡村具有天然的辐射力，如前所述，城市社会保障机构的救助对象不仅面向城市居民，也面向以它为中心的乡村地区。城市的养济院收养着来自四乡的孤贫，城市育婴堂接纳了周边农村的弃婴，城市粥厂救活了本籍和外籍的乡村饥民。这种辐射作用进一步增强了乡村面向城市的向心力。在出身农村的绅士、商贾到城市来谋求晋升和发展的机会的同时，农村剩余劳动力也到城市寻找就业机会，乡村中的饥饿者、贫困者或游手好闲者也都纷纷涌入城市，把城市当作逃避饥饿和寻欢作乐的乐土。在一定意义上可以认为，乡村将社会变迁中自身难以克服的问题"输送"到城市，城市因其中心地的优势而有较充足的资源来解决这些问题。在本身资源缺乏时，又可通过区域、城市间的协济较快地获取资源，城市社会保障系统的资源优势有效地缓解了农村社会保障系统手段和资源匮乏的问题。从社会保障的运行机制来看，城乡间的这种社会保障互动实际上是一个财富的再分配过程。作为官方力量的盘踞之地，城市的粮食和财富主要取自乡村，乡村财富流向城市的渠道除了官府以赋役、漕粮等名义的征收和敛集外，也包括通过城乡间的商品流通和交换将农产品和原料大量吸收到城市中来。在财富的流动和初次分配中，城市"取"大于"予"，"收"大于"支"。农村社会问题"进城"和城市对这些问题的受纳与消解可视为借助社会保障制度实行的再分配，它将从乡村中获得的财富部分地"回馈"给乡村。

另一方面，城市社会保障机构日益向基层延伸，在乡村里社或靠近乡村的市镇上出现了直接服务于乡村的社会保障机构。如前所述，城市社会保障机构的小社区化和向乡村延伸是明清两湖地区社会保障事业发展的总体趋势，到晚清时，这种趋势已非常明显，无论是官方倡办的收养机构、仓储系统，还是以民间结会为基础的慈善组织，都日益向市镇与乡村贴近和深入。城市社会保障机构在向基层延伸的方式上体现出一定的区域差别。很多地区以城市社会保障机构的分支机构的形式出现。如本书第七章所示，大冶、崇阳县各乡、堡的育婴局是县育婴堂（局）的分支机构。位于汉阳蔡店镇的敦善堂、乐善堂、文昌社（专设以恤孤嫠）、翼翼堂、志善堂是汉阳县善堂的分支机构。也有一些地区是在市镇或乡村地区仿照城市社会保障机构的运作方式设立相似的组织和机构，如荆门直隶州的兴善堂（在沙洋）、益善堂（在拾回桥）、滋善堂（在五里铺）、积善堂（在萧家桥）、崇善堂（在建阳驿）、敦善堂（在马良口）等善堂就是地方官仿照汉口善堂在本县设立的。总体而言，这些社会保障机构的章程和运作模式都源自城市，它们向乡村的贴近和深入也可视为城市社会保障制度对乡村的一种"回馈"。

如果结合江南的情况，城市社会保障机构向乡村延伸和社会保障事业城乡互动的效果表现得更为明显。据夫马进的研究，清代江南育婴堂在府、州、县城和市镇普及后，道光年间在进一步向乡村延伸的过程中，出现了"根植于乡村"的保婴会，它像对待城市育婴问题一样来对待和处理农村的育婴问题，使得城镇的育婴网"可以称为细密地分布于乡村之中"①。据吴滔的研究，在清代嘉定、宝山二县，最初履行施粥功能的粥厂在其发展中所承担的地方事务不断增多，从而具备了联络市镇和乡村的功能，以数量众多的"厂"为基础，形成了嘉定、宝山地区动态的城乡联系网络②。

（三）社会保障城乡差别及城乡互动的意义

在以两湖地区为中心厘清明清社会保障的城乡差别和城乡互动关系的基础上，至少可以从三个方面来认识它的意义。

首先，它为我们认识两湖地区社会保障的特点提供了一个立足点。明清时期，两湖地区的经济发展和社会变迁使得"两湖"不仅仅是一个位置居中的地理单位，也不仅仅是两个省级行政区的简单相加，它已经越来越成为一个客观存在的社会经济区域。以两湖为研究对象的学者都强烈感受到这一居中、交汇、过渡的区域一定有区别于其他地区的特点，并为揭示它的特点作了很多努力，但最终都发现这是一个庞大而艰难的命题，如果没有适当的立足点，所得出的结论很容易流于空泛，一些知难而退者干脆得出"没有特点便是特点"的结论。尽管如此，"两湖特色"依然是吸引着众多研究者的一个富有魅力的命题，无疑，对这样一个庞大而复杂的命题，只能"千里之行，始于足下"。明清社会保障事业的城乡之别和城乡互动也许正是我们所需要的一个较合适的立足点。城市在社会保障事业中的中心作用使得它在区域社会保障事业的兴起和发展中具有特殊意义，城市的发育程度与区域社会保障事业的发达程度紧密相关。以江南地区作为参照系不难看出，两湖地区的城市发展与江南地区的城市发展有较大的差别。加藤繁、特威切特、斯波义信等海外学者的研究成果均显示，江南地区的城市在唐宋之际就步入了"转型"的进程，被他们称为"中世纪在市场结构和城市化上的革命"的城市转型使江南城市的外貌与分布发生了相当大的转变，其中一个重要的方面，就是以商业活动为基础的，有别

---

① 参见［日］夫马进著，伍跃、杨文信、张学锋译：《中国善会善堂史研究》，商务印书馆2005年版。

② 参见吴滔：《清代江南社区赈济与地方社会》，《中国社会科学》2001年第4期。

于传统府、县城的工商业城市和市镇的兴起①。到了明清时期，城市化革命的各个方面汇集在一起，推动了以工商经济职能为主的城市的更大规模和更大范围的发展。江南出现了与 20 世纪工业化国家的"特大城市"和"巨大城市带"相类似的"苏杭型城市"或"众星拱月型城市"及"新兴工商业市镇型城市"或"群芳争艳型城市"等发展模式②。由于江南存在着一个长期积累而成的"城市带"，江南地区得以在区内城市地位的升降和层级变化中作为一个整体持续繁荣，地区城市体系也在城市地位的升降中反复重组。在江南，城市和农村聚落的边界常常模糊不清。两湖地区工商业城市的发育比江南地区要晚得多，尽管明清时期两湖地区也出现了市镇经济繁荣的局面，但远没有形成像江南那样的"规模效应"。给人印象深刻的只有汉口、宜昌、沙市、湘潭、洪江等少数工商业发达的城市，它们像冬天里的星星，稀疏地点缀在两湖大地上③。本书第七章曾经以江南地区为参照系揭示了清代两湖地区育婴事业在兴起方式、运营和演变等方面的特点，发现两湖育婴事业主要借助官方力量兴起于经济相对落后的州县，而江南育婴事业则以民间慈善结会为基础兴起于经济发达的城市中。江南育婴事业兴起后呈迅速蔓延之势，并取得了较好的运营效果。而两湖育婴事业发展缓慢，在雍正皇帝的诏令下达之后才出现蓬勃发展的景象，但在实际运营上却流于形式。晚清两湖育婴事业与江南出现了趋同的发展倾向，但引人注目的成绩主要出现在汉口、洪江这样的商业市镇中。两湖育婴事业在兴起、运营和演变方面呈现出与江南地区的较大差异不足为奇，抓住城乡差异和城乡互动这个中心，其背后的原因便一目了然。两湖育婴事业与江南的差异同样适用于解释两湖其他社会保障事业与江南地区的差异。可以说，两湖育婴事业的特点在一定意义上就是两湖社会保障事业的特点。至此，我们可以以江南为参照系将两湖地区社会保障事业的特点归纳为：江南地区的社会保障是江南地域经济整体发展的结果，它是一种"片状"生长的、内发的社会保障；两湖地区的社会保障是局部地区率先发展的结果，它是一种"点状"生长、以点带面、时常借助外力推动的社会保障。这是明清两湖社会保障事业的一个实实在在的特点，它是以社会保障的城乡差别和城乡互动为立足点获得的。如果找到更多的这样的立足点，"两湖区域特点"就不是一个不可靠近的命题。

① [美] 施坚雅：《中华帝国的城市发展》，[美] 施坚雅主编，叶光庭等译：《中华帝国晚期的城市》，中华书局 2000 年版，第 24 页。

② 李伯重：《工业发展与城市变化：明中叶至清中叶的苏州（上）》，《清史研究》2001 年第 3 期。

③ 两湖地区工商业城市、市镇兴起、发展和分布情况可参见任放：《明清长江中游市镇经济研究》，武汉大学出版社 2003 年版。

其次，它为中国传统时代的社会保障与现代意义的社会保障的对接提供了一个"端口"。社会保障研究在中国兴起以来一直处于东西分离、传统和现代分离的状况，当人们论及现代社会保障的起源时，自然会提到的是英国伊丽莎白女王的《济贫法》、德国俾斯麦政府的社会保险法案和西方左翼政党领导的工人运动及其施政纲领。然而，中国具有现代意义的社会保障的源头在哪里？这是一个至今无人问津的问题。中国传统社会保障的城乡之别和城乡互动启示我们，也许可以在中国传统社会的城市中找到"传统"与"现代"的连接点。如前所述，乡村是中国传统社会保障制度设计的立基点，乡村社会保障的运行更接近传统社会保障制度设计的"原生态"。而城市是社会问题和矛盾集中的地方，城市社会保障的运行则更富变动性，城市是社会保障新因素产生的温床。将传统社会城乡社会保障的特点相互对照，可以说，如果乡村社会保障是保守的，则城市社会保障是趋新的；如果乡村社会保障是回归传统的，则城市社会保障是趋向现代的。在城市社会保障机制日益趋新的演变中，最具意义的现象表现在无产者涌入城市、劳资冲突加剧和协调、教养结合的社会保障观念出现等方面。有研究成果表明，在中国传统城市长期演变的过程中，存在着这些因素孕育、萌芽和自然形成的内在趋向。例如，夫马进通过对杭州由于城市问题导致的劳役制度的变革及晚明杭州民变的分析，认为杭州民众的起义在各方面与此前的研究所描述的城市起义完全不同，"杭州的起义主要归因于当地居民希望在城市改革中得到公平的对待"，由此我们"将看到有组织地表达政治愿望的意识的增长和城市底层居民的渴望"[1]。巫仁恕以苏州为中心揭示了明末清初城市手工业者为争取本身利益的集体抗议行动，他们结合成团体与雇主或官府发生冲突。在集体活动中，他们有一些象征性的仪式来凝聚群体，冲突的主题也由反对朝廷的苛征逐步转向劳资纠纷，冲突形式从暴力的抗议行为走向要求官府介入充当劳资纠纷的协调者[2]。罗威廉有关汉口的研究也表明，19世纪汉口城市中的打短工者、店铺跑堂、搬运夫以及一些行业的非技术工人之间的身份认同意识不断增强，从中可以看出一个大致可以用"苦力"来命名的"劳动阶级"的雏形。劳资冲突越来越成为最严重的城市社会冲突方式[3]。只要我们不将中国传统城市转型的现代意义过分夸大，这些成果所揭示出来的种种现象无疑都是在中国传统城市中孕育滋生的社会管理、社会控制和

---

① ［日］夫马进：《晚明杭州的城市改革和民变》，［美］林达·约翰逊主编，成一农译：《帝国晚期的江南城市》，上海人民出版社2005年版。

② 巫仁恕：《明末清初城市手工业工人的集体抗议行动——以苏州城为探讨中心》，梁庚尧、刘淑芬主编：《城市与乡村》，中国大百科全书出版社2005年版。

③ 参见 William T. Rowe, *HANKOW : Conflict and Community in a Chinese City, 1796-1895*, Stanford University Press , 1989.

社会保障的新因素、新现象。如果我们将视野延伸到近代，从更长时段看，这种进步和"转型"的趋势更明显。例如，伴随着张之洞督鄂以来湖北近代工业体系的奠基，武汉地区的劳工阶层已初步形成，劳资冲突与协调也逐渐成为城市社会保障的主题之一①。再如，据朱英、王卫平、蔡勤禹等人的研究成果，标志着中国慈善事业近代转型的一些新现象、新事物——如"重教轻养"的慈善观念的出现、面向大众、"教养兼施"的新型民间公益团体的产生等——也主要发生在城市社区②。这种观念转变和行为的转型虽然部分是受西方慈善思想和实践的影响而出现的，但这也恰好说明城市是较快接受新鲜事物，开风气之先的地方。

最后，它为我们认识中国社会保障长时段的演变规律提供了一条路径。传统社会保障的制度蓝图以乡村社会为立基点，又在城市社会的实施中发生变异。社会保障事业的进步常常表现为孕育于城市的新的社会保障机制对原有从乡村出发的制度设计的超越或否定。但这一进步过程并非由乡村到城市，以乡村推动城市繁荣的单向的、"接力式"的过程。在每一个方面，城市又将得自于乡村的资源、动力和问题解决机制以一定的方式回馈给乡村：从乡村流向城市的财富通过社会保障制度再分配给"乡村"；来自于农村的士绅和精英在城市建功立业后又选择乡居，或在 包括乡村在内的地方社会保障事务中发挥作用；为解决"农村问题进城"而产生的新的社会保障机制又从城市延伸到乡村或直接服务于乡村。中国传统时代的社会保障体系就是在这种复杂的城乡互动中进步和发展的。

总之，城市在乡村的支撑下进步，又反过来带动乡村；城市社会保障机制在缓解自身问题的同时，也缓解广大乡村腹地的问题。如果将中国传统城市比做一台发动机，乡村就是它所承载的货物。这台发动机拖拽着过于沉重的负载，它的马力显然不足以带动广大乡村步入快车道。中国传统社会就这样在城乡"进步与回馈"的曲线中一步步走来。

---

① 参见罗福惠：《湖北通史·晚清卷》，华中师范大学出版社 1999 年版；苏云峰：《中国现代化的区域研究（1860～1916 年）——湖北省》，台北"中央研究院"近代史研究所 1981 年版。
② 参见朱英：《戊戌时期民间慈善事业的发展》，《江汉论坛》1999 年第 11 期；王卫平：《论中国传统慈善事业的近代转型》，《江苏社会科学》2005 年第 1 期；蔡勤禹：《国家、社会与弱势群体——民国时期的社会救济（1927～1949 年）》，天津人民出版社 2003 年版。

参 考 文 献

一、历史文献

（一）基本历史文献

《十三经注疏》，中华书局 1984 年版。

《朱子语类》，中华书局 1988 年版。

《明实录》，"中央研究院"历史语言研究所校印本。

《明书》，光绪五年定州王氏谦德堂刊《畿辅丛书》本。

《明史》，中华书局 1974 年版。

《明史纪事本末》，中华书局 1977 年版。

正德《明会典》，四库全书本。

万历《明会典》，中华书局 1988 年影印本。

《明会要》，中华书局 1956 年版。

《万历邸抄》，江苏广陵古籍刻印社 1991 年版。

《全明文》，上海古籍出版社 1992 年版。

《元明史料笔记》（丛刊），中华书局 1997 年版。

《清实录》，中华书局 1986～1987 年版。

《清史稿》，中华书局 1998 年版。

《清经世文编》，台湾文海出版社 1987 年版。

《清朝经世文续编》，台湾文海出版社 1987 年版。

《清朝文献通考》，浙江古籍出版社影印 1988 年版。

《清朝续文献通考》，浙江古籍出版社影印 1988 年版。

乾隆《钦定礼部则例》，故宫珍本丛刊，海南出版社 2000 年版。

道光《钦定礼部则例》，故宫珍本丛刊，海南出版社 2000 年版。

雍正《钦定吏部处分则例》，故宫珍本丛刊，海南出版社 2000 年版。

乾隆《钦定吏部则例》，故宫珍本丛刊，海南出版社 2000 年版。

乾隆《钦定户部则例》，故宫珍本丛刊，海南出版社 2000 年版。

乾隆《钦定旗务则例》，故宫珍本丛刊，海南出版社 2000 年版。

乾隆《钦定户部军需则例》，故宫珍本丛刊，海南出版社 2000 年版。

乾隆《钦定工部军需则例》，故宫珍本丛刊，海南出版社 2000 年版。

乾隆《钦定兵部军需则例》，故宫珍本丛刊，海南出版社 2000 年版。

乾隆《钦定大清会典则例》，四库全书本。

光绪《钦定六部处分则例》，光绪十八年上海图书集成印书局印行本。

光绪《钦定大清会典》，台湾新文丰出版公司 1976 年版。

光绪《钦定大清会典事例》，台湾新文丰出版公司 1976 年版。

（康熙）《万寿盛典初集》，四库全书本。

《御定千叟宴诗》，四库全书本。

《世宗宪皇帝上谕内阁》，四库全书本。

（乾隆）《八旬万寿盛典》，四库全书本。

《清代史料笔记丛刊》，中华书局 1997 年版。

明·高拱：《高文襄公文集》，康熙二十五年刊本。

明·冯琦：《经济类编》，万历三十二年刻本。

明·徐纮：《明名臣琬琰录》，四库全书本。

明·黄训：《皇明明臣经济录》，台湾文海出版社有限公司 1984 年影印本。

明·章潢：《图书编》，四库全书本。

明·王世贞：《弇山堂别集》，四库全书本。

明·王世贞：《弇州史料前集》，四库全书本。

明·王守仁：《王文成全书》，明隆庆六年刻本、清四库全书本。

明·吕绅：《实政录》，清同治十一年浙江书局刻本、北京图书馆古籍珍本丛刊本。

清·顾炎武：《天下郡国利病书》，四部丛刊三编本。

清·顾炎武撰，黄汝成集释：《日知录集释》，光绪十三年同文书局石印本。

清·黄六鸿：《福惠全书》，康熙三十三年种书堂刻本。

清·于成龙：《于清端公（成龙）政书》，台湾文海出版社有限公司 1976 年版。

清·沈之奇：《大清律辑注》，法律出版社 2000 年点校本。

清·严如煜：《三省边防备览》，道光三年刻本。

清·魁联：《前后守宝录》，清咸丰三年刻本。

清·徐珂：《清稗类钞》，中华书局 1984 年版。

清·卞宝第：《抚湘公牍》，光绪刻本。

清·李翰芬：《梅园丛稿·鄂轺载笔》，民国二十九年活字本。

梁启超：《饮冰室合集》，上海中华书局 1941 年版。

蒋维明：《川湖陕白莲教起义资料辑录》，四川人民出版社 1980 年版。

前南京国民政府司法行政部编：《民事习惯调查报告录》，中国政法大学出版社 2000 年版。

李文海、夏明芳主编：《中国荒政全书》，北京古籍出版社 2004 年版。

《湖北地方古籍文献丛书》各卷，湖北人民出版社 1999 年版、2002 年版。

（二）档案、碑刻

中国第一历史档案馆、中国社会科学院历史所编：《清代地租剥削形态》，中华书局 1982 年版。

中国人民大学历史系、中国第一历史档案馆合编：《清代农民战争史资料选编》第 1 册，中国人民大学出版社 1984 年版。

中国第一历史档案馆、中国社会科学院历史所编：《清代土地占有关系与佃农抗租斗争》，中华书局 1988 年版。

张伟仁主编：《明清档案》，台湾"中央研究院"历史语言研究所 1987 年刊本。

《驳案新编》，海南出版社 2001 年版。

清·祝庆祺等编：《刑案汇览三编》，北京古籍出版社 2004 年版。

叶植主编：《襄樊市文物史迹普查实录》，今日中国出版社 1995 年版。

《竹溪县湖南会馆碑刻》，2004 年 11 月 3 日抄录于竹溪县湖南会馆遗址。

汉阳公园内同治八年石碑，2005 年 11 月抄于汉阳公园内。

汉阳公园内同治十一年石碑，2005 年 11 月抄于汉阳公园内。

（三）家谱、族谱

湖北鄂州《竹桂堂周氏宗谱》，民国二十五年刻本。

湖北鄂州沙窝《严氏宗谱》，富川堂民国刻本。

湖北鄂州沙塘《周氏宗谱》，民国二十五年刻本。

湖北鄂州燕矶《周氏宗谱》，光绪二十八年刻本。

湖北鄂州燕矶《邵氏宗谱》，1991 年活字本。

湖北鄂州《朱氏宗谱》，1994 年活字本。

湖北鄂州杜山《夏氏宗谱》，1997 年木活字本。

湖北武昌《贺氏族谱》，咸丰十年垂远堂刻本。

湖北《江夏范氏宗谱》，宣统元年守先堂刻本。

湖北《通城刘氏宗谱》，2000年铅字本。

湖北通城《葛氏宗谱》，民国十八年刻本。

湖北通城《谈氏宗谱》，民国三十一年刻本。

湖北通山《吴氏宗谱》，光绪十一年至德堂刻本。

湖北崇阳《邓氏宗谱》，民国二十五年刻本。

湖北黄冈《夏氏宗谱》，民国二年木活字本。

湖北黄冈《义门陈氏回归庄合修大成宗谱》，德星堂2003年铅印本。

湖北黄冈《蔡氏宗谱》，民国七年九思堂活字本。

湖北黄冈《李氏宗谱》，光绪二十一年务本堂刻本。

湖北黄冈《彭氏宗谱》，民国三十七年述古堂活字本。

湖北黄冈《谢氏宗谱》，民国七年刻本。

湖北黄冈《许氏宗谱》，民国四年敦睦堂刻本。

湖北蕲春《夏氏宗谱》，光绪十八年刻本。

湖北黄陂《周氏宗谱》，民国十二年刻本。

湖北黄陂《张氏宗谱》，同治九年刻本。

湖北阳新《文肃堂周氏宗谱》，光绪二十三年鼎兴局刻本。

《周氏大成宗谱》，1998年罗田古庙河谱局铅印本。

《义门陈氏家乘》，民国二十七年本。

湖南长沙《格塘黄氏族谱》卷首，《凡例》，同治四年刻本。

湖南长沙《榖塘余氏三修族谱》，民国壬午培元堂木活字本。

湖南长沙《湘西许氏四修族谱》，民国二十四年太岳堂木活字本。

湖南长沙《黄氏洲子房支谱》，道光十年刻本。

湖南长沙《章氏三修支谱》，光绪三十二年河间堂刻本。

湖南长沙《湘东黄氏二修族谱》，民国二年木活字本。

湖南长沙《高桥周氏族谱》，乾隆四十三年刻本。

湖南善化《章氏支谱》，民国十八年刻本。

湖南湘乡《黄田章氏宠房支谱》，民国己巳年刻本。

湖南湘乡《萧氏续谱》，光绪十九年经木堂木活字本。

湖南《湘乡大界曾氏五修族谱》卷首，民国三十五年三省堂石印本。

湖南《桃江萧氏四修族谱》，民国三十年（左右）兰陵堂木活字本。

湖南湘阴《庞氏族谱》，清光绪八年武陵堂木活字本。

湖南《平江叶氏族谱》，民国二十四年刻本。

湖南宁乡《江氏续修支谱》，同治六年济阳堂木活字本。

湖南宁乡《靳水双江陶氏五修族谱》，民国刻本。

湖南宁乡《余氏四修族谱》，民国十四年新安堂木活字本。

湖南《沩宁刘氏族谱》，光绪十三年序伦堂刻本。

湖南湘潭《湛家塘徐氏四修族谱》，民国十一年烨霞堂刻本。

湖南湘潭《涓江萧氏六修族谱》，民国庚午鸿门敦本堂刻本。

湖南韶山《毛氏四修族谱》，民国三十年西河堂印本。

湖南《黄氏四修族谱》，同治四年江夏堂刻本。

湖南邵阳《海氏族谱》，民国元年续修复刻本。

湖南《华林胡氏十二修宗谱》，1995 年铅印本。

湖南临湘《余氏宗谱》，民国二十三年绍贤堂木活字本。

马建钊主编：《中国南方回族谱牒选编》，广西民族出版社 1998 年版。

（四） 地方志

1. 湖北省

嘉靖《湖广图经志书》，日本藏中国罕见地方志丛刊本（据明嘉靖元年刻本影印）。

万历《湖广总志》，明万历十九年刻本。

雍正《湖广通志》，清雍正十一年刻本。

嘉庆《湖北通志》，清嘉庆九年刻本。

嘉庆《湖北通志检存稿》，民国十一年《章氏遗书》本。

光绪《湖北通志余》，清光绪间稿本。

民国《湖北通志》，民国十年刻本。

乾隆《湖北下荆南道志》，清乾隆五年刻本。

康熙《湖广武昌府志》，清康熙二十六年刻本。

嘉靖《汉阳府志》，1963 年《天一阁藏明代地方志选刊本》。

乾隆《汉阳府志》，清乾隆十二年刻本。

光绪《汉口山陕西会馆志》，清光绪二十二年诚敬堂刻本。

民国《夏口县志》，民国九年刻本。

民国《汉口小志》，民国四年铅印本。

嘉靖《大冶县志》，中国地方志集成本。

同治《大冶县志》，清同治六年刻本。

光绪《续编大冶县志》，中国地方志集成本。

光绪《大冶县志后编》，清光绪二十三年刻本。

康熙《孝感县志》，故宫珍本丛刊本。

光绪《孝感县志》，中国地方志集成本。

康熙《黄陂县志》，故宫珍本丛刊本。

同治《黄陂县志》，清同治十年刻本。

同治《汉川县志》，清同治十二年刻本。

光绪《汉川图记征实》，清光绪二十年刻本。

道光《云梦县志略》，清道光二十年刻本。

光绪《续云梦县志略》，清光绪九年刻本。

嘉靖《应山县志》，1964 年《天一阁藏明代地方志选刊本》。

康熙《应山县志》，中国地方志集成本。

同治《应山县志》，中国地方志集成本。

乾隆《汉阳县志》，稀见中国地方志丛刊本。

同治《续辑汉阳县志》，清同治七年刻本。

同治《汉阳县志校》，中国地方志集成本。

光绪《汉阳县识》，清光绪景贤书熟刻本。

雍正《应城县志》，中国地方志集成本。

咸丰《应城县志》，清咸丰三年稿本。

光绪《应城县志》，清光绪八年蒲阳书院刻本。

光绪《德安府志》，清光绪十四年刻本。

康熙《德安安陆郡志》，故宫珍本丛刊本。

道光《安陆县志》，清道光二十三年刻本。

同治《安陆县志补》，台湾成文出版公司本。

弘治《黄州府志》，1965 年《天一阁藏明代地方志选刊本》。

光绪《黄州府志》，清光绪十年刻本。

乾隆《黄冈志》，中国地方志集成本（据乾隆二十四年刻本）。

乾隆《黄冈县志》，故宫珍本丛刊本（据乾隆五十四年刻本）。

光绪《黄冈县志》，清光绪八年刻本。

光绪《黄安县志》，中国地方志集成本。

光绪《麻城县志》，清光绪八年刻本。

民国《麻城县志前编》，民国二十四年铅印本。

民国《麻城县志续编》，民国二十四年铅印本。

嘉靖《罗田县志》，民国十五年铅印本。

光绪《罗田县志》，清光绪二年刻本。

嘉靖《蕲水县志》，1963 年上海古籍书店影印本。

乾隆《蕲水县志》，故宫珍本丛刊本。

光绪《蕲水县志》，中国地方志集成本。

嘉靖《蕲州志》，1962 年《天一阁藏明代地方志选刊本》。

咸丰《蕲州志》,清同治二年修锓本。

光绪《蕲州志》,清光绪十年重校本。

乾隆《黄梅县志》,故宫珍本丛刊本。

光绪《黄梅县志》,清光绪二年刻本。

康熙《广济县志》,中国地方志集成本。

乾隆《广济县志》,故宫珍本丛刊本。

同治《广济县志》,清同治十一年刻本。

乾隆《英山县志》,故宫珍本丛刊本。

民国《英山县志》,中国地方志集成本。

康熙《咸宁县志》,故宫珍本丛刊本。

同治《咸宁县志》,清同治五年刻本。

光绪《续辑咸宁县志》,清光绪八年刻本。

光绪《兴国州志》,清光绪十五年 富川书院刻本。

光绪《续补兴国州志》,中国地方志集成本。

同治《通山县志》,清同治七年心田局活字本。

康熙《通城县志》,故宫珍本丛刊本。

同治《通城县志》,中国地方志集成本。

同治《重修嘉鱼县志》,清同治五年刻本。

同治《江夏县志》,清同治四年刻本。

乾隆《武昌县志》,中国地方志集成本。

光绪《武昌县志》,清光绪十一刻本。

同治《崇阳县志》,清同治五年活字本。

乾隆《重修蒲圻县志》,故宫珍本丛刊本。

道光《蒲圻县志》,台湾成文出版公司本。

同治《蒲圻县志》,清同治五年刻本。

民国《蒲圻县乡土志》,民国十二年铅印本。

康熙《荆州府志》,中国地方志集成本。

乾隆《荆州府志》,清乾隆二十二年刻本。

光绪《荆州府志》,清光绪六年刻本。

民国《沙市志略》,中国地方志集成本。

顺治《江陵县志》,中国地方志集成本。

乾隆《江陵县志》,清乾隆五十九年刻本。

光绪《续辑江陵县志》,清光绪三年刻本。

乾隆《荆门州志》,中国地方志集成本。

嘉庆《荆门直隶州志》,清嘉庆十四年刻本。

同治《荆门直隶州志》，清同治七年刻本。

康熙《安陆府志》，中国地方志集成本。

乾隆《钟祥县志》，清乾隆六十年刻本。

同治《钟祥县志》，清同治六年刻本。

康熙《京山县志》，中国地方志集成本。

光绪《京山县志》，清光绪八年刻本。

民国《京山县志》，民国三十八年铅印本。

康熙《监利县志》，故宫珍本丛刊本。

同治《监利县志》，清同治十一年刻本。

乾隆《石首县志》，故宫珍本丛刊本。

同治《石首县志》，清同治五年刻本。

乾隆《天门县志》，中国地方志集成本。

康熙《潜江县志》，故宫珍本丛刊本。

光绪《潜江县志》，清光绪五年刻本。

嘉靖《沔阳志》，民国十五年沔阳卢氏慎始其斋校刻本。

光绪《沔阳州志》，中国地方志集成本。

同治《公安县志》，清同治十三年刻本。

康熙《松滋县志》，故宫珍本丛刊本。

同治《松滋县志》，清同治八年刻本。

弘治《夷陵州志》，1990 年《天一阁藏明代地方志选刊续编》本。

同治《宜昌府志》，清同治五年刻本。

乾隆《东湖县志》，中国地方志集成本。

同治《续修东湖县志》，清同治三年刻本。

顺治《远安县志》，故宫珍本丛刊本。

同治《远安县志》，清同治五年刻本。

乾隆《当阳县志》，故宫珍本丛刊本。

同治《当阳县志》，清同治五年刻本。

光绪《当阳县补续志》，中国地方志集成本。

同治《宜都县志》，清同治五年刻本。

乾隆《枝江县志》，故宫珍本丛刊本。

同治《枝江县志》，清同治五年刻本。

光绪《长乐县志》，清光绪元年增刻本。

同治《长阳县志》，清同治五年刻本。

嘉靖《归州全志》，1990 年《天一阁藏明代地方志选刊续编》本。

乾隆《归州志》，故宫珍本丛刊本。

光绪《归州志》，清光绪八年刻本。

光绪《兴山县志》，清光绪十一年刻本。

同治《增修施南府志》，清同治十年刻本。

光绪《施南府志续编》，中国地方志集成本。

嘉庆《恩施县志》，故宫珍本丛刊本。

同治《恩施县志》，清同治三年刻本。

嘉庆《建始县志》，故宫珍本丛刊本。

同治《建始县志》，清同治五年刻本。

康熙《巴东县志》，故宫珍本丛刊本。

同治《巴东县志》，清光绪六年刻本。

乾隆《鹤峰州志》，故宫珍本丛刊本。

道光《鹤峰州志》，清道光二年刻本。

同治《续修鹤峰州志》，清同治六年刻本。

光绪《续修鹤峰州志》，光绪十一年刻本。

同治《宣恩县志》，中国地方志集成本。

乾隆《来凤县志》，故宫珍本丛刊本。

同治《来凤县志》，清同治五年刻本。

同治《咸丰县志》，中国地方志集成本。

同治《利川县志》，清同治四年刻本。

光绪《利川县志》，中国地方志集成本。

康熙《湖广郧阳府志》，稀见中国地方志丛刊本。

同治《郧阳志》，清同治九年刻本。

同治《房县志》，清同治四年刻本。

同治《竹溪县志》，清同治六年刻本。

康熙《均州志》，故宫珍本丛刊本。

光绪《续辑均州志》，清光绪十年刻本。

嘉庆《竹山县志》，故宫珍本丛刊本。

同治《竹山县志》，清同治四年刻本。

乾隆《郧西县志》，故宫珍本丛刊本。

嘉庆《郧西县志》，故宫珍本丛刊本。

同治《郧西县志》，清同治五年刻本。

民国《郧西县志》，台湾成文出版公司本。

天顺《重刊襄阳郡志》，1964年上海古籍书店影印本。

乾隆《襄阳府志》，清乾隆二十五年刻本。

光绪《襄阳府志》，清光绪十一年刻本。

同治《襄阳县志》，民国三年石印本。

光绪《襄阳四略》，清光绪三十二年刻本。

同治《随州志》，清同治八年刻本。

民国《南漳县志》，民国十一年石印本。

同治《谷城县志》，清同治六年刻本。

乾隆《枣阳县志》，中国地方志集成本。

同治《枣阳县志》，清同治四年刻本。

民国《枣阳县志》，民国十二年铅印本。

嘉靖《宜城县志》，中国地方志集成本。

康熙《宜城县志》，故宫珍本丛刊本。

同治《宜城县志》，清同治五年刻本。

光绪《宜城县志》，清光绪八年刻本。

同治《保康县志》，清同治五年刻本。

正德《光化县志》，1964 年《天一阁藏明代地方志选刊本》。

光绪《光化县志》，清光绪十年刻本。

2. 湖南省

乾隆《湖南通志》，清乾隆二十二年刻本。

嘉庆《湖南通志》，清嘉庆二十五年刻本。

光绪《湖南通志》，清光绪十一年刻本。

宣统《湖南乡土地理教科书》，清宣统二年石印本。

嘉靖《长沙府志》，稀见中国地方志丛刊本。

乾隆《长沙府志》，清乾隆十二年刻本。

康熙《长沙县志》，清康熙四十二年刻本。

乾隆《长沙县志续集》，清乾隆十二年刻本。

嘉庆《长沙县志》，清嘉庆二十二年刻本。

同治《长沙县志》，清同治十年刻本。

乾隆《善化县志》清乾隆十二年刻本。

嘉庆《善化县志》，清嘉庆二十三年刻本。

光绪《善化县志》，清光绪三年刻本。

弘治《岳州府志》，1990 年《天一阁藏明代地方志选刊续编》本。

隆庆《岳州府志》，1963 年《天一阁藏明代地方志选刊》本。

康熙《岳州府志》，稀见中国地方志丛刊本。

乾隆《岳州府志》，清乾隆元年刻本。

嘉庆《巴陵县志》，清嘉庆九年刻本。

同治《巴陵县志》，清同治十一年刻本。

光绪《巴陵县志》，民国三年重印本。

光绪《岳州救生局志》，清光绪元年刻本。

同治《临湘县志》，清同治十一年刻本。

嘉庆《平江县志》，清嘉庆二十一年刻本。

同治《平江县志》，清同治十三年刻本。

嘉靖《湘阴县志》，稀见中国地方志丛刊本。

乾隆《湘阴县志》，故宫珍本丛刊本。

光绪《湘阴县图志》，清光绪六年刻本。

光绪《华容县志》，清光绪八年刻本。

乾隆《湘潭县志》，清乾隆四十六年刻本。

嘉庆《湘潭县志》，清嘉庆二十三年刻本。

光绪《湘潭县志》，清光绪十五年刻本。

雍正《浏阳县志》，故宫珍本丛刊本。

嘉庆《浏阳县志》，清嘉庆二十四年刻本。

同治《浏阳县志》，清同治十二年刻本。

同治《醴陵县志》，清同治九年刻本。

民国《醴陵县志》，民国三十七年醴陵县文献委员会铅印本。

民国《醴陵育婴皆不忍堂合志》，民国二十五年刻本。

同治《攸县志》，清同治十年刻本。

康熙《茶陵州志》，故宫珍本丛刊本。

嘉庆《茶陵州志》，稀见中国地方志丛刊本。

同治《茶陵州志》，清同治十年刻本。

同治《酃县志》，清同治十二年刻本。

乾隆《湘乡县志》，故宫珍本丛刊本。

嘉庆《湘乡县志》，清嘉庆二十二年刻本。

道光《湘乡县志》，清道光五年刻本。

同治《湘乡县志》，清同治十三年刻本。

乾隆《郴州总志》，故宫珍本丛刊本。

嘉庆《安仁县志》，清嘉庆二十四年刻本。

光绪《永兴乡土志》，清光绪三十二年刻本。

乾隆《兴宁县志》，故宫珍本丛刊本。

道光《兴宁县志》，清道光元年刻本。

乾隆《桂东县志》，故宫珍本丛刊本。

嘉庆《桂东县志》，清嘉庆二十二年刻本。

同治《桂东县志》，清同治五年刻本。

乾隆《桂阳县志》，清嘉庆七年增刻本。

同治《桂阳县志》，清同治六年刻本。

乾隆《宜章县志》，故宫珍本丛刊本。

嘉庆《宜章县志》，稀见中国地方志丛刊本。

康熙《临武县志》，故宫珍本丛刊本。

乾隆《嘉禾县志》，故宫珍本丛刊本。

乾隆《桂阳州志》，故宫珍本丛刊本。

同治《桂阳直隶州志》，清同治七年本。

康熙《耒阳县志》，故宫珍本丛刊本。

道光《耒阳县志》，清道光六年刻本。

光绪《耒阳县志》，清光绪十一年刻本。

光绪《耒阳县乡土志》，清光绪三十二年活字本。

康熙《衡州府志》，北京图书馆古籍珍本丛刊本。

乾隆《衡州府志》，清乾隆二十八年刻本、清光绪元年补刻本。

嘉庆《衡阳县志》，清嘉庆二十五年刻本。

同治《衡阳县志》，清同治十三年刻本。

乾隆《清泉县志》，清乾隆二十八年刻本。

同治《清泉县志》，清同治八年刻本。

弘治《衡山县志》，民国十三年铅印本。

乾隆《衡山县志》，故宫珍本丛刊本。

道光《衡山县志》，清道光三年增刻本。

光绪《衡山县志》，清光绪元年刻本。

同治《常宁县志》，清同治九年刻本。

嘉庆《祁阳县志》，清嘉庆十七年刻本。

弘治《永州府志》，1990 年《天一阁藏明代地方志选刊续编》本。

隆庆《永州府志》，四库全书存目丛书本。

康熙《永州府志》，稀见中国地方志丛刊本（据康熙九年本）。

康熙《永州府志》，清康熙三十三年刻本。

道光《永州府志》，清道光八年刻本。

光绪《零陵县志》，民国二十年增刻本。

乾隆《宁远县志》，故宫珍本丛刊本。

嘉庆《宁远县志》，清嘉庆十六年刻本。

光绪《宁远县志》，清光绪二年刻本。

康熙《蓝山县志》，故宫珍本丛刊本。

民国《蓝山县图志》，民国二十一年刻本。

雍正《江华县志》，故宫珍本丛刊本。

同治《江华县志》，清同治九年刻本。

康熙《永明县志》，故宫珍本丛刊本。

道光《永明县志》，民国二十二年铅印本。

嘉庆《道州志》，清嘉庆二十五年刻本。

光绪《道州志》，清光绪四年刻本。

乾隆《东安县志》，故宫珍本丛刊本。

光绪《东安县志》，清光绪元年刻本。

隆庆《宝庆府志》，稀见中国地方志丛刊本。

康熙《宝庆府志》，北京图书馆古籍珍本丛刊本。

道光《宝庆府志》，清道光二十九年刻本、民国二十三年铅印本。

康熙《邵阳县志》，稀见中国地方志丛刊本。

乾隆《邵阳县志》，故宫珍本丛刊本。

光绪《邵阳县志》，清光绪二年刻本。

光绪《邵阳县乡土志》，清光绪三十三年刻本。

乾隆《武冈州志》，故宫珍本丛刊本。

同治《城步县志》，民国十九年活字本。

乾隆《绥宁县志》，故宫珍本丛刊本。

道光《新化县志》，清道光十二年刻本。

同治《新化县志》，清同治十一年刻本。

乾隆《辰州府志》，清乾隆三十年刻本。

道光《辰州府义田总记》，清道光二十八年刻本。

同治《黔阳县志》，清同治十三年刻本。

同治《沅陵县志》，清同治十二年刻本、清光绪二十八年补刻本。

同治《溆浦县志》，清同治八年刻本。

乾隆《会同县志》，故宫珍本丛刊本。

光绪《洪江育婴小识》，清光绪十三年刻本。

光绪《洪江育婴续识》，清光绪三十四年刻本。

乾隆《靖州志》，故宫珍本丛刊本。

光绪《靖州直隶州志》，清光绪五年刻本。

光绪《靖州乡土志》，清光绪三十四年刻本。

道光《晃州厅志》，清道光五年刻本。

乾隆《沅州府志》，稀见中国地方志丛刊本。

乾隆《芷江县志》，故宫珍本丛刊本。

康熙《麻阳县志》，日本藏中国罕见地方志丛刊本。

乾隆《永顺府志》，清同治十二年增刻本。

乾隆《乾州志》，稀见中国地方志丛刊本。

同治《乾州厅志》，清光绪三年续修刻本。

乾隆《永顺县志》，故宫珍本丛刊本。

乾隆《泸溪县志》，故宫珍本丛刊本。

乾隆《凤凰厅志》，故宫珍本丛刊本。

道光《凤凰厅志》，清道光四年刻本。

同治《永绥直隶厅志》，清同治七年刻本。

宣统《永绥厅志》，清宣统元年铅印本。

嘉靖《常德府志》，1964 年《天一阁藏明代地方志选刊》本。

嘉庆《常德府志》，清嘉庆十八年刻本。

同治《武陵县志》，清同治二年刻本。

康熙《龙阳县志》，故宫珍本丛刊本。

嘉庆《龙阳县志》，清嘉庆十八年刻本。

光绪《重修龙阳县志》，清光绪元年刻本。

同治《直隶澧州志》，清同治八年刻本。

康熙《安乡县志》稀见中国地方志丛刊本。

同治《安福县志》，清同治八年刻本。

道光《桃源县志》，清道光三年刻本。

光绪《桃源县志》，清光绪十八年刻本。

万历《慈利县志》，1964 年《天一阁藏明代地方志选刊》本。

嘉庆《重修慈利县志》，清嘉庆二十二年刻本。

光绪《慈利县志》，清光绪二十二年刻本。

民国《慈利县志》，民国十二年铅印本。

康熙《石门县志》，故宫珍本丛刊本。

同治《石门县志》，清同治七年刻本。

乾隆《益阳县志》，故宫珍本丛刊本。

嘉庆《益阳县志》，清嘉庆二十五年刻本。

同治《益阳县志》，清同治十三年刻本。

乾隆《宁乡县志》，故宫珍本丛刊本。

同治《续修宁乡县志》，清同治六年刻本。

嘉庆《安化县志》，清嘉庆十六年刻本。

同治《安化县志》，清同治十年刻本。

二、今人论著

（一）著作类

1. 中国学者著作（按著者名称的汉语拼音排序）

白钢主编：《中国政治制度通史》，人民出版社1996年版。

蔡勤禹：《国家、社会与弱势群体——民国时期的社会救济（1927～1949)》，天津人民出版社2003年版。

曹树基：《中国人口史·明时期》，复旦大学出版社2000年版。

曹树基：《中国人口史·清时期》，复旦大学出版社2001年版。

曹树基：《中国移民史》，福建人民出版社1997年版。

陈宝良：《中国的社与会》，浙江人民出版社1996年版。

陈宝良：《明代社会生活史》，中国社会科学出版社2004年版。

陈锋：《清代军费研究》，武汉大学出版社1992年版。

陈锋主编：《明清以来长江流域社会发展史论》，武汉大学出版社2006年版。

邓洪波：《中国书院史》，东方出版中心2004年版。

邓云特：《中国救荒史》，商务印书馆1937年版。

丁世良、赵放主编：《中国地方志民俗资料汇编·中南卷》，北京图书馆出版社1991年版。

董家遵：《中国古代婚姻史研究》，广东人民出版社1995年版。

费孝通：《费孝通社会学文集——社会学的探索》，天津人民出版社1985年版。

费成康主编：《中国的家法族规》，上海社会科学院出版社1998年版。

冯尔康：《中国宗族社会》，浙江人民出版社1994年版。

冯柳堂：《中国历代民食政策史》，商务印书馆1934年版。

龚胜生：《清代两湖农业地理》，华中师范大学出版社1995年版。

郭松义、李新达、李尚英：《清朝典章制度》，吉林文史出版社2002年版。

郭松义：《伦理与生活——清代的婚姻关系》，商务印书馆2000年版。

哈经雄主编：《中国谚语集成·湖北卷》，中央民族大学出版社1994年版。

何兆武、陈启能主编：《当代西方史学理论》，上海社会科学院出版社

2003 年版。

侯仁之：《北京城市历史地理》，北京燕山出版社 2000 年版。

黄惠贤、陈锋主编：《中国俸禄制度史》，武汉大学出版社 1996 年版。

黄宗智主编：《中国研究的范式问题讨论》，社会科学文献出版社 2003 年版。

瞿同祖：《瞿同祖法学论著集》，中国政法大学出版社 1998 年版。

李超纲等编：《中国古代官吏制度浅论》，劳动人事出版社 1989 年版。

李培林、孙立平等：《20 世纪的中国学术与社会·社会学卷》，山东人民出版社 2001 年版。

李中清、郭松义、定宜庄编：《婚姻家庭与人口行为》，北京大学出版社 2000 年版。

李文治、江太新：《中国宗法宗族制和族田义庄》，社会科学文献出版社 2000 年版。

李文治：《中国近代农业史资料》第 1 辑，三联书店 1957 年版。

李文治：《明清时代封建土地关系的松解》，中国社会科学出版社 1993 年版。

李向军：《清代荒政研究》，农业出版社 1995 年版。

李孝聪主编：《唐代地域结构与运作空间》，上海辞书出版社 2003 版。

梁庚尧、刘淑芬主编：《城市与乡村》，中国大百科全书出版社 2005 版。

梁其姿：《施善与教化——明清的慈善组织》，河北教育出版社 2001 年版。

林济：《长江中游宗族社会及其变迁》，中国社会科学出版社 1999 年版。

刘国林编著：《中国历代优抚》，黑龙江科技出版社 1988 年版。

刘秋根：《明清高利贷资本》，社会科学文献出版社 2000 年版。

刘燕生：《社会保障的起源、发展和道路选择》，法律出版社 2001 年版。

鲁西奇：《区域历史地理研究：对象与方法——汉水流域的个案考察》，广西人民出版社 2000 年版。

栾成显：《明代黄册研究》，中国社会科学出版社 1998 年版。

罗冬阳：《明太祖礼法之治研究》，高等教育出版社 1998 年版。

罗尔纲：《绿营兵制》，中华书局 1984 年版。

罗福惠：《湖北通史·晚清卷》，华中师范大学出版社 1999 年版。

罗志田主编：《20 世纪的中国学术与社会·史学卷》，山东人民出版社 2001 年版。

《毛泽东选集》，人民出版社 1991 年版。

梅莉、张国雄、晏昌贵：《两湖平原开发探源》，江西教育出版社 1995

年版。

孟昭华、王明寰：《中国民政史稿》，黑龙江人民出版社 1986 年版。

彭雨新、张建民：《明清长江流域农业水利研究》，武汉大学出版社 1993 年版。

秦晖：《政府与企业以外的现代化——中西公益事业史比较研究》，浙江人民出版社 1999 年版。

全汉升：《中国行会制度史》，台湾食货出版社有限公司 1978 年版。

任放：《明清长江中游市镇经济研究》，武汉大学出版社 2003 年版。

芮逸夫主编：《云五社会科学大辞典第十册·人类学》，台湾"商务印书馆" 1971 年版。

史凤仪：《中国古代婚姻与家庭》，湖北人民出版社 1987 年版。

史念海：《中国古都和文化》，中华书局 1998 年版。

苏云峰：《中国现代化的区域研究（1860~1916）——湖北省》，台北"中央研究院"近代史研究所 1981 年版。

唐力行：《商人与中国近世社会》，商务印书馆 2003 年版。

唐力行主编：《家庭·社区·大众心态变迁国际学术研讨会论文集》，黄山书社 1999 年版。

唐文基：《明代赋役制度史》，中国社会科学出版社 1991 年版。

陶希圣、沈任远：《明清政治制度》，台湾"商务印书馆" 1983 年版。

王日根：《乡土之链——明清会馆与社会变迁》，天津人民出版社 1996 年版。

王卫平、黄鸿山：《中国古代传统社会保障与慈善事业——以明清时期为重点的考察》，群言出版社 2005 年版。

王学典：《20 世纪中国史学评论》，山东人民出版社 2002 年版。

王玉波：《中国古代的家》，商务印书馆国际有限公司 1995 年版。

王跃生：《清代中期婚姻冲突透析》，社会科学文献出版社 2003 年版。

王跃生：《十八世纪中国婚姻家庭研究——建立在 1781~1791 年个案基础上的分析》，法律出版社 2000 年版。

韦庆远：《明代黄册制度》，中华书局 1965 年版。

吴量恺主编：《清代湖北农业经济研究》，华中理工大学出版社 1995 年版。

徐亦让：《人类家庭发展史》，天津人民出版社 1988 年版。

许大龄：《明清史论集》，北京大学出版社 2000 年版。

许涤新、吴承明主编：《中国资本主义的萌芽》，人民出版社 1985 年版。

严昌洪：《中国近代社会风俗史》，浙江人民出版社 1993 年版。

杨国安：《明清两湖地区基层组织与乡村社会研究》，武汉大学出版社 2004 年版。

杨国桢：《明清土地契约文书研究》，人民出版社 1988 年版。

杨剑虹主编：《民政管理发展史》，中国社会出版社 1994 年版。

杨宽：《中国古代都城制度史研究》，上海古籍出版社 1993 年版。

杨懋春：《近代中国农村社会之演变》，台北巨流图书公司 1980 年版。

杨懋春：《中国家庭与伦理》，台湾“中央文物供应社”1981 年版。

杨念群、黄兴涛、毛丹主编：《新史学》，中国人民大学出版社 2003 年版。

杨念群主编：《空间·记忆·社会转型——“新社会史”研究论文精选集》，上海人民出版社 2001 年版。

叶泽雄：《社会理想论》，武汉大学出版社 1998 年版。

游子安：《劝化金箴——清代善书研究》，天津人民出版社 1999 年版。

游子安：《善与人同——明清以来的慈善与教化》，中华书局 2005 年版。

袁啸波：《民间劝善书》，上海古籍出版社 1995 年版。

岳庆平：《中国的家与国》，吉林文史出版社 1990 年版。

曾国安：《灾害保障学》，湖南人民出版社 1998 年版。

张国雄：《明清时期的两湖移民》，陕西人民出版社 1995 年版。

张海鹏、王廷元主编：《徽商研究》，安徽人民出版社 1995 年版。

张海鹏、张海瀛主编：《中国十大商帮》，黄山书社 1993 年版。

张建民、宋俭：《灾害历史学》，湖南人民出版社 1998 年版。

张建民：《湖北通史·明清卷》，华中师范大学出版社 1999 年版。

张健、陈一筠主编：《家庭与社会保障》，社会科学文献出版社 2000 年版。

张朋园：《中国现代化的区域研究——湖南省：1860～1916》，台湾“中央研究院”1983 年版。

张文：《宋朝社会救济研究》，西南师范大学出版社 2001 年版。

张文芳编：《中国历代官吏制度》，劳动人事出版社 1987 年版。

张研、牛贯杰：《19 世纪中期中国双重统治格局的演变》，中国人民大学出版社 2002 年版。

郑功成：《社会保障学——理念、制度、实践与思辨》，商务印书馆 2000 年版。

郑功成：《中国社会保障论》，湖北人民出版社 1994 年版。

郑功成：《论中国特色的社会保障道路》，武汉大学出版社 1997 年版。

郑功成：《社会保障学》，商务印书馆 2000 年版。

朱勇：《清代宗族法研究》，湖南教育出版社 1987 年版。

《中国社会保障制度总览》编辑委员会编：《中国社会保障制度总览》，中国民主法制出版社 1995 年版。

复旦大学历史地理研究中心主编：《自然灾害与中国社会历史结构》，复旦大学出版社 2001 年版。

2. 外国学者著作（按国籍中文首字的汉语拼音排序）

［奥］迈克尔·米特罗尔、雷因哈德·西德尔著，赵世玲、赵世瑜、周尚意译：《欧洲家庭史》，华夏出版社 1987 年版。

［德］安德烈·贡德·弗兰克著，刘北成译：《白银资本：重视经济全球化中的东方》，中央编译出版社 2000 年版。

［德］马克斯·韦伯著，洪天富译：《儒教与道教》，江苏人民出版社 1997 年版。

［德］马克斯·韦伯著，康乐、简惠美译：《非正当性的支配——城市类型学》，广西师范大学出版社 2005 年版。

［俄］A. 恰亚诺夫著，萧正洪译：《农民经济组织》，中央编译出版社 1996 年版。

［法］魏丕信著，徐建青译：《18 世纪中国的官僚制度与荒政》，江苏人民出版社 2003 年版。

［韩］田炯权：《中国近代社会经济史研究——义田地主和生产关系》，中国社会科学出版社 1997 年版。

［美］W. J. 古德著，魏章玲译：《家庭》，社会科学文献出版社 1986 年版。

［美］道格拉斯·C. 诺思著，厉以平译：《经济史上的结构和变革》，商务印书馆 1992 年版。

［美］杜赞奇著，王福明译：《文化、权力与国家——1900～1942 年的华北农村》，江苏人民出版社 1996 年版。

［美］何柄棣：《明初以降人口及相关问题：1368～1953》，三联书店 2000 年版。

［美］黄宗智著：《华北的小农经济与社会变迁》，中华书局 2000 年版。

［美］黄宗智著：《长江三角洲小农家庭与乡村发展》，中华书局 2000 年版。

［美］柯文著，林同奇译：《在中国发现历史——中国中心观在美国的兴起》，中华书局 2002 年版。

［美］孔飞力著，谢亮生等译：《中华帝国晚期的叛乱及其敌人》，中国社

会科学出版社 1990 年版。

[美] 林达·约翰逊主编，成一农译：《帝国晚期的江南城市》，上海人民出版社 2005 年版。

[美] 彭慕兰著，史建云译：《大分流：欧洲、中国及现代世界经济的发展》，江苏人民出版社 2003 年版。

[美] 施坚雅主编，叶光庭等译：《中华帝国晚期的城市》，中华书局 2000 年版。

[美] 施坚雅著，史建云，徐秀丽译，虞和平校：《中国农村的市场和社会结构》，中国社会科学出版社 1998 年版。

[美] 施坚雅著，王旭等译：《中国封建社会晚期城市研究——施坚雅模式》，吉林教育出版社 1991 年版。

[美] 施坚雅著，史建云、徐秀丽译：《中国农村的市场和社会结构》，中国社会科学出版社 1998 年版。

[美] 斯塔夫里阿诺斯著，吴象婴、梁赤民译：《全球通史》，上海科学院出版社 1999 年版。

[美] 王国斌著，李伯重、连玲玲译：《转变的中国：历史变迁与欧洲经验的局限》，江苏人民出版社 1998 年版。

[美] 杨懋春著，张雄、沈伟、秦美珠译：《一个中国村庄——山东台头》，江苏人民出版社 2001 年版。

[美] 张仲礼著，李荣昌译：《中国绅士——关于其在 19 世纪中国社会中作用的研究》，上海社会科学出版社 1991 年版。

[美] 罗威廉著，江溶、鲁西奇译：《汉口：一个中国城市的商业和社会 (1796～1889)》，中国人民大学出版社 2005 年版。

Kung-chuan Hsiao, *Rural China : imperial control in the nineteenth century*, University of Washington Press, 1972.

William T. Rowe, *HANKOW : Commerce and Society in a Chinese City , 1796-1889*, Stanford University Press , 1984.

William T. Rowe, *HANKOW : Conflict and community in a Chinese City , 1796-1895*, Stanford University Press , 1989.

[日] 夫马进著，伍跃、杨文信、张学锋译：《中国善会善堂史研究》，商务印书馆 2005 年版。

[日] 沟口雄三著，李甦平译：《日本人视野中的中国学》，中国人民大学出版社 1996 年版。

[日] 森田明著，郑樑生译：《清代水利社会史研究》，台北"国立编译馆" 1996 年版。

［日］山根幸夫著，田人隆等译：《中国史研究入门》，社会科学文献出版社 1994 年版。

［日］斯波义信著，方键、何忠礼译：《宋代江南经济史研究》，江苏人民出版社 2001 年版。

［意］维柯著，朱光潜译：《新科学》，人民文学出版社 1986 年版。

［英］贝弗里奇著，劳动和社会保障部译：《贝弗里奇报告：社会保障和相关服务》，中国劳动社会保障出版社 2004 年版。

［英］哈拉兰博斯著：《社会学》，上海社会科学出版社 1986 年版。

［英］杰弗里·巴勒克拉夫著，杨豫译：《当代史学主要趋势》，上海译文出版社 1987 年版。

［英］凯恩斯著，高鸿业译：《就业、利息和货币通论》，商务印书馆 1999 年版。

［英］汤因比著，刘北成、郭小凌译：《历史研究》，上海人民出版社 2000 年版。

［英］休谟著，关文运译：《人性论》，商务印书馆 1980 年版。

（二）论文类（按著者名称的汉语拼音排序）

［澳］邓海伦：《试论留养资送制度的废除》，中国人民大学清史所编《"清代灾荒与中国社会"国际学术研讨会论文集》2005 年 8 月。

柏桦：《明代州县官的施政及障碍》，《东北师大学报》1998 年第 1 期。

毕建宏：《清代州县行政研究》，《中国史研究》1991 年第 3 期。

卞利：《明清时期徽州的会社初探》，《安徽大学学报》2001 年第 6 期。

卞利：《明清时期徽州的乡约简论》，《安徽大学学报》2002 年第 11 期。

卜风贤：《中国古代救荒书的传承和发展》，《古今农业》2004 年第 2 期。

曹国庆：《明代乡约发展的阶段性考察——明代乡约研究之一》，《江西社会科学》1993 年第 8 期。

曹国庆：《明代乡约推行的特点》，《中国文化研究》1997 年（春之卷）。

陈锋：《日本明清社会经济史研究进展》，《光明日报》2000 年 11 月 10 日。

常建华：《明代溺婴问题初探》，《中国社会历史评论》第 4 卷，商务印书馆 2002 年版。

常建华：《明清社会文化的新视野》，《中国史研究动态》1999 年第 3 期。

常建华：《日本八十年代以来的明清地域社会研究述评》，《中国社会经济史研究》1998 年第 2 期。

陈柯云：《略论明清徽州的乡约》，《中国史研究》1990 年第 4 期。

段自成：《明清乡约的司法职能及产生原因》，《史学集刊》1999 年第 2 期。

〔日〕太田出：《1999 年日本史学界关于明清史的研究》，《中国史研究动态》2001 年第 11 期。

〔法〕魏丕信：《略论中华帝国晚期的荒政指南》，"清代灾荒与中国社会"国际学术研讨会，2005 年，北京。

范金民：《清代徽州商帮的慈善设施—以江南为中心》，《中国史研究》1999 年第 4 期。

范金民：《清代江南会馆公所的功能性质》，《清史研究》1999 年第 2 期。

方志远、黄瑞卿：《明清江右商的经营观念与投资方向》，《中国史研究》1991 年第 4 期。

费孝通：《中国社会学的成长》，《社会研究》1947 年第 7 期。

冯贤亮：《明清江南地区的环境变动及其社会控制模式》，《中国社会经济史研究》2001 年第 3 期。

宫宝利：《清代苏州地区公所的善举活动》，《天津师范大学学报》1998 年第 1 期。

龚汝富：《浅议中国古代的社会保障体系》，《光明日报》2001 年 12 月 4 日。

郝秉键：《试论绅权》，《清史研究》1997 年第 2 期。

侯虎虎等：《明代官员的致仕制度》，《延安大学学报》2000 年第 6 期。

佳宏伟：《近十年来生态环境变迁史研究综述》，《史学月刊》2004 年第 6 期。

江太新：《清代获鹿县人口试探》，《中国经济史研究》1991 年第 2 期。

李伯重：《工业发展与城市变化：明中叶至清中叶的苏州（上）》，《清史研究》2001 年第 3 期。

李伯重：《"选精"、"集粹"与"宋代江南农业革命"——对传统经济史研究方法的检讨》，《中国社会科学》2000 年第 1 期。

李华：《清初圈地运动及旗地生产关系的变化》，《文史》第 8 辑。

林甘泉：《历史方法与逻辑方法的统一》，《中国经济史研究》1999 年第 1 期。

陆玉、徐云鹏：《论抗日根据地的军事社会保障》，《抗日战争研究》1997 年第 2 期。

吕作燮：《明清以来的洞庭商人》，《平准学刊》第 1 辑。

马敏：《21 世纪中国近现代史研究的若干趋势》，《史学月刊》2004 年第 6 期。

马敏：《如何理解史学研究中的范式转换》，《北京行政学院学报》2002
年第 2 期。

马敏：《商会史研究与新史学的范式转换》，《华中师范大学学报》2003
年第 9 期。

卜风贤：《中国农业灾害史研究综论》，《中国史研究动态》2001 年第 2
期。

邵鸿：《利益与秩序——嘉庆二十四年湖南省湘潭县的土客仇杀事件》，
《历史人类学学刊》第 1 卷第 1 期。

邵鸿：《明清江西农村社区中的会——以乐安县流坑村为例》，《中国社会
经济史研究》2002 年第 2 期。

邵永忠：《二十世纪以来荒政史研究综述》，《中国史研究动态》2004 年
第 3 期。

宋平安：《清代江汉平原水灾害多元化特征剖析》，《农业考古》1989 年
第 2 期。

宋平安：《清代江汉平原水灾与经济开发探析》，《中国社会经济史研究》
1990 年第 2 期。

唐力行：《从碑刻看明清以来苏州社会的变迁——兼与徽州社会比较》，
《历史研究》2000 年第 1 期。

阎永增、池子华：《近十年来中国近代灾荒史研究综述》，《唐山师范学院
学报》2001 年第 2 期。

杨剑利：《晚清社会灾荒救治功能的演变——以"丁戊奇荒"的两种赈济
方式为例》，《清史研究》2000 年第 4 期。

杨志文：《陕甘宁边区社会保障政策初探》，《中共党史研究》1997 年第 6
期。

余新忠：《1980 年以来国内明清社会救济史研究综述》，《中国史研究动
态》1996 年第 9 期。

王处辉：《中国文化的"角色理论"刍议》，《理论与现代化》1998 年第
11 期。

王昊：《明代乡、都、图、里及其关系考辨》，《史学集刊》1991 年第 1
期。

王日根：《国内外中国会馆史研究述评》，《文史哲》1994 年第 3 期。

王卫平：《普济的理想与实践——清代普济堂的经营实态》，《江海学刊》
2000 年第 1 期。

王卫平：《论中国传统慈善事业的近代转型》，《江苏社会科学》2005 年
第 1 期。

王卫平：《清代江南地区的育婴事业圈》，《清史研究》2000 年第 1 期。

王卫平：《清代苏州的慈善事业》，《中国史研究》1997 年第 3 期。

王卫平：《唐宋时期慈善事业概说》，《史学月刊》2000 年第 3 期。

王卫平：《论中国古代传统社会保障制度的初步形成》，《江海学刊》2002 年第 5 期。

王卫平：《明清时期残疾人社会保障研究》，《江海学刊》2004 年第 3 期。

王先明、尤永斌：《略论晚清乡村社会教化体系的历史变迁》，《史学月刊》1999 年第 3 期。

王兴亚：《明代养济院研究》，《郑州大学学报》1989 年第 3 期。

王中江：《转变中的中国哲学范式的自我反思和期望》，《中国思想史研究通讯》第 1 辑。

王永平：《中央苏区的社会保障事业》，《中南民族学院学报》1995 年第 1 期。

韦庆远：《对清代"生息银两"制度兴衰过程研究》之一、之二、之三，《中国社会经济史研究》1986 年、1987 年、1988 年第 3 期。

吴承明：《论历史主义》，《中国经济史研究》1993 年第 2 期。

吴承明：《经济学理论与经济史研究》，《中国经济史研究》1995 年第 1 期。

吴承明：《中国经济史研究的方法论问题》，《中国经济史研究》1992 年第 1 期。

吴滔：《科大卫、刘陶陶主编：〈中国的城镇和乡村：身份与透视〉》，《中国社会历史评论》第 5 辑。

吴滔：《清代江南社区赈济与地方社会》，《中国社会科学》2001 年第 4 期。

吴滔：《建国以来明清农业自然灾害研究综述》，《中国农史》1992 年第 4 期。

吴滔：《清至民初嘉定宝山地区分厂传统之转变——从赈济饥荒到乡镇自治》，《清史研究》2004 年第 2 期。

徐茂明：《亦史亦志 求实创新——评〈明清以来苏州社会史碑刻集〉》，《史林》2000 年第 3 期。

夏维中、崔秀红：《明代乡村地域单位的主要类型及其作用考述》，《江苏社会科学》2002 年第 2 期。

衔微：《明代的里甲制度》，《历史教学》1963 年第 4 期。

于沛：《变动中的西方史学》，《当代中国史研究》2003 年第 6 期。

曾思平：《清代广东养济院初探》，《韩山师范学院学报》2000 年第 4 期。

曾桂林：《20 世纪国内外中国慈善事业史研究综述》，《中国史研究动态》2003 年第 3 期。

张国雄：《明清时期的两湖移民》，陕西人民出版社 1995 年版。

张国雄：《清代江汉平原水旱灾害的变化与垸田生产关系》，《中国农史》1990 年第 2 期。

张家炎：《清代中后期洪涝灾害研究中若干问题刍议》，《中国农史》1993 年第 3 期。

张建辉：《关于清代生息银两制的兴起问题——清代生息银两制度考论之一》，《中国社会经济史研究》1995 年第 1 期。

张建民、鲁西奇：《长江中游地区人地关系的历史演变及其特点》，《光明日报》2004 年 9 月 21 日。

张建民：《清代后期陕南地方的民间会社——以碑石资料为中心的考察》，未刊稿。

张建民：《论清代溺婴问题》，《经济评论》1995 年第 2 期。

张建民：《清代"基金"生息述论》，《武汉大学学报》1990 年第 5 期。

张洁宇：《全球化时代的中国文化反思：我们现在怎样做中国人——张旭东教授访谈录》，《中华读书报》2002 年 7 月 17 日。

张瑞泉：《略论清代的乡村教化》，《史学集刊》1994 年第 3 期。

张显清：《明代缙绅地主浅论》，《中国史研究》1984 年第 2 期。

张大鹏：《朱子社仓法的基本内容及其社会保障功能》，《上饶师专学报》1990 年第 4 期。

张丹：《抗日战争时期陕甘宁边区的社会保障》，《江西社会科学》2000 年第 11 期。

张品瑞：《朱子社仓法的社会保障功能》，《福建论坛》1995 年第 6 期。

张小军：《历史的人类学化和人类学的历史化——兼论被史学"抢注"的历史人类学》，《历史人类学学刊》第 1 卷第 1 期。

张岩：《试论清代的常平仓制度》，《清史研究》1993 年第 4 期。

赵新安：《雍正朝的社仓建设》，《史学集刊》1999 年第 3 期。

赵艳萍：《中国历代蝗灾与治蝗研究述评》，《中国史研究动态》2005 年第 2 期。

郑功成：《论社会保障领域的理论建设》，《中国社会保险》1995 年第 7 期。

朱英：《戊戌时期民间慈善事业的发展》，《江汉论坛》1999 年第 11 期。

朱浒：《二十世纪清代灾荒史研究述评》，《清史研究》2003 年第 3 期。

周荣：《明代致仕官员的食俸与养老》，《武汉大学学报》2006 年第 1 期。

（三）未刊学位论文

王美英：《明清长江中游地区的风俗与社会变迁》，武汉大学博士学位论文，2003 年。

吴滔：《明清苏松地区仓储制度研究》，南京农业大学硕士学位学位论文，1996 年。

文红英：《民国时期湖南省城慈善事业总公所述论》，湖南师范大学硕士学位论文，2000 年。

谭志云：《清代湖南慈善育婴事业初探》，湖南师范大学硕士论文，2000 年。

王美英：《试论明清时期两湖地区的社会经济习俗》，武汉大学硕士学位论文，1998 年。

张岩：《试论清代的常平仓制度》，武汉大学硕士学位论文，1993 年。

潘旭：《清代江南地区育婴堂研究》，武汉大学硕士学位论文，1999 年。

王蕾：《明清时期两湖平原的自然灾害与民间信仰》，武汉大学硕士学位论文，2000 年。

傅乐园：《明清时期湖北的市镇发展与变迁》，武汉大学硕士学位论文，2001 年。

白丽萍：《清代两湖平原的社仓与农村社会》，武汉大学硕士学位论文，2002 年。

后　记

　　本书以我的博士论文为基础修改而成，她代表了我在攻博和留校任教 2 年期间的认识水平。在博士论文选题时，我放弃了很多便捷而实在的选择，而试图用"社会保障"这样一个富有现代气息的概念来解释古老的中国传统。这些年来，这个美丽的词汇左右着我的喜怒哀乐，我常常用她面世不久国际劳工组织向世人宣称的一句话来激励自己："这样一个简单而又引人注意的词表达了全世界人民的一种最深切、最广泛的愿望！"一般人可能很难理解我对这种"美丽而虚幻"事物的执着，我只能说，这是 1967～1969 年左右出生、上过大学而又有实际工作经验的一代人所普遍拥有的一种情怀。

　　从拿到大学入学通知书的那天起，我就很反感人们把"学究"、"夫子"之类的标签贴在学历史和做历史的人身上。它不仅使我们的大学生活失去了很多光彩，也在一定程度上影响了日后的前程。我们寝室和我们班级的大部分同学都是被调剂过来的高分者，他们本来可以更早地有所作为，但社会对历史学的偏见使他们大都经历了一个艰难转行和重新择业的过程。本科毕业时，我放弃了可能被推荐上研究生的机会而走上实际工作岗位，有一个很强烈的愿望就是要摆脱这个标签。这一选择很快便给我带来了看似一片光明的仕途。但执着于"美丽而虚幻"的情怀使我不屑于钻研拥挤的晋升阶梯的攀登规则，而更在意与同事、朋友和普通人之间的友好相处与真情互动。至今，我脑海中常常浮现出 1998 年防汛时与一群农民在长江大堤上日夜相处的情景，他们在自己的田地上忙碌了一整天后又到大堤上来值通宵夜班，我深知，他们此刻最大的愿望就是有片刻小憩的机会，我经常在"不经意间"满足他们的愿望。当我在飞虫围绕的灯光下看书，或对着在自己脚下拍打的江水遐思时，我能体会到他们对我的真诚和亲近——尽管他们可能并不理解此时我在想什么。就这样，在远离学术界的环境中，我的头脑中成天萦绕着一些"美丽而虚幻"的事情，捕捉稍纵即逝的真诚，并时常提出一些自己无法解决的问题。回想在机关和基层工作的那段日子，我最羡慕 20 世纪 50 年代后期和 60 年代初期出生的一代人，他们是能用实力和行动证明自己思想的一代人。我深知，我做不了李昌平，也做不了王跃文，我只想有一个安静的地方，安心地思考一些问题。因此，当我拿到博士入学通知书的时候，我心中的学者概念并没有所谓学科和时段之类的界限和分别。在我看来，学者这个位置就如同树阴下的一张躺椅，每个准入者都可以躺在上面自由地思考问题。后来，当我成为校园的一分子时才发现，校园中的躺椅虽然诱人，但每个人的生活都被三点一线地安排好了，校园中的躺椅似乎并不属于校园人。如今，我已接近不惑之年，逐渐淡化了对躺椅的奢望而日益意识到饭碗的重要，我也慢慢适应别人加给我的"夫子"称号，慢慢学会不给自己提出自己无法解决的问题。回顾这些年的坎坷，让我欣慰的是，至少，我曾经为一个富有魅力的美丽词汇思索和付出过，并且留下了眼前这本书。

在如逗弄新生婴儿般翻动书页时，不由得会想起自本科以来一直关怀和教诲我的两位老师：陈锋教授和张建民教授。陈锋教授眼界开阔、思想敏锐，张建民教授治学勤奋、精益求精，两位老师的搭配恰如子路与颜回。假如本书有一些闪光之处的话，那完全是聆听两位老师教诲和努力吸取两位老师长处的结果。张建民教授是我在硕士、博士阶段的导师，对我的影响也最深，细心的读者可能会发现我的博士论文虽然有一定的理论色彩，却以实证精神贯穿始终，在搜集民间族谱和利用地方志等史料上也下了一番在当时的条件下有一定难度的功夫，这正是业师严格要求的结果。业师虽不苟言笑，却在无声中塑造着学生的治学风格和为人。在眼下轻巧嚣浮的年代，同门的师弟妹们还能有几分坐冷板凳的定性，很大程度上是在躧迹业师。

在博士论文评阅和答辩阶段，有幸得到厦门大学陈支平教授、郑振满教授，南京大学范金民教授，中山大学陈春声教授，华中师范大学严昌洪教授、朱英教授、马敏教授的指点，他们的意见和建议不仅为我的博士论文修改指明了方向，也为我下一步如何立足历史学的本位进行学术研究指明了方向。同时也非常感谢在近年的学术交流活动中认识的夏明芳、张小也、黄国信、张应强、吴滔、温春来、张侃、刘永华、尹玲玲、杨伟兵、谢宏维、魏文享、付海晏等一批青年才俊，从他们身上我看到自身的不足，也增强了完善和提高自己的紧迫感。

在攻博和留校任教期间，既有朱雷、冯天瑜、吴剑杰、敖文蔚、冻国栋、陈勇、向荣、罗运环、覃启勋、徐少华、陈伟、李少军、谢贵安、薛毅、彭敦文、杨果、胡才珍、王雪华、潘迎春等资深老师的关怀和指导，又有申万里、朱海、刘国胜等青年老师的同命相怜、彼此安慰，还有任放、王美英、胡勇华、杨国安、蔡国斌、陆保生、阎富东、王蕾、付乐园、白丽萍、徐斌、江田祥、杜志章、方秋梅、林清清、罗杜芳等一批学兄师弟们的相互勉励和帮助。这一切使我能在一个良好的治学氛围中愉快而充实地度过。时时萦绕在心头的还有何德章、鲁西奇和杨华三位老师对我的影响，何德章老师作为院领导一直关心青年老师的成长，杨华老师也经常为我答疑解惑，鲁西奇老师为本书的修改提供了许多真知灼见，同时他校译的美国学者罗威廉的两部巨著使我可以在中文语境中领略海外学者的风采。更为重要的是，他们三位都是和我差不多同一年龄段的老师，他们的成就让我想起那些曾经虚度的岁月，他们的存在使我能常常感觉到榜样就在身边。

需要特别提到的是，我在读博期间曾获"胡秋原—敬幼如"奖学金，此后秋原先生的家人也来人来函表示鼓励，这份殊荣常将我的思绪带回秋原先生的那个年代，并一次次缅怀那个年代的中国知识分子，这笔精神财富一直是我在崎岖的学术道路上攀援、前进的动力。同时，在论文资料查阅期间，武汉大学图书馆古籍部的龙老师、田老师、廖老师提供了热情而周到的服务。湖北省图书馆的兰秀英研究员、湖南省图书馆古籍部的寻霖主任、文红英女士都给予了无私的帮助。中国政法大学的许扬帆硕士为我复印了日本学者森田明的著作，武汉大学的陈新立硕士帮我抄录了汉阳公园内的碑刻。本书的出版得到教育部人文社会科学重点研究基地基金的资助，并得到武汉大学社科部领导、武汉大学出版社领导和编辑，特别是王雅红主任和朱凌云责编的大力帮助，在此向他们表示深深的谢意！

我的家庭始终是我最坚强的后盾，对于家庭，我一直是一个心安理得的索取者，心安理得得不近人情，原指望读完博士能为家里分担一点责任，无奈现在的历史学博士已不是那种领几块大洋来养活全家的博士，在配偶求职、购房这样的人生关头，所能求助的，惟家庭和朋友尔！几年来，我苦心地研究社会保障问题，却要靠家庭来保障我，个中滋味，不知如何言说。我深知眼前这一点点成果根本抵不上父母、家庭为我的投入，我也深知这种读书人也不愿意深涉的学术专著对他们毫无实际意义。知恩图报情虽切，堂上椿萱雪满头。我不知道什么时候才能回报他们！最让我遗憾的是，在最疼爱我的外婆（我们一直喊"奶奶"）去世时我未能守候在她身边见上最后一面，如果她老人家泉下有知，应该能听到我的心声吧！

不能不提及我的中小学老师和同学们，我可能是一个中小学情结较强的人，阅世愈深就越怀念那个时代和那群人。至今记得小学一年级给我们上第一堂课的老师，也能回忆起男女同学的少年容貌。从小学到高中，我先后在四所学校就读：鸭畈小学、沙塘中学、燕矶中学、燕矶高中。虽然都是很普通的乡村学校，我却有幸遇到了很好的老师，回想在人生的起伏中，能始终保持几分可塑性，其中含有许多中小学老师的辛劳。拿我们那个年代农村学生都害怕的英语来说，大学英语课堂的标准化教学似乎未能让我的英语水平提高多少，在历次科场上，应付英语这个拦路虎，所用的其实主要是从中小学老师那里学会的几招。因此，难以忘记海外归来的艾天喜老师的英语启蒙、鲁玉琴老师的国际音标教学和汪和平老师的张道真英语语法讲解，这些超大纲的内容体现出一个老师的爱心和责任心。张绍昌、谈华新、李方桃、胡少雄、周利民、汪月娥、周秀兰等都是这样的好老师。他们许多人至今仍忙碌于中小学教育的第一线，然而，终日为稻粱而谋的我，没顾得上向他们表达点滴问候，甚至在堂兄、数学老师肖少先的追悼会上我也是缺席者。太多的遗憾和无奈，惟借此一隅向他们道一声谢谢！

我也有幸遇到了一群好同学。在那少不更事的年代，在那情窦初开的岁月，多少往事，多少同窗情谊。刻骨铭心的记忆积淀在心灵深处，凝成千千心结！如今，昔日的男同学各奔前程，或官场得意，或商海沉浮；昔日的女同学也人近中年，为人妻，为人母。不知还能记起否，那些中小学的日子？在此谨感谢为我的论文写作提供了直接帮助的江明胜同学及夫人王琼女士、苏华同学及夫人范淑华女士、秦思意同学及夫人胡红萍女士、周长艳同学及夫人小周女士！还要特别感谢本科同学唐子茹及先生简龙湘、王红及先生王学！

此外，在我艰难的求学历程中，曾得到汪重兴、汪德明、黄南珊、张掌然、李佳贵等长辈的鼓励和支持；在我生活遇到困难时，也曾得到覃启勋、杨华、曾繁宏、潘迎春、许春燕、王正元、叶初生、曾群、贺军、刘圣妮、邹国胜、欧阳艳华、刘小平、李枫、刘小焕等同事和朋友的热情帮助。这份温暖，永远铭记在心！

最后将所有成果和收获"上交"给妻子汪小培女士，并向女儿周玄表达没有时间过问她的学习的歉意。妻子是我的大学同学，她曾经是汪家引以为豪的"才女"，也是武汉大学主辅修制度实施以来第一个四年制双学士学位的获得者。她其实比我更适合做历史学研究，也比我能吃苦耐劳，却心甘情愿地当了家庭主妇。本应是收获的季节，我能交给她什么呢？如同每月发工资时一样的感觉，羞涩得很。只好再次抛下一句安慰的话：在希望中等待着吧！

周　荣

2006 年 4 月 8 日

于学雅芳邻寓所